敖，1935年生于哈尔滨，1949年赴台。19
坛，1980年代办报、办刊，每月一书十年
治选情，被西方传媒称为"中国近代最杰
身银屏，成为海内外知名的现代思想传播
等人竞选，响应"一国两制"，极力推动
区"立法委员"，全力抗阻台湾军购，呼
六年两个月，被软禁十四个月，出版著作
下的传统》、散文《李敖自传与回忆》、
小说《北京法源寺》、《上山·上山·爱

李敖评传

上

陈才生◎著

人民日报出版社

图书在版编目(CIP)数据

李敖评传 / 陈才生著. —北京：人民日报出版社，2011.1
(名人传记系列)
ISBN 978-7-5115-0278-0

Ⅰ.①李… Ⅱ.①陈… Ⅲ.①李敖-评传 Ⅳ.①K825.6

中国版本图书馆 CIP 数据核字(2011)第 264741 号

书　　名：李敖评传
作　　者：陈才生

出 版 人：董　伟
责任编辑：银　河　陈志明
封面设计：博凯设计 13910295729

出版发行：人民日报出版社
社　　址：北京金台西路 2 号
邮政编码：100733
发行热线：(010)65369527　65369512　65369509　65369510
邮购热线：(010)65369530
编辑热线：(010)65369521　65369533
网　　址：www.peopledailypress.com
经　　销：新华书店
印　　刷：北京中新伟业印刷有限公司

开　　本：1/16
字　　数：700 千字
印　　张：45.75
印　　次：2011 年 1 月 第 1 版　2011 年 1 月 第 1 次印刷

书　　号：ISBN 978-7-5115-0278-0
定　　价：98.00 元(上下册)

目录

CONTENT

上册

第三章　台大：沉沦与嬗变 / 67

第四章　军队："生命里掺进了新的酵素" / 117

第五章　惊鸿一笔震江湖 / 165

第六章　文星风云（一）/ 201

李文序

要我为此书作序，我还是有些为难的。

我在美国出生长大，对我来说，英语是我的母语，是我最习惯使用的语言；加之爸爸曾担心我学习中文后会被“三民主义”洗脑，从来不苛求我必须学好中文，所以跟同龄的美籍华人相比，我的中文水平很有限。不过在北京打官司这几年，我的中文倒也历练了不少，但今天要我用艰深的汉字为这本评价爸爸履历风骨的书作一篇提纲挈领的序言，还是比较繁难的。从某种意义上说，是爸爸早年对我“纵容”的因导致了今天的果，这个要“归咎”于他。

其实爸爸的“纵容”只是遵循了美国的家庭教育方式。我们在各自的领域忙碌，互不干涉，对彼此的生活和选择充满理解、认同和尊重，他从不会凭长幼伦理而将父权之威严强加在我身上。

既为李敖之女，自然也遗传了他的桀骜和自我。多年来，我从不会借“李敖”这个名字来抬高或衬托自己。我就是我，我是李文，我要过属于我的生活，我会依靠自己的智慧、魅力和学识，让人们记住我、了解我、喜欢我。

对于爸爸写的书和有关他的书，无论好坏，我很少关注。因此为《李敖评传》写序，这对我来说反倒是陌生的命题。与其他父女不同，我和爸爸相处的时间并不多。在我最需要他陪伴的时候，他却深陷囹圄，无法为童年的我遮风避雨。爸爸曾在《坐牢家爸爸给女儿的 80 封信》一书里写到：“我对李文最大的亏欠是我一生的麻烦，使她不能跟我住，不能很好的教育她。”

其实爸爸只是亏欠了我很多父女相依的日子，他从不亏欠对我的教育。记得小时候，爸爸每隔一周就会从监狱寄信给我，用这种特殊的方式教会我很多做人的道理。那是爸爸在当时情境下唯一可选择的办法，他把自己对女儿的牵挂凝注在字里行间，笔锋过处仿佛铿锵有声，丝毫不见牢狱生涯的凄凉困苦。

父亲性烈如火，他直言敢骂，身置险地也浑不在意。父亲用言行教导我：要做强者不要做弱者。他灌输给我不畏强权、勇敢追求真相的道理。直至今日，我坚定的法律意识、道德意识，很多都受益于当年他从军法看守所里寄出的信。

但强者并不好做。尤其要变革一个社会长久形成的制度和观念，其反弹的力道会让触及者代价惨重。“先驱”只是功成后的标榜和称颂，被视作异类遭到排挤、压制，才是斗士无法规避的宿命。

> 我要使中国民族朝“科学”、“民主”、“现代化”的西方“趋向”上走，而不走传统、保守、反动的路，我的着眼点是整个古老的民族……
>
> ——李敖《文化论战丹火录》

爸爸用他一生的时间，以一己之力对抗传统文化中的反动及不合理。有人形容他是战神，我想并不为过。面对蒋介石的专制和国民党的黑暗势力，即使坐了20年的牢，他也从未退缩。爸爸自己说：“我是一个大陆的知识分子，可是却出生在台湾。”这是台湾的幸运，也是大陆的不幸。因为“李敖”二字足以让台湾为之骄傲。但这个令台湾骄傲的人，这个文字放荡不羁、思想天马行空的人却被台湾的统治者伤害最深。很少有人能够读出爸爸慷慨激昂背后的辛酸无奈、沉痛悲凉。爸爸在这一过程中渐渐养成了对簿公堂的嗜好，喜欢打官司，为什么喜欢打官司，因为有很多愤懑，很多不平，很多不公正的遭遇。铲除不平、不公正的方法倒很多：“第一个就是忍气吞声；第二个就是大人不记小人过，阿Q式的自己解释；第三种就是流氓式的，我私下里报复你，我揍你一顿，很社会式的、黑手党式的。第三种是很痛快的，可是我们理智地知道，不可以用这种方法，我们也没有这种机会去透过黑社会来解决这些问题。”（李敖语）

李文

被人称为“天才”的爸爸没有用上述任何一种方法来解决问题。最初，他找到了一个治疗这个社会疮症的良方——口诛笔伐。这个方式在大众媒介普及的今天会产生一定的效果，可也仅限于“一定”，对根本问题还是无法起到太多实际效果。那么，“实际效果是什么，是要靠诉讼，我打官司我告你，就可以解决很多问题，所以我李敖就开始在台湾变成一个非常好讼的人”。（李敖语）

爸爸的言传身教，极大地影响了我。“所以在这个标准底下我非常赞美我在北京的女儿李文，李文博士因为她跟我真的一样好讼，她真的得到我的真传。”（李敖语）

在很多人眼里，爸爸是个“狠”角色，甚至有些人用“痞气”来形容。但我始终觉得爸爸的“痞气”是建立在他深厚学问的基础上的。

一个人如果只读书不骂人，那么他可能是个历史学家；如果只骂人，不读书，那么他可能是个流氓学家；而如果两者兼备，那他就是李敖。

爸爸说，不认识我们的人喜欢看我们的文章，认识我们的人喜欢听我们的讲话，了解我们的人喜欢我们这个人。我们做人比我们讲的话好，我们的讲话比我们的文章好。光看我们的文章，一定会以为我们是穷凶极恶的家伙，可是听了我们的讲话，一定会觉得我们比我们的文章更可爱，等对我们有了更深一层的了解，你会发现我们又厉害又善良。别人是恶霸，我们是善霸。我们也是一霸，绝对不是窝囊没用、被人欺负的滥好人。真正理解我和我爸爸的人都知道我们是刀子嘴豆腐心。

爸爸非常爱我，常常将他收集的一些名人语录送与我。在他过完74岁生日的时候，他对我说感觉自己老了，头脑不再像以前那样灵活，有时候甚至会做错事。他提到自己正在“逝去”，意思是他可能会在不久的将来离开人世，而他也已接受这个事实。爸爸让我将“逝去”原文语录找出来，在此呈现如下献给爸爸：

“Fading Away” Quotes for Dad

“Old soldiers never die; they just fade away.”

《李敖评传》这本书将由人民日报出版社出版，他们的工作细致严谨，出版了很多文化类书籍，这让我放心。事实上，在中国这些年，我自己出版了近7本书，内容涉及男女讽刺作品、英语发音、习语到英语语法等众多类别。在出版书籍的过程中，我对很多出版商的职业操守不是很满意。过去7年里，很多人包括出版商、媒体记者以及忠实读者总是试图通过我来联系爸爸。对此，我很不喜欢，因为我觉得这是对我的不尊重。况且，爸爸通常不会和别人交流很多，除非他们彼此熟谙。

本书中一些章节是写我和爸爸的，我希望读者能够从我和爸爸之间的故事来深入、全面的了解他：李敖不仅仅是一个作家，更是一个父亲。

最后希望本书作者能够将爸爸真实、精彩的人生全面呈现出来。

李 文

2010年元月于北京

李文博士个人简介

李文博士（Dr. Hedy W. Lee），美籍华裔，英语教授、作家、礼仪专家，演讲人、嘉宾主持人、维权者、监督人、名媛和城市不文明现象批评者，台湾著名作家李敖的长女。出生于美国纽约，在台北和美国两地长大，深受中西文化的熏陶。

著有《英文习语精解》（Analysis of English Idioms）、《美语语音训练》(Dr.Lee's Bood Camp Pronunciation Training）等英语教学系列，并出版《我和李敖一起骂》"Like Father, Like Daughter" Life with my father, Lee Ao...triumph, defiance, and heartwarming.(2004年1月)、《李文笑熬集》系列 Lee Wen's Collection of Satirical Essays on Chinese Adam and Eve：(《李文笑熬集·夏娃篇——听说，情调是一门艺术》、《李文笑熬集·夏娃篇——其实，性感是一门哲学》及《李文笑熬集·亚当篇》）等。通过这些书，人们看到李文与其父李敖先生一脉相承、"一剑封喉"的大侠性格及为人、为文之"妙"道。

李文博士未来最大的愿望是在中国开办一所真正的双语学校和一家教育书店；她还想创立一所国际礼仪文明学校，为提升国民道德素质和社会精神文明水平尽一份微薄之力。她希望与更多的教育机构甚至政府教育部门合作，共同交流、研究英语教育方面的问题。

目前，李文博士在教授英文的同时，还兼任香港福方集团有限公司顾问/监督人、北京东方君悦大酒店、上海柏悦酒店、香港太古集团和中石油集团公司执教商业礼仪课程，担任剑桥财务金融英语国际证ICFE的讲师和《新京报》教育高峰年会专家顾问，也常常做海内外媒体电视嘉宾以及打维权官司等。

李文博士个人网站：www.drhedylee.com.

作者序

爱因斯坦赞美圣雄甘地说："后代的子孙，很难想象，在我们这个时代，曾经走过这么一位血肉之躯。"本书的写作目的，旨在告诉读者诸君，在当代的中国，在中国的台湾岛上，的的确确堂堂正正地走过这样一位血肉之躯。

他像一道闪电、一声霹雳、一阵飓风，撕裂了天穹、照亮了天幕、撼动了天庭。他那风卷残云般的气势，"说大人以藐之"的气魄，"虽千万人吾往矣"的气节，舌战群"小"的气度，都一一为历史留下了雄证。

他是午夜长考的思想者，是为文不检束的"狂叛品"，是铁面无情的"介错人"，他的一生似乎都在圆一个伟大而遥远的梦——一个文人学者的思想家之梦。

李敖，在走上文坛之初，毁誉就与之形影相伴。或言他狂妄、媚俗、贪财、好色，或言他崇高、正直、侠义、温情，众说纷纭，莫衷一是，真应了当年的一句老话——"名满天下，谤亦随之"。

这也许要归咎于他那毫不掩饰的玩童个性——张扬、率真且暴露，愤世、玩世且骂世。他毫无忌讳地把自己的日记、情书、家史、私人信件以及与世人的恩怨情仇都一一发表，使自己成为一尾玻璃缸里的金鱼，让心理幽暗者在满足了窥视欲的同时，也得到了揪长揭短的"证据"。他"以直报怨"、快意恩仇的性格，老虎般的凶猛、狐狸般的狡诘，又让许多人如鲠在喉、无可奈何。于是，有些人，为了迎合读者的猎奇心理，凭借丰富的想像力，对其性格上的狂野刁蛮和多变情事铺张演绎，在扭曲变形的夸张渲染下，李敖成了一个文痞、猎色者、混世魔王。

真有如瞎子摸象，许多人摸到的只是大象的一条粗腿、一个长鼻、一根短尾，甚至只是一个假象，便各执一端、众说纷纭，以致摸错了象，其实与大象一点也不像。

作为一名白色恐怖下的幸存者，李敖的成就是多方面的。在与他同代的文人中，没有一个人像他那样饱受政治迫害，依然不屈不挠、屡挫屡战，办杂志、办报纸、入政界、上媒体，通过种种方式向邪恶的黑暗势力斗争；也没有一个人能像他那样在杂文、小说、戏剧、散文、诗歌、政论等等方面都有巨大的成绩和突破，在台湾乃至在大陆文坛都产生较大的影响；更没有一个人像他那样，既是作家、思想家、历史学家，又是报人、出版人、演讲人、维权人、电视节目主持人，并且参与了2000年台湾地区领导人大选、2007年的台北市长竞选，在2004年被选为“立法委员”；当然也没有一个人像他那样敢于在“台独”势力的高压下力排众议、公开宣扬“一国两制”、大谈祖国统一大业，畅言民主自由与国家的富强……这种才华、这股胆气、这番卓识、这等境界、这场拍案惊奇、这段赤子心路，正是他的可贵与伟大之处。

在中国现代文化的流变中，李敖现象并非一个孤立的个体和历史的偶然，而是中西文化交汇、古今思想碰撞在一个特殊时代、一个智慧大脑中奇特反刍的结晶。沿波讨源，在李敖思想的来路，依稀可辨一行行、一列列古圣先贤的身影：老子、孔子、墨子、司马迁、阮籍、嵇康、陶潜、王安石、苏轼、李贽、顾炎武、王阳明、吕坤、李颙、曾国藩、康有为、谭嗣同、梁启超、章太炎、黄侃、王闿运、汪中、胡适、陈独秀、鲁迅、孙中山、毛泽东……苏格拉底、伏尔泰、贞德、富兰克林、左拉、王尔德、萧伯纳、海明威、罗素、易卜生、海耶克、杜威、甘地、丘吉尔、杰佛逊、林肯、戴高乐、巴顿……那里有中国传统文人的人格光华，有西方自由志士的民主精髓，有政治家的抱负，有思想家的智慧，有文学家的浪漫情怀，有历史家的铁面无情，人类精神的光芒通过他的大脑折射，散放出一道道耀眼的光晕，色彩斑斓，异象纷呈，使人在惊心动魄之中，在醍醐灌顶之下，在茅塞顿开之后，感受到一位智者独迈千古的魅力。

在大陆人的思维中，由李敖的斗争精神，难免会联想到几十年前的鲁迅。虽然李敖对鲁迅颇有微词，但不同的个性里却有着某种相似的品质——即斗士的精神和不屈的灵魂。鲁迅像一位冲锋陷阵的战士，横眉冷对、爱憎分明，即使孤军奋战，也大义凛然、在所不辞，给人一种悲剧感。李敖也是一名战士，但更像是一位“斗战胜佛”，他在愤世嫉俗批判黑暗的同时，加入了更多的挑逗、戏谑和嘲弄，使对方不仅受伤，而且受辱。他以自己独特的方式战斗，使他的人生充满了喜剧色彩。可以说，在整个20世纪的文化发展史上，鲁迅的“庄”与李敖的“谐”，为这一段历史做了最漂亮的开场和收场。

就笔者所知，中国大陆已有十余部李敖的传记和评传问世，表明了社会对李敖现象的关注。著名编审王信先生曾说过一句话，对一位在时代风云里曾经产生重大影响的人物，“传记和评传是可以出版不止一种的，后来者只要有所前进，有所增添，有所开拓，就是值得出版的，也会为学术界所欢迎”①。笔者正是怀着这样一种心情从事李敖传记的写作的。如何才能在前人的研究基础上“有所前进，有所增添，有所开拓”？笔者在书中作了若干努力。

一、李敖是继胡适、殷海光之后自由主义文人的一个典型，他的成长离不开风雨如晦的苦难时代，也离不开中西文化相激相荡中的挣扎与革新，更离不开现代知识分子为反抗封建主义追求民主自由而进行的前赴后继、艰苦卓绝的斗争。因此，从某种程度上讲，描绘李敖的人生，也是在描绘一段波澜壮阔的中国历史，一个西风东渐、时潮

① 胡明：《胡适传论》，卷末附录，人民文学出版社1996年版。

叠出、云龙契合、觅新求变的时代，地点场景或有不同，但其典型意义不言自明，它是中国人走向现代文明的光辉灿烂的一页。

二、李敖自少年时代受到自由主义思想的濡染，一路走来，终生不悔，本书在结构上亦以其思想的成长与情感变化为经，以其创作实践和社会活动为纬，勾画出其七十多年的人生画面。鉴于传主的人生多变、思想庞杂、社交光怪陆离，笔者在叙述他的成长历程时，兼顾对其思想情感进行多角度的梳理。到本书后半部分，由于他的生活渐趋稳定，故其社会活动和创作的介绍分析便占了相当篇幅。总之，在传与评的结合上以叙为主、以评为辅，叙以画龙、评以点睛，力求做到内容详实、重点突出。

三、由于时空流转，任何自传和回忆都可能发生某种程度的失真，《李敖回忆录》、《李敖快意恩仇录》等自传作品也不例外。因此，为李敖作传，决不能仅限于一部《李敖大全集》，否则就有可能“李敖步亦步、李敖趋亦趋”，被某些“表象”所迷惑，流于被动和浮躁。笔者在撰写过程中不仅参阅了李敖已出版的全部日记、书信等原版作品，而且访问了国内数所大学的港台资料室、中国社科院图书馆和中国国家图书馆，遍寻旁证材料，如梁启超、胡适、张竞生、殷海光、王尔德、罗素、易卜生、萧伯纳、海耶克等人的著作，胡因梦的回忆录、林毓生的书信集，王尚勤、李文、李珣、肖孟能、王晓波等亲友故旧的回忆文章，以及钱穆、胡秋原、徐复观、侯立朝、柏杨等与传主相关人物的著作和研究资料，对许多材料进行了严格考证，最大程度地保证了人物思想历史的客观和真实。2007 年，笔者还专程前往山东潍坊，围绕“李氏族谱”的发现进行了为期三天的考察访问。对李敖家族的历史有一个更加清晰的认识。因此，本书传的部分，既非李敖自传的改写或缩写，又非凭空虚构和想像，而有笔者对传主历史的整体认识，全书要呈现出的是一个思想家的李敖、文学家的李敖、历史家的李敖，这才是李敖的真价值。所有材料的取舍都紧紧围绕这一主线展开，在选材上只取与主线关系较大者，包括个人情感生活人事纠纷亦复如此，以此追求人物思想脉络的清晰可辨和人物形象的真实典型。

四、由于体裁所限，本书把重点放在传的部分，力求内容详实，对李敖的行为及思想变化的心理原因，进行重点分析，而对其作品的评价则力求简明。李敖作品卷帙浩繁，已出版近两千万言，几乎涉及到各类文体，如小说、散文、诗歌、戏剧、杂文、政论、书信、日记、随笔、札记、序、跋、语录等等，极具研究价值。笔者拟另书讨论，本书只是对其中重要部分作简要的评述。

五、在确保历史真实的基础上，力求语言生动形象，具有可读性。使读者既能看得懂，又不看得困。

以上几点，是笔者在撰写本书时的"别有用心"所在。能否如愿以偿，还有待读者诸君的检验。

李敖先生一生著作等身，且是史传写作的大家，他的《胡适评传》、《蒋介石评传》等等，都堪称传记创作中的典范。他责己严、责人亦严，想像着在他眼中，本书离真正意义上的"传"，一定还相差遥远。据李文博士讲，李敖在谈到笔者旧作时，将其划入"严肃"一类，可算是一位史学大师对后进的一种殷切期望和莫大的勉励。

是为序。

陈才生

2010年3月30日

第一章

童年，少年

李敖评传

半个世纪前，爷爷那一代从山东北上，出发到东北；半个世纪后，我们这一代却绕山东南下，出发到江南。好像爷爷那一代的努力，都完全作废了，陶渊明“根株浮沧海”的诗句，正是准确的预言。

——李敖：《李敖回忆录》

一、“流民”后裔

1935年4月25日，[1] 李敖出生于中国东北的哈尔滨。

“哈尔滨”在满语中的意思是“晒渔网的场子”。20世纪初，它还是一座方圆十多里的小镇，但到20世纪初，由于中东铁路的贯通，这个处于“丁”字形铁路交叉点上的小渔村已经发展成为一个带有殖民色彩的近代城市了。

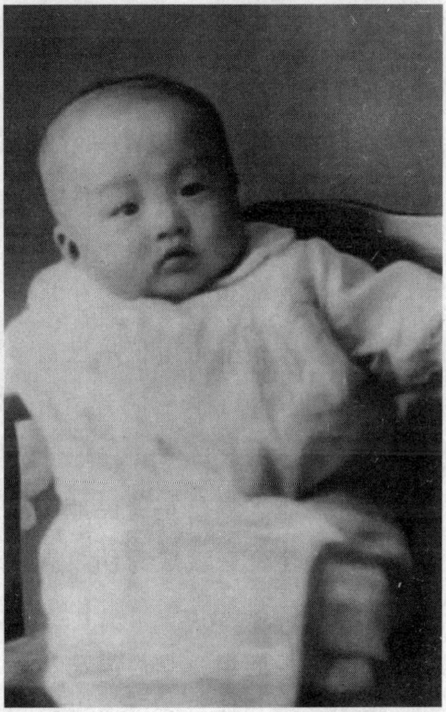

1935年生于哈尔滨，已满周岁的李敖

李敖出生的年月，中国这个老大帝国正在走向衰落。军阀混战、外敌入侵，内忧外患、满目疮痍。万里河山处在风雨飘摇之中。

此时此刻，日本帝国野心勃勃，不仅把侵略魔爪伸向东北三省，而且贪婪的目光亦瞄准关外，这块正在呻吟中的华夏土地，成为大东亚“共荣圈”

① 李敖二姊李珣另有说法：“我一直记得敖弟的生日是三月初三”（即1935年4月5日）——李珣：《敖弟》，见蔡汉勋编：《文化顽童·李敖》，中国友谊出版公司1999年版，第9页。

的重要目标。为了加紧发展在华势力，实行蚕食政策，日本天津驻屯军参谋长酒井寻找借口从天津入关，进行武力威胁。日方华北驻屯军司令官梅津美治郎则向中方提出种种无理要求，并扬言如不接受，就要采取“自由行动”。

华北危机，中国危机。

面对大敌当前，国民党巨头蒋介石采取“不抵抗”政策，电令国民党政府北平军分会代理委员长何应钦，答应日方提出的五项侵略要求，签订了激起全国民愤的“何梅协定”，大片河山顷刻间陷入敌手。而同一时刻，他又发布了“攘外必先安内”的政策，排除异己，逐共中原，千百万为信仰而战的共产党员人头落地，横尸法场，神州大地一片血雨腥风。

在中国西部的云贵高原，一支衣衫褴褛的队伍正跋涉于雪山草地之间，他们一边与国民党追兵浴血奋战，一边进行着艰苦卓绝的军事大转移，史书称之为“二万五千里长征”。

风声鹤唳，怨声载道，白骨遍野，民不聊生。

灾难深重的1935年。

此时，末代皇帝溥仪早已被辛亥革命赶出了宫廷，在一群日本人和汉奸的簇拥下到了长春，建立了“满洲国”，挑起了黄龙旗，做起了傀儡王。

东北三省，早已是遗民地区。

李敖一生下来就成为伪“满洲国”的“遗民”。

如果寻根问祖，李敖当是流民的后裔。

据李敖家传的《李氏宗谱》记载，“我的祖籍是山东潍县”（即今潍坊），“远籍是云南乌撒”①。这似乎已成定论。但细查潍坊李氏并非一

① 李敖：《李敖回忆录》，（台北）李敖出版社1999年版，第3页。

族，据《潍县志稿》记载，民国30年潍县已有47个李氏家族。虽然同姓，却来路不同。其中自明初由云南乌撒迁潍的李氏家族有五个：一族始祖名妻梧，明洪武二年由云南乌撒卫迁潍县韩尔庄；一族始祖名安明，洪武中由云南乌撒卫迁潍县；一族始祖名世永、世英；明洪武中由云南乌撒卫迁潍县李家庄；一族始祖名显兴，明初由云南乌撒卫迁潍县东关；一族始祖名林，明初由云南乌撒卫迁潍县贾庄。如今，除“显兴”外，其他四族均未见有族谱资料出现。[①] 2007年初，山东记者刘铁飞在潍坊李氏族人李传德家发现了“下河李”《李氏族谱》（简称“李本”）。[②] 该谱初修于乾隆25年（1760年），始祖即为“显兴”。“下河李”显兴一族到民国20年第六次重修族谱时，“应续名辈者达2000余人”，可谓枝繁叶茂，子孙盛昌，是潍坊李氏中发展最兴旺的一个，也是潍坊城内的大族。如果将《李敖回忆录》中的记载与“李本”《李氏族谱》细加对照，可以发现两者大致吻合。如李敖说：“根据《李氏宗谱》，我的远籍实际是云南乌撒……那次人民的北移，是强迫性的。”而“李本”《李氏族谱序》中，亦有如下记述：“余族姓世居云南乌撒府，明洪武间，诏徙民内地。予始祖显兴者，因迁潍之东郭。”这段记

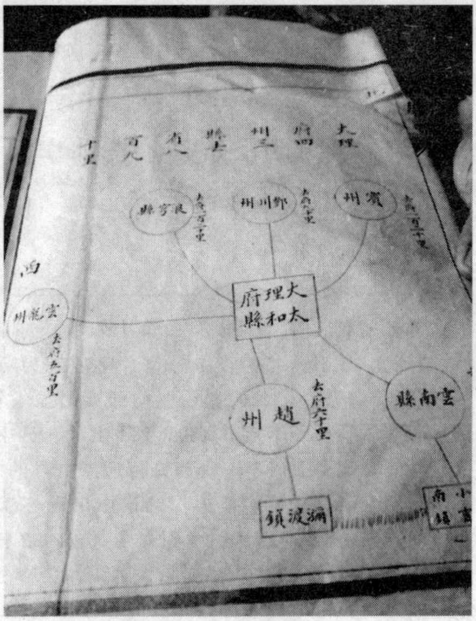

族谱中的云南乌撒迁徙图

---

① 据2008年9月26日潍坊新闻网消息称，潍坊虞鑫古玩城孟祥森藏有一部《李氏族谱》（简称“孟本”），由于迁潍时间是元代，究属何支待考。

② 因该支族人生活在潍县南下河一带，俗称“下河李”。其他支派还有“下坡李”、“枣强李”等称呼。

族谱上出现了“李凤亭”这个名字

述，至少印证了《李敖回忆录》中两个重要内容。其一是“世居云南乌撒”；其二是“诏徙民内地”，即先祖离开故乡并非自愿，是在皇帝诏令下才迁来内地的，这也就是李敖所说的，是“强迫性”的。另外，还有一点更加重要，即在“李本”《李氏族谱》中，赫然出现了李敖的爷爷李凤亭的名字。①

据《李氏族谱》记载，李氏一世祖李显兴，于约洪武 14 年（1381 年）迁潍，传至第五世时，分为七支，皆居潍县。其中，第四支居于潍县南下河一带。该支到八世李珮已开始家道中落。李珮生有四子 16 孙，其中“出继”、“出外”、“出口”者就有四人，可以想像其家族窘迫之状。在李珮的 16 孙中，长孙李温无后，借胞弟李洙次子李培聪入嗣，已是第 11 世。李培聪下有四子，长子便是李凤亭。② 此时的李家，已沦入

---

① 有趣的是，在“孟本”中第十六世，亦有“李凤亭”之名，且“凤亭”下还记有一子,名“茂堂”。有人指为李敖家谱，笔者疑为巧合。因为该谱中记载的始祖元朝迁潍与李敖手中《李氏宗谱》记载的始祖明初迁潍明显不符，更重要的是该谱修于光绪 11 年，即 1885 年，而李凤亭长子李宝彝 1895 年才出世，谱中怎会出现他的名字？故笔者认为，“孟本”所记可能是比“下河李”氏族先祖迁潍更早的一支。

② 有研究者认为，“李本”族谱中出现与李敖祖父同名只是“碰巧”，理由是谱中存在“‘时间’硬伤”，即“从明初到如今（按：指李敖一代），仅繁衍 16 世（按：乃“14 世”之误），这是不可能的”，故“如果该族谱果为李敖家谱，那么，李氏家族从云南迁至潍坊的时间应该是清初而不是明初”，“其间相差数百年之多，所以可以断定该族谱与李敖无关”（见 2008 年 10 月 8 日潍坊新闻网报道：《家谱专家研究后得出结论：两本李氏族谱与李敖无关》）。其实，这位“家谱专家”算法有误。据笔者考察，写于民国 20 年（1931 年）的《李氏第六次续修族谱序》，作者就是当时的族长、14 世孙李芳龄（此时，谱中记载四支已繁衍至 19 世、长支已繁衍至 22 世，分别与谱序作者相差五世到八世），同为 14 世孙的李敖（生于 1935 年），与李芳龄只有几十年之差。“家谱专家”所说“相差数百年”不知缘自何处。难道身为族长的李芳龄也不知身居何世了吗？考李凤亭 37 岁得子李鼎彝，李鼎彝 36 岁得子李敖，按常规每 25 年至 30 年一代人计，两代人就晚生约 20 年。自明初至民国 500 年间，相差几十年岂足怪哉！

社会的最底层，从而出现了《李敖回忆录》中那凄惨的一幕：

> （李凤亭）小时候，赶上荒年，跟着母亲去做乞丐。一天碰到狗来咬，他母亲怕他被咬到，就用身体保护他，母亲却被咬至死。他流浪一阵，无以维生，就替“下关东”的人赶马车，也去“下关东”了。①

拆除中的潍坊李氏家族旧居 作者(右)与刘铁飞(左)

李凤亭大约出生于同治元年（1862年），② 离开家乡时大约15岁。他最初的流浪地是吉林。这大概是因为居住该地的李氏族人甚多之故。在李氏族谱中，曾有多处“下关东”成员的记载，如《李氏第六次续修族谱序》中就提到，第二支“有迁往吉林省长春厅者”，其中11世李隆“徙居关东吉林长春厅怀惠乡第五甲”，第四支14世李芳东“寄居关东双城堡”、李芳辉“寄居关东农安城”等等，这至少说明，李氏家族很早就有人生活在长春西北一带，并且生活得还比较滋润，所以才有本族后人不断前往投奔。

俗话说：“河北出响马，关东出土匪。”当国家内忧外患、百姓痛苦

---

① 李敖：《李敖回忆录》，第4页。

② 据《李敖回忆录》中称李凤亭生于1862年即“民国前50年前后”推断，该书中“咸丰”乃“同治”之误。

作者·潍坊李氏后人李传德·李氏族谱

不堪之时，许多人会走上野蛮冒险的道路。在当时的东北，响马、土匪啸聚山林，多如牛毛，如韩边外、刘罗锅、杨玉麟、刘永和、王和达等等，打家劫舍，杀富济贫，名噪一时。李凤亭也是其中的一员。在他做土匪时，有一次负伤躲入山洞，被一位李姓人家的小姐救出，后来两人在吉林扶余安了家，这就是李敖在回忆录中所说的“扶余老宅”。

为了谋生，李凤亭赶过马车，当过工人，种过地，打过更，看过坟，做过流氓，当过土匪，也打过土匪，最终在扶余县榆树沟扎下根，并做了银楼老板。可谓生活曲折，阅历丰富。他虽然不识字，但是胆大心细，头脑清楚，“是有名的厉害角色”。

嫁给李凤亭的李家小姐（后因避讳改姓吕）也不一般。小女子长相一般，却极有个性，常常因一些小事与丈夫相持不让。70多岁时，还跟82岁的老头子斗气不说话。两人一吵架，李凤亭就会骂：“穷山恶水，丑妇刁民！”

吕氏给李家生了12个孩子，其中夭折了五个，还剩下五男二女。

据李敖母亲张桂贞回忆，长子孟谦（名宝彝）、次子玑衡同年高中毕业。李凤亭虽然望子成龙，但只能供一个儿子读大学。而此时的孟谦燕尔新婚，不愿远行，于是玑衡获得良机，考取北京大学。李玑衡，就是李敖的父亲李鼎彝。[①]

---

① “李本”族谱中李凤亭名下次子“吉安”与李鼎彝之名不符事，笔者疑为谱名，不足为怪。

李鼎彝，小名季恒，字玑衡，1899年生。1920年（民国九年）就读国立北京大学预科，两年后考入北大国文学系。这几年，正是五四新文化运动的黄金时代。他亲耳聆听过蔡元培、陈独秀、鲁迅、胡适、周作人、钱玄同、沈尹默等大师级人物的教诲，是真正被“新文化”熏陶出来的新青年。在他的同班同学中后来做出大成就的人很多，像搞中国文学史的陆侃如、冯沅君、游国恩，搞国语运动的魏建功，同届的还有冯友兰、周德伟、陈雪屏等。李鼎彝考上北大之后，家境更加困难，两年后，父亲的银楼关闭，已无钱可寄，是他的扶余同乡张松涵帮他一年所需，得以继续读书。三年之后，他不得不回吉林老家做兼职教师，以助家人维持生活，教书一年之后又回到北京参加毕业考试。

李敖父亲李鼎彝

李鼎彝毕业时，吉林省政府计划以公费送他出国深造，但他养家心切，放弃了这个绝好的机会，返回东北，被聘为哈尔滨吉林省立第六中学校长。同时，为了补贴家用，他还在吉林女子师范、吉林大学兼课。此时，他已27岁。

当时，吉林女子师范有一位女生名叫张桂贞，长得身材匀称，高矮适中，风韵独特，是哈尔滨道外北新警察分局局长张人权的大女儿。在当时的吉林省，张家虽然不算首富，但也可以列为富豪之家，聘有家庭教师，使后代得以读书识字，张桂贞也有了进学堂的机会。

李鼎彝教高班时，她上低班，还是学校里的篮球健将。那时女子到新学堂念书的本来不多，加上张桂贞的出色，故也小有名气。张桂贞小时曾被指腹为婚许配给徐通县富绅徐家，但徐家后来迁居上海，婚事亦悬而未决。谁知七年后徐家专程赴吉林来下聘礼，要求与张家小姐完婚。此时张桂贞在家中极受长辈疼爱，父母不舍得让她远嫁，乃偷梁换柱，将三女儿推出顶替。如此，才有了后来她与李鼎彝的婚姻。

在张桂贞入嫁李家之前，李鼎彝曾与一尹姓女子结婚。由于这位尹女士不能生育，与婆婆形成强烈的反差：她自己不能生，婆婆又太能生，她的可怜，自然也就加了一倍。这在当时“多子多福”的时代是极其危险的。李鼎彝找来医生给她看病，但尹女士受旧思想影响，非常“羞医”，不肯让医生看她的妇科病，结果难安于位，郁郁而死。李敖很早就听说过尹女士的这个故事，每年过节还要同姐姐们一起折锡箔，装入大纸袋，烧给死去的亲人，其中有一袋就是烧给尹女士的。他对尹女士的故事感触颇深，从这一事件中，他真切地感受到了封建礼教对妇女的摧残，后来，他曾在多篇文章中援引此例。

李敖出生时，家住吉林道里二道街。关于他儿时在家庭中的地位，他的自传中有一段颇具调侃色彩的记述：

> 妈妈生我的时候，已经一连生了四个女儿，这种情形，在那时代，已经有点岌岌可危了。中国汉朝就有“盗不过五女之门”（生了五个女儿的家，连小偷都不去偷）的话，一个媳妇，不老老实实生儿子，却一而再、再而三、三而四的生女儿，这像什么话？幸亏我应运而生，使妈妈立刻从“败部复活”，帮了她的忙不少。在生我以后，妈妈又故态复萌，连生了两个妹妹，那时我在家中的地位如日中天，直到最后

弟弟出世，才算两权分立。[1]

据李敖的二姊李珣回忆，李敖出生后，李鼎彝乐得当天就拎着两个女儿，穿着奇装异服跑到电影明星广告前拍照留念。李珣说："其实只是大人们宝贝敖弟，在我们四个姐姐眼里并没有当他一回事。敖弟除去在长辈那里到处吃香之外，姐姐们面前也捞不到便宜。我们家思想较开放，男尊女卑的观念并不严重，敖弟只是'物以稀为贵'罢了，更何况李敖的四个姐姐哪个是好惹的？"[2]

李敖最初的小名叫"安辰"，但很少有人这样叫他。大人们常用"噢，噢"的声音逗他，四姊亦喊他"小噢"，于是喊着喊着，"李敖"便成了他的大名。李敖说："在发音上，我倒由第四声的'傲'音，慢慢倾向喜欢第二声的'熬'音，一来忧患使然，二来第二声听来响亮一点。"[3]

由于李敖在男丁中排行老大，就格外受到家人重视。他的父母又都是受新文化熏陶的一代，李敖的家庭环境自然是比较宽松的。

李敖的祖籍是山东潍县，但由于父亲生于扶余，上大学又是领吉林省公费，故其籍贯就改为吉林省扶余县，在当时只是李鼎彝一人改，直到1949年赴台后，由于户政机关的规定，才将全家人的籍贯统一改为吉林扶余。

"九·一八"事变前，东北白山黑水、地大物博，加上成千上万开拓者们的辛勤劳动，千里荒野化为夏耕冬猎的富庶之乡，是真正的黄金时代；"九·一八"事变后，日本和苏俄为争夺中国领土，在东北摆开了战场。东北人民泪洒胡尘，饱尝了做亡国奴的痛苦与辛酸。此时，李鼎彝正在吉林六中校长任上。他性格谦和，思想爱国，视野高远，

① 李敖：《李敖自传与回忆》，人民文学出版社1990年2月版，第1页。

② 蔡汉勋编著：《文化顽童·李敖》，第11页。

③ 李敖：《李敖快意恩仇录》，（台北）商业周刊出版股份有限公司2000年版，第56页。

1941 年,小学时期的李敖

且具有包容心，故校内师生思想活跃，学风浓郁，师生中很是出了几位人才。比如美术教师陈凝秋，不久投奔延安，成为著名的抗日歌曲《大刀进行曲》和《生产大合唱》的作曲者。再如学生王贵民，不久考入复旦大学，参加了中国共产党。随着日本侵略者统治的加剧，学校管理亦受到影响。李鼎彝不堪日本副校长来参与校政，乃生思退之心。他先将父母和弟妹送到北京定居，再写信给张桂贞，让她秘密结束哈尔滨的家，不能让日本副校长知道。一切就绪后，由好友王兆民（王墨林）护送，全家人深夜搭乘火车到山海关，与等候在此的李鼎彝会合，逃往北京（时称北平）。自此，李鼎彝完成了他计划多年的“出满洲记”。此时，李敖两周岁。

在北京，李敖一家曾数次搬迁，先住四十二条门楼胡同，不久搬至内务部街甲八号，最后才搬到了居住时间最长的同一条街甲 40 号——这是李家远亲沈铭三的一座宅院。在这里，李敖随着他的家人一住便是十年。

为了谋职，李鼎彝最初找过自己的老师胡适。此时的胡适正在倡导“好人政府”，走红于国民党政坛。他以国民参政会参政员的身份频繁出访美、英、法诸国，宣传中国抗战，请求国际对华支持。可能是李鼎彝当年成绩平平，在胡大博士的印象中，早已不记得这个弟子了。总之事情没有下文。李鼎彝只有另觅他途，经过一番周折，终于在法务部找到一份小差使。

当时的北京政府，职员薪水极其微薄，且常常拖欠。李鼎彝要靠此养家糊口，其家境窘迫可想而知。他每天上班为省下车费，只能一大早就动身，步行从东城走到西城，下班再从西城走回东城。此时李敖三、四岁，已有了记忆，他清楚地记得：

> 那时我们住东城，为了省下车钱，爸爸每天走路，走到西城去上班。每天下班回来，在面包行里买两块面包，一块给全家最老的——爷爷——吃，一块给全家最小的——我——吃。他自己和其他的人，都看着，不吃。①

幼小的李敖，已经朦胧感觉到了身逢乱世的悲凉与辛酸。

李鼎彝持身方正，做事沉稳，在法务部工作表现得非常出色，不久即升为科长。三年后，法务部要在全国各大城市设立禁烟局，遂派他到山西太原任禁烟局局长，李敖时年六岁，亦有了随母亲坐火车赴太原的经历。

太原位于山西省中部，是一座拥有数百万人口的大城市。从1941年到1943年，李敖一共到过这里三次。他记忆中的幼年生活，从此时开始变得逐渐清晰起来。他在太原的时间不长，但这座古城在他心中留下了难忘的印象。那黑色的T字形局长专车，那扑鼻而来的戒毒房中的水泥味道，那颇像丰子恺漫画中阿Q的挑水夫，那在婚礼酒宴上出现的“女招待”，那“有一点鬼气”的冷清的高房子，那公园里有五只脚的怪胎牛，那来自侵略者国度的相扑表演，那医院里做标本的人

① 李敖：《李敖自传与回忆》，第14页。

1947 年李敖与其母亲、四位姊姊及大妹在北京的合影

体骷髅……几十年后依然历历在目。最令他难忘的是，在禁烟局的大操场上看到的鸦片，一块块砖头大小、排列成阵，像到了砖窑一般。他想，任何毒枭都不会比自己看过更多的鸦片！

这种“大世面”，在那个时代，在他的同龄人中，是很少有人见得到的。

1943 年秋天，正是香山红叶层林尽染的时节，七岁的李敖从太原回到北京，就读于距家不远的新鲜胡同小学。过去，这里曾是明朝大宦官魏忠贤的生祠，距离风蚀残破的古城墙很近。他听说，大学问家梁实秋幼时就是从这里毕业的。可见，这所小学的历史已经很久了。在这里，李敖度过了他小学的全部时光。

1947 年夏，李敖小学毕业，以总分第一名的成绩考入北京市第四中学。

1948 年冬，国民党政府在北方的局面江河日下，北京岌岌可危。此时，已辞官回京的李鼎彝在困厄中又想到了逃难。他认为有长江一江之隔，退到上海也许更为保险。于是变卖了在北京购置的家当，带全家分四批逃到了上海。母亲张桂贞回忆说，1948 年是“喜忧参半”的一年，在这一年中：

（一）长女安娜，考取辅仁大学博物系，并选为该系系花。（二）次女安琪，是儿女群中文理兼备全才生，希望能取得贝满高中毕业文凭。（三）李张两家仅存的老人——我的母亲——逝世。(四) 舅父孙伟鄂请玑衡到湖南湘潭，任职于煤矿。(五) 最重要的是内务部街住所，房东沈二爷要收回房子出售。在诸多原因下，不得不离开北京。[1]

在离京南下的辗转行旅中，李敖饱尝了背井离乡的无奈、流离失所的辛酸、无家可归的失落，此时他已开始懂事，在《十三年与十三月》中，他描述了当时自己面对国共之战的复杂心情：

在廊坊附近，火车开得奇慢，铁路是刚刚抢修好的，旧有的铁路被共产党给扒了，铁路两边，到处是劫后疮痍，一片战乱的景象。

在天津，最后等到了一班船——锡麟轮。在码头上，已经是一片乱局。许多伤兵聚集在那里，五叔和一位伤兵谈战局，敬了伤兵一支烟，伤兵感谢得溢于言表。伤兵口中的国共之争是内战，是兄弟之战。其实，要说内战，说兄弟之战，可有比这更具体的。当时河北省东边有两个兄弟，哥哥被国民党拉去当兵了，弟弟被共产党拉去当兵了，结果竟在战场上相对开枪，互相把对方打死了。梁秋水当时写了《冀东兄弟行》，有“兄弹弟腹穿，弟弹兄脑裂”的描述，原诗凄惨，我至今不能忘记。

锡麟轮很小，我生平第一次坐轮船，不断的在甲板上张望。船开出渤海，经过山东，远远的一片大陆，引起我一番对比：半个世纪前，爷爷那一代从山东北上，出发到东北；半个世纪后，我们这一代却绕山东南下，出发到江南。好像爷爷那一代的努力，都完全作废了，陶渊明“根株浮沧海”

① 李敖：《妈妈的遗稿》，《李敖通电集》，中国友谊出版公司2004年版，第68页。

的诗句，正是准确的预言。[①]

到上海以后，由于家庭经济困难，李敖的姐妹们都辍学了，只有李敖一人继续就读。1949 年 1 月 25 日，他随春季班从初一念起，读的是上海绢规中学（即今上海市东中学）。这是一所贵族学校。李敖第一次走进这所学校时，立刻被那漂亮的建筑吸引住了，他觉得比起北京四中的母校来，这所学校的确太贵族了。它的建筑，既优雅又精致，十里洋场的学校，与文化古城的学校风格就是不同，豪华的程度也完全不一样。李敖听说，胡适在上海落魄时，曾在此教过书，后因喝醉了酒，打了警察，才自动辞职。这所学校原名华童公学，后来为了纪念清朝在上海的头儿聂绢规（曾国藩的女婿），才改名为绢规中学。

此时，李敖已长成一个大男孩了。他性格中的“奇气”和“悍气”逐渐明显，并且开始形成了自己的人生理想和世界观。

也就是在此时，历时 66 天的淮海战役（国民党党史称“徐蚌会战”）已经结束，国民党大将黄维、杜聿明等先后做了解放军的俘虏。整个江北全部失守，上海亦危在旦夕。李鼎彝在老同学原兴安省教育厅长、国大代表张松函劝说下，决定携全家逃往台湾。

李鼎彝为什么要从北京逃往上海，又从上海逃往台湾？当时的李敖年龄尚小，不可能深思，但他还是产生疑问，有时甚至出现误会。他似乎感觉到父亲在行动中的那种神秘和无奈，但却不知道为什么。这个谜团直到他 26 岁时才得以解开。那是他接到的一份国民党大员吴焕章签署的文件，是致国民党中央调查统计局副局长郭紫峻的密件，其中透露，李鼎彝是一位资历颇深的抗日工作者。由于他做的是“地下”工作，所以在沦陷区即使背着“汉奸”之名，也不去辩解和澄清。在国民党政府大势已去时，他为了表示自己的清白、自己的革命，他不

① 李敖：《李敖自传与回忆》，第 46 页。

能不跟着“政府”走，“政府”走到哪里，他也只能跟到哪里。

当然，这里也有李鼎彝个人的因素。据张桂贞和李敖回忆，李鼎彝非常喜欢批八字，一而再地批八字，每位算命的都告诉他说往南去、往南去，所以他由东北到了北京，又由北京到了上海，最后来到了台湾。

当时，李敖的大姊、二姊均在北京上学，她们的四姑父丁锡庆（陈纳德飞虎队要员）承诺能买上机票，故都留京未动。谁知形势急转直下，北京很快被围、被解放，除了国民党的高官外，谁也搭不上飞机了。她们做梦也没想到，与家人再次团聚已是44年以后的事情，个个都已老态龙钟、白发斑斑。

1949年5月11日清晨，初一未上完的李敖，背着他的500本藏书登上了逃难的中兴轮，在沉重而悠长的汽笛声中，开始了他们家族史上的又一次大迁徙。

此时与李敖同赴台湾的兄弟、姊妹是：三姊李琳，四姊李琤，大妹李珈，小妹李璎，弟弟李放。

坐在堆满了行李、物品的甲板上，望着东方浩渺无际的大海，李敖心中茫然一片。他只听说过那个奇怪的地方，白天可以穿单衣，晚上却要盖棉被，其他就一概不知了。他不知道在那烟波深处，等待他的会是什么。在他年幼的心灵里，萦来荡去的，只有背乡离井、无家可归的怅惘与苦涩。回首过去，如果还有一丝丝亮色的话，那便是他经历过或听说过的一个个“奇人”的故事了。

二、他向往“伟大惊人”

少年时代的李敖，十分崇拜“奇人”。

在他心目中，凡是秉奇气、有奇能、具奇才、怀奇情者，包括那些了不起的伟人，李敖都表现出极大的兴趣，并且潜移默化地受到这些人的影响。

李敖的二姐小学毕业了。她买了一本纪念册请同学们题词留念。许多同学都画了图或写了字，李敖见了，也凑上去，在二姐的纪念册上画了一条船，船上单枪匹马站着一个人，手撑竹篙，船下还可以看到粼粼水波。旁边写了几个歪歪扭扭的字：

二姊：

伟大惊人

愚弟　小敖　六月二日

李敖在几十年后提到此事时说："后来二姊把这本纪念册寄给我，我看了这歪七扭八的四个大字，完全不记得了。'伟大惊人'，想是与二姊共勉的话，也许二姊从不敢以'伟大惊人'自居，那就全是愚弟自道了。"①

"伟大惊人"，不同凡响，正是幼时的李敖对"奇人"的最高理解。

在李敖儿时的记忆中，他最佩服的人物首先是他的爷爷李凤亭。李凤亭个子不高，但短小精悍，满脸透着聪明，双目炯炯有神。这是他壮年时留给人们的印象。在李敖二姊的记忆中，他已经衰老得只能"拄着拐杖，斜着肩膀走路"了。所以，李敖对爷爷的印象多是从大人的传说中得到的。他在自传中称李凤亭是有名的"厉害角色"：

他做流氓时代，一天在农田里设赌局，做庄家。聚赌的人里，有一个流氓某甲，手气不佳，每局都输，现金先输

① 李敖：《李敖快意恩仇录》，第62页。

光，接着马输光，接着行囊输光，接着外套输光。最后他输火了，拔出刀来，在大腿上割下一块肉——开始“肉赌”。肉赌是一种无赖的赌法，赌徒赌火了，一割肉的时候，庄家若不巧输给他，不能赔钱，只能赔肉。……某甲这次表演肉赌，大腿上肉血淋淋往台面上一摆，大家都相顾失色。而做庄家的李凤亭，却面不改色地说：“好小子！你来这一套！割起腿上的肉来了！你有种！可是你给我搞清楚，这一套别人吃你的，我李凤亭不吃！你肉赌，按规矩，不是我输了才赔你肉吗？不是我输了再割都不迟吗？不是我赢了就不割了吗？可是为了不怕你，为了比你小子还有种，我先割给你看！割下来，我赢了，就算白割了！”说着，就拔刀朝自己大腿上割下肉来。[①]

这种在常人看来只是一种亡命之徒放刁耍赖的行为，在李敖眼中，却化为具有传奇色彩的壮举，李敖对爷爷万分佩服，他常常想起《吕氏春秋》中“齐之好勇者”互相割肉下酒的故事。他认为，爷爷就是那个勇者。

30多年后，李敖告《自立晚报》诽谤罪，提出索赔。对方律师说不应索赔，李敖说：“以我的性格，我的确不喜欢要人赔钱，而喜欢‘威尼斯商人’(The Merchant of Venice)式的干脆割仇人一磅肉，但是，法律能允许人割肉吗？所以，要人赔钱是大家公认的文明方法。”在他心中，这种“割肉式”的斗狠才是勇者，这种心理有多少是来源于他儿童少年时代对爷爷的崇拜，值得研究。

还有一个故事说，爷爷七十多岁时和老大两口住在郊区。一天晚上，被一伙土匪包围，在墙外高叫开门。大爷、大娘已吓得面无人色，

① 李敖：《李敖自传与回忆》，第7页。

但是爷爷却镇定异常。他下令大爷、大娘在室内大声吹警笛，自己却拿起一根张飞用的武器——丈八蛇矛，从前门跑到后门、从后门跑到前门，向土匪呼啸叫战。土匪们没有想到：居然会有这样一个倔强不屈的老头，手拿丈八蛇矛，保卫家园，毫无让步之意。俗话说：横的怕愣的，愣的怕不要命的。大概他们被这种从来想像不到的英勇行动震慑住了，最后只好撤退。

这种临危不惧、处乱不惊、不畏强暴的大勇，亦对李敖的思想产生极深的影响。成年后他八面树敌、以一人敌一党，受到政治迫害后，在法庭上、在监狱中、在刑求时，都以释迦牟尼和耶稣自许，表现得泰然自若、视死如归，这种大勇，实有前因。他在回忆录中曾夫子自道："我生平在勇敢、强悍、精明、厉害、豪迈上，常'有乃祖风'，也是由佩服爷爷而来。"① 在笑傲江湖的生涯中，他经常提到的"虽千万人，吾往矣"、"宁鸣而死，不默而生"，可以说正是对这种大勇精神的奇特的继承。李凤亭的勇敢、强悍、精明、厉害、豪迈，在几十年后李敖的身上都一一得到了体现。不过，李敖的悍、勇、侠、义、刁、野、顽、烈，加上他的学识和智慧，与爷爷相比，都高杆得让先祖只能望其项背、自叹弗如了。

给少年李敖以深刻影响的第二个人物当是他的父亲李鼎彝。

从遗传学角度讲，李鼎彝和张桂贞皆属于O型血，在性格上，李敖禀承了该血型的"急躁热情"，但这还不是最主要的方面。如果说李敖在他爷爷身上直接继承了强悍决绝的大丈夫气魄，那么父亲了不起的文化阅历，则是李敖契入新文化的机缘。李鼎彝以优异的成绩考入北京大学，并亲历"五四"北大的黄金时期，受到新文化运动的直接影响。他经常对李敖讲起北大教授如蔡元培、鲁迅、胡适、陈独秀等人的风采。那发生在中国最高学府里面的故事给李敖

---

① 李敖：《李敖回忆录》，第8页。

留下极深的印象。

他讲到蔡元培解决学生打架的故事。一天，在北大图书馆，一个湖北籍学生在看报纸，后面一个湖南籍学生也跟着看，湖北籍学生不愿意背后有人，就故意把头歪来歪去挡他的视线，结果湖南籍学生就给了他一记耳光。湖北籍学生就跑到校长室找校长评理。校长听了后既不和稀泥，也不动用训导规章，更不乡愿，他对湖北人说："如果你不该打，他打你，他是妄人，你不必和妄人计较；如果你该打，他打你，你自己评判吧！"两个人都没说话，鞠躬退出；看热闹的也都没说话，鞠躬退出。李敖觉得，蔡元培片言解纷，真是高杆极了，这才是第一流的教育家水准。

他讲起鲁迅上课的情形，鲁迅上课，把讲义一丢，态度倨傲已极。

他讲起魏建功的故事，盲诗人爱罗先诃到中国来，大家捧他，魏建功独持异议，说"我们不能盲从"。这件事引起鲁迅等人的抨击，魏建功却大大出了名。

父亲讲到的这些秉奇气、具奇才、有奇行的大师级人物，在李敖幼小的心灵中不知产生过几多神往，他羡慕父亲的阅历，在父亲的言传身教中，他感受到了民主、自由与科学的思想，以及"敢为天下先"的自由创造与理性反抗精神。耳濡目染，少年的李敖已直接"身在最高层"了。父亲口中人物的经历和形象亦成为他模仿的榜样。20年后，他在台湾大学对老北大系的学者如胡适、蒋梦麟、傅斯年、姚从吾等人的亲和感，当溯源于此。家庭环境潜移默化地影响到了他的现代意识和人格的形成。这种家学渊源的底气也是非当时的同龄人可比的。

李鼎彝对少年李敖的影响主要是在文化层面，他的政治背景李敖却一无所知。直到十多年后，他得到那封吴焕章致中央调查统计局的密件，才对父亲有了全新的了解。此时，李敖对父亲的态度更是崇敬有加了。

李敖在太原小住期间，不仅见识大长，而且还结识了一个对他而言堪称重要的人物。那就是他家的佣人温茂林。

温茂林40岁左右，长得中等身材，两眼有神，有腮无肉，穿着裤角缠绸带的黑棉裤，留平头，典型的中国北方农民形象，憨厚、淳朴、耿直，文化程度不高但有正义感，敢于仗义执言，略带江湖侠气，属于李敖后来所说的一眼看上去就有奇气的人物。

温茂林的职责是负责照顾少年李敖的饮食起居，整天和李敖形影不离。由于他的尽心尽职，受到李家的器重，后来跟李敖从太原到了北京，继续照顾李敖。李敖十分钦佩他的个性，他说自己日后的一些耿直脾气，其实是深受这个男佣人的影响。

温茂林能画一笔鸟。就是一笔下来，不间断地连成一线，画出鸟来。李敖认为奇特无比，大为佩服，跟着全套学到，他把它们画在墙上，左右对称。左边写上“温鸟”，右边写上“李鸟”。

记得有一天，父亲把几只中国旧式茶碗放在桌子上，就出门了。李敖看见茶碗四周画中的男人女人都没穿衣服，非常好奇，这时温茂林走过来，声色俱厉地向李敖说：“这种东西，不准看！”弄得李敖莫名其妙。十多年后他想起此事，才恍然省悟到自己看到的是瓷器上的春宫画。这种非礼勿视的思想亦深深地感染了他。

给幼时李敖以较深影响的家庭成员还有外祖父（李敖叫姥爷）张人权。他像崇拜爷爷一样，崇拜外祖父那大丈夫的气概。李敖出生时，外祖父已经去世，关于他的为人行事亦是从人们口中得知，倒是他的遗像令李敖经久难忘，几十年后，他在“自传”中写道：

> 他长得身材高大，相貌堂堂，威严无比。他有一张大照片，一直挂在家里，照片中的眼睛不论你从那个角度望去，好像都一直盯着你，教人为之生畏，为之想到乔治·欧威尔《1984》中的“老大哥”。[①]

---

① 李敖：《李敖自传与回忆》，第11页。

“老大哥”是英国现代作家乔治·奥威尔笔下的一个独裁者，他的粗犷、英俊而威严的巨幅画像无处不在，象征着一种至高无上的精神统治。画像下面的文字说明是：“老大哥在看着你。”这里，李敖显然是取其表层意。

1957 年，李敖在台大

李敖在大学日记里曾经写道：“我喜欢一种溢于眉表的精明英雄之气，两眼有一种锐利逼人的闪光，嘴唇紧闭，牙床咬紧，神情沉毅，态度坚决，一望就有一股慑人的奇气，轩昂不凡”，[①] 并且着意去模仿。其实，李敖在这里所描绘的正是他少年时代对外祖父的印象。

外祖父是哈尔滨警察局下一个分局的局长，为人耿直，不喜欢拍马屁。他的上司在台上，他不理；上司垮了台，他却跑去“烧冷灶”。

李敖在外祖父身上学到了为人的爽朗和为人的决绝，做一个堂堂正正自尊自强的人，而不是做一个勉求别人或乞求别人怜悯和施舍的人。这种做人的标准可以说影响了李敖一生。

在北京度过的少年时代里，对李敖产生较大影响的还有一个人，是他称为“二太老爷”的沈铭三。他是前安东（今丹东市）省主席高惜冰的亲戚，也是李敖外祖父的亲戚，大家称他沈二爷，也是一个有“奇气”的人物。

沈铭三在北京有许多家产，他靠家产出租吃饭，也没有什么职业。

① 李敖：《大学札记》，《李敖大全集》第 17 册，中国友谊出版公司 1999 年版，第 209 页。

事业无成，却禀奇情。他年少时荒唐过，爱上一名妓女，救她出来，就结了婚，但没有小孩。夫妇俩感情极好，沈二爷从此不二色。他在北京内务部街和史家胡同中间，有一大片房屋，其中内务部街甲44号这座房子，就租给李家，前后10年，直到1946年李鼎彝购置了房产才搬走。

李敖从这个“二太老爷”身上学到的东西主要有两点，一是做人，二是读书。

在李敖眼中，沈二爷是典型的中国正派绅士，爱护朋友，对朋友忠心可靠，给李敖留下极为难忘的印象。李敖在“自传”中写道：

> 他跟爸爸的交情极深，他生于1887年，比爸爸年纪大，他对国民党以前的政治社会，有着微妙的眷恋。他不相信国民党，认为国民党自私，没原则，不可靠。当国民党签了《中苏友好同盟条约》，让外蒙独立的消息传来时，他气愤地对爸爸说：“玑衡，你看，国民党在卖国！”后来局势逆转，国民党收缴黄金以发行金圆券时候，他基于对国民党的不相信，坚决不肯拿出黄金来兑换，他说宁肯被查出来，黄金没收，人枪毙，他也不让国民党来骗。[①]

后来他凭着自己留下的黄金，逃难到了台湾。在李敖父亲去世后，他在大热天里，四处奔走筹募“李鼎彝先生子女教育基金”。使李敖姊弟几人能完成学业。

这种对朋友的“义助”，李敖后来把它化作了自己“古典”品德的一部分。他义助严侨、殷海光、柏杨，义助慰安妇、义助台湾民主运动、义助章孝慈、义助高金素梅赴联合国抗议日本暴行等等，无不流

---

① 李敖：《李敖自传与回忆》，第29页。

露出当年这位“正派绅士”影响的痕迹。

沈二爷的文化程度不高，他却以一种独特的方式启发了李敖，使他从小就读到了一本“奇书”，那是沈二爷最爱看的一部书——明朝进士吕坤的《呻吟语》。李敖说：

> 沈二爷的立身行事，使我注意到《呻吟语》，使我对许多传统人格的形成过程，发生了兴趣。《呻吟语》是中国正人君子的教科书，在沈二爷身上，我看到了正人君子的一个典型。沈二爷使我对朋友之道，变得甚为古典，我变得喜欢交够朋友的朋友，这些朋友，都是旧式的。
>
> 我对工业社会里的朋友之道一概不欣赏，我觉得这种友情现实，速成，而易消，因此我的朋友不多，我很挑剔。但成为我的朋友的，我就忠心耿耿，他们对我，也是一样。①

李敖读小学二年级时，级任是位姓崔的男老师，他是一个非常刻板的人，沉默寡言，永远是一旧“阴丹士林”蓝布长袍。他每次进教室后先不说话，而是拿出鸡毛掸子，清除讲台桌椅。他动作很慢，很有规律，包括每一条桌面下的边，都不放过，整个清理过程他一言不发，全班同学也一言不发，看着他天天大扫除。

崔老师给李敖留下了深刻的印象，特别是崔老师的那件蓝布大褂儿，那种

1957年，大学时代的“长袍怪”李敖在台大傅园

① 李敖：《李敖自传与回忆》，第30页。

长袍古风的谨严，给了李敖一种奇异的美感。也许，胡适身着长袍的形象更增强了他的这种意念，到大学时，他身着长袍潇洒地出现在校园里、课堂上，成为台大一怪，也就是自然而然的事了。

这种长袍情缘，李敖一生未变。40年后，他在香港逗留期间，依然没忘记到裁缝店购买长袍，并特意请裁缝师为自己定制了一套。

李敖在少年时代还有过一次奇遇，就是他见到了仰慕已久的民族英雄马占山将军：

> 我的老姨父李子卓的妹妹，是王家桢（树人）的太太，王家桢是吉林双城县人，是张学良走红时候的外交部次长，抗战胜利后做东北生产管理局长。我家那时租他们家的后院，我有时到前院来玩。有一天，马占山将军来看王家桢，我见他走进来，心里无限崇敬，那时我是初一学生。马占山将军很会骑马，在马上能双手用枪，神乎其技。有一次在零下三十度的雪地中，枪管炸开，炸掉了他的手指，所以他的一只手总是戴着手套。①

李敖见马占山时已经13岁。因马占山祖籍吉林怀德，又发迹于白山黑水之间，这种同乡关系更使李敖产生一种亲和感，两人虽然没有什么交往，但就是这一面，对李敖的影响也是极其剧烈的，以致他在后来的自传中对这位英雄的抗日功绩大书特书了一笔。

在李敖的童年，他听说过亦遇到过许多形形色色的“奇人”，他们虽然身份地位不同，但那种非凡的才情言行却给他留下极深的印象，他同情替国民党背黑锅的张学良将军，崇仰率先向日本侵略者开枪的“第一号民族英雄”马占山，向往蔡元培等大师级人物的风

---

① 李敖：《李敖自传与回忆》，第19页。

采，并在与现实中的“奇人”接触中，由好奇而对他们情不自禁地产生一种仰慕之情，由仰慕到模仿，到探究，这些人的行为最终对他的成长潜移默化地产生了影响，民主思想、爱国热情、任侠仗义、好勇斗狠、刚正无私、建功立业等等都成为他的品德和人格的一部分，在他的小脑瓜里占据了一个又一个极其重要的位置，激励着他去读书、去交友、去爱、去恨，去实现他那小小年纪便萌发出的“伟大”的理想。

如今，当他孤独地坐在难民船的甲板上，回望那渐去渐远的大陆，他的脑海里闪现的依然是这一串串有棱有角、闪闪发光的人物。

三、顾维钧的故事

李敖在北京生活了 11 年，除了对太原的断片印象外，老北京承载了他从童年到少年所有的欢乐和梦幻。那玩耍时与邻居小伙伴一起模仿京戏中的场面舞刀弄枪的游戏，那过年时经小火微熏香甜可口的灶糖，那节日里沿街招揽生意的耍猴的、耍狗的、耍耗子的江湖艺人，那厂甸五花八门的地摊、神神怪怪的把式，那曾经吊死崇祯皇帝的景山老树，还有那后来写入《北京法源寺》的东岳庙，以及由 128 人抬棺的外祖母的丧礼，尤其是在北海公园溜冰的人群中，那个冰刀缠在“毛窝”上的 70 多岁的矍铄老人，据说是当年专门为西太后作冰上表演的，他那如鹞子一般飞翔的雄姿，成为李敖对老北京印象中的不可磨灭的印记。

除了这些五颜六色的景致外，读书便成为李敖最大的喜好了。

6 岁时，他已能背《三字经》。

10 岁时，他已遍读《水浒传》等旧小说。

11 岁时，他已看过《黑奴魂》（《黑奴吁天录》）等翻译小说。

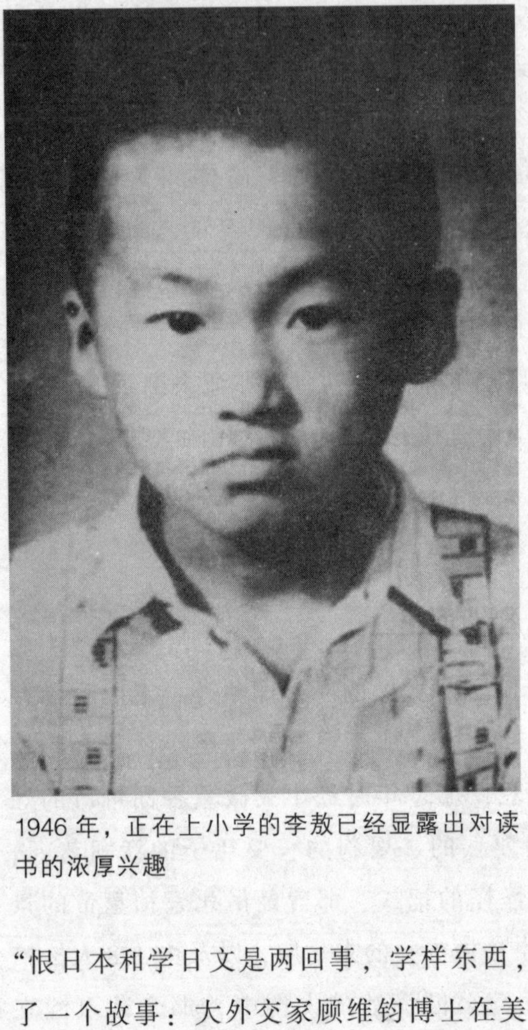

1946年，正在上小学的李敖已经显露出对读书的浓厚兴趣

小学六年级时，他做了学校图书馆的学生馆长。

由于环境的优越，他从小就养成了重视课外书的习惯，也养成了买书藏书的癖好。以至他的国文成绩在班里总是数一数二，十分优秀。

李敖上三年级时，北京依然处于日本人的统治之下，学校开设有日文课（在台湾、东北皆从小学一年级时开起），李敖仇恨日本人侵略中国，所以在学校反感学日语，成绩自然很差。成绩单拿回家里，父亲很不高兴。这位北大出身的家长循循善诱地说："恨日本和学日文是两回事，学样东西，总要学好才对。"他给李敖讲了一个故事：大外交家顾维钧博士在美国学习国际政治时，学校排出课程表，有一门是矿物学，而且要必修。顾维钧跑去找教务长，问是不是排错了？教务长说没错，顾维钧说我们学矿物学多没用多枯燥？教务长说："你面对一门又没用又枯燥的学科，去把它用耐心学会，这就是教育的目的之一。"

这个故事使李敖深深地受到了震动，他又开始发奋学习了。在第二次考试中，他的日文考了100分。

小学五年级时，李敖读的杂书越来越多，见识和才气已超过一般的小学生，学习成绩也脱颖而出。到六年级时，李敖当选为班上自治会主席，又是学校图书馆学生馆长，模范儿童，把那个五年级时“最优秀的小学生”詹永杰也比下去了。当时，他受顾均正《少年化学实验法》一书的启迪，建立了自己的理化实验室，并刻了一个木印——“李敖实验室”。在写作上，他已开始投稿《好国民》杂志，发表了《忘心》、《人类的冷藏》等文章。这该是他最早印成铅字的作品了。

在高小阶段，李敖最怀念的老师是级任老师王恒庆。这位女老师开朗乐观、口才极好、循循善诱，她除了生孩子时由哥哥代课外，一直跟李敖所在班到高小毕业。除正课外，她还教学生念《陋室铭》、《归去来辞》、《桃花源记》、《秋声赋》、《卖柑者言》等古文。李敖说：“这些古文我至今能背，都得力于王恒庆老师的开导。”

1948年冬天，李敖小学毕业，考初中，他报了两所重点中学：四中和师大附中。李珣回忆说：

> 他考北京男一中，以第四名被录取，差一名就能考中榜眼，而考男四中敖弟名列前茅，揭榜那天爸爸回家那个得意呀！爸爸兴高采烈地说，他从榜尾开始找李敖的名字，一直找不到，愈往前走愈担心没考中，没想到“窝乐错”（这是老爸一句口语，大概就是不得了的意思吧！）原来李敖的名字高挂榜首，儿子中了“状元”，可不是闹着玩儿的！爸爸为敖弟骄傲绝不仅因为他是男孩儿，而是这个儿子真争气！爸爸觉得脸上光彩。[①]

此时的李敖，已少小有大志，他在计划写一部《东北志》的书，并收集了大量资料，从谢国桢的《清初流人开发东北史》到张纶波的

① 蔡汉勋编著：《文化顽童·李敖》，第12页。

《东北的资源》、郑学稼的《东北的工业》，乃至于外人写的《日本在满洲特殊地位之研究》等等，皆在收集之列。一个初一学生，有这种水平与气魄，洵属罕见。

到上海缉规中学念初中后，李敖听不懂英语老师的“上海英语”，每天回家由父亲帮他补习，加上他自己的刻苦，才稳住了局面。但他的国文、历史成绩突出，他那时的知识面和才情已是普通中学生无法想像，所以老师和同学们都对他另眼相看。

由于家庭经济的压力，在缉规中学三个月的读书阶段，李敖专心念书，放弃了任何游乐活动，连电影院都没去过一次。他唯一的活动就是读书，最经常去的地方就是商务印书馆和开明书店。

关于商务印书馆，李敖在念小学时就十分熟悉。该社出版的王云五先生主编的《小学生文库》500 册曾是李敖欣赏的第一套丛书。王云五是商务印书馆的总经理，在他 1929 年主编的“万有文库”丛书中，熊式一先生翻译的《富兰克林自传》亦对李敖产生极深的影响。李敖上高一时，又与这位闻名中外的大学者相识，王云五亲笔写下一幅字送李敖；60 年代，李敖出《李敖告别文坛十书》时，王云五还亲自预订了一套。他称道李敖的才干，但害怕李敖的强悍，“不敢用他”。李敖与商务，因此也有了一段文字姻缘。

至于开明书店，在思想上对李敖影响最大。它出版的《开明青年丛书》、《开明文学丛刊》、《开明文史丛刊》、《中学生》月刊、《开明少年》月刊等等都是李敖十分喜爱的读物，在这里，李敖买了许多廉价书，但大部分都是《现代问题丛书》和《新时代史地丛书》，由此可以看到，他的阅读面已相当宽广了。

在上海期间，他亲眼目睹了国民党发行金圆券的战乱劫余，目睹了张乐平《三毛流浪记》中的人间苦难，那骑高头大马挥鞭驱赶民众的警察，那因通货膨涨抢购物资的风潮，那无家可归饥毙街头的难童，是李敖所读到的社会大书中最凄惨的一页。

四、行为“古典”

少年时代的李敖，在性格上属于那种比较“古典”的类型。

也许是对心目中“奇人”的崇拜和模仿，也许是中国古典书籍中儒家文化的熏染，李敖少年时代对传统的行为方式和伦理观念有着极强的亲和力，比如男女授受不亲、侠义、刚直等等，这些东西，经过他的大脑再加工，有时往往以一种奇特的方式表现出来，以致人们觉得这孩子有一种古怪性格。用李敖自己的话说叫“道学得很”。

他四五岁时，家里一部分房子分租给一家房客，房客中有一个小女儿，大家都叫她小妹。李敖当时最大的禁忌，就是别人说他和小妹有什么什么关系，李敖听了就会立刻大发脾气，并且破口大骂。姐姐们知道他的这一弱点，吵架时就故意说李敖是“小妹丈夫”来气他。他李敖呢，就用“大连太太”来报复（大连是李敖的远亲家的儿子，一个又顽皮又厚皮的小男孩）。有时候，他和姐姐们如有什么谈判或协议，为遵守诺言起见，双方都以“大连太太”“小妹丈夫”做赌咒，姐姐失信，就是“大连太太”，李敖失信，就是“小妹丈夫”。

他的这种怪癖的“严男女之防”，后来发展到连温茂林都吃他不消。当温茂林同女佣人们一起吃饭时，李敖竟在旁边监视，不准男女讲话！有一次温茂林看李敖不在，讲了几句，不料李敖却从桌子底下跳出来，对温茂林大声申斥一番。

北京城的夏天热得一丝风也没有，李敖的几个姊姊们早早就把五颜六色的短裙穿起来了，而李敖却穿着长裤，还像大兵似的绑上裹腿。别人让他穿短裤，他说露着大腿“有伤风化”。小学毕业报考初中，李敖不肯报考私立的育英中学而只考国立中学，也是他恪守正统所做出的决定。与姊姊们一起去买新鞋，他会挑选式样八股价钱便宜的鞋，爸爸看了固然高兴，但四姊却骂他是“伪君子”。

李敖的“古典”还表现在他对侠义行为的模仿上。

李敖从小就热衷于“侠义”，好结交优秀的朋友。1946年，他上小学四年级，和班里另一个领头人物詹永杰发动同学联合起来，共同对抗班里一个叫齐凤鸣的大块头，说齐凤鸣好欺负同学，动辄动拳头，“我们‘抗齐八学期’，如今要随抗战八年一起胜利才对。”

李敖小时候看上去文文静静，没人会想到他会有如此凶悍的表现，事后，连他当时年轻的级任鲁小姐（鲁荣坤）都惊讶地责备他：“没想到你那么凶！”

后来，李敖与詹永杰、及另外一个小朋友郭金星，在自己家中，模仿“桃园三结义”，焚香膜拜，拜起把子来。父亲李鼎彝很喜爱詹永杰，说他长得真好，他看见三个孩子拜起把兄弟来，不仅不反对，还叮嘱他们不要“拔香头子”，意即不要互相背叛、决裂。

过年的时候，李敖和詹永杰总是穿着缎子长袍黑马褂去拜年，拜年的样子四平八稳，就像又回到巴金写的“家春秋”年代似的，与他的读教会中学、习惯洋打扮的姐姐们，在穿戴方面显得格格不入。

在上海读缉规中学时，他的这种崇尚侠义的行为又有了另一番表现。

一天，李敖正在教室里刻图章，平时好欺负人的“马面班长”走过来说了一番侮辱李敖的话。李敖毫不畏缩，正言相告：“你住口，再说我就不客气了。”可是那“马面班长”还不识相，李敖真的动了手，他举起刻印刀，顺手来了个“小李飞刀”，就在“马面班长”转身逃跑的当儿，刀至脚落，他的脚踩在了刀上，刀入脚心，这个恣意挑衅的小家伙立时软蛋，疼得嚎啕大哭起来。

李敖闯了祸，不仅负担了对方的全部医药费，还被校方以行为粗暴、以刀伤人为由，记大过一次。

但从此，没有人再敢来欺负他了。

李敖在六年级下学期（1948 年），遇到了他前所未有的情感问题，用他的话讲是一次“神秘”的“初恋”。究其实，当是一次埋藏于心底的暗恋。他回忆说：

> 这女孩子叫张敏英，北京人，长得清秀脱俗，长形的脸，眼睛不大，但是晶莹而有灵气。她身材高瘦、性情温和，是最最可爱的小女生。功课也好，尤其写了一手好字。我最初感到她的存在，是在四年级的时候，她在我隔壁班上。五年级后，她和我同分到五丙，老师排座位，一度还并排在一起，令我感到种莫可名状的快乐。六年级后，她和我较熟起来，下课回家，偶尔走在一起。童子军在校门口站岗时候，她也和我一组过，她穿着女童军的制服，姿态优美，令我心动。我只看她哭过一次，是一次考试没考好，我一路安慰她，看她泪眼、看她楚楚可怜，非常喜欢她。我做图书馆长的时候，她做我副手，有一次犯了小错，我开玩笑，拉住她的手，轻打她手心，她装得很疼的样子，给我的快感，令我毕生难忘。对张敏英，我从来没有表示出我对她的情爱，我把一切都遮盖住了，我不知道她是否知道她是我魂牵梦萦的心底的情人，我一直把她视同我的初恋情人，虽然这次初恋，实在没有什么实绩可寻，但它一直在我心底，充满了美丽的回忆。我一生忧患，所存美丽的回忆无多，但是对张敏英的每一件，都是令我最感温馨、最感神往的。人生一世，能有这样清纯的、单一的回忆而不掺杂任何俗情与尘网，洵属罕见，而它却是罕见中的极品。我一生中的许多经历，都不想重过。但是如果时光倒流、少年可再，我梦魂所依，除此而外，却无复他求。—只为了她是我第一个小女生、只为了她是我永恒的小情

人、只为了那一段少年奇情、只为了那一场春梦无痕的初恋，我愿在时光倒流中停止，在停止中死去，我并不希冀她做我的朱丽叶，但我若能长眠在她怀里，我就宁愿不活13岁以后的我了。[①]

李敖的语言在文字上比较细腻，在口语上比较粗糙，从上述回忆即见端睨。在这段充满诗情的描述中可以看到，这场情感上的波澜对李敖的影响是强烈而深刻的。应该说，李敖少年时代这次没有行动、没有结果的初恋，正是他“古典”行为的一个曲折的反映。他渴望得到一种来自异性的纯静之爱，但那种严男女之大防的思想观念却制约着他，那些伟大人物的豪言壮举与这种儿女私情的距离实在是太遥远了，他只有把她珍藏在心底，感受那神圣的颤栗和不可言说的爱情的激动。

古典的情感，古典的思想，古典的行为，少年时代的李敖沉浸在中国传统文化的的熏陶中。

① 李敖：《李敖自传与回忆》，第45页。

第二章 迷乱中的憧憬

志在挽狂澜，北望气如山，
十年如未死，一飞可冲天。

——李敖：《立志》

一、困学中的成绩

1949年5月12日黄昏，台湾基隆港。

天空灰蒙蒙一片，大雨滂沱，海风呼啸。海港两侧连绵起伏的群山在急雨中时隐时现、扑朔迷离，状如鸡笼的港口轮廓早已淡化在烟雨之中。

李敖乘坐的难民船中兴轮经过两天一夜的颠簸，像一位疲惫不堪的老人，在风雨飘摇中缓缓停泊在这个素有“雨港”之称的码头。

在李鼎彝全家人的眼中，这座漂泊在波涛中的小岛，一切都是那么陌生、荒凉、迷茫、吉凶莫测。

张松涵早在码头迎候多时，一家人上岸之后，未及停留，便于茫茫夜色中冒雨驱车直赴台中。

台中市是台湾第三大城市，坐落于台中盆地的中央。这里四面环山，气候温和，发源于合欢山的大肚溪平静地依傍在小城的南侧，它的两条支流自北向南从市区缓缓流过，将小城的街巷浸润得洁净而幽雅。早在1886年（清光绪12年）清政府便将此地作为台湾首府。在城内中山公园的炮台山上至今尚有清朝首任巡抚刘铭传建城筑楼的遗迹。日本侵占时期，亦在此设州厅。自古以来，这里便是台湾佛教文化的中心，学堂甚多，有着浓郁的文化氛围。

在张松涵等朋友的劝说下，李鼎彝决定在此安家。

踏入台岛的第二天，李鼎彝以三台两黄金买下了模范西巷云龙里

72号的日式房子。接着便奔波谋职。经过两个多月的周折，在北大同学、“立法委员”王兆民的帮助下，做了省立一中的国文教员。李敖也以初一上的身份，跳班考取了台中一中，进了初二上。当时初二有甲、乙、丙、丁、戊、己六班，李敖编在初二上甲。

此时的台中一中正处在历史上最繁荣的时期。一方面校长金树荣热心办学，一方面师资力量雄厚，许多从大陆逃难来台的高学历者为求谋生，多从教职。李敖就是在这个时候入的学。在这里，他从初二上到高二，度过了四年的少年时光。

初到台湾的李鼎彝最头痛的便是生计问题。此时他已51岁，每天要带着所谓的便当和一小壶汤，步行很远去上班。日晒、风吹、雨淋，不胜其苦。长年的奔波和操劳使他的身体每况愈下。他本患有气喘病，妻子张桂贞又刚做过手术，靠自己一个人工作，要养活九张嘴，入不敷出。他在日记中便有“人多食少，担当不起也”、“卖出金少许，借维持数日，日来物益贵而金钱益贱，情况日非矣”、“为生计问题，详议甚久”等记述，其困难可知。

李鼎彝心情沉重。单靠从大陆带来的一点黄金维持家人的生活显然已远远不够，妻子又突然患恶性疟疾差点送命，小六因营养不良得了肺结核，自己又有病在身，但为了养家，他只好以带病之身到处寻找工作，除一中教职外，还要到处兼课，超负荷运转。全家九口人的生活依然捉襟见肘，生活在水深火热之中。

李敖此时已经14岁，这是一个充满了五彩缤纷的梦幻的年龄。

有一次，他所在的班要去远足，他兴奋异常，在大陆时就耳闻日月潭之名，便提议去日月潭，全班一致通过。当他兴冲冲跑回家向爸爸伸手要钱时，爸爸摇了摇头，并板着脸对他说：“我们家早起刷牙，买不起牙粉，更买不起牙膏，只能用盐水刷牙，哪有余钱去日月潭呢？”就这样，他眼睁睁地看着同学们兴高采烈地踏上了远游之路，只能痛苦而无奈地呆在家中。几十年后想起此事，他的心中依然难以释怀，

“全班在日月潭日月潭，我在家里日月潭”。

初二时候，童军老师王福霖选拔优异学生参加菲律宾的童军大会，李敖被老师看中了。王老师找到他说：“应征需交一张头戴童军帽的照片，你快去办吧！”他哪里知道当时的李敖穷得连照相的钱都掏不出。但这次应征对少年李敖又是那样充满了诱惑力，怎么办？他从家中翻出在大陆时的一张旧照，用毛笔画上一顶帽子交差。谁想画好后，横看竖看都像戴着帽子照 X 光，帽里的脑袋发生排斥作用，老朝外透，跟帽子打架。他愈看愈不敢亲自去交，乃央求班长陈正澄代递。害得正澄和他的现代画，一律被王老师斥回。王老师说：“我一辈子也没见过这样的照片。”自然菲律宾是去不成了。于是，“别人在菲律宾菲律宾，我在家里菲律宾”。

由于经济困难，李鼎彝已把从大陆带来的一点黄金变卖光了，唯一的房产模范西巷的房子也不得不卖掉。好在台中一中分配给了他们半幢宿舍，是新北里存德巷 13 号一幢日本木屋的一半，只有八个榻榻米大，外加前后两个小玄关，破旧而狭窄。一家九口人挤了进去，其拥挤可想而知。后来因为长久付不出薪水，随他们来台的女佣老吴也“跳槽”转到“立委”阎孟华家帮佣，李家有幸住到木屋的另一半（有十多个榻榻米大），住房才稍觉宽松。李敖一人分到两个榻榻米大的空间，是全家最幸运的一个。在这个独立天地里，他一桌一椅四壁书，坐拥书城，俯仰其间，自得其乐。这一段生活，奠定了他在知识思想上过人的基础。

读书是李敖最大的快乐。在一中的大部分时间，李敖都是在学校的图书馆中度过的。该校图书馆的藏书相当丰富，李敖以义务服务生的资格在书库中泡了四年之久，对一般书籍有了不少的常识。他曾回忆说：“最使图书管理员们惊讶的是，我甚至可以闭起眼睛，单用鼻子就可以鉴定一本书是上海哪个大书店印的，这是我最得意的一门绝技。”[①]

① 李敖：《李敖回忆录》，第 66 页。

除了台中一中图书馆，李敖又向省立台中图书馆发展。

台中图书馆位于台中公园（今中山公园）北侧，是台中市历史最悠久藏书最丰富的一座图书馆。他根据这个图书馆的藏书，开始埋头他的“学术研究”。在1952年8月9日到27日18天中，他坐在图书馆的长板凳上，写成了约占4万字篇幅的《四部备要暨四部丛刊书目对照表例》。《四部备要》和《四部丛刊》是中国古代两部学术精华大全。前者11000卷，后者8548卷。李敖做梦都想着拥有其中一套，然后把另一套中前套未收者购齐，但那丛书的天价使李敖的梦想不可能实现，于是他决定先做一些实现这一宏伟计划的准备工作，将两套大书对照，找出它们的目录差异，然后先购买两者皆未收入者，待条件成熟，再买其中的一套。这是他当初“研究”两书的主要动机。在这18天中，他几乎每天都跑图书馆，当时他刚念完高中一年级，17岁，已写了《李敖札记》4册。可以看出，此时，他对中国传统文化的研究，已经有了相当的功力和用功。这与他30年后的智慧和成绩，有着内在的因果关系。

在台中中学，给李敖影响较大的一位中文老师叫杨锦铨，27岁，学历不高，台湾海疆学校毕业，但书教得极好，又善于启迪学生。他任学校事务主任，有方便的条件为学生提供蜡纸、白报纸、油墨等等，鼓励学生办“初三上甲组报”，于是班长陈正澄任发行人，李敖做总编，赵天仪（后成为诗人）写钢板，他们办起了小报。一次还因为批评到了高班生，惹得众学兄来兴师问罪。这算是李敖办刊物惹祸的开端吧。

在初二到高一这段时间，李敖由于中文程度好，经常参加各种演讲、辩论、论文比赛。初二时参加台中市第四届语文演说竞赛，得初中组第二名（第一名是四姊，她代表省立台中女中；第三名是张立纲，他代表台中二中。张的哥哥张立豫后来成了四姊的丈夫，张亦成为院士级的学者）。高一时，李敖参加台中市论文赛、本校论文赛，皆获第一名。高二时，《合作经济》第2卷第12期发表了《合作制度与节制资本》，这篇文章是李敖参加庆祝第三十届国际合作节征文而作，获得全台湾第一名，并拿到他有生以来最大一笔奖金。他用那笔钱买了中华书局版的《饮冰室合集》。

在参加各种比赛之外，李敖发表有《杜威的教育思想及其他》(《学生》杂志第46期)、《〈英伦归来〉的启示》、《生也有涯知无涯》(《新生报》)；另外还写有《学习英语的目的》、《诸葛亮的军政》、《虚字的对联》、《字形的对联》、《"毋忘在莒"的出处》、《行李考》等十多篇文章。此时，他18岁。

在台中的日子里，李敖的思想一度处于迷乱之中。

此时的台湾，正处于一个泛政治化时代。由于朝鲜战争爆发（台湾称韩战），美军第七舰队进入台湾海峡设防，退守台岛的蒋介石如同注射了强心剂，又伺机欲动。他把"反攻大陆"作为国民党政府的基本方针，提出"一年准备、二年反攻、三年扫荡、五年成功"的口号，确立了"反共抗俄"、"反攻复国"的基本国策。他把90%的财政收入都用于扩军备战，经济上无长远的建设规划，一切配合"中心"展开。在政治上，他通过"国民党改造运动"重组中央领导机构，培养自己的亲信入阁，使国民党真正成为"蒋公天下蒋家党"。为了有利于独裁统治，蒋介石在保留了含有民主成份的原"宪法"的同时，又保留了当年限制民主的"动员勘乱时期临时条款"，一手举着"民主"大旗，一手握着"临时条款"的大棒，在台湾实行延续达38年之久的戒严状态。台湾成为双轨体制下的"白色恐怖岛"。

20世纪50年代的台湾，在文化思想领域，如果说还有一点自由与民主的声音的话，那就是《自由中国》半月刊。《自由中国》的传播是逃台的自由主义文人为理想奋斗的一大盛事，寄居海外的自由主义学人林毓生称之为"政府戒严令下，民间最主要的、站在推行自由与民主的立场批评蒋氏威权体制的言论机关”。[1] 而江南则在《蒋经国传》中把它称作是荒漠中仅有的一片“清泉甘冽、棕榈婆娑”的“绿洲”。李敖的中学时代和大学时代，正好贯穿了《自由中国》由生到灭的全过程。他不仅与该刊的雷震有了直接的联系，而且也成为刊物的一名撰稿人，他的思想与《自由中国》及其同仁如胡适、殷海光、毛子水等结下了不解之缘。可以说，他是在胡适、雷震、殷海光等自由主义文人的思想熏陶下成长起来的一位新生代的典型。

50年代的台湾就像一只黑夜中迷途的航船，颠簸、震荡、骚动不安。正是在这样一个特定的历史文化氛围中，李敖带着迷惘和孤独走向了成熟。

在知识上，一方面，他能够博览群书，“独与天地精神往来”；另一方面，台湾现代思潮的杂乱使他的思想一度处于迷离彷徨之中。老师和父母已很难在思想上“引导”他。书本已把他带入一种新的境界。早在六年级时，他的书架上已有了《中山全书》，也有希特勒的《我的奋斗》，还有大量的左派书报，从《观察》、《新华日报》直到格拉特科夫的《士敏土》。他后来回忆说：“这些早慧的成绩虽然带给我那小头脑不少的骄傲，可是也带给我不少的迷乱。”

在进入台中后至高中二年级这一段时间里，李敖随着自己知识的增长，深感中学教育已难以满足自己的求知欲，对制式教育愈来愈感到不能容忍，他说：

> 就客观环境来说，我总觉得我所经验的中学教育赶不上我在北京时的残余记忆。在残余记忆里，我认为北京的中学生不像台湾这样呆板、肤浅、缺乏常识与性灵；就主观感受来说，我读的课外书愈多，我愈觉得中学教育不适合一般少

① 王元化主编：《殷海光、林毓生书信集》序二，上海远东出版社1994年版。

年的个性发展，更不要提IQ较高的学生了。中学的教育制度、教授法、师资、课程分配等等都有着极严重的缺陷与流弊，我高一时候那篇4000字的文章——《杜威的教育思想及其他》，就可看出我曾对杜威那种“进步教育”有着极强烈的憧憬，这种憧憬使我在有着强烈对比的中学里面非常痛苦，到了高三，我已经完全不能容忍，我决心不想拿这张中学文凭。①

这种“知识上的傲慢”（intellectual arrogance），使他打定了休学自修的主意。

1953年，李敖升入高三学习。入学十几天，他就向父亲提出休学的请求，甘愿在家自学。父亲李鼎彝时任台中一中中文科主任，随其自然，轻松地说：“好！你小子要休学，就休吧！”他跑到学校，向教务主任说：“我那宝贝儿子不要念书啦！你们给他办休学手续吧！”于是，李敖回到了他那四壁是书的两个榻榻米大的书房兼卧室，痛痛快快地养了一年“浩然之气”。

在这一段困学的日子里，李敖结交了一大批“够朋友的朋友”，他们在一起谈学论道，互相沟通，感觉受益非浅。其中的许多人，在走上社会以后，依然与李敖保持着密切的联系。如陈正澄、张育红、韩毅友、杨尔琳、张世民、李天培等等。

此外，李敖还跟一位老先生有着忘年之交，此公即庄严先生（庄尚严）。他是李鼎彝北大同学，毕业后，终身在故宫博物院工作。庄严的夫人是张桂贞在吉林女子师范时的高班同学，李敖与他们的四个儿子（庄申、庄因、庄喆、庄灵）熟悉，并与庄因是台中同学，故两人遂有交往。庄严的生活亦十分艰难，曾托李敖帮他卖书。他知道李敖喜爱

① 李敖：《十三年与十三月》，《李敖大全集》第1册，中国友谊出版公司1999年版，第468页。

文物，特意邀请李敖到北沟，“利用职权”，拿出王羲之《快雪时晴贴》和《四库全书》一函给李敖看，使李敖第一次欣赏到了这些国宝。他托李敖帮他找《元秘史》版本，李敖在中央书局为他借到。他知道李敖喜欢书法，特别请他的朋友董作宾先生用甲骨文抄写了一首词赠送李敖：

风片片，
雨丝丝，
一日相望十二时。
奚事春来人不至，
花前又见燕归迟。[①]

在与庄严交往的过程中，李敖曾请他的大儿子庄申为他开列台湾大学历史系、考古系教授和所授课目的清单。此时的李敖已把读书视野投向了大学的殿堂。

二、神交梁启超

在少年李敖眼中，梁启超是位隔世伟人，一位文化战士。他何时开始接触到梁启超的作品尚不可考，但最晚亦应在他 17 岁以前。在《李敖五十年表》“1952 年”条中有如下自述：

8 月 1 日在《合作经济》第二卷第十二期发表《合作制

① 40 年后，同样擅长甲骨书法的董玉京先生又重写该词赠于李敖，成为父子两代佳话。李敖有诗曰：“两代墨迹同一词，雨丝风片亦堪拾，四十年来花已老，花老犹见燕归迟。”

度与节制资本》，这是参加庆祝第三十届国际合作节征文而作，得了第一名，并拿到有生以来最大一笔数目的奖金，买梁启超《饮冰室合集》40 册。[1]

李敖曾经说过，“我早在小学初中期间，就决定了我一生中想要做的一种人，今昔并无不同。我的志愿在用文字救世、鼓动风潮、关切苍生”。[2] 半个世纪后，李敖出版了长篇小说《北京法源寺》，梁启超是作品中重要人物之一。香港凤凰卫视主持人杨澜采访他时，问及他对作品中人物的选择态度，他说“我会同梁启超一样”，因为他“走了以后，他用《新民晚报》发挥那么大的力量，最后把坏政府推翻。他不要做烈士，他要做个成功的人，做成功的人比做烈士应该更正确”。[3] 由此可以看到他在斗争方式上对梁氏的认同。

梁启超对少年李敖的思想究竟有多大影响，李敖本人并未直接谈到，但是就他把自己“有生以来最大一笔数目”的奖金拿出来购买《饮冰室合集》的行为，可以看出梁启超对李敖的强大吸引力。

梁启超是中国近代史上一位百科全书式的人物。他 14 岁中举人，22 岁随康有为参加“公车上书”，23 岁参与策划“戊戌政变”，先拥袁后又讨袁，是近代史上知识界一位风云人物。他在从政之外，致力于学术研究，纵论古今中外，探测社会人生，知识广博，成果丰硕，新论迭出，自成一格，为人称道。曹聚仁说过：“过去半个世纪的知识分子，都受了他的影响。”[4] 在少小年纪便读书广博且有良好家庭教育的李敖，对梁启超的崇拜亦在当然之中。

纵观梁的学术成果，无论是研究哲学、文学、佛学、教育学，还是

① 蔡汉勋：《文化顽童·李敖》，第 63 页。
② 李敖：《童子功加老子功》，《李敖大全集》第 17 册，第 117 页。
③ 杨澜主编：《为何执着》，现代出版社 2000 年版，第 202 页。
④ 曹聚仁：《中国学术思想史随笔》，上海三联书店 1986 年版，第 350 页。

政治学、经济学、文化学、新闻学、图书文献学，其轴心是历史学。即以史为经，广取博收。并且以求新为本，处处都要开辟一条新的理论体系和新的研究方法。《饮冰室合集》即是其学术研究的结晶。该书由中华书局出版，始印于1936年，重印于1941年，全书40册，分文集、专集两部分，其中文集16册，专集24册，共计149卷，是一部比较详备的梁启超著作集。李敖所购正是此书。

李敖读到梁启超作品的准确时间尽管难以确定，但从他高中阶段的成绩看，那略显幼稚的文章中已经透露出梁启超治学的影子。这些影响，既有人格与思想方面的，又有治学方面的，而表现最突出的还是在学术研究方面。他羡慕梁启超那丰富的藏书（“饮冰室”藏书达3470种，4.1819万册，并有不少珍本、类书，另有《梁氏饮冰室藏书目录》存世），更羡慕梁启超那博览群书的功力，决心亦步亦趋、脚踏实地地去学，他曾立下宏愿，要用自己的努力去弥补梁启超之后的空白。

梁启超谈治学方法的内容主要体现在他的《中国历史研究法》一书中。这部书是他在批判地吸收中国传统的治史方法，大胆借鉴西方近代的理论体系和研究手段，中西结合，深入思考后逐步形成的。他认为，历史研究首先要有正确的指导思想，即要为现实服务。目的正确而高尚，则事半功倍，于学术、于社会都有益；反之，则费力而无好效果。他明确指出：“无论研究何种学问，都要有目的。甚么是历史的目的？简单一句话，历史的目的是在将过去的真实事实予以新意义或新价值，以供现代人活动之资鉴。”① 这是梁启超一向主张的用历史教育国民、用历史指导现实的史学思想的高度概括。对此，李敖极有认同感。数十年后，他出版《中国名著精华全集》时依然重申此义：“古书本是朽腐，除非你能化朽腐为神奇，看古书对现代人没什

① 梁启超：《饮冰室合集·专集》，中华书局1989年版，第99卷，第5页。

么用处。”[①] 他在20世纪80年代复出后，又指出：“历史研究有两种方式，一是从历史之本身去挖掘它的真相。一是借历史来印证当今的社会，这是实用的观点。”[②] “知识分子应该发挥学问积极的一面——经世致用。”[③] 他在各体文章写作中，都非常重视史料的运用，力图开掘史料中的新价值。他的《独白下的传统》就是以古鉴今的一个典型文本。

在理想与人生方面，李敖从《饮冰室合集》中亦深受启发。

梁启超曾经写过大量的政治诗和言志诗，少有大志的李敖自然对后者更感兴趣。他有多篇文章引用到梁启超诗中的句子。尤其是李敖中学时代的诗作，受梁启超影响更深。如：

志在挽狂澜，北望气如山，
十年如未死，一飞可冲天。
（《立志》）

海底有卧龙，窟中有狡兔，
一朝风云起，我非池中物。
（《风云》）

风雨天如晦，国难少鸡声，
壮志如未老，大鸟总一鸣。
（《未老》）

① 李敖：《花花公子访问李敖》，《李敖对话录》，第269页。
② 李敖：《要把金针度于人》，《李敖大全集》第7册，中国友谊出版公司1999年版，第156页。
③ 龚鹏程：《李敖·胡因梦与青年朋友谈——历史文学与电影》，《李敖对话录》，中国友谊出版公司1996年版，第223页。

我既不浮海，我也不藏山，
我走我的路，只在人世间。
（《浮海与藏山》）

锥处囊中是吾流，袯襫今犹窘马周，
壮志无成人欲老，怕看少年有白头。
（《五首》之三）

蛟龙亢虎黯然销，莽莽神州魑魅号。
甘以赤胆蒙身祸，耻于苟安作文豪。
（《蒙祸与苟安》）

再看《饮冰室合集》中的诗作：

平生最恶牢骚语，作态呻吟苦恨谁。
万事祸为福所倚，百年力与命相持。
立身岂患无余地，报国惟忧或后时。
未学英雄先学道，肯将荣瘁校群儿。
献身让作万矢的，著论求为百世师。
誓起民权移旧俗，更研哲理牖新知。
十年之后当思我，举国犹狂欲语谁。
世界无穷愿无尽，海天寥廓立多时。
（《自励》）

志未酬，志未酬，问君之志几时酬？志亦无尽量，酬亦无尽时。世界进步靡有止期，吾之希望亦靡有止期。众生苦恼不断如乱丝，吾之悲悯亦不断如乱丝。登高山复有高山，浮瀛海更有瀛海。任龙腾虎跃以度此百年兮，所成就其能几许？虽成少许，不敢自轻。不有少许兮，多许兮自生！但望前途之宏廓而寥远兮，其孰能无感于余情。吁嗟乎，男儿志兮天下事，但有进兮不有止，言志已酬便无志。

（《志未酬》）

两相对照，不难看出，李诗与梁诗不仅都使用了“浮海”、“藏山”、“龙”、“虎”等意象，有些句式大体相同（如“十年如未死”与“十年之后当思我”），诗作所表达的思想也有着惊人的一致性。这决非偶然的巧合，毫无疑问，李敖诗中远大的志向、自信与豪情，是深深地受到梁启超诗歌影响的。

至于在写作技巧上、在研究对象上、在文风等方面，李敖受到梁启超的影响就更大了，比如他在梁启超、胡适、徐志摩三人连环传中对传记文学的尝试，他在《独白下的传统》中对“笔锋常带情感”的“新民体”的摹仿，他在《北京法源寺》中对梁启超小说论辩形式的借鉴等等，但那已是他上大学和步入文坛以后的事情了。

三、拜访钱穆

就在李敖神交梁启超的同时，他与当时学术界的一位重要人物有了交往，这段交往在他的求学生涯中曾经起到过不小的作用。这个人就是当代的大儒钱穆。

钱穆，1895 生，江苏无锡人，字宾四，历史学家、思想史家、文化史家。他中学毕业后任小学教师，18 年后以自己的勤奋和刻苦而跻身于民国学坛的主流。1930 年受聘燕京大学国文讲师，旋任北京大学、清华大学、西南联大等校教职。1940 年随顾颉刚受山东齐鲁大学

国学大师钱穆曾给予李敖以指导，图为钱穆夫妇在素书楼枫树下合影

聘，先后主编《齐鲁学报》，主持国学研究所并兼课。1949年到香港定居，创办了新亚书院和新亚研究所，并讲学于香港中文大学。在学术界，钱穆以通史而名著于世，50年代在港台以通经而驰誉学坛。他的洋洋百万言的《诸子新学案》，体大思精，颇得时誉，被海外华人学者称为“新儒家”，与大陆哲学家冯友兰、熊十力、金岳霖、汤用彤诸人齐名。

李敖在小学时代就已知道钱穆的大名了。那时，他阅读过开明书店出版的《开明文史丛刊》，其中收有《孟子研究》，这是他最早知道的钱穆的著作。到台湾后，由于国民党当局在文化宣传方面的严密管制，一切不利于“反共复国”的书刊皆遭查禁，正在求知饥渴阶段的李敖，便把许多时间花在了研究古典上面，钱穆的著作，自然成了他的部分读物。

1952年6月，李敖正上高二。其时，钱穆应淡江英专（淡江大学前身）校长居浩然（国民党元老居正之子）的邀请，在惊声堂讲学，不料天花板突然下落，钱穆受伤。他先是住在著名学人徐复观家中，后来又改住存德巷一号。徐复观有子徐武军，是李敖台中同学，外号“日本和尚”（因他爸爸是日本留学之故）。受父亲影响，徐武军课外阅读甚多，和李敖很谈得来。他说：“你李敖程度这么好，我要带你去见一个人。”李敖问：“是谁？”他说：“是钱穆。”李敖当然高兴。他很愿意去拜访这位久仰大名的先生。

在这个月的15日，李敖随徐武军走进存德巷一号。一进门，便看到一位穿着府绸小褂的小个子老人正在院里走动，李敖想，这便是钱穆了。老先生满口无锡土音，在李敖眼中，他的长相似乎与他的声名不大相符，他有点怀疑眼前这位是不是真是钱穆。钱穆亲切地让李敖坐下，聊起天来。李敖向他请教治学方法。他说并没有具体方法，要多读书、多求解，当以古书原文为底子为主，免受他人成见的约束。书要看第一流的，一遍一遍读。与其十本书读一遍，不如一本书读十遍。不要怕大部头的书，养成读大部头书的习惯，则普通书就不怕了。读书时要庄重，静心凝神，能静心凝神，任何喧闹的场合都可读书，否则，走马观花，等于白读。选书最好选已经有两三百年以上历史的书，这种书经两三百年犹未被淘汰，必有价值。新书则不然。新书有否价值，犹待考验也。

聆听大学者的经验之谈，李敖深以为然。他从书包里掏出自己的一卷读书札记请钱穆指教，钱穆欣喜地翻起来。钱穆看到的第一篇题目是《梁任公上南皮张尚书书》，这是梁启超于光绪22年所写的一封书信，收入《饮冰室合集》文集第一册。钱穆感到很惊讶，因为他从来没有见过有关这封信的材料。他问李敖这封信的出处，李敖告诉了他。钱穆顿时感到眼前这个中学生学问不俗，对他另眼相看。他翻着李敖的札记，一边连声夸奖，一边转过头对徐武军说：“你不如他。”临走时，他还约李敖再去看他。

但就是这一件小事，改变了李敖对钱穆的看法，他认为钱穆不耻下问的学者风度令人敬佩，但他竟不知道这封信的出处，他的学问的广度令人起疑。也许是因为第二个原因，李敖没有再去看他。尽管那时他家就住在存德巷13号台中一中宿舍，每天经过他门口，看他很方便，但他还是没有去。

没有去并不意味着李敖放弃了对钱穆的兴趣，他不仅读他的著作，而且展开了自己的思考。第二年（1953 年 4 月 13 日）钱穆已回香港，李敖给他写了封信，信的内容主要有两点：一是表示对钱穆的感谢，二是就钱穆著作中与其他史书不一致处提出疑问，请他“指教”。钱穆对李敖的质疑倍加赞赏。两周之后，他回信李敖，开头写道：“昨奉来信，知君努力学问，与日俱进，若能持之以恒，继续不懈，将来必有成就，可喜可贺。”然后又在读书上给以指点，介绍了《朱子集注》、《近三百年学术史》等书，并提出学问与德性同样重要，“学问之造诣，必以德性之修养为根基，亦以德性之修养为限度，苟忽于德性，则学问终难深入，……”[①] 最后，对他的置疑给予充分肯定。并许诺要把自己在香港《人生》杂志连载的《论语解》每期都赠寄给他。

钱穆的信，写得工工整整，从文面可以看出此公的修养一面。他对李敖如此鼓励，一方面是因为李敖的好学引起他的注意，另一方面，也可从中看出他的教育家风度。他说要寄刊物给李敖，可谓言而有信，一期不拉。李敖对他当然益发感念。但感念归感念，在治学的方法与思想倾向上，李敖经过从初中到高中的困学求变，已逐渐定型，如左右问题、中西文化问题、新旧思想等等。那时的学者有两个类型，一个是“胡适型”，一个是“钱穆型”，李敖对他们两位都倍加注意。胡适远在美国，钱穆却近在眼前，他一度贴近了李敖，并对李敖产生一定影响，但李敖并没有紧跟钱穆走下去，最终还是把他“摆脱”了。他说：

> 按说以钱穆对我的赏识，以我对他的感念，一般的读书人，很容易就会朝“变成钱穆的徒弟”路线发展，可是，我

① 李敖：《李敖回忆录》，第 70 页。

的发展却一反其道。在我思想定型的历程里，我的境界，很快就跑到前面去了。对钱穆，我终于论定他是一位反动的学者，他不再引起我的兴趣，我佩服他在古典方面的朴学成就，但对他在朴学以外的扩张解释，我大都认为水平可疑。钱穆的头脑太迂腐，迂腐得自成一家，这种现象，并无师承，因为钱穆的老师吕思勉却前进得多，老师前进，学生落伍，这真是怪事！①

李敖没走钱穆的道路，并不意味着他对钱穆的全盘否定。钱穆对他的影响从未消失，尤其是在治学方面。1981年李敖在黑牢中写作《我为什么不看电视》时，依然想起这位"老历史家""不看出版后没有经过十年以上的书"的读书经验，他已经能够从历史的角度对一个人物进行比较公正的评断了。比如，在与钱穆通讯后第三年（1955年），他考入台大历史系。而台大历史系是"胡适型"的地盘，对"钱穆型"是隐含排挤的。在胡适有生之年，钱穆终未当成"中央研究院"院士，李敖认为这是不公道的。他说，"钱穆的理学怪说固不足论，但他在古典方面的朴学成就，却更该先入选成院士"。

后来，李敖与这位理学大师的缘分依然不断。在与钱穆通讯后第九年（1962年），他已经锻炼成为成熟的战士。他在《文星》发表《给谈中西文化的人看看病》，开始激烈地攻击了钱穆，这种攻击一直不断，直到他们会面后的第34年（1986年），钱穆老了，93岁了，李敖还发表文字，表达他对钱穆"倒在蒋介石怀里"的不满，批评他已失去了知识分子的"德性"。在钱穆的五代弟子们庆祝钱穆93岁生日的时候，李敖却为钱穆感到可惜，他认为，凭钱穆的才学和智慧，他有成为"一代儒宗"的机会，但他却拜倒在蒋介石的脚下，而历史上，"真正

① 李敖：《李敖回忆录》，第71页。

‘一代儒宗’是不会倒在统治者的怀里的”！

在钱穆死前不久，李敖去“故宫博物院”，远远望见一位步履艰难的老人，老态龙钟，动作迟缓，他知道，那是钱穆。他并没有趋前问候，但心里却一直在感念他。这位痴迷于中国传统文化的老学者，毕竟在他少年时代，曾被心仪，并曾热心指导过他、帮助过他，这种老辈风范的人物，对李敖之后的新生代来讲，真正已变作“上古史”了。

四、结识严侨

在台中的日子里，最让李敖魂牵梦绕的老师是严侨。

严侨，福建福州人，是西方名著《天演论》在中国的最初翻译者严复的长孙。此公身材瘦高，头生密发，两眼又大又有神。他到台中一中时已经31岁，时间是1950年8月。他虽然比别的老师来的晚，但与学生的关系却发展极快。在李敖眼中，他有一股魔力般的迷人气质，举止洒脱，多才多艺，口才极好，还喜欢喝酒。尤其是他的那种疯狂气概，使人一见他就易产生好奇、佩服的印象。从小就崇拜“奇人”的李敖很快地走近了他。

早在李敖上初中时，他对严侨就有印象。一次，高班生踢足球，足球踢到了场外，正巧严侨走过，他也不走路了，突然直奔足球，奋身一脚，就给踢了回来。同学们齐声喝彩，他趁机加入，大踢特踢起来。这种即兴发挥的气质，李敖特别喜欢。

当时，台中一中的图书馆主任是陈联璋，很注重学校的学术活动，他主办每周讲座，邀请老师作专题讲演。严侨讲过一次“人的故事”，他在讲演中大谈“演化论”，而不是他爷爷宣传的《天演论》。他说“天演”的天字不妥，该译为“演化”，这种独持己见不跟着祖宗走的气魄，令李敖钦佩，给李敖留下极深的印象。还有一次，他讲“家畜山羊”，他从高加索山羊、西班牙山羊、波斯山羊、喜马拉雅山山羊说起，如数家珍，他的知识的多样与丰富，更令李敖惊叹不已。

由喜欢到钦佩到惊叹，李敖在内心里对这位有着奇特气质的老师充满了向往，但当时他们并不认识，严侨是其他班的老师，他们之间还无缘接近。

1951年，李敖16岁。暑假后进入高一上甲。正好严侨教数学，正儿八经地成了李敖的老师。此时的李敖在知识的成长上已极为快速，他在班上“喜放厥词，好争好辩，颇为张狂”。别的同学都吃不消李敖的那张嘴，有的甚至写匿名信丢在他的书包里痛骂他。由于李敖张狂好辩，在严侨的课堂上发言时，也就常常在数学以外，扯到别的地方去。严侨上课，才华四溢，别具一格。许多机械的题目，他干脆不做，自己坐到学生座位上，让数学好的学生上台去做。他常在课堂上聊天，注重学生的思想教育。他说：“我要把你们的思想搅动起来！”这在当时的政治形势中，不能不说是一种大胆的举动。为了证明他说得对，有一次他对学生说：“我若说错了，我就把我的名字倒写！”说着就用极熟练的笔划，把倒写的严侨两字写在黑板上，像一位“镜子书法”的专家。学生鼓掌呼啸，师生之情，融成一片。

学数学就少不了做习题。李敖做习题不在行，但扯别的却有一套。他在练习薄的第一页就来了一段“簿首引言”，引 Oscar W. Anthony 的一句话，说：“数学是人类智力的灵魂。……它超越了空间与时间的领域，告诉我们宇宙是这样的悠远，光线曾经历百万年的行程，方才照射到大地上。……”这些话与练习题毫无关系。后来，练习本发还，在“它超越了空间与时间”的一行下，被严侨打了一条红杠子，下有朱笔批曰：“我想它超越不了空时！”李敖看了，觉得这个老师真是可爱，他是数学老师，但他在精改习题以外，还会跟学生的引文打笔仗！

李敖对严侨着迷，愈来愈欣赏他，渴望与他交流。后来，他花了几天的时间，写了一封长信，信中细述自己成长的历程、对现实的不满、对国民党的讨厌等等，他把信交给了严侨。严侨看了，对他有所劝慰。两人的交情，从此就非同一般了。

李敖升高二后，数学课改由黄钟老师来教。但尽管如此，李敖与严侨的交情与日俱深。严侨家住育才街五号，就在一中斜对面，是一栋日式木屋的后半栋，前半部分归另一个老师住。因为一栋房子硬分成两半，所以显得狭长阴暗，不成格局。严侨常约李敖上他家去找他。有一次，两人同去看望住院的黄钟，回来时已是晚上，严侨要回家了，约李敖同行。在路上，他突然神秘地对李敖说："你不要回头看，我感觉到好像有人跟踪我，是蓝色的。"（国民党特务源出蓝衣社，此指国特）李敖若有所悟。第三天，黄钟老师死了，严侨与李敖再去医院，感触良多。当天晚上，李敖送他回家，他让李敖进屋坐，在昏暗的灯光下，严侨劣酒下肚，话语更多，终于告诉李敖，他是大陆派过来的共产党员。

在当时的台中一中，不时有所谓的共产党、"匪谍"被捕，或枪决、或判刑、或失踪，人人自危。包括黄钟死后，还有人说他也是共产党。黄钟的死，给严侨带来了极大的震撼。他感到人生无常、好人难在。于是，酒越喝越多了。由于没钱，他喝的酒是当时最劣等的米酒。喝酒的方式亦别具特色，没有情调、没有小菜，用牙齿把瓶盖一口咬下，就咕嘟咕嘟，喝起黄汤来。喝多了，便大背和醉酒有关的诗词。他最喜欢背的是辛弃疾的《西江月》："醉里且贪欢笑，要愁那得工夫？近来始觉古人书，信着全无是处。昨夜松边醉倒，问松我醉何如？只疑松动要来扶，以手推松曰：'去'！"每背到最后一句时候，他总是伸开十指，双手向前推出，郑重表示不要"松"来扶他。李敖后来回忆说："中国文学非严侨所长，他'以手推松曰去！'自然不知道《汉书》龚胜传中这一典故，也不知道龚胜79岁成了殉道者的悲剧，但他那醉后一推曰'去！'的真情，如今事隔40多年，却使我记忆犹新，永远难忘。"[1]

① 李敖：《李敖回忆录》，第79页。

在多次跟严侨的夜谈中，李敖约略知道了他的一些情况。

严侨的确是一位共产党员。他的父亲严琥是当时的福州市市长。在国民党败逃台湾后，严侨志愿偷渡到台湾，为解放全中国而战斗。当时，他带着妻子，两人坐一只小木船，靠一个埋在沙里的罗盘导航，渡过了台湾海峡。到台湾后，就被国民党特务“请”去。特务问他：“你来台湾干什么？”他说：“来投奔自由。”特务说：“你胡扯，你爸爸在福州做共产党的市长，一般都是儿子跟着老子走，你怎么会来投奔我们？”严侨说：“我不是来投奔你们，我是来投奔自由，何况我有老母在台，我要来照顾她。”特务一查，果然，他母亲在台湾，只好暂且相信。但这样总不能结案，总得找个保人，于是，由他的妹夫叶明勋出面，保了严侨。严侨有两个妹妹，大妹严倬云，嫁给了辜振甫，就是后来大名鼎鼎的海基会董事长辜振甫；小妹严停云，即女作家华严，嫁给了当时任国民党中央社台湾分社主任的叶明勋。

谁知到台中一中教书后，严侨的思想不断发生变化，并且在与李敖的交往中，也受到了李敖自由主义思想的影响。脱离了大陆这个革命大磁场，特务又时刻在盯着他，他感到一种失落和无为，他想归队，想回到大陆去搞建设。虽然大陆也有他不满意的地方，但毕竟有“新”的气息，有朝气，有大干一场的条件和机会。一天晚上，在自己家中，他又喝醉了酒，突然哭了起来，并且哭得非常沉痛。在感情稍微平静以后，他对李敖做了最重要的一段谈话，其中说他不能让自己的身体被一个党锁住，被另一个党监视，这是他最大的痛苦。他想回大陆。他对李敖说：“现在我们的名册里没有你，可是我想带你回去，带你去共同参加那个新尝试的大运动，这个大运动是成功是失败不敢确定，但它至少牺牲了我们这一代而为了另外一个远景，至少比在死巷里打滚的国民党痛快得多了！”由于他有那样的背景、那样的偷渡经验，李敖对他十分信任并答应跟他走。他也在梦想着参加一个重建中国的大运动。

但梦想毕竟是梦想，就在这一天的深夜，严侨被五个彪形大汉抓走了。此时是 1953 年，严侨 33 岁。

见严侨后的第二天中午，父亲在家中讲述了严侨被捕的消息。李敖听后十分感伤，尤其令他担心的是严师母和三个小孩今后怎么办。那时严侨的大女儿才三岁，儿子两岁，小女儿还在吃奶。李敖和严师母商量多次，一筹莫展。李敖当时 18 岁，正休学在家，家里又穷，可谓心有余而力不足。他只好饿早饭不吃，存下一点钱，送给严师母。后来，父亲知道了此事，严肃责备李敖不可这样做，理由是："严侨既然被捕了，谁还敢帮他呢？"

父亲的话并非毫无道理，在当时人人自危的年代，对严侨这样一个"匪谍"，人们躲之唯恐不及，怎敢再伸出援助之手！李敖和严师母认为只有通过血缘关系和亲属关系这一条路了，只有这些人帮助，特务们才不会产生怀疑。过了一段日子，严侨毫无音讯，严师母和李敖商量，决定北上投亲，希望妹夫辜振甫能给予援助。于是，严师母变卖了残破的家当，带着三个小孩，含泪北上。他们走后，再没消息。李敖忙于准备参加大专联考，也不能再做什么。

一天，李敖晚上散步，经过严家旧宅，遥望月光下的小院，一片浓荫笼罩着死一般的寂静，幽黑的小屋隐藏着难测的惊惧，想到老师不知正受难何处，师母又下落不明，内心涌出一种说不出的悲凉。

几年以后，李敖听说严侨死在了火烧岛。

听到这一消息时，李敖已从旧梦中挣脱，成为一个成熟的自由主义者了。但尽管如此，他依然认为严侨是自己思想成长过程中人格上的导师。他为他的死感到难过，怀念之余，他庆幸自己能够亲自接触这么一位狂飙运动下的悲剧人物，是严侨使他具有了那种大陆型的脉搏、那种左翼式的狂热、那种宗教性的情怀与牺牲精神。他坚信，虽然导师已经倒下去，但他的学生还在前进，他的学生没有倒！

五、走近胡适

“严侨事件”给李敖的生命带来了强烈的震撼，他曾经有很长一段时间感到心灰意懒，同时也迫使他对自己的思想展开反思。他曾说过：

> 从前我在北京看共产党的宣传品，很早就变成了一个反抗国民党，或是说一个很关心社会群众的人。我很早就定型了，大概在小学、初中时就定型了。我后来的方向也是这条路的，没有变。在认识严侨以前，我在左右之间经过一段挣扎。那时候我到台湾来是一个非常寂寞的人，因为再看不到共产党的东西了，书也很少，什么书都看不到。当时的路非常孤单，全是自己摸索出来的。①

的确，迷恋过三民主义，做过钱穆的忠实读者，对共产党员严侨亦有过一往情深，在这些“大杂烩”般的思想矛盾中，他无所适从，一一向往过，一一追求过，但最终又一一离开了他们。之所以如此，都是因为他在初中时从班长陈正澄手中借到的一本书——《胡适文选》的影响。胡适的文章又一次在他心中产生强烈的震撼，他说：“在中国，没有第二个人能带给我这么大的变化，使我在迷乱里面，放弃了旧有的道路——那些使我着迷了好多年的老路。”② 李敖日后思想的滥觞，对所学的抉择，正如当年胡适受梁启超的思想影响一样，《胡适文选》

① 马家辉：《认识我的人，喜欢听我讲的话！——李敖访问记》，见马家辉著：《消灭李敖还是被李敖消灭》，中国友谊出版公司 2003 年版，第 101 页。

② 李敖：《给胡适信》，见蔡汉勋：《文化顽童·李敖》，第 54 页。

对李敖一生产生过重大影响的现代学者、思想家胡适

对他产生了灯塔的作用。

胡适其人，李敖早在幼年时期就已从父亲口中得知，亦是他仰慕已久的一位了不起的大学者，加上父亲与胡适的师徒关系，所以，一朝读到胡适的文章，李敖在心理上便产生一种旁人所少有的亲和感。

《胡适文选》是 1930 年 12 月上海亚东图书馆出版的一本胡适自选集。该书收入的文章虽然篇数不多，却十分精练，包含了胡适的思想方法、人生观、文化观、文学观、治学观等方面内容。综观全书，胡适的思想本质，如果用一句话概括就是，对于一切存在的文化现象和社会现象，作为一个知识分子的独立自觉的批判意识。其中自由主义和个人主义是其重要内涵。正处于思想迷惘状态的李敖，对胡适的思想见解由衷折服，尤其是关于自由主义思想，他甚至认为胡适思想本质就是“自由主义精神”。他在后来与台湾党外人士一起呼吁的“争取 100%自由”的口号，其思想正导源于此。

在《胡适文选》之后，李敖又读到了胡适的《中国哲学史大纲》，并从旧书店买到了《胡适文存》一、二卷，他完全被胡适的自由主义思想迷住了。他并没有见过胡适，但胡适的著作却使他的思想产生强烈的躁动，引起他一阵阵狂热。1952 年 12 月 10 日，[①] 胡适到台中来

① 《李敖回忆录》和《李敖快意恩仇录》中皆言递信给胡适的时间是“10 月 2 日”，而此时胡适尚在美国，他首次抵台时间为 1952 年 11 月 19 日，从台北抵台中的时间是 1952 年 12 月 10 日，显然是李敖记忆有误。

讲演，中午，李敖特意赶赴台中火车站，将一封2000字的长信递给了他，并跟他匆匆说了几句话。[1] 第二天，他特别跷课去听，结果回校后受到训导主任的警告。尽管那封信没有回音，但他对胡适已经有了一种“人身崇拜”的味道。他在大学阶段于《自由中国》发表的关于胡适的评论，其中有一部分就是他此时的作品。

在这一年的困学求变中，李敖的思想发生了极大的变化。其中许多思想已经大体定型，如左右问题、中西问题、新旧问题等等，他说：“这种多方面的问题，是每个中国知识分子的大困惑，由于水平不好、政治干扰，绝大多数的中国知识分子都失败了，他们困惑终身，无法在思想定型上有又早又正确的判断。”[2] 在《李敖的情诗》一书中有49首打油诗便是此时所作。从这些诗中，我们也许可以窥到这位中学生的心灵轨迹：

我走我的路，别人怎能管？
只手打天下，一身都是胆。

（《胆》）

人皆谓我狂，我岂狂乎哉？
是非不苟同，随声不应该，
我手写我口，我心作主宰，
莫笑我立异，骂你是奴才。

（《写贻党混子》）

丈夫当刚毅，志士当彻底，

① 李敖：《百年孤寂——一些绝无仅有的追忆》，《李敖大全集》第37册，中国友谊出版公司2000年版，第251页。

② 李敖：《李敖回忆录》，第67页。

李敖是铁汉，不是狗男女。

（《论侠六首》之一）

眼亮心要黑，朝夕窥国贼，

千里寻知己，一求大铁椎。

（《论侠六首》之二）

少年慕虬髯，扬眉捋虎须，

大志虽未展，牛刀不割鸡。

（《论侠六首》之三）

煮酒论英雄，横海乘长风，

中原驰骏马，千里赴鹏程。

（《浩歌》）

人不己知且莫愁，各行其道不同谋，

平心静气习经传，但令孤愤在心头。

（《孤愤》）

李敖对自己前进的方向早已立下远大的志向，即要以卓越的才智走经世济民的道路。他坚信胡适曾多次引用过的佛经中的一句话——“功不唐捐”。只要照着预定的道路走下去，就一定能实现自己的远大理想。

孤独中人的最突出特点便是敏感而多思，要么自卑自怜，自暴自弃，对花落泪，对月伤怀，要么自勉自励，自强不息，李敖所接受的思想使他自然而然地走向了后者，一种充满了理想和自信的狂狷。这些思想后来在他的《第一流人的境界》等文章中得到了定型。

在上述类乎“薛蟠体”的口号里，我们看到的是李敖的“少有大志”，和入世且不逃世想法、反“党混子”(党棍子) 想法、反“国贼”想法、求真想法、反穷酸想法、耻于苟安想法、“一飞可冲天”想法以及反宗教想法等等，对一个困学中的惨绿少年来说，能在摸索中找到这样一些答案，无疑是积极的、主动的、入世的，人格培养的大方向是正确的，这些思想在他十年后走上文坛，都一一得到了验证和实现，这种思想的萌芽，也为他的未来的思想发展埋下了伏笔。

就是在这样一种思想与情感的迷乱中，在胡适思想的激励下，李敖艰难地度过了他的中学时代。在他的一生中，《胡适文选》始终占有着重要的地位。李敖在思想方法、治学方法、人生观、文化观等诸方面，基本上是沿着胡适所指引的道路坚定不移地前进的。他广泛收集和阅读胡适的文章，对胡适的老师杜威思想亦展开研究，并在中学时代便写出了《杜威的教育思想》等文章，都反映出他对胡适思想的痴迷程度。

至于胡适的治学观念，李敖更是从中受到启发。他在治学上所走的路，正是胡适给他指引的路，对资料的占有，对材料的甄别，对本证与旁证的重视，以及日记、传记的写作，打油诗的写作等等，都深深地受到了胡适的影响。

李敖的思想以胡适为开端，从此走向了一条全新的求索之路。

六、暗恋罗君若

在台中这座清洁的小城，李敖情感的天空飘过一片玫瑰色的浮云，那便是他难以忘却的爱情。虽然这段经历与他在北京时的那次“神秘的初恋”一样，基本上也是一种“自抑”式的暗恋。

一天，李敖像往常一样到省立图书馆读书，发现坐在对面的是一个女孩子，长得身材窈窕，清秀可人，为之心动。她是台中一中的高中学生，在李敖眼中，这女生不但清秀，并且一片纯情圣洁，令人心灵为之净化，李敖回忆说："我只见过她一次，但我为她30天内，不再手淫，[①] 以表示我的净化。"但这种感觉他只保留在心中。少时那种严男女之防的心理依然在起作用，李敖对她的爱慕也只能在诗中表露了。他在诗中写道：

多情总难免，恋爱我岂敢，
心地要纯洁，爱情要遥远。

（《多情总难免》）

由于对爱情的自我抵制，而青春期的到来，那种对异性的爱慕又难以消除，所以，遇到此类问题，李敖的思想极其矛盾。在行动上，除了采用自慰的方式解决片刻的冲动外，反映在他的笔下，一方面是拒斥，另一方面便是多愁善感的抒怀。比如：

男儿及壮感怀多，为何动心伺眼波，
我愿心情如井水，月明星稀自悲歌。

（《井水》）

丈夫志四海，击楫下中流，
芳草虽云好，老子不低头。

疾风拂壮志，走马入神州，

① 李敖曾说："我小学四年级十岁以后，因为看到北新书局《健康的性生活》一书，就发现了手淫之乐。这个习惯，跟随我五十多年，直到今天。'手淫'两字对我说来，其实不符实际，因为我不用手久矣。我精选美女图片，虚拟实境，顾而乐之；穷极视想之欲，意而淫之。"（见《李敖回忆录》，第454页）

记得绿罗裙，姑且忘温柔。

（《情诗二绝》）

他只有自我鼓劲，自我勉励，以此摆脱那折磨人的困境。

后来，李敖暗恋上比他低一级的高中女生罗君若。

罗君若的家离他家不远，也在台中一中上学，两人在路上偶然相遇，李敖发现他清纯无比，眼睛不大，但在含情之中，透视出一片灵光。于是一见钟情。他在《遐想》四首中写道：

秋水何茫茫，明月何皎皎，
"记得绿罗裙，处处怜芳草。"

（《遐想·遐想之一》）

歪思令我老，惆怅弱此身，
深情将无我，不再动冰心。

（《遐想·遐想之二》）

独坐对秋水，不敢念伊人，
岁月催我老，落魄一流民。

（《遐想·遐想之三》）

这种爱慕与自抑对正处于青春期的李敖来讲，其心理上的痛苦显而易见，一方面自豪、自负、自持，一方面又自卑、自哀、自怜，这种矛盾的情感有时使他处于极度的孤独与彷徨之中，比如他的《往事》：

往事浑如梦，惆怅有泪痕，
如今爱情死，又是一个人。

李敖暗恋的高中女生罗君若

再如他的《怎样》：

我不自作多情，
也不自寻烦恼，
我该怎样就怎样，
可是我又不知怎样才好。

李敖对“罗”的暗恋后来发展到给对方写信。他写了很多情书给她，信中称她叫“罗”，等她在放学回家的太平路上面交，但未说过一句话。这种柏拉图式的求爱方式当然也不会有什么高效率的结果，但却埋下了“因”，在后来的大学阶段，两人的关系又有了奇特的进展，李敖的爱情观亦因此发生巨大的转变。这是后话。

李敖就是在这样一种思想与情感的迷乱中，度过了他的中学时代。他不满学校的现状，可是又无力挣脱；他胸怀大志，可是又时感前途苍茫；他追求自由，但又觉得处处与现实相悖；他渴望爱情，但“古典”的思想又强迫自己远离爱河。同时，在难以自控的青少年时代，尤其是休学一年的放纵与自流中，他的自大、疏懒、愤世、刚愎自用等等品格，亦愈来愈分明。这一切在台湾当时“泛政治化”的文化氛围中，都预示着他与环境的冲突不可避免。他读书愈多，愈感到无所适从，愈觉得相知难求。这种难以排解的痛苦使他下定决心参加大专联考，希望能在宽松的大学环境中使自己的思想得到些许补偿。

第三章

台大：沉沦与嬗变

在我成长的过程中，我曾花了许多气力来把自己锻炼成钢铁。锻炼的方法，不论是东海圣人的，还是西海圣人的，我都一网兜收，从摸索和试验中，求得安身立命。我这种自我炼钢，是很用心的，我今天能有一些个性、一些独来独往的气魄，一些“虽千万人，吾往矣”的决绝，追溯起来，都跟我早年的刻苦自励有深切关系。

——李敖：《〈大学札记〉前记》

一、丧礼改革：“平生最得意的一次经验”

像许许多多青年学生一样，李敖憧憬着未来的大学生活。他愈是对中学教育不满意，这种憧憬便愈强烈。

李敖心目中的大学，是一个充满了自由与民主的天堂，幽静的校园，古典的建筑，汗牛充栋的图书馆，博学而充满睿智的教授，指点江山的莘莘学子，……过去父亲讲述的当年发生在北大校园里的一切，都是他由衷向往的内容。

1954年7月26日，19岁的李敖以同等学历（高中二年级肄业）参加了台湾历史上第一次大专联考。

当时，台湾实行联招的大学一共有四所，即台湾大学、省立师范学院（师范大学前身）、省立农学院（中兴大学前身）、省立工学院（成功大学前身），录取考生根据其填报志愿的先后与考试成绩高低，被分发到不同学校与科系。前已有述，50年代的台湾正处于“泛政治化”时期，在白色恐怖的阴影之下，考生与家长普遍存在着趋理畏文的心理。据比李敖高一届的林毓生回忆，“绝大多数家长都鼓励、甚至强迫自己的子女报考实用、毕业后易谋出路、不易牵涉到政治问题的科系（如医、工、理、农）。不少文科生由于成绩不够好，无法被分发到实用科系中去，乃是根据其第二或第三志愿，被分发到文学院来的”。所以，对许多文学院的学生而言，因为学非所愿，社会舆论对文学专业又普遍不看好，“他们的精神甚为消沉，心情很是萎靡”。[1] 如此一来，主动报考与意识形态联系比较紧密的文学院者便少而又少了。

出于个人的兴趣与爱好，李敖第一志愿填报了台大中文系，但因数学拉分，几分之差，被台大法律系专修科（后在学生呼吁下改为司法组）录取。

关于法律系专修科，当时的台大法律系主任梅仲协有专文介绍，他说，此科之设旨在“储训法官人才”，“司法前途，实利赖焉”。又说：“本科的增设，则专着重于司法官的训练，故修业期限，虽缩短为三年，但课程的配备，反较法律学系为繁重。例如诉讼实务、强制执行法、破产法、土地法等，在法律学系，可以不开，而在本科则均为必修课目，而且关于民刑法及民刑诉讼法的学分，都酌量予以增加。所以名为三年制的专修科，其实就应用学科而言，不但不亚于法律学系，而反有过之。”[2]

对于李敖来说，学法律亦无不可，通过学法可以了解世间法，了解在这个一党专制的孤岛上自由到底有多大限度，这有助于对社会的了解。因此，当录取通知下来以后，1954 年 9 月 14 日，他离开了生活五年之久的台中古城，这个曾经梦醒梦破的古城，怀着新的希望乘车北上，来到了台湾的政治文化中心——台北。

台北市是台湾的第一大城市。它坐落在台北盆地中央、纵贯铁路线上，淡水河、基隆河和新店溪汇流处，北依大屯火山群，西临林口台地，东南部为中央山脉北侧边缘的余脉与丘陵所簇拥。山环水绕，风光秀丽，素有“花园城市”之称。数百年前，这里曾是一片荒蛮的沼泽密林，罕见人烟。1662 年，郑成功把荷兰殖民者赶跑后，实行“寓兵于农”的政策，派大批人马在此开地拓荒，直至 1808 年福建泉州移民陈赖章等在此安家落户，才有了村庄。15 年后，这里渐趋繁荣，有

① 王元化主编：《殷海光、林毓生书信录》序二。
② 梅仲协：《台湾大学增设法律专修科的经过》，见（台北）《新生报》1953 年 7 月 9 日。

了城市的雏型，被称为“艋舺”，即“独木舟及独木舟的聚集之地”。它指的是淡水河上游的山地居民常驾独木舟顺流而下，到这里舍舟登陆，以物易物，成为贸易之地。1875年，清政府在此设立了台北府。1894年，在台湾设省，台北市成为省会。在市中心公园内，至今还有前人题字留刻的碑林和石坊，公园西南面是气势雄伟的古刹龙山寺，南部市郊的新店镇，有水清浪静的碧潭公园，北去30里，则是闻名遐迩的“温泉之乡”——阳明山风景区。可谓名胜众多，古迹遍布。

台湾大学就建在台北市南端新店溪北岸的观音山下，是台湾岛上规模最大的一所高等学府。校园占地面积180多公顷，设有43个系，46个研究所，在校学生10000多人。1949年初，傅斯年浮海东渡，出任台大校长，实行了诸多卓有成效的改革。这里云集了众多国内堪称一流的知识分子，成为台湾高校学术研究的中心。这一切李敖早有所闻，如今傅校长已驾鹤西去，台大校园风情依旧，在淡蓝的天幕飘不尽的云朵下，高高的棕榈树宽大的叶子迎风招展，操场上碧草如茵，花圃里杜鹃、月季和玫瑰正恣情开放。在傅园，他望着傅斯年纪念钟上的八字校训“敦品、励学、学国、学人”，好像看到了当年北平城里走在学生队伍最前面的那个英姿飒爽的青年人，遥想这位曾经在中国文化思想界叱咤风云的“五四”人物，李敖心中自然感慨万千，充满了江山多骄、志在天下的感怀。

可惜的是，这种美好的兴致并没有延续多久。

李敖所学的法律系司法专修科，在台大已经是第二届了，按说校方会办得更加规范。但李敖学了不到一年，便开始对这一专业失去兴趣，产生思退之心。他感觉到专业教师的学识浅陋，观点保守，长此下去学不到多少有用的东西。于是，尽管当时该科师生正在闹腾改制（由专科改为本科），但这些对他已毫无吸引力，他决定重考。当时台大规定本校学生不能重考本校，要重考得先退学。李敖只好破釜沉舟，在大一上了287天之后，自动退学，返回了台中。

他是 150 名学生中唯一因兴趣不合而退学的学生。

此时已是 1955 年的 6 月下旬，一年一度的大专联考[①]马上又要开始，李敖在经过短暂的补习之后，再一次步入了联考的考场。

这一年，他顺利考入了台湾大学文学院历史系，[②] 并且名列前茅。

台湾大学历史系是一个师资实力雄厚的大系，号称集过去北大、清华与中大（中山大学）三校史学教授的精华。李敖解脱了对法律专修科的不满，有了一种如愿以偿的感觉。在迎新会上，他大放厥词，使在座的全体师生惊叹。当时的情景尚无文字查考，但很快他便成为台大的知名人物，确是事实。

进入历史系后不久，李敖又开始失望了。他说：

> 很快的，大学的生活使我深刻了解所谓高等教育的一面，它令人失望的程度比中等教育犹有过之，尤其是我身历其境的文法学院，其荒谬、迂腐已经到了不成样子的地步，六七个大学外文系的大一英文的教师甚至搞不清文学家 Wiliac Saroyan 是谁；而法律系的一些师生，却连 Hugo Lafayette Black 都不知道！[③]

就李敖的性格而言，其自负、自恃及狂狷的特点在中学阶段已经形成，到了大学，这种性格进一步得到发展。在他的心目中，大学不该是读死书的地方，大学生应该是能独立思考、独立判断、特立独行的一群，大学培养的目标应该是造就智慧的才具，培养出有骨头、有判断力、有广博知识、同时又有影响力的知识分子。但事实上，在李敖眼中，这里的学生只会抄抄笔记，背背讲义，然后及时行乐。而历

---

① 台湾当时大专联考的时间是每年的 7 月 26、27 日。

② 李敖在报考台大同时，害怕落榜，又暗中报考了淡江英专，结果也被录取。他自然选择了前者。

③ 李敖：《十三年和十三月》，《李敖大全集》第 1 册，第 468 页。

史系，李敖认为尤其如此。

此时，李敖从少年时就有的狂狷性格已完完全全暴露无遗。其中最典型的莫过于他的“丧礼改革”。

20 岁生日时的李敖，这一年他考取了台湾大学历史系

还是在上初中时，李敖读书，便处处不忘学以致用。从初二开始，受胡适影响，他要移风易俗，不过旧历年。他认为过旧历年是一种不进步，并且有违现代化的精神。通达的父亲十分尊重他的“卓见”，对他说：“好小子，你不过就不过吧！你不过，我们过！”于是，爸爸、妈妈以及姐姐妹妹弟弟们，兴高采烈，大过其年。他们吃大鱼大肉，李敖偏要吃炒饭；他们熬夜，李敖偏要早睡；他们送来糖果压岁钱，李敖一概退回。就这样一晃五年过去了。

1955 年 4 月 27 日，也就是李敖刚过 20 岁生日的第二天晚上，他的父亲因脑溢血去世。次日午前，李敖收到“父病速归”的电报，赶赴台中。下了火车，见到接站的人，才得知父亲的死讯。李敖“为之泪下”。在家里，因为天热，父亲已入棺，棺盖已钉，未能见上最后一面，他找人拍了两张照片留念。

此时已上大一的李敖，又表演了一场“丧礼改革”的“闹剧”。他反对传统“把活人弄成死人，把死人弄成鬼”式的丧礼，要求废弃传统的那一套程式，在家中引起了轩然大波。

李鼎彝的老同事鄢曾荫说话了：“李敖你读书明礼，按古礼，不能这样干吧？”李敖反驳道：“按古礼，按《易经》是‘丧期无数’；按《墨子》是我母亲要殉葬；按《礼记》是我父亲不能火葬……今天我要真行古礼，更不得了了。”鄢老师理论不过李敖，顿时语塞。

李鼎彝先生生前是台中一中中文科的主任，一生朋友甚多，公祭时，场面很大，自台中市市长、市议会议长以下，有两千多人。按照传统惯例，孝子要拿哭丧棒痛哭，给来吊丧的人磕头，但李敖统统不来这一套，并且当众一滴眼泪也不掉，这种冒天下之大不韪的行为激起了众人的愤怒，长辈们逼着他去磕头，但他态度依旧，“横眉冷对千夫指”。

在两千多人的葬礼上，人人都在痛失师表，缅怀死者的种种好处，同时也在心中痛骂这个“不磕头、不烧纸、不流眼泪、主张丧礼改革”的不孝之子。但李敖不以为然。他认为，自己心中对父亲的怀念也许要超过任何一个人，只不过是表达方式不同而已。当20年后他身居囚房时，也许又想到了这次难以忘怀的“改革”，想到了一切特立独行的人与众不同的情感方式，他写下了一篇优美动人的散文。其中写道：

> 一般情的标准，是人情之常的标准，生离死别、送往迎来、待人接物等等，无不在人情之常标准上朝前滑，大家也照例办事，不以为异。但有些人——极少的一些人，他们的表现却好像不近人情的，冰冷的：有的人好朋友死了，他只三号而出（秦失）；有的人太太死了，他却鼓盆而歌（庄周）；有的人弟弟死了，他却不办丧事（张良）；有的人独生子少小离乡，到外埠求学，临走前她一滴眼泪都不掉（胡适母亲）！
>
> ……
>
> 雪的表面很冰冷，但雪化成溪，溪汇成河，作用就非常明显了。但人们总怪雪冰冷，雪却不解释，它只用洁白答复了一切。[1]

李敖以一种特殊的方式表达了对长辈的怀念与尊敬。就在父亲去世

① 李敖：《用冰冷表现洁白》，李敖：《我将归来开放》，中国友谊出版公司2001年版，第82页。

之后，为了安慰孤独寂寞的母亲，当新的一个旧历年来到时，当母亲习惯性地为他安排大鱼大肉之外的炒饭时，他一句话没说，放弃了炒饭，默默加入了“过年派”的行列；11年后，他印出了父亲的遗著《中国文学史》，并为之作了长序，以志怀念。这些无声的行动，也许正是李敖在情感上有失“人情之常”的独特的表达方式吧。

这次“实验”，在他人眼中也许是个闹剧，但对青年李敖来讲却刻骨铭心。他体会到：所谓“虽千万人，吾往矣”，谈起来容易，真正实行起来，可就需要大勇。他说：“那是我平生最得意的一次经验”，“这次经验使我一生受用，我一生勇于特立独行，都伏机于此。”[①] 后来，对别人的凡属婚丧嫁娶的活动他一概都不参加，这也正是他的反世俗思想的一种过激的延伸。

在大学，让台大师生瞠目结舌的是，在西装革履的青年学子中，李敖穿起了青袍长褂，而且一年四季从不换装。

在夏日炎炎的校园里，人们常可看到一个戴着黑框眼镜、身着青袍长褂的青年，拎着一大包书，往前急匆匆地赶路。他就是李敖。“长袍怪李敖”成了台大的一大景观。只要是台大人，没有一个人敢说他没见过“文学院那个穿长袍的”。人们看他的眼神，颇有点像“五四”时期北大校园里众人看拖着辫子的怪杰辜鸿铭。与他同届的地理系同学潘毓刚（后任世界华人协会召集人）回忆说，当时在他眼中，李敖是一个“身穿长袍，阴阳怪气，类似青洪帮的人物”。[②] 而后来与他成为好友的同学郑清茂则在回忆中说：“曩日于台大校园，时见一长袍青年，恒与女人为伍，即李敖也。余甚鄙之，自忖其人不过风流种子耳。……迩来朝夕相处，始知其人虽狂放不羁，而实则今世之怪杰，极可爱可亲之人也。余甚悔曩之不识英杰，遂与

① 李敖：《李敖回忆录》，第88页。
② 潘毓刚：《虽非冤家，却也路窄》，《李敖大全集》第22册，中国友谊出版公司2000年版，第5页。

结交焉。"[1] 就在他已离开台大后，他的"恶劣"影响依然不减，一位台大女生在给李敖战友的信中介绍她的漂亮的室友时说："不知道谁有福气，我希望你认识她，也愿意你的好朋友认识她，李敖除外。"[2]

历史系有个夏教授也整年穿件破袍子，可是夏天最热的那一两个月，要破例夏威夷一番。有一次，他看到李敖在盛夏里仍穿着黑绸大褂大摇大摆，特意走到他面前，不声不响地打量了他一阵，最后摇摇头，不胜感慨地说："你简直比我还顽固！"

一位女同学问李敖："李敖，我忍不住了，我一定要问问你，这么热的天气你还穿这玩意儿，难道你不热吗？"李敖望着她那充满了救世精神的脸，慢吞吞地说："冬天那么凉，你还要穿裙子露小腿，难道你不冷吗？"

当然，李敖夏天的耐热和女孩子冬天的耐冷在心理上是不一样的。

早在上小学时，李敖亦有过穿长袍的历史，但那也只是过年过节才有的事。到上高中时，因家庭贫困无西装可穿，只好穿起了爸爸留下的长袍。但他对长袍并不反感，早在小学时代他对那种长袍的古风就已产生崇仰之情，他忘不了当年崔老师那身长袍给他带来的奇异的美感，大博士胡适着长袍的照片亦给他带来过许多憧憬，所以，他面对周围的非议，丝毫不感到窘迫。他在打油诗中写道：

长袍马褂气何如？
吾不忘本衣非胡。
群小见之哈哈笑，
无奈老夫不在乎。
(《长袍》)

---

① 李敖：《插羽集·1959年11月6日》，《李敖大全集》第22册，第127页。
② 李敖：《插羽集·金戈集·1959年12月8日》，《李敖大全集》第22册，第185页。

就这样，久而久之，着长袍成为李敖的一个标志。

他要借此培养自己的个性，一种独来独往的气魄，一种“虽千万人，吾往矣”的决绝。

狂狷——正是李敖在外表上给人留下的印象。

在学业上，李敖对历史系的教育方式有诸多不满。他认为，在台大那么多系中，历史系是最容易混的一个系：上上课，抄抄笔记，背一背，就是成绩甲等学生；逃逃课，借抄笔记，背两段，就是成绩乙等学生；不上课，不抄笔记，不肯背，也不难及格，就是丙等学生。他说，丙等学生，“李敖之流是也”！

李敖反对这种呆板教条的学习方式，考试都懒得应付。大一时八门课，有三门不及格，甚至连中文都差点没过关。中文老师叫叶庆炳，第一次写作文，他还在班上夸奖李敖的作文全班第一，但是李敖认为他没有学问却好装腔作势，心里很讨厌他，到后来，在课堂上，李敖拒绝背书。叶庆炳就声言要给他不及格。而叶庆炳的老师郑骞在旁讲了一句话：“李敖的中文不及格，谁的中文及格呀？”叶庆炳这才给了他 68 分。

尽管如此，李敖不以为然，他始终充满了自信，并以一种俯瞰的姿态面对周围的不解和误解。正可谓“不畏浮云遮望眼，只缘身在最高层”。他说：

> 形式上，我是有点“安事诗书”、“束书不观”的。我不上课、不抄笔记，也不买老师的账，尤其是我看不起的老师。我在台大既如此特立独行，自然被侧目而视，只会皮相之见的人，当然只会从皮相看我这个“长袍怪”，而不知道我有“一飞冲天”的真本领。所以在台大的我，只是“不露文章世已惊”的我，只是部分的我。但这种真相，只有我知道。“蛟龙得云雨，终非池中物”，在台大池中，我被看作

一条怪泥鳅、一条大泥鳅，毕业两年后，我退伍回来，我就证明给每一个人看：你们全错了，我是一条蛟龙！①

多数人看到的只是表面上的李敖，很少有人能深入他的内心，感受到他那不羁的思想，那炽热的情感，以及那沉久潜深的内在的力。

二、失恋，“性的信仰的转变”

哪个少女不怀春，哪个少男不钟情？李敖情感早熟，更不例外。在大学阶段，爱情已成为他生活中的一项重要内容。

50年代的台湾，西方现代文化思潮逐渐涌入，性解放的观念亦在台湾的大学中产生广泛影响，比如大学生同居现象，在当时就不乏其例。

在李敖上法律系时，罗君若上高三，两人的情书往来并未中断。台湾大学地处台北，李敖的情书便改由在台中市中学念书的大妹转交，每封都谈天说地，洋洋洒洒，最长的一封竟长达83页。这种交往后来因故中断。李敖父亲去世后，罗写信给他，两人又重续前缘。在这一阶段，李敖对罗的感情基本上依然是“外冷内热”式的、“古典”式的、鸿雁传书式的、自抑式的。第二年，他考入历史系后，这一切发生了变化。李敖重考入台大文学院时，罗考入台大理学院化学系，住女生宿舍。李敖没去找她，而只是写信。直到有一天，她约李敖在深夜的校园相见，从此陷入热恋之中。1956年10月15日，两人“同归不处”：“当时我21岁，正在历史系念二年级。在那个年代，台北有公共浴池，内有房间，似乎未闻警察去查，我们提心吊胆的去过一次，性交、戏水，洗得好痛快。”② 大二时，罗干脆由化学系转进了历史系，

① 李敖：《李敖回忆录》，第99页。

② 李敖：《李敖快意恩仇录》，第124页。

与李敖同班。

在大学，罗姑娘的功课各科都好。入学时，她的中文作文考了近90分，在当年台大录取的学生中是成绩最好的。台大中文系主任台静农后来对李敖说："我们原以为是李敖写的，没想到竟出自'李敖的女朋友'之手。"在恋爱中，罗君若曾把朱光潜的《给青年的十二封信》整本书抄在笔记本上，送给李敖，可见她对李敖的痴情。她的字迹秀丽，思路敏捷，聪慧过人，读英文诗，三四遍即能背诵，李敖后来回忆说："我生平交女朋友不少，但是论眼神、论才气、论聪敏、论慧黠，无人能出其右。"

但正如李敖后来所说，"相恋得太满也就是晴阴圆缺的开始"，两人的关系出现了波折。其原因主要有二：一是李敖不信宗教，而罗君若一家都是虔诚的基督徒，这是罗的父母兄妹激烈反对两人交往的主因。二是李敖家庭困难，并且满嘴异端邪说，毫无将来会成大事的迹象。两人关系越密切，罗家反对越强烈，罗家妈妈气得在家里捣着饭碗大骂："李敖早死！李敖短命！"并且当面对他说："你将来阔到了做总统，我们也不上你的门；你将来穷得讨了饭，讨到我们家门口，请你多走一步！"

罗君若在种种压力下，被迫无奈，只有含泪与李敖分手。

爱情之梦的幻灭，使李敖遭遇到了有生以来最大的困境。他感觉到自己的精神就要崩溃了。一天晚上，他独自呆在学生宿舍，服下一瓶安眠药，准备一了百了。结果被同学翁松然发现，强拉着他到台大医院去洗肠子。关于此事，后来与李敖有过一段姻缘的胡因梦说："他的朋友告诉我，李敖在台大时曾经为'罗'姓女友的离去，服过三次安眠药自杀，但都被同学发现送到医院洗肠获救。"[1]

他对周围的一切都感到失望。那呆板教条的教育方式、那庸碌无为

① 胡因梦：《死亡与童女之舞》，（台北）圆神出版有限公司1999年版，第159页。

的生活、那古典爱情的破灭，都使他在精神上难以承受。同时，他又不愿放弃他的理想、他的志向，灵魂深处有一个声音在呼唤着他，让他振作、让他奋起、让他坚定地走下去。

在痛苦与矛盾中，他选择了日记。从他的《大学札记》、《大学后期日记》甚至《一个预备军官的日记》里，可以看到他是怎样不断励志自勉，度过那最大的困境的。正如他自己所说："日记是一种无害的解脱方法之一，每当我'有点茫然'的时候，它时常帮助我渡过难关，超越不满意。"① 1957年2月到11月，他记下了近十万字的"大学札记"，从1958年6月8日直至毕业，他又一日不拉地记下了这一段生活的全部历程。在这里，胡适的《留学日记》究竟给李敖带来了多少灵感，尚无从考证，但在当时李敖已是一个地地道道的"胡适迷"了。胡适曾在多种场合鼓励别人写日记、写自传，多为自己的时代、社会留下一点真实的历史资料，日记的这一起码作用，对早已以天下为己任的李敖是心有灵犀的。

李敖在大学时期行为上的外露决定了他日记中的非掩饰性和客观性，加上他系统的史学训练，较高的史学修养和求真意识，在写作中虚构的成分相对要少得多。还有更为重要的一点，即李敖在这一阶段的日记有着明确的目的性，他希望得到精神上的安慰和解脱，自省、自警、自励、自塑、战胜自我，作一个非凡的人。日记作为一种独立的带有私秘性的文体，有着自己的体裁属性。一个人在日记中可以自由表达，有时展现出的是作者的内心独白，是真实的心理剖示，是自我形象的塑造；有时只是客观的记述，如读书札记和来往书信。李敖的"大学日记"（含札记）多数属于前一种情况。

"大学后期日记"曾在1966年9月10月分两集出版，第一集为《大学后期日记甲集》，第二集为《大学后期日记乙集》，前者主要记述

---

① 李敖《结束日记》，《李敖大全集》第17册，中国友谊出版公司1999年版，第278页。

的时间为 1958 年 6 月 8 日到 1958 年 12 月 31 日；后者主要记述的时间是 1959 年 1 月 1 日到 1959 年 8 月 2 日。他在 1982 年出版的《大学札记》的“前记”中说：

> 在我成长的过程中，我曾花了许多气力来把自己锻炼成钢铁。锻炼的方法，不论是东海圣人的，还是西海圣人的，我都一网兜收，从摸索和试验中，求得安身立命。我这种自我炼钢，是很用心的，我今天能有一些个性、一些独来独往的气魄、一些“虽千万人，吾往矣”的决绝，追溯起来，都跟我早年的刻苦自励有深切关系。[①]

李敖的“大学后期日记”真实记录了李敖大学后期的生活境况。在日记中，他毫不隐瞒自己的生活，包括那些在许多人看来都不愿启齿的个人隐私，他都从不忌讳，比如他在青春苦恼中的手淫，他对异性的意淫以及最隐秘的思想意识，都在日记中毫无保留地留下了记录，保持了日记最为真实的本色。正是这种如实的记述，使我们看到了大学时期的李敖从“幼稚、矛盾、自夸、彷徨”走向成熟的过程，看到了一个心高气傲的青年在困学阶段所走过的每一个脚印。它也记载了李敖在大学后期思想上所发生的嬗变。大到政治信仰、改革信仰、“性的信仰”的转变，小到为人处世、待人接物，作者都有细致入微的记述。其中，有不少内容成为李敖“日后的思想引子和灵感伏机”，比如李敖的爱情观、淑世的改良主义、《老年人和棒子》、《给谈中西文化的人看看病》、《胡适评传》、《传统下的独白》等重要文章、著作的写作，都可从中找到思想的萌芽。它还记载了李敖大学阶段的交友、从师情况。李敖是个十分健谈且谈锋犀利的人，他的博学使他在思想上往往

① 《李敖大全集》第 17 册，第 169 页。

高人一筹，这在他狂傲的青年时代更成为以思想诱人的绝好谈资，因此他喜爱辩论，好放厥词。与学友聊天、和朋友神侃成为他一项重要的生活内容。当然，祸从口出也给他带来过不尽的烦恼。这部分内容在李敖日记中占有相当大的篇幅。正如他本人所说："日记都是个人随手的速记和灵感引线，所以文字方面颇少修饰；又因为我的日记习惯是多记事、少论学（论学另有卡片、札记、卷册），所以我的读书心得，几乎在日记中极少看到，这也可说是我的日记的大缺陷。"① 但尽管如此，我们仍然可以说，他能在人生的低谷为我们留下这两册日记是十分难得的。它是一个青年在情感挫折中的喘息，是一个学子在困学之路上的摸索，是反抗，是呐喊，是一个不羁于成规的叛逆者的挣扎。威尔斯曾经说"人的思想是流动的"，李敖的"大学后期日记"正是他在精神发生危机时候其生活、思想、交友、从师的真实记录，也是人们了解李敖思想演变和生平创作不可缺少的珍贵资料。

在李敖大学日记庞杂的内容当中，爱情观的转变当是李敖世界观中的一个极其重要的线索。

为了排解个人情感上的郁闷，李敖一方面在行为上表现得更加放浪形骸，另一方面在内心里转入日记的倾诉和反思。他在日记里自解、自慰、自我激励、自我发泄、自我设计，以这种独特的"治疗方法"来缓解心理异常所带来的压力。正是在这种"缓解"过程中，他那古典而自闭式的爱情观也逐渐发生变化。且看他当时在日记中的内心表露：

> 在爱情方面，我将是个多年冷冻的忘情者，浓厚的理智与早年的创痕已足以使我心如止水，永远不会再为可爱的少女而狂跳！曼殊的七绝该是我最喜欢的句子：

① 《大学后期日记乙集·前记》，《李敖大全集》第5册，中国友谊出版公司1999年版，第373-374页。

禅心一任蛾眉妒，
佛说原来怨是亲，
雨笠烟蓑归去也，
与人无爱亦无嗔。

长期过一段既有余味又不动心的生活，将是我此后的新方向。[①]

我现在对前途有大梦想、大憧憬、大野心，把爱情看作米米小的一部分，那该是消遣、是点缀、是有无皆无所谓、是对象为谁都无妨，我可不能像那些恶心男人一样去做贴膏药的奴才恋爱。[②]

我愈想道德和爱情愈要风马牛不相干，反正“真”是不完全的，甚至是没有的，我又何必信它或是要求它呢？在爱情里、性欲上，我决定完全踢掉“真”的成分。纯粹的剩下美与快乐，没有真与痛苦。情话是谎话，我是唯美主义的信仰者，唯美者是排斥真与善的地位的。在爱情和性欲上，我也永不再用真与善的标准去要求，不被它影响我的寻欢作乐，我纯粹的变成一个“黄昏之恋”式的人物。

对 Lo我也毫不例外，只撷取快乐而不要痛苦，我不想那么多、那么远， 也根本不跟她谈这些，随她去罢！她对我唯一的价值就是增多一点快乐的价值。我不想过去和未来，即使现在，我都只想些唯美的、肉欲的。

在爱欲上，深受胡适之毒，胡适在这方面不能跟歌德、

① 李敖：《大学札记》1957年6月11日，《李敖大全集》第17册，第208页。
② 李敖：《大学后期日记甲集》1958年6月14日，《李敖大全集》第5册，第235页。

拜伦、罗素、毕加索比。我过去在这方面太谨严了。

不要信仰理想的美人，要享受现实的美人。[①]

在李敖眼中，爱情已经不再变得那么重要，而成为可有可无的东西。有时他甚至产生对柏拉图式爱情的向往，“图片、幻想、精神恋才是永恒的美、永恒的喜悦，这种态度只凭借一点点现实就够了，一笑终生不能忘，一言终生以记之，这是多么美的男女关系！”[②] 当然，这种理想主义的爱情往往是昙花一现、稍纵即逝，在枯竭的情感世界里，得到一点心灵的滋润和补偿。

胡因梦在自传中对此有独到的分析：

他坦言自己有三、四年之久，未能成功地靠新情人取代旧的来转化最大的困境。我认为李敖在初恋所受的创伤，严重地影响了他日后对待女人的态度。其实他和我一样，在初恋之后，都陷入了很长一段时间的上瘾症：“唐璜情结”就是最典型的上瘾范例。[③]

李敖对爱情的古典方式的确有了很大的变化。他认为，自己过去把爱情的份量看得太重了、太高了，要做一个忘情者，过一种既有余味又不动心的生活，要保持一颗禅心，无情又无争，像柳宗元那样超凡脱俗归隐人间。但也不能没有爱情，只是在爱情上要做一个唯美主义者，不能像胡适那样自我约束，那样“谨严”，要像歌德、拜伦、罗素、毕加索那样。他很欣赏王尔德，王尔德20岁时进入牛津大学，随

① 李敖：《早年日记》1958年5月31日，《李敖大全集》第23册，中国友谊出版公司2000年版，第835页。

② 李敖：《大学后期日记乙集》1959年3月13日，《李敖大全集》第5册，第422页。

③ 胡因梦：《死亡与童女之舞》。第159页。

之形成了享乐主义和感官主义的生活观，即所谓唯美主义。但他不可能像王尔德那样有条件追求豪华生活，沐浴在阳光与鲜花之中，而只是对其放浪不羁、才华横溢、妙语连珠情有独钟。从他的日记中可以看出，他的观念中既有西方所谓性解放的思想因素，又有中国传统思想中对女性的歧视，这些东西与他自己的所谓“唯美主义”结合在一起，形成了他的“现代化的爱情”。

这些观念后来结晶为李敖的爱情理论，在他的《张飞的眼睛》、《关于“三情之书”》等文章中有了更加系统的表述。什么“爱情是不盲目的”、爱情是“纯快乐”、“爱情是灵肉一致的”、“爱情是会变的”、“爱情是要技巧的”、“爱情是唯美的”等等。其中不乏大胆的立论，但与当时台湾社会的文化氛围实在难以合谐相容。

在大学毕业时，李敖的情爱观念已基本定型，他在日记中写道：

> 看到莫宜春的照片，使我起了一个很大的感想，我发现我毕竟是文人！一个太理想主义的文人！感情在游移之间，又趋向“一片冷香唯有梦”的境界。我知道我是永远不满足于现状的，我实在是百分之百的一个博爱主义者，我不知道爱谁是好，但我知道我绝不能满足一个，绝不能从一而终的。还有，我已深知“爱情的超时间主义”，并且深信它，或一瞬，或永恒，或十天，或半月，我又拈出“爱情的超现实主义”，何必深识或厮守呢？我永远是一个落拓而不自怜的人，永远是电影与萍踪般的超现实。①

可以看出，他原有的那种“古典”真爱已化作不可复得的雪爪鸿泥，他不再去认真对待了。不仅玩世，而且玩情。爱情只是为了轻松、

① 李敖：《早年日记》，1959年8月7日，《李敖大全集》第23册，第843页。

为了愉快，其他不复多想。正如他在日记中所写："三月换一把，爱情如牙刷，但寻风头草，不觅解语花。"[①]"解语花"乃美女之喻。当年，唐明皇携嫔妃贵戚于金秋至太液池畔赏莲，但见池中白莲盛开，其艳无比，左右赞羡不已。唐明皇手指杨贵妃对左右说："此花怎及我的解语花！"李敖引用此典意在表明，他不再去寻找那种红颜知己了，男女情爱不过逢场作戏而已。这种观念与常人所遵崇的永恒爱情自然相去千万里了。他在毕业后给同学潘毓刚的信中说："我对顺手牵羊逢场作戏的扯扯还感兴趣，可是要论及婚姻，我就怕了。"[②] 这种爱情观具体表现在行动上便是：重过程，不重结果。为了减少"麻烦与营扰"，当分手时就分手，决不藕断丝连。正如他后来诗中所写："不爱那么多，/只爱一点点，/别人的爱情像海深，/我的爱情浅。""别人眉来又眼去，/我只偷看你一眼。"[③]

李敖产生爱情危机，正值读大学二年级，那种本来就放任自流的生活更变得没有节制，生活中的行为一度处于错乱之中。种种劣迹纷纷滋长，用他的话说叫"鬼混"：睡懒觉、逛大街、下象棋、打桥牌、看电影、抽烟、喝酒、侃大山、搞恶作剧、逛动物园……情感上的失意，陈旧而浅陋的大学教育使他对课堂也完全失去了兴趣，要么在课堂上专门捕捉老师的失误，用假史料捉弄老师，要么就逃课，有时仅仅是为了意气和情绪，为逃课而逃课，心高气傲，故意做出一副放荡不羁、玩世不恭的样子，放浪形骸，以此来舒解对大学教育的不满和精神上的苦闷。在他的日记中，有一段"小弟昨夜骂我之文"，剖析可谓切中要害：

李敖先生，——刁猾尖刻，玩世不恭，学识渊博，天生

① 李敖：《大学后期日记甲集》，1958年10月20日，《李敖大全集》第5册，第319页。
② 李敖：《一个预备军官的日记》，1960年8月15日，《李敖大全集》第23册，第512页。
③ 李敖：《只爱一点点》，《李敖的情诗》，湖南文艺出版社1989年版，第63页。

傲骨的狂士，这是头一眼的结果。现在我要戴上眼镜了，眼镜背后的眼光，常使人难受，但它正在上下打量您，阁下的刁猾尖刻，玩世不恭，我认为不过是为了掩蔽阁下未成熟的感情与感情上的创痕而已！①

情绪的波折，环境的压抑，使他渴求解脱，但只要依然是如此环境，依然是爱无着落，也许他永无解脱之日，他的同学胡家伦把他的玩世不恭比做等待阳光照射的一层“霉”，那消除“霉”的阳光何时才能出现？他不知道。

从李敖当时所遭受的情感挫折来看，他的放浪形骸，消沉颓废，未尝不是一种心理危机的自我解脱，但从他古典而又炽热的真情来讲却又是一种痛苦的情感挥霍。他所认为的“爱是纯快乐”及“泛爱主义”思想，严格讲，追求的只是表层的快感而已，这种观念对任何常态中人来说，恐怕都会认为具有不道德的因素，难以接受。难怪后来聂华苓在给李敖的信中说：“你的那套想法，年轻的少女受不了的。……记着：理论是一回事，可不要伤害女孩子。”② 但这种观念的转移，却是李敖在极端痛苦思索中完成的。它就像一柄双刃剑，一方面，这种爱情观势必会对不苟同此观点的对方造成伤害，另一方面，这种情感上的无牵无挂，却也在事业上酿就了他的成功。成全了“笑傲江湖五十年”、“没有青春只有斗”的人生。是耶非耶，功耶罪耶，就看从哪个角度去评价了，也许这正是李敖人生中的一个悖论。

李敖在回忆这一段生活时，曾说自己的“鬼混”完全是肇因于腐败教育对自己的压迫，他是以这种特殊的方式来进行反抗的。（其实这只是其一，爱情的失落和不稳定亦应是李敖走向“鬼混”的一个重要原

① 李敖：《大学后期日记甲集》，1958 年 11 月 3 日，《李敖大全集》第 5 册，第 329 页。
② 李敖：李敖：《给 G 的九十四封信》，《李敖大全集》第 15 册，第 76 页。

因）“这种精神，使我常常采取一种虚无气质去‘鬼混’，如果没有‘鬼混’，而只是规规矩矩地做个‘好学生’，我想我早已变成了精神病患者。我庆幸我在大学五年，还没有被巫师们感染上精神病，我庆幸我抓到了‘鬼混’做武器—我感谢‘鬼混’！”“我的反抗方法，表面上是消极的，骨子里却是积极的。”① 也许正是这种对异性交往与爱情方式的奇特处理，对自己所不满的环境的变态反抗方式，李敖摆脱了一场在青春时代难以解脱的情感危机，成为一个“钻破蚕茧的变形虫”，最终从情感的“盘丝洞”里冲了出来。

三、自省：痛苦中的嬗变

在台大，李敖的朋友庄因曾说过这样一句话，李敖“做大坏蛋极够资格”。

李敖的非同寻常之处，就在于他“能够坏而不肯坏，有本领去坏而一心去好”。②

就他所接受的教育和他的志向而言，他不应该属于那种自暴自弃自甘沉沦的角色。他的可贵之处也正在于此。在那放荡不羁的生活表层下，在那具备变坏的所有条件的情况下，他的灵魂从未得到过安宁，他在孤独中走向自省，每日“三省吾身”，寻找着实现自己志向的方法和出路。

他不断地设计着自己的性格，认为“坚强出自温和中，正经出自滑稽中，是高人。”③

他有过彷徨：“下午五时睡醒看图，想到除了欢乐外人生还该追求

---

① 李敖：《大学后期日记甲集·前记》，《李敖大全集》第5册，第225页。
② 李敖：《大学后期日记乙集》，1959年5月10日，《李敖大全集》第5册，第451页。
③ 李敖：《早年日记》，1958年6月5日，《李敖全集》第23册，第837页。

什么呢？别‘白首太玄经’啊！”[①]

他走过极端：“名誉坏时，使它更坏，那你名誉就好了。”[②]

他有过对自己形象的自恋，“我该经常设想我在人们（尤其是朋友们）眼中的观感，我要使人觉得我是伟大的、庄严的、可敬佩的。假如有虚荣心的话，这该是我最大的虚荣了，但我自信它是无害于我，也无害于人的。”[③] 这种被同学称之为“领袖欲和独断气质”的虚荣、自满、自豪和自我陶醉心理，在李敖的大学后期表现得尤其强烈和突出。

他在侃大山中炫耀知识，哗众取宠，奇装异服，突出自己。他非常关注自己的一言一行给人们留下的印象，希望能用自己的行为去影响别人，这种心理的突出表现便是十分看重周围人对自己的评价。在他的日记中，经常可以看到这样的表述：

> 胡兆述说我风度翩翩。（1958 年 6 月 29 日）
>
> 晨少杰言我往事，说我“满腹经纶”。（1958 年 8 月 5 日）
>
> 宿舍教官李新中言我学者派头。（1958 年 9 月 29 日）
>
> “凝”说我“博学多才”。（1958 年 9 月 30 日）
>
> 光复节放假，黄国茂言昨晚在车上闻二女生谈及我，说我像徐志摩，昨日英善之元莲亦言她们说我有北京大学的学生风度。（1958 年 10 月 25 日）
>
> 英善盛言吾之穷硬骨头，其极为心折。（1958 年 11 月 18 日）
>
> 中午上校教官徐行呼我为文学博士。（1958 年 11 月 24 日）
>
> 魏钻松言我象个教授。（1959 年 6 月 7 日）

---

① 李敖：《大学后期日记甲集》，1958 年 6 月 12 日，《李敖大全集》第 5 册，第 231 页。
② 李敖：《大学后期日记甲集》，1958 年 8 月 28 日，《李敖大全集》第 5 册，第 295 页。
③ 李敖：《大学札记》，1957 年 5 月 19 日，《李敖大全集》第 17 册，第 175 页。

1957年，李敖（左二）与第四室室友们的合照

他崇尚那种“风度翩翩”的“学者派头”，他认为这才是“博学多才”、“满腹经纶”的表现，胡适、徐志摩、林语堂等都成为他刻意模仿的对象。他关注别人对自己的评价，一方面反映出他对自身行为的信心多少有点不足，另一方面反映出他多么希望自己的行为能得到他人的认可，他要以此来获得安慰，获得鼓舞，以保持和强化他的特立独行的风格。当然，在他人对自己的评价中，不可能是众口一词的褒扬，称他为“流氓”、“色狼”、“色情专家”的，亦大有人在，而他的个人主义思想又使他对此产生几乎是本能的抵制和心理逆反，甚至不屑一顾，对其丝毫产生不了警示作用。李敖的个人主义亦因此得到强化。

在李敖精神的历炼过程中，更多的却是痛苦之中的反思和自省：

> 看云看天不看世俗群，可使我愈来愈广阔。我独坐在新兴的左角，遥望远处的云山，我想到：“跟这些世俗的男女们扯，我能得到些什么呢？我一定是得不偿失的。”[①]

> 亲情、友情、爱情皆需距离，距离之义大矣哉！与任何人都该如此。[②]

① 李敖：《早年日记》，1958年6月7日，《李敖大全集》第23册，第840页。
② 李敖：《大学后期日记甲集》，1958年6月30日，《李敖大全集》第5册，第270页。

与孙小吵，与唐大吵，我是多么的不愉快！我说不出我是多么的沮丧！我竟是一个与“这些人”生干系的人！我今晚一大决定即与任何俗人都不能（太）熟，只要否定他这个人后，即要自检了！尤其是所谓“同患难”的人！

（一）展开一个严肃的自束的生活。

（二）练习拒绝俗人。

（三）青春绝不断送在俗人身上。他们全滚蛋，一律拒绝。①

一方面他要“暂与俗人偕”，另一方面他又要挣脱这种困境，这里意志的作用便充分显示出来了。

古时候道士入山修炼，经常要做的一件事就是炼丹。他们认为，想要成仙换凡骨，就要吃金丹。但是如果俗念未尽、俗情未了，光吃金丹也是没有用的，照样是凡人一个。还应该用天河之水来洗去自己的世俗情感。这便是陆游诗中所写：“欲求灵药换凡骨，先挽天河洗俗情。”李敖十分欣赏这句诗。在他心目中，天河，指的是高尚的情操、高远的境界和崇高的人格修养。他在自己主动的人格磨砺中，思想意志渐渐变得非凡出众，对人生境界的追求亦变得愈加高远。他在日记中写道：

我此后痛恨与“人”脱节的学者们及知识分子，今之学者不会为文，何能动人？既无感情，又无力量，一文皆不能卒读。大众化第一，这是李敖的方向与方法。②

读胡适、罗隆基、梁实秋合著《人权论集》，深感吾之

---

① 李敖：《大学后期日记甲集》，1958年7月8日，《李敖大全集》第5册，第276页。
② 李敖：《大学后期日记乙集》，1959年5月6日，《李敖大全集》第5册，第447页。

方向在此不在史也。[①]

从他的大学日记中，我们可以看到他是怎样由幼稚、矛盾、自夸、梦幻、彷徨而走向成熟的。

他每天在日记中检讨自己的一日所为，时刻提醒自己，朝第一等人的境界迈进。

在人格的培养上，他常常提醒自己多读修养书。“胸襟要大、大、大，这需要多看修养书、多反省，反省与修养书是重要的，因为环境是一噢十咻的，最易使人慢慢陷下去，一日能把持，二日三日就不见得行了……”[②]

在交际上，他追求平和雍容的风度。“永不紧张，满不在乎。永不恐惧，不患得患失。永不慌张，慢吞吞地，心平气和地。”[③] 他认为，只有平和与雍容可以带来有意义的回忆，失风度的行径只带来双方面的终生不愉快。

在气质上，他追求刚毅、慷慨和侠气，要有轩昂不凡的奇气。他难忘梁启超文章中谈堕落情态的话：“潦倒不得志，则嗒然若丧，奄奄无复生人气，若已僵之蚕，旦夕待死者。”[④] 这决不是成大事者的迹象。成大事者要有一种万难不惧的奇气，“有奇气的人从来不会没精打采嗒然若丧的，他永远是坚强而高兴的，这种坚强而高兴的神情，被他养成了习惯”。“夜又对镜自照，我愈发感到风度的重要，它是学问修养的最后结晶品”。[⑤] 他所追求的自己心目中的“大丈夫气”、“男人气”是什么呢？他曾列出数条：

---

① 李敖：《大学后期日记乙集》，1959 年 5 月 9 日，《李敖大全集》第 5 册，第 450 页。
② 李敖：《大学后期日记甲集》，1958 年 6 月 15 日，《李敖大全集》第 5 册，第 236 页。
③ 李敖：《大学后期日记甲集》，《李敖大全集》第 5 册，第 366 页。
④ 李敖：《大学札记》，1957 年 7 月 5 日，《李敖大全集》第 17 册，第 231 页。
⑤ 李敖：《大学后期日记乙集》，1959 年 6 月 27 日，《李敖大全集》第 5 册，第 480 页。

刚毅的嘴和拳

慷慨的笑容

傲岸的卑视（眼光）

不合作的坚决（决绝）

永远没有（任何遭遇下没有）软弱、无力，疲惫地打败

像头牦子，没有软弱语消沉态①

他更向往那种具有强烈自制能力的坚强意志。在这方面，美国总统艾森豪威尔是他的榜样。艾氏在做哥伦比亚大学校长时，脉搏突然加快，他遵医嘱，戒了烟；不久脉搏又恢复了正常，他从此永不吸烟。有人问他，“如果有人在你的办公室里吸烟，你是否反对？”艾氏说：“哦，不会的。这样更会增强我的精神上的优越感，表示我有充分的意志力来戒烟；但是，他们却没有。”李敖对此深有同感，他认为“这是一种抵抗诱惑有所不为的意志，大都可用在‘戒绝’一方面，在需要戒绝的场合，我要用艾森豪威尔这段小故事来纪律我自己，这是一件最使人感动的身教”。他视“坚强”为一种“壮烈的反动”，深信自己“不是软弱的人，我是绝不再有暂时的消极情绪

李敖在台大第一宿舍第四室中埋头读书

① 李敖：《大学后期日记甲集》，1958年6月22日，《李敖大全集》第5册，第264页。

的，痛苦的折磨已使我变成一个千锤百炼的硬汉，我耻于做一个平平庸庸的男人，坚强的意志完全支配了我，我已变成了一个'无从腐败的斯诺登（Snowden）'，我不能容忍自己有任何腐败的行为——像那些男人一样。"①

他提醒自己少说话、多做事，要"严肃正派"、"修养到家"。他引吕坤语说："干天下之事者，智深勇沉，神闲气定，有所不言，言必当；有所不为，为必成（此所谓慎行）。不自是而露才；不轻试以幸功。此真才也，世鲜识之。"② 他时刻提醒自己，对世俗的生活方式采取一种不屑的态度，尽量减少与同学的交往，多给自己以独处的时间。"交往时间仍花费太多，切戒切戒，孤独最好！"③"夜读《世界新希望》122页，四五小时，大感想是任何收获（朋友、电影）皆不如读书。教育当采读名著法，如是思想在一夜间提升，可胜过千百之今人古人。"④

他认识到疏懒的最大敌人就是时间。他认为人生的价值就在于"在这漫长而艰苦的路程中""一天一天地奋斗下去"。他曾给自己的一日生活制定了详细的自律条目，从这些条目中可以看到，他在许多方面深受本杰明·富兰克林（Benjamin F ranklin）十三条美德的影响。

本杰明·富兰克林（1706-1790）是美国资产阶级革命时期的民主主义者，是一位杰出的科学家、发明家、印刷商、外交官、政治家、新闻记者、教育家、行政官员和哲学家，是一位世界级的多才多艺的天才人物，杰斐逊称他是"他生活的时代和国家中最伟大和最出色之人"。他的《自传》生动地记述了他自我塑造的过程，颂扬了持之以恒的勤奋和勇于实践的精神，对后来的美国人产生极深的影响。从李敖

① 李敖：《大学札记》，1957年5月18日，《李敖大全集》第17册，第172、174页。
② 李敖：《大学札记》，1957年7月15日，《李敖大全集》第17册，第241页。
③ 李敖：《大学后期日记甲集》，1959年4月23日，《李敖大全集》第5册，第442页。
④ 李敖：《大学后期日记甲集》，1959年2月25日，《李敖大全集》第5册，第410页。

的大学后期日记中看，他读到过富兰克林的《自传》，并且深受其影响，曾多处摘引富兰克林的话。在《富兰克林自传》中，传主记述了自己平时必须做到的十三种德行，即节制、少言、秩序、决心、节俭、勤勉、诚实、公正、中庸、清洁、镇静、节欲、谦虚等等，并在每种德行下附加了简短的戒律；此外，富氏还在“自戒”的小册子中“秩序”一条下规定要求自己应给每件日常事务分配一定的时间，并制作了每天24小时作息时间表。这位成功创业者的著名戒律对李敖无异产生了极深的影响，他在约束自己的行为时以富兰克林为楷模就变得极有可能。他不但也给自己制定了种种必须做到的非凡品质，而且努力按照这些要求去做，去改变自己身上的不良习惯，他希望自己能自醒自戒，很快摆脱目前的窘境，从人生低谷中走出来。为了克服自己的不良习惯，他模仿富兰克林的做法，用分条列项的形式为自己制定作息时间表，这种做法，在他大学期间至少有过三次，从表中，我们不仅可以了解李敖在一日之中的生活安排，亦可从中看出他在改变自身的过程中所做的努力，如：

6时30分：起床。

6时30分—8时：整理、早饭、看报。

8时—12时：在学校①上课，②交友，③尽量利用零星时间去钻入图书馆中。

12时—3时：①午饭，②小休息（不可睡），③写信，④大便，⑤整理，⑥杂读，⑦洗衣，⑧剪报。

3时—6时：

6时—10时：在参考室。

10时30分：①整理，②入睡。

（一）睡眠不可多于8小时。

（二）电影每周最多一次，选有札记价值者最好。

（三）星期日及例假日为自由日，玩亦好，过平日生活也好，视当时情形而定。最主要的是得到友朋之乐与山水之乐。试选一两样罢：

造访谈天　听讲演　雕像　照相　洗澡　唱歌　访教授　剪贴　洗衣　与朋友坐咖啡馆　图片　画线于纸　远近旅行　电影　逛街　写信　市内图书馆　下棋　木工　弹球　钉书　整理书　找教会开心　跳绳　木刻　喝茶　下馆子　缝衣服　刻印　音乐　绘画　书法　吃零食　球类[①]

除此之外，古今中外的传奇人物对李敖的人格行为亦产生着重大影响，如罗宾汉的劫富济贫、惩贪除暴、侠骨柔情、光明磊落，唐吉诃德对信仰的一往无前、嫉恶如仇、抑强扶弱，富兰克林的乐观心胸，左拉一生攻击教会和伪善的不遗余力，王尔德超人的思路、口才和想像力以及层出不穷的惊世骇俗的行为，甘地的“不合作主义”的道德信念，庄士敦的好学不倦，丘吉尔的精力过人、才气纵横、感情澎湃，巴顿的爱憎分明的真情，还有像王阳明、吕坤、曾国藩、梁启超、陈独秀、苏曼殊、丁文江等等，据粗略统计，单是在他的大学札记中引用到的中外名人名言或事迹就达90多次。这些言行都在李敖的思想和行为中产生着深刻的影响。最令他难以忘怀的是在面对丘吉尔造像时，那种心灵上的震撼：

我默默凝视着丘吉尔的造像，深觉他是一股力量的化身，如他所说：“在战争中，坚决；在失败中，不屈。”从他的眉宇神情之中，我们到处可以看到坚定刚强的一面，悲观与消沉的情绪丝毫侵蚀不了他（甚至是暂时的突击），在

① 李敖：《大学后期日记甲集》，1958年10月4日，《李敖大全集》第5册，第312页。

每 24 小时的生活里，他未曾让出一分钟来给消极盘踞，他永远是一个精神抖擞意气纵横的人！①

这种丘吉尔式的“大气魄”强烈冲击着他身上的空虚、狼狈、泄气、沉闷、不稳定、恹恹之态、懒惰，使他在痛苦的嬗变中慢慢远离了消极与悲观，朝着他心目中“伟人”的目标前进，逐步走上一个真正“男子汉”的生活道路。他在一次病中写道：“我要做一个伟大的人，有一种伟大的自处生活和一种伟大的对人态度，我要使人以我而骄傲，不使人以我而羞耻，我在别人的心目里要成为一个永不能忘的有光彩的人。”“我不自安于平庸的‘好’，我要使人佩服，使人受感动。我‘要生活在深深的影响别人’！我所做的每一个动作、所说的每一句话、所做的每一件事，都要问问是否可合这个标准。”② 一天上午，李敖在课堂上忽有所得，写下述志诗一首：

二十二年悲欢事，
如今慷慨付浮云。
把握目前休回首，
埋头一意做新人。

这是他从沉沦走向奋发之路的深刻醒悟。

在大学阶段，李敖的性格和思想已基本上趋于定格。在李敖的全部日记和札记中，我们可以看到，他对自己的生活学习，从始至终都是以做一个伟大人物的标准去要求自己的，他在古今中外的成功者和传奇人物身上寻找着人生的答案，“不论是东海圣人的，还是西海圣人的，

① 李敖：《大学札记》，1957 年 5 月 19 日，《李敖大全集》第 17 册，第 174 页。
② 李敖：《大学札记》，1957 年 5 月 27 日，《李敖大全集》第 17 册，第 184 页。

我都一网兜收，从摸索和试验中，求得安身立命”。[1] 应该说，在大学时代的后期，李敖的思想是清醒的，但他又无可奈何。他不满周围的环境，但只能怀着一种“暂与俗人偕”的心理，来提升自己。他在日记中不时地提醒自己，用大胸襟、大眼光去看问题，去除俗情，去脱胎换骨，并认准方向，矢志不移。这种理智而执着的追求使李敖不再作任何他想。著名的社会学家潘光旦教授在谈到青年的狂狷性格时曾经说：“大率狂的易流于放浪，而狷的易趋于胶执。放浪之极，或胶执之极，而‘无成就’，则‘暴气’而不能‘持志’的结果，势必转趋消沉，而消沉之至，竟有以自杀做最后的归宿的。”[2] 值得庆幸的是，既狂又狷的李敖，既没有流于胶执，亦未听任放浪，而是凭着自己清醒的意识和坚强的意志，抵制了来自世俗的种种蛊惑和传染。

毋庸讳言，李敖是奇才、不世出的奇才，但与生俱来的才华，必须经过血泪人生的砥砺，才可能生根发芽，开出绚丽的奇葩。可以说，没有学生时代刻苦自励的磨练，就没有他在文坛上叱咤风云的未来。李敖在大学二年级写就的小诗《我将归来开放》，正是这种充满了自信和乐观的情感抒发：

因为我从来是那样，
所以你以为我永远是那样。
可是这一回你错了，
我改变得令你难以想像。

坏的终能变得好；
弱的终能变得壮；

① 李敖：《大学札记·前记》，《李敖大全集》第17册，第169页。

② 潘光旦：《国难与教育的忏悔》，见杨东平编：《大学精神》，辽海出版社2000年版，第64页。

谁能想到丑陋的一个蛹，
却会变成翩翩的蝴蝶模样？

像一朵入夜的荷花；
像一只归巢的宿鸟；
或像一只隐居的老哲人，
我消逝了我所有的锋芒与光亮。

漆黑的隧道终会击穿；
千仞的高岗必被爬上。
当百花凋零的日子，
我将归来开放！

四、姚本师，“不拒曲木”

在50年代的台湾大学，李敖无疑是一个异数。他之所以能够“横行”到毕业，离不开一大批老师的宽容和理解，像对中国古代社会深有研究的李宗侗教授、教“中国通史”的夏德仪教授、教西洋史的刘崇鋐系主任、吴相湘教授、教印度史的吴俊才教授、教国际现势的黄祝贵老师、中文系主任台静农教授等等。其中影响较大的，姚从吾当算一位。

姚从吾，原名士鳌，字占卿，一字存吾，河南襄城人，生于1894年10月7日，1917年考入北京大学文科史学门，师从张相文、陈汉章、朱希祖诸人，1920年毕业。应第一届高等文官考试被录取，分配在教育部社会教育司见习，后留部工作（鲁迅当时亦工作于此）。又应中国地理学会主持人张相文之聘，编辑《地学杂志》。同时考入北京大学国学门研究所。1922 年毕业后，参加北京大学选拔学生赴德深造考试，入柏林大学研究所。1928 年完成论文《中国造纸术输入欧洲考》，刊载于《辅仁杂志》，为人注目。1929 年应德国莱茵省波恩大学东方学研究所聘，任汉文讲师。1931 年任柏林大学研究所讲师。1934 年回国任北京大学文学院历史系教授，1936 年任主任。抗战开始后随校西行，任西南联合大学教授。发起组织中日抗战史料征辑委员会，征集抗战史料达 164 箱，抗战胜利后移交北京图书馆（今国家图书馆）。1946 年任河南大学校长。1948 年改任故宫博物院文献馆馆长。1949 年，护送故宫第三批文物到台湾，任台湾大学教授。在李敖上大学期间，他被膺选为“中央研究院院士”。

姚从吾主攻辽金元史，1956 年李敖升二年级时开始选修他的课。

此时的姚从吾已 63 岁，满头白发，嘴唇奇厚，满口乱牙，讲话时声音中气十足，道地的河南男低音，配上他那厚实朴拙的造型，俨然一副中原老农相。大学生们在人前人后都称他“老公公”。他讲课的情形，台大毕业的张伯敏先生有一段记载：“教我们《辽金元史》及《史学方法论》的是姚从吾教授，他最亲切和蔼，年纪一大把，总是谦称‘兄弟’如何如何，搞得我们这一批小伙子发毛，不知如何是好。他挺着一个大肚皮，讲课时最喜用手去揉搓，揉着揉着，那话就从肚皮里‘揉’出来了。”① 李敖看过这段回忆颇有同感：“张伯敏说姚从吾老师年纪一大把却满口自称‘兄弟’，的确是此老的习惯。记得第一堂课下来，班上女生众口纷纷，笑谓他怎么跟我们称兄道弟呀？他那么老，被他称‘兄弟’，多倒霉呀！”

李敖跟姚从吾学习《辽金元史》，成绩颇佳，上学期得分 86 分，下学期得分 88 分。大三时又跟姚从吾学习《史学方法》，上学期 94

---

① 张伯敏：《往事忆趣》，见（台北）《中央日报》1968 年 5 月 4 日。

分，下学期86分。大四时，姚从吾又指导李敖写论文，尽管李敖说“在学问上，他对我的影响极为有限”，但李敖执着于史学研究的情结和求真的科学研究态度，除了过去受梁启超、胡适、钱穆等人的影响外，毫无疑问，他更直接地受到了这位辽金元史专家的熏陶。李敖说：“尤其大四写论文，他对我实在没有什么指导可说（为了跑图书馆，他倒给我写了不少名片）。我敢说，他对我的论文——《夫妻同体主义下的宋代婚姻的无效撤销解消及其效力与手续》，全无研究。他只能给我改一处笔误而已。”这自是年轻气盛的李敖心高气傲的极端之语，是在对他的“姚本师”进行求全责备了。姚从吾的伟大之处不仅在于他对契丹、女真、蒙古史实的研究成果，更在于他的与人为善、不耻下问。他对李敖的论文不在行，便拿去请师大教授赵铁寒审查，赵铁寒在回信中说：“‘李君天分很高，能放大找材料，更长于组织与剪裁。剖析问题，如剥笋如抽茧，有控骊得珠之妙。至偶有荒疏之处，青年人常情，不足为病。’我公赏识足以服众也。”① 但李敖对这位名气甚大的赵教授似乎也不买账，他说：“其实，赵铁寒也未必对我的论文

1960年，李敖到台北看望恩师姚从吾先生。姚先生对他的学习和生活给予了无微不至的关怀

① 李敖：《李敖回忆录》，第138页。

在行，也只是改笔误而已。”①

尽管如此，在李敖眼中，姚从吾做学问仍然属于埋头耕耘而收获不佳的一类。他在后来的多篇文章中都提到他，把他当作死读书读书死的书呆子典型，认为他一生的学术成就“与他的际遇和努力不太相称，这是很可叹的”。

李敖从姚从吾那里得到的，更多的倒是学问以外的东西。他的《“北土怀吾愿，东林怀我师”》一文，表达了对姚本师的深深怀念。他说：“姚从吾老师在学问上，虽然与他的际遇和努力不太相称，但他在学问以外方面，对我倒启迪颇多、帮助颇多，令我一生感恩难忘。”姚从吾在赴台前曾加入国民党，并曾奉命组织中国国民党西南联合大学党部，但赴台后却拒不办理归队登记，李敖认为，他的这种“全无党性”的做法，乃是其“内心里一定有某种程度的觉悟”的表现，表示敬佩。李敖在大学期间曾多次与姚从吾通信或面谈。一天，他又与姚坐在一起小谈，姚劝他还是少发表文章、埋头学问为好，颇有“积深流厚”之意。李敖深以为然，归来作诗一首以自勉：

鱼倦低游每返渊，
鸟倦高飞总知还，
摒情专心穷文史，
隐姓埋名二十年。

姚从吾先生比李敖大 42 岁，已步入人生的黄昏。望着他苍苍的白发，李敖由衷地感到青春的可贵与珍惜青春的迫切，同时他也得到了一种对时间的透视，深信每天都有“一夫不耕，或受其饥；一女不织，或受其寒”的重要性，那种“急求早成”的心理也显得益发炽烈

① 李敖：《李敖回忆录》，第 138 页。

了，这种急迫感后来变成无时不在意识中的一件大负担，它鞭策着李敖，不停的努力、不停的紧张，在李敖心中，姚从吾已化作一股奇异的力量。

当然，还有更重要一点，就是李敖在走近胡适、结识胡适的过程中，姚从吾成为一个关键纽带。

由于李敖在大学阶段治学态度的严谨和学问的精深，这位被李敖称作“姚本师”的姚从吾，对李敖在赏识中有着一种偏爱，他认为李敖有“偏才”，不论在治学还是做人上，都给他以殷切的教诲和鼓励，甚至在经济上亦给他以很多帮助。李敖在毕业后给姚老师的信中说：

> 我不敢自诩您特别爱护我，因为你的热心使许多人都受到奖掖与实惠，但我又经常感觉到在您年轻一辈的学生中，以我受诸老师的最厚，而老师也关切我最深。在我五年的大学生活中，没有第二位老师能这样热心指导我帮助我，也没有第二位老师肯这样不倦地一再照顾这个好立异、不大安分的学生，可是您却做得使我简直当不起，使我除了心中默默的感动外，不知如何答谢您的好意。
>
> 柳子厚在他“与大学诸生书”中写道：
>
> 绳墨之侧，不拒曲木；
>
> 师儒之席，不拒曲士。
>
> 这真可说是老师对我的风度了！
>
> 读 The Education of Henry Adams 在第 20 章中有这么一段话：
>
> A teacher affects eternity; he can never tell where his influence stops.（老师对学生的影响无处不在，永恒不止。）①

① 李敖：《一个预备军官的日记》，1960 年 11 月 7 日，《李敖大全集》第 23 册，第 626 页。

这应该是狂傲的李敖对老师发自内心的感激之语。

从李敖的大学日记中可以看到，在大四阶段，李敖与同学之间游玩的记录大大减少，取而代之的是他与诸位导师之间的交往。而其中最密切者当是姚从吾先生。从李敖日记中，可以多处看到他与“姚老”谈话的记录。尤其是在写毕业论文阶段，姚从吾是李敖的导师，两人过从更密。为了李敖的发展，姚从吾亲笔信介绍李敖去见太老师胡适。并不断传递胡适对李敖的评价，说“胡先生待之如罗尔纲（胡适得意门生）”，“胡颇欲使关系深切”，故多次督促李敖去看望胡适。

显然，姚从吾已把李敖看作是自己最得意的一个弟子了。

五、殷海光，“他没有多少好吸收的”

在台大，李敖结识的另一个重要前辈人物是殷海光。

李敖认为，台湾大学只有两个称得上“蛟龙式”的人物，一个是胡适，另一个就是殷海光。

胡适远在美国，李敖爱莫能及；殷海光近在眼前，李敖自得结识之便。

殷海光，原名殷福生，湖北黄岗人，1919 年生。中学时代喜爱逻辑，以善思闻名，有“鬼才”之称。17 岁上高中二年级时，便翻译出《逻辑基本》一书。1938 年考入昆明西南联合大学哲学系，成为以研究逻辑、经验论与英国式自由主义闻名的著名哲学家金岳霖先生的弟子。1942 年毕业，入清华大学哲学研究所。1944 年投笔从戎，参加青年军，后赴印度训练。1947 年，任南京《中央日报》主笔，并在金陵大学教授逻辑和哲学，以文笔犀利、思维缜密见长。此时，作为国民党的御用文人，殷海光十分卖力，写了大量文章，试图为蒋家王朝挽回败局，他也因此多次受到蒋介石的接见。淮海战役期间，他还深入前线进行演讲，以鼓舞“国军”士气，无奈一切都于事无补。他虽然为国民党献出很多计策，但一个腐败的政府不可能采纳和实施。最终在失望中来到台湾。到台湾后，他不愿再任《中央日报》主笔，便应傅斯年之邀到台湾大学哲学系做讲师。这是他人生和事业的一个重大转折，也是他从国民党文化官僚转变成为自由主义者的一个分水岭。1954 年殷海光升任教授，并应美国哈佛大学邀请，以访问学者身份在美国居留一年。1955 年春，美国国务院又请殷海光以“访问学者”身份到美国作了为期半年的访问、考察。1956 年《现代学术季刊》在香港创刊，被聘为编辑并为之撰稿。他的著作主要有《逻辑新引》、《怎样判断是非》、《思想方法》、《中国文化的展望》等。

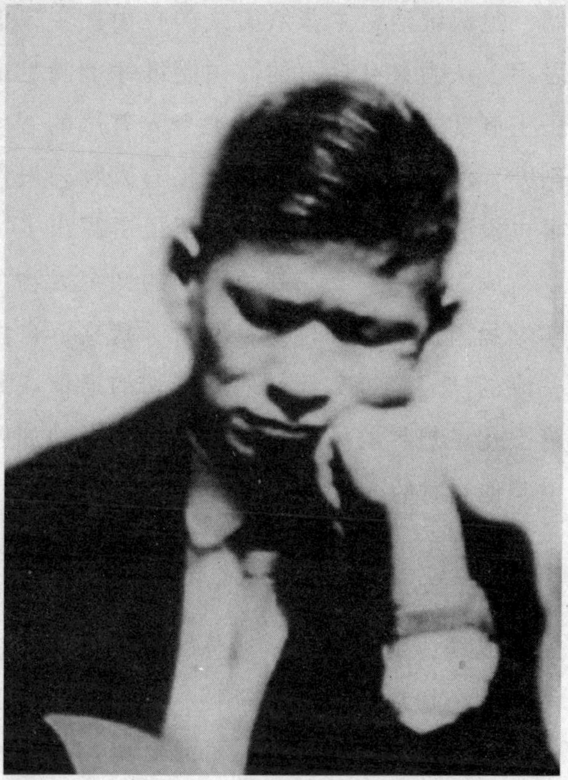

著名的哲学家、政论家殷海光。他对李敖的一生产生了深远的影响

在 20 世纪 40 年代，殷海光写了大量反共文章，为国民党政权摇旗呐喊，是蒋氏集团的忠实追随者。自从 1949 年到台湾后，他逐渐看透了蒋家王朝的专制和暴政，再不与当局合作。他以台湾、香港的《自由中国》、《现代学术》、《祖国》等杂志为阵地，勇敢地反对国民党的专

制、独裁统治，主张欧美式的自由民主，倡导西化，激烈地反对传统思想。认为只有自由的民主制度才能满足道德的要求，也只有自由的民主制度才是比较最能维护个人尊严的制度。尤其是《自由中国》的创办，使他成为这个刊物的核心人物。虽然他写过一些反共文章，但再也没有歌颂过蒋介石。直至最后写出了一系列反对蒋介石专制的文章，成为国际上反专制争人权的知名人物。当时在国际上闻名的大科学家爱因斯坦、大哲学家罗素、费格、自由主义大师哈耶克等世界第一流的“大脑袋”都与他有密切的通信联系。他实际上已成为当时台湾文化思想界的风云人物。国民党视他如芒刺在背、如骨鲠在喉，但由于他当时的名气与声望，暂时没有对他动手。

殷海光是一位有着“纯真而强烈的道德热情（moral passion）”（林毓生语）的自由主义者，同时又是一位典型的书斋学者，一生治学，爱书成癖，别无旁骛。据林毓生回忆，他在极其清贫的生活当中，依然不惜一切地购置图书资料，他关于当代逻辑、分析哲学、自由、民主、社会学理论的藏书，“大概比当时台湾任何公私图书馆都完备”(林毓生语)。李敖上大学时，他是《自由中国》的灵魂人物。在当时的李敖眼中，胡适已经老惫，而殷海光则如日中天。《自由中国》是1949年冬天创刊，到1960年冬天停刊，这11年，正是李敖的中学时代和大学时代，李敖在台大，正是殷海光声望最高的时候，也正是《自由中国》最兴盛的时候。

1957年3月1日，李敖论胡适的文章《从读〈胡适文存〉说起》在《自由中国》第16卷第5期发表，引起海外的胡适和台湾北大系教授的注意，也引起了台大哲学系殷海光的关注。一天，他托比李敖高两届的弟子张灏跑来找李敖说：“殷海光看了你的文章，想见见你。”看到自己久已仰慕的人物想见自己，李敖当然很乐意。

这次约会的时间是1957年5月23日下午，李敖在当天的札记中写道：

赴殷海光家，与他商谈的结果促进我几个大决定，诸如转哲学系，学成德文，多念一年，与夫我将来职业之选择，我都有了很迅速的决定。殷先生又送我《怎样研究苏俄》一本、《祖国》227期一册。[①]

一席谈话便生转系之念，可见这次约见对李敖思想产生的震荡是多么巨大。

而奇怪的是，在李敖几十年后所写的《李敖回忆录》里，却称此次约见印象奇劣、“极不投机”、“十分倒胃”，两人从此“并无来往”，[②] 显然带有更多后来历史产生的裂痕，有着更多的个人感情色彩，马家辉称之为“自我涉入”（Ego-Involvement）现象，即“将跟自己有关甚至无关的事情加以扩大”、“将自己的错失或别人对自己的影响缩小”，[③] 可备一说。总之，把《李敖回忆录》与他当时的日记相对照，的确多有相悖之处。在两人见面20天后，李敖在札记中写道：

既转哲学系，复有尽承海光衣钵之意，盖我深信他走这条路对世道人心有深远的影响，并且我深信在这方面的贡献是“舍我其谁”的，我非常希望以我之才，能对世道人心有许多伟大的贡献。[④]

李敖不仅没有同殷海光“并无来往”，而且为了走近殷海光，李敖开始作转系的工作，即使许多老师反对，他也不以为然。6月27日，他与同学赴神学教授方豪老师家，方豪直言相告说：“你是聪明人。”

---

① 李敖：《李敖大全集》第17册，第180页。
② 李敖：《李敖回忆录》，第101–102页。
③ 马家辉：《消灭李敖还是被李敖消灭》，第130页。
④ 李敖：《大学札记》，1957年6月22日，《李敖大全集》第17册，第211页。

“转系简直是胡闹。”吴相湘对他的转系亦表示“遗憾”。他认为这是人们对他的不理解。7月9日，他在札记中以诗言志：

自古惺惺惜惺惺，
单凭慧眼瞩英雄，
谁人有幸得识我，
一宝押下先结盟。①

也就是在同一天，以殷海光为核心的《自由中国》杂志策划出了一个后来轰动一时的评论栏目“今日的问题”。在李敖大写言志诗的时候，殷海光正在挑灯夜战，书写他那篇后来令蒋介石咬牙切齿的文章《反攻大陆问题》。

李敖思想上的冲动加速了他与殷海光的接近，从他的《大学札记》中可以看到，在这一段时间里，他与殷海光的交往及对他的关注明显增多。如1957年7月19日，“下午与宏祥去殷海光家，先生赠我《胡适思想与中国前途》一文之油印本，此文甚好，《祖国》曾转载之。”1957年7月20日，“与史静波逛书店，购《逻辑新引》等三书。”（按：《逻辑新引》作者即殷海光）

当时的殷海光处境并不妙。他的《反攻大陆问题》一文发表后，立即在社会上引起轰动。由于文章戳穿了蒋介石“反共复国”的神话，引起了国民党当局的极大恐惶，把这篇文章称为是“给共产党做帮凶”。1957年8月12日，国民党召开中央宣传汇报会议，由蒋介石亲自主持。他在听了党部秘书张厉生的汇报后愤愤地说：“《自由中国》里的那些人的确太不像话，胆子也越来越大，连‘反攻大陆政策’也要说长道短，进行攻击！”随后，国民党及其军队的舆论工具如《中央日

① 李敖：《大学札记》1957年7月9日，《李敖大全集》第17册，第236页。

报》、《中华日报》、《青年战士报》、《新生报》等十余家报刊连篇累牍地发表攻击、批判《反攻大陆问题》的文章，连自称以“民间”形式出现的《联合报》也受到官方操纵，加入了批判的行列。殷海光及《自由中国》同仁被置于官方舆论围剿的大网之中。

也许是姚从吾等人的劝说起了作用，加上当时特殊的政治形势，李敖转系的冲动未付之实现。两人的交往亦随之减少。但他对殷海光的学术、思想并没有放弃，而是在学习中进行剔抉，寻找着为己所用的东西。1958 年 6 月 15 日，他在日记中写道：“‘国’实无人，如胡适之老是卖老货，殷海光也老是那一套，即可受欢迎，但他们又何其狭窄。”[①] 1959 年 1 月 6 日他又在日记里写道：“夜读逻辑，决定好好学到殷海光，从马戈言，此不难也。像吸收胡适一样，他没有多少好吸收的。”[②] 此时的殷海光，在发表了《反攻大陆问题》之后，又连续发表了一系列重要文章，批评台湾教育的黑暗，在台湾思想界产生极其强烈的影响。如《我们的教育》（1958年 1 月 16 日 18 卷 2 期）、《学术教育应独立于政治》（1958 年 5 月 16 日 18 卷 10 期）等文，作者反对“党化教育”，倡导学术自由，要求简化课程，使台湾的教育真正地走向现代化。这些直接针对台湾的政治和政策的尖锐言论，深深刺痛了蒋介石，自然为蒋氏集团所不容。国民党控制的舆论阵地，如《中央日报》等，很快出现了反击《我们的教育》的文章，国民党教育部长张其昀组织全岛教育系统声讨殷海光的《我们的教育》一文，要求广大师生，特别是大中学校师生，“擦亮眼睛”、“站稳立场”、“忠于领袖”、“坚定信心”，不要被《自由中国》上的文章所迷惑。

在台湾万马齐喑的 50 年代，殷海光在国民党的思想囚笼中反集权、反专制、反独裁、启民智的议论，无异于冬夜中的一声霹雳、一

① 李敖：《李敖大全集》第 5 册，第 237 页。
② 李敖：《李敖大全集》第 5 册，第 384 页。

道闪电，作为一名站在斗争最前线的民主斗士，这是他的思想大放光彩的时期。连李敖后来也称此一阶段的殷海光是“伟大的先知”。但此时的李敖，正年轻气盛，置身局外，他并没有感受到《自由中国》同仁们面临的围困与艰难，所以，他认为以殷氏的声望和身份，这种打击的力度和广度还远远不够，没有从根本上去反对国民党统治，带有某种不彻底性，故对殷海光所掀起的波澜不以为然，两人的交往日益疏远。就这样，在台湾大学，他与这位自由主义大师交臂而过。

六、胡适：“你简直比我胡适之还了解胡适之”

在台湾大学，最令李敖难忘的是结识了自己崇仰已久的学界前辈——胡适。

李敖崇仰的学界前辈——胡适

自从他初中时读到《胡适文选》之后，他的思想便按照这位“新文化运动的旗手”所指引的道路前进了。上高中时，李敖曾写过一封两千字的长信给胡适。到台大后，1957 年 3 月 1 日，李敖在雷震主办的《自由中国》杂志发表了论文《从读〈胡适文存〉说起》，并在《中央日报》发表了关于胡适的文章数篇。这些文章颇具功力，引起远在美国的胡适的关注。

1958年4月26日，胡适从美国归来，在台北“中国地质学会”年会上发表演说，姚从吾携李敖一起去听。演说结束后，姚从吾特别向胡适介绍李敖，胡适立刻约李敖去聊聊。当天晚上，两人在台大校长钱思亮家相见。胡适热情地对李敖说：“呵！李先生！连我自己都忘记了、丢光了的著作，你居然都能找得到！你简直比我胡适之还了解胡适之！”谈话之中，胡适对李敖治学的褒奖溢于言表。

在这次会面时，李敖就已萌生出一个愿望：要给胡适写一本传记。但他并没有把这一想法当面告诉胡适，而只是提到了批评胡适的几本书，如李季的《胡适〈中国哲学史大纲〉批判》、叶青（任卓宣）的《胡适批判》、谭天的《胡适与郭沫若》等，而对《胡适与郭沫若》一书，胡适根本就不知道。这次会见，当是李敖写作《胡适评传》的最早萌芽。

应该说，在台大期间，李敖与胡适能有一段笔墨情缘，一方面缘于他的奇才，另一方面离不开他的导师姚从吾的极力举荐与撮合。在他的《大学后期日记》甲集、乙集中，可以看到姚从吾在李、胡之间所起的桥梁作用。在李敖第一次见胡适之前，他与殷海光已渐疏远，他的精神领袖也只有胡适一位了。一方面他的狂傲使他并不以胡适思想为最高境界，认为胡适“没有多少好‘吸收’的”；另一方面，由于胡适的学术成绩和地位，他又绝不放弃与胡适交往的机会。因此，他对胡适的印象也就时好时坏。

1958年6月8日，是个星期天。李敖赴南港见胡适，这天他写《札记一则——再访胡适》：

十时半抵南港，在参观民族学研究所的展览后，我到礼堂找胡先生，推门进去，室中坐着六七位客人，胡先生立刻

> 走过来。一面伸过手来一面叫"李先生"，我说："我拿来点纸，请您替我写些字。"胡先生满口答应，我接着说："您忙吧，我走了。"刚要走出来，他叫住我道："Mr.李，我送你一个小玩意。"我随他进了卧室，他从书架上取出一本《易林断归崔篆的判决书》（此文原载《史语所集刊》第20本上册）给我，我说："好，好。"我走出后，他又道"再见"。此君真是礼貌周到，亲切可人。①

这次见胡适后第六天，"胡适先生送来字，午睡醒来（二时前）看到"；第七天，李敖在日记中对胡适有了非议："'国'实无人，如胡适之老是卖老货，殷海光也老是那一套，即可受欢迎，但他们又何其狭窄。""我现在已经是一个唯美主义者了呵。唯美主义的李敖，岂胡适、殷海光等无艺术人生者所可及！""对胡适有些反感，过去吾之态度不正常。"第十天，他又称胡适为独一无二的"popular（大众）式学者"了；第18天，他又要"写封信给胡适"了。到同年11月6日，他写道："前晚迎胡适以来，油然于努力一途，'出山要比在山清'之自勉殊殷，对与女人为伍事颇厌。吾终当脱尘缘而上升为胡适等第一等之人耳。"11月23日，他羡慕胡适之"手勤"。12月20日，他又说"胡适的拔尖心与首席心太重"。1959年1月2日，他借他人之口，说"胡适已不能领导李敖了"，又说"胡适等安足以为吾师哉"。1月14日又写道："深觉鼓舞一时风潮当从马戈采罗曼罗兰等著书之法，胡适等法不行也。"3月1日记："傍晚复徐高阮一长信攻击胡适以下的老朽们。我对胡适那种'好话说三遍'的态度愈来愈不满意。"4月3日记蒋廷黻对胡适的评价："适之先生的个性要比我温和得多，即以他目前在国内发表的若干谈话来说，都非常含蓄婉转，有时使人弄不清楚他到底是赞同什么

① 李敖：《李敖大全集》第5册，第228页。

或反对什么。但我的个性却喜欢开门见山、单刀直入。”

从李敖时冷时热的记述中，可以看出他对胡适态度的矛盾性。如果把胡适与此时的殷海光相比，李敖不难看到胡适的老惫。殷海光曾多次对学生说，早期的胡适，无论是新文学运动，还是《独立评论》上的文章，对民主科学的宣扬，甚至《中国哲学史》上卷，都称得上光芒万丈；中期的胡适，包括任驻美大使和北大校长，表现平平；晚期的胡适已沦为一个十足的“乡愿”，连一个知识分子都不够格，爱热闹，爱人捧，一点硬话不敢讲，一点作为也没有。如果给胡适的一生打分的话，早年的胡适可打80分，中年的胡适可得60分，晚年的胡适只有40分。对此，李敖是认同的。但由于中学时代受胡适思想的影响太大了，加上胡适在台湾学术界的重要地位，因此，在李敖眼中，胡适的魅力，依然是任何人也难以比拟的。

1958年12月6日，胡适68岁生日，李敖写了一首打油诗给他祝寿：

哈哈笑声里，
六十八岁来到，
看你白头少年，
一点都不老。

寿星说话不妨多，
喝酒可要少，
不然太太晓得，
那可不得了！

面对这位后生的幽默，胡适马上回信表示感谢：“谢谢你送我的生日诗！我常说，凡能做打油诗的，才可以做好诗。你这首诗可以算是成功的打油诗，可以预测你做白话诗的前途。”[①] 两年后，胡适 70 岁生日，李敖又一口气写了打油诗 30 首表示祝贺。

从两人的赠答文字，我们可以看出胡适对李敖是情有独钟。李敖参军后，两人依然有书信往来，显然，他已把李敖看作是北大精神的一位传人了。

祝寿诗后，李敖与胡适的往来更加频繁。毕业时，李敖与胡适互赠照片，李敖称其为“又开风气又为师”，可见师生情意之深。李敖毕业后在给同学萧启庆的信中说：”我承认由于受他的启发，我放弃了许多旧的道德，我转而对他很着迷，过去几年中，我花了不少的时间精力和金钱去研究他，我发表的文章，清一色都是宣传他的，我自问我没有其他的动机，而纯粹是出于一个对‘贤达人’的热爱……”[②]

从胡适的角度而言，他对李敖的才能十分欣赏，颇有揽之门下之心。他对李敖的关切和热情后来使姚从吾都有了妒意。胡适在给赵元任的信中曾说过：“‘交友以自大其身，求士以求此身之不朽’，这是李恕谷的名言，我曾读了大感动。这是‘收徒弟’的哲学！”[③] 清朝学者李恕谷这段话，意思是说，交朋友的目的在造成自己生前的势力；但是寻找知己与接班人的目的却在造成自己身后的势力。胡适引用这段话在某种程度上也表露了自己对“求士”（收徒弟）的渴望。由于自己过去名满天下，一直活在热闹的气氛里，故在“求士”这一方面他并不如意。如今，胡适发现了李敖这棵苗子，便不肯放手，着意交好，处处关心，包括李敖的毕业论文都数次过问，从中亦可看出他的良苦用心。但李敖对胡适态度的矛盾性使他既接近胡适又不以胡适的“门生”自居，他说，“在胡适‘求士’的心里，我是他特别另眼看待的一位。我父亲是他的学生，我并不是他的徒

① 李敖：《李敖的情诗》，第 13–14 页。
② 李敖：《一个预备军官的日记》，1960 年 1 月 12 日，《李敖大全集》第 22 册，第 236 页。
③ 李敖：《胡适与我·自序》，《李敖大全集》第 18 册，中国友谊出版公司 1999 年版，第 5 页。

弟……”，[1] 晚年的胡适已变得“老惫而世故，与五四时代的胡适，不能伦比”，“在左右澎湃的浪潮下，他的声音，已经沦为浪花余沫，被夹击得没有多少还手之力”。[2] 因此，一方面，他把胡适的人格作为楷模，继承了他的思想和自由主义精神，对他的贡献给予高度评价；另一方面，他的远大志向使他在人生理想方面又远远超越了胡适。他不以皓首穷经终老于学术研究为己足，他的目标“是超越他们，是我经世致用、为人权战斗的方向”。[3]

李敖十分欣赏陆游的一首“咏蛾”诗：

人生如春虫，
缠裹自在里。
一朝眉羽成，
钻破亦在我。

他与姚从吾、胡适之、殷海光（包括中学时代与钱穆）等人的治学因缘，可以说正是完成了这样一个化蚕为蛾、脱颖而出的过程。

难忘的大学生活就要结束了。回首过去，李敖感到这是自己人生历程中最吃力的一段。他在台大文学院四年，虽然不无阅历、不无师承、不无交游，但在治学上，却表现得孤独、孤寂而自负，他认为，“从自己困学得来的自修成绩，远超过师友的切磋之益”。他感到生活中无他取法的“大宗师”，也无可与他并驾齐驱的知音，师友与他，似乎只有情感上的交流，而无知识上的共进。他读书治学，都是“单干户”，他感到自己的一切几乎都来自书本，而不是来自师友的启发。所以在心

① 李敖：《胡适与我·自序》，《李敖大全集》第 18 册，第 5 页。
② 李敖：《我最难忘的五四人物》，《李敖大全集》第 39 册，中国友谊出版公司 2000 年版，第 30 页。
③ 李敖：《胡适与我·自序》，《李敖大全集》第 18 册，第 5 页。

境上，他是一个独行者；在行为上，他是老学究派的反叛者。用他自己中学阶段的诗歌来表述就是："我走我的路，别人怎能管？只手打天下，一身都是胆。"诗句中，有刚毅与激愤，有傲慢与偏见，是一种情绪化的自尊。就他当时的心情看，爱情无果，事业无成，别人考研，他却从军，他的心情是十分沉重的。他说："毕业带给人的是'东飞伯劳西飞燕'，可是我呢？却像一只斗败了的公鸡，有翅膀，可是飞不起来，不但飞不起来，还得在地上爬！"① 这种失落感和自卑感，当是他此时复杂心情的另一面了。他曾经对这种"世俗的我"和"理想的我"的冲突有一段反省：

> 在内心深处，我高蹈自负，以超人自勉自许；在现实上，我没有足够的力量完全摆脱或操之在我，因此，年复一年陷在冲突局面里。……我缺乏令我折服的友情、缺乏稳定的爱情、缺乏经济能力，那是我一生中精神上最不从心所欲的阶段，比中学时期尤有过之。我一生如果时光倒流，重过一次，我宁愿少活十年，也不要重过中学生、大学生那段日子。——成长的岁月其实是痛苦的、依靠别人的，那是"世俗的我"的沼泽，绝非"理想的我"的处遇。大学时代的结束，表示自己能够慢慢走向独立、走向茁壮、走向真正的独行其道。对"理想的我"说来，这才是真正的起步、真正的开始。②

李敖相信，走出这所令人烦恼的大学，走出这段情感生活的盘丝洞，那天宽地阔的未来就在自己的面前。

---

① 李敖：《独身者的自白》，《李敖的情诗》，第1页。

② 李敖：《李敖回忆录》，第95页。

李敖评传

第四章

军队："生命里掺进了新的酵素"

沉沉一片力，

亦侠亦温文

——李敖：《一个预备军官的日记》

一、“想过一段新生活”

台湾大学素有“杜鹃花城”的雅号。此时已是1959年的7月，幽静的校园里依然一片馨香。杜鹃花花期刚过，残红遍地；驰名世界的高沙百合、蝴蝶兰花影摇曳、姿情绽放。花香阵阵，绿叶婆娑，曲径亭榭，蝶舞鸟鸣，处处荡漾着春的气息。

毕业班的同学们显得比平时更加忙碌。朋友们欢天喜地，情人们难舍难分。他们成群结队地联欢、照相、互访、看电影、办舞会，如同将出笼的小鸟充满了一种得解放的兴奋。不过，在他们中间并没有李敖的身影。

在校园幽静的甬道上，李敖独自徘徊。此时此刻，他心底里透出一丝苦涩与悲凉。站在文学院高大的拱门下，他寻找着自己人生的下一站。他感觉自己正站在一个十字路口。在他面前，有两条道路等待着他的选择：一是考台湾大学历史研究所，做姚从吾的研究生，姚从吾先生满含期望地等待着他；二是投笔从戎，完成每个男子成年后都必须履行的兵役义务。

24岁生日时的李敖

望着熟悉的教室、图书馆，那高高的椰子树，绿茵如盖的草坪，那通向傅斯年纪念亭的幽静的小道，那铸有傅斯年手书校训的纪念钟，钟上那八字校训变得模糊起来，他已没有了刚进校门时的那种热望与冲动，他厌倦了学院的生活，加上个人情感上的创伤挥之不去，他恨不得马上离开这个令他触物伤情的地方。至少是此时，他不愿意在这里多呆一分钟。

1959年7月7日，李敖在毕业前夕拜访了姚从吾先生，并把自己拟就的“宋代婚姻研究计划”递给老师，向老师晓明自己下一步的研究计划。第二天他又与姚从吾先生长谈了四十多分钟，尽管老师一再相劝，但他还是决定暂时不考研究所，先去从军，要去过一种全新的生活。

三天后，他在日记中写道：

> 晨启庆携来姚先生信，力劝我不可放弃研究所。姚先生昨晚请其来舍找我，适我不在。姚先生今晨言赴校与我面谈，我却不欲见之。①

8月3日，李敖又有日记如下：

> 整日不出户。夜电影亦辞去，特别想过一段新生活。（一）耐寂寞的、（二）努力的、（三）强悍。②

他决定下来的事，没有人能够劝得动他。

1959年9月7日清晨，李敖在台中古城登上了公路局迎接新兵的专车。

汽车沿着台南平原一路向南飞速行驶，车中的李敖心潮起伏难以平

① 李敖：《大学后期日记乙集》，1959年7月10日，《李敖大全集》第5册，第488页。
② 李敖：《早年日记》，1959年8月3日，《李敖大全集》第23册，第841页。

静。他的脑海中像过电影一般闪现着为他送行的台中好友们的身影，张世民、张光锦、姚嶂、李述古、韩昭先、张仁龙……他为自己即将开始的新生活而兴奋。几十分钟后，汽车驶入了台南县境，车过后壁小站时，他再也抑制不住内心的激动，掏出张光锦送他的原子笔，写下了这段新生活的第一页日记。

上午9点，李敖从彰化登上了赴凤山的火车。从车窗东望，绵延数百里的阿里山脉巍峨雄浑。在那里，太阳早已从高耸入云的玉山主峰冉冉升起，像一个放飞的火球，光芒四射，沐浴着青山翠谷，生发出万千气象。铁轨两旁，一望无际的台南平原如诗如画。河川纵横，稻浪翻滚，甘蔗园、棉花田、香蕉林、木瓜林、竹林、茶林、樟树林，像一幅幅彩色图案组接在一起，一派旖旎迷人的风光。李敖为眼前的情景而兴奋，在车上谈笑风生，情绪高亢，车过台南，当他看到那块有名的“北回归线标”时，禁不住放声高唱，宣泄他自由心灵的回归。当凤山遥遥在望时，他的激动心情再也难以抑制，不禁吟诗二首：

欢呼声里到军营，
新式步枪照眼明，
我是人间鞶鼓客，
只有铁血无柔情。

火车呼呼到凤山，
头发剃光制服穿，
投笔李逵执板斧，
军号声里觅鲁班。

凤山是台湾省西南部的一座小城，西临高雄港，东临屏东县，北临大贝湖风景区，因凤山丘陵而得名。城内北有法源寺、南有镇安宫两处古迹，叙说着小城的历史。城市的东半部为淡水溪的支流凤山河环抱，空气清新，气候湿润，为高雄县县府所在地。自从国民党退守台湾后，这里的陆军步兵学校便成为台湾当局的一个重要军事集训基地。按照当局法令，每个男性青年都需到部队服役二到三年，大学毕业生经过训练后立即分到部队，无须考试大小都有职务，又叫充员官（到1960年以后，政策有变，大学毕业生就不一定再有职务了）；非大学毕业的士兵叫充员兵。这在当时是国民党为反攻大陆培训后备队、灌输"三民主义"及反共思想、实行群体塑造的一种重要方式。李敖这一批已是第8期。

下午6点，李敖作为第8期的新学员踏入凤山步校。他被编入第3总队第2大队第9中队第2号。当场领衣、削发，然后访友，一直忙碌到深夜两点半才上床，但一日来的变化使他辗转难眠，睡而又醒，心绪依然处于亢奋之中。

显而易见，挣脱出学院的樊笼，李敖的心情轻松愉快。他在给同学

1959年9月27日，李敖（左一）和同学在凤山陆军步兵学校第九队的宿舍门前

的信中说自己正在非常“卖力”地过一种“新生活”，他要以最大的热情去迎接这一段生活。对正在求学阶段的青年学子来说，突然停止学业到部队去服役，无疑是一个巨大损失，许多人怕耽误了自己的前程，自然是不情愿的。尤其是分到连队，生活的艰苦、训练的紧张更使许多大学生闻之色变。但李敖对此已有充分的心理准备，他要在一年半的时间里，把自己锻炼成一个真正的“男子汉”。

军队生涯，的确成为李敖人生的一个重要转折点。

穿上军装后，随之而来的便是所有入伍训练的“折腾与折磨”。比如整理内务，必须把棉被叠成豆腐块，这对许多过去邋遢惯了的新兵来说自然难以适应，有的人怕清早起来不能快速把棉被折成棱角，宁愿不盖棉被，冻着睡。而在李敖面前这一切都没什么，心情的愉快使他能以微笑面对艰苦，新的环境、新的生活使他对每一样工作都充满了乐趣，他感到每一样工作都“甚为好玩”、“实堪自笑”。在这种心态下，虽然是近乎全封闭式的训练，身体受苦，但他精神放松，充满了兴致，时刻保持着旺盛的精力。

此时，美国作家海明威成为他最欣赏的英雄。

军训的头十天，他便读完了何欣著的《海明威创作论》。他在给同学的书信中激动地说：海明威是目前自己“最心折的人”。他喜欢海明威参加战斗时在死亡面前的无畏精神与豪迈气魄，向往那种文人的武人式勇敢，逢难不避，有苦先尝。他越是这样想，便越觉得这一年半的军队生活不能虚度，认为这是最好的一种磨练与考验，他的心情感到异常的“积极愉快”。“往史如尘埃，高飞楼前树”。过去的欢乐与忧郁，早已化作云翳和梦幻，变得虚无、黯淡、瞬间即逝、无足轻重。他在军中翻译过多首外国诗，其中有一首是英国小说家兼诗人 Hamlin Garland（1860-1940）的小诗“Do You Fear The Wind?”：

莫怕风吹雨打，

面对跟它苦战，
恢复原始强悍。
像狼忍饥耐寒，
像鹤跋涉河汉，
胼手且胝足，
鹑衣又垢面，
万苦千辛样样尝，
昂首阔步做铁汉！

颇能道出此时心境。

军中一百天，他在日记中总结“百日维新”的成绩时写道：“体力上颇能吃苦耐劳”、“许多困难已不成其为困难”。规范的军人生活使他发生了许多变化。首先是他的放荡疏懒的习惯受到了抑制。在他的日记中，一开始经常有这样的记录：“立正动挨骂”、“因戴帽挨骂”、“因不穿衣去队部挨官腔”、“晨起因大叫受罗嗦”、“午强迫睡午觉，甚苦”、“午饭因盛汤又受罗嗦”、“熄灯号吹过后又偷打手电筒看《海明威创作论》，被老三查禁”、“晨磨枪，受官腔”等等，他自己感叹道：

床上床下要“定位”，
大事小事要排队，
一代跋扈老匹夫，
到此不能称“太岁”。

军营的生活是紧张、枯燥而艰苦的，李敖对此有真切的描述：

白天世仇为烈日，
晚上情人乃草席。

整日耳边闻何事？
立正稍息与看齐。

南台九月很少雨，
整日昏昏不得已，
水厂断水不必愁，
每天沐浴以汗洗。

军中严格的纪律和有节奏的训练使他的种种毛病都有了改变。他的身体愈来愈健壮，对待别人的指责，他的脾气也趋于沉潜了。他认为，多一事不如少一事，是英雄不必在此地较量长短。他常常暗示自己对他人的言论要“装傻”，要藏住眼光里的“shrewdness”(精明)。紧张的生活节奏给他带来的是加倍的努力工作，他渐渐地感受到，许多在过去想起来不太可能的事，在自己的努力下都变得可能了，而且他做得从容不迫，例如早晨起来30分钟内做那么多的事，绝非他当初“老百姓时代”所能想像的。这种现实使他对自己的潜力更加充满了自信。

他感到，这样的生活才是真正的新生活。

二、“看到你，什么痛苦都飞了”

在军营里，李敖的机智、幽默、健谈给战友们留下了极深的印象。他那特立独行的言词和举动在严肃、枯燥、又疲劳不堪的军营训练生活中，也确曾发挥了一些“解乏”的作用。如同他在自题小像中所写：

势如江海气如山；
妙语如花现一斑，

1959年9月入伍后的李敖，果然很有点“男子汉”的气概了

口里谈兵群莫笑，
土头土脑李教官。

在培训班参加讲演活动，李敖的演讲往往是最受欢迎的一个。就内容而言，那黄色与红色的笑料，爱情与革命的乱扯，也许并不算什么，但在军营枯燥的生活中，却成为填补空虚生活的调味剂，加上他那胡适式的派头，得体的手法，从连长到指导员到战士，无不给以赞赏。步校要结训时，领导要求每位队员写遗书留在步校，李敖写的是：“若阵亡，臭袜子送给队长，骨灰送给女朋友植玫瑰花。”其乐观与玩世态度溢于言表。

1960年4月29日，6个月的军事培训结束了，李敖被调到四连做兵器排少尉排长。这一天，他在日记中写道：

> 居然把我分到第四连兵器排！真是意外！这回有车坐了，真是好消息！此事益使我深信“决不要有意去安排自己的命运！”兵器排人事较复杂，据说老油条的最多，好在我也是老油条——大家一起耍油条。①

李敖所在部队是陈诚部下的“前瞻师”，火力强大，仅兵器排中除

① 李敖：《李敖大全集》第22册，第383页。

机枪外，还配有七五炮、六〇炮等装备。这里的老兵，对上面分配下来的这些学问有余、经验不足的预备军官很看不起，时常有捉弄的举动，但李敖却神奇地改变了这种现象。他读书多，知识面广，又健谈，性格外向，这些自然成为吸引和结交朋友的重要条件。他的同学潘毓刚回忆说：

> 他喜欢高谈阔论，哗众取宠，引起我的注意。接触多了觉得他倒见多识广，有时谈吐也不俗，且颇具娱乐性，尤其他的黄色掌故和笑话颇能解除一些军中性饥渴的苦闷，对他渐生好感，而且他反传统的性格顽劣得可爱，所以与他交往就慢慢多了，尤其每次被派公差去观赏劳军晚会时，在下和他聊聊天，可以不看台上无聊的节目，因此增进了不少性知识。①

战友对他的评价是："看到你，什么痛苦都飞了。"

李敖善于把生活趣味化、戏谑化，"正所谓'群籁虽参差，适我无非新'。我总是从夹缝中寻出一道天光。故任何枯燥无味之事与俗不可耐之人，我皆能以一副'忍俊不禁的尊容'去笑它"。在行为上，他善于以奇言异行吸引人，且从不忌讳别人看他的日记。在他的日记中就有"队长来谈，看《插羽集》"、"人抢着看我日记"的记载。有时，他甚至"纵容或挑逗"战友们看，以达到"哗众取宠"之目的。

1960 年 10 月 24 日，李敖被选派参加军中举办的"三民主义讲习班"。这是国民党为反击殷海光在《自由中国》杂志（指 1957 年 8 月 1 日第 17 卷 3 期）发表的《反攻大陆问题》而在军队中举办的政治讲习班。殷文从国际形势、"国"内现状、人口、资源、科技等方面展开分析，深刻地指出"反攻大陆"只是一种建立在渺茫假想之上的活动，它

① 李敖：《一个预备军官的日记·序》，《李敖大全集》第 22 册，第 5 页。

拉大了官民之间的心理距离，破坏了国家建设，导致了人们双重人格的产生，可谓弊害横生。该文发表后，在读者中引起强烈共鸣，也引起官方的反感与愤怒。台湾警备总司令部的特务一面派人大量收购流入市面的该期《自由中国》杂志，一面通过“邮检”，查扣《自由中国》寄给作者、读者及有关人士的杂志。连航寄给居住在美国的胡适的《自由中国》，亦遭警总查扣，引起胡适的强烈不满。从1957年下半年，国民党开始在军队中举办讲习班，轮训军官，六天一期，讲习班的主旨是“坚定反攻复‘国’信念，巩固革命领导中心”。教官们讲课，总是把刊有《反攻大陆问题》的杂志带到课堂上，作为反面教材进行攻击。然后就是讲八股、考八股，在台下听讲的李敖对此自然嗤之以鼻。但由于他的擅长辩论，又被推举参加演讲比赛。正是演讲比赛使他名气大增。

李敖演讲，好出奇谈怪论。也正是这些言论，给枯燥的军营生活增添了一点活力。演讲的话题是三民主义，这对一般学员来说，是严肃的话题，但他凭着自己台大历史系毕业的底子，以丰富的历史知识，东拉西扯，从军中乐园到女人大腿、anti论、高跟鞋等全部出笼，引得人们哄堂大笑，而他神态自若，一本正经。众人笑后继之以“骇异”，评分时，最后一名当然非他莫属。

1960年10月30日，他又被推举参加三民主义讲习班的演讲比赛，参加者为全师的各级军官，在“历史人物评介”比赛中，组员们又推他来讲，他本来要讲武则天或杨玉环，但有人警告他在如此神圣场合不能再讲女人，硬要他讲关公（关公是台湾人崇拜的神），他只好按照演讲“必须和听众有关的扯在一起”的原则，精心营构出演讲词，并在头天晚上夜深人静时，独自跑到操场中央模拟演习了三遍，于是，便有了如下这次极能体现李敖演讲风格的精彩表演：

各位评判先生，各位同学：

在1738年以前，一天的早上，就是现在这时候，在南京的城外，有成千成万的老百姓，围着看一个刽子手，这刽子手举起刀来，朝着一个陆军上将的脖子砍过去，噗哧一下子，这陆军上将的脑袋就掉下来。陆军上将的脑袋虽然掉下来了，可是这一掉，从此他的名字就一传十、十传百，男的传女的、老子传儿子，传到咱们全中国的老百姓，每个人都知道这个陆军上将了。不但知道他，并且还崇拜他；不但崇拜他，并且都向他烧香磕头，并且在台湾省台南县新化市南边十公里的地方，给他盖了一个大庙，那个庙就叫做关庙。

我说到这儿，大家都知道我说的这位陆军上将是谁了，此人姓关名羽，字云长，长得粗眉大眼，虎体龙腰，胡子很长，血压很高，所以脸很红，是三国时代蜀国的上将军，等于现在的陆军上将。他是刘备的弟弟、张飞的哥哥、关云的爸爸，天下姓关的老祖宗，京戏里边“水淹七军”的男主角，“走麦城”的失败英雄，同时还是陆军十七师四十九团二营四连炮排排长我所选出来参加“历史人物评介”的当选人。

我可以说每个人都知道关公，可是我又可以说每个人又都不知道关公，这话怎么说？因为一般人所知道的关公都是假的关公，而我知道的关公才是真的关公。一般人所知道的关公是从京戏里边或者他爷爷嘴里边所讲出来的关公，或是从《三国演义》这部书里面所知道的关公，大家都知道桃园三结义的故事，知道关公三战吕布，过五关斩六将，华容道捉放曹，刮骨疗毒，死后显灵吓着曹操等故事。这些故事虽然很英难、很刺激、很美，可是都是假的，因为在正式历史的记载里，全没有这一套，这些故事都出自一部书叫《三国演义》，就是大家都看过，在市面上也买得到的那部《三国演义》，换句话说，《三国演义》这部书里所说的关公是不能相信的，京剧戏里面和爷爷口里的关公也是跟着《三国演义》这部书将错就错，一错再错，都是不能相信的。这些都不是关公的真面目。

我个人过去在台湾大学历史系鬼混过四年，整天抱着死人骨头跟死人算账，整天搞“历史人物评介”，“历史人物评介”对我们说来是家常便饭、拿手好戏，对历史人物不敢说是有研究，只能说稍稍知道一点点皮毛，正史上关于关公的记载只有一部书，就是二十五史里边的《三国志》，大家知道《三国志》当然不是《三国演义》，也不是《三国志演义》。《三国志》的作者姓陈名寿叫陈寿，他的时代和关公很近，他的父亲就是被刚刚五号同学所说的诸葛亮杀的。他这部书是关于三国唯一的一部历史，也是一部可靠可信的历史，可是大家不读这部《三国志》，而读《三国演义》。《三国演义》的作者叫罗贯中，是明朝人，他生的时候，关老爷已经死了1215年了，他实在不能了解1200年前的关公，可是他在家吃饱了饭没事干，他就写了一部小说就是《三国演义》。他没有受过三民主义讲习班的训练，不知道什么是诚实荣誉，于是在家里就大造假历史，假历史造出来，大家都知道有个桃园结义的关公、三战吕布的关公、水淹七军的关公、死后显灵的关公，可惜的是这些统统都不是真的关公，真的关公在哪儿呢？真的关公在棺材里边啦！假如关公死而复生，从那边棺材里爬出来，他也不会相信这是他自己，他会说：“唉呀！上帝呀，你看他们把我写成这个样子，我老关可真不敢当呀！”

不但关公自己不敢当，关公实在也当不起，平心静气地说，关公实在是一很伟大的军人，一个革命军人，他斩颜良、诛文丑、杀蔡阳、捉于禁，处处都表现他的成功，他对国家很忠心，对刘备很讲义气，不错，他是一个名人，可是他也想不到在他死后名气竟像小孩子吹汽球一样，竟一天比一天大，大到和孔夫子一样了。大家知道，孔子是圣人，可是关公也跟着在民间变成了圣人。这不能不说是一种意外，一种想像不到的好运气。一个人死了以后居然这样走运，大概世界上除了耶稣以外，没有第二个能够跟他比了。

我们看三国的历史，在三国的时候，曹操最强，孙权、刘备联合起来才能打得住曹操；依当时的国际情势，一定要刘备、孙权联合才行，我们看京戏里边的“借东风”、“草船借箭”，历史上的赤壁之战，这些都是刘备、孙权联盟的成绩。可是由于关公的骄傲，竟把这种局面破坏了，走麦城一次关公被俘虏了，关公表现很好，胸脯一拍，大丈夫，革命军人，宁死不投降，你杀老子头，老子20年后还是一条好汉。不错，关公是好汉，不但20年后，两千年后还是。可是关公的死，却引起蜀、吴两国的不和，刘备发誓要替他报仇，诸葛亮一再劝刘备不能打孙权，刚才五号同学说诸葛亮没有劝刘备，我要替诸葛亮打抱不平。可是刘备不听，一定要打孙权，结果陆逊火烧连营七百里，刘备打败了，从此退到四川去，蜀国元气大伤，刘备气死了，张飞也被刺了，最后诸葛亮一人苦撑了一阵，后来也累死了，整个的国家一败涂地了，使汉朝的命脉从高祖起四百年到此不能再延续下去了。关公死了，对他自己好，却把刘备害了、把张飞害了，诸葛亮也跟着倒了霉！这些都是关公的杰作和他引起来的坏影响。

由于关公的故事，我们可以想到，我们评介历史人物实在很不容易。花木兰，本来没有这个人，可是大家硬说有个花木兰。包公本来是宋朝的一个小官，比台南法院的那个高嵩还小三级，可是大家硬说他是一个大法官。郑成功本来有很长的胡子，可是大家看看那幅画，他的胡子竟给这位现代派画家给刮去了。我随便举这几个例子，都证明现代人对古人是如何的不了解，评介历史人物是如何不容易。

因此，我站在同学的立场，奉劝大家，你这辈子什么人都可以惹，就是别惹我们这些学历史的；什么人都可以得罪，可是千万不要得罪我们学历史的，学历史的人都是又穷又酸的人，都和我差不多，天生就爱浇别人凉水、扯别人后腿。他高兴了，教你流芳百世，你就不会遗臭万年；他不高兴了，往你脸上抹上白粉，你跳到黄河也洗不掉。如果你现在突然死了，你先别伤心，说不定1200年以后，又来了一个罗贯中，一天心血来潮，又写了一部新《三国演义》，看中了你，选你做主角，把你从棺材里拉出来，大吹大拍大叫大捧一阵，那你就是关公第二了！谢谢各位！

这是李敖第一次用麦克风在台上演讲，他显得精神百倍、气壮声铿，出语如机枪扫射一般，流畅无比，效果奇佳。前面六人都靠稿子，他却两手空空，并且还在演讲中消遣前面选手论诸葛亮之不当。在长达十三四分钟的时间里，他的“大放厥词”，使副师长向他数次瞪眼示威，四五百军官大笑欢呼叹声不绝。计时员也听得忘了看时间，下台后，副师长赶忙上去一再强调关公是民族英雄、忠肝义胆等等。李敖在给王尚义等朋友的信中描述说：

在十三四分钟的演说里，在十几次掌声打断的情况里，我以严肃的脸孔，以台大历史系的金牌子，以嬉笑讽刺的口吻，轻而易举的拆穿了关老爷那张偶像的脸，顺便拆穿了花木兰、包龙图、郑成功等人的真面目，下台后副师长赶忙上去一再强调关公是民族英雄，忠肝义胆，阿兵哥们则人人以一种惊奇而忍俊不禁的鬼脸看我，……一位预官说："你的演说使三民主义讲习班光芒万丈！使预官班光芒万丈！"……有的叹我游戏人间，有的欲挽我长谈，与我为友，指导员说："为了讨好听众，你的效果达到了；为了争取第一，你就失败了。我们内心佩服你，可是场合不同，所以你得了最末一名！"颇有人为我得倒数第一不平者，哀哉！①

的确，李敖非常善于利用那些艰涩难懂的文言材料和抽象的观念，并通过一种通俗易懂、听众喜闻乐见的语言形式表达出来，体现出他不凡的语言才华。也就是在这种"寓教于乐"的过程中，他与战友取得了沟通。正如他自己所说的，"你讲他能听得懂的话，你只能得到他的脑；你讲他能说的话，你才能得到他的心"。②"讲演必须尽量'和听众有关的扯在一起'，方有亲切感，方可成功"。③

三、"偏要惊人过一生！"

李敖的性格从外表看是乐群的，但他思想的敏锐性和易感性又使他不时感到一种难言的内心寂寞。

1959年3月3日，李敖在下部队后的第一天给妈妈的信中写到："这个地方在仁武附近，凤山北面，天气最热，苍蝇最多。"他用五张苍蝇纸去抓苍蝇，一抓就是一两百只。"臭虫多，蚊子多，厕所远，吃饭要蹲着，交通极端不便"，可见当时战士的生活条件。真可谓"蚊子与苍蝇齐飞，饮水共长天一色。"但他认为，"这也是个读书的好机会，

① 李敖：《一个预备军官的日记》，1960年11月3日，《李敖大全集》第23册，第621-622页。
② 万静波、张欢：《我死后千刀万剐——李敖访谈》，《南方人物周刊》2009年第31期。
③ 李敖：《一个预备军官的日记》，1960年10月29日，《李敖大全集》第23册，第608页。

我懒得动，懒得往外跑，倒也可多读一些书”。在疲劳、疾病、饥渴中，在蚊虫叮咬和日晒雨淋中，他不仅没有退缩，反而更加凝固了自己的悍气与斗志。无论条件多么艰苦，他都能坦然面对。他对印度古伽拉德的一位青年诗人的诗十分欣赏，两次在日记中提及，并对其进行了改写：

你已经吃了不少（无数）苦药，
请再（勇敢地）喝了这杯毒酒罢！①

他以阮籍诗自励：

林中有奇鸿，自言是凤凰。
清朝饮醴泉；日夕栖山岗。
高鸣彻九州；延颈望八荒。
适逢商风起，羽翼自摧藏。
一玄昆仑西，何时复回翔？
但恨处非位，怆恨使心伤。

他并不赞赏诗中的那种浓烈的悲愤气息，但却与作者那种“清朝饮醴泉；日夕栖山岗。高鸣彻九州；延颈望八荒”的冲淡、清峻、隐晦、高远的境界发生共鸣，并以此自况。要使自己变得有韧性、强悍而豪放，把自己锤炼成一个有力量的人，而不是一个在世俗场中游手好闲的人，如他诗中所写：

牙根咬住：
嘴唇闭紧。

① 李敖：《一个预备军官的日记》，1959年9月27日，《李敖大全集》第22册，第40页。

沉着着，

深敛一股憎恶的力量，

锤炼，锤炼

在那一连串苦斗的日子。①

在政治上，他依然信仰自由主义，反对党派之争，反对在恶势力面前的“缩头主义”，主张真正的文人不应“自惜羽毛”、随波逐流、“寂寞投阁”、“白首太玄经”，而要走出象牙塔、走出书房、走出无何有之乡、走出天鹅绒的梦幻，王德毅诗说：“难得惊人过一生”，而真正的新式文人却“偏要惊人过一生”！②

在步校学习期间，李敖曾经遇到入党的问题。指导员说对他“印象很好”，他知道印象很好意味着什么。指导员的使命之一，就是要拉党外的优秀分子入党，并且说如果不入党，结业时就可能会被分发到金门，那是“八二三炮战”的最前沿。

何谓“八二三炮战”，指1958年8月23日下午，福建前线的解放军炮兵部队万炮齐轰被国民党当局占据的金门、马祖等岛屿，两个小时内落弹57000发，守军司令胡琏和“国防部长”俞大维被弹片炸伤，副司令赵家骧、吉星文、章杰当场毙命，官兵伤亡人数达600余人。此后大陆炮兵逢单日就打，双日休息。44天内，一共打来44万发炮弹。再后改为不定时的打，有时大打，打几万发炮弹，有时小打，只打几百发。给金门岛上的98000名蒋军产生巨大的威慑力。所以，金门，在台湾军人的眼中，是一个充满了炮火硝烟的死亡之地，在此防守每天都有丧命的可能。许多人提心吊胆，害怕到金门，于是纷纷入党，而李敖对此则不屑一顾，他诙谐地对指导员说：“我为人全是一派浪漫文人的作风，成事

① 李敖：《一个预备军官的日记》，1960年4月26日，《李敖大全集》第22册，第377页。

② 李敖：《一个预备军官的日记》，1959年10月22日，《李敖大全集》第22册，第86页。

不足，败事有余；前途有限，后患无穷。现在拉我可加三分，以后我惹了祸不晓得要扣多少分了!”他表示甘愿去前线。他在日记中写道：

> 我自思我之为人，最与这些年轻人不同的，在我是一个最有灵性的英雄人物，并不是一个现实的躯壳的肉食者——这是我最自负的地方，也是这些浑球们最不能及之处。我实在可说是一条硬汉（除了有点怕黑以外），我很有那种南八的精神，张巡说：“死耳!”这是何等气势、何等气魄！在这方面我颇有一种殉道者的精神，小人们得志得利得鱼摸之处是当然的事，何足歆羡也耶！个人这区区颠沛，何足道哉！①

指导员还不死心，继续同他谈话：

“李敖你不怕死?”

“我怕死。”

“那为什么不加入国民党?”

“加入国民党比怕死还可怕，所以我宁肯死，也不加入国民党。”

“你开玩笑，你不入党，在台湾活下去，会永远不方便。”

“我准备死在金门，没什么不方便了。”

指导员无可奈何，摇头而去。

结果李敖因勇得福，并没有被分发到金门，倒是一些临时“搭车”入党的学员给分派到了这座“死亡之岛”。

这些人得知消息后，气得跑去质问指导员。指导员说：

“前线需要最忠贞的人，把李敖送到前线，他会影响民心士气，所以还是你们去好一点。”

这番话气得有些人把党证给撕了。

① 李敖：《一个预备军官的日记》，1960年2月6日，《李敖大全集》第22册，第264页。

李敖在给朋友的信中写道：

在这“水深波浪阔”的时代里，我们是多么渺小！多么无力！又多么短暂！如果我们能在环境允许的“极限”下，伺机蠕动一番，说说我们想说的、做做我们想做的，捣一下小乱、冒一下小险，使老顽固们高一高血压，大概这就是我们最大的“能耐”了！我们还能怎样呢？我们岂配做“杀头生意”么？

因此我说，在环境的“极限”下，我们少做一分懦夫，我们就该多充一分勇士；能表白一下真我，就少戴一次假面。如果我们能高飞，我们希望飞得像只多谋的九头鸟；如果我们与覆巢同下，我们希望不是一个太狼狈的坏蛋；如果我们在釜底，我们希望不做俎肉，而是一条活生生的游魂！

……

路是那么长，我们随时会倒下，死就死了，又何必“正首丘”呢？青山多得很，到处都可埋我们这副不算重的骨头，在重归尘土的刹那，愿我们都能刻上几行带有彩色的里程碑！①

他在1959年11月17日日记中记下陈眉公《小窗幽记》卷十中的几句话：“不能用世而故为玩世，只恐遇着真英雄；不能经世而故为欺世，只好对着假豪杰。”“交友须带三分侠气，做人要存一点素心。”在他眼中，素心，那是纯洁的心地、怀才不遇之心、任性侠气之念、返璞归真之望，这是他行为的张本。

由此可以看出，李敖后来的特立独行的独进之勇，早已蓄谋于军

① 李敖：《一个预备军官的日记》，1960年9月9日，《李敖大全集》第23册，第560-561页。

中。他说:“我的肉体,虽奔波于日晒雨淋凡夫俗子之中,但我的精神却独与天地往来,神驰他方,没有人知道我这样肉体与精神交错地生活着,可是我显然日复一日这样生活着。几乎所有的预备军官都在‘鬼混’、‘数馒头’、数退伍的日子,可是我却这样充实的利用肉体训练的机会加工给我精神训练,我真的自豪呢!”他崇尚的是海明威那种夺人的雄浑刚毅而强悍的气焰,要以自己埋头的努力、沉默的努力,把自己铸造成一个千锤百炼的‘老顽固’。”

李敖在讲话中放言无忌,所以在官方眼中,他是一个不令人放心的人物,并说他“犯马(马克思)、自(自由主义)、灰三大错”。[①] 在步校期间,军方安排同是毕业于台大的孙玉华(国民党员)靠近李敖,负责暗中打李敖的小报告,李敖心知肚明。有一次写诗给孙玉华:“见了二娘呼婶婶,见了悟空喊大爷,退役以后饿不死,衡阳街口擦皮鞋。”以表达他对前途无所畏惧的心情。而忠厚老实的孙玉华也没有在小报告上写他的坏话。集训结束,下部队时,指导员把一牛皮纸袋交给带队同学,其中有对他们的思想考核材料,路上,他们“很技巧地”偷拆了这个口袋,李敖看到一向与自己嘻嘻哈哈的指导员在自己的资料卡片上,赫然有十字评语:“思想游移,媚外思想甚重。”李敖感慨地说:“政战人员之可怕,由此可见!”当然也有其他领导的评语,诸如“学识渊博、守正不阿、能力高强、对政党不感兴趣”等等,则是其他领导的褒扬了。

古语云“蚌病成珠”,一只海蚌某部分有了毛病才会化作珍珠。有人说天才不是疯子就是他身体上某部分有了毛病。也许李敖就属于这种情况。在他的身上,有太多太多的不自在、不适应、不合时宜,他想努力摆脱它、超越它,最终成就了他的一身奇才。

对于将来要走什么样的路,李敖说自己是“a man of action ”(一个奔波驰骋的好汉)。在退伍前几个月,对将来干什么的问题他思

① 李敖:《李敖大全集》第22册,第244页。

考得最多。他在日记中写道：

归途内心感触很多。要之以“该做怎样的一个人”为念，我简直有点混乱，我不太知道我将来走哪一条路才好，人间的成败，腾达的种类，幸与不幸，目的与手段问题等等都干扰着我，我想我大概不可能甘心做胡适之一样的学者，更不可能做方东美一样的学者，我的本质上是一个 man of action，也许我会演电影， 也许我会做一些惊天动地的狂飚事业，也许我会组织一个裸体园，一个怕太太协会，谁知道我会做什么？我想我终必会是一个“捣乱鬼”，一个“不安分的人”，一个“异端”，一个“惹是生非的人”，一个“波澜人物”，一个“使旧社会头痛的家伙”，一个“专门会耍花枪的人”，一个“永远使人不停的惊异的人”。我还要好好再想想再摸索，再制造花样，再一变二变大变一阵。①

因此，他对自己未来职业的选择定下了四个标准：

一、“这个职业的本身一定是我感到兴趣的”；

二、要考虑到“个人的 ability（才能）的限度”；

三、“最好与个人的志愿相配合”；

四、要“能用世”，“对世道人心民生国计有直接或较直接的影响”。②

他希望自己是“a man of action”，而不是“置四海困穷不言，而

① 李敖：《一个预备军官的日记》，1959 年 11 月 12 日，《李敖大全集》第 22 册，第 134–135 页。
② 李敖：《一个预备军官的日记》，1959 年 12 月 18 日，《李敖大全集》第 22 册，第 195–196 页。

讲危微精一”、在考据中度日的“白首太玄经”的老文人。他还说：“做一支蜡烛或一面反映烛光的镜子，是两条‘发扬光大’的途径。”而自己要做的当然是“蜡烛”而不是“镜子”。他所说的蜡烛是指要有自己的思想，要自己发光，自己就是一台工作母机，以无穷的精力和智慧，做出自己的判断，宣传自己的思想，来行动，来实践，来作出“有价值之‘说论’”。而不能像“镜子”那样，做白首注经的考据工作。他说：“雕虫篆刻之事，我不为也。”

他对自己的前程充满了信心，对自己思想与人格的更加成熟而自豪，对自己要走的路更加坚定，这种坚毅与执着，在他的日记中有最深刻的表白：

> 在众人午睡时躺在床上想：我还这么年轻，我有过许多经验，又具有着俗人所不及的许多本钱，军中的磨练——更使我在刻苦与意志上面有了极大的进步，我现在在镜子前面看我自己，我明显的感到我从来没有如此成熟有力，他们都是昏睡的人群，他们是真正的弱者，他们只有些原始的力量、专科知识的力量，而我呢，既非粗犷的男人，亦非坐井的学人，我是真正的一个万千人中的有大办法大抱负的人，以我的年龄才具与性格，我决心放弃了在我里面那些无为的、缩头的、重视爱情的“陈彦增的毒素”，我决心只给我自己一条路走，就是要好好把我锻炼成新时代的英雄人物，锤成一条“坚强得可怕”的铁汉。
>
> 沉沉一片力
>
> 亦侠亦温文
>
> 霸气与野心是我指给自己的一条新道路，——一条唯一的新道路，这是我在军中的一个大转变，——放弃了“陈彦增式的老路”，在外表上也做了一个汲汲求名勃勃好功的人

物了（暴雨中写竟）。[①]

1960年9月20日，他因工作问题乘车北上。在台北，他看望了时刻关心他的老师姚从吾先生，姚先生对他期望甚殷，听说他手头拮据，便拿钱给他，他拒绝了。姚又劝他明年考研究所，并说3月至7月之间他每月资助李敖500元，以助他考试。他十分感动，但对老师的慷慨解囊还是再一次谢绝。望着姚先生那充满期待的笑容，他的心情十分复杂，感激、内疚、惭愧、奋发，一切都在不言之中了。

一个月后，他又收到了同学萧启庆的来信，萧告诉他，胡大博士有意"栽培"他，但希望他读完台大历史研究所。姚从吾为李敖解甲后的职业问题也在想办法，想聘李敖为"国家长期发展科学研究讲座助教"（每月1000元）。这无疑又是一个好消息。

在这一年的12月2日，李敖就工作问题又回台中。这一次，他感觉到问题并不像他想像的那么好办了。即使代课的职业也不可能谋到。他妈妈说他臭名满古城，也袖手不管，并说"退伍后十天半月，勉强可住，久则恐难相处"。这无疑是在堵他还家的退路。走投无路之中，他只有寄希望于"姚老头"了，但他又不知姚从吾能帮他到什么程度。他想到了父亲的老同学王兆民。于是，12月23日，他给王兆民写信，就求职之事请求帮助，他说写稿子、帮教授打杂都不是稳定可靠的办法，由于自己"修名之不立"，简直找不到能帮助自己的人，年轻的朋友们力不从心；长一辈的不骂他，就算是他的造化了，谁还肯对这个大逆不道立异标新的人拉一把呢？他希望王兆民能帮他找一个"轻松的、自由的、在台北的500元的"差使就行了，这样他可以专心于个人的研究工作，只要自己时间多些，生活艰苦也没什么。李敖把能想到的办法都想到了，而一切都无济于事。

---

① 李敖：《一个预备军官的日记》，1960年8月1日，《李敖大全集》第23册，第494页。

1961年1月17日，李敖看到《联合报》1月12日登载的消息《“发展科学委会”教授助理聘定》在“‘国家长期发展科学委员会’50年度研究讲座教授助理研究人员已正式聘定42人”中，“专任助理”11人，在专任条下，李敖排名第九。显然，这是他的导师姚从吾先生一番苦心的收获。看到这则报道，李敖心中一块石头落了地，他的精神为之一振，心想至少一月可以有1000元的薪水了，有了这笔钱，他就可以从容地放眼未来了。第二天，他在床上神作计划，又有了考出“国”留学、以渡海西去的打算。他想起50天前在行军途中于旗山慈云寺玩抽签游戏时的一条偈语：

只恐前途命有变
劝君作急可宜先
且守长江无大事
命逢太白守身边

如今，姚从吾真成了偈诗中的那个“太白”金星了。

四、“人间总被思量误”

在李敖的青年时代，爱情，始终是他思想发展中一个颇具影响力的因素。

在“杜鹃花城”中与罗君若的爱的试炼曾经给他带来无限的欢乐，但失恋的苦闷又使他从此陷入精神痛苦的深渊。他在大学后期精神与肉体上的挣扎，便是为此付出的惨痛代价。从军以后，连逢场作戏的发泄机会也没有了，精神上的苦闷便表现得更为突出。其原因主要有以下五个方面：

其一，他对已中断关系的罗君若依然难以忘怀；

其二，毕业前与他曾有情感交往的英语系女生张丽珍（Rosa）亦成为他的梦中情人；

其三，军队中男性世界的特殊环境更增加了他的性苦闷；

其四，他的“Sentimentality”（感情用事）性格加剧了他对情爱的需求；

其五，他的鲜明的是非观又使他不甘沉沦到“军中乐园”（军中妓院）去解决问题。

这样，在他的思想行为中便出现了种种奇特的现象。即一方面渴求性爱，情欲的本能驱遣着他顺着自然冲动去寻求过去已有的经验，以达到灵与肉的满足；另一方面又鄙视性爱，他的自我意识使他不甘堕落，要为自己的理想目标而奋争。这种矛盾使他的生活时刻处于急剧的灵与肉的冲突与变化之中，内心世界成为自我意识与欲望的角斗场，思想和情绪变得飘忽不定，变化莫测，时而想入非非，时而无可奈何，时而哀伤痛苦，时而义无反顾，在这一心理基础上，他的思想和行为便表现出不同的向度，有时它们之间互相矛盾也就不足为怪了。

他渴望爱情，依然怀恋着过去的恋人。

在他的心灵深处，罗君若并没有消失。这一方面是因为在他所遇到的女性当中，罗的性格令他难忘，“回想起我和罗那一段往史，回想她在我心中很难代替的地位，主要的原因还是我未曾接触到第二个像她那种善于诙谐的女人”。当然还有更重要的，就是这位恋人曾经给他带来过他从来未感受过的灵与肉的快乐，这种性爱经历对他来讲，当然是刻骨铭心的。所以，就有了他在日记中所记述的关于“罗”的种种：

> 启庆来信知Lo已于18日飞美，益坚定我的“内敛”的决定……[①]

① 李敖：《一个预备军官的日记》，1959年9月25日，《李敖大全集》第22册，第37页。

昨晚梦在教室中众人旁 Lo 拉我手，说有话跟我说，我甩开了，绝而告之："我们没有什么可说的！"①

天亮前梦到 Lo。②

花 1.5 元买来尤敏照片，酷似 Lo，酷似 Lo。③

见报，知罗君若今天才结婚，欲不报上相见亦不可得矣。④

今晨梦到 Lo 与其夫婿，先住温州街小店隔壁，后转住于日式房中，（似在龙泉街？）她似颇多妇怨，显得有点"困"，对我颇友善。⑤

照弗洛伊德的理论，凡梦都是欲望的满足（wish fulfillment）。有关"罗"的梦幻及对"罗"消息的关注都无一不是李敖对那段难以忘怀的爱情的曲折反映和变相展现，尽管有的内容只是经过伪装之后的"梦的显相"（manifest dream content），但其"隐义"（latent dream thought）不难看出。这种性的梦幻（包括白日梦）在李敖的军队生活中经常出现，它在客观上弥补了李敖现实中情爱的欠缺，起到了缓解精神重压的作用。但"罗"毕竟已做他人妇，李敖求之无望，大学时与之曾有情感交往的外文系的女生张丽珍（日记中称"Rosa"）便成为他的梦中

① 李敖：《一个预备军官的日记》，1960 年 12 月 2 日，《李敖大全集》第 23 册，第 689 页。
② 李敖：《一个预备军官的日记》，1960 年 12 月 13 日，《李敖大全集》第 23 册，第 718 页。
③ 李敖：《一个预备军官的日记》，1960 年 12 月 18 日，《李敖大全集》第 23 册，第 729 页。
④ 李敖：《一个预备军官的日记》，1960 年 12 月 29 日，《李敖大全集》第 23 册，第 754 页。
⑤ 李敖：《一个预备军官的日记》，1961 年 1 月 10 日，《李敖大全集》第 23 册，第 765 页。

情人。①

显然，他对这位“李代桃疆”的情人依然充满了思念、感伤与忧郁。他怀恋着她甚至“想 Rosa，为之心动落泪”，Rosa 成为他军人时代“性幻想”的主要对象。如他在日记中的道白：“昨夜梦到 Rosa 在文学院”，于是在赴饭厅路上成诗一首：“昨晚床上有乾坤，/一梦梦到张丽珍，/宿怨未消不理我，/无限妩媚扭腰身。”②“夜半失眠，幻想与 Rosa 小亲昵”。③ 再如“日历勾往事，翻覆总是她”，“今日天阴冷，站在操场上想到张丽珍，幻想许久，有股凄凉的味儿。”④ 行军路上看到一女孩子，他觉得长得像她，街上看到一女子，他会觉得脸型像她，看到一幅照片，他又认为面貌像她，多少次梦里见到她。这种思念一直延续到他退伍之后。他曾与 Rosa 有过一次书信来往，并为之写过一篇散文《红玫瑰》，笔调优美，意味深长。他在写完该文初稿时于日记中写道：“想不到 Rosa 给我带来这么大的不安、不平静，她使我失去每月来所求得的平静与努力，而使我陷入泥淖之中。”⑤ 但由于“Rosa”没有相应的表示，两人的关系并无实质性进展。他的同学在信中劝他“冷静”、“沉默”，要发挥“特立独行的精神和元气淋漓的个性”，这对注重情感的李敖而言，要他不想念过去的情人，谈何容易。

① 其实，在梦幻般的自我解脱背后，罗的身影并没有从李敖心中消失。两年后，李敖在一个婚礼上与罗相遇，竟有一种“如见故人”的感觉。三年后，他十分关切罗的“很失败”的婚姻。当罗请他在台北帮助租房时，他积极回应，并在给罗的信中说：“对我说来，13 年中，如果有一种美丽的折磨，也许我会相当自然的想到你。”1966 年 4 月 27 日晚，李敖与罗有过一次约会，离开后，茫然若失，他在给罗的信中引用桑塔耶那（George Santayana）的诗表达了昔日恋人在自己心中的位置：“With you a part of me hath passed away!”“And I scarce know which part may greater be,-What I keep of you ,or you rob from me.”（“我生命的一部分已随你消亡！”“我不知道哪一部分多——是你带走的我，还是我留下的你”）。——见李敖：《又是情书》，《李敖大全集》第 30 册，第 95 页-105 页。

② 李敖：《一个预备军官的日记》，1959 年 10 月 6 日，《李敖大全集》第 22 册，第 55 页。

③ 李敖：《一个预备军官的日记》，1960 年 6 月 10 日，《李敖大全集》第 22 册，第 431 页。

④ 李敖：《一个预备军官的日记》，1960 年 10 月 20 日，《李敖大全集》第 23 册，第 593 页。

⑤ 李敖：《一个预备军官的日记》，1960 年 6 月 11 日，《李敖大全集》第 22 册，第 434 页。

在步校结业前的“留守名簿”（变相的遗嘱）上，他又写到了张丽珍：

骨灰请交台北县中和乡中和路85号张丽珍，请她用我身后的余尘，在仲夏时节、大贝湖畔，为我种朵玫瑰花。①

1960年11月26日，李敖在训练途中于五龙山凤山寺抽签戏玩，签云：

欲去长江水阔茫
前途未遂运未通
如今丝纶常在手
只恐鱼水不相逢

李敖说：最后二句正好用来形容我的爱情命运。

他要努力摆脱这种伤感的思念，不断地在思想上鼓励自己：“婚不可结，爱不可恋。”②“自是思量渠不与，人间总被思量误。”③每当得到这些过去的恋人和梦中情人的消息时，他的心中必然会产生一阵骚动，但最终占上风的总是积极的一面，即在思想上反省自己、调整自己。使自己避免沉弥于失落的陷阱之中。比如，当得知“罗”飞美的消息后，他在给朋友的信中说：

我最近颇寡言谈，心情每不在于眼前人事间，而人事每撄扰不止，殊不快乐。要之，苦心而劳筋骨，迩来生涯颇近

① 李敖：《一个预备军官的日记》，1959年12月10日，《李敖大全集》第22册，第187页。
② 李敖：《一个预备军官的日记》，1960年9月29日，《李敖大全集》第23集，第578页。
③ 李敖：《一个预备军官的日记·不与集题记》，《李敖大全集》第23册，第629页。

之，塞翁失马，祸福相依，自嘲亦不无理由。我的改变最近是朝着“深沉”一方面走的，我渐渐不太爱胡闹、乱说话、乱戏谑，对幼稚、肤浅与庸俗，我实在感到很讨厌，我觉得冷静与冷眼也许对我更好些。①

当他从朋友潘毓刚处得知“罗”订婚的消息后，他想到：

一个女人奔波一阵，归宿洵如是也。我之反应殊少serious（感兴趣），亦少厌憎之情，反倒采取了一种“哲人”的心情，看这些“烟火人间”的小事情。我已经不是“过去的李敖”了，一切和过去有关的人与事，对我说来，都不过是往日的浮光掠影，我至多只用“超以象外”的眼光与身分去看它们，那些都是与“过去的李敖”所生的密切的连锁，好像在突然之间，这连锁断了，我像脱缰的一匹野马，带着广阔的心胸，望着那遥远辽阔的原野，露着一点恶意睥睨的笑容，独自奔向前面去了！②

当他看到大学时的一位女友咪咪给另一位战友写的信时，他的脑海里“好像有一种说不出来的感觉，当然并非自怜”，他在日记中写道：“月落而作/月出而息/女人于我何有哉！”他的朋友们在信中肯定他对个人的挫折所采取的刚毅态度，这对他又是一种巨大的鼓舞。他亦以西哲赫特之语自励：“我决计一生要像太阳，无论看什么事情，要看光明的一面。”并以自己能沉着应付情感上的波动而自豪，“此今日之李敖也，非旧日之我也，旧日之我柔弱者也、游移者也，今日之我是

① 李敖：《一个预备军官的日记》，1959年9月25日，《李敖大全集》第22册，第37页。
② 李敖：《一个预备军官的日记》，1959年12月30日，《李敖大全集》第22册，第212页。

一座山、一团火、一股力量”。

在一切都可望不可即甚至“望”亦无望之时，他那“唯美主义”的恋爱观又占据上风：

> 永远跟她保持着这种“可怕的疏远”罢！疏远、陌生、隔膜与神秘，是我们之间的联系，蜻蜓点水式的接触，或是半载、或是三月，——让她知道我的一点片羽吉光，一点花豹的斑纹，不也很好么？我们不要谈那些充满了眼泪与苦恼的恋爱，我们都是爱情上面的Liberal（自由主义者）与唯美主义者，我们都讨厌死缠活缠式的恋爱（我甚至想将来若结婚了，也不要住在一起，像那一对美国电影明星一样地各自独立的生活与事业），我们要的是两人间的那种：1、偶尔的；2、永恒的；3、淡淡的想念与萦怀、哀愁与悔意、浮萍式的无言接触与带着眼泪的甜蜜与笑容；我们要的不是整日的相遇与争吵，过多的了解与认识，心神他骛的倦怠，共同生活的苦恼，患得患失的波折。我们是爱情上面的快乐主义者，“淡淡的哀愁”主义者，我们相互间是隔世的，恍如梦里的理想派，又是市井的实际主义者，这将是我一生中的一段伟大的爱情的故事，也是我们“二”生中的最令人怀念的往事之一，我有足够的信心与满足，我不再希求佳酿与芳馨，我已经不再是个在爱情上希求佳酿与芳馨的人了。进一步的接触不会比这更“美”。……此段文字最能表示出我的恋爱观，……是我的一篇重要的文献。[①]

当然，这段话只是他在日记中的独白，并没有示于友人。我们把它

① 李敖：《一个预备军官的日记》，1960年6月15日日记，《李敖大全集》第22册，第440页。

与前面的有关文字相对照，可以看出，李敖又在爱情的左右两极之间摇折衷了。在写了上述内容十天以后，他又产生“很想 Rosa，可爱的、多情的小女人”的念头了。

在军中不停挥笔写作的“书生”李敖

在爱情与婚姻关系上，他一方面渴求爱情，另一方面又畏惧婚姻，认为婚姻将影响事业的发展。关于这一点，很容易使我们联想到当年的思想大师鲁迅对婚姻的思考。鲁迅与许广平同居半年，他在“结婚然否”复信李秉中时说：“结婚之后，也有大苦，有大累，怨天尤人，往往不免。”并说“结婚之后，……理想与现实，一定要冲突”。爱情一旦沦于日常生活中的婚姻，鲁迅亦有一种虚无感。也许，对过度执迷于事业的人来讲，他们对爱情婚姻等情感方面的问题都存在过度的敏感。

可以看到，在李敖的从军生活中，有着太多太多的与战友放谈性爱的内容，有着太多太多的对性的臆想，有着太多太多的关于性的梦幻，他对有关性的史料、故事、笑话等素材收集的热衷，其中有多大程度是出于这种排遣性苦闷的动机，亦值得研究。虽然从军服役，李敖暂时离开了那令他神伤的地方，但爱情的烦恼和对性的需求并没有彻底解脱，而他又反对通过买卖式的“嫖”来解决问题。早在中学时代，他的老师严侨便劝他“一生也别结婚，要解决问题，可以去嫖”，他当时便认为严侨的“男女观念竟这样糟糕”。[1] 几年过去了，他的思想依

① 李敖：《李敖自传与回忆》，第 68 页。

然如故，他只有通过种种自慰反刍着那难以忘怀的痛苦，通过种种幻想寻求着摆脱苦恼的方法。

五、一个预备军官的日记

就文学角度而言，李敖称得上一位持之以恒的日记作家。在部队服役期间，他除了写作一些诗歌、小说、散文、论文和书信外，最大的成绩便是他的《一个预备军官的日记》。

在中国现当代文学史上，作家的日记往往是一种秘而不宣的私生活记录，如鲁迅、茅盾、郭沫若等等生前的日记就是如此。鲁迅曾说自己的日记“是写给自己看的”，[①] 胡适早年发表的《藏晖室札记》，也只是其友许怡荪从他的日记中摘抄出来的一部分而已。而像郁达夫发表的日记体作品，则在很大程度上属于加工提炼后的文学创作了。从这些发表出来的文字很难看出日记作者的生活真相。与上述日记作家不同的是，李敖的日记既写给自己看，也拿来给别人看。换句话说，他的日记基本上是公开的。在连队里，李敖日记成了战士们精神上的食粮。几十年过去了，战友们依然记得那个在休息时间不停地挥笔写作的书生形象。他似乎永远不会感到疲劳，一有空隙便能文思泉涌，神速地执笔成文。即使是在夜晚熄灯后，同室的战友也时常能看见他打着手电筒看书或写日记的情景。他说：“许多事本来是没有多大意义的，可是它们消磨了你一天的青春，把它们简单记下来，留给回忆，也许就是它们的意义了。”[②]

李敖军中日记基本上是每月一册，每册都有标题，如“横槊集”、

---

① 鲁迅：《华盖集续编·马上日记》。

② 李敖：《一个预备军官的日记·序》，《李敖大全集》第22册。

"插羽集"、"金戈集"、"杀气不脱集"、"双枪少尉集"、"在那一连串苦斗的日子"、"不与集"、"兹疑录"等等，从标题可以看出他在此一时期的生活内容和思想路向。就他的日记内容看，他的确是有闻必录，训练状况、连队生活、人际纠纷、同学来信、读书心得、个人"隐私"、百姓生活，以及标语中的错字、厕所里的"文学"、小学生在墙上的胡写乱画，等等等等，无论美丑，无论善恶，他说："我要把我内心的喜怒哀乐好恶皆不掩饰的表示出来，我是活生生的有血有肉的人，不是道学家的门徒。"

他始终保持着旺盛的精力，从不午睡。在闷热如蒸的正午，在战友的鼾声中，他悄悄地记下半日来的生活。他的日记是典型的随身日记，日记本有32开大小，包在一个塑料袋里，放在胸前，不论雨下或汗如雨下，由于有塑料袋的保护，日记本不受影响。上课时间，如果那课讲得枯燥乏味，他便拿起笔记又写日记又写诗，决不浪费一分一秒。他在日记中自我勉励，决心走这样一条路——时时刻刻用功，用五分钟的功，半小时的功，一天的功。

就这样，在一年半的艰苦生活中，他写下了一生中最长最完整的一段日记，共计66万字，真实地记录下那个时代里个人、军营、家庭、社会之间，相互产生的激荡。有战友说：看李敖日记，像是看"鬼打架"。盖矛盾曲折错综复杂之谓也。从他的日记中我们也可以看出他思想上的变化特征，同时也能真切地感受到他对现实生活形象再现的艺术功力。比如他对环境的描写：

> 四时起床，夜行抵山头再防御，时阴霾满天，乃卧于山顶，雨衣甚潮，侧卧及用枪托为垫，乃稍解潮气。……太阳出来了，晒走了草上衣上的露水，晒出了身上的"露水"——我明显的感到胸前一行行汗珠的下淌。……太阳大了，德武的"人造树"遮不住了，乃跑到竹林下，在人声嘈杂中

睡了一小时。二时五十即出发，一上公路即遇大雨，我没带雨衣，雨点大，打人痛，可是要熬过这“迟滞作战”大正面的课目。沿公路南下，……我把六〇架下堤下沙洲中，我在水中洗了一阵裤腿，时全身早已透湿数次，晚风自对岸吹来，冷得至于上下齿打抖其剧，真要老命、要老命。时方晚晴，景色甚美，对岸群山与火车过铁桥皆好看，傍晚始奔下山。在路旁吃饭后出发，过善化、新市。途中谈天，赖以忘疲，唱歌时连长奇怪我高兴，我语以苦中作乐，今日唱歌及走单轨玩，人多怪之。连长途中一再怪我爱请客的毛病，尔昭说我不量财力请客之不当。晚上赶路竟把裤管“腾”干，真想不到也！十时后抵新化。今日净走8个多小时，3万公尺，60多里，善培送的袜子助力不少，右脚鞋垫又从中凸起，故一大段路甚艰苦。途中吸烟一支，边际效用甚大。[①]

整日上午六〇及八一炮讲习试射，面对美浓溪旁，群山遥抱，溪水与砂石相间，午饭后人皆就荫而卧，我却携板凳、望远镜、讲义夹步于一砂石角上，远眺二村女浣衣，二童子浮于木上戏水，全身虽受日炙，然以清风澄水微波，亦不觉其苦也。现在我还在该处写日记，一同学言我如是颇有“诗意”，我心头有所思，可是充满了一片茫茫的味儿。往远处望，山真是高得多，平望过去，鹅卵石、碎石、绿草、黑沙、浇水、长堤、轻烟、微波、浅蓝的天、不定的白云、云上的山峰，现在我准备来一次水清而濯足了。上面太阳晒着，水不算凉，可是脚放下去却有一番“不知足下”的感觉，头上的胶盔还不错，遮了不少的阳光和热度，水中的鱼

① 李敖：《一个预备军官的日记》，1960年9月3日，《李敖大全集》第23册，第545-547页。

比蝌蚪还要小，板凳放在沙上就陷了下去，愈陷愈深。[①]

作者写“雨衣甚潮”、汗珠“下淌”、“太阳大了”、“雨点大，打人痛”、“上下齿打抖甚剧，真要老命、要老命”，鞋垫“从中凸起”、“一片茫茫”、“水中的鱼比蝌蚪还小”等等，这种细微的心理感受与单纯的环境描写相比当然更具有形象的表现力，文笔简洁清峻，具有一种独特的意境美。再如：

天黑下雨，我轻装，只穿雨衣戴胶盔，急行于泥泞，转赴马路，在桥边被团长拉了一把，真混球！军行甚速，间跑步，唱了一段歌以解之。至小新营，东向走入土路中，小休息一会，又在泥中乱走，……我浑身汗湿，拉出上衣，在冷风中吹吹，吹了一路，反倒凉快。自山上小休后，再行即渐不支，终落伍，独行山中，夜色甚美，但有一点恐惧，远村灯火，望之极美、极诱人。黑路摸索多时，宜其向往夜间之光明也。[②]

午后赴六〇阵地，在小三角茅棚中躲雨，脱衣扭干衣服，不穿衣真舒服，宁冷不愿湿里也。下午又去看地形，路多为水淹，车行时雨打面不能睁目，又冷又湿，要命要命。自台南北部后甲里看地形归，在大子村下车，请忠庆、信忠、明山等喝酒，吃花生及糕，另送驾驶烟一包，我此时已冻得吃不消，乃把军毡裹在身上湿衣服里才免于身上大抖。车过新化时，又下车请他们喝酒吃东西，我又贮酒一瓶于水

① 李敖：《一个预备军官的日记》，1959 年 10 月 28 日，《李敖大全集》第 22 册，第 98 页。
② 李敖：《一个预备军官的日记》，1960 年 8 月 11 日，《李敖大全集》第 23 册，第 504 页。

壶中，以御夜间在野外过夜之寒气，准备以醉态争取“杀时间”也！①

这里，作者写在“泥中乱走”的语句，十分生动地写出了行军中泥泞遍地、慌不择路的情态，既写出了行为动态，又写出了人物心态。作者“落伍”后，独行山中的“夜色甚美，但有一点恐惧，远村灯火，望之极美、极诱人”，又真切地描述了作者当时复杂的心理活动。而“雨打面不能睁目，又冷又湿，要命要命”一句更是叙中有描，描中有叙，极尽白描之极致，准确而生动地写出了寒冷中的生理和心理感觉，写得有声有色，如在面前。

在李敖的军中日记中，以内省式的思想感受居多，以客观的叙述居多，但作者对心灵上感触颇深的事物总是不放过捕捉每一感觉的机会，因此像上述细腻的艺术感觉在李敖的军中日记里时有出现，其中显露出来的艺术才能，恰恰说明了他日后的白话文成就并非天外来客，盖其来有自也。

就总体而言，李敖的军中日记不仅是他个人生活的实录，更是当时国民党军人生活的纪实，它所具有的史料价值自然不容忽视。他的战友、后来取得博士学位的杨尔琳教授以“真、切、透、活”评价，②其实不虚。

关心穷苦百姓的生活，记述底层人的故事，是李敖军中日记的一项重要内容。其中，最引人注目的当属他对军中乐园黑暗内幕的调查。60年代的台湾在世界上已有“妓女王国”的“雅号”，“军中乐园”就是其中一大“景观”。

1960年3月7日，李敖从步校分配到连队的第四天，便参观了

① 李敖：《一个预备军官的日记》，1960年8月23日，《李敖大全集》第23册，第521页。
② 李敖：《一个预备军官的日记》，《李敖大全集》第22册，第8页。

“美娜公共茶室”、“仁武特约茶室”，即人们所说的“军中乐园”——军队中的妓院。

军中乐园是国民党军队中特有的一种丑恶现象。从大陆过去的老兵，最小的也比李敖大六七岁，无妻无家，也无钱成家，生活单调枯燥，精神上的苦闷可想而知。作为一种肉体上的安慰，“军中乐园”随之产生。而他们每个月可怜的一点薪水也随之挥霍殆尽。茶室中的妓女，大多都是台湾当地一些生活无靠的女子，也有被拐卖而来的少女。

李敖怀着对人口问题和军中丑恶现象的敏感，在对军中乐园的调查包括民间私娼的调查上做出了许多努力。且看他在几则日记中的记录：

> 1960年3月22日：
>
> 晚与张福永及周毅先去参观军中乐园，28号酷似光锦之妹，身材尚好，面露烦躁之色，三军人挑抚之，毅言：“好像圆锹，人可休息，工作器具不能休息。”丁忠大惊奇：“你也到这儿来？”一男专司时间登记栏，为一黑板，有电钮30多，又有许多兵围与一轻佻者玩笑，打她屁股，她亦骂以詈辞。又访“私窑子”，寻得二处，一处茅屋，有二少校及一上尉旁看其友在搞；一处在猪栏边，老鸨伴之，周毅到处乱摸。栏上×号为妓女请假，“例假”也。
>
> 1960年10月2日：
>
> 上午与镜昌调查台南市军中乐园，二人倚楼梯抄写，人多怪之，营妓乱抢帽子眼镜，只好逃出，香茶我不敢喝（茶票即月台票二元）。30号穿白衫白短裤，皮肤甚白。又同赴康乐街访民间妓女户，真想不到竟如此多，如此公开藐视民法第××条，如此多招牌与彩色广告！甲级（三绿灯）不拉人，乙级（二绿）拉人甚凶，或以脚勾你裤腿或敲你胸问：

“为什么不要?”半裸而卧者有之，年幼十二、三岁者亦有之(每日至多只能卖四次，多则不支)。此何等人间乎？感想极多，不详记之矣。

1960年10月4日：

晚与镜昌访菲拔林军中乐园，抄写后归。

1960年12月5日：

烟诱贾贵诚讲乐园中事。

1960年12月8日，他与战友逛书店，转赴“逢缘妓女户”，为一二层楼房，门口三蓝灯，两旁有红底金字之联：“逢声作戏且喜千樽留醉意　缘分相投莫笑一吻寄相思”。内部有许多平房，正在装修之中，一个个天蓝门，迷宫筑法，约三四十间，妓女们有的抢李敖的烟斗，有的敲他的头，要他来，他说：“卵叫坏了”，慌忙逃出。

1960年12月28日：

在车中与九师老兵聊天，顺便得一二军中乐园史料。

1961年1月18日：

恩伟言附近私窑子老鸨们以烟酒等赂军中流氓，以足足之40分钟及气功及药物搞军中乐园姑娘，使之畏而缺货，尤其漂亮一点的皆惧不敢来，如是则私娼生意盛矣。

此外，他还请在军中的其他同学帮他抄录军中乐园的资料，如标语、规则等等。他都在日记中有详细的记录。

在李敖眼中，无论营妓还是老兵，他们都是国民党统治下的被损害者，都是受苦受难的中国人。他在日记中激愤地写道：

“人肉市场”真可怜，
老兵雏妓互相残。
买卖双方皆弱者，
如此军中一乐园。

他想到，一个可怜的女孩子，沦落到每天接客五六十次，什么“三民主义”、“国家民族”，在他们的心中全无意义！如果自己是这个小姑娘，那么，无论是谁统治，只要能使自己少接几个客人，自己就拥护它。什么主义、领袖、国家、责任、荣誉，都是骗人的、遥不可及的狗屁，只有鬼才相信。

他开始对自己调查的资料进行整理，并拟定了写作题目。26 年后 (1986 年)，在台湾的妓女现象日趋严重的时候，他公开发表了长达四万多字的调查报告《“军中乐园”的血与泪》，揭露国民党军队中老兵

李敖在第四连做兵器排排长时的宿舍一角

的精神苦闷、妓女的苦难和军中的黑暗。文章资料之详备，思想之尖锐，皆此时之功也。

李敖的目光是锐利的。他洞察到了台湾社会最黑暗的一面。妓女现象对社会的影响和危害的确已成为台湾当局长期以来难以去除的一块心病。据资料统计，在20世纪60、70年代，台湾的妓女人数不少于15万人。直到90年代中期，台湾的雏妓尚有6万人，且数字仍在增加。1994年5月，台湾“内政部”还专门在台北主办了“台湾地区雏妓防治研讨会”，其危害性由此可见。

除了日记、书信的写作外，李敖曾经制定过一系列的研究计划，其中最突出的一点就是，他要做中国的“Harris”（赫里斯，《性心理学》著者）或“Lawrence”（劳伦斯，《查泰莱夫人的情人》著者）。他想要做一个能“救时弊、造新因”的新时代文人。写就要写新的，有轰动效应的内容，他在诗中写道：“才华灿烂当倾倒，惊世骇俗度此生。”具体到个人的兴趣，便是对sex文化诸问题的关注。早在大学时期，他就有“该作第二张竞生”[①]的愿望，从军以后，他对性学方面的资料更感兴趣，他说：“来日我或为中国之Harris或Lawrence正未可知也，要之，吾叛逆文人耳，语不惊国人世人誓不休，而在Sex（性的内容）上着力最有效，我当读英法文著作。”[②]“及于出路问题，我决定考‘考古人类研究所’，改攻人类学、民族学、民俗学以及于我之专业——性问题，……”[③]李敖自视为一“叛逆文人”，而且在写作上朝着一鸣惊人的方向发展，他选择的“Sex”方面的题材，也可以看出他当时写作心理状态的一个面。他在给友人马宏祥的信中说：

> 我目前最有兴趣的问题是和sex有关的一切事：家庭、

---

① 李敖：《早年日记》，《李敖大全集》第23册，第836页。
② 李敖：《一个预备军官的日记》，1960年6月22日，《李敖大全集》第22册，第450页。
③ 《一个预备军官的日记》，1960年9月7日，《李敖大全集》第23册，第556页。

恋爱、结婚、娼妓、人口……等社会性的问题，都是我所要选择的，也许诚如你所说，这些都是经不起价值判断的“小问题”，我想这种轩轾是很难一致的，我的看法正好跟你相反，我现在深信个人的力量是多么小，个人这一生能对浩如烟海的社会的不合理与黑暗有一点点小改革，这就很不容易了，做了一件，再做第二件，总比大而无当一事无成的乱吵一辈子来得好。①

这段自谦之语简直不像是性情狂傲的李敖所说，但这正是他的思想在苦难中打磨的结果。

李敖的性问题的关注并非一时心血来潮。一方面，在大学时代他的毕业论文就是关于宋代婚姻方面的论题，关于婚姻的有关资料早已是他搜集的一项重要内容；另一方面则出自读书中的启发。在军中，他曾阅读了大量中西方这方面的著作，如心理学、社会学等方面的内容；当然还有一个很重要的原因，就是在他潜意识中为排解性苦闷而对此类材料所产生的那种微妙的亲和感，这些因素都促使他一次又一次地下决心要在这方面有所成就。

在他的写作计划中，曾拟下过许多题目，如《现阶段男女关系的分析和调适》、《裸体画问题》、《论强奸》、《中国残忍史》、《论没有拒奸的自由》、《张竞生传》、《中国性史》、《从〈性心理学〉(上）看中国历史》、《中国历史的性心理学研究》等等，从这些内容可以看出，尽管在他的潜意识中埋藏着难以自抑的性苦闷与性渴望的因素，但在他对社会及历史上的性问题展开思考时，已经远远超越了个人的表层体验，真正把它当作一种文化现象来考究了。由性趣而导致研究的兴趣，不能说不是一种欲望的升华。通过这些活动，他缓解了过度的精

① 李敖：《一个预备军官的日记》，1959年12月18日，《李敖大全集》第22册，第197页。

神压抑，那种心理学家常讲的“利比多”潜力有了归宿，本能的要求亦得到相当的满足，使其与周围的环境能够相融共存，成为鼓动高尚情绪的原动力，产生趋向庄重严肃的结局。李敖在给朋友马宏祥的信中说：

> 对“性”的问题的看法不正常，是我们这个民族的一大病症。自古以来，我们的祖宗从来就未曾对性的问题有一个好办法，礼法与道德的教条，并未给人们带上正途，反倒招致了许多恶果；设想一个荒谬的贞节观念害了多少人！一个畸形的审美观念（如束胸、缠足、柔弱）害了多少人！一个野兽文学的作品（如“金瓶梅”、“肉蒲团”）害了多少人！……[①]

他认为作为一个能“救时弊、造新因”的新时代文人，应该把精力放在立言上（立德与立言是一类），应该从小问题做起，由小及大，以致对社会产生全面的影响。而他要解决的“小问题”便是与“性”有关的一切社会问题。他在日记中写道：“一部分一部分来，先来个婚姻问题五年计划。五年间专搞此问题。专攻此一系列、此一类之书。”[②]“昨曾与胡、吴言我欲治心理学，夜读性心理学益增此意，吾志已决，决心致力于Sex之研究。潘序（赫氏《性心理学》乃潘光旦译并序）及赫理斯促成了我这种决定。”[③] 李敖此一阶段的思考便是他后来完成的一篇篇惊世骇俗的文章的雏形，如《中国小姐论》和中西文化论战中的《论“处女膜整形”》等文章。

1960年年底，他又在日记中自订写作计划：“今晚与珂大谈写《中

① 李敖：《一个预备军官的日记》，1959年11月19日《李敖大全集》第22册，第147页。
② 李敖：《一个预备军官的日记》，1960年2月28日，《李敖大全集》第22册，第295页。
③ 李敖：《一个预备军官的日记》，1960年3月2日，《李敖大全集》第22册，第299页。

国性史》计划，为之眉飞色舞，我意我定不会长寿，期以一年，速成此帙，期于惊世骇俗而至于不朽。我想暂不写杂七杂八的文字而‘集火’先成此书，退伍后即思绝游闭户开笔著此书。众人呼呼入睡，我灯下写此段日记，这是我一生中极重要的一段想法与计划，而我从今晚起，决定努力以赴了！”[①] 几十年后，李敖出版了他的《中国性研究》。读到这部近十多万字的性文化著作，许多人奇怪为什么李敖竟写了那么多关于性方面的研究文章，而且再俗的话题他都能写得有一定学术味道，把人们难以在公众场合启齿的话题放到学术讲桌上解剖，实乃惊人之举，以至于坊间把这些文章收集起来专册成书出版，他在这方面的用心实自大学、军队时就已经开始。李敖上大学时，胡适曾说过这样一句话：“无心插柳，尚且成荫；有意栽花，当然要发。”这话用到李敖身上，着实不虚。

李敖不仅记住了胡适的话，而且脚踏实地地去做了。

李敖还在军中写出了大量的文学作品，其中有译诗、白话诗、仿古诗、打油诗、小说、散文等，最能代表他此时文学成绩的是他的散文《妈妈的梦幻》。这篇作品深受台湾女作家林海音赏识，在 1960 年 11 月 20 日《联合报》副刊发表。作品虽然写于李敖的青年时代，但从中可以看出作者的艺术才华和造诣。作品选取了妈妈一生中的五个片断，前后跨越了 30 多年的时间，但语言的表述和结构的安排极其自然。最令人难忘的是作者含蓄而质朴的语言，比如：“在外祖母专政的第十九个年底，一辆黑色的灵车带走了这个令人敬畏的老人。”“爸爸执政第八年的一个清晨，妈妈在流泪中接替了家长的职位。”既道出了亲人的去世给全家带来的悲痛，又保持了作品整体氛围上轻松舒缓的一致性，写得哀而不伤。孟子说：“引而不发，跃如也。”正因如此，平实的语言背后充溢着说不尽的文化底蕴。至于在人物的刻画

① 李敖：《一个预备军官的日记》，1960 年 12 月 13 日，《李敖大全集》第 23 册，第 720 页。

上，作者往往采用活用词语的方法，比如写外祖母时用了“独裁”、“侵权”、“专政”等词语，写爸爸时，用了“外戚的势力”、“以在野之身，任意发挥宪法上第十一条所赋予的权利”、“历数爸爸的十大罪”等短语，写妈妈时用了“妇女会”、“发布新闻”、“主权”、“错认时代的潮流而开倒车”等词语和短语，这种大词小用的方法造成了词语与语境的疏离，使语言在陌生化的搭配中，在不谐调中呈现出诙谐幽默的审美效果。①

李敖的朋友马戈在信中鼓励说：

得读大作《妈妈的梦幻》于联副，大手笔固善写各体文章，无怪向日足下视此为小道也。苟有得于心，则其表述可以论述、可以史著、可以小说，皆无伤也。而克罗齐之美学，其重点即在此。顾君才大，愿多挥毫，世之名著非皆出于老耄也。②

朋友景新汉在来信中对这篇作品亦评价甚高：

我一向以为，在台湾报端写“方块文章”的人，当推写“黑白集（联合报）”的钟鼎文为个中翘首，何凡、一言曦、方以直都不是“个儿”，至于凤兮、茵茹（耿修业）已经是第七八流了，现在我发现，如果你去做这种事，当是钟某人的唯一敌手，而你在文字里所表现的气势，则非彼所能及者。③

① 陈才生：《李敖的灵与肉——李敖思想研究》，新华出版社 2003 年版，第 134 页。
② 李敖：《一个预备军官的日记》，1960 年 11 月 27 日，《李敖大全集》第 23 册，第 678 页。
③ 李敖：《一个预备军官的日记》，1960 年 11 月 28 日，《李敖大全集》第 23 册，第 683 页。

李敖以其深厚的旧文学的修养和学识的广博为基础，率尔为文，便能超凡脱俗。他能从旧东西里发掘丰厚的营养，创造出充满文化底蕴的优美作品，这正是他的出手不凡之处。

1961 年 1 月 26 日下午 4 时，李敖所在的部队全团离开了仁武防区，开始了又一次长距离拉练。部队步行四小时到高雄港，夜十时登上了一艘老式运输舰，次日抵马公岛接受将官检阅，然后直达澎湖。上岸后又步行四小时抵达白沙岛东北的大赤崁，在那里驻扎 11 天之后，2 月 6 日，李敖退伍。

那天上午 8 点，李敖乘 311 军舰离开了澎湖。站在军舰的炮塔旁，遥望碧波万里，海鸥高翔，那隐现于薄雾中的台湾岛幻化成一个勇士驰骋的疆场。

中午，军舰抵达高雄。在码头上，他和战友们每人领到一个彭孟缉署名的“慰劳袋”，上面印有“准备再战”的字样。看着这四个字，李敖轻蔑地笑了，一种自由的畅快感油然而生。他明白，艰苦而难忘的军营生活终于结束了。回首一年有半的酸甜苦辣，他充满了感慨：

> 一年半前，带着失望的心情我走出大学，进入军队；一年半后，带着解脱的心情我退伍归来，重返文明。回首前尘，深感军队生活更凝固了我的思想与悍气，因为不是国民党党员，我在野战部队中吃过一般预备军官不太容易吃到的苦，可是我很坚强。一年半从戎投笔的生涯在我的生命里掺进新的酵素，它使我在突然间远离了学院、远离了书卷、远离了跟民间脱节的一群。在军队生活里，我接触到中国民间质朴纯真的一面，而这些质朴与纯真，在我出身的“高等学府”里，早已是教科书上的名词。这段经验使我愈来愈感到大学教育的失败，在退伍归来，我写着：“教育好像是一架冷冻机，接近它的时间愈久，人就变得愈冷淡。太多的理智

> 恰像泰戈尔形容的无柄刀子，也许很实际很有用，可是太不可爱了！”虽然如此，我还是得回来，待从头收拾“冷冻机”，不退却。[①]

这段军人生活在他的思想上留下了永难磨灭的印记，他的思想、情感、性格、人格都因此而更加趋于成熟。

> 十年如未死，
> 一飞可冲天。

他忘不了自己少年时代立下的宏愿。

① 李敖：《李敖回忆录》，第122页。

李敖评传

第五章

惊鸿一笔震江湖

也许有更适合我做的事，“白首下书帷”的事业对我还太早，寂寞投阁对我也不合适，我还年轻，我该冲冲看！

——李敖：《十三年与十三月》

一、从“四席小屋”到新店山居

1961年2月5日，李敖从澎湖退伍，回到了台中古城——这个充满了“缠人的旧梦”的地方。

小城洁静的街道如故，清澈的河水依旧，铁砧山上的郑成功雕像，宝觉寺内悬挂的巨钟，一切都是老样子，但李敖已变。他已不是十年前那个初涉世事的惨绿少年了。山地的太阳、澎湖的海风和肉体的磨炼已使他变得一身英气，沉稳而干练。

此时已是腊月二十二，“尾牙”早过，过年的气氛已经浓了起来。街上到处是采购年货的人群，大小商店披红挂彩，以大幅广告招揽着顾客。明天就是百姓祭灶的日子，走在熟悉的小街上，已能看到大红大绿的灶王神像和甲马了。那甲马上的画物自与大陆风俗不同，宋代吴自牧《梦粱录》记载：“二十三日，不以穷富皆备蔬食饧豆祀灶”。那“饧”就是软糖，是用来粘灶王爷的嘴，希望他“上天言好事，回宫降吉祥”的，“豆”则是为驮灶王上天的马匹备的马料。而李敖眼前的甲马画里，则有了靴、帽、衣甲、刀杖、弓箭等物，李敖不禁哑然失笑，台湾人比大陆人想得真是周到多了。他们自己的命运系于一张薄薄的画纸上，想来实在荒唐。

过了腊月二十四，家家户户便开始大扫除了。卖春联的人也在街头摆上了摊子，除了靠手艺能赚点钱外，这也是他们施展身手的好机会。

看着那些老头老太太捧着红红绿绿的对联喜盈盈地往家赶，谁都会感觉到年关的脚步真的越来越近了。

就在家家户户忙着迎新年吃年糕的时候，李敖在为自己的谋职奔忙。他很希望得到一个中学教师的职位，但经过多方努力还是落了空。他心中暗想，自己唯一的出路只有去做姚从吾先生的助理了。这份工作虽然薪水不多，但毕竟能使自己的经济困窘得到一些缓解。解决了烦人的经济问题，报考历史研究所也就比较从容了。

腊月二十六，他的同学萧启庆来信转达了姚从吾的嘱咐，让他不必着急北上，可以年后再去。于是他在家中开始了上班前的准备工作，洗澡，理发，整理资料，并且买来了木工工具，与同学商量到台北后如何打造用具、如何住宿才省钱。

大年初一这一天，当人们穿着花团锦簇的新衣走街串巷拜年道福的时候，李敖已难耐这种“走春”的热闹，下午4点，在同学的相送下踏上了北去的列车。临走时，母亲给了他200元钱，并送他四个橘子，三姐夫送他一张快车票（54.5元），就这样只身来到台北，又回到了台湾大学。

两天后，他在台湾大学西侧的新生南路找到一间房子，与同学李善培隔壁。这是那种老式的对排木屋，地点在该路三段60巷1号，月租220元。此时的李敖，生活全靠借钱维持，其困窘可想而知。

小屋只有四个榻榻米大，矮得双手不能上举，李敖定名为“四席小屋”。

李敖和善培合买了150块钱的木头，两人大干一天，做了五个书架，一个资料架，便很快进入艰苦而忙碌的学习状态。

对于李敖而言，真正称得上艰苦的，仍然是他拮据的生活。他在经济上时常要靠借钱度日。借同学的钱，借老师的钱，有时还要因钱而闹不愉快，比如对方催他还钱、他要借的多对方又没有那么多等等，因此，每当夜深人静回首一日的生活时，他总是为此事烦恼。

他在日记中写道："钱为最伤朋友感情之物，我真恨我经济不能独立！我真不愿与好朋友因钱伤感情、露真面。"他与善培合用饭票，有一天，只剩仅够吃一顿的饭票了，他拿在手里，送给李善培，假装说自己吃过了。在他的日记中，还有"夜几断炊"、同学偷家里老爸的茶叶来喝的记述，这种生活也迫使他挤时间赶写文章向外发表，靠稿费救急。并抽出时间给一个中学语文老师改作文，每篇一元，聊补温饱。

生活艰苦，并且忙碌，他要一边应付姚导师的助手工作，一边学英语，一边还要写作，并且又参加了法语和德语补习班——他还有出国留学的打算，加上每天有朋友来侃大山，最多时达14人，搞得他疲惫不堪。

李敖在这里住了四个月，白天用黑布幔遮住门口，以增加神秘气氛，晚上伏大桌上，点100瓦灯泡，边整理边读写，忙得不亦乐乎。在他的"四席小屋日记"中可以看出，为了救生活窘迫之急，从3月到4月，他写下并改定的文章有《梁实秋与徐志摩》、《长袍心理学》、《西藏葬俗考》、《"两昆仑"考》、《行李考》、《假如我是女人》、《爱情的刽子手》、《红玫瑰》、《无为先生传》、《中国小姐论》、《一封神气的情书》、《论赤子之心》等等——这几乎是《传统下的独白》一书的雏形了。

文稿投出去之后，有退稿也有发表。其中《充员官》、《独身者的自白》、《爱情的刽子手》、《中国小姐论》等文章，分别发表于《中华日报》、《联合报》、《人世间》等杂志。当时他的朋友刘凤翰在《幼狮学报》发表文章，稿费甚优，并说可以介绍他去投稿，但由于这是蒋经国"救国团"的杂志，李敖讨厌"救国团"，一口拒绝了。

上述几篇文章，内容涉及广泛，有的写比较严肃的话题，比如《充员官》，写的是军中难忘的战友情谊；再如《"两昆仑"考》、《西藏葬俗考》、《行李考》（改中学旧作）则属考证性的学术研究文章；而

1961年写作《老年人和棒子》一文时的李敖

《独身者的自白》、《爱情的刽子手》、《中国小姐论》，则表达了李敖的情爱思想，一方面带有反传统的因素，另一方面带有玩世的性质。

也正是这后一组谈情论美的文字，使李敖赢得了大批读者。其中有许多内容实在是一种玩世之作，像《中国小姐论》、《由一丝不挂说起》等文，文采盖过了思想。与其说人们喜欢他的观点，勿宁说更喜爱他引经据典、左右逢源、幽默诙谐的表述，因为喜欢他的表述，转而也接受了他的观点，或默许他的观点的存在。难怪后来大学问家徐复观与他打官司时赞赏他，说他没搞国学研究真是可惜，“如果你来宣传中国文化，你宣传的成绩，一定比我们都好”。

在“四席小屋”，李敖还有一个更重要的动作，即他已经开始了《老年人与棒子》这篇著名长文的构思与写作。

这是他写作的一个黄金时期，创造的灵感如泉涌一般，越写思路越活跃。他不由从内心发出感叹：“要做的题目太多了。”过去的积累与苦思正在结出一个又一个殷实的果子。

此时的李敖，在胸怀与志向方面，可以用心无旁骛、志向远大来形容。他说自己有六大法宝：

（一）眼光——多得是，算得了什么？

（二）心胸——笑哈哈地，豪迈气概！

（三）远景——勇敢的梦想，瑰丽的梦想。

（四）刚毅——强悍，意气不少衰。

（五）勇气——虽困难重重，吾往矣。

（六）活力——精神十足，生龙活虎，生机勃勃。[①]

历史学家姚从吾对李敖寄以厚望，不愿看到他现在花时费力沉迷于写作之中，两人之间难免产生一些小小的不愉快。一天，李敖把自己发表的文章拿给姚先生看，姚大为不快，对李敖说："做助理不可以在外发文章，一句话，要发文章大家就算了！"李敖听了甚为不快，当即反击他说："那我只有请求辞去这个职务了！"姚先生见李敖坚持己意，语气也减缓了，他无可奈何地说："你想写就写吧，但是不要告诉我！"

此时，女作家林海音因小说《城南旧事》正走红文坛，她对李敖的文章十分欣赏，一次，在与李敖的朋友谈话时说："台湾写文章最好，且最易招忌故而不得登出者有二人，一为东方望，一为李敖。有的即使登出来了，也常遭人非议。"[②]

也许，姚从吾担心的正是这一点。

又有一天，姚从吾怒气冲冲地对李敖说："你为什么在'小报'上发牢骚？胡先生（胡适）在医院里看到了，他问我李敖年纪轻轻的，发什么牢骚，整天挖苦女人，不好好搞历史，为什么？"李敖看着姚老先生那激动不已的面孔，无声地笑了。他在给林海音的信中说：

> 他（姚从吾）颇有干涉我写文章的企图，认为我既是"专任"的国家助理，就不该分心写小文章，认为我不该跟"那些文人"（您可以想像他说这四个字时所发的鼻音）来往。最后他发现我没有悔改的意思，很不高兴，我现在也萌求去之心，这可说是联合副刊的"外一章"罢？[③]

---

① 李敖：《四席小屋日记》，1961年5月3日，《李敖大全集》第23册，第907-908页。
② 李敖：《四席小屋日记》，1961年5月22日，《李敖大全集》第23册，第919-920页。
③ 李敖：《四席小屋日记》，1961年4月21日，《李敖大全集》第23册，第902页。

他想走人，姚从吾岂肯放行？他已把李敖看作是自己人了。当初李敖来姚从吾研究室上班，研究室的钥匙，本来只有姚从吾一个人有，后来竟配了钥匙给李敖。而从1934年起就在北大做姚从吾的学生的札奇斯钦，虽然也在研究室工作，但从没有拿到过这把钥匙。后来罗家伦曾想邀李敖去国史馆工作，姚从吾又当即回绝；姚知道自己的老师胡适有揽用李敖之意，故连李敖从军时给胡适写信，他都不乐意。只怕这棵苗子被人挖走。他的目的就是让李敖赶快考历史研究所，正儿八经地做他的弟子。他都快70岁了，他渴望自己有一个出类拔萃的弟子，因此，李敖考研，他比李敖还着急。

"四席小屋"解决了李敖独处的问题，但由于它地处要津，每天客人不断，加上周围全是民房，环境又吵，老太婆、少奶奶、小孩子一大堆，晚上天花板上老鼠来去奔驰，这对"心事"重重的李敖来说，简直是"不堪其扰"。他决定搬家。

1961年6月15日，他装满一卡车的书，搬到了租来的新家——新店镇狮头路17号。

这里已是台北市的郊外，进入台北县的地界。租来的房子建在半山坡上，是二层青石小楼的顶层，钢筋水泥结构。它位于小镇的制高点上，在它的下面是一条陋巷和一家菜市场，远方新店溪碧绿如玉，蜿蜒如带。溪水的西岸便是美丽的碧潭公园，一潭碧水似一颗明珠镶嵌在破旧的小镇当中。在潭水上空，横卧着一座200米长的铁吊桥，从桥上可以欣赏碧潭全景。这是一个顺着山的走势曲曲折折形成的天然湖泊。从桥上望去，就像一条巨大的长龙，盘绕在山壁。碧潭水清浪静，可以划船，可以漫步，环境非常幽雅。

李敖住在土楼顶上一间六平方米的小房间里，背山面水，每月房租200元。尽管屋舍简陋，冬冷夏热，但他认为在这里可以在水上泛舟，还可看廉价电影，可谓极得孤寂之乐。他想到法国英雄戴高乐在隐居时代，住在巴黎郊外一幢房子里，养他的浩然之气，而自己能在"江水皆东我独西”的情况下安身立命，独与天地精神往来，真可谓好有一比了。他觉得古往今来，大人物的进与退、出山与归隐，都是很洒脱的，也都是有因果关系的，只有有了在隐退时那种隆中高卧的素养，才可能有风云际会时的“公不出山，奈苍生何”。因此，他的心情平静而苍茫。他在日记中写道：

> 夜凉似水，几净灯明，小室独处，抽烟品茗。一念不起，心定神凝，静中读书，悠悠忘情！①

他为小屋定名为“碧潭山楼”。

两月之后，1961 年 8 月 18 日，李敖以优异的成绩考上了台湾大学历史研究所，师从姚从吾读研究生。在口试时，文学院院长沈刚伯坐中间，周围的考官们大都是李敖昔日的老师，一见面，都对他笑，而不问问题，他们对这位早已小有名气的学生已无题可问，最后“主考官”沈刚伯说：“做了研究生后，你还要穿长袍吗？”李敖也嬉笑着说：“还要穿！”考场一片笑声。

李敖在新店住了九个半月，一直到第二年的 3 月 29 日，才搬往市区。

新店的乡居是李敖 27 年来最淡泊、最宁静的日子。这段和自然接近的生活给了李敖深刻思考的机会。他息交绝游，在青山里，在绿水边，在吊桥上，他思考自己的过去、未来，细想自己应该走上什么样的人生道路，怎样去走好这一条道路。他不愿从事姚从吾那样的“白首下书帷”的事业，他认为自己还年轻，应该冲冲看。1961 年 4 月 1 日，政治大学教授王洪钧在《自由青年》发表了《如何使青年人接上第一棒》一文，文章对台湾各个领域的老年专权现象进行了揭示和剖

① 李敖：《李敖回忆录》，第 127 页。

析，其中写道："试看，如果有个位置给他们站，至少还代表一种希望。若连个立足点都没有，让他们奋发上进，上进到哪里去？难怪大量青年日夜只想到美国。……今日最重要的问题，便是青年们与时代脱了节，与责任脱了节。漫说他们接不上这一棒，甚至不想接上这一棒，就是接上这一棒，恐怕也不能跑完这一棒。"结果是："青年人的进步固有赖成年人的启发，青年人的发展也有待成年人的提拔。……试问跑棒的人既不想快跑，又不愿交棒，光训练出大批赛跑选手，远远地蹵在后面，这块金牌怎能到手呢？"这篇文章被政治大学外交系主任李其泰看到，乃剪下寄给自己的老师姚从吾，姚从吾拿出来给李敖看，这一看不得了，李敖的心情再也难以平静下来。积郁之中，他写下了言辞激烈饱含义愤的万字长文《老年人和棒子》，投给了《文星》杂志。

这篇文章的主要内容是：老年人的工作是承先启后、继往开来的工作，但从大陆来台湾的老一代人却令人失望。他们思想保守、无所作为，把持着权力与利益，不肯松手，显然已经跟不上新时代的步伐。而刚刚成长起来的新一代人，又没有足够的发展机会与空间，新老两代人之间，缺乏沟通和共识，已经形成尖锐的代际冲突。在这种局面下，老年人应该主动交棒和让贤，为后来者做好铺路的工作。在文章中，李敖运用激烈的语言对当权的要人提出挑战："你们老了，打过这场仗，赢过，输过，又丢下这场仗。""当我们在奔跑，你们对世界的恐惧，不能把我们吓倒。""大老爷别来绊脚，把路让开！"文章中说：

如何使老年人交出这一棒。站在一个青年人的立场，我所关心的是：第一、从感觉上面说，老年人肯不肯交出这一棒？第二、从技巧上面说，老年人会不会交出这一棒？第三、从棒本身来说，老年人交出来的是一根什么棒？我担心的是，老年人不但不肯把棒交出来，反倒可能在青年人头上打一棒！

文章结尾，作者还意犹未尽地写道：

病情是指出来了，可是没有药方，答案不是没有，而是不需要一个越俎代庖的青年人来提供。至少就我个人而言，我不觉得我有资格去做评议员。对那些老不成器老不晓事的老爷们，我不愿再说什么，对那些老着脸皮老调重弹的老奸巨猾们，我也不愿再说什么，只是对那些以老当益壮自许、以老骥伏枥自命的老先生们，我忍不住要告诉你们说：我们不会抢你们的棒子，我们不要鸣鼓而攻我们的圣人的棒子，我们不稀罕里面已经腐朽外面涂层新漆的棒子。我们早已伸出了双手，通过沉闷的空气，眼巴巴地等待你们递给我们一根真正崭新的棒子。

由于文章道出了一代年轻人欲说而不敢说或没机会说的心声，表达了他们对闭塞、保守、沉闷的社会的怀疑，其直接效果是触动了以蒋介石为首的“老年政治”的神经，同时也激发了青年人的躁动和老年保守者的愤慨。文章发表后，在台湾的《文坛》、《新闻天地》、《自由青年》、《民主评论》、《自立晚报》等大型报刊上，不断有文章讨论到跟这篇文章有关的问题。李敖在文章中揭示的“不良老年”的现象，触怒了、开罪了许多当时的“老人”，其中包括了文化界的、学术界的或是官场里还未下马的“老前辈”，他们称李敖为“文化太保”、“大逆不道”，并在报刊上给予联合反击。某大学文学院院长气急败坏地说：“李敖骂我们不交棒子；其实李敖有什么东西？我们要交，也不会给李敖！”李敖听到别人转述的这句话后，大笑起来，他说：“交棒子的意思是上辈退位，这一代抬头，岂是狭义的给我李敖一杯羹？

我李敖也许如他所说一无所有，如果有，那我惟一的东西就是证明他们的东西不是东西。”

可以看到，这篇语气中充满着讥讽和蔑视的战斗檄文，拨开了两代人之间沟壑之上的浮雾，将一系列社会问题托出了水面。林惺岳先生在《台湾美术风云四十年》中评价说，它让“代沟间冲突的暗流，激荡出醒目的浪花。……这篇充满挑战性的文字，乃是台湾有史以来，文化论战大风暴即将来临的前奏”。①

文章发表后，自然触怒了、开罪了许多当时的“老人”，其中包括文化界的、学术界的或是官场里的，他们称李敖为“文化太保”、“大逆不道”，成为《文星》杂志一连串笔战的导火索。这是后话。

李敖在新店的生活，接近了大自然，睡上了木板床（在“四席小屋”时睡的是行军床），考上了研究所，许多曾令他苦恼的问题都解决了，但有一个问题依然困扰着他：那就是贫困。他做助理时，由于一些规章不尽合理，薪水总是往后拖，李敖要花钱、还钱，不堪其拖，也不向姚老师借钱了，索性直接写信给老师的老师胡适（胡适为中央研究院院长，主管此事）。他在10月6日给胡适信中写道：

> 我们做助理的人与研究讲座教授和领甲乙种补助的先生们不同，他们有教授、讲师的本薪，补助的钱对他们是“安定费”，是本薪以外的“补”与“助”，可是我们“助理级”的就不同了，早几天或晚几天发薪对我们所生的影响是不能跟他们比的，每月唯一的1000元，它是我们的本薪，它迟迟不发，对“专任”两个字是一种讽刺，并且使我个人不好意思再向姚先生借钱，使我三条裤子进了当铺，最后还不得不向您唠叨诉苦，这是制度的漏洞还是人谋的不臧我不清

① 见安兴本：《冲突的台湾》，华文出版社2001年版，第153页。

楚，说句自私的话，我只不过是不希望“三无主义”在我头顶上发生而已。[①]

胡适收信后，在次日就将限时信寄到李敖的新店山居，他写道：

李敖先生：

自从收到你7月4日的长信和那一大盒卡片之后，我总想写信请你来南港玩玩，看看我的一些稿件，从吾先生说：“等他考过研究所再找他吧。”后来我见报上你考取了研究所的消息，那时我又忙起来了，至今还没有约你来玩。

过了“双十节”，你来玩玩，好不好？

现在送上1000元的支票一张，是给你“典当”救急的，你千万不要推辞，正如同你送我许多不易得来的书，我从来不推辞一样。

你的信我已经转给科学会的执行秘书徐公起先生了。他说，他一定设法补救。祝你好。

胡适

1961年10月7日夜

这张支票可以在台北馆前街土地银行支取。[②]

收到钱后，李敖非常高兴，也很感动，他认为胡适对他的赏识，完全是基于他的治学成绩，是胡适看出了他的潜力。他并没有向胡适借钱的意思，但胡适却主动帮助了他，他决定不把这1000元作为赠款，只作为贷款，过一阵子后，再还给他。

① 李敖：《李敖回忆录》，第133页。
② 李敖：《李敖回忆录》，第133页。

狂叛、独行的李敖对年长自己40余岁的胡适心仪不已，是胡适自由、开阔的文化胸襟感染了他

三天以后，李敖回信胡适，表示他的感谢。在信中他讲述了自己的一些身世，其中包括他与严侨的关系，和在严侨被捕、死去后，他如何受到胡适自由主义的影响，因而在思想上得到新的境界，等等。信写得很长，有5000多字，也写得很动人。

据说胡适收到信后，深受感动，许多朋友来看他，他都拿出来给大家看。但李敖做梦也没想到，正是由于胡适让别人看了这封信，后来生出许多事端。

二、严侨没有死

1961年10月28日，胡适在台湾南港寓所中接待了前来看望他的叶明勋、华严夫妇。在谈话中间，自然谈到华严的哥哥严侨。胡适又把李敖给他的那封长信拿出来让他们看，于是，他们告诉胡适一个惊人的消息——严侨已死只是误传。他不但活着，而且已经出狱了！

胡适一阵惊喜，他想，李敖要是知道了这一消息一定高兴。

第二天，他亲笔给李敖写去一信：

李敖先生：

有个好消息报告你。

严停云女士（《智慧的灯》的作者）和她丈夫叶明勋先生昨天来看我。他们说：严侨已恢复自由了，现在台北私立育英中学教书。他喝酒太多，身体颇受影响。

我盼望这个消息可以给你一点安慰。

胡　适

1961 年 10 月 29 日夜[1]

为了避免国民党邮政检查，避免给李敖带来麻烦，胡适特请姚从吾转交李敖。

严侨还活着！

11 月 1 日，李敖看到了胡适转来的信，感到喜从天降。他仿佛看到才华横溢的严老师正在向他走来。当天下午，他从华严处打听到严侨住址，便立即去看望这位曾令自己黯然神伤的中学老师。

严侨住在新生北路一幢破旧的日式平房里，七年未见，他已明显衰老了。他的前额布满了皱纹，头上白发苍苍，口中依然散发着酒气，李敖已看不到一个 42 岁的壮年所应有的面貌了。李敖刚进玄关，严侨便喊着他的名字抱住了他，激动得流出了眼泪。谈到自己在火烧岛的牢狱生活，他讳莫如深，只是连连摇头，痛苦地说：“不好受！不好受！你千万不能到那儿去！”

李敖看望严侨的这一天，他的长文《老年人和棒子》在《文星》杂

① 李敖：《李敖回忆录》，第 135 页。

志第49期已经发表，他顺便带了一本去，严侨坐在破旧的藤椅上，仔细地看着自己学生的作品，并核对了几段译文，连声夸奖："翻译得好！翻译得好！"最后，他放下书，严肃地对李敖说："我真的不要你这样写下去，这样写下去，你早晚要去那个地方！"

在严侨的身边，三个孩子都已是小学生了，两个在孤儿院长大，一个是寄养的，孤儿院长大的那两个亦是"谈院色变"。李敖不由悲上心头，他从兜里掏了半天，凑足100元钱，递给孩子。这时，严侨嘴里冒出鲁迅的两句诗："横眉冷对千夫指，俯首甘为孺子牛。"他说，"如果七年来我有什么转变，那就是我放弃这两句诗的头一句了，在'孺子'面前，我要'俯首'了！"听了老师的话，联想起七年前这位共产党员的狂飚精神，李敖感到更加悲凉。他从老师的身上感受到了残酷环境的影响。

出于对老师健康和生活的关心，李敖常去看望严侨，并给他提供机会翻译作品，以换取稿酬。但要资助生计无着的严侨一家，李敖的确力所不及。尤其是严侨的酗酒，已使他多次住院，丧失了正常的生活，和维持正常生活所应有的规律、敬业和斗志。终于有一天，在医院里，当着华严的面，李敖向严侨摊牌："老师，我要仗着你我多年的师生之情，逼你做一次选择了，这次出院后，除非你决心戒酒，我不会再来看你了。如果你觉得这几口黄汤比你学生对你的期许还重要，你就喝下去；否则的话，你就该振作起来，不要使我失望，不要辜负你的生命与才华。你这样做，是帮助你的敌人打倒你自己，我再也看不下去了。"

李敖说这番话，本来意在逼他戒酒，但事后听说他依然如故，李敖就断然停止了探望，加上后来给胡适信被公布事件，他劝严侨戒酒的那一次，竟成了他们的最后一面。

当14年后，李敖坐在牢房里翻阅旧报纸时，一条讣告赫然在目："显考严公彦国讳侨恸于中华民国六十三年七月卅一日下午十二时病逝台北市崇仁医院享年五十五岁……”此时，李敖知道：严侨真的死了！

李敖最难忘严侨坐在破藤椅上读《老年人和棒子》时的那副欣赏的神态，当然也忘不了他对自己说的“早晚要进去”的话。他忘不了老师的忠告，但他此时的思想境界已大大超过了严侨。生死于他，早已被置之度外。

严侨的话并非没有道理，《老年人和棒子》在他的人生道路上的确是极其重要的一笔，也是他激起社会波澜的第一朵浪花。该文发表后，李敖从此把自己投入到湍急的社会浪涛里去了。

三、兼职“开国文献会”

李敖在研究所读书的日子紧张而艰苦，尤其是经济危机给他带来的困窘，使他不堪重负。

1961 年 12 月 13 日，李敖在碧潭山楼的小屋里，给姚从吾先生写了一封长信。在信中，他再一次谈及自己的经济困境，并表露了求去之心。姚从吾收信后，不但写信安慰李敖，而且“提出 1000 元，送供需用”，并且一天写了三封信给正在服役的李敖的同学萧启庆，要萧说服李敖耐心等待，他正在想办法。

姚从吾为李敖的工作问题犯了愁。他找到了曾任国民党要职的学人陶希圣。

陶希圣（1899–1988），字汇曾，湖北黄冈人，北大毕业，曾参加五四运动，1927 年后，任中央军事政治学校武汉分校政治教官、中央陆军学校政治总教官、中央大学和复旦大学教授、《新生命》月刊主编等职。1938 年，任湖北省政府委员兼教育厅长。后任汪伪宣传部部长。1942 年任《中央日报》总主笔，后由陈布雷推荐，任蒋介石侍从秘书、侍从室第五组少将组长、中宣部副部长，以为蒋介石起草《中国之命运》而出名。1949 年赴台后，历任国民党中央常委、中央改造委员会第四组主任、《中央日报》董事长兼副社长、中央宣传工作指导委员会主任等职。

此时的陶希圣正担任"中华民国开国五十年文献编纂委员会"的主任委员，罗家伦为副主任委员。

由于陶希圣主持"文献会"工作，姚从吾与他素有交情，加上他的儿子曾给姚做过助理，后留学美国，姚认为陶希圣欠他的人情，就想介绍李敖到"开国文献会"工作，暂时糊口。他把这意思告诉了弟子吴相湘，吴极为赞成。因为他一直想拉李敖搞近代现代史，由于姚从吾是他的老师，挡在中间让李敖搞中古史，他就一直不便多说。这回姚老师有了话，他自然乐为奔走。他跑去找陶希圣，陶立刻表示欢迎李敖去。

当姚、吴二老师兴高采烈地把这一消息告诉李敖时，李敖却不大积极。在他眼中，陶希圣小眼方脸，面目颇似京戏里的曹操，城府极深。最重要的是，"陶希圣是汉奸，又是国民党中的红人，我不愿与他接近"。吴相湘说："'文献会'又不是陶希圣一个人的，罗家伦也是主持人之一，并且你去只是帮忙编民国开国时史料，是以整理辛亥史为主，可以发扬先烈的幽光潜德，跟陶希圣的身份有什么相干？国民党史料不开放，你去可以趁机看到一些史料，'不人虎穴，焉得虎子'，你还

1932 年，陶希圣在北京

是去吧！”姚从吾也在一边说：“不妨暂时去，我与胡先生（胡适）也谈过，胡先生说不妨去。”在两位老师的劝说下，李敖只好让了步：“既然如此，我就暂时去混碗饭吧！”

就这样，1962年1月29日，旧年将至，姚从吾老师给李敖送来1000元，以解燃眉之急。两天后，又转来陶希圣“拟请李敖同学参加‘中华民国开国五十年’文献编辑事务工作按月津贴新台币1000元”的信，姚从吾、吴相湘二老师又分别给他一信，嘱咐他“从此安心工作”，因为这一职务，“得来亦不易也”。

1962年2月1日，李敖在杭州南路的“文献会”见到陶希圣，也就是在这一天，《文星》杂志第52期发表了他的长篇评论——《给谈中西文化的人看看病》。这篇文章里已点名攻击到陶希圣。在这篇文章发表前一个月，李敖在《文星》第51期发表《播种者胡适》，已先引起各界的重视，这种重视，是《老年人和棒子》的一贯延续。看到他的文章，他的老师替他捏着一把汗。姚从吾信中嘱咐他“若过于放肆，不但树敌太多，亦恐于工作有妨”；吴相湘也在信中嘱咐他“切忌多言”，他们劝他要潜心学问，安心走做学问的路，不要乱写文章。他们认为，现在让李敖在陶希圣那儿，只是暂时寄存在那儿，是为了糊口，李敖还是他们的学生，是他们的人。

李敖到“文献会”后，陶希圣备极礼遇。陶刚搬新居，旧宅留做“文献会”工作人员宿舍，陶指定李敖住他的卧室那一间，但李敖一直没去住。他见李敖不去住，便在“文献会”楼上隔出三间房，给李敖一间。因为这一间与办公厅在一起，比较单纯，李敖就从新店迁回台北，住进“文献会”。罗家伦、陶希圣上楼来看李敖，李敖日记上有记录：“上午罗家伦、陶希圣来参观卧房，罗进即复出，陶见裸女不敢进，笑死人，陶哼了一声，罗哈了一声，真是哼哈二将。”

罗家伦，1898年生，1917年进北京大学国文学系，是胡适的学生，与傅斯年等办《新潮》月刊，在当时的影响仅次于《新青年》。五四运动中，为学生代表之一。后到美国留学，又到英国、德国，主攻哲学、史学。回国后历任清华大学、中央大学等校校长。1947年任驻印度大使。到台湾后，先后任“考试院”副院长、“国史馆”馆长等职。

在李敖眼中，罗家伦过去是一名优秀的自由主义知识分子，但现在整天做官、办党、写毛笔字，早已没有当年五四的影子了。罗家伦长相丑陋，被外人戏称“一身猪熊狗”，说话时声带总是发出沙沙的响声，好像公火鸭似的。李敖与罗曾长谈过一次，罗大夸李敖文章“sharp”（犀利），说到“sharp”一词时，因有“sh”的音，更是沙沙作响。李敖心里暗笑：你也可以sharp啊！后来，李敖写《胡适评传》时，向罗家伦主持的国民党党史会借《竞业旬报》，罗畏首畏尾地叮嘱李敖切不可透露材料来源，看到面前这位五四风云人物变得如此胆小怕事，李敖对他更加失望。

李敖在“开国文献会”的工作并不多，上班时间打乒乓球，中午、晚上七八人围成一桌开饭，开开玩笑。陶希圣也常来找李敖聊天，话中有话，想拉李敖入国民党，李敖要混饭吃，除了哼哼哈哈装糊涂，别无好法子。

但陶希圣的说服工作并未停止，李敖在7月11日有日记如下：“下午高秘书以中山奖学会选送公费留学理由，拉我入党。我谢绝。”8月28日有日记如下：“上午高荫祖言警总欲整我，但他说陶先生支持我。”高荫祖透露这些也是要他入党，说“入党才一切方便”。李敖依然不为所动。

另外，自进“文献会”后，李敖也并没有听从姚从吾“停写辩难文章”的劝告，他给《文星》写文章，一直不断。《文星》53期（1962年3月1日）上发表有《胡适先生走进了地狱》、《为〈播种者胡适〉翻旧账》；54期（4月1日）发表了《我要继续给人看看病》等十多篇文章。一场文化论战已经硝烟弥漫，李敖笔锋所指，“风光与风波不断”。

在李敖与胡秋原的论争中，传出了胡秋原要以“违犯三民主义及总裁训词”罪控告李敖的消息。陶希圣找到李敖，表示可以帮忙找律师，尽管打官司，“文献会”全力支持，绝无问题。对陶希圣的仗义，李敖是存有戒心的，他说：

> 表面看来，陶希圣对我实在够意思。但是骨子里，却大有文章。原来陶希圣是要趁机拉我入国民党！……10月4日我被胡秋原告了后，陶希圣、高荫祖重申前意，明确地说还是入党才好办事，入党变成了“自己人”，那时候他胡秋原是党员，你李敖也是党员，党员对党员，支持李敖，也名正言顺。警总方面想整你，也可以讲得上话。对这一好意，我都谢绝了。这时我早已搬离了“文献会”（5月19日搬到安东街231号三楼，是萧孟能和我分租的公寓），我感到离开“文献会”的时机，好像愈来愈近了。①

1962年暑假后，李敖入研究所二年级。此时，他在《文星》杂志兴风作浪的局面已经无孔不入。后连台大的黑暗都在“扒粪”之列。校长钱思亮、文学院长沈刚伯以下，无一幸免。钱思亮对李敖噤若寒蝉，无奈中偷偷跑到“教育部”，向“部长”黄季陆诉苦，问怎么办，黄亦叹息无计可施。

由于和台大关系恶化，李敖不愿再读下去了，遂于1963年3月19日休学。

此时，由于李敖在文章中抖出胡秋原参与“闽变”的历史，恼羞成怒，疑为陶希圣在背后作梗，于是联络湖北籍的“立法委员”钱纳水、

① 李敖：《李敖回忆录》，第151页。

郎维汉等人向陶施压，并向党部陈说。陶希圣看到目标转移到自己头上，“大有野火烧不尽的情势”，[①] 于是决定解除李敖在“文献会“的职务。5月3日，陶希圣去日本，留信一封给高荫祖，说“文献会”以用研究生为宜，李敖不告诉他就休学，他决定以留职发薪方式，请李敖暂时别来上班了。李敖看透了陶希圣的用意，薪水也不要了。在李敖要走时，高荫祖再度向他提出入党建议，并且说胡秋原、任卓宣他们反对你，并不是国民党反对你，国民党欢迎你合作。李敖再次拒绝。并发誓：“此度见花枝，白头誓不归。”

陶希圣从日本回来后，5月22日，给李敖送来从日本带回的领带一条、袜子一双，并送给李敖一笔钱，李敖收下领带、袜子，把钱退回去了。

在他前进的视野中，那个控制一切、不可一世的政党在他眼里，早已变得色厉内荏、鄙俗不堪。

四、情系花莲

那是在1961年的春节期间，李敖住碧潭山楼的时候，由于要到“文献会”上班，他常坐“中央研究院”的班车。这天是正月初十，车上的人并不多。李敖正低头看书，忽然听到有人叫他：“你是李敖吧？”他抬头一看，一位少女清秀可人的面孔正对着自己，那明眉皓齿和善良的微笑使他感到一种莫名的温馨。交谈中才知道，她是自己的大学同学王尚义的妹妹王尚勤。在台大时，李敖曾经到过他们家。当时她正上中学，如今已是台湾大学农经系四年级的学生了。

王尚勤中等身材，长得清纯美丽，温柔善良，正是李敖所喜爱的女

① 陶恒生整理：《萧孟能2001年未刊谈话录》，见范泓：《与李敖打官司》，江苏文艺出版社2005年版，第264页。

性类型。自从公交车上的第一眼李敖便认定，她是一位文学素养很高且最有女人味儿的小女人。

一个月明星稀的晚上，李敖和王尚勤第一次约会。在月色朦胧的碧潭，他们手牵着手，漫步在湖边的山坡上。李敖又一次陷入热恋之中。

在王尚勤心目中，李敖才华横溢，特立独行，充满了对传统的反叛意识。如今，这个人就走在自己身边，他会把自己带入一个崭新的世界吗？抑或步入歧途？自己将属于上帝，还是属于魔鬼？她不得而知。她听到的是李敖一段干脆有力的话："我希望能影响你，影响你对人生的看法。过去你接触的男孩子，只会带你游山玩水，看一场电影，听一场音乐会。我要使你看到人生更深、更远的一面，譬如人的价值观念，罗素的思想……"她感到，李敖像一股洪流奔腾在自己生活的海洋里，她无法抵挡，只有任其泛滥。

1962年的秋天到了，王尚勤走出了台湾大学，被分配到台湾最东部的花莲市任教。

花莲位于中央山脉东麓，东临太平洋，是一个美丽而又宁静的海港城市。发源于中央山脉的美仑溪呈S型穿过市区，把小城装点得旖旎多姿。在这里，王尚勤先任教于农校，后调入地处市郊的海星女中，开始了她短暂

李敖的情人王尚勤，李文的生母

的教书生涯。

在王尚勤任教花莲期间，李敖的情感为之所系，两人以笔传情，书信不断。半年中，李敖写给王尚勤的情书达64封之多。在情书中，李敖充分发挥他的语言天才，极尽“花言巧语”之能事，写得激情洋溢，既灵且肉，使王尚勤不能不为之心动。且看其中之一：

亲爱的G贝贝：

在真的太平洋畔，想不想台北的太平洋旅馆？

你是哪儿学的？你好会写情书呀！看你写的：

“我唯一想的是你，关心的是你。”

这种多情该多可爱呀，哎呀，宝宝当没有起呀！

你嘱咐我别不告诉你就来花莲，理由是“学校管理甚严”，我怎么能相信呀？我有时候会想：“她怕我不告而来，当场拿获”吧？你一定要老实呀！

……

你真好意思！你在农职惊鸿一瞥，第二天就搬走了，你把他们的胃口都提起来，然后就坐十元一次的计程车跑掉，你怎么这么寻人开心呵！我猜你走的时候，“他们”一定每人坐了一辆计程车追你——像“萧何月下追韩信”那样追法，结果花莲市计程汽车生意暴涨，表现了空前未有的繁荣局面，“农业”增产，“经济”景气，此皆“农业经济系”出身的小贝贝之功也！

昨晚写到这里，赶回来应付台风来临，心里一直为你捏一把汗，越想你越不乖——你跑到花莲那可怕的地方干什么？前两天伊朗地震，死了2万多人，花莲地方又有台风，又多地震，还会着火，计程车又贵，香蕉又供不应求……越想缺点越多。

昨天一晚我这儿总算房顶没塌下来，漏得很多，幸亏昨晚有先见之明，把窗户用防水甘蔗板钉起，否则更不堪想像。你那儿怎样？你的“现代化建筑”！

今早醒来，天凉而阴沉，外面风声凄厉，越发想到跟你温存的情景，触物思情，为之“心酸酸”不止。（“心酸酸”是个台语片的片名，这是我第二次告诉你的台语片名，第一次是“无你我会死”，你还记得吗？）

因为整日不能外出，吃得真窝囊，到现在（夜11时）胃还不好受。

没电，没报纸，一点也没有关于花莲的消息。真倒霉！想不到这辈子为这么一个鬼地方担心受罪——都是你害的，要不是你住在那儿，我真诅咒它干脆被台风吹到海里去算了！每次台风都是它招惹的，台风最对它感兴趣，老是从它那儿登陆。

1962.9.5.夜深①

一封封充满柔情蜜意的情书从台北飞向花莲，飞向王尚勤手中。有时李敖每日一封，连续数日不断，就像电视里的连续剧一般，对恋人进行情感轰炸。在炽热的情爱力量感召下，1963年3月，王尚勤离开花莲，回到李敖的身边。

作为李敖的朋友，王尚义并不赞成妹妹与李敖交往，并劝妹妹不要陷得太深。他在自己的小说《野百合花》中形容李敖是“享乐主义者”、“不羁的才子”、“有钱时挥金如土，穷起来可以饿肚子”，说李敖“感情上受过创痛，这创痛使他否定爱情、否定女人的灵性”，“有勇气，但缺乏责任”，等等。但在王尚勤心中。李敖是“那股可爱的暴

① 李敖：《李敖情书集》，中国友谊出版公司1993年版，第38–39页。

风”，他“细致、柔和的爱情里，让人迷惑、让人捉摸不定”。她忘不了那次两人之间关于婚姻的对话：

“小妹，你知道我对婚姻的看法。这种形式上的东西，早该打倒，因为它本身就是一种虚伪！”

“可是我们活在虚伪的世界上呀！”

“你还不够坚强，还需要为你的信仰坚持下去。你还脱不了俗套，这一点使我相当失望。我当然不会勉强你。但我要提醒你一点，你还需要成长，在成长的过程中，你会体验我的话，那时也许我们早已分手了。”

……

就在两人热恋期间，王尚义因肝癌住院，不久离开人世。这对王尚勤一家无疑是个沉重的打击。李敖此时已离开研究所，两人的生活出现波折。

1963年9月1日，李敖的第一本专著《传统下的独白》出版。他在文坛的声誉亦愈来愈高。此时，王尚勤想到了哥哥的临终遗嘱。

王尚义虽然学医，但极具文学才华，曾经写过许多文章和文学作品。病危时，他希望自己的朋友们能帮他将这些遗著整理出版。朋友们经过一番努力后进展依然不大，最后事情又推给了王尚勤。王尚勤想请李敖帮忙。李敖并不欣赏王尚义的文章，但念在王尚勤的情份上，利用自己的关系，为王尚义出版了第一本遗著。

这时，王尚义感情线上的朋友又找到王尚勤，请尚勤出面催李敖设法出版尚义的另一本集子《狂流》。关于《狂流》一稿，王尚义在世时李敖就看过，也为出版之事帮他奔走过，但由于质量问题都未办成。现在王尚勤又旧事重提，李敖觉得暂时不出为好。尚勤见李敖如此消极，一气之下自己拿去让一家小印刷厂排印，结果校样效果很差。李敖见尚勤如此执着，只好将稿子转到自由太平洋文化公司印刷出版。（王尚义的《野鸽子的黄昏》、《野百合花》、《深谷足音》后由水牛出

版社出版)

在为王尚义出书一事上，因观点不一致，李敖与王尚勤之间有过一系列不愉快的经历，两人的情感生活也因此受到影响，加上李敖此时的文章已受到官方注意，处境十分不妙。王尚勤想马上结婚的想法难成现实，遂产生出国留学的念头，并希望李敖能同去，但李敖却不大情愿，他不愿离开《文星》这块战斗的阵地，两人因此十分苦恼。

1963年，写《传统下的独白》时的李敖

这是1963年的一个秋天的下午，李敖与王尚勤漫步于阳明山的小道上。金色的夕阳洒在山树之间，柔和而迷人。他们坐在巨大的石头上，眺望台北市景，圆形或方形的建筑、稻田里的农家、高楼大厦的商店都历历在目。尚勤忽然问李敖："你觉得我们会永远在一起，会永远这样快乐吗?"

李敖仍然注视着远方，声音相当平和："小妹，跟我相处这么久，你应该了解我对爱情的看法。我只相信眼前的，抓得住的——就像此时此地，一切都是美的。"

"但是，我可以给你永恒的、不变的感情，真的!"

"我很感谢你，但我这个人老早对爱情死了心。在认识你以前，我也曾经爱过一个女孩子，她也对我说过刚才你说过的话，但一年后，她离开了我。从那次，我发誓，绝不再对任何人产生爱情—— 一直到认识你……"

王尚勤似乎有一种不祥的预感：他们之间该不会也重蹈那段过去的悲剧？

她不能这样一天天耗下去，她开始思考自己的“退路”。

1964年1月8日，王尚勤登上了赴美的班机。

在送她赴松山机场的亲友中，李敖孤独地站在远处，什么表情也没有。望着那飞机腾空而去、从远空消失，他外表沉静，内心却痛苦不堪。他深感自己的无能与无奈。

离别之后，李敖与王尚勤依然保持着书信往来。由于现实处境暗淡，他甚至产生过离台与王尚勤团聚的念头。就在此时，大洋彼岸的王尚勤发现自己已怀身孕，马上打电话告知李敖，李敖建议堕胎。王尚勤思虑再三，决定还是生下这个孩子。不为别的，就为她是自己和李敖爱情的结晶。她把自己的决定告诉了李敖，李敖说“这样也好”，并说自己明年可能有机会离台，那时孩子也该出世了，他们也许能在海外会合。

听了李敖的话，王尚勤自然十分高兴。她幻想着有一天，自己抱着一个婴儿，长得和李敖一模一样。她和李敖手牵着手，在音乐声中双双步入神圣的教堂。

1964年9月22日，王尚勤在美国纽约生下一女，取名李文。

此时的李敖处境并不美妙。在女儿出生后的第三天，他怀着愧疚而又怨愤的心情给王尚勤写信：

> 也许人世的沧桑已使我逐渐变得冷酷而麻木，也许是我的恶性重大而难改，在我的生活和生命里，已经没有对“明天”的憧憬，我也许该羡慕×××一流的人，他们满脑袋“明天”和“家庭第一”、“小孩至上”，我好像在这方面非常不及格，我非常惭愧。
>
> 站在一个女孩子的观点，如果她聪明智慧，如果她知道

一个幸福家族所必须的条件，如果她了解一个无聊文人的没有出息，她应该知道什么是她最后的抉择，医学博士、工学专家、留美学人、安谧的小家庭、美国的定居……这一切一切，都该是一个可爱的女孩子的真正需要与真正归宿，浪漫文人给她的应该只是昙花一现的romance，一些欢笑与眼泪和那眼泪流干后的梦醒。现实是最残酷，也是最真实的，如果一个灵巧的女人不把她的未来抛掷在不承认现实的幻觉上，那她的幸福，将是无穷的。

如今，现实如此暗淡，人生如我，哪里还有什么理由和热情来选择什么？我只是任凭别人的选择。别人可以选择我入牢狱，可以选择我自己否定自己，可以选择我所背的十字架的式样……我就俯首而已。我所做的一切都该使我负担它的苦果。因为人人看我是罪人恶汉，人人都是如来佛，我如像在人人的手心里反抗。（像孙悟空？）

……

我觉得人和人生越来越荒谬，而不可理解，有心栽花花不发，有心为善反遭恶报，残忍反换到仁慈之果，仁慈反倒伤害别人，帮人忙反倒落埋怨，为人作嫁反倒害了人，策划明天反倒今天就完蛋，杀人越货反倒名利双收或成为民族英雄……这一切一切，都是荒谬荒谬，而荒谬即是正常，即是人生。

我多年前就喜欢苏武给他太太的诗：

“努力爱春华，莫忘欢乐时，生当复来归，死当长相忆。”

蛮动人的。其实改写一下也未尝不可——

“努力爱春华，可忘欢乐时，生当不来归，死当无所忆。”

都是诗。[①]

从信中，可以看到李敖对爱情某种程度的悲观。对于远在海外的王尚勤，他已有了一种“下山”的愿望。表面的潇洒并不能掩盖其内心的无奈，“快乐主义”的爱情观使他不可能将情感维系在远隔重洋的心灵遥想之中。王尚勤已永远化作他心灵深处的一段美好的历史。

五、入主《文星》

前已有述，自从《老年人和棒子》发表后，李敖又写了多篇文章点名批评了教育界和学术界的一些掌权者，结果与台湾大学交恶。此时，他对学院生活已意兴阑珊。1961 年 11 月 15 日，他在给友人的信中写道：

阁下与我都是歧路上的亡羊，我们从羊圈中偶尔跑出来，背后他们正高声叫我们，叫我们“及早回头”、叫我们继续做那向故纸堆中乱钻的伟业，在“学术”的凌烟阁中，他们也为我们做了一个龛，希望我们去合作、去终老，可是我知道我们回不去了，我知道今天的阁下，再也不会花 20 年的光阴消耗在故纸堆上了。

为今之计，只有三途：

一、打鬼。

二、开门（介绍西方新文明开门迎进来）。

三、开门打鬼或打鬼开门。

① 李敖：《李敖情书集》，《李敖大全集》第 15 册，第 101–103 页。

我是倾向于第三途……[1]

他已决定放弃走学术之路。在心理上，李敖对勤奋著述的人物，如俞樾、梁启超、陈寅恪，乃至他的导师姚从吾，都有着极大的敬意。这种敬意和他对王充、阮籍以降中国历史上特立独行的不合作主义者的敬意，互为参商，合而为一。但身处孤岛的李敖，“深切觉悟到人性的软弱”。他“对人际已不存奢望”，也不惊奇“被亲人冷落，被朋友出卖，被敌人陷害”。但他也没有心如死灰，而仍旧“成就河沙梦功德”。他觉得，“白首下书帷”的事业还显太早，他要“冲冲看”。他认定，要从思想上来改变这个社会，鼓动风潮，造成时势，就必须依靠笔杆的力量、讲话的力量和宣传的力量，而自己一介书生，力量单薄，要实现这一理想，就必须有一个支点、一个据点，借力使力，才可能将自己的能力发挥到最大值。

于是，他瞄准了《文星》。

《文星》是一个侧重学术文化的综合性月刊。

早在1952年，李敖上高一时，有一对夫妇，男的叫萧孟能，女的叫朱婉坚，两人在台北衡阳路口租下一个小摊，创办了文星书店（朱婉坚为发行人）。以发售和影印西书为主，书店开了五年，在台北已小有名气，1957年11月5日，萧孟能又创办了《文星》杂志，每月一期，每六期为一卷。李敖上大学时，就已知道这家书店和这个刊物，并经常到这家书店去买书。那时，英俊高大的萧孟能正雄心勃勃，事业越做越大。他做梦也想不到，常来店里走动的这个面容清秀的大学生，竟会是影响了自己后半生命运的人。

“文星”之名源自杜甫诗句：“北斗随气爽，南斗避文星。”寄托了

① 李敖：《回信给中央研究院的一员》，《李敖大全集》第30册，中国友谊出版公司2000年版，第10页。

萧孟能少年时代的一个梦想，即投身出版业，为社会有计划地供应新的出版品。杂志创刊伊始，它的办刊宗旨是：“生活的、文学的、艺术的”，到第25期起，又修正为“思想的、艺术的、生活的”。最初主要介绍文化和生活方面的知识，后来又增加了一些关怀文化思潮与社会问题的文章。当时由叶明勋为发行人，萧孟能任社长，何凡（夏承楹）、林海音（林含英）及小鲁（陈立峰）等为编辑，诗歌及诗论类稿件由余光中及蓝星诗社提供，音乐艺术类则由吴心柳（张继高）提供。杂志声称“不按版理出牌”，有意步梁启超主办的《新民丛刊》、陈独秀主办的《新青年》和胡适主办的《新月》的后尘，要让《文星》像上述几种刊物一样来“向导一代文运的星宿”，引导新一代的文化运动。但是，由于刊物创立伊始，有《自由中国》被查禁、查封的前车之鉴，编辑们小心谨慎，很少触碰当时言论的禁忌，四年下来，虽然思想性与学术性的比重逐渐增加，但并未产生轰动效应，每期发行量只有几千份。

在李敖发表《老年人和棒子》之前，萧孟能对李敖并不熟悉，看到李敖文稿的内容与表达，他惊叹作者功力非凡。为防止作者假冒，他专程前往新店去看望李敖。当他看到李敖竟是住在房东墙外搭的长形斜顶的棚子里时，生出无限感慨。在交谈中，他为李敖的不俗谈吐所折服。后来，李敖又有几篇文章在《文星》发表，他被李敖的文采、风度和才华深深吸引住了，尤其是李敖办事有条有理有速度，萧认为是难得的编辑人才，于是问李敖：“能否在继续学业的基础上，到文星来，负责一些事情？”李敖不仅表示愿意，而且决定“除了自己写文章的时间外，把全部心力与时间为文星工作，他回台大把研究生停学了”。据萧孟能讲，他之所以能有如此决心，是“我预先给了他一笔钱，以改善他的生活及经济上的困难，让他无后顾之忧”。[①] 这也许是李敖敢于提出休学的一个经济支柱吧。

① 陶恒生整理：《萧孟能2001年未刊谈话录》，见范泓：《与李敖打官司》，第258页。

1963 年 3 月 19 日，李敖离开了研究所，加上又丢了“文献会”的工作，他实际上已成为无业游民。

此时，与李敖交往甚密的梁实秋听到这一消息十分关切，他认为像李敖这样“智慧成熟过早”的人，应该在各方面都给予爱护。他郑重地写信给“中央研究院”院长王世杰和历史语言研究所所长李济，说李敖如此人才，“任其流落，太可惜”，请二位能帮忙接纳。但两人均表示，要等李敖和胡秋原的官司结束才行。

李敖得知这一消息后，一方面对梁实秋的知遇之恩深表感念，一方面对权要们的市侩相更加憎恶。他在 1964 年 8 月 20 日给姚从吾信中气愤地说：“凡在官司没了之前，犹豫给我这碗饭吃的，在官司过后，我绝不回头来吃这碗饭！——这是古话所说的‘贫贱者骄人’！这是一个有人捧骂无人敢请的臭文人的一点臭架子！”

李敖休学一年，第二年春天，按理应该复学，但李敖“不高兴再来办手续”，从此离开了台大。

就在李敖休学后不久，1962 年 8 月，《文星》第五十八期（8 月 1 日）刊出启示：发行人叶明勋、主编陈立峰辞职。随之，李敖受聘担任主编。

萧孟能自然不会想到，这一次聘任，竟使台湾的文化步入了一个新时代。

李敖到《文星》后，对杂志的过去进行了深入的分析，他说：“一个杂志，不能鼓动风潮、不能造成时势、不能一言而为天下法、不能使老顽固血压高……这全是‘按牌理出牌’的结果，而不是‘不按牌理’的结果。”他为萧孟能出谋划策：真正的好杂志不应该附庸政治，而要以思想带路。“思想是一切的根源，思想是冷静的、细密的；政治是狂热的、粗糙的。‘政治挂帅’是权力挂帅，照英国哲人的说法，权力使人腐化，绝对的权力使人绝对腐化，为了避免‘政治挂帅’的腐化与绝对腐化，必须从根救起，在思想上为中国人定向，使中国人从根上脱胎换骨，不再在思想上糊涂混乱。我深信，只有在思想上得救，中国人才能摆脱‘愚昧无知的盲动’（ignorance in action），中国才能走上自由、民主、开明、进步的正路”。[①] 萧孟能深以为然，委托他对杂志栏目进行彻底改造。从此，《文星》以思想和艺术为主，间或涉及社会生活和政治，唱出了社会批评的主旋律。此前，一些文学青年，如王文兴、戴天、白先勇、陈若曦等人，已经介绍了卡夫卡、乔依斯、劳伦斯、福克纳、卡缪等西方现代派著名作家的作品，此时，又不断连续介绍西方新思潮、新理论，引进了存在主义、虚无主义、超现实主义、后期象征主义、未来主义、表现主义等战后西方的哲学和文艺思潮。刊登如《反时代挑战的哲学——存在主义》、《卡缪的人道主义》、《永恒的超越者——亚斯培》、《“达达主义”与“失落的一代”》等文章，与文学创作中兴起的现代主义相呼应，汇成了一股猛然涨起的现代主义潮流。在台湾地区产生了巨大的影响。连后来与李敖反目的萧孟能也承认，“李敖进《文星》之后，把《文星》的作风改变了。我完全同意他，完全支持他的改变”。[②]

早在1962年12月，李敖继《老年人和棒子》之后，于《文星》杂志又发表了他的长文《播种者胡适》，再次引起思想界的轰动，赞成与反对者皆有，关于胡适的讨论成为一时的热点。此时，中西文化论战正在进行中，李敖一边读书，一边战斗，连续发表了数篇文章，死气沉沉的文化思想界从此不得安宁。李敖退出“文献会”后，陈立峰主动辞掉主编职务，让位于李敖。李敖从此如鱼得水，开始一心一意干起了依靠杂志鼓动风潮、影响社会的大业。

虽然后来李敖与《文星》反目，与萧孟能对簿公堂。但客观地说，没有《文星》这块阵地，就很难有后来李敖的走红，也很难有台湾60

---

① 李敖：《“只要寻一个不受人惑的人”——〈文星〉杂志哀辞》，《李敖大全集》第29册，中国友谊出版公司2000年版，第507页。

② 陶恒生整理：《萧孟能2001年未刊谈话录》，见范泓：《与李敖打官司》，第258页。

年代那场波澜壮阔的文化风潮。正如萧孟能后来回忆中所说：

> 我认识李敖之后，很快地我就晓得这样的知识分子，才是我从事文化事业，办杂志、办出版最需要的人才，他也很快地了解我这样一个搞文化事业的人是他的性格里面最合适，再也碰不到的人。我提供园地，他来发挥，他的文章在别的地方是不可能有人敢登的，真是伯乐与千里马，相辅相成的一个情况。①

当年胡适在纪念蔡元培的文章中曾把他的成功归结于蔡元培和《新青年》，他说他的青年期如果没有蔡先生的着意提挈，他可能就在二三流报刊编辑的生涯中度过。中国古代的儒者荀子说："登高而招，臂非加长也，而见者远；顺风而呼，声非加疾也，而闻者彰。君子生非异也，善假于物也！"胡适的生命里如果没有《新青年》、陈独秀、蔡元培和那"首善之区"里的最高学府来配合他，他这个"善假于物"的"君子"恐怕也找不到适当的地方去"登高而招"、"顺风而呼"了！这都是偶然际遇，客观条件配合得好才能使那个主观条件具备的才子扶摇直上，手揽日月。孟子说："虽有智慧，不如乘势，虽有镃基，不如待时。"李敖认为人生的确如此，虽有智慧，但时机不成熟，也就很难发挥作用。就好比虽有好的农具但季候不对而难以有好的收获一样。此时的《文星》正是他"乘势"、"遇时"的大好平台。他与胡适、姚从吾、萧孟能及《文星》的关系与上述胡适的际遇十分相似，是《文星》及一系列识才、惜才的人把他推向了社会大潮的风口浪尖，也是李敖及时把握了这个时机，才有了后来翻江倒海的作业。

当然，胡适的走红并非全属偶然，在文言已死、白话当立的不可

---

① 陶恒生整理：《萧孟能2001年未刊谈话录》，见范泓：《与李敖打官司》，第260页。

抗拒的历史潮流中，除了个人的因素外，还有顺乎天、应乎人的时势。而60年代的台湾，雷震案后文化思想界的低迷和沉闷，如同一座欲喷又止的火山。李敖能以一篇文章掀起长达四年的中西文化论战实在也有其重要的时代因素。

前面交代，在李敖进“文献会”时，已开始投稿《文星》，离开“文献会”后，便把全部精力投入到了《文星》杂志的业务当中。跟《文星》合作，首先解决了李敖的经济问题，李敖曾说：“钱就是青春与自由，有钱才不会折腰。”当文星老板萧孟能把第一批稿费一万元（实乃《胡适评传》第一册的预付稿酬）交到他手里时，他无比感叹地说“我有生以来，从来手中没有握过这么大的数目，当然我看过一万块钱是什么模样，但那是在银行，钱是别人的，这回可是自己的，感觉完全不同。”除稿费外，萧孟能在经济上亦给予李敖极大方便，据记载，不到五年时间，先后贷给他120余万元。两人的感情如同亲兄弟一般。

从此，在台湾，一个波澜壮阔的文星时代开始了。

第六章

文星风云（一）

我们只有一条路，那就是：快快抛弃传统的死文化；快快按部就班地学习西方的现代文化。

——李敖：《文化论战丹火录》

一、谁是文化的播种者

20世纪60年代初期，台湾由农业社会向工业社会转化，经济开始缓和，但在文化思想界却比较混乱。1960年3月，蒋介石通过修改“临时条款”（实即“违宪”）连任“总统”，引起社会各界的强烈不满。《自由中国》杂志连篇累牍地发表文章给以揭露和批评，但在蒋氏强权的高压下，这种舆论上的抗议不仅无效，而且杂志发行人雷震也因组织“中国民主党”一事，被逮捕入狱，殷海光等人受到迫害，《自由中国》杂志停刊。这块民主自由的“绿洲”，从此销声匿迹。也就在此后不久，台北的另一家杂志——《文星》渐渐引起大家的注意。

在舆论一律的政治背景下，素有叛逆性格的李敖像一匹黑马斜刺冲上《文星》，他的《老年人和棒子》，在社会上引起轰动，《文星》杂志声誉雀起，订数大增。加上它对西方文化思想的大量引介，《文星》成为继《自由中国》之后最激进的一面旗帜，文星书店也颜色改观，成了台湾最有名的书店之一。

显然，思想文化界的日渐西化，“反对传统文化，走向西方”的思潮，是对国民党文化专制的反抗，也是思想文化界在苦闷和压抑之中寻求新出路的一种尝试。

而对这股“反对传统，走向西方”的潮流，李敖起初并未介入。他认为，应该透过眼下这股潮流，寻求台湾思想文化发展的新趋向，并寻找一个突破口，掀起风浪，造成时势，使现代主义的潮流超出学院的范围，对社会产生真正的、直接的影响。

于是，他找到了胡适。他要以胡适为典型，从胡适思想中找答案。

此时的胡适，虽然在政治上支持蒋介石和国民党的统治，但是崇尚欧美式自由民主的立场，又使他本能地对蒋介石的独裁统治和国民党的一党专制提出批评。他在50年代发起创办《自由中国》杂志，身居海外依然积极参与杂志事务，并且在杂志上发表文章，都充分说明了这一点。

出于多方面考虑，蒋介石和国民党对胡适不得不有所顾忌。但容忍是有限度的。1960年的《自由中国》事件，对胡适打击很大。在当时的国民党内和军界，充满了浓厚的反胡气氛。对此，胡适内心的苦闷是可想而知的。

1961年11月6日，美国国际开发总署举办的“亚东区科学教育会议”在台北开幕，胡适应邀赴会。他在会上发表了30分钟的英文演讲，题目是“Social changes necessary for the growth of science”（《科学发展所需要的社会改革》），在演讲中，他重申几十年前的观点，抨击传统文化的弊端，颂扬西方的现代文明，其隐含的意思显然是指责国民党缺乏现代民主精神，不给人民以自由，阻碍了科学和社会的发展。这是胡适晚年的一篇振聋发聩之作，是他在被人批评“保守”、“老疲”的人生最后阶段对中西文化思考的一个总结。

该文的话题是：在我们远东各国，社会上需要有些什么变化才能够使科学生根发芽？

在文章中，胡适以“魔鬼的辩护士”（Advocatus Diaboli）自居，再一次抛出了自己的中西文化观。对世界近代出现的科学和技术文明给予了热情颂赞。他指出所谓西方的文明是物质的（material）、唯物的（materialistic），东方的文明是精神文明（materialistic），只是一种没有理由的自傲，东方古老文明中并没有多少精神成分，“一个文明容忍像妇女缠足那样惨无人道的习惯到一千多年之久，而差不多没有一声抗议，还有什么精神文明可说？一个文明容忍‘种姓制度’(the caste system) 到好几千年之久，还有多大精神成分可说？一个文明把人生看作苦痛而不值得过的，把贫穷和行乞看作美德，把疾病看作天祸，又有些什么精神价值可说？”我们该当承认近代的科学技术文明并不是什么强加到我们身上的东西，“并不是什么西方唯物民族的物质文明，是我们心里轻视而又不能不勉强容受的，——我们要明白承认，这个文明乃是人类真正伟大的精神的成就，是我们必须学习去爱好，去尊敬的。因为近代科学是人身上最有精神意味而且的确最神圣的因素的累积成就；那个因素就是人的创造的智慧，是用研究实验的严格方法去求知，求发展，求索出大自然的精微秘密的那种智慧。”①

胡适的这一次演讲，后经徐高阮翻译在《文星》杂志发表，很快招致来自四面八方的呼应和争议。追随国民党的学人徐复观首先出马，在他自己创办的香港杂志《民主评论》第 12 卷 24 期发表了《中国人的耻辱，东方人的耻辱》一文，指责胡适的演讲，说身为“中央研究院院长”的胡适，竟发此议论，“这是中国人的耻辱，东方人的耻辱”，斥骂胡适“是一个作自渎行为的最下贱的中国人”。随之而起的，是一阵暴风雨式的围攻。演讲半月后，胡适因心脏病骤发，于 11 月 26 日住进了台大医院。一月之后，李敖由徐高阮引介、应《文星》主编胡汝森之约，写出了颇具震撼力的万字长文——《播种者胡适》。

在这篇文章中，李敖谈了在胡适领导下一群自由主义文人所进行的文学革命，以及他们在新文化建设方面的成绩，谈了胡适在民主宪政方面所作的努力，谈了胡适为争取学术独立所做出的贡献，和他在学术上的局限性，以及作为自由主义文人胡适的寂寞。李敖认为，胡适一生致力于“非政治性”的学术工作，精心培养“思想自由的批评风气”，宣传自由主义的一点一滴的社会改良思想，对政治大事“诉诸理智和非情

① 欧阳哲生编：《胡适文集》第 12 册，北京大学出版社 1998 年版，第 703-707 页。

绪，重实证而反对狂热”，一生从未迷失过方向。胡适对文学革命，对新文化运动，对民主宪政，对科学发展，总之，对“我们国家走向现代化”做出了巨大的贡献。由此可说，胡适是永不停止追求真理的“国中第一人”。李敖特别强调，胡适思想的主要精华是“全盘西化”，这也是他自由主义思想之所在。然而，胡适在其一生中，却花了很多时间和精力，致力于中国古代学术的考据和辨伪，“脱不开乾嘉余孽的把戏，甩不开汉宋两学的对垒”，他能做到有所不为，洁身自爱，但斗争精神不够，把史学学风带到了目前迂腐不堪的境地。这充分说明，胡适是一个保守的自由主义者，是一个自由主义的右派。因此，李敖提出，要超越胡适前进。李敖最后得出结论说：“胡适之是我们思想界的伟大领袖，他对我们国家的贡献是石破天惊的，不可磨灭的”，然而，一个不断长进的强大的民族，应该不断前进，无情地超越胡适。

李敖对胡适的评论，对胡适全盘西化思想和自由主义思想的肯定，以及对胡适学术上所谓保守的批判，都带有自己浓厚的主观色彩，言辞上也带有强烈的“狂傲”和“愤世嫉俗”的情绪。在治学的指导思想上，他深受梁启超治史思想的影响，讲求治学应为现实服务，“历史的目的是在将过去的真实事实予以新意义或新价值，以供现代人活动之资鉴”。[①] 李敖将此广而推之，认为学术研究应面向社会，走向群众。他曾向殷海光谈起《自由中国》在这方面的不足，如今胡适又成为他的靶子。他认为，在20年代，胡适曾送泰戈尔60岁生日寿诗《回向》，赞美老诗人的回向民间，但他自己却没有做到这一步，除了谈学论道、呼吁民主外，无复其他。李敖十分欣赏古代的特立独行者王安石的诗：

> 知世如梦无所求，
> 无所求心普空寂。

---

① 梁启超：《饮冰室合集·专集》第99卷，第5页。

还似梦中随梦境，

成就河沙梦功德。

在他心目中，这才是人生的最高境界。所以，他对胡适不满，认为他入世不够，这种责任在胡适，更在保守落后的学术界。李敖在文章中所表达的，实际上是对台湾社会现实的不满和对国民党专制统治的批判。

从表面看，《播种者胡适》是一篇对“思想界的伟大领袖”胡适之唱赞歌的文章，但透过文字仔细分析，则能悟出它的微言大义。作者不仅客观地评价了胡适一生的功过是非，而且对当时的台湾社会政治、思想、学术界的落后现状提出了尖锐批评。胡适思想的没有过时，恰恰证明了现今社会仍然是一个不知长进的社会。借胡以讽世，借胡以警世，正是李敖文章的精义所在。正因如此，重温文章开头引用的胡适的《旧梦》诗，会倍感意味深长：

山下绿丛中，

露出飞檐一角，

惊起当年旧梦，

泪向心头落。

对他高唱旧时歌，

声苦无人懂。

我不是高歌，

只是重温旧梦。

从引用的诗句中，我们可以强烈地感受到李敖心头的愤世嫉俗与置身荒漠的悲凉。作者也像胡适当年倡导文学革命那样，为唤起“当年旧梦”，要引吭高歌、毫不畏惧地对死水般的思想文化界开火了。

《播种者胡适》的发表，像捅掉了一个马蜂窝，搅起一潭死水，立即酿成了一次大笔仗。这场笔战后来分成两个圆圈，一个圆圈是关于中西文化问题的论战；一个圆圈是关于“播种者胡适”的论战。前者的主要对手是徐道临、胡秋原；后者的主要对手是叶青（任卓宣）、郑学稼。

叶青，1896年生，哲学家，曾参加中国共产党，被捕后判死刑，乃投靠国民党。编过多种刊物。到台湾后，任国民党“中央宣传部副部长”及“代理部长”，后因内斗下台，在军方的政治作战学校做教授，任政治研究所主任。此前，他的主要著作有《共产主义问答》、《哲学到何处去?》、《胡适批判》、《张东逊哲学批判》、《关于物质——精神——物质》、《理论与实践》、《三民主义纲要》等书。此时，正主办军方津贴的《政治评论》。他撰文认为，李敖对别的“我们思想界的伟大领袖”一笔抹杀，而把胡适捧得太过分了。

郑学稼，1905年生，历史学家、经济史家。自1935年起历任复旦大学、暨南大学、台湾大学、政治大学东亚研究所教授，出版有经济学、经济史、历史、文学、马克思主义等方面著作多种。李敖在上初一时就读到过他的《东北的工业》一书。郑在文章中说，“胡适未曾在20年代中对思想运动吹过什么‘风’”，李敖对胡适简直是“瞎捧”。

反对李敖的一方主要阵地是胡秋原等人控制的“三大”评论：《政治评论》、《民主评论》、《世界评论》。“一星战三论”，成为当时中西文化论战的一道景观，也是60年代杂志出版中最吸引人的一幕。

撰文支持李敖一方的有香港《自由报》的社长雷啸岑（马五）、《中国学周报》的若兰、《展望》杂志中的孟戈、台湾《作品》杂志中的王洪钧、东方望、田尚明等人。《文星》杂志是他们的主要阵地。

种种迹象表明，《播种者胡适》击到了一些人的痒处，也击到了一些人的痛处，包括胡适本人都觉得不自在。据杨树人先生回忆，在胡适出院后的一天下午，他去福州街26号胡适住宅，商谈一件公事。事毕后，胡适从书架上取下一本杂志，翻开来给杨看，并且用圆珠笔指着那篇文章说："你看，这说的什么，这样的轻佻浮薄！再看这儿，简直瞎闹。这还算是捧我的一篇。"胡适圆珠笔所指的，正是《播种者胡适》。胡适再翻开另一长篇，又边画边说，脸色苍白，心情更为激愤，末了，他指着这篇文章说："真是下流！"无疑，胡适圆珠笔所指，是胡秋原的《超越传统派西化派俄化派前进》这篇文章。在这一年的春节后，胡适又一次愤愤地对杨树人说："他们要围剿我胡适，你说，这是什么意思？""我不懂，我胡适住在台北，与他们有什么坏处！"

在李敖的《播种者胡适》发表一个月后，胡适曾有一封未写完的致李敖的信，就李敖文章中的个别材料和细节提出更正，但并未对其观点置一词。在他去世前不久，亦谈及李敖"喜欢借题发挥"的话，并说"做文章切莫要借题发挥"云云，其实，就李敖撰文的初衷而言，若不是为了发挥，批判现实，他也就没有撰写此文的必要了。李敖称该作是一篇"三面不讨好"的文章，"骂胡适的人会说我捧胡，捧胡的人会说我骂胡，胡适本人也会对我不开心，这都是无可奈何的事。一个人常常要为知道太多、说了真话而付代价"。真可谓一石击起千层浪，长达四年之久的文化论战，以《播种者胡适》为开端拉开了序幕。

身处文化论战漩涡中心的李敖

二、给谈中西文化的人看看病

就在《播种者胡适》发表一月后，李敖又发表了另一篇重要文章——《给谈中西文化的人看看病》。

这两篇文章不亚于两颗重型炸弹，在台湾思想界激起层层涟漪。其中，《给谈中西文化的人看看病》一文影响最大。在台湾地区，日报、晚报、英文报，以及杂志方面如《文星》、《政治评论》、《世界评论》、《学宗》等十多家杂志都有报道。在香港地区，除了日报以外，其他有《自由报》、《天文台》、《民主评论》、《中国评论》、《大学生活》、《人生》、《中国学生周报》、《新闻天地》，以及亚洲社会研究所（Asia Institution of Social Research）出版的《中国文化》研究报告等等，都有文字谈到这篇文章或这篇文章所引起的论战。此外，在美国、德国，曾有一些留学生将它复印散播。李敖说："数不清的来信，数不清的批评、赞扬、支援、恐吓，以及数不清的文字上辩驳讨论，使我得到不少的信念与困扰。"这些都说明了这篇文章的巨大威力。它与胡适的演讲《科学发展所需要的社会改革》被称为是"真正划时代的指路文字"。在这两篇文章的带动下，一场声势浩大的中西文化论战进入高潮。

1962年2月25日，周若木在叶青主编的《政治评论》上发表了长达万余言的《论中西文化问题》，称李敖是"胡适的鹦鹉"，是"乱捧又乱骂的双料货色"，与俄化派是"兄弟伙"，"他们共同致力于以唯物思想挖掉民族文化的老根，完全一样"。[①] 3月1日，同期《政治评论》上还有一篇莫辛的《全面西化论的提出及其评论》，认为李敖的文章

① 李敖：《文化论战丹火录》，《李敖大全集》第3册，中国友谊出版公司1999年版，第18–21页。

“仍不过胡适之、陈序经‘全盘西化论’的翻版而已，说得切实点，不过陈序经的旧调重弹而已。尤其他们一个把胡适视为折衷派（陈序经：《全盘西化的辩护》），一个认为胡适不够认真（李敖：《播种者胡适》），那一见解上，使人觉得此二人真是穿着一条裤子”。[①] 3月1日出版的《文星》第53期，是“追思胡适之先生专号”，刊载了胡秋原长达七万多字的《由精神独立到新文化之创造》。文中批评李敖是在断送教育学术，是“梅毒主义”，说“梅毒主义之错误，首先在不明白人之本性，人之自由，即是选择。反对选择，将达到非人主义，反自由结论。梅毒主义第二错误，除不了解中国文化西方文化之真相外，根本不明白中西文化接触中各种有关事实”。文章称李敖的文章是“抗战胜利以后兴起的一种‘内幕’体”。“李敖在思想和情绪方面，在对国家和个人态度两方面，都陷入门户主义很深，因而心病很重了”。“他的精神有一点不平衡、一点紧张、一点分裂，而这与他原来若干小毛病结合，便一切趋于极端”。[②] 3月10日，《政治评论》第8卷第1期又发表了郑学稼的《论全盘西化和批发西化》，说“因为我们是独立的‘国家’，所以我们对西方的精神文化，只能接受和自己‘国情’相近的，不能够全盘西化或批发西化”，“凡是主张全盘西化和批发西化者，都是虚无主义者或是内心对民族前途已感绝望的人”。[③] 3月25日，该刊第8卷第2期又刊发了主编叶青的《全盘西化论之分析》、《再论谁是新文化的播种者》两文。叶青在文中称李敖犯了可笑的“主观主义病”，“全盘西化论是抄袭主义，因而是保守主义”，“主张它的人是一些妄自菲薄，而没有一点志气的人”，“是文化自卑的表示”。[④]

对于上述发难，李敖都随之一一给予回击，在《给谈中西文化的人

---

① 李敖：《文化论战丹火录》，《李敖大全集》第3册，第22页。
② 李敖：《文化论战丹火录》，《李敖大全集》第3册，第24–32页。
③ 李敖：《文化论战丹火录》，《李敖大全集》第3册，第35页。
④ 李敖：《文化论战丹火录》，《李敖大全集》第3册，第36–39页。

看看病》发表以后，他陆续发表的有关中西文化的重要文章有：

一、《我要继续给人看看病》,《文星》第 54 期（1962 年 4 月 1 日）

二、《纪翠绫该生在什么时候》,《文星》第 55 期（1962 年 5 月 1 日）

三、《“文化太保”谈梅毒》,《文星》第 58 期（1962 年 8 月 1 日）

四、《敬答吴心柳先生》,《文星》第 58 期（1962 年 8 月 1 日）

五、《由一丝不挂说起》,《文星》第 59 期（1962 年 9 月 1 日）

六、《修改“医师法”与废止中医》,《文星》第 61 期（1962 年 11 月 1 日）。后收入《传统下的独白》，并被转载在《今日医药》及《台湾医界》。

七、《论“处女膜整型”》,《文星》第 72 期（1963 年 10 月 1 日）

八、《中国思想趋向的一个答案》,《自立晚报》（1964 年 1 月 1 日）

同时，在当时的许多刊物上，支持李敖的文字亦有不少。比如居浩然在《文星》第 53、54 期上先后发表了《科学与民主》和《西化与复古》二文，在 54 期《文星》上还刊载了许登源的《从超越前进到狂妄》、洪成完的《玄学英雄底狂想曲》和吴心柳给李敖的信。居浩然在文章中说：“在五四运动时代，胡适先生还只是一员猛将；到《独立评论》时代，不成问题是西化运动的主帅。因为做了统帅，口气反而缓和，譬如西化则改称现代化，国语拼音不再提及以避免不必要的争论。实际上胡适先生自始至终是全心全意的西化运动者。在下文将特别说明‘西化’这一名词更比‘现代化’来得肯定而恰当，站在中国人的立场，既然是西潮东来，就不妨称为‘西化’。何况事实上是在全盘西化，筑一万尺厚的堤防也堵不住这股洪流。”[①] 许登源和洪成完二人则对胡秋原给予严厉的批评。香港记者吴心柳则致信李敖表示支持其观点。在《文星》57 期刊载了谢剑的《文化问题的基本认知与中国文化的出路》，文章说：“西方文化实在是现代的潮流，也可以说是赞

① 李敖：《文化论战丹火录》，《李敖大全集》第 3 册，第 40 页。

成‘现代化’。让我们放眼看看，今日的民主政治、自然科学、社会福利政策等等，哪一样不是西方文化？所以笔者说‘西化’就是‘现代化’，这话并不为过。”① 同期还刊发了居浩然的《从门德雷夫的周期表说起》、东方望的《骂街式的“微辞”，帮腔式的“平议”》，重新发表了胡适《充分世界化与全盘西化》，形成一种磅礴的攻势。殷海光亦在致李敖的信中认为李敖文章“所提出的大方向是不错的。近60年来中国之乱的基本原因之一，无疑是传统文化腐溃而失去适应力。病象已这样显著，再要提倡中国文化，真是‘非愚即诬’”。

李敖及其同仁对保守主义者的系列反击性文章，以“全盘西化”的态度，对中国传统文化进行了猛烈的抨击，在台湾社会引起强烈的反响。加上李敖的笔锋无所顾忌，使求新者欢呼雀跃，守旧者痛心疾首，李敖也因此名声大震，几成青年们的偶像。

1964年5月24日送居浩然离台，这是居浩然李敖第一次合照，也是最后一次见面

另一方面，蒋介石和国民党政府一直以中国传统文化的“继承者”自居，自诩为继承了自尧、舜、禹、汤、文、武、孔、孟一直到孙中山的“道统”，标榜台湾是民族复兴和文化复兴的基地。

① 李敖：《文化论战丹火录》，《李敖大全集》第3册，第130页。

而鼓吹“全盘西化”，全面否定传统文化，自然危及蒋介石和国民党崇奉的“道统”，危及国民党统治的正统地位。

事实上，李敖抨击传统文化，动机之一就是批评国民党当局的专制统治。在对中国传统文化展开清算的同时，他还从言论自由的层面向国民党的一党政治展开了批判。比如他的一组研究孙中山的著作，《孙中山自由民主言论集汇编》、《孙中山新思想类编》及孙中山的传记、考证等文章，其宗旨都是在讲孙中山的思想正是西方文化的产物。尤其是在《孙逸仙和中国西化医学》中，他用“很刻薄的方式”告诉人们，孙中山是主张言论自由的。他把孙中山关于言论自由的部分引出来以告诫统治者：你们口口声声说孙中山是你们的总理，是你们的国父，你们遵守总理遗教，言论自由你们怎么忘得一干二净啊？他嘲笑讥讽国民党表面上大谈“道统和正统”，背地里却挂羊头、卖狗肉、吃美援。“四维八德十三经二十五史虽多，可是还得靠人家援助。”他批评说，有些人口头上大喊“历史精神文化”，但在物质上却又崇洋媚外，依靠外国。他们对固有文化并不真诚，只不过是一些伪君子而已。通过批判和否定传统、“道统”，李敖还隐隐发出了“换马”的呼声，要国民党交出政权。

显然，国民党当局对李敖及其言论不会坐视不顾，二者的冲突势所难免。

同时，李敖否定民族文化传统的、带有浓厚民族虚无主义色彩的文字，也引起了一批对传统文化热爱或肯定者的反感，刺激他们起而反击。包括一些自由主义分子亦持异义。留学海外的林毓生就称《文星》“发昏”、作风“轻佻”，态度极不严肃。此外，还有更重要的一点，李敖在鼓吹“全盘西化”、全面否定传统文化的同时，还指名道姓地批评了台湾的一大批党政要人和学界名流，触怒了一大批人，也刺激他们群起而攻之。

在李敖的眼中，《文星》已成为他摧枯拉朽的阵地，对一切落后、保守的思想，对一切影响“现代化”的人物，他都要把它们放到《文星》上来评判，用他的话说叫：“送他上《文星》!”

此时的李敖，已是《文星》杂志的主编。

早在大学时代，李敖就十分向往做一个“文化商人”，既有钱，又能出书，传播文化思想，从事文化事业。“用杂志强打，使书店上垒，以书店配合杂志动作，形成思想大围标，本是我学生时代的计划”。如今，他把这一计划真正地用在了《文星》杂志和文星书店上，造成了空前绝后的效果。

以论战之后的香港书展（1965 年 5 月 27 日到 6 月 8 日）为例：台湾参加展出的单位共有 22 个，展出册数 27400 册。而“文星”一家就独占了 24535 册，是总册数的 89.54％。换一种说法，就是“文星”在参加书展的图书总数中，占了约 9/10 的地位，剩下的 1/10，才是其他 21 家公营、私营、党营单位的展出品。“文星”几乎通吃的局面，使国民党的宣传与出版业黯然失色。

李敖主编的《文星》杂志，主张“中国”走现代化的道路，具有自由、民主、开明、进步、战斗等鲜明色彩。这一系列特征，使“官方”慢慢得出推论：《文星》是“卖国者”、是汉奸、是“匪谍头子”、要走《自由中国》的路、是生活书店翻版、是“叛乱”、协助“台湾独立”、勾结国际奸人（费正清等）、鼓吹“两个中国”言论、“在海外通共”、“为中共宣传，与中共隔海唱和”、影响民心士气、诬蔑先烈和“元首”、推翻法制、反对当局、反对国民党……因此，《文星》成为《自由中国》杂志之后，官方眼中钉的递补者。官方大搞罗织之法，李敖气愤地说：“没问题，硬挑出问题，叫做‘罗’；罗出问题再予以串连成罪状，叫做‘织’。”[①] 在这种罗织作业下，《文星》的被迫殒落，也就指日可待了。

① 李敖：《李敖回忆录》，第 172 页。

在保守势力的围攻下，西化派被戴上了民族虚无主义的帽子，最后发展到人格攻击和谩骂，理论层面上的空对空的辩论亦是众说不一的重要原因。到了1964年，论战已趋尾声。这一年，李敖将他在文化论战中的几篇文章编为一书出版，书名为《为中国思想趋向求答案》，在其中的《介绍我的〈为中国思想趋向求答案〉》中，作者称我们这个民族是“不长进的民族”，人们“灌着一脑袋‘僵尸思想’”，以致“在许多时候，我简直怀疑：我们到底是活在现代呢还是生在古代？是死人重生呢还是根本就是活死人”？并说：“真正肯为中国文化思想趋向求答案的人，他们必定愿意做一个战士，去打几场漂亮的仗，乃至准备打一场勃朗宁（Robert Browning）所谓的‘最好的又最后的’（The best and the last）一场仗。他们可能被暂时封住嘴、锁上腿，可是他们永远不会失败或死亡——这样的战士不会失败，十字架上的人物不会死亡。”[①]

为自己所信仰的真理而战，他在所不惜。

三、从“全盘西化”到“充分世界化”

台湾的中西文化论战，混战了四年。四年中，李敖始终处于论争的前锋，是“全盘西化论”的主帅。关于“西化”的观点，李敖早在论战之前就已趋于成熟，他在1961年给友人的信中说：“东西文化云云已经不成问题，至少不再是可以谈谈的问题，也不是笔墨官司的问题，因为十几年或几十年来，我们的社会早已走向‘实质上的改变（西化）’，在西方文明的‘冲击’（impact）之下，我们那些‘义和团的防线’早已处处瓦解”，“绝非高叫几声读经就挡得住的”。[②] 但对这一

① 李敖：《李敖大全集》第2册，中国友谊出版公司1999年版，第411-414页。
② 李敖：《给中央研究院的一员》，《李敖大全集》第30册，第8页。

“不是笔墨官司的问题”，李敖还是诉诸笔墨了，他在《给谈中西文化的人看看病》这篇近三万字的长文中，系统地抛出了自己的基本观点：文化的移植是全盘的，是不能选择的。

他的基本立论是：从张之洞的“中学为体”、“西学为用”，到萨孟武、何炳松等十教授的《中国本位的文化建设宣言》，到今天中国人的保留中国文化的精华、选择西方文化的优点，这种一厢情愿，多少年来，一直是一种动人心弦的美妙理论，这种美妙理论，听来固然令人快慰，但在实践上，却无可行性。因为文化移植，从来不是随你高兴的，“你无法‘存其所当有，去其所当去’；也无法‘取长舍短，择善而从’”。

李敖用他罕见的博闻强识，面对一个多世纪以来中西文化聚讼纷纭的论争，在胡适文化思想的基础上，更加旗帜鲜明、生动活泼地指证死守传统、夜郎自大的儒者的病症。他认为，由于历史传统的沉重负担，面对西方文化的冲击，现代中国人患有许多不健康的心病，它包括：

1. 盲目排外的“义和团病”；

2. 夸大狂的“中胜于西病”；

3. 热衷比附的“古已有之病”；

4. 充满谎言的“中土流传病”；

5. 小心眼儿的“不得已病”；

6. 善为巧饰的“酸葡萄病”；

7. 蛊惑人心的“中学为体，西学为用病”；

8. 浅薄的“东方精神西方物质病”；

9. 意识空虚的“挟外自重病”；

10. 梦呓狂的“大团圆病”；

11. 虚矫的“超越前进病”。

李敖认为，这些心病的根源有四，一是“泛祖宗主义”，即无论做什么都死抱住祖宗的意见不放，从而延误了现代化的进程；二是“浅尝即止的毛病”，即对西方文化表示怀疑，见异思迁，只想投机取巧，不能一心一意；三是“和经济背景脱节”，传统的思想观念是农业社会的产物，是和农业社会的各种条件紧密联系在一起的东西。工业社会是主动扩展的，进取的，不知足的，不靠祖宗的，传统派既想学到欧美西方的富强，又想保留固有的传统，但没有想到这两个东西是互不相容的。既然我们要走向现代化，我们就必须吞下“今不如昔”、“世风日下”这颗苦药丸。四是“不了解文化移植的本质”，文化本是“完整的整体”，谁也没有资格制定取舍的标准。他举例说，西方现代文化就像一个美人，你如果想占有她，那么，无论是她的“优点”还是她的“缺点”，都必须一块占有。因此，他反对张之洞的“中学为体，西学为用”，也不赞同陈寅恪等人在30年代就提出的“避名居实，取珠还椟”。他强调，“在文化移植上，要椟就得要珠，不愿要珠也休想要椟，……要要就得全要，不要也得全不要。”“我们一方面想要人家的胡瓜、洋葱、蕃茄、钟表、眼镜、席梦思、预备军官制度；我们另一方面就得忍受梅毒、狐臭、酒吧、车祸、离婚、太保、（不知害臊的）大腿舞和摇摆而来的疯狂”。他指出，也许西化会带来不可避免的“流弊”，可是我们总该认清我们的大目标是什么。为了怕肚子痛，难道就不养孩子吗？为了怕噎着，难道就不吃饭吗？我们的大目标是建设现代化强国，在这个大目标下，我们应该有“衣沾不足惜，但使愿无违”的胸怀。在此基础上，李敖抛出了他的西化观点13条，这13条归纳起来就是：中国的传统文化是死的文化，没有“科学”与“民主”，只有“玄学”与“教条”，它对今天的时代只具学术价值，毫无移植价值。一些人提出的“国情不同”只是一种借口，西方现代文化才是我们学习的楷模。

关于中西文化之争，可以说是中国的一个古老话题，是一种纠缠不休、常战常新的论争。至少从第一次鸦片战争失败，魏源在《海国图志》中提出“师夷长技以制夷”就已经开始了。1898年张之洞发表

《劝学篇》，提出“旧学为体，西学为用”；一百年来“体”“用”之争，至今不绝。大约七八年就会来那么一次。虽然名目不同，但框架未变。一方是国粹论、中西互补论、中国本位论、21世纪是中国传统文化的世纪论，万变不离其宗的儒学；一方是中体西用论、西化论、全盘西化论、西体中用论、充分世界化论、充分现代化论。

应该说，引起如此的论争也是历史发展的必然。

中国是一个文明古国，传统文化源远流长，根深叶茂，而又极富人生智慧。早在2000年前的春秋战国时代，孔夫子即有教导：“夷狄之有君，不如诸夏之亡也。”孟子也说：“吾闻用夏变夷者，未闻变于夷者也。”在鸦片战争以前的几千年间，从中华民族融合形成的过程来看，这又的确是不争的历史事实。但到鸦片战争失败，面对一时无法战胜的列强，“师夷长技以制夷”，则成为既有深厚的顽强的民族心理作基础，又是传统文化思想的必然应对。“中国本位”更是天经地义的祖训，“保种、保国、保民、保国粹”纠缠在一起，已然成为一个民族心理和传统文化上的死结。尽管五四以前，鲁迅就发出觉醒的呐喊：“保存我们，的确是第一义。只要问他有无保存我们的力量，不管他是否国粹。”五四以后，胡适亦大力宣传“全盘西化”、“充分世界化”，但传统的守护者却越来越多。台湾自然也不例外。在20世纪60年代初期，台湾的温饱问题已经解决，并开始重点发展工业，由农业社会向工业社会转变，由此而带来的传统文化观念的不适应使许多人感到困惑。他们再一次把目光投向西方，在感受外来文化的同时，又回过头来重新评估中国传统文化，这是西潮东渐后的必然现象，这种重新评估中国传统文化的工作，直至今日台湾（大陆也不例外）都在持续进行着。在此基础上出现的文化争鸣也就势在必然。但与以往的论争稍有不同的是，1962年的台湾又有着中西文化论争的特殊背景，即蒋介石打着传统文化卫道士的旗号，实质上是在为他的封建专制服务。这一点，使论争在无形中增加了一层浓厚的政治色彩。这是我们认识李敖的观点不能不考虑的历史背景。

从学理上看，“全盘西化”的提法显然过于简单，文化一体论更是过激之词。胡适在《充分世界化与全盘西化》一文中说：“我不曾特别声明‘全盘’的意义不过是‘充分’而已，不应该拘泥作百分之百的数量的解释。为免除许多无谓的文字上或名词上的争论起见，与其说‘全盘西化’，不如说‘充分世界化’。”① 对此，李敖并非不明白，但在论战中他依然坚定地主张且绝对地肯定文化一体论，并说“在文化移植上，要椟就得要珠，不愿要珠也休想要椟，椟中没有珠也不成其为椟，要就得全要，不要也得全不要”。显然是论战中不可避免的过激之词。由于论争的需要，当年胡适有把东、西方文明完全对立起来的不冷静态度，李敖亦有不冷静和意气用事的地方，他甚至把陈序经的文化不可分论拿来作为驳人的武器，显然有牵强之处。陈序经认为“文化是完全的整个，没能分解”，强调“中国文化的出路，是要去彻底的西化”这种观点显然是缺乏分析之论。但李敖等人提出的“取法乎上”的观点却有其合理性。一个民族尤其像中国这样一个有着几千年文明史的老大民族，其固有文化具有一种本能的对异族文化的排它性、拒斥性，决不会轻而易举地被外来文化所摧毁。李敖在文章中以现代中西合璧的旗袍为喻就很能说明问题。所以，“我们青年人大可不必担心‘没有了中国’、大可不必怕充分的现代化。我们尽量学，‘惰性’、‘老不死’和‘国粹’早就在背后打了七折八扣了，所以我们很容易取法乎上，‘仅得其中’的结果，所以我们更有‘取法乎上’的必要，以‘充分’为目标的必要。”也正因如此，他强调，“我们该从观念上一古脑儿丢掉任何农业社会的 ideology（思想方式、思想意识)”。这些观点与胡适当年的论点又是多么的相似。

就论战时代的具体情况来看，李敖宣扬“全盘西化”，与过去的西

① 欧阳哲生编：《胡适文集》第5册，北京大学出版社1998年版，第454页。

化派一样，依然是从“富国强兵”之途来加以思考的。百十年的列强入侵，百十年的割地赔款，有政权腐败的原因，更有武器落后的原因。“全盘西化”就是要用西方对付西方。显然，学习西方的现代科学，只是解决问题的一个方面，单凭此一方面的努力，是远远不够的。论战之后，李敖对自己的文化观点又进行了冷静反思，对中西文化中的一些问题渐渐有了比较具体的分析。1980年，李敖复出之后，第一次接受记者龚鹏程先生的采访，其中就谈到这个问题：

> 我所谓全盘西化只是充分地世界化，并不是百分之百，这是语言在运用时无可避免的限制，因为我们在说话时无法不断地作法律上的申述。就这个观点来看，从传统而来的东西如果可以保留，我们就应该保留；但这方面仍有待于新的发现，而非盲目的保留。例如我所发现的“典权”就是我为中国文化保留的部分，世界各国都没有这种权。中国古代法律至今仍能保留在民法里的，就只有典权和子女养育之权了，其它的部分都早已西化。我们虽然不甚觉得，但事实上中国的法典已经没有了。
>
> 所谓西化的意思就是要我们面对、选择，并接受真正现代的文明。这与一般人所说以中国文化来消融西方文化不同，这是不可能的，只能附丽，把传统里好的一部分附丽到这里面来。[①]

这些话，可谓真正地反映出李敖对文化的比较成熟的态度和观点。他认为，“中国文化其实没有断，可是它有一些东西需要过滤”。[②] 要真

① 李敖：《李敖对话录》，第264-265页。
② 孙承斌：《聆听李敖》，《参考消息》，2001年5月22日。

正地掌握中国文化的精华部分，就必需进行一番去粗存精的工作，而这种工作，他自诩是当代中国人中做得最好的一个。

也许，当时的人们并没有意识到这种批判在情绪上的“偏执”，和这种情绪产生的特殊背景，而只是把李敖当作了反传统文化的一个异数，真、假道学者群起而攻之，形成一种官方十分喜欢看到的鹬蚌相争的局面。

四、炮轰高等教育

谈到对台湾教育的批评，不能不提《自由中国》杂志的核心人物殷海光。

在20世纪50年代初期，蒋介石总结反共失败的教训，将反共思想和三民主义精神渗透于各种学术、课程之中，并通过党团组织，加大了对学校文化教育的控制。这种做法，自然引起社会各界的强烈不满。1954年5月，《自由中国》发表了余燕人等人的来信《抢救教育危机》，对蒋氏父子的“反共救国团”干扰学校教育、影响青年身心健康的行为，进行了激烈批评。文章发表后，蒋介石勃然大怒，在当年12月的“宣传会报会”上对与会人员下令说：“开除雷震的党籍！”谁知，雷震在逃台后并没有参加国民党的归队登记，等于自动脱党。蒋听了中央党部秘书长唐纵的汇报，依然愤愤地说：“没有党籍也要开除！”

殷海光得知这一“笑话”后，在信中对雷震大加鼓励，“欣闻老前辈断尾（指开除党籍）”，“可喜可贺”。他认为，蒋介石杀人如麻，祸国殃民，作为一个败军之将，逃到台湾来仍然要老百姓，甚至正在受教育的娃娃崇拜、拥护、效忠、服从他，简直太不像话。他决定再次撰文拆穿蒋氏父子在台湾搞“党化教育”的祸心，使人们认清蒋介石的真面目。于是，在1958年，他先后写出了《我们的教育》和《学术教育应独立于政治》两篇文章，发表于《自由中国》杂志。这两篇文章强烈呼吁官方停止“党化教育”，要求学术自由、简化课程，为“国家”保留一片生机。

殷海光公开向蒋介石的言论挑战，在台湾社会产生巨大影响，得到了广大读者的支持，他也以民主斗士的形象受到人民的欢迎。李敖曾对这一时期的殷海光有高度的评价：“在这 11 年的表现里，在使人头脑清楚方面，做了中国有史以来没人做得到的大成绩。他以简明的分析、高明的远见、清明的文笔，为历来糊涂的中国人指点了迷津。在思想指向以外，他的政论方面的文章，出色得使敌人和朋友都为之失色。”① 同时，由于他的文章矛头直指当时执掌党、政、军、特大权力的蒋经国，也为他后来遭到官方残酷迫害埋下了伏笔。

作为殷海光的学生，60 年代的李敖在斗争的视野上并没有超越他的老师，但他的斗争方式却有所改变。《自由中国》及其同仁的下场也使得他不可能重蹈覆辙，他避开了那个强权政治，由殷氏的对政权和制度宣战而转变为局部的阵地战，集中火力，逐个报销。战场缩小了，而论敌却更加具体、更加清晰了。

从某种程度讲，中西文化论战的文章，虽然树敌八面，但并非造成李敖被群起“围剿”的主因。真正导致他腹背受敌的，是他 1963 年发表的一组文章中对台湾文化知识界的两个高峰——台湾大学和“中央研究院”，以及对他的老师沈刚伯、史学界泰斗李济等人的批判。

这一组文章讨论的中心话题是教育文化部门中学术人才的老化问题。这是作者在人生方向定位以后投向社会的一束重磅炸弹，是作者直面社会种种腐败现象的第一次思想批判。作者拿五四时期的学术界作比较，指责现今的学术部门的前辈们不求进步、缺乏朝气、只是把持现状的衰朽与堕落，十足表现出他们“没办法”和“无能”的丑态。

① 李敖：《雷震研究·前言》，《李敖大全集》第 39 册，第 78 页。

面对学术界的一班“二流货”和不入流的庸才，作者的心情是沉痛的。虽然他当时依然是台大文学院历史研究所的研究生，但他什么也顾不得了，“我宁肯牺牲掉在台大文学院历史研究所的学籍（还差半年，就可得硕士学位），不管三七二十一，终于‘发难’。”

1963年11月1日，《文星》73期刊载了李敖炮轰高等教育的第一篇文章：《高等教育的一面怪现状》。

台大文学院是李敖选取的典型个案。在这篇万字长文中，他首先把批评的矛头直接指向了自己在台大的老师沈刚伯。“我每次看到死气沉沉的沈刚伯，从死气沉沉的台大文学院中荡出来，我就忍不住一肚子鸟气”。他认为沈刚伯心胸狭窄、排挤异己。当从大陆撤守时，台湾大学校长傅斯年曾有一个抢救“第一流”教授的计划，在被抢救的人中，朱光潜名列前茅。可是谁能想到这个计划竟被现任台大文学院院长的沈刚伯“扣”住，为了保住自己的学术地位和政治前途，沈暗中作梗，阴错阳差，终于使朱光潜这类教授不能到台湾。最不可原谅的是“他身居高位，却不拉屎一点上。这是败坏中国学术与学风的真正罪恶”。因此，他要“炮轰这个文学院和‘沈刚伯型’的老教授，使他们受到文字上最厉害的惩罚，使他们多少要假装有点‘赧颜为人师’的惭愧”，使其“把戏被拆穿了、劣迹被昭彰了、学术者‘风度’被炸掉了”，这是李敖第一次指出“高等教育的一面怪现状”的目的。作者在该文中用统计学的方法对台大文学院展开剖析，指出绝大多数台大教授中存在的四大特征：寿比南山、不研究、不让贤、也不发表论文；和两大流行症：“分赃”和“意淫”。比如，在文学院中，40岁以下的教授一个都没有，而现在的教授绝大多数都在40岁以前就当了教授。他们虽然不研究、不让贤，但“还是照当教授不误，照样念一本焦黄的讲义，照样搓麻将，照样‘学界分赃’，照样长吁短叹说：‘年轻人真不行呀！我们后继无人呀！他们接不上棒呀！他们程度不够呀！’”。在文章中，李敖深刻地指出了教育与政治的关系，“从长远的眼光看、从

‘十年树木，百年树人’的眼光看，却是教育影响政治。‘革命之成功、必有赖于思想之变化’，只有教育才能使思想变化，主持教育的人，自己若不先思想变化，只是敷衍守成，盘踞下去，摆不出新气象，国家如何能有希望”？作者处江湖之远，依然忧国忧民的心情溢于言表。同时，作者又指出了教育界一滩死水的原因：缺乏强有力的制衡或考核的力量，“对教育界的黑暗腐化，没有人去‘扒粪’”，导致体制僵化，在其位者高枕无忧。

该文发表后，在台湾产生了“强烈而普遍的反应”。有的说作者快人快语，有的说作者勇气十足，有的说作者哗众取宠，有的说作者大逆不道，当然，还有人说李敖是受人指使等等，由此而后，一场轰轰烈烈的大辩论展开了。

一个月后，李敖又在《文星》抛出了第二篇文章：《师道与是非》，对传统的卫道士们予以驳斥。文章围绕什么是真正的“师道”展开议论，对不讲“是非”的名分观展开批判。深刻地指出：“在中国传统内，名分底下无真理、辈分底下无是非、师道底下无直道。”“老师是永远不可违背的、不可批评的”，所谓“当仁不让于师”，只是一个“能看而不能摸、更不能摘下来要”的牌子，谁如果不信此言，硬将《论语》的教条拿来实行，就“一定要被围剿”！这是中国历史上“狭义的师道迷信”所带来的必然结果。李敖认为真正的师道是存在的，“师道”是“经师”与“人师”的同体，包括“言教”与“身教”，作为教师，除了单纯的传授知识以外（第一层次），它还要树立人格上的楷模（第二层次）。凡是“老师其外，误人其中”的老师，都不能算是老师，都应该剥夺他应有的名分、应该走开。“在真正的‘师道’底下，任何名分上的关系、任何‘狭义的师道迷信’，都抵不住真理与是非。只有把真理与是非放在‘师道’的牌位上面，这种裂痕才有了弥补的共同标准。”“任何有点进化头脑的老师，都不该为自己学生的‘背叛’感到惊骇或难过，因为这种‘背叛’，乃是一种对进步的督促。”自然，

“任何有点好汉作风的学生，都不该为‘背叛’自己的老师感到内疚或不安，而觉得这是什么大逆不道的事。”作为一个受教育者，面对并不令人乐观的教育体制和社会环境，都不应该人云亦云，随大流，而要能有所超越。“你不能在羊圈里学做一只老虎，还是得自己想办法。当然，要做羊，就不必学，羊在哪里都是羊，做羊是无师自通的。以羊为师，除了吁吁吁，又能学到什么呢？”①

但是在任何国家任何地区，教育与学术界的腐败都不是某个人的问题，究其根源都会追溯到体制本身。正因如此，作者付出失学、失业的代价所换来的是：现状依然如旧。“惊魂甫定，遮羞完毕，有人又从麻将桌边浮了出来，照旧打出了‘白板’，做成了‘清一色’，然后望望窗外，喘气说：‘吓！这次‘台风’好大呀！”②

关于高等教育怪现状的讨论，正反双方撰文颇多，正方如梁实秋的《整顿高等教育的几点意见》（《文星》第74期）、蒋匀田的《如何矫正高等教育的怪状》（《文星》第74期）、乔龄的《人才之叹》（《大华晚报》，12月2日），反方如洪炎秋的《一个教授的自觉》（《中央副刊》12月28日）、梁容若的《天国之路》（《中央副刊》12月2日）、刘世超的《大学的师资问题》（《新时代》3卷12期）等，各呈己见。然而反方的重点慢慢转移到一个方面：“大学教授待遇菲薄论”。因为“待遇菲薄”，所以不能专心做学问、不能研究、不能发表论文、不能退休、不能新陈代谢、不能这个、不能那个……总之，一切都没法子，一切都得维持现状拖下去！

李敖认为，这种观念正是教育黑暗与腐败的症结所在，它是那些老而不退者的“定心丸”、“安魂药”、“遮羞的帘子”、“老不长进的帘子”，是一种“偷天换日的技巧、一种移花接木的把戏”。基于此，1964年7月1日，李敖又在《文星》第75期发表了《论“占着茅坑不

① 李敖：《答陈依玫》，《李敖对话录》，第85页。
② 李敖：《论“占着茅坑不拉屎”》，《李敖大全集》第2册，第241页。

拉屎"》一文。作者以洪炎秋文章为靶子，在文章中给予揭穿。

在发表《高等院校的一面怪现状》的同时，李敖又发表了《李济：他的贡献和悲剧》一文，把第二个目标对准了台湾岛上的最高学术机关——"中央研究院"。

台湾大学和"中央研究院"是台湾知识界的双峰，一个是最高的教育机关，一个是最高的学术机关。为了把它们的主要问题拿出来进行检验，前面李敖选取了台湾大学的文学院及其主持人沈刚伯，这里把矛头对准了历史研究所及其主持人李济。这两位学界掌门人是"亲家"，且都是气焰震"主"（台大校长钱思亮、研究院院长王世杰，两人被震成了小傀儡）的人物。在选取典型上，自然是首当其选。

李济，北平清华学校毕业，五四前夕公费留美，取得硕士学位，26岁获哈佛大学博士学位，回国后，起初在南开大学执教，后转入清华大学以讲师资格与梁启超、王国维、陈寅恪一起担任导师，主要从事考古研究，参加了河南新郑（1924）、山西夏县西阴村（1925、1930）、安阳小屯（1928至1937共15次）的考古工作，1928年任中央研究院历史语言研究所专任研究员兼第三组主任，后历任中央博物院筹备主任、故宫中央博物院理事、台湾大学历史系教授、考古人类学系主任、故宫中央博物院理事及中央图书馆联合管理处理事、及出席菲律宾、西雅图等学术会议的代表，又曾在伦敦、斯德哥尔摩、墨西哥大学、华盛顿大学讲学；1938年起，被选为"英国皇家人类学研究所"荣誉研

史学界、考古学界泰斗李济

究员(Honorary Fellow);1948年起,被选为“中央研究院院士”;1955年起任“中央研究院”历史语言研究所所长、台湾大学考古学人类学系主任。

在《李济:他的贡献和悲剧》一文中,李敖首先介绍了李济的学术研究成果和爱国思想,以及对科学思想的宣扬,同时也谈到了他的悲剧的一面,老而不退,后继乏人,性格狷介,“严肃而不可亲(甚至有时气量狭窄小气,态度跋扈专横)”,难免走上“恶恶而不能去,爱才而不能用(或不敢用)”的十字街头。

就在李敖指出李济气量狭窄、态度跋扈专横、“希望他能警惕,从此洗心革面重新做人”的时候,1964年7月,《清华通讯》第9期发表了一篇《寻真理的李济之先生》,对李济进行了高度的评价:“在李先生身上,我们看见了希腊精神和儒家修养的结合!”为了给这种“结合”找出反证,李敖按捺不下,1964年8月22日,挥笔写下了《从李济的悲剧看“中央研究院”的几个黑暗面》一文,立刻引起一场轩然大波。该文从九个方面对李济的“悲观”、“气量狭窄小气与态度跋扈专横”、“把持职位、学术资料”、“师心自用、不善用人。排斥异己,唯我独尊”等进行了严厉的批评。

正如《李济:他的贡献和悲剧》一文的结尾所说:“李济的悲剧象征着教育学术悲剧的拟人化。”李敖把矛头对向学界“大老虎”李济,实为一不作二不休之举,要彻底廓清学术界的腐败与黑暗,就不能只论制度不论人,“有治人无治法”的现象和“有治法无治人”的现象皆不可取,“所以在这个时候,我们不但要‘骂倒一些个人’,甚至应该打倒一些个人,我们要逢佛砍佛、逢罗汉砍罗汉、逢老不长进砍老不长进。只有这样,才能赶走拦路的老虎或纸老虎”。对“李济型”的人,只有“擒贼先擒王”,才可能招致学界大哗,引起人们心灵上的震动,搅起千尺死水,形成思想的大波。

李敖在后来出版的《教育与脸谱》序幕中说,该书“收集我12篇的文字，其中有三分之一是没发表过的。”无论是批评台大文学院院长沈刚伯，还是批评史语所所长李济，无论是评价“入世”而“用世”的台湾驻美大使蒋廷黻，还是赞美勤奋工作、锐意进取、充满了智慧和人情味的美国总统胡佛，全部的文字都是环绕在一个主题上面，那就是：“老头子，你好好干；你不好好干，最好请你滚蛋！”所用的方法正是鲁迅先生所说的“贬痼弊常取类型”。他在致台大中国文学系主任台静农的信中说：“我批评的对象是‘众人’，是 faculty。我偶尔提到‘个人’，也是认为这个‘个人’可以代表‘众人’，代表 faculty，值得借来做活证与抽样。所以毋宁如泰戈尔所说，个人是好的，众人是不好的。对‘个人’，我何成见之有？”①

此类文字一发表，真正捅破了学术界的马蜂窝，马上引起四面八方对他的不满与反击。在 19 世纪 60 年代的台湾，既未“全盘西化”，当然无法容忍他的“目无尊长”、“尖酸刻薄”，甚至更有老先生要告他“人身攻击”，闹到法庭去“对簿公堂”一番。因李敖曾从师台大台静农、吴相湘和史研所姚从吾先生，故文章发表后，胡秋原撰文说李敖斗胆写此文是受到“一个教育机关”（台大）和“一个学术机关”（中研院）的支持。实际并非事实。

对于李敖凌厉的笔锋，1964 年 3 月 27 日，著名作家於梨华在与李敖的信中有劝说之词：

> ……你批评台大的几个人，尤其是沈的事。我先说明，并不是因他替我写了序，我要袒护他，你说的许多话如：他的懒、他看武侠小说等等我完全与你同意，可是你说得太粗糙、太表面化，像两人打仗，你身上毫无遮蔽的上战场，不是先弄得遍体伤痕吗？

① 李敖：《一封没寄出的信》，《李敖大全集》第 2 册，第 294 页。

> 17世纪末英国的大文人Swift、Pope，都是骂人的能手，他们也指明的骂Donne他们的前辈，而且说得十分刻薄，可是他们用的技巧十分subdue（委婉），所以对方无法攻他，尤其是Swift，他的笔犹如蛇舌，教人生恨，可是别人一点也捉不到它。你的才华如此强烈，记忆力又特别超人，做一个satiric writer（讽刺作家）已有了最好的条件，所需要的就是一点 ①技巧，②锋芒绝不能太露，年轻人像你这样特别易受伤，就是你锋芒太露咄咄逼人，③字句用法千万不能流气俗气。[①]

李敖并没有听从朋友的劝告，他依然在我行我素。

显而易见，在“众神默默”之下，李敖以一夫之勇所面对的是一个强大的政治机构所支持的学术集团，其力量之悬殊，不可比拟。但历史的责任感已使他对一切利害得失在所不惜，他清楚地知道：“说这些话的后果也许是鹦鹉救火、也许是飞蛾扑火，或是另一个方式的不得善终。可是我知道我不能坐等别人来‘发难’，对政治，我们已经不说话了；难道对教育学术、对社会问题，我们还装孙子吗？”难怪他要说“只好用这本教育中的脸谱和脸谱中的教育来表示螳螂之怒”了。但他依然自信，坚信自己的方向是对的，代表着历史和正义，他说：“在我不能斩将搴旗的时候，我只能悲愤地留下这部历史的纪录，让一代扰攘的老头子们，会在千秋万代以后，使他们的子孙会因他们而感到羞耻。假使他们不断子绝孙的话，历史之神总有一天要为我作证。”[②]“我是酱缸里的一条虫，不过是一条野生的、想飞的。我飞的方向是极大多数知识分子所不能达到或不屑达到的，但是我却直朝前面飞去。‘安能

① 李敖：《於梨华和她的小说》，《李敖大全集》第2册，第396页。
② 李敖：《教育与脸谱·序幕》，《李敖大全集》第2册，第217页。

居牖下，白首太玄经’，这是我的新境界了！”[1] 李敖的勇气来自于他的自信，他自信自己的言论乃正义之论，他自信自己的境界在众人之上，正因为他有如此清醒的认识，所以才能有义无反顾的精神和行为。

五、为文学开窗

李敖退役之后，曾去看望殷海光。

聊天中李敖说：“殷老师啊，你们制造的‘自由中国’是什么‘自由中国’啊？你们知道吗？”

殷海光说：“是什么？你说说看。”

李敖将他在军中乐园遇到的那个妓女的遭遇讲给他听，并说：“殷老师，如果我是这个妓女，我身份证被没收了，我人身自由被控制了，我要跑的话，他把我的腿一条一条打出紫颜色伤痕来，我没有办法，我非做妓女不可。”

殷海光沉默无语。

李敖继续说：“可是如果台湾有一个政权，它告诉我：我们不谈仁义道德，不谈主义，不谈国家，不谈领袖，不谈责任，不谈荣誉，就让你卖，我优待你，以前你一天接客五十次，以后每天接客四十次，以前每次接客只拿三块钱，改成每次拿到四块钱，我就会支持这个政权。能够改善我的生活，把我的悲惨世界能够改善一点点的这个政权，我就拥护它。‘国家’对我没有保护，我的生命是这么样的悲惨，我有什么选择呢？殷老师啊，你们谈自由、民主、人权、博爱，对这些下层的群众而言没有意义，完全没有意义。”

殷海光闻之落泪。

---

① 李敖：《教育与脸谱·序幕》，《李敖大全集》第 2 册，第 217 页。

李敖认为，在妓女眼中，那些高高在上的人，无论什么党，无论哪省人，他们根本都是压迫她们的人，他们谁也不能解决她们的生活问题。李敖能做的是，当她拉自己衣服，当她撩起裙子给他看她大腿上的伤痕的时候，他会发生恻隐之心，买一张票送给她。“我没有办法救她们，可是至少我把整个的记录记下来了，我留下66万字，记录军队的黑暗和中国人民的苦难”，他期待着有一个机会，把这个故事讲给整个中国人听。

45年后，李敖在电视屏幕上向观众讲述了这个悲惨的故事，他真正做到了这一点。他认为，反映底层苦难者的生活和希望，应该是一个文学家义不容辞的职责。他在1962年的一篇文章中曾写到：

> 中国人的爱国方式太偏重在政权的转移与集中，对政权以外的爱国方式很少有人感兴趣，这是知识分子的大失败！新时代的知识分子们必须感到谈心性之学走权贵之门固属可笑，但是缩在研究机构里白首书帷也高明不了多少，我们实在可以换一个方式来爱国了，改良改良社会、研究研究农村、访问一下贩夫走卒或神医妓女，从而设法解决一两个实际问题，这岂不是我们该做的事。①

1965年6月5日，李敖在论战的硝烟中，突然游兴大发，乘车南下，来到了台湾著名的风景区——高雄大贝湖。离开喧嚣的闹市，望长天一色，湖光旖旎，李敖完全陶醉在大贝湖的湖光山色之中。游玩途中，街头小摊上出售的一本书引起他的注意。这便是当时正走俏一时的琼瑶的长篇小说《窗外》。

此时，由于王尚勤的离去，李敖“李代桃僵”刚结识了香港英文

① 李敖：《修改〈医师法〉与废止中医》，《李敖大全集》第1册，第416页。

书院毕业的吴海蒂，她在美国海军情报中心做秘书。吴海蒂被电影《窗外》的导演看中，饰演剧中的女主角江雁容。在她的多次推荐下，李敖有了读一读《窗外》的念头。大贝湖游览期间，他在旅馆里挑灯夜读，通宵达旦。看着被自己批注得乱七八糟的《窗外》，他认为自己的又一个切入点找到了，靶子确定了，他决定以此书为个案，对台湾文坛的陈腐风气开刀。于是，一篇文章的雏形在他的脑海中形成。

50年代和60年代初的台湾文坛，正是“战斗文艺”猖獗的年代。国民党当局为了“反共复国”的政治需要，在文化界对新闻出版业进行全面的严厉控制，出台了一整套箝制言论的法规，取缔具有革命倾向的，特别是五四以来大陆的大部分新文学作品，通过建立文艺团体（如“中华文艺奖金委员会”、“中国文艺协会”等）、出版反共文艺刊物（如《文艺创作》、《幼狮文艺》等）、颁发文艺奖金、制定文艺政策、开展国军文艺运动等手段，推行所谓的“战斗文艺”，在文艺作品中提倡所谓“反共救国”的“战斗精神”，反共文学泛滥一时。在这种文学主潮中，一些作家逐渐看穿了国民党“光复大陆”的神话，“身在异乡为异客”的焦灼和重返大陆家园之梦的破灭，使他们普遍患上了“怀乡病”。乡愁小说、乡愁诗、乡愁散文应运而生。他们写乡野传闻，忆故人旧事，状漂泊沦落之景，抒寻根归源之情，这种民族情、祖国情、乡土情亦成为当时文坛的一个重要现象。由于这种中性文学对当时的政治触犯较少，遂有了一块生存空间。琼瑶正是在这种中性文学中成长起来的一位作家。

琼瑶，原名陈喆，笔名琼瑶、心如、凤凰等。湖南衡阳人。生于1938年4月。1949年随家迁往台湾。她出生于一个知识分子家庭，从小受到良好的家教，9岁时在上海《大公报》儿童版发表文章《可怜的小青》。16岁在台湾《晨光》杂志发表短篇小说《云影》，读高中时已发表作品200余篇。1963年，她的第一部自传式长篇小说《窗外》出

琼瑶女士

版，一举成名。遂之又有《六个梦》、《烟雨蒙蒙》、《幸运草》、《菟丝花》、《几度夕阳红》等长篇问世，在港台地区引起轰动。60年代中期，台湾文坛进入一个“琼瑶热”的时代。

应该说，琼瑶是一位比较成功的言情小说家，美化人生的爱情理想是她作品的主旋律。她小说中的爱情观、婚姻观、家庭观的基本倾向是追求真情流泻的爱、忠贞不渝的爱、有文化有教养有道德的爱。她主张恋爱自由、婚姻自主、个性解放，以及家庭的民主和睦。这种温情软调的文学正好适应了60年代台湾社会新兴中产阶层的需要，面对紧张激烈的社会竞争，面对人际关系的冷漠和疏离，人们寻求着心理上的逃避和平衡，尤其是那些正值青春初萌而又面临升学或职业压力的少男少女，更是企盼在文学作品中找寻他们憧憬中的爱情王国，此时，多情善感的琼瑶为读者编织了一件件梦的衣裳，在蒙蒙烟雨和爱的浮云中进行爱的旅行。但也不可否认，由于她生活天地的狭窄，作品取材缺乏广度，思考领域缺乏深度，对读者很难产生永久的历史震撼力。

面对文坛的种种现状，在文化思想第一线搏杀的李敖十分不满。他认为目前的台湾文坛就像一间没有窗的暗室，“人们摸到的，只是断烂朝报；呼吸到的，只是乌烟瘴气；听到的，只是鬼哭狼号”。他将台湾文坛的作家划为十派：即新八股派、新之乎者也派、旧的吗了呢派、新鸳鸯蝴蝶派、表妹派、新剑侠派、新活见鬼派、广播剧派、古装派、新闺秀派。他认为此类文学“缺乏营养、缺乏气魄、缺乏不受精神虐待的自由，也缺乏一盏真正的‘智慧的灯’”。[①] 因此，他除了在暗室中要“自造光芒”，号召人们“向积极、向上、面对现实的西文振作精神学习”[②] 之外，还要反击，对这种文坛怪象和粗制滥造的文学进行猛烈抨击。在文学乱象之中，他要找一个切入点，找一个靶子，如今，这个目标终于确定了。

李敖与琼瑶并不认识，就在他写作这篇文章期间，两人才有了第一次交往。那是 1964 年的 6 月中旬，他应聂华苓、潘琦君、徐钟佩、张明、张兰熙、华严等女作家邀请，在华严家中吃饭。在这里，他认识了在文坛崭露头角的琼瑶。琼瑶亲切和善的面孔，成熟优雅的举止，沉稳智慧的谈吐，给李敖留下了比较深刻的印象，但对她的作品，李敖依然不敢恭维。他在极短的时间里，写下了长达二万余字的长文《没有窗，哪有“窗外”》，发表在 1965 年 7 月 1 日出版的《文星》杂志第 93 期。在该期的“编辑室报告”里作者写道：

> 琼瑶女士，以她的软弱的心灵，混沌不清的思想，老得掉尽大牙了的观念，借她的一本又一本的小说，哭哭啼啼地把我们年轻的一代带入一个可怕的噩梦。《窗外》这本书，就是一个显例，可是这本书却一版又一版的重印，甚至还要拍成电影，继续扩大它对青年们的麻醉。
>
> 我们认为，“暴得大名”的琼瑶女士是应该醒醒了，一个作家，如果仅仅以“媚世”的作品来取悦群众，这种做法是卑下的，不可取的。在此时此地，拿笔杆的人必须面对现实，向愚蠢、软弱和盲目挑战，绝不能再躲在烟雨濛濛的象牙塔里去做他的六个梦。[③]

---

① 李敖：《没有窗，哪有“窗外”》，《李敖大全集》第 40 册，中国友谊出版公司 2000 年版，第 159-160 页。

② 李敖：《编辑室报告》，《李敖大全集》第 29 册，第 490 页。

③ 李敖：《李敖大全集》第 29 卷，第 477 页。

《窗外》写的是一个18岁的高中女生江雁容与她44岁的老师康南恋爱的故事。李敖认为这部小说所宣扬的观念对社会青少年是一种误导。作品中的人物依然是传统观念的奴隶，他们并没有认清什么是爱情的本质，真正的爱情是自由的，是“妈妈管不着”的。“爱情不是‘永恒的’，可是盲目的人却拼命教它永恒；爱情不是‘专一的’，可是盲目的人却拼命教它专一。结果烦恼、烦恼、乌烟瘴气的烦恼！”今日的青年少年，就是在这样的暗室中被熏陶、被围困，他们凭借作家们为他们营造的所谓“窗”，望到的无非是这种乌烟瘴气的迷雾。“‘如果青年的梦和希望’竟是花呀、草呀、月亮呀、‘淡淡的哀愁’呀、妈妈的话呀、罪恶感呀、传统的性观念呀、皱眉呀、无助呀、吟诗呀、苍白呀……这一套的话，那么这本《窗外》的作者，显然是这些‘梦和希望的代言人’。岂止是代言人，她还是他们的偶像，她的书是他们的经典。她在传统的集中营里面，为软弱的一代编织了新文网，使他们更僵化了思想，走向了做顺民之路。这些‘罪状’，又岂是善良的琼瑶想像得到的吗？”李敖认为，琼瑶是在用“媚世”的写作来取得读者的“共鸣”，这是与作家的身份不相称的。真正的作家应该能敲打出一种声音，使“人同此论”，而不是随波逐流，降格取媚。群众需要的是阳刚、笑脸与活力，而不是软弱的眼泪与苦恼的痕迹。他应该知道，“这个世界，除了花草月亮和胆怯的爱情以外，还有煤矿中的苦工、有冤狱中的死囚、有整年没有床睡的三轮车夫，和整年睡在床上的要动手术才能接客的小雏妓。……她该知道，这些大众的生活与题材，是今日从事文学写作者所应发展的新方向。从事这种题材的写作，它的意义，比一部个人的爱情小故事要大得多。一部斯多威的《黑奴吁天录》，可以引起一个南北战争；一部屠格涅夫的《猎人日记》，可以诱发一次农奴解放。真正伟大的文学作品，一定在动脉深处，流动着群众的血液。在思想上，它不代表改革，也会代表反叛。”

文章发表后，立即在社会上引起“原子弹的效果”。《中华日报》

副刊于1965年7月21日、26日发表王集丛的文章《“反派”小生》和《先天性的毛病》，指出李敖是专门和人抬杠、唱反调的“反派”，这同样是一种“媚世”的做派。并对李敖的爱情观展开批评。1965年8月，《中华日报》又登出凤兮的文章《作家走出小世界》，认为李敖之文是在“钻牛角尖”，李敖劝告琼瑶应写的雏妓之类，在台湾只是“癣疥之疾”、“秋毫之末”，真正重大的课题应该是“反攻大陆”、“恢复大陆同胞已经失去的自由”。11月1日，《幼狮文艺》又发表隐地的文章《狂妄与偏激》，认为李敖“目空一切”、“狂妄偏激”、令人“生厌”。

在《中华日报》上，一生骂鲁迅不止的老作家苏雪林也寄语琼瑶说：“自古文章有真价，岂因群吠损毫芒？”[①] 她骂李敖是“狗”，可见其憎恶至极。而琼瑶本人则在接受记者采访时说：“李敖叫我去多发掘有关妓女、矿工、死囚一类的题材，这些问题，都是我生活环境范围里不可能有的题材，尤其是我认为‘中国’的司法，是不会有冤狱的死囚。”琼瑶认为，李敖文章牵涉的问题，早就超过了对《窗外》的评论，到底什么居心，只有李敖自己心中明白。

在《文星》杂志上，首先是散文作家蒋芸撰文《象牙塔外是什么》，对李敖发难，她认为李敖文章充满了嘲谑和自我炫耀，批评琼瑶根本不够资格。该文发表后，先后有刘金田、张润冬、吴健等在《文星》发表文章，对蒋芸进行反击。刘金田在《象牙塔外是什么》一文中，批评蒋芸的文章软弱无力，“连人道主义的齿轮都扣不上”，同时，他把笔锋指向了国民党的御用文人：

> 更令我迷惑的是，那些搞战斗文艺吃饭的批评家，只会盲目地跟着推“炮”的谢冰莹开“卒”过河向空军军眷郭良蕙进剿，面对这股闺秀派的暗流、面对这些削弱战斗精神的

① 苏雪林：《寄琼瑶女士》，《中华日报》1965年8月30日。

> 作品、面对这些“待字闺中”的文字美人，却装聋作哑，不肯挺身出来点正义之火，扑文坛的花蝴蝶。而让眼前那一流卫道者把《窗外》捧上摩天楼，让“不够资格批评”的李敖打了“明是非”的头阵，丢了一颗使闺秀派“心碎”的手榴弹，这是何等滑稽的事啊！①

作者张润冬的《从“窗外”到“象牙塔外”》则从传统文化的角度支持李敖的观点。他认为小说主人公江雁容的悲剧一切都来源于传统，“传统中的不好部分是人性的枷锁”，要建立一个真正科学、民主的现代化国家，就必须先扫清传统的乌烟瘴气。

而作者吴健则以读者来信的方式对蒋芸提出忠告，赞扬李敖凭着对新思想、新知识、对中西文化的深刻认识、对社会和国家前途的狂热的关切，凭着“虽千万人，吾往矣”的特立独行的勇气，凭着像鲁迅一样“粗俗、尖刻”的文字，向社会发出呐喊，震撼了我们这座“古老社会的大梁”，他“击倒了许多权威、毁去了许多主义”，这一切都并非出自仇恨而是出自他的爱心——“他想毁去古老、衰败的旧社会，然后从废墟中重建一片清新的朝气和希望”。但尽管如此，却依然有人向他攻击、向他投“帽子”、教他吃上官司，这是多么的不公道。“历史是时代的一面镜子，文学是人群生活的写照，历史家的笔和文学家的笔应该同样为人类文明担负起承先启后开展光明远景的责任。”②

尽管有不少作者支持李敖，但就总的形势而言，李敖的处境愈来愈不妙。不仅琼瑶认为李敖别有居心，官方杂志亦利用“读者来信”落井下石，对李敖文章的性质上纲上线，如1966年5月22日《台湾日报》刊登读者投书，认为李敖文章“有意要和我们台湾现在的经济繁

① 刘金田：《闺秀派呐喊了》，见《李敖大全集》第40册，第200页。
② 吴健：《走出象牙塔外》，《李敖大全集》第40册，第208–215页。

荣、社会的进步作对，他的居心到底怎么样？我们不难看出来的”。琼瑶的男友平鑫涛执掌的《皇冠》杂志亦发表读者来信说：李敖“有意要和我们事实上的经济繁荣、社会进步分庭抗礼，他到底是何居心，我们实在不太了解”。这一切迹象都表明，无论是官方媒体，还是拥琼派的作者，都在努力将文学问题政治化，给李敖扣帽子，使问题升级，最终使官方动手。

李敖对此早已有所察觉，他认为这种典型的戴帽子战术，“一方面向当政者示谄，一方面向当政者示警，‘花落谁家’尚不可知，但是‘头落谁家’却早派定了”。[①] 面对危机四伏，他不仅没有知难而退，反而愈战愈勇，大有“占着茅坑穷拉屎”、“吃定了”的味道，1966年8月25日，他又以《窗外》为例写下了《我们应该打倒的滥套辞汇》和《论头不可乱摔》两文，对文坛上流行的“绮词丽语”式的“白话文”提出尖锐的批评。

另外，在批评琼瑶《窗外》的同时，李敖对台湾文坛武侠小说成风的现象亦给以激烈的抨击。他在《“武侠小说”，着镖！》一文中详细分析了武侠小说产生的社会原因和“新剑侠派”的危害。他认为，武侠小说发展至今，“它的最大罪状，乃是它助长了并反射了一种‘集体的挫败情绪’。这种挫败情绪，正好从武侠小说中，得到了手淫式的发泄，给逃避现实者机会，给弱者满足”。而“新剑侠派”为害更劣，它那“投机取巧霍然成侠”的路数，那“弱胜强”、“小胜大”、“偶然胜长久”、“变数胜常数”的套子，“正好适合挫败者的口味，正好满足逃避现实者和弱者的自卑心灵，”“它不但使人沉醉里面，导致追求真正知识的懒惰；并且还败坏群众斗志，造成意志上面的懒惰”。[②] 在当时，李敖从国民精神的角度来认识武侠小说，可谓空谷足音。它的

① 李敖：《“花落谁家”与“头落谁家”》，《李敖大全集》第40册，第232页。
② 李敖：《李敖大全集》第3册，第391页。

独到与深刻直到几十年后的今天依然具有重要的认识意义。

这一时期的李敖，心情极其复杂。他有自信、自豪和自持，但同时又对来自社会各界的攻击充满了愤懑和委屈。1965 年，他在写给刘济民《人世间》的文章中表明了此时的心迹：

> 凡是肯正视现实的人，都该承认“李敖对青年人的影响力”这一现实。但是承认还不够，承认者必须反省这个社会给了李敖些什么？李敖又给了这个社会些什么？我不客气地说吧，这个社会给我的是不断的打击和封锁，而我给这个社会的，却是促进合理改革的热情与引线。[①]

也许，这正是一个投身于思想启蒙的人文知识分子不可逃脱的宿命。

① 李敖：《过早的答案》，《李敖大全集》第 6 册，中国友谊出版公司 1999 年版，第 371 页。

第七章

文星风云（二）

李敖评传

……我完全是一个个人——最有力量的个人。我能够独来独往，也能够孤军作战，我不是群居动物，但我却一再展示个人的力量出来，绝非人海微澜、默默无闻。在现代的战斗形态中，我是最后一位展现个人力量的，可说是“末代个人”。我死了以后，这个世界大概很难再出现这种伏尔泰式的怪杰了。

——李敖：《李敖快意恩仇录》

一、论战胡秋原

尽管李敖反复强调，他写文章的真正意愿是“减少论辩，指出趋向”，并说“我要使中国民族朝‘科学’、‘民主’、‘现代化’的西方‘趋向’上走，而不走传统、保守、反动的路，我的着眼点是整个的古老民族，而不是几个臭文人和臭笔仗”。然而，他的目空一切、狂放不羁的批评文字，还是在文化界触动了一批人，引发了一场混战。

在被他批评的人中，最吃不消的便是“超越前进”论者胡秋原。

胡秋原先生

胡秋原，1910 年生，19 岁时已出版《日本侵略下之满蒙》等三部著作；1931 年创办《文化评论》，主张文艺自由，自称“自由人”；1933 年，参与抗日反蒋的“福建事变”，任文化宣传部主任；1934 年，创办《时代日报》，主张抗战到底；1939 年，任“国防最高委员会”秘书；1943 年，任《中央日报》副总主笔；1945 年，创办《民主政治》月刊，主张民主与统一；1947年，当选国民党第一届“立法委员”；1951年由香港赴台湾任师大、政大等校教授；1954年任“联合国中国代表团”顾问；1957年任“中央研究院”近代史研究所通讯研究员；1963年8月，任台湾《中华杂志》发行人。著述有《唯物史观艺术论》、《中国文化及中国知识分子》、《中国文化之前途》、《中国英雄传》等书。

关于中西文化问题，胡秋原的主要观点是超脱传统、超脱西化、超脱俄化而前进。他说：“我们对于世界文化，使有可取者，即不是中国的，亦当学习之，况中国固有者乎？使无可取者，即是中国的，亦当屏除之，况非中国者乎？发展自己之长并兼有他人之长，这不仅是我们应有的目的，也是中国文化与学者的一个重大的精神。”他主张：“由门户之争解放出来，发展中国人之聪明才智，创造新中国的新文化，以求超胜古人、西人。”[①] 李敖在《给谈中西文化的人看看病》一文中，把胡秋原的观点列为第11种病，即虚矫的“超越前进病”，其实质仍然是以传统文化为本位。他批驳胡秋原说：“这种虚矫又是不实在的侈论，显然是中国士大夫浮议性格的遗传。这种新文化的创造者实在是一群夸大狂的病人，他们的好高骛远实在是贻误青年的恶疮。自古谈中西文化，最叫座的是他们，信徒最多的是他们，最大言炎炎的也是他们。”

面对李敖的批评，胡秋原在《文星》第53期上发表了一篇长达6万字的文章，进行反驳。胡秋原批评李敖是“西化青年的标本”，批判“老先生吴稚辉、青年李敖都主张全盘西化，而走到何典文体”，并说，如果“全国青年皆为李敖，我承认中国无望”。胡秋原根本不相信批评他只是李敖一人所为，他在文章中称李敖是“豪奴”、“猘犬”、“小军阀”、“文化废人”、“骷髅姿态”、“背后有中年有老年”、“有传授有计划”、“有组织攻击”、“有参谋团、顾问”、“危险打手”、“幕后

① 胡秋原：《古代中国文化与中国知识分子》，见《李敖大全集》第2册，第429页。

人”等等，胡适在世时，他怀疑“幕后人”是胡适，胡适死后，他首先怀疑的，就是姚从吾、殷海光、吴相湘，再就是陶希圣。这种猜疑直到30年后他85岁高龄时，当他因赴大陆谈统一问题被台湾国民党开除党籍时，当一切都曲终人散往事如烟时，他已不再提什么“幕后人”了，而是认为当年的西化论者，“完全是受外国人麻醉”所致，“且有被外人用来进攻大陆的危险”。[①]

为了反击胡秋原的人身攻击，也为了“寻求历史的真相”，1962年10月1日，李敖在《文星》第60期发表《胡秋原的真面目》。第二天，“文献会”的陶希圣为拉拢李敖，告知他要多加小心，胡秋原可能会以政治大帽子来压他。第三天，陶希圣又与李敖谈话，说胡秋原正在搜罗李敖文章中句子，以构成违反三民主义及“总裁训词”等罪名；果然，第四天（10月4日），报上登出胡秋原控告李敖的消息。

由于论战的双方态度都很激烈，相互使用了许多挖苦、讥讽甚至谩骂的语言，所以还没有就学术问题正式交锋，就陷入了情绪化的攻击。

李敖抓住胡秋原的历史大做文章，他先是揭露胡秋原在30年代曾写过一部《唯物史观艺术论》的著作，系由“神州国光出版社”出版，而该出版社又是由一批反对蒋介石的人士创办的。接着，又在《文星》第60期上，发表了《胡秋原的真面目》，正式揭露胡秋原的老底。文章说，胡秋原早年参加过共产主义青年团。1934年，福建发生了反蒋抗日的“福建事变”，胡秋原又参加了反蒋的“福建人民政府”。事变之后，他去苏联避了一年半的难。抗日战争时期，他回国为国民党办党报，又撰写了大量“亲苏”的文字。1949年到1950年，国民党在大陆的统治崩溃，台湾政局又不稳定，胡秋原便避居香港，准备做共产党的顺民百姓。后来见台湾政局稳定，便到了台湾，并立即来了个180

① 胡秋原：《答谢之词》，李敏生主编：《胡秋原学术思想研究》，社会科学文献出版社1996年版，第33页。

度的大转弯，大写“秋原抗俄文字”。但有一次被派出去，他又在英国偷偷与共产党接触，回来后受到国民党党纪处分。李敖尖刻地写道：“他是一个反复多变的人，由于反复多变，政治上，自然也就不能被一再信任。因而在心理上，他有了一种幻想的被迫害症，也就是躁狂症，被虐狂。他的自高自大自我膨胀，过分重视自己，使他老觉得有人想打击他，他完全不能了解，何物胡秋原？胡秋原何物？谁要打击这样一个宦海失意和学界走板的人呢？”最后，李敖给胡秋原送上了一顶“亲共”的红帽子。

在打击胡秋原的同时，李敖也捎带上了任卓宣、郑学稼。李敖在文章中说他们早年参加过共产党，并暗示他们的酝酿思路和理论背景都来源于早年的历史，他们的文字是“前期快感”的体现。

胡秋原在指斥李敖是“西化太保”的同时，也给李敖查三代。他揭出李敖的祖父曾在东北做过“马匪”，父亲曾在王克敏伪政权下当过官，因而给李敖扣上了“土匪后代”、“汉奸儿子”的帽子。

他还说，李敖和《文星》有强大的后盾，“这后盾即我说的参谋团，其中有教授，包括一个教逻辑的，有我们的同业新闻界人士，还有政治上的权威人士等，这是一个奇异同盟”，“反胡集团的组成分子为青年，后有中年，有老年，有比我更老的前辈”。他还一口咬定，有许多机关和人士在利用李敖。其中，那个“教逻辑的”，当然指的是殷海光。

在用文字反击李敖的同时，胡秋原以“立法委员”的身份举行记者会，又到法院以“诬陷、诽谤罪”控告萧孟能、居浩然和李敖。

对此，李敖毫不畏惧。他没钱请律师，便买了一些法律书，开始备战。谁知居浩然的太太找到胡秋原的太太，由太太级出面，双方先行达成和解。对此，李敖感到十分不快。萧孟能的亲朋也纷纷找到李敖，力劝他和解。说不要道歉，只要声明所说不实，表示遗憾即可。但李敖觉得，这是个“是非”问题，不是“人情”问题。“为了真理，我六亲尚且不认，何况非亲非故的胡秋原和非亲非故的萧孟能呢？”于是李敖断然拒绝议和，他说：“我所说的都是实的，也无憾可遗，不行，不和就是不和！”

1962年10月4日，胡秋原正式在法院以“诽谤”为名对李敖提出控告。

11月22日，法院再次开庭。原被告双方刚到庭，旁听者已济济一堂。有人好奇地问：“哪个是李敖？”前往旁听的徐复观在人堆里说：“就是那个小孩子！”在旁听席上，还有很多年轻人，他们是李敖的支持者。台大法律系的学生还向李敖丢来一张条子：

> 李敖：
>
> 别出言太意气，留心构成侮辱法庭罪 Contempt of Court。
>
> 台大法律学会

李敖微笑着朝他们点点头。

在法官的提问中，李敖有问必答，谈笑自若。面对李敖的轻松愉快，胡秋原一副气鼓鼓的样子。其律师悄悄对法官说：“李敖诽谤别人如儿戏，他现在在庄严的法庭上，居然还一直在笑！”

休庭后，李敖马上被一群人包围。有人问他：“为什么不请律师？”他笑着说：“我的律师被胡秋原先生请去了！”

同学马宏祥的父亲是位“国大代表”，他问李敖有何感想，李敖说：“你们‘国大代表’制订的‘宪法’第11条我太相信了，我以为它会给我保障！”李敖指的是“言论自由”。

晚上，李敖应朋友之邀去看电影、吃饭、喝啤酒。在马路上还有人指点说：“那就是李敖，是祸首！”

李敖的不屈不挠使胡秋原陷入被动之中，他意识到这样下去对他的名声不利，颇欲和解。他同法官说："我并不想打官司，像居浩然那样，只要'稍稍给我过得去一点'，我就可以撤回。"但由于李敖的坚持，萧孟能也寸步不让。

回到台大研究所，台静农教授笑着对李敖说："这个官司真奇怪，被告反倒不肯和。胡秋原这下子可完了！"

就这样，官司打到1963年的秋天，法官做出判决：李敖、萧孟能，罚钱；胡秋原，也罚钱。法官张顺吉说，因为告人诽谤的胡秋原也诽谤了他告的人。

地方法院判决后，双方不服，都上诉到高院。高院受理后，双方曾多次到庭辩论，但法官们仍难做出决断，只好一年又一年地拖下去。

1965年5月，李敖反诉胡秋原。

同时，李敖又在台中地方法院状告中央书局（为徐复观印刷诽谤李敖的文字）诽谤罪。中央书局请了两名律师来打官司，李敖没有律师，单枪匹马，最终于1966年3月胜诉。中央书局被罚款新台币1500元。这也是李敖有生以来打赢的第一个官司。但他与胡秋原的讼案却从此拖了下去，自1963年起，一拖11年。

也许正是胡秋原与李敖在论战文字中的相互攻击，当时在美国读博士的自由主义文人林毓生对这场笔战的看法持否定态度，他在给殷海光的信中说："最近小妹寄来五本《文星》，是关于文化论战和胡（适）先生的，读了令人非常气愤！文化海港上居然能听到征战的号角，固然是可喜的现象，但两方面都是不学无术一派胡言，这仍然是从前绍兴师爷耍笔杆，舞文弄墨的作风，真是如何得了啊？"[1]

1966年9月4日，台湾青年党领导人左舜生从香港来台湾，和李敖相见，有近两个小时的谈话。第二天，他在《中央日报》上发表《记留台北三周的观感》，其中讲到：

① 王元化：《殷海光林毓生书信录》，第46页。

> 近年台湾一部分的言论（包括短篇文字与专著），可能有若干也说得过分一些（或在文字上故意卖弄聪明，使人不快），不免与政府及社会若干人士以难堪的刺激，但我们必须知道：人民（尤其是青年）对政府及占有有力地位人士的责难，或对一般现状表示不满，往往不免过分，这在一个专制或民主国家，都是司空见惯的事，用不着十分认真，尤其懂得在今天有同舟共济必要的朋友们，更不可运用刀笔的方式，非把少数人置之死地不可！大家必须了解，真正要阻遏言论自由或禁止某一类书籍发行，并不是一件容易办到的事。[①]

这段话显然是为李敖而发，因为胡秋原曾写过一本《同舟共济》的书，左舜生文中呼之欲出，更为明显。

胡秋原与李敖、萧孟能案拖到1974年时，李敖已因叛乱罪被捕，高院趁此机会把胡秋原的诽谤之言一律改判无罪，有罪的只剩下了李敖和萧孟能。李敖在回忆录中谈到这场官司时曾经说：

> 这官司造成我跟胡秋原结了一辈子梁子，在他告我30年后，我找到机会告他，他赔了我35万，我嫌少，坚持把他家贴上了封条，至今封条犹在，而他老得无力出庭了。曾祥铎劝我，“得饶人处且饶人”，我说：“30年前，胡秋原整殷海光、整我的时候，你为什么不向他说这句话？”——我为人好勇斗狠、有仇必报，并且没完没了！于胡秋原案上可见一斑。[②]

① 左舜生：《记留台北三周的观感》，（台北）《中央日报》1966年9月5日。
② 李敖：《李敖回忆录》，第165-166页。

其实这并不是尾声。

1981年，李敖在《永远失职，永不失业》一文中，点名批评胡秋原在“立法院”鼓动政府用“出版法”整人民。之后，他又写下一系列剖析胡秋原历史的文章，如《胡秋原有反俄远见吗？》、《蒋总裁口中的胡同志》、《胡秋原冒充伪部长》、《胡秋原怎样迫害殷海光》、《从迫殷到批胡》、《为胡秋原的迫害举证》等等，指出胡秋原反复多变、捏造历史、自吹自擂的性格，胡自然怀恨在心。1990年4月13日、6月12日，胡连续在《中央日报》显要位置刊登批评李敖的大幅广告《李敖诈诬六奏》、《殷海光纪念会韦、胡、夏三人广播李敖谎言》，结果被李敖抓住把柄，于同年9月27日，一纸诉状将胡秋原及《中央日报》发行人石永贵告入法院。该状一共列出胡秋原犯“诽谤罪”的30条证据，诸如“骗子”、“卖国”、“汉奸”、“走狗”、“流氓”、“无赖”、“充当美国之线民”等不实之词，台北地方法院受理此案，几经曲折，最终于1991年10月4日，由台湾高等法院判决李敖胜诉，判处胡秋原“散布文字指摘足以毁损他人名誉之事，处拘役肆拾日”。李敖在当年11月29日有记录如下：

> 胡秋原诽谤我，刑事方面判决确定，判处拘役40天，缓刑两年；民事方面，被我索赔400万，郭律师今天上午代我会同法院执行人员，到台北县新店中央新村第五街11号胡秋原家，假扣押他的住宅产权。由胡秋原的媳妇应门，胡秋原自楼上下来签字。“封条”就贴在他的书橱旁边。法院书记官对胡秋原说，你们打官司解决吧。胡秋原无奈诺诺。郭律师告我经过，我闻而大笑。①

① 李敖：《李敖随写录前集》，《李敖大全集》第19册，中国友谊出版公司1999年版，第281页。

对此判决，胡秋原并不甘心。后来，他在自己控制的《中华杂志》和《“立法院”公报》等刊物又连续发表多篇攻击李敖的文章，结果被李敖揪出其中的诽谤文字，再次将他告入法院，并要求经济赔偿200万元，胡秋原亦不停上诉，不愿赔偿。又是几经曲折反复，终于在1992年由台湾高等法院判决胡秋原在赔偿李敖35万元基础上，再次赔偿165万元本息。胡秋原拿出35万元之后，以无钱为由拖着不赔，李敖要求法院将胡秋原家的大门贴上了封条。

但两人的冤仇依然未了。1999年6月17日，中国大陆《新民晚报》、《法制文萃》又暴出新闻：《台湾一桩10年（实为30年）文字官司最新判定：胡秋原赔偿李敖百万》（实为927261元）。不久，胡秋原又告李敖在文章中讲殷海光被台大解聘事时（指李敖《我的殷海光》一文）对他构成诽谤，法庭听信胡秋原提供的证据，而对李敖提供的人证则不予采信，2003年10月30日，台湾最高法院判李敖赔偿胡秋原160万元。此时，胡秋原已93岁，李敖也68岁了。

真可谓没完没了、没完没了。这是后话。

且说60年代李敖与胡秋原之间的这场互告诽谤案，最终以李敖坐牢后败诉告终，但面对具有专制色彩的司法制度，他却感到一种“求仁得仁”的满足。他认为，自己是在为真理而战、为信仰而战、为抵抗国民党的打击而战。他常常想起自己十分喜爱的陶渊明的《拟古》诗：

种桑长江边，三年望当采。
枝条始欲茂，忽值山河改。
柯叶自摧折，根株浮沧海。
……
本不值高原，今日复何悔？

陶诗中说他在长江边种桑，种了三年，刚要收成的时候，忽然山河变色，桑树“柯叶自摧折，根株浮沧海”，一切成绩都漂失了，但他并无悔意。因为“本不值高原，今日复何悔”？本来就不在安全地带种树，又有什么好后悔的呢？李敖认为，陶渊明的诗真正道出了他此时的心境，本来自己的努力就志在牺牲，又何悔之有？陶渊明在《归园田居》五首的第三首中又写道：

种豆南山下，草盛豆苗稀。
晨兴理荒秽，带月荷锄归。
道狭草木长，夕露沾我衣。
衣沾不足惜，但使愿无违。

这里，“夕露沾衣”指的是不计一切牺牲以维持素愿。李敖想到，志士仁人为素愿奋斗，有时会灰头土脸、会牺牲自己的名誉，但名誉毁了也不足惜，只要能救国救民就好了。“对我个人来说，我在‘文星’的努力，也正有陶渊明的这种诗情”。

二、《胡适选集》案

还是在1962年2月24日的傍晚，李敖正在《文星》杂志编辑部忙碌着。这时，与他尚未交恶的胡秋原急匆匆上楼来，说要修改批胡的文章，并说：“胡适在‘中央研究院’讲话时当场昏倒，恐怕不行了。”李敖不由心头一震，他意识到，一个惊人的事件就要发生了。

不一会儿，传来消息，胡适，这位“又开风气又为师”的文化思想巨人，在活了70年又70天后，真的倒下了。

深夜的时钟已指向3点，李敖仍然未睡。他依然在想着胡适。胡适的死，给他以心灵的震撼。他在自己的日记上写道：

别看他笑得那样好，我总觉得胡适之是一个寂寞的人。

在《播种者胡适》里我写过这么两句话。今天傍晚，这个“寂寞的人”到底走向永恒的寂寞，他看不到捧他的面孔，也听不到骂他的声音。在天路的历程中，他转入了苦难的炼狱，——他是一个战斗的人，那才是他战斗的地方！

我想到去年十月九号给他的信。有一段说：

我觉得你有点老惫，虚荣心与派系观念好像多了一点，生龙活虎的劲儿不如当年了，对权威的攻击也不像以前那样犀利了。

在我这封信前两天，他写信约我去南港“玩玩”；在我这封信后20天里，他先托姚从吾先生带了一本小说送我，不久又转给我一封信。可是他没收到我的复信，也没见到我去“玩玩”，他就倒下了！

两年十个月来，我一直没见到他，当然再也不会见到他——一个最能播种的人，如今再也不能播他的种子了！①

在万籁俱寂的午夜时分，李敖，这位一向铁面无情的汉子，手握沉重的笔，默默地表达着他对前贤的思念与哀惋之情。

回想自己与胡适的交往，李敖的心情久久不能平静。他忘不了在少年时代读到《胡适文选》后的兴奋，从那时起，他以崭新的姿态走上了一条特立独行的道路；他忘不了1952年10月1日那一天，他在台中车站将2000字的长信投递给胡适时的激动，那时他才17岁，对未来已有了无限的憧憬；他忘不了迷上胡适后开始写下的一篇又一篇关于这位思想导师的文字，那里包含着他对这位贤者的由衷崇仰；他忘不了在钱思亮家中与胡适那次融洽的长谈，从那时起，他产生了一系列宏

① 李敖：《胡适研究·前记》，《李敖大全集》第4册，中国友谊出版公司1999年版，第5页。

伟的写作构思；他忘不了在军营里关于胡适的噩梦和长考，那种种迷惑、矛盾与狂想……他跟胡适只小谈过三次，一次在台大医院、一次在台大文学院门前、一次在“中央研究院”，此外，除了写信，并无实际来往。胡适一共写过三封信给他，还写了一副字，并送给他照片和书，在他穷困之时又送过他 1000 元钱，然后是《播种者胡适》引起的风波、中西文化论战的硝烟……这一切就像过电影一样在他脑海里一一闪过。他又想到了胡适给赵元任的那封信，自己并没有朝胡适的“弟子”方向努力，这在胡适那里未尝不是一种遗憾。如今，胡适去了，在这云龙聚会的时代里，他要做一些比任何人都识其大者的事情，他要以自己的方式去追念胡适，这位曾经名震金瓯的思想巨人。

在全岛悲痛哀悼胡适之的时刻，李敖开始了他进一步的思考。三天后，他在给王尚义的信中说：“老胡死，我还没时间来哭他，我一直忙着在纪念他的工作上尽点力量，反应理智一点，也许适合我的性格。”① 两周之后，李敖写下了哀怨并重的讽世之文《胡适先生走进了地狱》，于 3 月 1 日出刊的《文星》第 53 期上发表，这是一期“追思胡适之先生专号”，同期撰文的还有陈立峰、毛子水、梁实秋、叶公超、徐复观、黎东方、胡秋原、蒋复璁、王洪钧、余光中等人。李敖的文章发表后，立刻又招来非议，一位署名刘星的作者在 1962 年 3 月 13 日《新闻报》上撰文，题目是《文章忌刻薄》，批评李敖的文章“尖酸而刻薄”，是对胡适的“冷嘲热讽”，是“富有恶意的‘游戏文字’”，是一篇“无益于世道人心，污辱一代学者的文章”，认为李敖“实在缺乏儒者的气质及士人的仪态”等等。随后，李敖卷入了“谁是文化的播种者”的论战漩涡之中。

这一年的 12 月 17 日下午，李敖与萧孟能赴南港，恰遇胡适冥寿，李敖来到了胡适的墓地。这里已有很多人，李敖签过名后，周围的人

① 李敖：《复王尚义论胡适之死》，《李敖大全集》第 30 册，第 13 页。

纷纷议论："李敖来了！"

在李敖眼中，胡适的坟设计得不佳，阴阳怪气的。李敖参观了胡适住所，看了胡适的全部衣物，并吃了一块蛋糕。他在胡适的书架上看到了四年前自己送给他的书，想着当时见他的情景，不禁生出物是人非之叹。他暗暗思量：胡适走了，我能为他做些什么？

在此后的两三年里，李敖为了纪念这位对自己曾有深刻影响的学人，做了三件事：一、出版了他在论战中关于胡适的文论集《胡适研究》；二、出版了《胡适评传》第一册；三、编印出版了《胡适选集》13册。其中，《胡适评传》受到了梁实秋的赞赏。梁在《读〈胡适评传〉第一册》中称，"李敖的《胡适评传》不是属于亲切细腻的一类，而是属于证件充足（highly documented）的一类……像这样旁征博引的句句有来历的传记，可以说是空前的创作"。[1] 但他没有想到，《胡适选集》一书，却使他陷入一场官司之中。

《胡适选集》是一种普及性的胡适读本。李敖考虑到想读胡适文章的人多是依靠《胡适文存》、《胡适论学近著》、《胡适文选》、《章实斋先生年谱》、《先秦名学史》、《中国古代哲学史》、《白话文学史》等专书，而这些专书之外的文章，却没有被有计划地编选过，于是他遍访海内外公私藏书、报章杂志，对胡适的散佚之文加以搜集，最终按类分册，包括述学、考据、人物、年谱、历史、政论、序言、杂文、日记、书信、诗词、翻译、演说等13册，由文星书店出版。

这套选集出版后，以其编纂的精审和资料珍贵而受到读者的欢迎，对胡适思想的流传产生了重要的影响。文星书店被当局封门后，李敖又将此书转给了传记文学社，市面上也出现了多种翻印本，单册流传，总在十万册以上。李敖说："《胡适留学日记》里有一则'借一千，还十万'的札记，写施特来特（Willard Straight）以十万元的纪念堂，酬

① 梁实秋：《读〈胡适评传〉第一册》，见《李敖大全集》第39册，第47-48页。

答他欠过1000元的知己休尔可夫（Schoellkopf）的故事。胡适先生送了我1000元，可是我说三月要还他，但他二月就死了。最后我以《胡适选集》给他做了最好的纪念。……我这点酬答死友的心意，比起《胡适留学日记》中的故事来，也算好有一比了。”

李敖的这种心意非但没有得到胡适先生亲朋好友、门生故旧的感谢，反而遭到他们的打击。1966年12月13日，胡适夫人江冬秀在“中央研究院”胡适纪念馆某些人士的煽动、挑拨与支持下，首先发难。她在《中央日报》登出“胡江冬秀启事”，言：《胡适选集》“是非法的，应立将已印的书销毁”！两天后，以徐高阮为首的“中央研究院”部分同人投书《中央日报》，指责出版《胡适选集》是一种“恶行”、是“图财害命”、“有权过问的官署怎容《文星》在光天化日之下公然进行”，并宣称：“当此朝野在‘总统’领导下高唱复兴文化运动之时，任何人竭其心血所成的发明权及著作权，应受到尊重和保障，是一个最起码的条件。希望贤明的‘内政部长’立刻负起责任，处理这件版权被侵害的案件！司法机关也应该考虑除暴安良的行动！”12月17日，胡适委员会委员凌纯声、魏岩寿、石璋如、胡颂平、徐高阮、王志维等，又举行委员会议，决定全体委员赴台北慰问胡夫人及维护胡适博士著作权益。12月18日，北京大学在台校友会成立七人小组，由陶希圣、杨亮功、陈雪屏、姚从吾、吴铸人、孙德中、毛子水组成，“代表北大校友到和平东路向胡江冬秀女士表示慰问，并保证北大校友对这事不会坐视”。12月20日，教育界人士孙亢曾、沈刚伯、许倬云等发表谈话，跟着推波助澜。于是，伴随着文化论战后的落井下石，在舆论界，几乎众口一声，声讨李敖的“侵权罪行”。

《胡适选集》究竟是否侵权，李敖自有解释。他的依据是：

一、著作权法第十八条：“揭载于新闻纸、杂志之事项，应注明不许转载，其未经注明不许转载者，转载人须注明其原载之新闻纸或杂志。”

二、著作权第二十一条：“著作权年限已满之著作物，视为公共之物，但不问何，不得将其改窜、割裂、变匿姓名或更换名目发行之。”

三、著作权第二十二条：“无著作权或著作年限已满之著作物，经制版人整理排印出版继续发行并依法注册者，由制版人享有制版权十年；其出版物，非制版所有人，不得照相翻印。”

四、著作权法施行细则第四条：“凡著作物未经注册而已通行20年以上者，不得依本法申请注册享有著作权，其经著作物之原著作人为阐发新理而修订发行者，其通行期间，自修订发行之日起算。”

李敖认为，从上述条文可知，《胡适选集》具有十足的法律保障及依据。同时在民法与出版法中，也有相关的条款以为支持。

但对国民党官方来说，以胡适为代表的自由主义文人是一党专制的敌人，阻止胡适思想的流传，正是官方的心愿。如今，能够借胡夫人之刀，来个釜底抽薪式的解决，简直是上上之策。于是，朝野双方，声应气求，轰动一时的“《胡适选集》案”，便在1966年12月25日江冬秀的按铃申告下，如火如荼地出现了。12月30日，国民党的文宣大将胡秋原在“立法院”里提出质询，其中说：

> 盗印胡适先生著作一事，非一单纯侵害人民权益问题，而实若辈一贯祸国阴谋之一种烟幕，亦即若辈过去五年来假借胡适先生名义，进行卖国匪谍活动阴谋之重新使用。最近……一个反“中华民国”的攻势已由四面八方开始。所谓“中国问题小组”、所谓“复国运动同盟”、所谓“新台湾独立运动”、所谓“保护殷海光运动”已在华盛顿、东京、香港等地开始。……适于此时盗印胡适选集，既非尊敬胡适（因若辈早已诽谤之），亦非借以图利（因若辈不缺乏金钱），而系借盗印胡适选集，以散乱胡适著作之整个精神，并假借胡适博士之名，一面对抗复兴中华文化运动、一面进行进一步的

卖国匪谍活动……[1]

胡秋原的怪说与谬解，从另一个角度说明了国民党官方的基本态度。

国民党官方介入这一借刀杀人的讼案的具体手法是：一、违反胡适遗嘱，由台湾大学把权利转赠“中央研究院”后，再化公为私，由“中央研究院”转赠江冬秀，使江冬秀有了证明书；二、江冬秀凭这证明书向“内政部”申请著作权；三、再由“内政部”违反不得申请注册的规定，硬在1967年2月23日，发给江冬秀25年的权利执照；四、最后由江冬秀拿执照告人。在这一系列“先上车，后买票”式的违反法律原则的赶造证据下，在江冬秀吵着“要见总统”的配合下，法院亦给予积级响应和密切配合，1971年，台湾高级法院做出终审判决，宣判将《胡适选集》一书没收、销毁。

国民党当局和江冬秀终于借着所谓法律，达到了封杀《胡适选集》的目的。

三、状告徐复观

由于李敖在《老年人和棒子》等文章中批评了他的母校台湾大学以及学坛大牌人物李济、沈刚伯等人，台大历史系教授许倬云作为调解人首先从台后站了出来。

许倬云，江苏无锡人，1930年生，台湾大学历史系毕业，后获台大文科研究所硕士、美国芝加哥人文研究院博士。也许是他感到自己与李敖同为校友的缘故，他以老学长的口气与李敖谈话，试图使李敖

① 李敖：《“千秋万岁名，寂寞身后事”》，《李敖大全集》第18册，第116–117页。

与李济等学界前辈和解，但他的极力斡旋被李敖严辞拒绝。1963 年11 月 5 日，他再一次约李敖、萧孟能、余光中去他家，因为他腿不方便，李敖同意去了。当天，李敖有日记如下：

一、南港来的消息，李济读了文章，拍了桌子。

二、夜在吴相湘家，沈刚伯托他转告我："在过去，我没说过李敖什么坏话，虽然我也没帮他什么忙；从此以后，我也不会说他什么坏话，当然我也不会帮他什么忙。"孙德中在座，对我说台大文学院，在台湾还算是好的。我说，正因为文学院在台湾有领导地位，所以我们该更要求它有生气。

三、夜在许倬云家，互恶声相向，光中在座，颇劝慰。

四、晚与孟能决定，拒与李济晤面。①

徐复观先生

就在李敖与学术要人拒不言和、执意己见的时候，著名学者徐复观又站了出来。

徐复观，1903 年生。1923 年考入武昌国学馆，从师王季芗、黄侃治国学。1926 年从军，任营部中尉书记。1928 年留学日本，先入明治大学攻读经济学，两年后入日本陆军士官学校步兵科。"九一八"事变后，因反抗日本侵略中国而入狱，后退学返国。1932 年从军，官至蒋介石参谋总长办公室联

① 李敖：《李敖快意恩仇录》，第 266 页。

合秘书处秘书长随从秘书、侍从室第六组副组长、党政军联席会报秘书处副秘书长。1946年以陆军少将退役。曾参与《学原》月刊的创办与编辑。1949年赴台，并在香港创办《民主评论》半月刊。1952年受聘台中省立农学院兼职教授。1955年受聘东海大学教授，兼中文系主任。1958年，与牟宗三、唐君毅、张君劢联名发表《为中国文化敬告世界人士宣言》。60年代的徐复观，在中国文化研究领域已著述丰硕，学术影响波及海内外，被称为中国新儒家第二代代表人物之一。

在李敖等人倡导西化、反对传统文化的风潮中，徐复观跳出来维护道统力挽狂澜，实在不足为怪。但他的军阀习气和官方背景却使其文章羼入了太多的情绪色彩和政治因素。比如，他在文章中写道：

> 以胡适为衣食父母的少数两三人……豢养一两条小疯狗，专授以“只咬无权无势的人”的心法，凡是无权无势的读书人，无不受到这条小疯狗的栽诬辱骂。
>
> 最近一年来，台湾大学里有一二人利用一个特殊学生，把上自校长、下至助教，骂得一塌糊涂。
>
> ……李×骂沈刚伯拒绝朱光潜到台大来任教，这对沈也有影响。[①]

这些含有人身攻击的言词，让通晓法律的李敖抓住了小辫子。纵使徐复观声名显赫，他也要讨个说法。他认为，写文章批评士林败类、台大黑暗的，除了自己，并无别人，按照文明社会的诽谤律，无他人可适用此一情况者，纵未指明姓名亦构成诽谤，所以徐复观骂“小疯狗”自然构成诽谤，何况他文中还用了“李×”字样，更除李敖外别无他人了。于是，李敖一纸诉状把徐复观告到了法院。

① 李敖：《李敖快意恩仇录》，第268页。

但徐复观在法庭上一再辩解，说自己并没有写出李敖的全名，并不构成“诽谤”，于是，在他与法官及李敖之间便有了如下有趣的答辩：

庭问徐（复观）：比较明显的是“新闻天地”中的李×。你文章中甲教授所说的李×，是李敖吗？

徐答：甲教授说的是李敖，但我蓄意避免诽谤，所以称李×。

庭问：是否指李敖？

徐答：我蓄意避免诽谤，所以不说这个名字。

庭问：你是说你不知是不是李敖，所以写李×。

李（敖）说：审判长，他已承认李×就是李敖，他已很明确地指出是我。

庭问徐：甲教授所讲的李×，你确定是李敖吗？

徐答：不能确定，我等于新闻记者作纪录，为了蓄意避免诽谤，把别人说的名字写成李×。

庭问李：“利用”和“指使”是诽谤的意思吗？

李答：我控告徐复观诽谤的语气有两件，这两件是有关联的！如果他在《新闻天地》中所写的李×是指我，那么他在《民主评论》中所骂的“汉奸的奴才”和“小疯狗”，也是对我的诽谤。影射也足以构成诽谤罪的，何况他已明确地指出是我。

庭问：你在以前未看过这本《废人废话》吗？

徐答：李敖向我提出自诉后，我才看到的。我认为一个名词，任何人认为恰当，都可以加上的！洪炎秋写的《废人废话》说李敖是“小疯狗”，我事前完全不知道！

庭问：你说应该洪炎秋负责吗？

徐答：应该中央书局负责。

李敖此刻插嘴说：应该徐复观负责，因为在这以前，只有徐复观骂我“小疯狗”。

徐说：如果我文字说李敖就是小疯狗（转向李敖问），你总不能说是一两条呵！

李说：你写过“这条小疯狗”！

其实，无论徐复观如何辩解，其文中所指，读者一看就心知肚明，法庭上的巧辩只是一种不敢负责任的狡辩而已。由于徐复观的少将背景，且一度得到蒋介石的信任和支持，所以，被国民党控制的法院也极力为其开脱，说“李×”是李敖，“尚属不无质疑”，因此判徐复观无罪。

走出法庭，徐复观邀李敖喝咖啡，两人边喝边聊。徐复观心血来潮，突然说：“你李先生真是怪人，你念古书，念得比我们还多还好，你却主张‘全盘西化’！”

1964年，李敖把徐复观告上了法庭，这是庭审结束后的李敖

李敖单告不成，后来又找到一个机会，把徐复观、洪炎秋双双告上法庭，但在1965年11月2日，台中地方法院法官郑学通裁定驳回。李敖提出抗告，并把对郑学通的指责登在《文星》第98期，即《文星》被官方封杀前的最后一期，官方不但封杀杂志，也同时对李敖下手，国民

党司法行政“部长”郑彦棻（李敖称“郑矮子”）以“语涉侮辱”法官为名，下令检察官林奇福对李敖提起公诉。最终，法官判李敖有罪，如了郑彦棻所愿。

1966 年 1 月 6 日下午 3 点，李敖从法院回来，突然接到徐复观的限时信，约他到中国大饭店喝咖啡。李敖如约前往。面对这位状告自己的文化思想界的后起之秀，徐复观的思想是复杂的，凭着学者的良知，他对李敖的才学和聪慧发自内心的欣赏。也正因如此，两人扯了两个半小时还兴犹未尽。

徐复观向李敖解释说：“我提倡中国文化，是因为中国文化是一个不可放弃的好武器，我们不能把任何可抓的武器留给敌人。若能从中国文化的研讨中推出中国文化中本有自由民主的因子，岂不更好？”

李敖笑着摇摇头，表示不敢苟同。

徐复观表情诚恳：“从内心讲，我极不希望你被抓起来。”

李敖满不在乎地说：“抓起来就抓起来！我认倒霉！可是我一旦被抓起来，从当局、国民党，直到你们这些跟我打群架的文人，都要背上恶名，背上害贤之名，背上迫害青年之名，看你们失不失立场！看你们觉得划得来划不来！如果你们不在乎有伤‘令誉’，我绝不在乎坐牢！大家如果玩得不漂亮，硬要给世界人士看笑话，大家就走着瞧吧！”

面对这位无所畏惧的青年，军人出身的徐复观由衷佩服。为了表白自己，他把胡秋原拉自己共同打击李敖的前前后后一一说了出来，以求得李敖谅解。对此，在当日的“备忘录”中，李敖作了如下记述：

一、“张大义”即胡秋原。

二、胡秋原希望徐复观就“张大义”此信做一复信，徐以已与我碰面，不愿再生事，故拒绝。

三、今早徐电话给胡，胡在电话中甚表示不痛快。

四、……

五、徐又转达郑学稼欣赏李敖的话。

六、徐说他与萧同兹无仇怨，且有信赞彼再娶，只以孟能刊文攻击，故不得不“找他父亲算账”。我说此与萧同兹何干？他说不如此，实在划不来。

七、徐说稍待时日，愿意给《文星》出他的书。

八、……

九、徐甚盼我能和他无条件和解，我说无条件恐怕很难，让我再想想看。

十、这次“和谈”，拖得愈久，愈有利，至少在“和谈”期间徐对《文星》之攻击，必暂停止，此点胡必不快。如因徐而拉郑学稼成功，则可孤立胡秋原。①

从这一“备忘”中可以看到，在状告徐复观的案子里，李敖面对的并非一个徐复观，还有对李敖怀恨在心暗中使力的胡秋原。

四、要人约见

就在李敖驰骋文坛、危机四伏的时刻，国民党的一些权要人士也先后把目光对准了他，他们有的出于同情和敬佩，有的则出于引诱和利用，纷纷通过不同的方式约见了他。

第一个约见李敖的是王崇五。

王崇五，曾留学俄国，后加入共产党，再入国民党，曾任济南市长，是蒋经国在上海搞“打虎”运动的策划者。赴台后曾任台湾“国

① 李敖：《二十年前的一些片断》，《李敖大全集》第23册，第930页。

际关系中心”副主任、国民党文工会主任等职。

早在1962年11月16日，王崇五请李敖吃饭。他劝李敖少写文章惹麻烦，即使你无背景，无野心，可是写多了，总会树敌太多。他对李敖说，自己曾给共产党办过《红旗》，知道什么是好文章，并且知道怎么样办宣传。他这辈子所看过的文章里，能有鲁迅的讽刺、胡适的清晰、陈独秀的冲力，惟独李敖一人耳！同时，他又劝李敖：“现在是团体对团体、组织对组织的时代，你只是一个人，在这岛上，谁又能比你做得更好？任何英雄豪杰，如果他只是一个人在这里，谁又能比你做得更多、更兴风作浪？”他又加强语气说：“李敖兄，不要以为你在这个岛上无能为力，不要以为你能做的有限。如果毛泽东或周恩来他们一个人来到这个岛上，他们也不能比你做得更多——如果只是一个人的时候，没人比你做得更好。”李敖后来回忆说：

> 王崇五的一席谈，使我明确感到我一生的方向，就是我此生大概永远要走向一个人的战斗路线了。但是，现在的战斗是群体对群体、集团对集团、组织对组织。当个人对群体时，个人便变得十分渺小，除非他也进入一个群体，变成寄居蟹，才能受到保护。如果纯粹是一个个人，那就毫无力量。这种现象，表现在企业主管和政府大员身上尤为明显，这种人在台上风光不可一世，但一旦他变成一个个人时，他就什么都不是了。这就是为什么他们在台上神气活现、一下台就晦气完蛋的道理。所以，他们看似很强，其实很弱，因为他们变成一个人时就不能存在。……我完全是一个个人——最有力量的个人。我能够独来独往，也能够孤军作战，我不是群居动物，但我却一再展示个人的力量出来，绝非人海微澜、没没无闻。在现代的战斗形态中，我是最后一位展现个人力量的，可说是“末代个人”。我死了以后，这

个世界大概很难再出现这种伏尔泰式的怪杰了。[①]

第二个约见李敖的是国民党的“副总统”陈诚。

1964 年 5 月 14 日，李敖的朋友居浩然写信说“吴锡泽仰慕大名亟愿识荆不知能否约时一晤”，吴锡泽曾任台湾省新闻处处长，李敖想他找自己一定有公干，就跟他约见了。结果是“副总统”陈诚想见他，托吴先做安排。

5 月 22 日 10 点 10 分，李敖在“副总统官邸”见到陈诚。这位被称为国民党强人型的政治领袖此时已 67 岁，面目清癯而友善。他身着黑色旧西装，左袖有四个扣子，右袖只剩下三个。黑裤黑袜，衣着简朴。在李敖眼中，他寒酸的穿着与那豪华的大客厅很不相配。由于肝病恶化他正在家休养。他见李敖在打量自己的房子，便解释说自己并不喜欢住这么豪华的房子，但“总统”下令盖了，他只好从命。于是，李敖坐在大客厅的长沙发上，陈诚坐在侧面的单人沙发上，两人一聊便是两小时零 20 分钟。

陈诚说：“读了大作《胡适评传》，非常佩服。适之这个人，我和他初次见面，是在民国 24 年，当时蒋梦麟请客，胡适也在场，他详细地向我询问江西“剿匪”的事，我们谈得非常融洽。胡适这个人知无不言，绝不在背后说别人的坏话，是个难得的朋友。”

李敖点点头：“所以，我们都很怀念他。”

陈诚又说：“你在回忆录中用了很多资料，这些资料都是很宝贵的。我曾收藏有不少资料，可是有一船资料在一次事故中沉没了。适之每次见我都劝我写回忆录。他的思想和三民主义已经很接近了。”

李敖说：“是的，他的思想直到今天还在起作用。”

---

① 李敖：《李敖快意恩仇录》，第 198 页。

陈诚接着又谈到蒋梦麟，由蒋梦麟谈到自己的发迹，由自己的发迹谈到裁军，由裁军又谈到李敖，他说：“李先生的老家在吉林，那个地方我到过。李先生是那一年出生的？”

李敖说：“就是你同蒋梦麟、胡适吃饭那年生的。”

他大笑说：“那时你还没生呢！”

他又问：“李先生现在结婚没有？”

李敖笑着说：“没有。”

他说：“‘三十而立’才好。”又说：“今天台湾30岁以下的男士，只有你李先生和蒋孝文是名人。”

李敖说：“今天台湾的年轻人很难出人头地，老一辈的高高在上，‘内阁’年龄平均66岁，80开外的‘于院长’、‘莫院长’实在都该表现表现风气，该下台了。”

他点头称是：“你说的全对，我也该下台了。这个问题不解决，一定是悲剧。”之后他又说：“你李先生还不到30岁，你前途远大。”

李敖说：“我在部队里看到老兵的一段自我描写，内文是：‘我们像什么？我们像玻璃窗户上的苍蝇——前途光明，可是没有出路。’我的前途，我看也是如此。你陈辞公26岁二月间还是中尉，可是九月就升少校了，四年后30岁就当少将师长了。如今一个青年军官，想从中尉升到少将，别说四年，14年也没机会啊！”

陈诚听了，为之默然。

会见结束时，陈诚说：“我们谈的事情太小了，不知是否耽误了李先生写文章的时间。您还是要多做研究，你的前途远大”。他一边说一边把李敖送到门口，李敖上车了，还看到他在招手。李敖在后来回忆说：“他给我一种不久人世的感觉，人之将死，其言也善，他仿佛要对一个年轻人说些心头话，他找到了我。整个的聊天中，最令我印象深刻的，是他说：‘共产党的失败，并不就是国民党的胜利。’我想，这是一种动人的觉悟。”

谈话后九个月，陈诚撒手人寰。

第三个约见李敖的是李焕。

陈诚约见后四个月，1964 年 10 月 3 日中午，蒋经国系大员李焕在新台北饭店请李敖吃饭。

据李敖侧面了解，这次吃饭，原因和安排蒋经国要见他有关。当时李焕是蒋经国手下炙手可热的人物，李敖是在野的令人侧目的人物，蒋经国拉拢人才，自在意中。但饭间李敖对国民党的不合作态度使李焕觉察出一切努力将是徒劳，于是，不再安排李、蒋见面，而侧重询问了李敖与“台独”的关系。

在吃饭前 13 天，发生“彭明敏案”。彭明敏已明确表示，他们的“台湾自救运动宣言”与李敖无关。但真正的倾向“台独”的谢聪敏、魏廷朝被捕后，警总人员总觉得“宣言”文章写得太好了，不可能出自台湾人之手。他们猜来猜去便猜到李敖，一口咬定是李敖代笔的。正因如此，李焕请吃饭时，就旁敲侧击地问他：“听说这份宣言文章写得极好，是经过你李先生指点或润饰过的？”李敖笑着说：“若是我写的或经我润饰过的，一定更好！”李焕听了，哈哈一笑，就不再问下去了。

此外，在这一时期，李敖还与蒋梦麟、王德溥等国民党大员有过交往。

五、拉孙陵“下水”

在走上“文星”之初，李敖曾有一段拉孙陵“下水”、借力使力的经历。

孙陵就是上个世纪 40 年代文坛上出现的长篇小说《大风雪》的作者，早期“东北作家”队伍中的一员。在重庆，他跟上了蒋介石，并且受中央调查统计局局长叶秀峰之邀，加入了国民党。与叶单线联系，做起了“文学侍从之臣”。期间，他为国民党政府起草了“现阶段本党文艺工作诸问题刍拟”，拟具了“各项工作方针、实施步骤及具体办法”等文件，不久，随国民党逃台。他是“东北作家群”中唯一跟国民党逃到台湾的作家。

孙陵到台湾后，继续“以蹈海之决心，从事反共之呐喊”，撰写了著名的《保卫大台湾》歌词，配曲后经蒋介石选中而广泛流播。当时兼管国民党文艺活动与统战工作的张道藩在台湾《新生报》读者联谊会的演说中讲过一句话：“台湾文艺界的反共风气，是孙陵先生提倡起来的。”① 足见孙陵这首歌词的意义。但孙陵性格单纯，不擅官场钻营之事，到60年代初，已闲散在家，穷困潦倒，耽于诗酒与回忆之中。

当时，李敖已经在《文星》发表了《老年人和棒子》、《播种者胡适》、《给谈中西文化的人看看病》等重要文章，成为家喻户晓的文化明星。但朝野的攻击也随之开始，李敖似乎感觉到了那张愈拉愈近的无形大网。他的女友王尚勤当时与孙陵之女孙婉是好友，常去孙家。孙陵得知王与李敖的关系后，非常高兴，主动托王尚勤约李敖来家吃饭。于是，一段“借力使力”的“操作”就此开场。

1963年1月初，李敖应约与孙陵第一次会面。他的到来对失意赋闲的孙陵无疑是一种精神安慰。之后，两人开始书信往来。4月15日，孙陵邀李敖喝红露酒，并言“弟为性情人，而兄为理智人，或可配合，相得益彰”之意。后李敖特意将自己保存的珍贵抗战资料《文艺工作》（孙陵编辑）相送，孙陵大喜，自然又是“盼与一醉，以消块垒”，并将自己出版的著作多种请文星书店代售，因为他“觉‘文星’颇有生

① 李敖：《肚皮里的言论自由》，《李敖大全集》第26册，中国友谊出版公司2000年版，第397页。

气也”。

1964年10月8日，李敖又与孙陵见面，并送他四罐奶粉，孙陵非常高兴，交谈中，孙陵竟希望和李敖共办一个刊物，分手后，又在一日之中连来两信，其中写道：

> 现在确实需要一个真正的文艺刊物，我念念不忘，只是缺少资本。有十万元就可以起来。……最好如李翰祥的办法，由书店投资，我们负责交“货”。或由书店出版，我们当伙计，皆无不可。
>
> ……在“小方块群”中，你有学问、有思想、有干劲，确是“独步”。《浪子回头》、《对好人播音》、《从乡愁到大气派》、《原子弹二十岁感言》、《发财的真价值》，……我极为欣赏，很是一位积极的人物。只是这样的人太少了。“三个臭皮匠”可以成事的，我的“雄怀大志”，你有何锦囊妙计相助？在文艺一方面，“舍我其谁”？
>
> 我的理想是先办一个刊物出来，再成立一个新的团体，办一个文艺专科学校，这些事不会赔钱。一般小人要挡也挡不住的。——只是要和“资本家”们合作才行。“土财主”和暴发户我都无来往，这是唯一缺少的条件。[1]

此时的李敖，并未把孙陵看作理想的合作人。在他眼中，孙陵“忠良气短”，已是“过气”的“东北作家”了。李敖认为，孙的文章不脱30年代文人的通病，“除内容架构上的问题外，在文体上大都浮词和套语”，大汉子写文章故作小儿女之言，娘娘腔是也。孙陵的文章“最多绮丽用语”，让人想不到作者竟是位北方大

① 李敖：《肚皮里的言论自由》，《李敖大全集》26册，第400页。

汉。[1] 所以，李敖认为凭孙陵的程度是难以引领时代的。孙陵的“理想”在李敖眼中也只是一种“空想”，是全无可行性的“空头抱负”，“他陷进国民党的框框里，已经既老且废了”。但他并未就此冷落孙陵，而是“废物利用”，打起了他的小说《大风雪》的主意。该书在大陆时期就已出版，但到台湾后却遭查禁。查禁理由荒谬无稽，经孙陵与官方反复交涉，才告解禁，但并未再版。李敖写信给孙陵鼓励他再版。孙陵听从了李敖的建议，并在新版《大风雪》书后增加了关于本书解禁的奋斗史料，受到李敖赞赏，称之为“中国禁书史上的好材料”。孙陵倍受鼓舞，在 1965 年 5 月 1 日给李敖信中说：

> 当时的压力之大、方面之广，一言难尽。“他们”动员了我所有的朋友来“劝阻”我的反抗，实际是压迫我反抗，我真是孤军奋战。……
>
> 我的确是为了一个“原则”而奋斗，当然也反证了查禁机关的无知横暴。最后他们终于挑出一个“俄帝字汇”来，向“中央”和“安全局”提出正式报告，指那唯一的俄帝字汇是“爱新觉罗氏”。“安全局”和中四组的人，迄今引为笑谈，以如此无知之人，负如此重大责任，国家不亡，尚有天理么？可是，这些人是谁任用的？为何要用他们？他们不还是洋洋得意么？可叹可悲，无过于此！[2]

李敖对资料有着高度的敏感，孙陵的小说一般般，但他此信所揭示的那些“怵目惊心”的查禁内幕却引起他的关注。于是他写信给孙陵，诱导他把这些“查禁机关”的内幕一一抖出来，由《文

---

① 李敖：《一九六五年五月四日》，《李敖大全集》第 30 册，第 73 页。
② 李敖：《肚皮里的言论自由》，《李敖大全集》第 26 册，第 403 页。

星》发表，“以存一代信史”，孙陵接受了，他在5月14日的回信中说：

我最恨保安部的蛮横！（比张大帅厉害多了！）倘换别的作家，无弟历史和关系，岂不要吓都吓死了！可是，弟乃由爱国活动造成许多历史关系（想不到保护了我）。一位纯粹职业作家，不吓死也必搁笔，这损失岂非政府的和社会的？拿这种作风来“反共复国”，岂非痴人说梦？可是，那些人还受鼓励，未受制裁，我真想写一篇《向国民党中常委请教》的文章。①

李敖正是看到了孙陵的这种特殊的遭遇和背景，才“出主意”让他把官方查禁出版物的黑暗写出来，自己负责发表。孙陵果然听从，很快把2700字的《关于〈大风雪〉解禁的一些感想》寄了过来。该文揭出许多《大风雪》被查禁中的详细内幕，查禁部门的“渎职违法，构辞诬陷”不言自明。同时作者还提出：

保安司令部为了查禁我的《大风雪》，前后制造了那许多罪状，不但没有一条是真实的，并且恰好与事实相反。《大风雪》这本书当然早已解禁了，并且现在又重新出版了！可是，保安司令部是政府机关，政府对于这样严重错误的失职人员，有无惩处？我遭受了那么严重的损失，对我这无故被害的作家，又有什么补偿？我觉得这实在不像一个真正重视文艺工作的政府对待文艺作家所应有的态度！更不像是对待一位矢志救国、著有成绩的作家所应有的态度！“总统”

① 李敖：《肚皮里的言论自由》，《李敖大全集》第26册，第406页。

一再指示文艺工作的重要，政府机关应当实践“总统”的指示，才能算是真正效忠领袖，只是敷衍故事，不能在工作上实践，甚至枉法渎职，反道而行，如何能算效忠呢？而一个有效率的政府，必须赏罚分明，功过分明，实事求是，不作调人。不然的话，又如何能够激励士气？斗志昂扬？至于真正的文学艺术，当然更无从谈起了！①

李敖收到孙陵的文章后，与陆啸钊的《从〈心锁〉到〈林丝缎影集〉》、李声庭的《〈妨碍风化〉与禁书》一起，配成一组“炮弹”，发表在《文星》第92期（1965年6月1日）。这几篇文章分别从中外理论与实例，对禁书问题做了一个“正本清源”的强打。尤其是孙陵这篇“捧着皇上打太监”的妙文，很快引起国民党官方的注意。6月11日，国民党中央党部第四组主任谢然之写信给“教育部长”张晓峰（国民党中常委兼中央总动员会议文化组召集人），言“该书既经解禁有年，事情早已告一段落”，故建议将该书之附录“允宜删除，以免外界对政府发生不良印象”。孙陵接到张晓峰转来的“建议”后不以为然，只答应再版时撤销，但谢然之坚持要他立即“改装撤销”。孙陵十分恼火，亲自给谢然之写信，说自己的作品系“爱国文学”，受到查禁纯系“保字部少数职工弄权”，他们不足以代表政府。当时本拟招开记者会详加说明，为“顾念大体，一再隐忍”，如今事过多年，将这段历史附录卷末，“以使各界明了真相”，自己是受害之人，“有说明全部事实经过真相之绝对权利，亦有义务为真正爱国文运有所贡献”。至于答应“再版时删除”，只是自己作为党员“退十步想”的一种让步，并不表明自己是错的。如今让“即为删除，重新装订”，对欠债甚多的作者而言，实难“旧债未清，又欠新债”，除非官方对此必需费用“予以补助”。

① 李敖：《肚皮里的言论自由》，《李敖大全集》第26册，第410页。

谢然之当然不会同意给孙陵“补助”，只是继续纠缠。孙陵气愤难平，写信给李敖，言“谢然之出面，已扯了两个月，我想再写一篇《〈大风雪〉还要再查禁吗?》，大概要一万字左右，请你和□先生谈谈，可刊载否?”李敖感到又要有“窝里反”的好资料了，立刻回信表示：“篇幅和刊登全无问题，尽管畅所欲言就是。”于是在1965年8月13日，孙陵的第二篇掀底文章《〈大风雪〉还要再查禁吗?》出炉。他亲自送到《文星》，并留言给李敖：“于极忿中写成此稿”，要和官方的查禁行为“摊牌”。但就在该稿付排的前夜，孙陵这里有了变化，他显然受到了“不可知的压力”，如惊弓之鸟般要求“暂缓发表”。李敖为顾念他的处境，尊重了他的意见，但又不甘于让这篇奇文胎死腹中，便写信给孙陵，要他相信由自己“擅自处理为好”，孙陵答应了，并约李敖见面，表示自己的难处。李敖只好说：“那就暂时不发表吧!”

孙陵的这篇文章在李敖手中尘封了18年。直到1983年，孙陵去世，国民党《中央日报》登出了《悼念作家孙陵》的文章，并登载了“行政院长”孙运璇在“立法院”的讲话，言“政府对出版物的各项处分，也都订有救济的途径”，李敖认为全是胡扯，他想到了18年前与孙陵合作揭发“查禁机关”的往事，于是把封存18年的《〈大风雪〉还要再查禁吗?》大白于天下，“作为我个人为他独开的一次追悼会”。李敖在文章中说：

> 看了孙陵的报告，使我们一方面感慨于“写书一何苦，禁书一何蛮”！一方面感慨于“禁书一何易，解禁一何难”！看了千万禁书中，只此一册《大风雪》在大风雪中解冻，我们还能相信孙运璇“有救济的途径”的鬼话吗？书一遭禁，就是禁定了，我们不要自取其辱，我们还是赶写另一本吧！[1]

① 李敖：《肚皮里的言论自由》，《李敖大全集》第26册，第453页。

六、《文星》被封

自 1964 年开始，国民党对《文星》的查处行动就已经秘密地进行着。此时，曾经跟随蒋经国的国民党宣传干将谢然之担任中央党部第四组（文工会前身）主任，他在一次研究《文星》的会议上一口咬定："李敖是共产党！"在他的带头操作下，大祸像一张禁网，慢慢向《文星》罩下。

1965 年初，李敖的言论已被台湾当局全面封锁。台湾大学学生数次请李敖演讲，皆被校方驳回。3 月 26 日，台大法学院用"偷关漏税"之法，不先登记，请李敖演讲"傅斯年与胡适"，听众挤得人山人海，结果在李敖未到之前，活动被校方勒令解散。5 月 4 日，台大文学院又请李敖演讲五四运动，结果又被驳回。理由是，殷海光与李敖皆不准在台大演讲。学生们复请李敖的朋友李声庭演讲"民主与自由"，殷海光、李敖一同前往。演讲结束后，听众鼓掌要殷海光和李敖插播几句话，李与殷应声而出，极受欢迎，这成为他们在台大第一次也是最后一次公开露面。

1965 年 4 月，李敖在自己三十岁的生日聚会上

1965 年 8 月 20 日，李敖在《台湾日报》发表文章，列出反动政权和独裁者的一系列特征，如"用暴力维持政权"、"一党专政"、"特务横行"、"新闻言论检查"、"限制本

'国'人和外国人的出入境"、"约束文化交流"、"党化教育、司法、军队"、"偶像崇拜、经典信奉"、"集会、结社、请愿等的不自由"等等，批判的矛头暗中指向了当时的国民党政权，称其压制民主自由的行为是"悍然自毁"，必将导致"悲剧的收场"。[①] 这篇文章亦引起当局的密切关注。

1965年8月31日，警备总部"('54')训唤五九八四号"文说：

> 查《文星》杂志第90期张湫涛撰写之《"陈副总统"和中共祸国文件的摄制》一文中，附列《中华苏维埃共和国婚姻条例》原文，有为"匪"宣传之处，触犯"台湾省戒严期间新闻报纸、杂志、图书管制办法"第二条第三款，应依同法第七条之规定予以查禁，并扣押其出版品。

实际上，《文星》上的这篇文章在思想内容上是反共的，只是配上了有关中共的图片而已。但欲加之罪，是无须分辩的。

1965年11月，孙中山百岁诞辰，李敖应台湾省医师公会之约写了《孙逸仙和中国西化医学》，由《文星》出版，在出版过程中，台湾省医师公会忽然来信，要求出书前文稿"送达本会转呈'中央党部'审核认可"，李敖认为依法无据，严词拒绝。书出之后，山雨欲来，风声四起。

李敖在文化思想上挖国民党的老根，谢然之曾多次下令查禁封杀，《文星》处境日渐恶化。李敖决定对这个共产党出身的国民党败类进行打击，但苦于没有合适的机会。1965年11月29日，《征信新闻报》(《中国时报》前身)余纪忠发表社论《党纪"国法"不容诬陷忠

---

① 李敖：《民主趋向》，《李敖大全集》第3册，(台北)成阳出版股份有限公司1999年版，第20-21页。

良——请谢然之交出证据来!》，批评谢然之的不实之词，谢然之与之发生冲突。李敖见机会来到，索性“趁火打劫”，一方面请萧孟能去找余纪忠，取得联合作战的共识，一方面于12月1日写了《我们对“国法党限”的严正表示》一文，发表在《文星》98期，用矛盾战法，引用蒋介石言论来讽刺谢然之。指出谢然之已违反了国民党蒋总裁“不应凭借权力，压制他人”的指示，同时也批评国民党总裁言行不一，未按“宪法”规定，把党部从司法界和军队中撤出。批评谢然之刁难记者，诬控爱国青年，企图“一手掩天下耳目”，陷害良善，并要求谢然之引咎辞职。文章还指责那些“坐在中央党部和各级党部那里，而朝外管事的人”，“整天朝小百姓飞书翰、打电话、下条子，不惹得小百姓莫知所从，误会丛生，又怎么办呢?”李敖在文章中还要求，在“宪政体制”下，“国民党不但要注意退出司法、退出军队，并且还要注意在政治上所遗留的‘训政式’的余波与惯性。”这篇文章可谓正式突破了“拿武士刀者”所能容忍的极限。

12月25日，由任卓宣主编的《政治评论》发表社论，骂《文星》“走了《自由中国》的道路”，“主张个人主义和自由主义，反对民族主义”，“不讲是非，惟以反对和破坏是务，专事恶意的攻击”，“完全是造谣中伤，挑拨人民与国民党的恶感，用心至毒”。在扣了一大堆帽子以后，社论又指斥《文星》对谢然之的指控是“中伤、侮辱、诽谤，其触犯刑章，甚为明白。”

《我们对“国法党限”的严正表示》一文很快被送至蒋介石面前，蒋介石在左右为他朗读了这篇文章后，气得立刻下手令：“该书店应即迅速设法予以封闭!”可见该文击到了其要害之处。

这篇捋虎须的文章就像压垮骆驼背的最后一根稻草，构成了文星书店被消灭的最后条件，杀身之祸也就立竿见影了。

蒋介石下手令封闭“文星”，自然会造成与老同志萧同兹的不快。为了防止这种不快，萧同兹得到党方高层人士传达的三点秘密意见：

一、萧先生为吾人夙昔敬重爱护之本党先进，希望不致因《文星》问题使“总裁”对萧先生有所误会。

二、关于文星书刊中如邓肯传、蒋廷黻文集序、孙中山先生与西医等文字，希望萧先生能阅看一遍，便能获知其错误所在。

三、希望萧先生能说服孟能，使其不再与李敖接近，并将此类书刊停止发行。①

萧同兹何许人也？

萧孟能之父萧同兹，早年参加孙中山创建的中华革命党，1920年就与黄爱、庞人铨等人在长沙组织湖南劳工会，曾参与领导华实沙厂工人罢工。1932年起任国民党中央社社长，18年后改任“中央社管理委员会主任委员”，到1964年退休。随后受聘为“总统府国策顾问”及国民党中央评议委员。他在国民党中德高望重，人事关系极佳。对于《文星》杂志，他不是赞成，而是管不了儿子。他曾说“儿大爷难做”，意思是他管不了萧孟能。当然他乐见儿子事业有成，凡能置身事外的，都置身事外。所以，有人责怪《文星》责怪到萧同兹头上，是不公平的。但有他做靠山，使《文星》不那么容易被消灭，倒是实情。但在国民党眼中，你儿子的事，你是脱不了干系的。所以，在国民党中常会上，当谢然之等向蒋介石报告《文星》闹事应该严办时，蒋介石说：“把萧孟能、李敖先给党纪处分。”下面说：“但萧孟能、李敖不是党员。”蒋介石说：“萧孟能的父亲萧同兹是啊！要萧同兹负责！”

就在《政治评论》发表社论对《文星》上纲上线的当天，台北市警局派员驰车印刷厂，在《文星》第99期即将排印之时，没收了当期全

① 李敖：《李敖回忆录》，第180页。

部稿件。

12月28日，“台北市政府新闻室”发出通知，命令《文星》从1966年1月1日起停刊一年，理由是“违反发行旨趣。”同时，警方通知《文星》编辑部，禁止《文星》第12月号发行。

对此，美国的《纽约时报》、英国的《经济学人》都作了报道。

此时，李敖与《文星》不仅受到国民党官方的高压查办，那些曾经受到李敖打击的论敌们和国民党御用文人也趁机发难。1966年2月21日《征信新闻报》刊登徐复观的长文，其中“发展之程度，早经威胁到整个社会与民族之安全”小标题下，历数李敖“罪状”，并杠上开花，说他“不仅诬尽中国一切文化，且欲挑拨台湾与世界友邦之感情，使台湾受到世界各国之轻视与敌视。共党未到，而李敖所发动之斗争清算之阴影，已笼罩于全台湾。举步方艰，而由李敖所出卖之民族立场，及向友邦之挑拨行为，已否定年来全朝野所作之‘国际合作’之努力。”这篇长文真正起到了“落井下石”的作用。

同一时期，坚持“反共第一主义”的《现代杂志》主办人侯立朝，出版了他的《文化界中一枝毒草》、《文星集团想走哪条路?》、《〈文星〉与李敖》等书，侯立朝在书中指出李敖执掌的《文星》“决不是‘为文化而文化’，是‘为预谋而文化’。也就是说它的政治面纱是以文化丛草来编织的”，[①] 它是“把‘讲台’当作通向‘政坛’的阶梯来用的”，“《文星》的目的，就是要把很多的人头脑给搞昏。使它好直接的间接的牵着别人鼻子走，这真是失了路向的沙漠导游者”。[②] 这无疑是向社会发出了政治解决《文星》问题的信号。

除了打击李敖，侯立朝还把他同国民党最憎恨的自由主义文人殷海光拉上了关系。他说：

① 侯立朝：《文星集团想走哪条路》，（台北）上海印刷厂1966年版，第1页。
② 侯立朝：《文星集团想走哪条路》，第109-110页。

我们有根据地这样说，殷海光是“文星集团”的大法师。
在这位“法师”面前，排列着五个咬牙切齿的金刚：
绰号“人权牧师”的李声庭；
绰号“恶法克星”的陆啸钊；
绰号“西化大少”的居浩然；
绰号“西化义士”的韦政通；
绰号“小疯狗”的李敖。

为了说明李敖与殷海光的主从关系，侯立朝在书中还辟出34页的篇幅列出一幅“殷海光与李敖的写作基线对照表”。侯氏指出，李敖的《老年人和棒子》的“立意和思想是在殷海光的意像圈之中”，《播种者胡适》的立意“也有殷海光的意像光圈”，《给谈中西文化的人看看病》则“根本不是李敖的创作”，大多是殷海光的观点的重复。“打个比方：殷海光如果是个‘老八路’，李敖不过是个‘红领巾’的小鬼”。[①]

更为荒唐的是，侯立朝还在书中想当然地列出了文星集团政治造反、文化卖国、运作方式解析等图表，通过图表来导出一个离奇的结论：“文星集团”在政治上要造反，文化上要卖国。政治上造反是要推翻政体，推翻法律，推翻教育，推翻社会。达成的目的是：“两个中国”，“台湾独立”，投靠中共。其中，侯立朝在第三个图表“文星集团政治文化运作整合系统图”中，把李敖列为这个反动组织先锋队的一号人物，并列出了李敖背后的总指挥部、前进指挥所、补给处、参谋团、资料处、理论研究处等机构，指出，“文星书店是毒气运作的总司令部和总根据地。”萧孟能和用黄梅调把台北弄成“狂人城”的李翰祥都应送到××岛，××町（指关押与处决犯人的绿岛与马场町）去。

历史已证明，侯立朝的上述演绎显然是站不住脚的无稽之谈。

① 侯立朝：《文星集团想走哪条路》，第86-87页。

侯氏为什么会对“文星”如此野蛮地大打出手，据 1985 年 5 月 25 日林正杰在《前进》杂志上透露，侯立朝曾告诉他们，“他曾是‘蒋经国的打手’，说他当年亲奉蒋经国之命，对《文星》集团开火”。同时，李敖亦从 1965 年的国民党“党务工作报告”中查知，在“辅导出版界及资助优良书刊杂志及著作文稿”项下，对胡秋原之《中华杂志》、侯立朝之《现代杂志》，皆“以订阅方式加以补助”，换句话说，侯立朝、胡秋原皆是受到国民党官方暗中资助的御用文人。①

显而易见，上述一切征象，都有国民党当局在背后的策划和组织。李敖与胡秋原之战、与侯立朝之战，其实是一场不对等的战争。在胡、侯等人背后，李敖面对的是一个庞大的政党和政治集团。这一材料更加佐证了李敖与《文星》面对的是一场朝野联手的政治大剿杀。《文星》的最大罪过也是最大功劳就是用文化思想的方法挖了国民党的根！

一年后，当《文星》准备复刊时，又收到了国民党中央第四组的通知：“兹据有关方面会商的结果，认为在目前情况下，《文星》杂志不宜复刊。”彻底宣判了《文星》的死刑。李敖被迫离开了《文星》。

李敖在事业上遇到了有生以来的最大困扰。此时，梁实秋对他颇为关注，他劝李敖休息休息，放弃杂志上的攻击，改换走学术专著的路。李敖深有同感，他觉得自己在争取言论自由的努力上已达毛姆小说所谓的 The Razor Edge（剃刀的边缘），再走下去，已步履维艰。但即使走“学术专著的路”，又怎能与现实脱节！他在《文星》被停刊三天后给王尚勤的信中说：“不论是学术性的，普及性的，我的主旨都要坚持‘经世致用’的原则，我最不喜欢逃避现实，最不喜欢‘置四海穷困而不言！’”②

在李敖眼中，《文星》被封杀，具有一种悲壮的象征意义。他想起

① 李敖：《“名噪一时”的幕后》，李敖：《君子爱人以色》，中国友谊出版公司 2000 年版，第 256–257 页。

② 李敖：《给 G 的九十四封信》，《李敖大全集》第 15 册，第 113 页。

四十多年前胡适在一首小诗中所写的几句：

在这欲去未去的夜色里，
努力造几颗小行星，
虽没有多大的光明，
也使那早行的人高兴。

当阳光、空气和土壤都时机不对时，《文星》的一切努力，不仅化作了那颗孤独的晨星，也变成了那个早行的人。周围一片黑暗，万籁俱寂，人们依然在沉睡之中。

回首过去，他忘不了那段与同仁们并肩作战牧野鹰扬的日子，《文星》为中国思想趋向求答案，“在挖根上苦心焦思，在寻根上慎终追远，在归根上四海一家”，它是那样“远在天边地震撼了冰河期，近在眼前地影响了新生代”，[①]这个大成绩是任何人也难以抹灭的。面对《文星》的暴毙，他仿佛看到了二千年前被送上十字架的耶稣。在耶稣周围的胜利者们的狞笑，并不证明他们手中的法律就是对的，并不证明十字架上的人错了。扪心自问，《文星》为开启民智鼓动风潮，求仁得仁，历史自有公论。

他坚信：《文星》是一个烈士，烈士死不瞑目，在正义与公道没有盖棺前，不论如何掩埋在秋坟鬼唱之中，烈士死不瞑目！

作为“祸首”，他对眼前的变故似乎满不在乎，为了真理常常要牺牲朋友，萧孟能就是其中一个。而自己，早已抱定了做狱底游魂的决心，他自信，翻江倒海的作业还在后面呢！

---

① 李敖：《“文星杂志选集”题词》，《李敖大全集》第29册，第505页。

李敖评传

第八章

星沉海底

苦难当前，我们正置身废墟之中。在废墟中，我们开始盖一些小建筑，寄一些小希望。这当然是一件困难的工作，但已没有更好的路通向未来了。我们要迂回前进，要爬过层层障碍，不管天翻也好、地覆也罢，我们还是要活。

——李敖译自《查泰莱夫人的情人》

一、退出《文星》，朝野双杀

《文星》的“星沉海底”并不等于李敖的“星沉海底”，因为国民党对李敖的秋前算账和秋后算账一直没有停止。

深谙中国现代历史的李敖，清楚地知道，专制统治者在消灭异端之前，必须有一个先将其“涂黑”的工序，为了使这些叛逆者“死得卑微、死得丑恶、死得有话不能讲，有血流不出”，就必须“先用秘密而卑鄙的方法毁掉‘烈士’的历史、毁掉‘烈士’的信用、毁掉‘烈士’演说的自由、毁掉‘烈士’出书的自由、毁掉‘烈士’通信的自由、毁掉‘烈士’登报的自由”，“使愚昧的小百姓们觉得：原来‘烈士’并不烈！原来‘烈士’历史不清白！原来‘烈士’没有信用！原来‘烈士’不敢讲话！原来‘烈士’在骗我们！”于是，百姓对他们的偶像失望了，他们会“用看杀强盗一般的眼光，去参观行刑了”！[①] 李敖太了解自己所面对的政党的卑劣伎俩了，他知道自己的沉没还在进行时。

1967 年 7 月 18 日，“文星”出版的殷海光、李敖、陆啸钊、李声庭、于熙俭等人的著作 11 种被警总查禁。其中有李敖的《为中国思想趋向求答案》、《教育与脸谱》、《历史与人像》、《文化论战丹火录》、《上下古今谈》、《传统下的独白》等六种。

---

① 李敖：《论没有“流血的自由”》，《李敖大全集》第 6 册，中国友谊出版公司 1999 年版，第 385 页。

此时，李敖眼看前路茫茫，荆棘密布，许多朋友背他而去、离他而去、敬而远之、避之唯恐不及，他的心情是难以平静的。50年前，梁启超在台湾岛上曾写过两句小诗：

历劫此身成落瓠，
浮天无岸有虚舟。

如今，他感到自己也如同那无人摆渡的“虚舟”一样，孤独无靠，飘忽无定。他不由想起在初中时就已读到过的那首小诗：

人生如美酒，
易醒复易醉。
微醉亦难醒，
醒来都是泪。

就李敖所宣传的社会改革思想而言，他并没有越出一个自由主义文人的轨道，是一个淑世的改良主义者。他曾公开表示：“一般不了解我的人，很少知道我是一个憎恨暴力的人，我憎恨以暴易暴，憎恨不关心小百姓怎么生活而高谈美丽的乌托邦。我是实际的人，是淑世的改良主义者，我主张和平而渐进的转移或改革。”他还说：“我的目的就在鼓吹和平而渐进的转移或改革，并且我相信，这种转移或改革的基本动力是孙中山所说的‘思想的变化’。”[①] 但他并没有想到，一切专制统治者决不会主动地接受来自外界的批评，更何况这种批评触及到了其政治利益。因此，他那激进的“全盘西化”和否定传统文化的观点，最终还是难以被保守势力和反动势力所容，尤其是他批评国民

① 李敖：《过早的答案》，《李敖大全集》第6册，第371页。

党一党专制的文字，与国民党当局的根本利益发生了冲突。事至今日，亦实在预料之中。

翻读殷海光五年前写下的《我看雷震与新党》，其中一段话，李敖感同身受：

> ……虽然，我置身于这小书室中，我正神驰于古今的兴亡历史，可是我毕竟与这样的一群人处在同一个时代和同一个岛上。我底身体，正像一切讲思想自由和议论自由的人之身体一样，毫无掩蔽地暴露在一个没有约束的权力之下。[①]

他在给殷海光的信中说："夜色真深，在深暗的夜色里写这封信，真凄厉。"他在自己居住的四楼书房里，每天晚上通宵不眠，"看书、写书、思考、思'过'、走来走去、像动物园里那头熊"。他不是沮丧，而是在调整。他并没有因自己的失败而灰心。他认为，自己失去的只是一种"幻"，而"真理"会永存。他对自己要走的路并没有因此而稍有改变，他已认同了自己的孤独，他在给女友的信中说："梁实秋先生说我的智慧成熟过早，我颇不谦虚地认为他这看法不错。再过三天，我就是31岁的人，我自认在31岁的"男孩子"中，我是一名"老狐狸"，而为那些傻小子们所不及。但是做了'老狐狸'，并不值得得意，因为那很孤独。——当你把人生看破，把许多误认为有价值的价值摧毁，你难免会有一种'无可无不可'的虚无情绪，对人间，在许多方面，你不再是一名熟客而是卡缪笔下的'异乡人'。"[②]

面对一党独大，身单力薄的李敖并没有因此失掉斗争的勇气。"艰难岂足道，一弃若敝屣。"梁任公的诗鼓励着他的斗志。他在给友人的

① 见（台北）《民主潮》1960年10月1日，第10卷第19期。

② 李敖：《又是情书·给CL之三》，《李敖大全集》第30册，第101页。

信中说："我是一个很少休息的妖怪，半夜三更，活得比谁都起劲。"他要爬起来继续干，在环境险恶的情况下"有限度的做做看"，他准备再办杂志、开书店，自己单枪匹马地去干，但这种愿望已不像他当初谋教职那么简单了。他已经成为官方注意的目标，单是手续一关就不可能通过。

靠笔杆维生已不可能，走文化商人之路显然亦无希望，1966 年 8 月底到 9 月初，李敖先后在《中央日报》、《联合报》、《征信新闻报》、《民族晚报》、《自立晚报》等登出广告，宣布出版《李敖告别文坛十书》，得款做本钱，改行去卖牛肉面，并特备签名簿一册，请"为数不多的我佩服的至少不算讨厌的人士"签名以示赞助。

当时，柏杨正在《自立晚报》社走红，他见李敖来登广告，跑过来说："李敖哇，你自杀算了！这个岛上没有你的活路！"李敖笑而不答。

广告一出，社会哗然。谁都明白，这是一个走投无路的文人做出的最后抗议，许多文化界人士纷纷撰文表示同情和支持，热衷于李敖的读者亦来信、寄款预约订书，李敖在 9 月 13 日给同学的信中说："我这阵子收到的读者来信也不知有多少，几乎封封都提到牛肉面如何如何，几乎投资或帮忙我卖面的人，比要买我的书的人还多。真令人啼笑皆非，惊喜交集也！"在《文星》时代与李敖来往甚多的著名作家余光中亦在信中给李敖打气：

> 近日读报，知道李敖先生有意告别文坛，改行卖牛肉面。果然如此，倒不失为文坛佳话。今之司马相如，不去唐人街洗盘子，却愿留在台湾摆牛肉摊，逆流而泳，分外可喜。唯李敖先生为了卖牛肉而告别文坛，仍是一件憾事。李先生才气横溢，笔锋常带情感而咄咄逼人，竟而才未尽而笔欲停。我们赞助他卖牛肉面，但同时又不赞助他卖牛肉面。

赞助，是因为他收笔市隐之后，潜心思索，来日解牛之刀，更合桑林之舞；不赞助，是因为我们相信，以他之才，即使操用牛刀，效司马与文君之当炉，也恐怕该是一时的现象。是为赞助。[①]

李敖的《告别文坛十书》自然又引起官方的注意。被官方改组的《文星》总编胡汝森（军方人物）与“警总政战部”副主任段春理少将、政三处副处长伍一心上校、政战部第二处文化组主任李国瑾中校多次会面磋商对策。

在广告登出后，接着就是印刷出书。印刷“十书”的装订厂不断遭到警方的干扰，装订好和未装订好的书籍相继被警方查禁、抢走，李敖遭受了巨大损失，他因此欠下了读者的钱（每十本书200块钱的预付款）、纸行的钱、印刷厂的钱，官方在逼他于赔本中自动放弃。在一片狼籍的印刷车间，李敖收拾残余，凑够了一整套的《告别文坛十书》，望着手中残破不堪、长短不齐的遗存，那种被羞辱、被捉弄、被打压的愤怒使他久久不能平静。也许就是从此时起，他抱定了要誓死与国民党战斗到底的决心。只要一息尚存，他就要斗争，要报复，不择手段、不惜代价，与这个横行无忌的恶党周旋到底。

眼看“十书”无望，1966年11月15日，李敖在悲愤之中向约订读者发出“敬启”：

敬启者：

“李敖告别文坛十书”出版经过，奉陈如下：

第一号“乌鸦又叫了”

第七号“孙悟空和我”

① 李敖：《李敖回忆录》，第203页。

两书已被查禁并扣留，不能发行。

第二号“两性问题及其他”

第四号“李敖写的信”

第五号“也有情书”

第一〇号“不要叫罢”

四书仍在处理中（发此信后，旋遭查扣，不能发行）。

第三号“妈离不了你”

第六号“传统下的独白”

第八号“大学后期日记甲集”

第九号“大学后期日记乙集”

四书已经发行（但受警察干扰）。

四书中有割页部分，并非装订错误，恕无法调换。

未出各书正依法处理中，一俟解决，即行奉上。总之，此次出书一再好事多磨，皆因情非得已。凡不细昧实际困难，而遽以“不准时”、“不守信”责怪李敖者，非知我者也。

李　敖　敬上

1966年11月15日

就在四面楚歌、前路维艰之时，也有人想利用李敖的才气发财，依然向李敖拉稿，并要他化名写文章，李敖为之动气。他认为，这些人实在太不了解自己了。五年来，自己什么时候化名写过文章？大丈夫是从来“坐不更名，立不改姓”的，自己反共也好，反法西斯也罢，乃至反义和团也行，从来不藏在后头放冷箭。自然，他不预理会。

也就是在这时，他过去的论敌们依然未忘记他，胡秋原等人利用他们取得的李敖给胡适的一封信，开始对李敖做起了文章。

1966年11月7日，胡秋原等邀约国、青、民三党人士和若干文化界的朋友30人，在台北妇女之家举行声讨李敖大会。李敖故友徐高阮因过去对李敖的一些做法不满，与李敖疏远，此次会议，他也参加了，并当场油印公布了李敖在新店山居时给胡适的信，因信中谈到了李敖与严侨的关系，徐高阮称李敖是“对敌人投降的叛逆分子”。

原来，李敖在给胡适的那封信中，透露了他与严侨的交往。由于李敖的信中还有评论胡适的文字，与严侨的信也写得非常感人，胡适便经常把信拿给别人看。当他把这信拿给“中央研究院”的徐高阮看时，徐高阮却将信扣在自己手中。不久，胡适去世，此信遂归徐高阮所有。

徐高阮何许人也？他曾是“一二九”学生运动的领袖，后投靠国民党。共产党曾派蒋南翔争取他未果。在西南联大，他与殷海光是同学。到台湾后，在“中央研究院”做副研究员，兼管图书室。与胡适走得甚近。

如今，徐高阮将胡适的信拿出来“杀”李敖，受到许多朋友的谴责，说他“卖友求荣”、“借刀杀人”、手段“卑鄙”，但李敖的反应却很冷静，他说：“徐高阮等公布我的信，我一点也不在乎，因为信是我写的，我当然大丈夫敢做敢当。总之，我不怪他们公布我的信，我只是对他们公布的动机和目的，感到要吐口水而已。”“徐高阮等是变节的共产党，变节的共产党是全世界最可怕的人类，……”①

不料，此信引起了政治嗅觉灵敏的胡秋原的重视。11月16日，声讨会后的第九天，胡秋原即在《中华杂志》第4卷第11号（总第40号）上发表了一篇文章，题为《徐高阮先生公布的胡适先生收到的一封信》，指控李敖是共产党的“间谍”，给李敖送上了一顶红帽子。于是，李敖致胡适的信，从论敌手中公之于世。

警方和司法机关则秉承当局的旨意借此机会迫害李敖。1966年底，在保安处魏宜智组长主持下，警务机关开始约谈李敖，重点追查他18岁时想和老师严侨一起偷渡回大陆的事。出狱不久的严侨也因此再度被捕，被关了30天，交代他同李敖的关系。不久，台湾高等法院首席检

① 李敖：《论红色变节者》，《李敖大全集》第30册，第360页。

察官指令侦办李敖，并以“妨害公务”罪名提起公诉。李敖被“警备总部”约谈，俨然一“匪谍”。约谈后由特务陪同，让李敖去找保，李敖想“这种政治性的案子，谁敢保我？看样子只好找一位德高望重的有名气的大人物保一保，方不致连累他”。想来想去，他想到了梁实秋。

应该说，老牌的自由主义文人梁实秋对李敖是充满厚爱的。李敖的《胡适评传》出版后，梁实秋曾写过《读〈胡适评传〉第一册》，对他十分捧场。当时李敖在“文星”威风八面，“文星”势力如日中天，文坛中人，包括余光中、梁实秋无不称颂。多有文章在《文星》发表。与胡秋原论战时，梁曾以金门名酒两瓶赠送李敖。李敖也善解人意，特请萧孟能买了当时艺坛走红的柳腰明星华怡宝的专场入场券送梁，老先生欣然前往。谁知“文星”被封后，李敖找到梁实秋谈及作保之事，梁实秋当着特务的面婉言谢绝了，说：“你还是找别人保吧，实在找不到别人，我再保你。”最后，李敖在无奈之中又找到了他父亲的同学、“立委”王兆民，这位过去数次未帮上李敖“大忙”的善保“晚节”的前辈，终于有了一次“怀直气”的行动，他保了李敖。

当天晚上，梁实秋给余光中打电话，说“未能保李敖感到很难过”。

李敖得知此事，只是苦笑。在他心中，那个生龙活虎意气纵横大写《人权论集》的梁实秋已经不在了。

就梁实秋的处事原则和与李敖的交情而言，他应该援之以手。此次婉拒，可能是他过坏地估计了形势，感到出面作保，不仅不能保人，而且难以自保，故有此下策。李敖把梁实秋的举动看作是软弱和爱惜羽毛，实在是冤枉他了。25年后，他从出版的《王世杰日记》中得知一段梁实秋为自己游说的秘辛：还是在他被陶希圣“请”出“文献会”时，梁实秋认为李敖如此人才，任其流落，太可惜了，于是他未征得李敖同意也没有告诉李敖，便秘密写信“中央研究院院长”王世杰、历史语言研究所所长李济，希望能任用。王世杰在1965年12月20日条下写道：

有李敖者，日前在文星书店应所刊《蒋廷黻选集》，对余被免“总统府秘书长”（民国42年12月）与签订“中苏条约”两事，做侮辱性抨击。中央党部谷凤翔等促余向法院控诉其诬毁。余殊不愿给此等人以出锋头之机会。惟余对此两事为避免牵涉他人过失之故，迄未发布文字，抑或是余之过。李敖为台大毕业生，有才华而品行不端，梁实秋于52年五月曾推荐于“中研院”史语所，李济之以其行为不正，不愿收纳，余遂拒绝之，彼即因此怀恨。[①]

王世杰言李敖因梁举荐未果而“怀恨”在心，自然与事实不否，因为李敖对此事压根就不知道。真正的原因倒是王世杰等人怕胡秋原。当时胡秋原正与李敖打着官司。在1963年9月10日日记中，王世杰曾写道：“台大毕业生李敖甚有才华，与胡秋原涉讼（彼等均以诽谤为诉由）。余颇欲成全李敖学业，劝彼等中止诉讼，但似不能说服胡秋原。”可见王世杰不接受梁实秋的推荐，真正的原因是怕惹恼了“立法委员”胡秋原，说李敖“品行不端”只是一个假托而已。从这段材料中，我们可以看到梁实秋稳健的一面，他在自保前提下，还是有识才、惜才、荐才的气度的。若干年后，当李敖了解了梁实秋的这种“高谊隆情”后，自是“感念”不已。[②]

由于李敖与严侨之事已是十几年前的旧事，并且，魏宜智在调查中搞清楚了这是徐高阮等私人间的借刀杀人之计，研判若由官方出面整李敖，对官方不利，最后决定不了了之。徐高阮等人的阴谋才未得逞。

直到1967年，国民党“司法行政部部长”郑彦棻亲自下令，“高等法院”首席检察官才开始发文侦办李敖。该年4月8日以“妨害公

① 李敖：《李敖快意恩仇录》，第261页。
② 李敖：《梁实秋逝世周年感忆》，《李敖大全集》第39册，第32页。

务”被提起公诉。自此官方正式配合私方，以诉讼手段形成夹杀，李敖的行踪开始受到监视。

虽受监视，但李敖并没有因此而屈服，相反却在加紧备战积聚力量，以作下一轮的冲锋。他在给朋友丁颖的信中说：“旧式文人，一遭困顿，即发之以长吁知叹；我们新时代的动笔杆朋友，却不可如此。鼻涕眼泪，唉声叹气，伤春悲秋、吟咏讴歌等等，都是狗屎。我们要形成的是力量，大力量。‘交友以自大其身，求士以求此身之不朽。’这是清朝学者的老话，‘自大其身’就是制造力量，大力量。否则只是自怜而已，看水中的自己或女读者信中的自己又有何用？”为此，他在1966年5月16日的日记里，给自己写下十条“我的信仰”：

（一）我深信一种强者的哲学，我拒绝做弱者。

（二）强者的条件是智慧、力量和狠心肠。

（三）要有洞彻人际和知识上科际的智慧。

（四）要有打击坏人和恶势力的力量，要有散布智慧和善行的力量。

（五）这里面有一种“中间因素”，可叫做感情的干扰，它包括女人、亲情、朋友和世俗的道德标准，它们可能构成一种重大的阻力，阻止我发展我的强者哲学，我必要时铲除它们，所以我需要狠心肠。

（六）“烈士肝肠名士胆，杀人手段救人心”，这是强者的狠心肠。

（七）“须是一刀两断，萦萦的讨个什么！”这是强者的狠心肠。

（八）“一个人为真理常常要牺牲朋友”，这是强者的狠心肠。

（九）深沉有力量，英气盖华场。这是狠心肠强者的气势。

（十）“你不能同时侍奉上帝，又侍奉玛门。”我要求我在矛盾的关口，砍掉它们，义无反顾。强者不该是矛盾犹豫的人。

李敖以非凡的勇气迎接着黑暗的到来。

他预感到一张黑色的大网正一步一步地从天而降，笼罩住了这个小岛。在这张无所不能的大网下，文星书店及其同仁自然难逃厄运。

二、商海谋生，义助殷海光

在“文星”时期，由于主张“西化”的几名学者如李敖、许登源、居浩然、陆啸钊、李声庭、洪承完等人都是殷海光的学生，而殷海光在台湾大学曾大力宣传、介绍西方文化和英美式的自由民主，并且猛烈批评过传统文化中的糟粕，因此，他被反对西化的胡秋原、郑学稼、任卓宣、徐高阮等人想当然地指作西化派的总后台。

殷氏虽然并未介入这场中西文化论战，但他反专制、反独裁的立场和揭露国民党当局黑暗的文章却一步步惹恼了官方，加上他与爱因斯坦、罗素、费格、海耶克等世界第一流的大脑袋书信不断，在海内外的影响日益增大，他为狭隘的国民党所不容就在当然之中。尤其是李敖的文章文笔犀利，咄咄逼人，颇与殷海光相近，在初出道时曾被一些人误认为是殷海光的“化名”，[①] 因此，从李敖身上往往能勾起官方的一系列接近联想。蒋介石在国民党党部召开的“中常委会”上说：“殷海光不是与党‘国’一条心的人。在大陆那一段，他反共是积极的，我曾经召见过他，对他期望甚大。他到‘反共复国基地’来后，完全变了。他在《自由中国》上写的那些东西，实际上是在帮共产党

① 马家辉：《消灭李敖还是被李敖消灭》，第 137-138 页。

的忙。我们不能养蛀虫蛀自己的船。”这无异是对殷海光进行全面迫害的一个信号。

到“文星”后期，随着官方对殷海光打击力度的增强，一些国民党御用文人更是把殷海光和“文星”绑在了一起。侯立朝在《文星集团想走哪条路？》中列有一表：

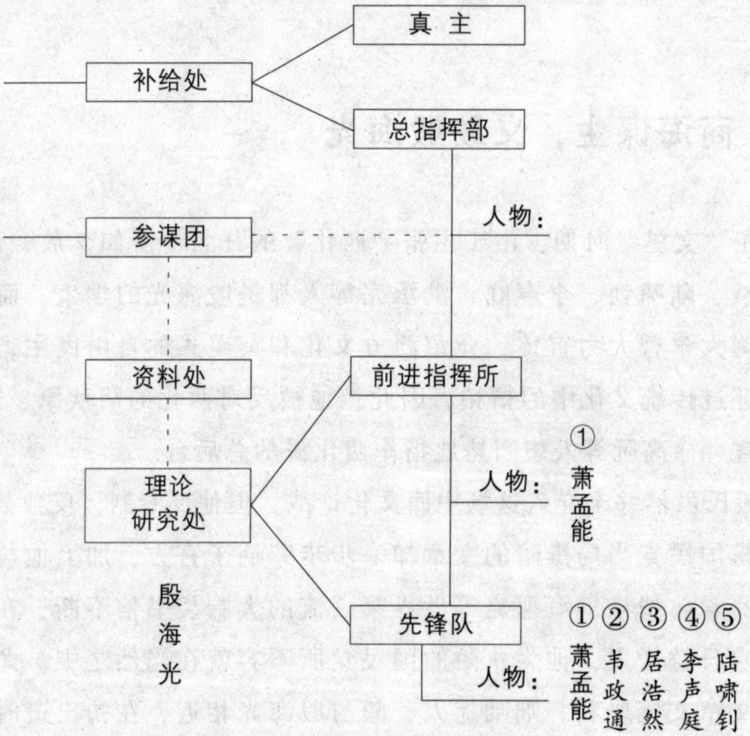

真可谓城门失火，殃及池鱼。这种毫无根据的罗织，把台湾五六十年代的一批新老自由主义文人摆在了一张平台上。以至文德（陈宏正）在《殷海光教授年谱简编》中替殷海光抱屈说：“李敖独得盛名，但殷却背着黑锅。”①

① 李敖：《李敖快意恩仇录》，第 278 页。

也就是在这一时期，李敖与殷海光——这位同样狷介的学界前辈结下了深厚的友谊。

李敖的老师——殷海光

前已有述，李敖在大学阶段就与殷海光有过交往，但由于当时特殊的形势和李敖对殷海光认识的转变而中断。

还是在1961年11月的一天，李敖独自徜徉于文学院中，与殷海光不期而遇。两人虽然多年不见，但这位自由主义大师并没有把李敖忘掉，他主动叫住了李敖，并问："你在《老年人和棒子》里，提到的江亢虎是谁啊?"李敖告诉了他。适逢姚从吾走过，殷海光指着李敖对姚从吾说："此一代奇才也!"姚从吾说："你们两个都是奇才!"殷海光与李敖谈得高兴，便约李敖到他家去聊。李敖把给胡适信的副本给他，并说定第二天去看他。于是有了后来李敖的这段记录：

> 近五年以后，我又来到了殷家。殷海光这回大概真的发现了我的不简单，他显然承认了我的蛟龙地位。他说我给胡适的信深深感动了他，信中提到的严侨，是中国伟大知识分子的代表，中国有千千万万的严侨，都在国共斗争中牺牲了。……说到这里，他突然哭了起来，使我大为感动。这一次谈话非常投机，他要到我碧潭山居来看我，我同意了。不久他到碧潭来，他教我如何煮咖啡，我穷得买不起咖啡壶，

只能提供烧开水的铝壶做工具，他抱怨壶有油质，煮咖啡不好喝，我很惊讶他在喝咖啡上如此考究。我们大谈了一下午，然后到吊桥旁小店吃鱼。殷海光的怪毛病是：他刚见到一个人，经常是不讲话，态度也不友善，一定要“暖车”（warm up）以后，他才逸兴横飞高谈阔论不止，这时候他也有说有笑，与常人无异。但是下次见面时，他又要重新从那种死样子开始。一些人不了解这怪毛病，常常在一开始就被他气走了。这次殷海光到我家，怪毛病倒颇为从简，大概他怕我以其人之术，还治其人之身，所以很快就了无拘束地聊起来了。①

在这次谈话中，李敖谈了自己的两点意见：第一，雷震搞新党导致了《自由中国》的完结，故新党运动对传播新思想而言是一种连累。就像五四运动连累了新文化运动一样。第二，《自由中国》所谈的，是知识分子的、上层的、纵贯线上的台湾，在此之外，对乡土台湾、苦难老百姓的生活谈得不够。殷海光望着这位谈锋犀利、睿智频出的后生，深以为然。这位一向与人交谈需要“暖车”的怪杰，与李敖亦能“很快就了无拘束地聊起来了”。自此两人的交往日渐增多。

在李敖的认识里，国民党逃台后，在检讨失败的原因方面，可分两派：一派认为专制得不够，今后要多专制才行；一派认为自由民主得不够，今后要抛弃老套，要做深刻的进步的反省才行。在后者呼吁最多者，即殷海光。在过去，殷海光的评论多发于《自由中国》，但1959年雷震案后，他失去地盘，渐形索寞。在中西文化论战中，李敖与胡秋原由论辩到人身攻击，胡秋原误认为是殷海光在背后策动，以致后来对殷氏的思想、学术及人格不停地施以攻击，单是他个人发表的丑

① 李敖：《李敖回忆录》，第211页。

化殷海光的文章就达25万字之多。殷海光在一篇回忆《我被迫离开台湾大学的经过》中说：“在论战中，胡秋原君知识上的短缺，思想上的混乱，被我的一群学生指破。尤其是他参加‘闽变’的往事，被李敖君指出。这一下使他的名流声威扫地。他痛心疾首之余，认为系我在背后策动，于是在《中华杂志》上参加徐君对我的围攻。这二位先生的言论，充满对我的污蔑、毒骂及构陷，但却俨然为学术尊严及自由民主而仗义执言。标榜历史文化儒家道德的某君（徐复观也），则从旁助威……”胡秋原因文化论战被打得灰头土脑，对殷海光自然不肯放手，他多次参与了整垮“文星”、斗垮殷海光的作业。台大校长钱思亮也就朝着这一方向援之以手，最后致使殷海光被解除台大教职，并取消了他赖以生存的科研补助。

胡秋原在殷海光身处逆境之时，对他如此打击，究竟为何？着实令人费解。原《自由中国》编委夏道平教授曾披露过一件事情，对胡氏此行的动机提供了一个新的证据：胡秋原曾将自己的新著托诗人周弃子赠送殷海光，殷海光素厌胡之为人，当着周弃子的面将胡秋原的赠书丢到纸篓里去了。殷氏的这一做法，使周弃子很感意外。事后，可能是周弃子将殷海光丢书的情况告诉了胡秋原，致使胡氏对殷海光结怨。

如果说胡秋原攻击殷海光其中带有个人恩怨的因素的话，那么，徐高阮对殷氏的攻击一方面出于对这位西南联大同学的“嫉妒”（李敖语），另一方面则是受到官方操纵。从他披露李敖致胡适的信（其中有不利于殷海光的文字），到在胡秋原的《中华杂志》、徐复观的《民主评论》杂志连篇累牍地狠批殷海光，拿殷氏学术研究中的翻译问题上纲上线，大做文章，并打着用笔保卫‘国家’、学问及个人的尊严与权利的旗号，要求“内政部”、“教育部”对殷氏展开调查，给予必要的处置。其险恶用心可谓不言自彰。李敖在回忆录中曾经说：

> 徐高阮是攻击“文星”的第一裨将，他死之日，吊丧行里居然出现了总政战部主任王升、调查局局长沈之岳、情报局局长叶翔之！他的背景，原来这般！——徐高阮在职务上只不过是“中央研究院”历史语言研究所的一名副研究员，在这种冷衙门的清高之地，身死之后，居然冒出成群的大特务为他吊丧，双方关系的不简单，由此可证！[①]

殷海光从1960年《自由中国》垮台以后，到1969年去世，这九年间，可谓“一年老一年，一日衰一日”，内心世界寂寞而荒凉，周围已无人能与他作思想的交流，他只有在与海外门生的书信中苦诉衷肠。1966年12月1日，他在给林毓生夫妇的信中说：“你知道我在这个岛上是岛中之岛。五四以来的自由知识分子，自胡适以降，像风卷残云似的，消失在天边。我从来没有看见中国的知识分子像这样苍白失血，目无神光。他们的亡失，他们的衰颓，和当年比较起来，前后判若两种人。在这样的氛围里，怀抱自己的想法的人之陷于孤独，无宁是时代的写照。生存在这样的社群里，如果一个人尚有大脑，便是他不幸之源啊！”[②] 这种寂寞当然与殷氏的性格有关，但殷氏幸运的是他在精神的窘境中赶上李敖的文星时代，由于李敖的帮助，他虽在迫害、衰病之中，却在出书、生活、医疗和精神上，得到很大的支援和安慰。在这期间，美国哈佛大学研究中国问题的权威费正清到台湾，他邀请李敖陪他专门去看望殷海光，并在一起吃饭。此后，李敖对这位反专制的斗士更加关心。在1964年至1966年间，殷海光在文星书店陆续出版了他的《思想与方法》、《到奴役之路》、《海耶克和他的思想》和《中国文化的展望》四书，都是李敖主持。李敖说：

---

① 李敖：《李敖回忆录》，第161-162页。

② 王元化：《殷海光林毓生书信录》，第94页。

在出这四本书的过程中，我遭遇了三个方面的困难，第一方面是殷海光本人的，殷海光是《自由中国》的首席余孽，他要出书，“十目所视，十手所指”，自不消说；第二方面是我本人的，我在“文星”兴风作浪，给“文星”带来极大的压力和麻烦，自己作孽之不足，还要勾结余孽，双料出书，“廿目所视，廿目所指”，也不消说；第三方面是“文星”内部的，“文星”虽然是进步的书店，但是还没进步到要甘愿赔钱的程度。“杀头生意有人做，赔钱生意没人做”，给殷海光出书，出到后来，简直已是又杀头又赔钱的玩意，劝说“文星”主人萧孟能出版指日可禁之书，是需要费些力气的，虽然萧孟能礼贤下士，但冥冥中老板老板娘“四目所视、四手所指”的画面，却也不可不知，也不可不稍为人家设想。殷海光是不怎么通人情的书生，我调剂其中，希望出书第一，不要枝枝节节因小失大，这种苦心，我想殷海光和萧孟能都不尽知道。例如出版《中国文化的展望》，我为了给殷海光较高的稿费，就在萧孟能肯出的稿费之上，暗中自己贴了不少钱，此中调剂，当事人不知也。[①]

1966 年前后，李敖与殷海光的关系渐渐疏远。据说，有一次，一些殷门弟子在殷海光面前讲了李敖不少坏话，殷海光明知弟子们讲得不对，不但未预制止，而且还点头。当时，与李敖关系甚好的黄中在场，黄中认为，殷老师明知弟子们之间有矛盾，却不加化解，这是不对的。他回去后，将这一情况告知了李敖。李敖听后，非常生气。他认为殷海光是非不分，从此不去殷家。老师的情况，他也不再过问。

1967 年春天，李敖在台北美而廉碰到殷海光，发现他气色很差，

① 李敖：《李敖快意恩仇录》，第 274 页。

便仔细询问他近段的生活情况。老师的身体再次引起他的关注。看到这位与国民党暴政苦斗多年的前辈身体每况愈下，他的心情是沉重的。他想：对于追求民主、自由的人来讲，殷海光是一位杰出的思想家、政论家。他的身体好坏，不仅关系到台湾自由、民主理论的弘扬与传播，还关系到反集权、独裁的斗争能否深入、持久。自己是一位后来者，不应该因小怨而误大局，在关键时刻应该帮他一把。因此，他觉得，眼下当务之急是帮助老师查病、治病。

李敖找到另一位同学陈平景，询问老师的身体为什么那样差，并发火说："你们经常往老师家里跑，难道看不出老师有病？"

陈平景解释说："我多次向老师建议去医院检查一下，老师和师母不同意而未去成。殷老师还讲，除非到贵族医院检查，一般的公立医院是绝不去的。而且他们也不同意去检查，我没有办法，除非你去逼。"

李敖说："我去逼，一定要把殷老师逼到医院去！"

当时，像殷海光这样的教授，如入台大医院，因为有公保，便不需再掏钱，但殷海光要入贵族医院，李敖只有照老师的意思去办。4月13日，李敖丢下手边的事情，亲自跑到台北的贵族医院——宏恩医院，预定了为殷海光查病的时间和医生。次日清晨，他给殷海光写有一信：

海光老师：

好久不见，十几天前晓波买点礼物送您，收到了吗？

上次在美而廉相遇，我就感到您气色不好（很久不见了，所以感觉特别尖锐），前天听平景说，您的胃病，并没有请医生看，我颇惊讶，我以为您请了医生，没有想到您竟对您的身体这样不科学。

我看还是由我来吧！我昨天跑到宏恩医院，替您约好看病时间如下：

下星期二（18日）上午10点照胃部X光。

下星期四（20日）上午10点请台湾最有名的胃科大夫李承泌医师诊断。

您治胃病的一切费用，由我承担。我最近为香港一家出版社帮忙，有一笔小收入，所以我愿意“请客”，以我们的关系和了解，您自然不可推辞。

您在星期一（17号）晚上11点以后，就不能吃任何东西，也不能喝水，直到第二天照X光以前，千万不要吃喝。我准于星期二（18日）早上9点前来接您。一切面谈。“但愿人长久”。保重第一，一时的被诬谤戴红帽子，又算得了什么，只要留得青山在！

敖之

1967.4.14

夜5时10分

殷海光读到李敖的来信，非常感动。他为这个善良的学生而感到宽慰，同意到宏恩医院检查。

其实，李敖哪里有钱，他说为香港一家出版社帮忙有一笔小收入，只是一个美丽的谎言——他不愿意殷海光知道自己经济上的困窘而不安。

就这样，李敖、孟绝子、陈平景等人把殷海光送到了医院，李承泌大夫对李敖和殷海光说：“我佩服殷先生，也佩服李先生。李先生郑重托我，我自然尽力办。”他调动了医院最好的设备，对殷海光的病作了仔细的检查。之后，他把李敖拉到了门外，说有话要说。

在走道里，李承泌大夫十分严肃地说：“怎么到现在才来看，百分之百的胃癌！”

李敖焦急地问：“还能拖多久？”

李大夫说：“这次若不来看，只能活几个月。”

“现在还有救吗？”

“要等动了手术才知道。”

李敖叹道：“好人多磨难啦！”

他回到病房，把其他人支出去，然后对殷说：“斯人也，不可有斯疾也！你这位忧郁的哲学家啊！竟得了胃癌。罗素要听说你得了这种不哲学的病，他会笑死了。现在决定开刀抢救，你应该准备在开刀以后，好好把你要说的，都说出来，我相信那是一部有价值的书。你有生命危险，来日无多，我本来不该告诉你，但我一想，你看了这么多书，若连生死都看不破，那书也白看了。所以我决定告诉你，使你有所准备，免得做错了安排，浪费了时间。”看到李敖以强者对强者的态度对待他，殷海光显得很镇静很从容，但当李敖走出病房后，他的精神马上垮了下来。

殷海光需住院手术，医院要他先交3000元住院保证金，李敖身上没多么多钱，便和会计挤眉弄眼，会计才同意李敖先开一张空头支票做抵押，然后四处去借。他与孟绝子、陈平景到水牛出版社去找发行人彭诚晃，七缠八缠，弄到了3000元。

1967年5月1日，殷海光做了胃切除手术，李敖在当天与女友的信中写道：“殷海光今早开刀，打开后，医生犹豫不决，不知是割好还是不割好。最后还是决定割，结果胃切去三分之二，肠切去一截，毒菌已蔓延到淋巴系统，故已无生望，现在只有等死。刚才我第二次去看他，等一会夜深时再去。因为他太太在医院，傍晚我特别到他家看看他的小女儿，一个人在跟狗玩，好可怜！”在殷海光做手术的当天，李敖连续三次去探望，由此可以看到他对这位思想者的关心。

手术后，殷海光的病情得到稳定。考虑到自己在台湾的处境，殷海光想离开台湾。1967年5月，在海外朋友的帮助下，美国哈佛大学正式发函，聘请殷海光为该校研究员。但蒋介石不肯放人。由于李敖与国民党一些要人有关系，殷夫人夏君璐曾专程去找过李敖，要李敖出面去找国民党某要人，李敖很卖力地去做了，这位要人也在蒋介石面前为殷海光说了话，但蒋介石始终未表态。无奈，李敖在信中对殷海光说：

> 我还向有关方面暗示（等于明示）还是把殷海光放走罢！逼人走绝路（生活困难）乃至抓人关人，是没有效果的，如果有效果，我们今天也不会在台湾了（过去在大陆，这套方法还用得太少了吗？可是效果呢？）殷海光一类人（包括李敖之流），到了“国外”，当然不会说“政府”什么好话，可是他们到了“国外”，本人就该是台湾政府有自由的最好人证！就凭这点人证的资格，这个“政府”就值得做，并且划得来，得可偿失，值回票价！
>
> 总之，你能否走得成，完全要看他们智慧的高下，他们高或肯高，你就走了；否则的话，还是老局面，吾们是殉葬者而已，呜呼哀哉！①

蒋介石为把殷海光酱在台湾岛上，专门召见警备总司令刘玉章。他对刘玉章说：“他不是不愿与‘政府’合作吗，不愿到‘教育部’去吗？我考虑还是让他呆在台湾大学。对外就说不是‘政府’不要他去美国，而是台湾大学离不开他。这样，我们不放他走就有理由了，也堵住了美国、香港一些人的嘴巴。”

刘玉章说：“台湾大学已解聘了他，那怎么……”

“再补发一个聘书嘛。不过，此事要向台大校长钱思亮交待清楚，为防止殷海光再在学生中散布毒素，影响青年，殷海光的课表照贴，但不要他授课，也不准他演讲，只做个名义上的教授。”

就这样，殷海光因政治原因，成为台大也是台湾唯一一个不能上讲

① 李敖：《给殷海光的六封信之四》，《李敖大全集》第30册，第69页。

台授课的挂名教授。美国哈佛大学的聘书成为一纸空文。

此事对殷海光刺激很大，加上生活困窘，他有时连寄信的钱都没有了，写作计划受到影响。1969 年 4 月，他的病情明显恶化，难以正常写作。6 月底，胃部又开始疼痛，身上开始浮肿。9 月 16 日下午 5 点 45 分，这位自由主义大师与世长辞。

在这期间，李敖数次探望并施以帮助，后又协助师母筹划后事。他极力要求主持出版一套高质量、高水平的《殷海光全集》，以表纪念，但因殷门弟子之间的矛盾争端，终未如愿。

在殷海光的学生中，像林毓生、张灏等海外弟子虽然也曾对困窘中的老师寄钱寄书，但对殷海光能如此不惜一切全面考虑并施于帮助的，其实不多。李敖曾说过：在思想家和先知的行列中，“胡适得其皮，殷海光得其肉，真正皮肉相连的，是硕果仅存的李敖。”① 李敖在得殷海光勇敢反国民党真传之外，又能慷慨解囊、救人于危难之中，这种侠肝义胆，同样令人感佩。早在 1967 年 7 月，香港的《大学生活》杂志曾有这样的报道：

> 批评李敖者爱从两方面攻击他：一、说他私生活过于放浪；二、说他笔下过于刻薄，爱揭发别人的隐私。我无意在此为李敖辩护，只想说批评李敖者本身更不知有多少见不得人的缺点，至少绝不止于李敖所犯的两点。而李敖之为李敖，李敖之不失可爱，却是因为他比那些受他攻击的人更多正义感、更多人性。②

从李敖义助殷海光一事，可见一斑。

---

① 李敖：《李敖快意恩仇录》，第 177 页。

② 见李敖：《李敖大全集》第 39 册，第 106 页。

在殷海光住院治疗前后，李敖已经完全被官方封锁，很难靠写作出版维生。经济上的困顿使他步入商海，贩卖冰箱、冷气、打腊纸、吸潮机、吸尘气，销售《古今图书集成》、《中华古籍丛刊》、《大汉和辞典》，出卖自己所藏的历史资料，代人写广告等等，只要能赚到钱，他什么都干。当时美军顾问团在台北，市面上品质好的冰箱冷气等电器，台湾不能生产，都靠顾问团用过的二手货。李敖和李世君合作，化名“OK 李”（OK Lee），他们经常在英文报登广告，收买旧电器。有时靠朋友帮忙，也能买到新电器，比如美军军眷毕丽娜（费翔的妈妈）就帮过他。每次成交以后，他都亲自搬运，与苦力无异。有一次卖了一台冰箱给李翰祥，他在参加搬运时被李太太看到，她说：“怎么大作家做起苦力来？”李敖说：“大作家被下放了，正在劳动改造啊！”李敖曾在给殷海光的信中说：

> 我近来整日亦忙于谋生，旧债累人，甚苦恼。最近拟去一私人广告公司做事，代商人写广告辞，所堪阿 Q 式自慰者，美国 Sinclair lewis、Sherwood Anderson、Comelia Otis Skinnere 诸文豪皆出身于此，今日之我，却正好逆其道而行之，呜呼哀哉！国民党统治下之独立文人！（我们这种人，“义不食周粟”！“渴不饮盗泉水”！）[①]

这段文字，是对国民党专制统治的无声的控诉。与殷海光不同的是，李敖在愤而不屈之余，依然在夹缝中积极而顽强地生活着。他相信，“坚忍是我们这类人在目前的唯一‘武器’”，[②] 自己还年轻，未来的道路还很远很远。

① 李敖：《给殷海光的六封信之六》，《李敖大全集》第 30 册，第 71 页。
② 李敖：《给曹毓煜的信》，《李敖大全集》第 30 册，第 80 页。

还是在1966年6月，李敖在困境中想办一个杂志、开一家书店，迫于自己的处境，他写信请父执好友、“立法委员”王兆民帮忙出面登记，登记后再“转让”给自己。他向这位“二叔”保证，杂志主要“反共产党，同时反‘准共产党’”、“介绍世界现代化思想（如印行科学思想的书）”、“播种下一代（如印行少年儿童读物）”等等，决不会涉及“目前的政治和政党（包括‘党官’）”，它只是“一个走投无路的爱国文人，置身一个小环境里对他小理想的一点小兑现”，[①] 但王兆民“淡泊自甘，静观万象”，还是没有跟他冒险去做这点“蓄艾的‘功德’”，一个合作“小本经营”的“文化生意”之梦也就此破灭。

在无路可走之时，李敖编过《罗素选集》、《胡适语粹》等书，但出版时都是以他人挂名出版的。挂名者要获得的是名，而他此时所要的只是钱，也只能是钱。

此时，《传记文学》主编刘绍唐对李敖亦援之以手，让李敖以“赵家铭”（“造假名”的谐音）的笔名写了许多文章，如《陈果夫与运动大会歌》、《章太炎与胡适之的一些是与非》、《蔡元培与胡适》等等，以获取稿费。为了生存，李敖打破了自己不用笔名发表文章的记录，这种无奈已超出他所能忍受的极限。

他很清楚，靠别人吃饭，就不可能有独立的人格；要特立独行，必须有经济作后盾，那就是要有钱！

三、主办《文风》，涉足演艺圈

在李敖退出《文星》之后，为了生活，曾经匿名创办过一期杂志，那就是《文风》。

① 李敖：《致王兆民先生》，《李敖大全集》第30册，第133页。

当时，广西籍的“国大代表”汤炎光想办一个刊物，看中了李敖，通过李敖的朋友屠申虹，双方一拍即合，由汤负责登记申请并挂名发行人，李敖和屠申虹匿名操刀。他们给刊物取名为《文风》，英文名字叫《Literary Spirit》。1967 年 7 月 19 日，李敖与汤炎光、屠申虹达成协议如下：

> 一、《文风》杂志（登记证内版台字第 248 号）自 1967 年创办起，协议由汤炎光、屠申虹、李敖等三人合作。由汤炎光任发行人，屠申虹任主编，李敖任总经理、执行编辑，并负总务及财务之责（包括全部出资、资金周转、营业盈亏、发行、管理、库存、社址等全部人事财务财产事项）。
>
> 二、稿件一律须经执行编辑或其指定人选定、付排、签付印。主编与发行人有建议及否决之权。
>
> 三、稿件刊出后，由李敖负一切法律责任。
>
> 四、杂志执照，由汤屠两人提供，全部资金，由李敖提供。故自立约日起，所出各期一切盈亏，皆与汤屠两人无涉。
>
> 五、提出解约之一方或两方，其权益，其他两方或一方有优先承受之权。
>
> 六、本契约书一式六份，由合作三人各执一份，见证二人各执一份，另一份存社备查。
>
> 立约人　汤炎光　屠申虹　李　敖
>
> 见证人　郭衣洞　戴　良

柏杨和戴良做了协议的见证人。

从协议契约书中可以看到，汤炎光名为发行人，但实际操纵刊物者是李敖。编辑部就设在李敖家中，半月一期，八开一张，分为四版。所有文字皆由李敖与屠申虹“赶角分色”，不同的文章取用不同的笔名。发刊时，李敖在代汤炎光捉刀的《办〈文风〉的一些意愿》中写道：

> 苦难当前，我们正置身废墟之中。在废墟中，我们开始盖一些小建筑，寄一些小希望。这当然是一件困难的工作，但已没有更好的路通向未来了。我们要迂回前进，要爬过层层障碍，不管天翻也好、地覆也罢，我们还是要活。……
>
> 在废墟之中，“开始盖一些小建筑，寄一些小希望”，这正是《文风》创办的一点精神。对“豪杰之士”而言，我们这点精神，当然显得强烈不足悲壮有余，但这也许正是我们所有的和所能有的，我们并不介意“豪杰之士”笑我们可怜。只要不在沙漠中倒下去，可怜一点，就可怜吧！①

杂志印出来，只是孤零零一小张，没有彩色封面，没有PVC，也没有装订，看上去实在寒酸。他们到各书报摊“巡视”，发现很多摊贩连挂都不挂出来。一个书贩说：“这种书不像书、报不像报的玩艺，一份卖三元钱，实在不敢卖。”

但李敖并不气妥。出刊那天，他带着女友小蕾和屠申虹一起去吃了一顿很像样的西餐。在小蕾面前，他拼命夸赞自己的杂志，并把刚印好的《文风》折成一种比较“过得去”的样子，兴致勃勃地说：“这种型态将是杂志界的突破。我们一定会把它办得像模像样。”

早在1965年7月，李敖应《台湾日报》的夏晓华邀请，主持《上下古今谈》专栏，深知李敖品性的张继高（吴心柳）先生笑着对李敖

① 李敖：《办杂志的一些意愿》，《李敖大全集》第6册，第403页。

说："我包你写不过两个月！不到两个月，你们就会受到压力，而不得不停止。我愿跟你打赌。"李敖与夏晓华自然都不服气。在这个专栏里，李敖的文章的确"温柔敦厚"多了，他认为这个专栏里的文章是自己平生写得最"窝窝囊囊"的文章，大都四平八稳，没有多少棱角。谈历史、谈乡土、谈时潮，他都无多大兴趣。他感觉自己就像是那牵骆驼卖草药的湖北郎中，卖着与骆驼不相关的"草药"，又不得不拿这个庞然大物来吸引人。但是尽管如此，依然遭到一些人的非难，称他是"含沙射影，拐弯抹角的骂人"、"嚣张跋扈，乱放厥词"，[①]有人甚至写匿名信对他进行谩骂和恐吓，并声言要杀掉他。在种种阻挠下，专栏在写了54天后无疾而终。李敖感叹说："三年来树敌太多，相对的增加不少敌意和阻力，也增加了不少对我有成见的傻瓜。所以同一句话，不出自别人之口而出自我李敖之口，外面的反应就多少有点不同。常常是一句真理，因为是我李敖说的，有些傻瓜们就难免赌气：'李敖说该这样，我们偏不这样！'"[②]如今，在围剿李敖的风声正紧的情况下，他又弄出一张《文风》来，那些往日的论敌们、视之为异端的官僚们的态度就可想而知了。

报纸发行后，果然来风八面。一方面"中央研究院"登大幅广告斥责、抗议，一方面汤炎光被调查局局长沈之岳请去"吃饭"，劝他千万不可和李某人合作，否则后患无穷，汤炎光一听吓坏了，立刻找屠申虹埋怨，说第一期内容有点"用药过猛"，但他还是强充硬汉地说"我不怕"。此时，屠申虹也受到了各路师友的劝戒，看来刊物是难以办下去了，于是就坡下驴地说："你是堂堂国会议员，当然不怕，但是我和李敖，都只是无拳无勇的小民，惹上了这种麻烦，不能不怕。"于是，在屠申虹的"怕事"面前，汤炎光"同意"《文风》停刊。李敖在

① 李敖：《读者怒吼之一》，《李敖大全集》第3册，第422页。
② 李敖：《从〈秀媛信箱〉到〈上下古今谈〉》，《李敖大全集》第3册，第284页。

发刊词中称赞的这头“慢动作的骆驼”从此被掩埋于漫天狂沙之中。

不过，李敖却阴差阳错变成了电话阶级。当时装电话很贵，用杂志社申请可半价优待，杂志垮了，电话长留，从此李敖家有了电话。

就在创办《文风》的前后，李敖结识了著名电影导演李翰祥。

那是 1966 年 4 月 16 日，李敖经朋友康白（何伟康）介绍与著名导演李翰祥相识。早在 1962 年，李翰祥导演的戏曲片《梁山伯与祝英台》风靡台湾，创下了 162 天放映 930 场、72 万观众的纪录，黄梅调歌曲回荡在台湾的大街小巷，李敖早有所闻。如今见面，两人一见如故。李翰祥开办了一个明星讲习班，请李敖去做过一次讲演，然后请他到家吃饭。两人甚能谈得来。李翰祥说：“你是最厉害的东北人，并且像绍兴师爷。”他在李敖商海谋生中也帮过不少忙，比如与费太太（毕丽娜）的相识就是他介绍的。通过毕丽娜，李敖大做了一段旧电器生意。

只要赚钱，李敖什么都干。1968 年 12 月 8 日，李翰祥打电话给李敖，说他要拍唐伯虎的戏，听说古代有一部《唐伯虎千金花舫缘》的剧本，问李敖知不知道这剧本在哪部书里？李敖说这剧本收在董康楫的《盛明杂剧》里。李翰祥对李敖的渊博大吃一惊，问哪里能找到？李敖说：“《盛明杂剧》是武进董氏诵芬室刊本，台湾很难找，我试试看。”事实上，他知道该书“中央研究院”史语所就有，但故意不说。第二天，他告诉李翰祥：“可以找到其影印本，但需付一百美金。”李翰祥说：“只有几页，太贵了吧？”李敖说：“翰祥啊！知识很值钱啊！你拿这知识，可以编剧本卖大钱，别人提供知识，怎么不可以卖小钱啊？”李翰祥认为他说的有理，就付了他一百美金。

在 1968 年到 1969 年间，李翰祥的国联影业公司与国民党反目。他在被列出的罪名中，第一条就是“辱骂政府勾结文星李敖”！并说：李

① 李敖：《李翰祥回大陆的真正原因》，《李敖大全集》第 39 册，第 118 页。

翰祥的大罪是“推行‘文星’思想”！是“与李敖每晚见面餐叙，均以骂社会、骂党国、骂领袖为话题”！是“介绍北平女同学费太太（美驻台情报武官之华籍夫人）与李敖过从甚密，有替李敖设法偷渡出境之可能”。[①] 后来，干脆在李翰祥家偷偷安上了窃听器，并把李翰祥传去“约谈”。最后导致他出走香港、澳门、美国、大陆，成为世界著名的电影导演。李翰祥后来在承德拍戏，国民党当局邀他回去，他拒绝。他在大陆导演了《火烧圆明园》、《垂帘听政》等影片，大陆60多个官方文艺单位全力支援，这一消息对国民党来说无疑是痛苦的，于是台湾当局动员全部新闻媒体，骂李翰祥利欲薰心，晚节不保，上了贼船。他的回答是：“此处不养爷，自有养爷处。处处不养爷，爷去投八路。”

著名电影导演李翰祥

除与李翰祥交往外，李敖还与其他的演艺界人士有来往。比如与胡京铨（电影导演）、白景瑞（电影导演）、刘家昌（电影导演，后为台湾博新多媒体公司董事长）等等。当时为生意方便，李敖买有一辆小车，也算是汽车阶级。1969年影视圈人士刘家昌与妻子江青（曾饰电影《七仙女》、《西施》女主角）自拍电影《生老病死》，想找一个假的制片人为他撑腰，制片人要阔，李敖因为有车，被他看中，遂以购买李敖收藏的《古今图书集成》为交换条件，要李敖开着车替“演”制片人，李敖欣然同意。刘家昌等人好打梭哈牌，李敖也经常参与其中。李敖打牌，十盘九赢，所以，打牌也是他收入的一个重要来源。刘家昌因与李敖过从甚密，曾被官方请到文化局约谈，所拍影片亦遭封杀，不准出口。刘家昌在文化局有一段妙语："我跟李敖是朋友。我牌瘾发的时候，三缺一，要找牌搭子，管他是国民党共产党。"

有一天，因为打牌，李翰祥的经理刘毅之（外号"刘必跟"）将李敖告到了法院，说李敖诈赌骗他钱。法庭上，李敖问："你有什么证据说我诈赌？""刘必跟"说："你跟蒋光超一起诈赌。"李敖说可让蒋来对质。蒋光超到庭说："对不起，我当天晚上才认识李敖先生。我跟他不认识，怎么能串通？""刘必跟"坚持说两人诈赌，并说："我的日记里都有记录。"李敖笑问："你的日记怎么算？你日记说我是小偷我就是小偷吗？这不能算。"法官也觉得好笑，问李敖："李先生，到底你会不会做假牌？"李敖一字一顿地说："我真牌打得这么好，告我的人牌打得这么烂，我凭真牌就可以赢他，法官先生，我为什么要做假牌？"法官听了也笑了。

事后，李敖得知，这次被告是国民党想借赌博案来整他，但因事涉电影明星蒋光超，才就此罢手。但从此以后，李敖金盆洗手，戒赌了。

四、"大力水手"事件，义助柏杨

在20世纪60年代后期，李敖与柏杨亦有过一段奇特的交往。

还是在1965年4月4日，32岁的李敖参加了欢送林海音访美宴会，在宴会上与杂文作家柏杨相识。柏杨时年56岁，两人当时并无深交。到了1967年，两人偶有来往。在文星书店被国民党围剿的高潮中，与国民党藕断丝连的柏杨曾撰文攻击"文星"，李敖虽然依旧称他为

“柏老”，但在心理上却保有距离。柏杨有他自己的出版社——平原出版社，主要出版他自己的作品，如他的《玉雕集》、《平原丛刊》、《金边文学丛刊》、《西窗随笔》、《异域》等，皆此时的产物。李敖对他的作品的评价是：“杂文以外，他的历史作品写得很热闹，但是，颇多错误，给他同一水平的读者看可以，给专家看就会笑，这是因为他的历史基础有问题的缘故。”[①]

著名作家柏杨先生

1968年年初，柏杨的妻子艾玫受《中华日报》社长楚松秋之聘，为该报家庭版编辑，为提高小读者兴趣，将美国连环漫画《大力水手》翻译过来刊登，漫画中的人物对话由政治大学学生颜素心翻译，由柏杨对译文作润色，并抄上稿纸。艾玫有时事忙，编务亦由柏杨代办。当年1月3日柏杨选登的一幅漫画，叙述老白和小娃父子俩，共同购买了一个小岛，他们兴致勃勃在岛上建立王国，并共同竞选总统，互不相让——其实“全国”只有他们两个人。但父亲发表演说，开头竟称呼“全国军民同胞们”。这组充满了幽默意味的漫画，引起台湾“调查局”的注意。官方亦写信给报社，指摘“编者作者，显系故意，思想绝对有问题”，在对柏杨夫妇的审讯中，曾有这样的问话：“全世界只有我们‘总统’用‘全国军民同胞’讲话，而且漫画是在元月

① 李敖：《李敖快意恩仇录》，第308页。

三日发表，刚好在总统发表文告之后，这是什么意思？”审讯人员一口咬定他们包藏祸心，存心侮辱“国家元首”。多方罗织证据，以便于从快从重定罪。

也就在此时，对柏杨的营救活动正在社会上展开。李敖就是其中之一。

当时的李敖已是泥菩萨过河，他被国民党当局“约谈”多次，处于被跟踪和调查中。

1968 年 2 月 29 日晚上 10 点半，艾玫被警方“约谈”十多小时还没回家，柏杨焦急万分，他打电话请李敖去他家。李敖赶到后，他反复寻问李敖过去被警方“约谈”的细节，并说他遇到一点麻烦。其他什么也不说。李敖不知原委，只觉得此人“怪怪的”。到了 12 点，正要告辞，艾玫踉跄而入，大哭大叫，说：“他们审我一连 15 个小时啊！他们连我上厕所都要跟着啊……”李敖这才得知事件的详情。

第二天，柏杨被“约谈”27 个小时。3 月 2 日，柏杨给美国物理学博士孙观汉长信说：

> ……想一想我真是个老天真，见识且不如李敖这个年轻人，李敖先生经常携带一小衣箱及洗脸漱口用具，准备随时被捕，我常讥笑他小人之心，把台湾“合法政府”看成什么了？诚如先生言，社会上多少总有公道，想不到我和艾玫突然受此，不但无颜对祖先，且无颜对李敖……[①]

李敖在 3 月 2 日日记中写道：“早为柏老办事（向“调查局”抗议等），午始放出。下午见一面。”在这次见面时，柏杨征求李敖意见，李敖说：“他们这次放你，只是观察你被放后一时反应或跟什么人联络，我看事情还没过去，你要交代的，就先妥为交代吧！”柏杨听从了李敖

① 李敖：《李敖快意恩仇录》，第 309 页。

的意见，开始留长信给艾玫，交待身后事。在信中，柏杨有“外务找祖光、李敖”、售出版社“请左焕文、李敖介绍”、“书则赠李敖”、“但盼告寒爵、申虹、紫忱、李敖，俟有机会，为文”等话。

对柏杨的藏书，李敖当然不收，他对艾玫说：“这些藏书是柏老的心血，请给他完整保存，等他回来享用，我是不敢收的。”

柏杨在信中提到的让李敖等人写文章营救的事，李敖由于已被国民党完全封锁，无法撰文，但他决定向海外设法。第一，他把有关柏杨案情的一切文件包括柏杨的答辩书，通过美国朋友梅心怡偷运到海外，使柏杨冤情和知名度大显于天下。梅心怡却因此被禁止再到台湾。第二，他通过美国记者魏克曼（Fredaric Wakeman.Jr.）把柏杨的冤狱新闻转达给外国记者，并在《纽约时报》等报刊报道。第三，通过美国匹兹堡大学物理学博士孙观汉联合海外华人，发文给国民党政府施加压力。但由于孙观汉等人对台湾当局不是采取抗议而是采取了求情的方法，未见效果。

1968 年 3 月 4 日，柏杨被捕，在逼供中承认“接受过共产党的培训”、“运用文学技巧，影射政府腐败无能，离间人民对政府之情感，侮辱中国传统文化”，最后由军事法庭判刑 12 年（后因蒋去世大赦减为八年）。

五、情场多变幻，纸上罗曼斯

在“文星”风云变幻中，李敖的情感生活亦表现得山重水复，变化不定。

1964 年，就在送别王尚勤后不久，李敖结识了“文星”附近一家咖啡馆的老板娘，长得清秀匀称，年轻漂亮。李敖的情书中称她“谷莺”。

谷莺原籍上海，她嫁给一个流氓丈夫，婚姻生活很不如意。从那朦胧的眼神里，李敖读出了她心中的忧伤。在漫不经意的谈话当中，李敖为之心动，便约她来到安东街231号三楼，两人遂有了一夜的欢娱。临别时，她送给李敖照片一张，暗示从此永别。

此后，李敖投入了炮轰高等教育的“扒粪”斗争。有一天，与他台大同届的外文系同学孙智燊跟他说：“李敖，你研究娼妓这种社会问题，不要老是纸上谈兵了，我带你去亲自考察考察，走，我带你去江山楼、宝斗里。”李敖说：“对娼妓问题，我一直采纸上谈兵的研究方法，我做预官八期排长，考究过好多好多妓院，可是从来没上过床。我第一次跟妓女发生关系还是我退伍回来在‘四席小屋’时代，那次跟李善培、黎鸿飞一起去的。”孙智燊说：“我说考察，不是去打炮，你打炮过，可是我带你去‘吹喇叭’，你被吹过吗？”李敖说：“女朋友给吹过，可是她们的技术不够专业，吹不出来。”孙说：“我带你去，有一家有个女孩子，长得像张丽珍，吹起来功夫一流，你没有这种经验，还谈什么娼妓问题，走，我带你去！”李敖被他说动了，又好奇，决定一试。于是，在那家妓院的小房内，李敖领略到了孙智燊所说的“吹喇叭”。事毕后，李敖望着那女孩子冷清的表情，内心产生一种深深的罪恶感。

1964年5月1日，李敖改租水源路19号之八“水源大楼”三楼。在附近的“君子行”买东西时，经熟人唐静琴介绍认识了海蒂（情书中称“H”）。海蒂是苏州人，香港英文书院毕业，当时在美国海军情报中心做秘书。在李敖眼中，海蒂步履轻盈，神情矜持，一副名媛做派。她的未婚夫去美国，她被官方限制出境，暂时留在台湾。相遇两天后，两人便有了第一次约会。此前，海蒂曾应著名导演陆建业、崔小萍之邀拍琼瑶的《窗外》电影，做女主角，演得很好，后因出现纠纷而未能上映，后来林青霞做女主角的《窗外》是第二次拍的。在1964年8月到10月间，李敖有一些情书给她，下引两封：

亲爱的“H”：

等你的电话，好像是一个漂流荒岛上的水手，在等救生船。——那样的殷切，又那样的渺茫。

但是等到了又如何？那可能是一条“贼船”，而你是“女海盗”。

我要被折磨，被罚在船上做苦工。

我会嘴里喊着“亲爱的H”，而心里骂着“该死的海盗”。

有时候我真的不明白，不明白女人为什么要折磨男人？生命是这么短，短得整天寻欢作乐都来不及，秉烛夜游都不够用，为什么还浪费生命来勾心斗角？浪费时间去Play a trick on one?

我们是人，我们有性欲，我们会老，我们会失掉及时行乐的机会，我们会后悔，我们不该再谈18世纪的恋爱，我们该把衣服脱光，上床（或上床，把衣服脱光）。

窗外刮着台风，我好寂寞。

敖　1964.9.9。醒来以后。

亲爱的“H”：

昨天晚上送你回来，吃了两粒Doriden，勉强睡了四个钟头。今早4点钟就醒，一直工作，现在快十点了。

今天早上下雨，天气阴沉得好凄凉。我好想你，好寂寞。

你的病好了吗？我真担心。你应该听我的话，若还不舒服，赶快去看医生。为了怕你碰到“风流医生”，我特地拼命忙了一阵，剪了一堆“女医生”的广告给你，希望你去送钞票。她们该把你的红皮夹里付出来的十分之一给我做commission。

《战争与和平》的作者托尔斯泰，在他另一部名著《安娜·卡列尼娜》里，有一段描写男医生给女病人看病的文字。那女孩子被看过病以后，还要哭一场！真是 wonderful！

但是反过来说，男病人给女医生来看病也很麻烦。无怪乎1813 年俄国的县医会议上，竟有会员提议请女医生走路了。

我现在“傻”想：我真不该学文史，我该学工医。那样的话，在你健康的时候，我是工程师；在你生病的时候，我是医生，趁机“风流”一下，该多好！

开放了你的信箱，却关上了你的心。O！“H”，你是一个该比我多下一层地狱的女人。

永远“被动”的（床上除外） 李敖写

1964.9.28.星期一

李敖曾经说过：“自己同女人的关系，可分四大类，第一类是有性交关系的；第二类是没有性交关系但有肌肤之亲的；第三类只是相识但却长入我梦的，所谓梦，主要是白日梦式意淫；第四类最邪门，是双方完全不相识的，这种‘女人’，主要是她们的照片，尤其是裸照。”海蒂，在李敖所结识的情人当中，大概要算是第二类了。李敖与她的纸上罗曼斯持续了两个多月，从那一行行读之令人耳热心跳的文字中，我们可以窥到作者真性情的一面。

就在李敖与海蒂展开纸上罗曼斯的那个夏天，令他意想不到的一件事情发生了：王尚勤不顾他的反对，带着不满 3 岁的李文回到了台湾。

在李敖家中，王尚勤看着眼前全新的家俱，高级中国地毯，四周墙壁挂满了现代画的装饰，连坐落在客厅一角的挂灯，也显得不同凡响，听着李敖口中讲到的什么名导演、什么公司经理，什么演电影之类的话，她有一种莫名的陌生感。

李敖大概觉察出什么，对她解释说：“我们都改变了很多……这两年，我深深感到四周的环境，竟然有那么大的力量……”

王尚勤说："我有时会怀念我们过去住过的小屋，特别怀念那里四周的稻田，一望无际的原野。天晴时，还可以看到远处的山。这里不同了，都是高楼大厦，不但看不到稻田，连月亮也很难看到。我还记得，你很喜欢在月夜里……"

"我目前生活很忙碌，名利带来了财富，也带来了不少琐碎的应酬，不去又会得罪人。譬如，今天晚上，我还要赶去一个宴会，希望你不会在意……"

"那你就去吧！反正我和孩子在旅途上都很累，也该休息了。"

第二天晚上，李敖又说有应酬外出。王尚勤把孩子哄睡后，一个人在偌大的公寓里闲走。天气闷热，她想找些报纸、杂志来看，信步走到书桌前，顺手拿起一本旧杂志，却在杂志底下发现了一封信。笔迹秀气，显然是女孩子写的。她好奇地打开一看：

"亲爱的：

你的'那一位'从美国刚回来吧？怎么样？一定是'小别胜新婚'吧！

今晚如能抽空外出，请来干妈家，我们三缺一，等着你，别让我失望啊！"

玫

看到这封信，王尚勤有一种被欺骗的感觉，她深深地感到碧潭依旧情已去，李敖变了。她不再留恋，不再心存奢望，在给李敖留下一封信后，带着女儿悄悄回到了父母家中。李敖回来后，读着那几行沉静的文字，不由脊背一阵阵发冷：

敖兄：

我走了！我不告而辞地离开了你的新居，重新回到我出生的地方——同安街46巷的老宅里去了！我感到我们的缘分已尽。一对缘分不再存在的男女，继续生活在一起是一件十分尴尬的事情。当然，我理解你。一个男人在离开他为之倾心的伴侣以后，在那么漫长的时间里，心灵上的痛苦是无法忍受的，而我则是为了毕生珍视的学业，失去了包括爱情在内的所有身外之物。但是，尽管这样，我不后悔。因为我毕竟在追求着我视为仅次于生命的东西，那就是学业！

第二天一大早，李敖赶来按门铃。王尚勤对母亲说："你告诉他我不在。"

听到计程车远去的声音，她埋头大哭。

不久，到了李文的3岁生日。宴会上，李敖送来了大蛋糕、水果，还有一个日本洋娃娃。但在美丽聪慧的王尚勤眼中，她与李敖的这段人间奇情，已化作生命中一道难以磨灭的灵光，它来得突然，又稍纵即逝，如果一个人生命的起点是另一个人的终点的话，李敖与自己刚好在不同的起点与终点上擦肩而过，就像那年在去南港的公车上相遇一样，那时是开始，现在是结束。每念及此，她不由黯然神伤。

1966年9月14日，王尚勤在失落与痛苦中含泪离开了台湾。

尚勤的远去，与海蒂的分手，李敖的情感生活并没有就此结束。不久，他又和一个叫"阿贞"的女子相识。阿贞是国民党党营企业中兴公司头目的姨太太，30出头，有一头很漂亮的卷发和一双抑郁的眼睛，五年前她在一种功利的驱动下，给人包了二奶，过着荣华富贵而冤怨寂寞的生活。

当时，《文星》杂志刚刚停刊，李敖用自己的一些积蓄买下了"国泰信义公寓"一户大套房，总价12万元。地点在信义路四段217巷16弄19号。在一个朋友的酒会上，李敖与阿贞相遇，看到这位国民党大员的宝眷眼中的忧郁，李敖似乎看到了国民党的气数已尽，他正式向阿贞发出了邀请。秋后的一个夜晚，阿贞依照李敖提供的地址来到了国泰信义公寓。在两人的一夜风流之后，李敖有信写于阿贞：

在回家的路上，你说你冷得发抖，因为那种冷气“不正常”。我引申你的意思，说：“不正常从五年以前就开始了！”想想看，亲爱的，还有什么生活方式、什么遭遇，会比你这五年来的一切更“不正常”呢？

也许你愿意知道，对这种“不正常”的感受，“局外人”如我，比起“当事人”如你，也许并不轻了许多。当我想到社会对你的不公平——太早太早就开始的不公平，我的痛苦，不会比你更少。恰像那神话中被关在古塔里的小女神，想拯救她的人，在某些方面，可能比她还着急。

请想想我的话，亲爱的阿贞，打起精神，努力去过一种新生活，选取一种新生活方式，剪断过去的幽光魅影，不要对人生失望。

其实，想开点说，人生又是什么？人生就像你昨天晚上送我的那支 Salem 香烟，它一定要经过不断的燃烧，才能有意义，正如那古诗中的蜡烛和春蚕，它们一定在成灰和丝尽以后，才算“徒劳”完毕。从死亡的终点站来回溯人生，一切似乎都是“徒劳无功”的；但是你若换一种角度，也许你会发现，正因为一切都要成灰丝尽，所以把握眼前，争取现在，才是真正有意义的事。寒冷的过去所已做的和渺茫的未来所将做的，都不因我们的肯定或否认而有所改变，对变化无常的生命，我们能够控制的，实在还太少太少。正因为人生如此飘零不定，“活在今天”对于我们，才显得比其他生活方式更值得选择。我们不该忽略这种选择。

昨天你上楼后，我一夜没睡好，我预感到你不只是我梦里面的人，你从这个梦里走出来，变得更真实、更美、更楚楚动人，使我在成灰丝尽以前，永远难忘。早上“七点钟”快到了，我认为我的信到你那儿比我的人到你那儿更好。也许下一次——如果你允许我有下一次的话——我不会送一封信到你那儿了，我会送一些“火柴盒”，使你“燃烧”。

李敖称这次与阿贞的艳遇是“偷国民党大员的姨太太”，用他的话说，也算是他与国民党有了间接的渊源了。

与小“Y”的文学浪漫之梦

1967 年春天，“文星”被迫改组。在官方压力下，“文星”编起了与政治无关的字典来。在新成立的小组中，有一位政治大学中文系的女生，就是蒋芸，李敖在情书中称她做“小 Y”。

前已有述，蒋芸两年前就曾投稿《文星》批评李敖，与李敖缘悭一面，如今她就在李敖的隔壁办公，两人开始认识。她原籍苏州，不但才情出众，而且是一个典型的江南美女，因为她的漂亮迷人，所以李敖第一眼看到她时，马上升起一种爱怜之情。一天下午，李敖开着自己的凯莉小汽车在路上与蒋芸相遇，便请她上车兜风，之后送她回学校，第二天，便有了她们的第一次约会。后来，两人之间情书不断，下面是李敖情书中的几段：

……把你的照片拿在手里，多少可控制你捉摸不定的

“飘”忽。我觉得只有你在我怀里，在我底下，我才能感到安谧，感到生命和死亡。不管是生机盎然也好，视死如归也罢，我都有一种莫可名状的安谧，我快乐。（1967年3月21日）

英国的女诗人，写她爱的境界是“灵”魂所能达到的“高、广、深”（height、breadth、depth），我年纪愈大，愈感到用“深”来爱人是一种什么味道。“深”并不玄秘，有许多时候，它甚至用粗浅来表达，表达到“波澜起落无痕迹”的境界，而它的外型，可能反倒雅俗交织，高低难辨。真正“深”的地步是一种淳化，隐士和老农在一起，隐士淳化的程度，会使凡夫俗子看不出他跟老农的分别，事实上，隐士也不希冀在凡夫俗子面前，要有什么分别。我对爱情的态度，如不谦虚的说：“庶几如此。”隐士绝不在乎别人说他是老农，是乡巴佬；我绝不在乎别人说我是狼。（1967年3月21日）

还有什么能比得过看你“谈笑风生”？享受跟你在一起的快乐？跟你在一起的时候，一切“除了‘小Y’”以外的事都云散烟消，你会觉得你飘在云里，浮在水上，飘浮之间，你会感到生命与原始，色彩与天籁。

你不再Dirt，在她轻盈的笑谈中，你已被洗练——你是一头“小白驴”。对我来说，“小Y”的圣洁，实在已把我洗练得不敢再碰她。她痛过，叫怕过，惹得你无限怜爱，使你不忍心再使她感到“屈辱”——在她还没放弃这种观念的时候。

“凡有翅的”，可以盘旋攫获；“凡没有翅的”，请勿动手。弱肉已不再被强食，要慢慢的，忍耐、等待，从食指开始。

我从泥土里来，又要归于泥土。在来临与归去间，我的生命将被烛油烫醒。泰戈尔已叮咛过：“不要忘记那执灯的人。”我不会忘记，直到“天边”，直到永远。（1967 年“3 月的最后一夜”）

李敖是主张灵肉一体的“唯美主义”者，而蒋芸则显然喜爱“少女情怀总是诗”的境界，她曾拿来一本名为《欲之上》的书为李敖“洗脑”，并叮咛他不要那样喜欢肉欲，这显然与李敖的观念有了落差。有一天，她认为他亲热太“过度”了，一气之下，一走了之。直到三个月后，两人才又通起信来。第二年五月，她已到香港。李敖读到了她发表的一篇回忆录，文中历数她的情人，在“号外”一节写到了李敖，表露出她对李敖的真情。

1968 年，李敖和小情人小蕾在一起

1967 年夏天，“文星”被封杀后，《纽约时报》请李敖写新闻稿，李敖需要一位出色的英译者，便和萧孟能去找梁实秋帮助，但梁实秋表示为难，他显然是被国民党吓怕了。从梁家出来后，李敖驱车经过敦化南路，此时，他在等计程车的人群中发现一位高条个子的漂亮女孩，天使一般站在那里，李敖顿时被她迷住了。这就是他后来情书中经常提到的“小蕾”。

小蕾大名叫鲁肇岚，当时才 19 岁，身高 1.70 米，长发披肩，清纯可爱，是李敖的崇拜者，此时正从高雄女中毕业来台北念铭传商专。

两人相识之后，李敖经常送她上学、接她下课，于是有了近乎形影不离的三年七个月的快乐时光。李敖对她有着难忘的回忆：

> 在“文星”星沉的日子里，她一直在我身边，伴我度过被国民党大力封杀的岁月，在山边、在小溪、在花园、在电影院、在保龄球馆、在特务跟踪的日月潭……我们一起徜徉大化，过了无数欢娱的时光。小蕾是最善良的少女，她从没跟我发生争吵，她永远依偎在我身边，任我提议做我想做的任何事，从要摸着她大腿看电影，到泡在浴缸里下跳棋，到她20岁生日时由我拍裸照……她都让我满足，她是我有生以来最怀念的女人。[①]

盘点李敖的爱情历史，有一种倾向至为明显，那就是男子汉不应该为情所困。爱情之于男人，应该是一种解脱，一种超然，一种热量，一种动力，而不是鼻涕眼泪和纠缠不尽的哀伤。在爱与性中，李敖得到了一种情感的寄托和精神的动力。

六、跟监十四月，与“警总”斗智

对于自己即将面临的厄运，李敖其实早有思想准备。

1966年6月15日，他在对政治大学一位同学的回信中就提到，他早已习惯将自己的书房称为“豪华监狱”，自己每天24个小时置身其中“顾影自雄”，“眼看黑暗到来，又目送黑暗归去”。并且说：“我

① 李敖：《李敖回忆录》，第230页。

不太在乎牢狱。牢狱最可怕的地方不在third-degree，而在一种难受的寂寞生涯。李敖今日所过的生活，跟古代人所谓的‘画地为牢’又有多少不同？我好像是一个做‘坐牢的准备动作’、‘坐牢预习’的倒霉鬼，并不够资格心安理得的做一个他妈的寓公！”[①] 他的心理预感终于伴随着形势的变化而渐成现实。

1970年1月，台湾的一起政治事件使李敖的处境倍加恶化。

这起事件的主角是另一个与国民党当局作对的“危险人物”——彭明敏。

彭明敏就读台大早李敖十年，是台湾知名的国际法专家。34岁即受聘为台湾大学教授，后任台大政治系系主任。此公虽然一支胳臂有残疾，却天资聪慧，学识渊博，精通四国语言，当选过台湾“十大杰出青年”，曾被聘为台湾“驻联合国代表团”顾问。当局原计划对他好好“培养”，“总统”还单独召见过他。但他后来竟走上了主张“台独”的道路。

还是在李敖上大学时，彭为法学院教授，但没有教过李敖。李敖《传统下的独白》出版后，曾送一册给他，他回信给李敖，说：“我一向爱读您的文章，且对您的许多见解，都很有同感，希望将来有机会认识您。”

1963年12月10日，彭明敏通过郭鑫生相约，在台北致美楼请李敖吃饭，李敖说：“此人博学有礼、叔度汪汪，给我极深刻的印象。从此与他在师友之间，见乎交情。”

1964年9月20日，彭明敏联合谢聪敏及魏廷朝等三人起草了“台湾自救宣言”，该宣言约2800字，开宗明义即断言：“‘一个中国，一个台湾’早已是铁的事实”。此宣言首次提出了“台独”的八大主张、三大目标、八点原则，印刷了一万份在岛内秘密投递。当年中秋节，

① 李敖：《眼看黑暗到来，又目送黑暗归去》，《李敖大全集》第6册，第399页。

彭明敏等人乘节假日的机会又外出散发“宣言”时，被国民党特工人员抓获。

1964年10月23日，台湾“警备总司令部”宣布，台湾大学政治系教授彭明敏和他的学生《今日中国》编辑谢聪敏、“中央研究院”助理研究员魏廷朝等三人因“叛乱罪”被逮捕。由于彭明敏有一定的“国际影响”，当局决定从轻发落。1965年3月经台湾军事法庭公开审理，三人被分别判处8年到10年徒刑。但在国际某些势力的干涉和施加压力之后，1965年11月，彭明敏被“特赦”，其他二人也减刑一半。

彭明敏一年后历劫归来，他的朋友大都不敢同他往还。而李敖当时亦备受迫害，与他处境相似，于是两人经常聚会、吃饭、喝酒，惺惺相惜，成为好朋友。

在被蒋介石赶出《文星》后，李敖做起了生意。他需要在银行开甲种户，领取支票，先请萧孟能帮忙，萧不肯，彭明敏知道后，慨然相助。

有一段时间李敖靠卖书为活，彭明敏亦为他写信向洋人兜售。“此类义助，不胜枚举”，两人交往增多，彭明敏曾把亲手所植的非洲紫罗兰给李敖，还给李敖的女朋友小蕾送过一只小狗。

彭明敏出狱后生活非常艰难，且日夜有“调查局”派人跟踪，李敖与黄胜常（黄三）还为他偷偷拍下特务跟踪的照片。种种迹象表明，当局丝毫没有放松对他的监视与控制。

1970年1月2日深夜，台中市清泉岗美国空军军用机场，一架飞机已发动引擎，振翅待飞。这时，一辆黑色轿车急速驶入停机坪，车上的人匆匆登上飞机。在巨大的轰鸣声中，飞机划破黑暗的夜空，呼啸而去。谁也没想到，飞机上载着的，就是台湾当局限制出境的彭明敏。

一周后，瑞典政府宣布了令台湾当局震惊的消息：彭明敏申请“政治庇护”，已获批准。

1月15日，又传来了“台湾独立联盟总部”在美国成立的消息。23日，“台独联盟”在美国、日本、加拿大、西德等各地同时宣布成立。半年后，彭明敏移居美国。1972年2月28日，在美国的“台独联盟”宣布，彭明敏为其总负责人（后改任顾问）。彭明敏能凭着独臂在台湾情报部门严密戒备之下平安逃出台湾，引起了台湾当局的惊慌，认为一定有美国情报机构加以协助。他们怕李敖也步彭明敏后尘，立刻把李敖软禁，不分日夜，由专车一辆，专人若干，两人一组，对李敖进行“紧逼盯人”的监视。此外，还将他的照片做成画相，分发到台湾各重要出口，以防偷渡。正如李敖在诗中所写：

昔日戏言彭宅事，今朝皆到眼前来。
“岛国”风光行看尽，偏安气量总难开。
尚想旧仇怜公仆，也曾加班送钱财。
试知此恨人人有，雨夜独听梅吕哀。

这一“紧逼盯人”，先由警察单位派人，后由警总单位接力，前后跟踪监视了李敖14个月。在这期间，李敖虽与外界的联系减少，但他并没有悲切困窘，而是以坚强的意志和百炼成钢的大丈夫境界与国民党斗智斗勇。

在被软禁期间，李敖住在四楼公寓的顶层，警察们则在楼下对面农家平房里租了两间，车就停在门口，和李敖的自用车（也是裕隆出品，与计程车同一品级）遥遥相对。有一次，英国人Martin Ennals（《Secretary General》一书作者）来看望李敖，楼下警察云集，竟达11人之多。望着神秘徘徊如临大敌的特务警察，李敖笑了，他的脑海中涌出杜工部的两句诗：“岂有文章惊海内，漫劳车马驻江干。”他想，这前一句正好是写自己，后一句正好是写特务。真是妙绝妙绝。李敖出门，警察们马上跟踪而来，李敖步亦步，李敖趋亦趋。

有时李敖干脆和他们一起同行，大开他们的玩笑。在与他们嘻嘻哈哈中，套取情报。

一天，《传记文学》的刘绍唐来看李敖，并婉转表示，如果李敖托一位东北同乡“国代”、“立委”向官方表示安分之意，“软禁”情况当可解除。李敖说：“又不是我要‘政府’在楼下看住我的，他们怎么来怎么走，我才不给他们台阶下呢！”刘绍唐见他意气横飞如此，不再多说什么。

面对当局悄悄布下的大网，他丝毫没有胆怯和悲观，而表现出一种强者的气势和达观。他曾在一首诗中写道：

何必空杯容索寞？
何不仗酒打山门？
醉眼未开开应笑，
笑请朝阳斩黄昏。

诗中气象正可以表此时心态。

有一天，李敖发现平时跟踪他的两人忽然变成了三个，他外出时，两人跟进，一人留守。他感到怪怪的，不知这帮家伙葫芦里到底卖的什么药。回到家中，他把所有东西都检查个遍，终于发现在柜顶上有一个黑色的小盒子。原来特务趁他外出，偷偷打开门锁，在屋中按装了窃听器。他不动声色，做了一个和窃听器一模一样的盒子，然后把收音机音量放大，在音乐中声中将窃听器上的电线剪断，把假的换上。之后，请特务们上楼喝水。这些人正在为监听中断纳闷，见他邀请，赶忙上去偷偷查看，见黑盒子还在，乃估计是机器出了毛病，决定改日找机会换掉。李敖利用这种方式拖延了时间，将窃听器寄往联合国人权委员会。之后，他告知特务，窃听器已被他发现。“警备总司令部”的魏处长约谈他，假惺惺地问:"听说你家里发现了窃听器，台湾的情报部门很多，不知是谁干的，能否把这个东西借我看看?" 李敖笑着说:" 这个已在路上，等发现下一个时再给你吧。" 魏处长只有苦笑，无可奈何。

在与警察的周旋中，有一段李敖“吃警察”的故事。

一天，李敖在四楼用望远镜向下望，发现跟踪他的是一胖一瘦两个警察，李敖为他俩取外号为“胖子”和“小子”。这两个人在楼下无聊，坐立不安，耐性最差。1970 年 4 月 7 日晚 8 点 45 分，楼下传来撞车声，不久有人敲门，李敖开门一看，是“胖子”。按警方规定，跟监人是不准同被跟监人直接打交道的，但是“胖子”满脸难为情地说：“李先生，真抱歉真抱歉！真抱歉！来打扰您，您知道我是干什么的。我俩在下面，刚才一个去大便，一个去小便，正好没人在，小店的小孩子顽皮，趁机跑到我们汽车里，发动马达学开车，一下子就冲到您停在下边的车后面，撞坏了您的车。请把车钥匙给我们，我们为您修好、保证修好，务必请李先生原谅！”李敖笑着说：“没关系，没关系，等我下去看看。”李敖下楼后，看到自己的车屁股侧面被撞伤，他想，自己的车已旧了，这回被撞，索性大修特修大美容特美容一次吧！于是对“胖子”说，“没关系，没关系，明天再说吧，明天你请管区警察来同我谈就是了。”

管区警察叫罗翼飞，湖南人，跟李敖很熟。第二天，果然来了。他说“胖子”拜托他来道歉，并表示“胖子”要把李敖的车开走，修好后归还。李敖问罗到底是怎么回事，罗说根本不是一个大便一个小便去了，而是“小子”不会开车，在楼下无聊，要“胖子”教他开车，不料“小子”一开就一档猛轰油门、高速起步，车就冲出来，冲到李敖的车上了。

李敖说：“‘胖子’闯了祸，竟还想瞒天过海，他妈的太可恶，我要收拾收拾他们。这个车，我要自己修，我才不要他们去修呢，他们修，还不是找到附近老百姓的修车厂，吃老百姓，修了也不会好好给钱，这怎么行！我要自己修。花多少钱，由他们照实赔我。”于是，他请“国产汽车股份有限公司”代开了一份估价单：计开板金 5500 元；

喷漆 1500 元；前保险杆一支 900 元；方向角灯一个 80 元；车身镀条一组 700 元，共计 8180 元。

罗翼飞看了说："这些钱不是'胖子'、'小子'出得起的，恐怕得由大安分局想办法才成。"说完便告辞了。

过了一天，罗翼飞又来了，他说："他们研究认为，李先生的车只不过屁股侧面碰坏一点而已，怎么要整个全修？甚至连前面的保险杆也要换新的，全部车身都要改喷，他们说李先生在吃豆腐。"李敖说："李先生没吃豆腐，是吃刺猬。你们警察整天吃老百姓，今天就要被老百姓吃回来。你回去告诉大安分局局长，叫他识相点，乖乖把钱送来，不然我就写信给他的上司，信中写法是'你们派人来跟踪我，我没办法，要你们撤回，是强你们所难。但是你们派来跟我的人，屎尿太多了一点，一个去大便，一个去小便，我的车，就被撞了。我现在求你们撤回跟踪我的人，因属奢求，但求你们精挑细选一下，派些屎尿少一点的干员来，你们应给予方便，如此则感谢无量矣'！"罗翼飞听了又大笑又苦笑，说回去想办法。

5 月 1 日，罗翼飞又来了。他说："大安分局局长屈服，由他命令警察们凑钱，凑足了你李先生开的价码，现在钱带来了，可是局长说，有一个条件，必须请李先生帮忙，就是我们绝不承认警察撞了你李先生的车，我们抓到个计程车司机，他愿意承认车是他撞的，我们警察只是调解，由这司机赔你李先生钱，并且和解书日期要倒填 23 天，倒填在撞车那天当时，不知李先生能不能网开一面，这样和解？"他说着把早已写好的"和解书"和现金 8180 元双手奉上。李敖笑着说："这事容易，就大家做假好了！"于是，李敖在对方早已签好了的"和解书"上签了字。那和解的对方叫"张颂德"，他是谁，李敖一概不知，李敖心想，我们两人能在腾云驾雾之中相撞而言和，真不能不佩服大安分局局长的导演之妙了！

倒霉的"胖子"不久也给调走了。他临走时对接替他的人说："可要当心那李某人，那家伙阴险无比。撞车那天，他下楼，笑嘻嘻的，满口说没关系没关系，可是没了半天关系，却把我们警察咬住不放，直到赔了他大把银子才松口。你们别以为李某人吃了我们警察，把钱拿去修车了，其实我们查出他车保的是全险，保险公司不敢追查谁撞了他的车，只好认赔了事，所以修车全都是保险公司孝敬的，李某人拿了我们的钱，全部给他小女朋友去买花衣服了。李某人是全世界是厉害的家伙，你们可要小心才好！”

后来，那接替“胖子”的警察向李敖讲起此事，李敖哈哈大笑，他说：“这才叫‘警民一家’啊！”

1970年9月3日，《自由中国》的总编雷震坐牢十年期满出狱。这一天，国民党新闻局为了封锁消息，特意安排外国记者到日月潭旅游，以便躲过媒体，暗中放出这位曾经名扬海内外的大政治犯。李敖得知消息后，马上约来了《纽约时报》兼《时代·生活杂志》的特派员夏皮罗（Donald H.Shapiro）和美联社的特派员普拉特（Leonard Pratt），对他们说：“雷震要出狱了，9月3号，我带你们去接他。”他不顾警察的跟踪，与两位记者一大早跑到新店安坑监狱，接雷震出狱。于是，雷震出狱的消息很快在海内外的报刊上传开了。李敖就是以这种独特的反“老K”的方式进行着坚持不懈的斗争。用他的话说叫：“老K使我受明害，我使老K受暗伤。”

1970年，李敖接受《纽约时报》记者采访，左起夏皮罗、李敖、包德甫

在“跟监”的日子里，李敖常常数日不下楼，写来看去剪贴东西，每天洗热水澡两次，偶尔看看电视、听听唱片，连理发都请理发师上楼来，有时楼外天气阴晴都不知道。但外面的消息依然通过种种渠道

传进来，在这段日子里，他知道姚从吾死了、殷海光死了、英千里死了、包乔龄死了、左舜生死了、梅乔林死了……他已34岁，他益发感到生命消逝之快，已无生命可再浪费，他每天的工作愈发繁忙了。

有一天，“国际特赦协会”秘书长马丁·埃纳到了台湾，魏廷朝、谢聪敏约李敖一起去看马丁。李敖说：“我李敖架子很大，对洋鬼子尤其大，马丁如果真来帮助我们，就请他到我家来看我吧，我不会去看他的。”听了李敖的话，两人觉得有理，就转告马丁。马丁登门拜访。当时李敖的处境是自顾不暇，却很想托马丁为在牢中的柏杨想点办法，为了加深马丁的印象，李敖联系艾玫与马丁见面，但不知何故，艾玫爽约。

在这次会见中，李敖把一些被“跟监”的照片和台东泰源监狱政治犯名单交给了马丁。这份名单是从监狱中辗转数人，最后通过孟祥柯偷运到李敖手中的。李敖请马丁将名单转至联合国人权委员会去告国民党，不料，在送达之前，被“台独”分子拷贝，后登在“台湾独立联盟机关志”——《台湾青年》第120期上，李敖获罪，此其一也。

1970年10月，李敖在给友人信中写道：“关于我的劫后余书又被劫事……非法查扣单早已转送联合国人权委员会，并做副本留存《纽约时报》等处，凡是我运出去的文件稿本，我和收件人有一铁律，就是运出去的就运出去了，若再收到我要求修改或讨回的信或表示，一概可以拒绝。这一铁律，可以防止许多流弊，所以这非法查扣单是要不回来了！（何况我也根本不会要！）……横行的权属他们，记录并散布他们横行的权属于我，他们如果不想过好日子那就走着瞧吧！”他已充分做好了被捕的准备，他将自己的一些手稿、包括他的日记都托人送出国外，用一种戏谑的态度与国民党周旋。这种斗智又斗气的做法，最后终于促成他“以身试法”。

1970年10月12日，驻台湾的美国新闻处发生爆炸案。次年2月5日，台北的美国商业银行也发生了爆炸案。这本来都是“台独分子”所为，警方却借此机会逮捕了李敖。李敖做梦也没想到，这事竟会和

1970年，李敖在鹅銮鼻，此时他已经被软禁

自己产生关联。直到警方提起公诉，他才知道参与爆炸案的“台独分子”中有他的老同学谢聪敏，而自己与谢聪敏又有一定的来往。

当局欲把爆炸案套到李敖头上，但怎么也套不上，因为无论从哪一方面说，他都不可能参与爆炸案。尽管如此，他心中明白，欲加之罪，何患无辞。自己的入狱已经不是能与否的问题，而是早与晚的问题了。他深感时间对他的重要性，把全部精力放在了读书与写作上。我们从他当时与同学魏廷朝的一封信可以窥到他此时的思想境界：

魏胖：

以下成绩，得以具体化，皆拜国民党软禁之“赐”也！

一、苦其心志的锻炼，更成熟。锻炼自己可应大难、任大事。并充分做这一准备。

二、专注于世界性大目标的研究。瞩目于新世界、大世界，而不斤斤于一个江河日下的政权、一个老人政治、一个小岛。

三、对于人情冷暖，有更清楚的测验。

四、对曾经磨难的榜样，有更大的兴味与体认。

五、能过孤独生活，且在孤独中忙个不停，自得其乐，得到不怕孤立的本领。

六、全天候做工，没有假日。增加了做工的时间，自然效果也相对地看好。

罗素说："……从全体看来，安静的生活是伟人的特征，他们的喜乐并不是世俗心目中所认定的那一种。一切伟大的成绩必由于历久不懈的工作，其全神贯注与繁重程度使人没有余力去从事狂热的娱乐。"这几段话，我都喜欢，都受用，特地写给同被国民党迫害者，而此一迫害，如善处之，亦安知非福也！

敖 之 1970年10月29夜3时[①]

这封信乃李敖劫后复得，弥足珍贵。它表明当时国民党的一党独大，在李敖眼中，不过尔尔。他不仅没有坐以待毙，而且要化消极为积极，化被动为主动，要以具体的行动来证明自己的力量。

1970年12月的一天，李敖在自己的家中发现了被特务偷装的侦听器，他不动声色地把它转到了联合国人权委员会。事发后，警方将他传去，逼他交出销案，他笑着说："这一个是要不回来了，等我找到第二个，一定给你们。"看到警方无可奈何的样子，他说："如今我已无所顾惜，政府如想不把人丢到海外，就不要再逼我。"

此时，正值联合国中国大陆问题研讨会在台举行。在李敖被抓问的次日，美方代表奥森伯格请李敖吃饭，李敖将刚刚发生的情况告知。当晚，在蒋经国宴请与会代表时，奥森伯格便以李敖的处境问蒋："这是否于人权构成迫害？"蒋经国笑笑说："只是'Repressive'（控制）而已。"[②]

李敖曾经说过国民党打击异己的一种方法叫"积分法"，他的反抗

---

① 李敖：《软禁残记·致魏廷朝》，《李敖大全集》第37册，第26页。

② 李敖：《旧信一集·致刘绍唐》，《李敖大全集》第30册，第151页。

行为日积月累，但都还不足以构成大罪的口实，最终导致他坐牢的是他与彭明敏的关系。

在他被跟监14个月后，1971年3月19日，被正式逮捕。

那一天，“警备总部”派了二十多人拥入李敖的家中，进行证据大搜查。看到累桌盈柜的书籍，到处堆放的资料，铺天盖地，扑面而来，他们面面相觑，竟不知从何处下手。李敖像要出远门一样，把身边的十万元钱和与小蕾拍的裸照交还给她，然后相吻而别，坦然地登上了特务的汽车。

李敖被捕后，在海内外引起轰动，1971年5月13日，《纽约时报》登出李敖的照片及被捕的报道，报道称：“李敖被捕已引起美国研究中国问题的学者和中国留学生相当的关切。有些人已打算写信给‘国务院’和国民党官员。”“其中，已表达其关切的，有哥伦比亚大学的奥森伯格教授（Michel C. Oksenberg）和史丹佛大学的曼考尔教授（Mark Mancall）。奥森伯格教授说，希望国民党政府不要过度反应，以镇压合法反对者而导致可能的内部不安。”但就像当初雷震案一样，海外的反应并没有阻止国民党当局对李敖的行动。它们最终以“与彭来往带信”、“家藏文件入伙”、“监狱名单外泄”等罪名把李敖打入大牢。

这些罪名，对李敖来讲，实际都是子虚乌有，乃是官方通过串供、刑求、捏造等手法炮制出来的假案，其目的只有一个：彻底封杀李敖。正因了他一贯所强调的“特立独行的知识分子，在中国很难存在，存在也很难长大，长大也很难茁壮，茁壮也很难持久，持久也很难善终”[①]这句话。

漫长的牢狱生活，对李敖来讲，并不完全是一件坏事，它促使他对台湾社会展开了更全面更深入的思考，使他从此开启了研究政党、研究政治的大门，成就了他一系列现代政治与历史研究著作的问世。

---

① 李敖：《快看〈独白下的传统〉》，《李敖大全集》第6册，第15页。

李敖评传

第九章

漫漫长夜

志士仁人不以坐牢为苦，只把坐牢看成一点不方便而已。对监狱恐惧的人，显然对人生的荣枯浮沉与遭际，不敢实验与面对，这样的人生，是错误的、逃避的、缺少磨练的。有实验与面对精神的人，他不以小的不方便为苦，他有内发的至大至刚的充沛力量，去生活、去歌唱。小鸟在林间，它歌唱；在笼中，它也歌唱。快乐的小鸟在哪里都是快乐的小鸟。

——李敖：《我将归来开放》

一、从保安处到仁爱庄

在台北市区有一条博爱路，是台湾“警总”保安处所在地。李敖被关押在讯问室第五房。

在四壁密封的审讯室里，五只60瓦灯泡每天24小时放射着刺眼的光照。从墙壁到地板全都包了海绵，走在地上，犹如登上一艘小船。在强光照射下，李敖经受了四五天的疲劳审问和刑求。迷迷糊糊中，他已辨不清时间了。他只能通过直觉来判断：如果吃的东西忽然变成了烧饼油条，那就是又一个早上了。警方派吴彰炯少将主持审问，上校李彬如和参谋陈敬忠动手刑求。他们要求李敖交代的主要“罪行”是：自己是“台独联盟台湾本部”的重要成员。李敖据理力争，但遭到的则是加倍的折磨。

有一次，李彬如把三支原子笔夹在李敖的左手四根手指中间，再强行用他的右手紧握四根手指，这种刑罚他们叫“拶指”，用刑过后，李彬如对李敖说：“李先生，这可不是我们折磨你，是你自己的右手在使你的左手痛苦，所以不能恨我们。”李敖强忍着手指刺心的痛苦，笑笑说：“我不恨你们，也不恨我的右手，我只怪原子笔。”

李敖的坦然使他们大为恼火，吴彰炯气得向他大吼：“你小子识相点，在我们眼里，你就像玻璃缸里的金鱼，我们把你看得一清二楚！”

李敖坦然地说：“我本人就是透透的！我有什么秘密？我有什么阴

谋？没有嘛！我宣传自由民主、合法斗争，我本来就没有秘密嘛！”

但吴彰炯岂肯罢休，继续刑讯。一个大汉在旁尖声说：“这小子太顽固，再不交待，就让他吃狗屎。”看着那张凶恶的脸，李敖连和他们争论的兴趣都没有了。他想，这帮人总以为我是搞政治的，以为我在抢他们口中的骨头，殊不知他们全弄错了。唐朝诗人说“无心与物竞，鹰隼莫相猜”。这帮恶狗若不相猜，又怎有饭吃？他从特务们穷凶极恶的表演明白了一个事实：自己被栽诬既符合“台独分子”的利益又符合当局的利益，这正是他们进行刑求、不达目的决不罢休的根本原因。此时，他不再争辩。他知道，“台独”者咬住他这唯一的外省人，是要把案子做大，扩大影响；而国民党情治人员也希望把案子做大，有李敖参加，顿时就变成大案、巨案，自可邀功请赏。于是，当特务发现这个“台独分子”居然不会说台湾话而感到惊奇时，李敖以嘲弄的口气说：“这有什么好奇怪的。英国皇帝乔治第一，做了英国人的皇帝，还不会说英文呢！”

一天，刑讯室来了一位刘科长（《洗荡》作者刘昭祥，笔名虔君），苏北口音，戴着眼镜，个子高大，相貌堂堂。科长让其他人走开，然后坐下与李敖“谈心”。刘科长的一番话给他留下深刻的印象，刘科长说：“李先生，你是学历史的人，怎么历史没有学通啊？”李敖感到奇怪：“你什么意思？”刘科长说：“你晓得现在是什么时代吗？这是群体跟群体斗争的时代，团体跟团体斗争的时代，群众跟群众斗争的时代，政党跟政党斗争的时代，你怎么一个人要跟我们团体、群体、群众、政党来斗呢？你怎么这样没想通呢？我们国民党再被共产党打垮，在台湾还是我们说了算啊，你怎么这样不识时务呢？”听了这番话，李敖淡然一笑，他记住了那张自信满满的脸，心灵深处，他对这个苟延残喘中的王朝只有加倍的痛恨。

保安处第五房的黑狱生活，在李敖的生命中留下的痛苦刻骨铭心。他后来在诗中回忆道：

难友——已沉泉，
酷吏时时到眼前，
疲劳审问不成眠，
笔录模糊仍纠缠，
此身不求脱拘挛，
誓与“警总”长周旋。

在这一年里，他不仅遭受了刑求逼供的肉体上的折磨，更使他心伤的是情人小蕾离他而去。他在回忆录中写道：

> 在这房中，我历经了国民党特务们的凌辱刑求、历经了好朋友的陷害出卖、历经了亲弟弟的趁火打劫、历经了小情人的黯然离去、历经了终年不见阳光的孤单岁月。……虽然我在多少个子夜、多少个晦冥、多少个“昏黑日午”，我噙泪为自己打气，鼓舞自己不要崩溃，但当十个月后，当小蕾终于写信来，说她不再等我了，我捧信凄然，毕竟为之泪下。[①]

“白色的生分，是红色的玫瑰。”与小蕾短暂的相处、相爱，在他心中留下永难忘怀的温馨记忆。

如今，小蕾去了。看着自己孤零零的影子，他感觉天塌地陷，整个世界都已不属于自己，他的情绪一度处于低落状态。

1972 年 2 月 28 日，李敖被移送到景美秀朗桥下军法看守所第二房，继续看押，等候审判。数月后，转至 11 房，后又调第八房。在这里，他度过了四年八个月的牢狱时光。在狭小的牢房里，他用一块破

① 李敖：《李敖回忆录》，第 229 页。

门板搭起了一个简易的书桌，这个书桌加上床铺的面积，占了全房的1/2。另外的1/2用来散步、活动，吃喝拉撒睡。在房的四角不乏潮湿中生存的其它生命，白蚁、蟑螂、壁虎、蜘蛛、蜈蚣……都户限为穿、来去自如。他在房内的户限与来去，主要靠墙与地交接点上的一个小洞，长方形，约有35×15公分大，每天三顿饭，就从小洞推进来；购买日用品、借针线、借剪指甲刀、寄信、倒垃圾……统统经过小洞；甚至外面寄棉被来，检查后，也卷成一长卷，从小洞一段段塞进。小房虽有门，却是极难一开的。门虽设而常关，高高的窗户倒可开启，可是透过窗上的铁栏看到的窗外，一片灰墙与肃杀，纵在晴天的时候，阳光亦变得弥足珍贵：

> 阳光总是先照上水泥台，再照上地板，再很快就上了墙，再很快就上了胸前那么高，就断了。为了利益均沾，我把塑料碗、塑料筷、塑料杯等，分放在几处阳光下面，然后自己也挤进去。因为阳光只有几块，所以就像照X光一样，要一部分一部分照，照完了这只胳臂，再照那只，若想同时全照到，那就只有“失之交臂”了。(《与阳光有约》)

遥想那阳光从九千万英里的地方降落，从窄小的铁窗透入，在阳光普照的同时，又“与你独亲”，感受着那难得的“几块暖和”，他对人间的世态炎凉似乎又多了几分感悟。

1972年3月10日，李敖以“与彭来往带信罪”、“家藏文件入伙罪”、“监狱名单外泄罪”等三项罪名被判刑十年。收到判决书后，李敖拒绝上诉。但纵使如此，军事检察官韩延年依然认为量刑太轻，要求复判。于是又等待复判。这样一拖，三年半过去了。1975年8月12日开庭重审，适逢蒋介石刚死不久实行大赦减刑，故李敖的刑期亦相应减短。判决书的“主文”是：

李敖预备以非法之方法颠覆政府，处有期徒刑八年六月，褫夺公权六年，减处有期徒刑五年八月，褫夺公权四年。

尽管李敖以事实证明这一切都属欲加之罪，但判决书依然判他有罪，他看透了当局心态，对军法官不屑置一辞，也不请律师代置一辞，他留下一张书面意见：

审判长先生：

我只要花一分钟就可以把话说完，我的话共分五点：

第一点：关于本案内容部分——我没有话可说，我用法律里面的缄默权。我想我也不必说明我为什么不说话，一千九百四十六年以前，耶稣在被审判的时候，也不说话。

第二点：关于判决的部分——过去我不上诉，以后也不上诉。虽然我是无辜的，虽然我没有罪，我仍愿引用印度独立的伟大领袖甘地在法庭上的两句话："我不愿浪费法庭的时间，我承认有罪。"

第三点：关于我的态度部分——我现在声明，我自被捕后，因被刑求而来的一切我写和我签字的东西，全部无效。也许我信心不够，无法抵抗现代科学方法的刑求，但我知道544年以前，最有信心的圣女贞德在被捕以后，也犯过跟我同样的无可奈何的错误。

……

第五点：关于我个人的刑期部分——我不要求做减刑的判决，也不对加重不满。美国民间领袖尤金·戴布兹（就是坐在牢里还有100万人投票选他做总统的尤金·戴布兹）1918年在法庭上的三段话就是我的话：

"只要有下层阶级，我就同流；

只要有犯罪成分，我就同俦；

只要狱底有游魂，我就不自由。”

只要我在这岛上，不论我在牢里也好，在牢外也罢；不论我是“名不副实”的“大作家”也好，或是“名实相副”的“大坐牢家”也罢，我都不会有自由的感觉。因此关于我个人这部分，我不请求减轻。

李　敖，9月15日

面对坐牢，李敖显示出一片平静与苍茫。他在狱中翻译的莎士比亚的一首诗颇能道出此时此刻的心情：

此处音宛转
人声和鸟声
仇敌都不见
除却一寒冬

煦煦春阳下
名得一场空
仇敌都不见
除却一寒冬

觅食欣所遇
知足任西东
仇敌都不见
除却一寒冬

此时，李敖所剩的刑期只有一年多了。

1975年12月22日，李敖被移送“仁爱教育实验所”（仁爱庄）接受“思想教育”。在这里，为了优待也为了隔离，他被关在一座花园洋房里，开了专班。专班四人，除他之外，还有同案犯谢聪敏、魏廷朝、李政一。李敖看不起那些来“上课”的“学者名流”，对他们冷眼相向，一言不发。在他眼中，这些“老师”都什么水平啊？有的是当年舞场上的舞友，有的是大学时的学弟，有的是自己笔战时的败将。其中的林钟雄最逗，五年后，两人在台中一中校友会上相遇，李敖笑骂说：“你好大胆，居然敢替国民党向老大哥‘洗脑’！”林钟雄赶忙打躬作揖说：“小弟被请去，只以为是给普通政治犯上课，只是想赚点外快。谁知上课时，才看到赫然面对的，竟是老大哥！你不知道当时看到你，我是多么惭愧！所以，原定四小时的课，后两小时我说什么也不敢来了。”且说，看到李敖等人对仁爱教育漠然以对，管理人员怕冷场，要求“讨论讨论”，李敖一概不理。就是在这样的“洗脑”中，他步入了牢狱生活的尾声。

二、匪谍·小偷·流氓

坐牢期间，李敖饱受了黑狱中的身心折磨，也饱阅了狱中万千怪象，在那些形形色色的囚犯身上，他看到了国民党司法的黑暗，也看到了政治与人生的荒谬。

1972年7月，李敖被关入军法处第二房。在这里，他遇到了国民党调查局第一处处长范子文。这个特务头子在内斗中被诬为共产党，成了李敖的难友。他整天气鼓鼓的，动不动就大发牢骚，有一天，他对李敖说：“以我几十年抓共产党的经验，是不是共产党，我一闻就知道！台湾国民党整天抓共产党，其实真的共产党，国民党根本抓不到，抓到的都是假的！”这样的话出自国民党特务头子之口，李敖更加感到了这个政党的可憎与可悲。他点点头，笑着说："你讲的对极了！对极了！"他想起了黄中国。

黄中国是一个在牢中做外役的大胖子，山东莱阳人，50多岁，整天提着塑胶水桶，为每个牢房送饭送水。此人生得肥胖而肚大，皮肤粗糙，面目黧黑，老实憨厚，混熟了，李敖戏称他叫China Huang，并玩笑说："'黄'字在中文里动词用法是把事情给弄砸了，你这黄中国，是把中国给弄砸了，凭你这名字，你就该坐牢！"

外役是囚犯们最羡慕的工作，他们的牢房白天不锁，可以在走廊或院里走动，可以抽烟，可以看到家属送菜时包菜的有油的报纸，可以趁班长不在时与别人偷着讲话。人一做到外役，大家就知道他案子不大，案情也简单，黄中国自然也是如此。

这一年的7月14日下午，李敖正在刚转入的11房休息，忽然听到外面一阵哭喊由远及近，中间还夹着脚镣拖地的哗啦声，接着11房的铁门大开，一个大汉，满面泪水、满身汗水、上身赤条条、下体只穿内裤、挂着脚镣，被推了进来。李敖心中一怔："黄中国！"黄中国一进房就大喊："李先生啊！什么案子嘛，他们判我死刑啊！"那从山东男低音里发出的嘶喊与绝望，使李敖为之一震。

原来，抗战前夕，黄中国不愿当农民，只身跑到青岛，去当海军，但他不知道那是"伪海军"，所以，抗战一结束，他就成了"汉奸"。1949年跟到台湾来，在吴兴街开了一家小米店。后因跟一些同乡人发生口角，被诬告，说他干过共产党的指导员等等，就凭着这点单薄的人证和罪名，他被关入大牢，不料想，如今竟以"匪谍罪"被判处死刑，"被褫夺公权终身"。黄中国得知后，自然要大呼冤枉、大喊救命了。

1972年8月12日，李敖为黄中国写成一份长达六千余言的《军法声请复判理由书状》，共分14点为其喊冤。但令李敖可叹可惜的是，"警备总部军法处"把这种人命关天的大案子，不传证人，就草草定案；而“国防部军法局”也同样草菅人命，依样葫芦。在这种双杀之下，黄中国终于难逃一死了。

这一年的11月1日清晨5点钟，11房的房门突然间被打开，黄中国正睡在门边，他似乎预感到了什么，一声哀呼，坐起来，向牢房另一角冲过去。另一个囚犯胡炎汉吓得举臂大叫，缩成一团。这时，七八个狱禁进来，直扑黄中国，反铐他的两手、抓住他的头发、用布条缠住他的嘴巴，再用熟练的技巧，把他架出房门。黄的声音变成一种嘶裂，渐渐远去。李敖披着小棉袄坐在那里，目击着全部快速动作的完成与离去，神色夷然。

当天晚上，几个牢友坐在一起谈起清早的事，同房的李国龙问：“难道军法官不知道黄中国根本不是匪谍？”

李敖说：“当然知道。只是他们要表现捉拿匪谍的成绩，不枪毙一些人，就会被上面打官腔。在这种邀功交卷的要求下，每年就只好弄出些假匪谍来充数。上面要‘缴匪谍’，谁管那么多！”

胡炎汉说：“在那样的情形下，你还冷静得像一个旁观者，你可真狠！”

李敖说：“死者已矣，救活的更重要。并且，在观察人间万象的时候，你必须冷静，有一天，我会为黄中国做更多的事。”

从黄中国身上，李敖看到了国民党法律的荒谬。

有一次放风之际，李敖碰到一个小“叛乱犯”。他还是一名高中学生，因想组党，被抓入笼。高中生大惑不解地对李敖说：“李先生，公民书中告诉我们，宪法第十四条‘人民有集会及结社之自由’，我以为那是真的，就想组党，结果就给抓进来了。”李敖听了哈哈大笑。看着一脸天真的可爱的小毛头，他愈发感到这个不可与言的政党的滑稽与可恶。

在军法处关押期间，李敖曾与一个小偷住在一起，小偷才19岁，浙江奉化人，因长得奇黑，李敖用台湾话给他起了个外号叫“欧卡曾”

(白话是"黑屁股")。

小偷刚进来时，十分好奇，对李敖老是问东问西。李敖整天忙于读书，便禁止他同自己说话，他只好坐在一边贼眼溜溜地看，每当李敖休息一下或小便一下时，他赶忙说上几句。

冬天的牢房阴凉潮湿，李敖将爸爸在东北穿的一件皮袍子也带了进来，聊以御寒。皮袍是猞猁皮做的，是皮货中的上品。不料，有一天，它竟被贼眼溜溜的"欧卡曾"看中了，他用手摸着上面的毛，又要问李敖问题，李敖用食指挡住嘴，暗示他不准说话，他无奈，就一边摸着一边喃喃自语："毛真好！毛真好！毛真好！"

结果第二天，他就被叫出去了。监狱官调查他的政治问题。他大喊冤枉。监狱官说："若没政治问题，怎么会说'毛真好'呢？毛泽东还在大陆那边，你说'毛真好'是什么意思？""欧卡曾"这才想起昨天的事。原来每间牢房的天花板上都安有一个扩音机，既可发号令、放音乐，又可窃听牢内犯人的言语。因为这个"大耳朵"只能听不能看、只能录音不能录影，所以窃听时就难免断章取义，于是"毛真好"的误会就发生了。

"欧卡曾"费了九牛二虎的气力来解释，才算过了关。他庆幸自己运气好，没有变成政治犯。

后来，小偷因为偷运香烟，被戴上脚镣，移到别的牢房去了。临走前，他感到李敖待他很好，便说："我出狱后，一定找个脱衣舞女，用摩托车载来，在你窗下大跳一次，在警卫赶到前，再用不息火的摩托车载运逃走。"

李敖笑着说："那好啊，你看我这么忙，哪有那样的时间啊！"

小偷说："龙头啊！不要太用功了！那时候该休息一下，看看脱衣舞，看看死脱瑞普，看看也好！"一边说，一边扭动屁股，学着脱衣舞的模样，丑态可掬，李敖笑得腰都弯了。坐牢这么多年，他从来没有这样开怀大笑过。

李敖在坐牢期间，曾经有三年多时间是独居一室，过着面壁读书的生活。每天的吃喝拉撒睡，全在这里。小房虽有门，但极难一开，一切与外联系的事情，如送饭、递物等等，都通过墙根那个30×15公分大的小洞送入，李敖戏称这是名副其实的“洞房”。

有一天，一个外役蹲下来把脸贴在洞口同李敖说话，李敖只能看到那张几近变形的脸，年轻、饱满、聪明、白净，配上一对精明的眼睛、一张有毅力的嘴，给人极深刻的印象，他压低声音说：“李先生，我是你的读者，我佩服你，有什么事，凡是我能做的，就叫我做。我叫俞中兴，是杀人犯。……班长来了，再见！”

有了这位崇拜者的帮助，李敖在牢中得到了不少的照顾，比如打菜时，他会自动多打一点；装水时，他会自动把五公升水桶装足；偶尔捡到一块报纸，他会自动高速丢进，使他能多知道一点“中华民国”的消息。终于有一天，他与俞中兴有了一次长谈的机会。那天，军监要粉饰走廊，俞中兴做油漆匠，当他刷到李敖的房外时，站在梯子上，与李敖对话。班长正好不在，两人便聊起来。于是，李敖知道了这个外役的一些情况。

俞中兴长得人高马大，念过大学，后讨厌读书，不念了，混入桃园黑社会，在流氓集团中以足智多谋好勇斗狠出名。有一次，他与另一流氓团伙古永城派发生冲突，他和同伙李盛渊（外号“阉鸡”）等，表演了轰动一时的“飞车杀人案”，杀掉了古永城的大将，古永城死里逃生，俞中兴因此被捕。谈到抓他的警察，俞中兴依然怒气未消。

“他妈的警察真不够朋友。”

李敖说：“美国黑社会有一句谚语说：‘千万别同警察交朋友，因为你不晓得他什么时候公事公办。’这就是说，警察随时翻脸无情的。”

俞中兴应声答道：“是啊！他妈的我们干掉了古永城他们的流氓，等于帮了警察的忙啊！他们怎么可以反倒抓我们！他们整天靠我们养，真他妈的太不够朋友了！我们杀古永城他们，是‘为民除害’啊！”

李敖笑了："可是，你忘了，你也是一害啊！"

俞中兴理直气壮："我是一害啊！可是我们杀了一个，总少了一害啊！他妈的警察怎么可以抓替他们办事的人！这样乱来，以后谁还敢'替天行道'啊！"

李敖被他的话震惊了。他觉得俞中兴说得真是有趣之至，真是含意深长。他想到了晋朝周处"除三害"的故事。俞中兴有除害之心，不管该不该他除，其人纵可诛，其心不可诛，这种善念的青年，难道就因一念之"善"，就要万劫不复吗？

这次谈话后不久，俞中兴就被移送司法单位了。他曾给李敖一信，李敖因自己是政治犯，写信不方便，未回信。后来听说他判了无期徒刑，移送绿岛隔离犯监狱，在移送前后，被打断肋骨多根，显然是有意把他报废了！

在漫长的黑牢生活中，有一天，李敖读到美国休伍德（Robert Emmet Sherwood）描写流氓的名剧，不仅浮想联翩：流氓之中，有的具有真性情。他们做人，干干脆脆，毫不伪君子。他们的行径或不足取、他们的人生观或很奇特，但他们放浪形骸、敢做敢为，的确比所谓上流社会的狗男女们真得多、至性得多了。上流社会的人，没人敢"替天行道"，他们只是伪善而已，实在叫人看不起。戴布兹（Eugene Vietor Debs）说"只要有下层阶级，我就同俦；只要有犯罪成分，我就同流；只要狱底有游魂，我就不自由"。想到俞中兴，李敖怆然而有同感。

三、难友情深

长夜漫漫，如坠深渊。在孤独寂寞的人间地狱，李敖忘不了那些患难与共的牢中难友，是他们的关怀和帮助给自己带来了温暖与信心，是他们的鼓励和支持使自己走出了失望与痛苦的阴影。在这里，他结识了台南人刘辰旦。

前面已有交代，1970年和1971年，台湾连续发生两起针对美国的爆炸案，震惊海内外。警方最后擒得同案嫌疑犯八人，李敖算一个，此外，分别是谢聪敏（彰化人）、魏廷朝（桃园人）、李政一（台南人）、刘辰旦（台南人）、吴忠信（台南人）、郭荣文（台南人）、詹重雄（台北市人）。这七个人，除谢聪敏、魏廷朝是李敖的老同学外，其他人李敖均不认识。直到1972年2月29日，第一次秘密审判开庭时，李敖才第一次见到他们。

显然，这是一起冤案。

在同案犯中，有一个戴黑边眼镜的男子，长得虎背熊腰，结实无比，他就是刘辰旦。

在牢里，李敖与刘辰旦被分押在楼下，属同一走道。李敖先住二房、后转11房、再转八房，刘辰旦先住13房、后转12房、再转六房。因为都住在同一走道两旁，虽然隔离关押，也偶尔见面。两人从此就熟了。在李敖住11房时，刘辰旦住六房，两房相对，从高窗可以隔道相望。李敖房中因为有书桌（用书物垫起的半截门板），他可以站在桌子上，很容易望到窗外。刘辰旦没书桌，但他身体好，可以门框垫脚，纵身一窜，攀住高窗，也能望到窗外。于是，当一方发现走道上没有看守时，就会用暗号联络对方，从高窗通话。刘辰旦呼叫李敖的暗号是吹口哨，吹的是电影《坦克大决战》中的一段音乐，李敖呼叫他的暗号是唱英文歌，歌词是："Sister! Sister! Do you hear me?"这是他入狱前刚看过的电影《火雷破山海》中的一句。暗号接上后，为防看守发现，两人常以"大字报"形式交流。即把纸裁成长条，用毛笔写掌心大的字，自左向右横写，暗号过后，再一张张从窗口自左向右慢慢传送，颇似闹市区的霓虹灯广告。传后马上撕碎，从马桶冲走，片纸不留。

一天中午，趁牢犯们都在酣睡时，两人又传起纸条，此起彼落达两小时之久。李敖因有克难桌垫脚，并不显太累，而刘辰旦每传一次，都要飞跃上窗一次，再跳下换新的纸条，故每次跳下，地板砰砰作响，累得呼哧呼哧，依然乐此不疲。

当李敖住八号房时，刘辰旦住六号房，同在一排，自然不能传“大字报”了。于是转为呼叫。有时候，刘辰旦将消息写在小纸条上，将纸条封在生力麦袋内，佯作送面，请外役转给李敖。有时候，把纸条藏在菜盆里，通过七号房的难友传过。李敖十分谨慎，怕被查出影响狱方对自己的读书优待，故从未给对方传过纸条。刘辰旦也不在乎，依然不断地向他传递信息。

冬天来了，刘辰旦得知李敖怕冷，特意请他姐姐买药送来，并传字条介绍各种御寒方法，比如用干毛巾浑身干擦生热等等。

1975 年 4 月 25 日，李敖正在小房里独自看书，忽然看守送进一个生日蛋糕，原来是刘辰旦请姐姐特意为他买来的。这种体贴与细心，使李敖十分感动，他感到刘辰旦真够朋友。同时，他对刘辰旦的姐姐也充满了敬意，这位伟大的女性，在弟弟受难期间，她把本来打算买房子的退休金全都花在救弟弟上面了。

刘辰旦的爱好是书法和绘画，字学张大千，惟妙惟肖，每次将其作品传过来，李敖都大加赞赏。在刘辰旦过生日时，李敖特意送给他一本大画册，并在上面用毛笔题写了一首藏尾小诗：

生不逢辰，
坐以待旦，
日久天长，
河清人寿。

四句最后一字正好集成“辰旦长寿”字样，刘辰旦收到后，非常喜欢。

在与难友的交流中，李敖了解到，两起爆炸案均非刘辰旦等人所为，很可能是国民党官方借刀杀人制造出来的假案。故在1975年复判前夜，李敖给军法处的“书面意见”中特意提到：

> 关于所谓爆炸案部分——虽然跟我无关，但我愿为李政一、刘辰旦、吴忠信、郭荣文、詹重雄五个小朋友做他们“人品的证人”，这就是说，我相信他们不是做这种事的人，他们的诬服，是被刑求的结果。我请求审判长先生给他们做无罪的判决（附带声明一点，在进这军法处大门以前，我跟他们并不认识，所以我的请求，可以说是客观的，值得审判长先生参考的）。[①]

他不知道自己这段文字能否为那些无辜者改判减刑，但他在用一种独特的方式表达着对难友们冬阳般的善意。回想起黑狱亡魂的苦难岁月，回想起难友们对自己无微不至的关心，他心存感念。正是那种坦荡与无猜，那种真挚与温暖，使他的心境从痛苦的深渊一步步走出，在冰融雪化中，走向沉静与坚强。

四、智者的微笑

监狱，是一种特殊的建筑，是人类文明开放出来的一朵黑色之花。

监狱本身无所谓善恶邪正好坏之分，这要看钥匙在谁手中。

从监狱心理学角度讲，监狱的功能只有一个，那就是摧残被囚者的精神，消灭他的意志和对自由的本能冲动。即便是它的一堵墙、一扇

① 李敖：《李敖回忆录》，第284页。

门，一方小小的铁窗和它投下的一线微弱的光线，都无不使囚徒感到阴森、恐怖和绝望，这也正是监狱建筑所遵从的心理原则。

小窗上的栅栏是铁做的，透过高高的小铁窗，可以看到一角蓝天和白云飞鸟，使人感到自由的可贵。

而那四堵坚固的高墙，则中断了囚犯与世界的一切联系和交往。

它使人孤独，使人悔恨，使人屈服，使人绝望。

它使人恶梦缠绕毛骨耸，白发梢头顶黑发。

但这种作用并不是对所有人都应验。在意志坚强者眼中，它不过是斗争的环境发生了改变而已，如同王尔德所说，“全世界在我看来也不过和我的牢房一样大”。[①] 古今中外，文天祥、巴枯宁、车尔尼雪夫斯基、甘地以及现代民族解放中无数的争自由求解放的坚强勇敢的献身者，他们面对黑暗的牢房，都毫不畏惧地与对手进行了殊死的较量。

李敖正是以此类人物而自许的。他坚信，小鸟在树林里要歌唱，在铁笼里照样要歌唱。

在囹圄之中，他也有过沮丧，有过失落，有过亲友背弃身心两困的磨难，有时，动起肝火时连远道跋涉而来的母亲都不愿晤面。他在给大学老师吴俊才的信中说：

> 我最后在极短的时间里纯用文字的力量平步青云，所向披靡，使想用笔杆压伏我的人为之失色，转而以笔杆以外的方法染我身上的颜色。“才如江海命如丝”，我从大作家降为大坐牢家，一切都似前定。孤灯黯淡，子夜独思，李鸿章说这岛是“伤心之地”，对我更有多重的感伤。[②]

---

① 王尔德：《狱中记》，中国人民大学出版社 2004 年版，第 2 页。

② 李敖：《李敖回忆录》，第 288 页。

但最终他还是挺过来了。记得马克思说过，受难使人思考，思考使人受难。中外古今，往往是那些受难者最终成为思想者。在黑狱之中作为李敖精神支柱的，正是他在思考中所认同的那种智者的哲学。

入狱后不到一月，他便在阴暗的牢房中写下自励之语：

> 智者深明人生乃悲欢离合、喜怒哀乐、生老病死、福祸相依等交综而成，有浮有沉有荣有枯，得不足喜，失不足忧。故智者只是随遇而安，不徐不疾，不烦不燥，智者爱护朋友，尊重敌人，珍宝女人和小孩。智者是新约里对比文字下的人物。智者是甘地，是金格，是吕坤所描写的化身。智者修养功深，喜怒哀乐少激于外而深得于内，智者即是强者，是上通古今伟大人格的榜样。智者善于超以象外，静观万物和自己，智者坐井仍能观天，不出户仍能知天下。智者达观，智者是塞翁。智者能苦中作乐且不以俗苦为苦。智者知菜根香。智者理性不多愁善感，肠亦易断，泪不轻垂，于通人断肠垂泪之处，智者恬然若无情者，若太上忘情者。（“我但见明月，更不想什么”）智者于忧患中不失其兴致，不失其本色，不失其趣味，不失其幽默，不失其 easy，不失其微笑。
>
> 智者看世事，一笑置之，智者有度量容人——甚至纵容人（包括朋友、敌人、女人、小孩），智者知足。智者喜看光明的一面（Lucy），智者知道“可能没那么糟”、“可能石块并不大”、“比下有余”、“设想更坏的遭遇”、“既来之则安之”。智者不惑不忧不惧。智者有耐心，知道人间事急不得。知道多一分自在即少一分苦恼，知道过一天就少一天，多努力一小时即累积（储蓄）一小时收获，快乐一天就赚了一天。智者巧于排遣，工于进修。智者可随处得智增

> 智。智者可师任何人（老农老圃），可交任何人。智者可神交。智者虽老，然仍学牧虎关高旺所唱“我一时起了少年的心”，而知老来少，而学少年狂。[①]

他从古今中外的圣贤身上找到了精神的依托和智慧的源泉。这便是达观、理性、兼爱，便是坚韧的意志和主动的排遣，便是对事物积极的感悟，便是悟真识幻，便是勤奋的工作和自我控制的能力。他在行为上崇尚古往今来的传奇人物，并且以之自许。在他心目中，梅尔维尔、海明威、拜伦、邱吉尔，都是传奇人物的典型：

> 传奇人物的特质就是生命力的莫测，生命力的跳野马。
>
> 传奇人物生命力极强、智慧极高、勇气十足。他的充沛的生命力，无法把他按在一个固定的角色上，碌碌一生。传奇人物不拘一格，他不是书生，也不是剑客，但他是书剑飘零型的人物。他也许是一阵子书呆、一阵子军人、一阵子怪杰、一阵子作家、一阵子商人、一阵子投机者、一阵子情场浪子、一阵子赌台常客、一阵子热如火、一阵子冷如冰、一阵子老僧入定、一阵子顽若顽童。……或整年在温柔乡里，或终岁在离群索居中。……
>
> 传奇人物最大的特色表现是不安于环境。一年二年，三年五载，他要找新的环境去浪迹人生。传奇人物不怕任何遭际，任何遭际对他都化为教育与磨练，然后铸成他丰富生命的一部分。
>
> 传奇人物亦刚亦柔亦狂亦狷，但都行之于神机莫测。女人抓不住他，男人伤不了他，朋友吃不消他，敌人又被他烦

① 李敖：《论“快乐律”》，《我将归来开放》，第71–72页。

死。他的生命力有一股力量，一团火，永远折腾没完。

传奇人物是勇士、是艺术家、是快乐的人，并且也给人不少快乐。传奇人物是豪迈之士，传奇人物是大丈夫。[①]

李敖所论的传奇人物其实就是他自己，他所列举的传奇人物的特色其实就是他曾有过的生活，他对传奇人物所悬的规格正是他自己已经做到的和正在做的，他为自己已有的行为感到满意，并在继续朝着这一规格靠拢。正因如此，在面临常人难以忍受的困境时，他感到非常坦然，狱里和狱外其实没多大不同，只是多了一点不方便而已。既使在外面，他也是不见人、不接电话、不逛街、不看电影、不参加婚丧喜庆、不去看什么艺术活动、不抽烟喝酒、不喜欢山珍海味，他只是家居的隐士而已。即使家居，也不看电视，也是工作、工作、工作，工作以外，没有什么别的。要说有别，那就是没有了心爱的女人、没有了热水浴，如此而已。小的不方便，多是工作环境上的，如灯光不足、没有桌椅、文具与设备欠缺、参考书不够、日夜太嘈杂等等。除此之外，他认为，一切生活与纪录，全是好处。

在漫长的监狱生活中，李敖和别人合住的时间只有几个月，后来，他自动申请斗室独居，终年做宗教式的闭关隐遁。由于他是一个特殊的政治犯，当局正担心他对其他牢犯产生影响，故对他的申请求之不得，美其名曰“优待”，批准了他的要求。而在其他囚犯眼里，让李敖一个人独住实际上是在“虐待”他。

没有哪一个囚犯愿意一个人独住，因为难耐寂寞的折磨。李敖在军法处11号房和其他犯人合住不久，就开始享受“特殊待遇”，搬到八号房。在这里，他一个人住了两年半之久。他以一贯的豁达和幽默戏称这儿是“洞房”：“佛教里达摩老祖只面壁一面，我却面壁四面。”

① 李敖：《论传奇人物》，《我将归来开放》，第75-76页。

也许就是在此时的思考中，他想到了文天祥、想到了拿破仑，想到了谭嗣同，想到了贞德、巴枯宁、车尔尼雪夫斯基，想到了他们在狱中的生活。由迫害他们的人想到了为信仰而战的自己，想到了蒋氏集团，由蒋氏集团想到了西太后集团，想到他们是多么的相似，于是萌发了写小说的念头。在黑牢中，他对近代史上思想巨人们的心灵历程展开了思考，在他的头脑中，形成了小说《北京法源寺》的整体框架。小说中谭嗣同在狱中对影与形的思辨，正是李敖此时真切而独特的内心体验的真实写照：

> 这个刑部狱、这个头监牢房，也不知关闭了多少川流不息的过客，他们的身躯已经不存在、血肉已经不存在，但是，鉴不用人，形还问影，他们的影子，其实依然存在。他们的丹青与青史、热血与冷汗、悲愤与哀呼、长吁与短叹，其实处处都凝固在空气里、嵌入到墙壁里、渗透到地底下。……也许在子夜辗转、也许在午夜梦回，同座监狱同一牢房，先驱者的身影却恐怖的魂影相依，苦难就这样传递下去、接替下去，只有开始，没有结束，为了中国的伤痕，永远做出推陈出新的见证。……黑暗之中，自己的影都离开自己了。自己本身就是一个影。影喜欢黑暗，黑暗就是它的家。一回到黑暗它就变成了主人。因为他本身就是黑暗，跟黑暗同一颜色。自己以为自己是形，其实错了，至少在黑暗笼罩的时候，是错了。自己不是纯粹的形，乃是形中有影，光明把影从形中推出，但影紧追不舍，直到光明疲倦的时候。在黑暗里，会慢慢感觉：影进入了形，重合了形，使形融化——不是影没有了，而是形没有了。影之于形犹梦之于眠、锋刃之于刀。影并没在黑暗里消失，只是染了更深的颜色。这时候，灵魂好像无所依附了。人

从不知道灵魂是什么，现在更什么都不是。如果有这东西，也是个在黑暗中最先背弃人的，灵魂只是影的影。在黑暗中，谭嗣同化形为影，与同座监狱同一牢房的先驱者，开始魂影相依了。①

这段描写，大部分内容采自李敖的狱中散文《孤独与鬼》。

在苦难的逆境中，李敖以非凡的勇气和意志顽强生活着，他甚至不以坐牢为苦，在苦难中自得其乐，情怀依然是坦然而自持。

他真正做到了以达观的态度和积极进取的精神去对待面前的逆境。在一个中秋节来临之际，他写道：

又是一年的中秋了，对受难的人来说，不是“一年容易又中秋”，而是“一年不易又中秋”，虽然不易，但是还是活过来了。可见，受难的人有受难的人的活法，这种活法，非身历其境的，不能体会它的艰苦；但这种艰苦，对伟大的人说来，也不过是“苦其心志”的一种磨练与过渡，一念之转，一切艰苦，也就统统可以心平气和，可以若无其事，可以不以为意，可以视为当然，也就不足道了——因为他有更高远的目标在使他贯注、全神的贯注，这种贯注，使人生中的艰苦，变得渺小而算不了什么。所以，伟大的人对黑狱、对陋巷、对人际的不幸，内心被干扰的，远比一般人少，甚至可有达者的心情，去苦中作乐，用勇者的心事，去观察、去记录、去“不虚此行”……所以，人生的艰苦对他说来，绝对得可偿失，绝对值回票价。②

① 李敖：《北京法源寺》，中国友谊出版公司 2000 年版，第 217 页。
② 李敖：《兔唇与真理》，《书信集》，时代文艺出版社 1996 年版，第 28 页。

他相信，如今的自己已经是处于人生的最低谷，不会更糟，不会再坏，身边的每一点变化都会向着好的方向发展，这种“一念之转”使他把眼前的一切艰苦都看作了“苦其心志”的磨练，他心平气和，视为当然。

在狱中的冬季，严寒来临，为了御寒，李敖就在阴暗的灯光里，咿呀的地板上，不断来回走着，边走边背书，边走边思考，经常一走就是两三个小时。结果是因走动而血脉通畅，能抵御寒冷，同时又锻炼了记忆和思维。

李敖后来说：“我之能背书，能走路，都拜坐牢之赐，坐牢对强者说来，真不是坏事。”

在八号房漫长而平静的孤独中，李敖有更多的时间来思考人类的命运和忧患，他细致地思考上下古今的每一个主题，甚至每一条谚语都要花时间去重新审视，有时甚至是长考，以求得他自己的一个结论。

日后李敖写文章文思泉涌、妙语如珠，正是因为他早就有了思考的结论。胸有成竹，方有万卷雄文。他在后来谈起这段难忘的牢狱生活时不无感慨地说：“训练一个男子汉有两个最好的地方，一个是在军队（战场上），另一个就是监狱。如果在这两个地方你能够应付得好的话，你会更坚强，更壮大，应付得不好的话，就会受尽折磨，痛苦万分。”①

他正是抱着这种“我不入地狱，谁入地狱”的心态面对监狱生活的挑战的。他在文章中写道：

> 监狱可以说是人间最苦的地方，在这种“苦其心志”的状态下，会使你觉得人生需要面临很多的独立作战。在孤独

① 李敖：《对是非是绝对不让步的》，《李敖对话录》，第22页。

无助的状况下，大多数的人都会产生自怜的情结，但是我就没有产生这种情结。

……我能放开心境，非常干脆的和外界隔绝，不必靠外力的支援，避免自己成为外界的函数。

我在牢房里始终维持着规律而平静的生活；而坐牢更坚定了我对一些事物原先的见解。

志士仁人不以坐牢为苦，只把坐牢看成一点不方便而已。对监狱恐惧的人，显然对人生的荣枯浮沉与遭际，不敢实验与面对，这样的人生，是错误的、逃避的、缺少磨练的。有实验与面对精神的人，他不以小的不方便为苦，他有内发的至大至刚的充沛力量，去生活、去歌唱。小鸟在林间，它歌唱；在笼中，它也歌唱。快乐的小鸟在哪里都是快乐的小鸟。①

李敖正是以这样一种智者超迈的豪情面对眼前的苦难，以救世者的心情面对国民党特务的凌辱刑求，以进实验室的心理走进黑暗的囚室，以达者的超然去面对好友的陷害出卖、情人的黯然离去，以坚定的意志和理想主义者的信念度过了那常人难熬的牢狱岁月。也正因为他有一种“我不下地狱谁下地狱”的救世思想，正因为他以一种居高临下的心态去观照那些愚妄的众生，所以，在六年八个月不见阳光的孤单的囚犯生涯中，他对世界又有了全新的思考，并写下了《论“快乐律”》、《论传奇人物》、《对自然要自然》、《与阳光有约》、《用冰冷表现洁白》、《朋友的没落》等十多篇散文。这些作品篇幅虽然短小，但感受细腻，是他对人生对命运、对历史长期思考的结晶，表现出强烈的思辨色彩，是作者宇宙观念的浓缩，亦是作者精湛的艺术功力的展现。

① 李敖：《对是非是绝对不让步的》，《李敖对话录》，第23页。

五 给女儿的信

在漫长的牢狱生活中，李敖除了对人生、命运和历史进行长考之外，还有一项非常重要的活动，就是给他远在美国的女儿李文写信。

李文在三岁时被送回台湾。由于李敖当时的处境已十分恶劣，经常被警方约谈并遭软禁，生活难以安定。于是，她先后与外婆、三姑、六姑和姥姥一起生活。1971 年，李敖被捕，李文亦随姥姥赴美，住四姑家。此时，她已七岁。就在这一段时间里，李敖在牢中给女儿写了百十封信，“权作函授”，以表达一个父亲对女儿的挚爱之情。

从后来收入集子的 80 封信看，大都写于 1973 年 1 月 24 日到 1975 年 11 月 1 日的两年之间。这两年，李敖被关押在景美军法处看守所第八房，与喧闹的外界相比，清静了许多，于是他读了不少的书刊。尤其是看守所的辅导官冯音汝少校，为了使“囚情稳定”，在书刊进口和书信检查方面，给了他许多方便，也才有了他与女儿长达两年的书信对话。其中大部分书信都是在教女儿学习英语知识，但在内容上却涉及到了天文地理、社会人事、政治历史、异国风情等等，而且在谈天说地的同时非常注意用通俗诙谐而充满童稚的语言与正上小学的

李文两岁生日与父亲在一起

女儿沟通。为了增加书信的趣味性和理解，他还在大多数信中都配上了插图。这些插图都是他从收集的书中割下来的。牢中禁止使用剪刀和刀片，他便将旧皮鞋中的钢片取出来，在水泥台上磨出锋口，用来切割。有一次，冯音汝少校问他："你的图片用什么做得那么整齐？"李敖笑着说："我神通广大啊！"他用一种特殊的方式表达着对正在成长中的女儿的深切关爱。

李敖给女儿的信，依然保留着他那率真和幽默的风格，但与友人书信不同的是，他非常注意使用儿童能够接受的童稚语言来描述事物，使书信形象生动、妙趣横生。比如：

> 有一种好丑好丑的大爬虫，叫鳄鱼，能吃鱼，能吃人，活六十多岁，中国、美国、非洲都有。它们总是躺在浅水里，眼睛露出水面，等机会张开大嘴咬人。但有一点很怪，它嘴的力量全在下巴（jaw)的肌肉，所以一定要张开大嘴咬下去才有劲，若是根本不让它嘴张开，它就一点办法都没有了。鳄鱼虽然能吃人，但人若在它没张嘴前把它的尖嘴用胳臂抱住，鳄鱼就流不出来眼泪了。
>
> "鳄鱼的眼泪"（crocodile tears)就是中文"猫哭耗子"（假慈悲）的意思。因为传说鳄鱼吃被它咬死的动物的时候要哭。
>
> (Don′t shed crocodile tears over his leaving, I know very well that you are glad to see him go.(他走了你别假惺惺 的哭吧，我知道你高兴看他走。)
>
> 还有一个描写假哭的英文，就是"洋葱"（onion),因为用洋葱擦眼睛人就会被辣出眼泪来，但这是莎士比亚剧本中的用法，很旧了。
>
> 当你跟小朋友们说再会(good-by)的时候，你可以说：

See you later, alligator.（再会呀，鳄鱼呀！）这里用alligator.并不是骂人，而是谐音。

美国俗语把 crocodile 简说成 core，把 alligator.简说成 gator 或 gater。

母鳄鱼(the female alligator) 总是把蛋埋在沙里，小鳄鱼孵出来会叫，母鳄鱼就从沙里把它们挖出来。

鳄鱼皮可做皮包皮鞋，从鳄鱼身上还可做香料。

家里当然不能养鳄鱼，美国一个女文学家 Dorothy Parker 在浴盆里养了两条，回家一看老妈子不见了——吓跑了。

中国古代一个文学家叫韩愈，在广东做官，送了一只羊一只猪给一群鳄鱼，还写了一篇《祭鳄鱼文》警告它们，要它们“其率丑类南徙于海”！（带着你们那些丑八怪搬到南边的海里去吧！）你说这个书呆子多好玩！

鳄鱼鸟(crocodile bird)是在鳄鱼身边混东西吃的，你可重看爸爸以前写给你的“为虎作伥”的意思。

爸爸

1973 年 5 月 3 日

感受着这种像朋友一样的交流和浅显有趣的语言，不满十岁的李文对这位博学而慈爱的爸爸产生了深深的好感。她十分想了解这位可亲可敬的爸爸现在在干什么。在她十岁时，家里人才告诉她爸爸坐牢的真相。她决意要来看望这位只能在信中交流的爸爸。得知这一消息后，李敖又以“坐牢的名人”为话题给她写了一封长信：

亲爱的小文：

姥姥说你想来看爸爸，并说妈妈已告诉你爸爸坐牢的事。这三年七个月来，一直没告诉你的原因是因为你年纪太小，现在你渐渐大起来了，可以知道了。

坐牢的原因很复杂，你还不能完全明白，有的人坐牢是因为做了坏事，但有的人坐牢并不是因为做了坏事，甚至有的人是被冤枉的，法律上有一种“冤狱赔偿法”，就是补救这种可能的。所以一个人坐了牢，我们不可以立刻断定他是坏人做了坏事，一定要经过许多时间才能证明（当然有的是很显明的坏人做坏事，比如吸鸦片烟啦、海盗啦，证明起来很容易）。法国的德雷福斯（Dreyfus）冤狱花了12年的时间才证明清白。

很多很卓越的人、很多名人，都坐过牢。现在印度（India）的总理甘地夫人（Mrs.Indira Gandhi）就坐过1年1个月。她的爸爸是尼赫鲁（Nehru这个字h不发音，翻成赫音是中国人以前的错误），也做过印度总理，坐过10年半的牢。另一位印度的名人叫“圣雄”甘地（Mohandas K. Gandhi）坐过2338天的牢，他的太太死在牢里了。现在印度总理的这位甘地夫人，嫁的另一位甘地，跟这位甘地并无亲属关系。现在西德的总理勃兰特（Willy Brandt），他的爸爸妈妈没结婚，他也坐过牢。突尼斯（Tunisia）总统布尔吉巴（Habib Bourguiba）也坐牢、流亡十多年。肯尼亚（Kenya）的总理、总统肯雅塔（Jomo Kenyatta）也坐牢、看管九年。英国的女王伊丽莎白一世（Eliz I abeth，现在的是伊丽莎白二世Elizabeth II）20岁起也坐过牢，她不是她爸爸妈妈合法的女儿，但她后来做了英国历史上最伟大的女王，比谁都合法。她活了70岁，自25岁起做“女皇帝”做了45年，是英国历史上的“黄金时代”（the golden age），人才文物极盛，大文学家莎士比亚就是那时候的人（16世纪到17世纪）。

13到14世纪的时候，有一个人叫马可波罗，曾从意大利越过亚洲大陆到了中国，24 年后回到意大利，被关在牢里，他闲着没事，乃由他口述，由同房难友写了一部书，就是《马可波罗行记（游记）》(The Book of Marco Polo)，这书引起欧洲人对东方的兴趣，便设法到东方来，可是陆路不通了。因为听说地球是圆的，所以想从海上绕过去，于是向西航行，于是发现了美洲。哥伦布虽发现了美洲，可是他不知道，他以为他到了东方的印度，他以为印地安人是印度人，所以把他们叫做 Indian，又叫他们是红人，其实他们是亚洲黄种人，既不红，也不印度。小文你看，多好玩，人在牢里写一本书，竟演变出这么多的发现和故事。

写书的作家常常被关在牢里。你看过《鲁滨逊漂流记》吗？这书英文名字是 Robinson crusoe，作者笛福(Daniel Defoe）就被关了一年多。跟笛福这个英国人同时的法国文学家伏尔泰(Voltaire)也被关过。20 世纪后世界上最有名的奖是诺贝尔奖(Nobel Prizes)，得诺贝尔文学奖的，英国哲学家罗素(Bertrand Russell)、苏联文学家索尔仁尼琴(Solzhenitsyn)都坐过牢。

得诺贝尔和平奖的德国作家桂德(Ludwig Quidde)、奥锡慈吉(Carl von Ossietzky)也都坐过牢，都是写文章惹来的祸。

有两个好玩的坐牢故事写给你：

一、德国以前的元首希特勒(Hitler)坐牢时想写书，书名叫《我的奋斗》，但他的德文很蹩脚，于是由同房的难友赫斯(Rudolf Hess)捉刀，出狱后赫斯坐了第二把交椅。他在 47 岁的时候，自己开了一架飞机到英国谈判，结果被英国首相丘吉尔（也坐过牢）关起来，直关到德国投降，在纽伦堡大审里被判无期徒刑。跟他一起被判刑的 11 个人绞死了，7 个人坐 10 年 20 年等长牢，到爸爸坐牢前一年

(1970)，别人都出狱了，只有赫斯一个人在坐，那时他已经76了，已经眼看就坐了30年的牢了。英法美苏四国派人关他，一年要花30万美金，即每天花830块美金，32000新台币，但赫斯身体好得很，他还要他的敌人继续花钱花下去，他说他没有罪。监狱方面每星期供应他10本书，每天4份报纸。

二、另一个好玩的坐牢故事是美国的劳工领袖戴布兹(Eugene V.Debs)，1920年美国选总统时，戴布兹坐在牢里，还得了100万张票。他虽被判了10年徒刑，可是美国哈定(Harding)总统看他太得人心了，只好把他特赦出来。

爸爸

1974年10月19日

显然，李敖信中不仅在向已初识人事的女儿介绍世界上种种大坐牢家的情况，而且在文字中也渗透了是非观念和爱恨情仇，尤其是他身居牢中依然幽默谐趣的文字，每一位读者都会被他那种宽广的胸怀所打动。这一切，也许都要归功于他为文的真和对女儿的爱。作者集知识性、趣味性于慈爱的语言之中，表现出伟大的父亲对女儿的最大恩德与关怀。当然也贯穿着他对自己所做所为的自信与豪气，忧患与豪迈。

值得一提的是，在苦难浸泡中长大的李文，在与父亲共同生活的两年多时间里，不仅从父亲身上继承了勇敢、刚强、乐观、自信的强者性格，而且也汲取了来自父亲思想上的求真精神和斗争智慧，变得敢爱、敢恨、敢说、敢做，充满了超乎常人的道德勇气和社会责任感。她14岁时离开台湾到美国，在比较自由散漫的环境下，没有颓废，没有放纵，没有成为“问题小孩”，而是积极奋进，独立完成了所有学业，成为李家大家族中第一个拿到博士学位的人。李敖骄傲地称她是

李敖与女儿李文

“冰河期的 Survivor（幸存者）”。[1] 30 年后，她在北京创业，“爱真理、爱生活、爱时尚”（李文语），处处维护公共道德，时刻倡导现代文明，面对国人生活中的陋习，面对体制运转中的弊病，面对社会上的种种不公，她都能挺身而出，给予毫不留情的抵制和批评，而且以身试“法”，与强权较真，不断对簿公堂，通过法律来求得公平和正义，被媒体称为“维权斗士”。

话说李敖出狱之后，将给李文书信中的一部分结集出版，这便是《坐牢家爸爸给女儿的八十封信》一书。在书中，李敖根据特定对象而采用特殊的语言，充分表现了他作为一个文体家的灵活与娴熟。如果说王尔德在牢中写下的《狱中记》是一部充满活泼而痛苦的书信体文学的话，那么，李敖的《坐牢家爸爸给女儿的八十封信》则是一部充满了爱意和智慧的书信佳作。他后来与女友的情书、与朋友的书信虽然在内容上、语气上都发生了变化，但这种率性与真趣却丝毫没变，这也是李敖书信体文本中一个最突出的特征。

① 李文：《我和李敖一起骂》，海南出版社 2004 年版，第 36 页。

敖，1935年生于哈尔滨，1949年赴台。19
坛，1980年代办报、办刊，每月一书十年
治选情，被西方传媒称为"中国近代最杰
身银屏，成为海内外知名的现代思想传播
等人竞选，响应"一国两制"，极力推动
区"立法委员"，全力抗阻台湾军购，呼
六年两个月，被软禁十四个月，出版著作
下的传统》、散文《李敖自传与回忆》、
小说《北京法源寺》、《上山·上山·爱

李敖评传

下

陈才生◎著

人民日报出版社

目录

CONTENT

下册

李敖评传

第十章

复出

五十年来和五百年内，
中国人写白话文的前三名是：
李敖，李敖，李敖，
嘴巴上骂我吹牛的人，
心里都为我供了牌位。

——李敖：《独白下的传统》

一、就职“国关中心”

1976年11月19日，李敖在牢中度过了五年八个月后，终于迎来了第一轮自由的太阳。

照当局法律，犯人刑满后须有人作保方可出狱。当狱方向李敖提出这一要求时，他马上拒绝说：“我的朋友全跑光了，没有保人。如果一定要找，那就是你们的教导长汪梦湘了。”

汪梦湘在中西文化论战期间为《文星》写过稿，笔名东方望。他听说李敖点名让他作保，赶忙跑来解释说：“小弟有职在身，实在不便，请多包涵。”

李敖调侃道：“你老婆没有职务啊，就由你老婆保吧！”

汪梦湘只是摇头苦笑。

狱方偷偷同李敖的母亲取得联系，提议由她来作保，结果被李敖得知，他大怒说：“保人就是每周一次向警察报告被保人行踪的人，如果母亲保我，就有每周做线民一次之嫌，这成什么世界！”

狱方负责人说：“这是法律，没有保人，就不能放人，我们也没办法。”

李敖表示：“如果真是这样，我甘愿因此继续坐牢！”

狱方无可奈何，李敖破例无保释放。

出狱那天，李敖领到一张“国防部绿岛感训监狱开释证明书”，上有例行印好的“行状及悛悔情形”专栏，中有例行的“思想已改正”

1976年11月19日,李敖被无保释放

字样，虽然李敖既未去过绿岛，也未“悛悔”。凭着这张纸，他领到了身份证，又重新开始了“没有青春只有‘斗’”的战士生涯。

此时的台湾形势，正在发生着微妙的变化。

早在李敖入狱后不久的1971年8月，美国便已宣布支持中华人民共和国加入联合国大会；1971年11月，台湾当局被逐出联大；数月间，20几个国家与北京建交，台“驻外大使”纷纷下旗归“国”，“外交部”成为“绝交部”；1972年，尼克松在中国之行中与周恩来发布《上海公报》，四次提及“关系正常化”，在台湾产生强大冲击波；同年，北京和日本建交，台湾在远东区最重要的据点再度失落；蒋经国任“行政院长”，一面从事经济建设，一面降低“国防”预算，1974年，从80%的最高点降至48.9%；台湾的经济发展，使人均收入仅次于日本、香港和新加坡；在政治领域，中产阶级崛起，党外势力壮大，以康宁祥、黄信介等为代表的党外势力完成了国民党反对派的新老过渡，大有星火燎原之势；在文化思想领域，以杨国枢为首的新生代以《大学杂志》为发言台，提出了重新改选“中央民意代表”的要求，并联名发表“国是诤言”，对台湾的政治提出不同主张，要求实施“全面的政治革新”；陈鼓应发表《开放学生运动》一文，台湾大学举行“中央民意代表”应否全面改选的盛大辩论，现代民主思想正在深入人心，民主运动也一浪高过一浪；台湾当局一反常态，给以支持和鼓励；1975年8月，张俊宏、黄信介、康宁祥、姚嘉文等创办《台湾政论》，以此为阵地，批判国民党专制运动，在全岛得到响应，但出至第五期又遭封杀，总编辑张俊宏被判10年徒刑，陈明忠等14位工商界人士被捕，邱垂亮“禁止入境”；这种先放后收的操作， 使台湾的政治气压又处于低迷状态。

李敖眼前的台湾，正是这样一个乍暖乍寒的世界。

还是在李敖未出狱前，国民党官方为拉拢李敖，特派一位大员与他洽商出狱事宜，这位大员就是国民党中央委员会副秘书长吴俊才。吴曾是李敖台大的老师，印度史专家。李敖对他的印象不错，“风度翩翩”、极有“雅量”。当年李敖听他的“印度近代史”，不记笔记，吴仍然给他“最高评分”。早在1975年9月22日，李敖被判决后，曾写秘信给吴，详谈自己被判坐牢的经过，并以低姿态建言，要求出狱后能到海外去。信中，他还提到了关系到他的刑期的“案中案”，他指陈警方以“诈欺罪”使他“杠上开花”。他有可能再刑期满后再坐牢3个月。想起牢中孤独而虚掷的日子，他就不寒而栗，他不想再坐牢，他希望吴老师能从中斡旋此事，“政治解决”。

原来，在他入狱前的1970年11月14日，原文星杂志编辑张白帆曾托他向敦煌书局老板罗小如借款10万元，并以自己所有的98种版权为抵押。还期到时，张白帆无钱，乃向萧孟能借了10万元支票请李敖代还，李敖称罗小如离台未返，拒收支票，要张白帆写信同意延期，结果造成无力偿还的局面。据张白帆讲，此事从头到尾，罗小如一概不知，以版权质押借钱是李敖给他出的主意，且所借钱款亦是李敖自己所出，萧的支票被李敖从银行兑领，张的版权也被李敖以606675元卖与他人，致使自己的利益受到严重损害。于是，张白帆一纸诉状将李敖告上法庭。法庭最后以“诈欺”罪判李敖败诉，判刑6个月。而此时李敖已因“叛乱罪”被羁押于“警备总部”，执行检察官乃开出执行书，要求警总合并执行。并称，如果明确“诈欺罪”未执行，地检处将重开执行书，要求再执行。李敖因“叛乱罪”坐牢期满，警总果然将旧案重提，李敖面临着再次坐牢的可能。

1976年7月23日，吴俊才将李敖接到基隆路“警备总部”招待所见面。见到李敖，吴俊才关切地说：“你出狱之后，最好不要再这样斗来斗去了。”李敖平静地说：“是他们把我送进来的，我也没办法。”吴劝解说：“其实，国民党从大陆逃到台湾来，也很可怜，你李敖也要体谅点，不要再恨国民党了。”李敖笑着用日语说：“我上头不恨国民党，但我下头恨。我这么年轻坐牢，不是明摆着整我吗？”吴俊才也笑了，说：“你有什么要求可以提出来，我会尽量帮助你。”接着，他告知李敖，信中提到的案中案部分，经查确是冤狱，已透过协调，以“不执行”解决。但同时，他也向李敖摆出了条件，要求他出狱后到政治大学“国际关系研究中心”任副研究员，以此来控制他的行踪。李敖认为可以接受，一来免受牢狱之苦，二来也可以证明国民党对犯叛乱罪者褫夺公权六年的法律不过乃尔，于是这桩“谈判”成功了。

事后，曾被李敖告上法庭的吴祥辉在《李敖死了》一书中曾提及此事，称：“在吴俊才的协助下，先前，被判六个月的诈欺罪（后减刑一半），经警总以一纸公文‘合并执行’了事，警总对‘叛乱犯’如此‘法外施仁’，李敖可真是前无古人，后无来者。”

就这样，在出狱后的第十天（12月1日），李敖出任政治大学“国际关系研究中心”副研究员，月资3万。他后来说，任此职只是为了“应付”吴老师，对官方对他的变相隔离心知肚明。

上班头一天，中心主任蔡维屏便以人满为由将李敖安排在研究大楼之外，使他远离研究现场。国关中心图书馆“匪情资料”甚多，李敖去借，他一到，安全室主任就到，并向女职员调查他所借何书，李敖常常一本书也借不到。这一切都证明了他的猜测。

于是，李敖毫不客气地还以颜色，拒绝研究，拒绝讨论，拒绝听演讲会，拒绝“请领书报”，最后拒绝领薪水，拒绝上班，13个月时间内，上班不到13个小时。一年后，吴俊才到萨尔瓦多做“大使”去了，李敖趁机提出辞职。他觉得，这次短暂的“副研究员”，就好像一个人上街买菜，突然被抓去当兵，一有机会必然要开小差，还回去买菜。现在，开小差的机会来了。

1978年1月22日，李敖写了辞职信致蔡维屏，并退回薪水，要求蔡开具离职证明。蔡维屏不肯放人，采取拖的办法。就这样四个月过去了，李敖拒不上班，蔡照常给他邮寄来件，工资照发。（据李敖讲，他将“国关”的工资全部捐给了绿岛的政治犯）

到该年8月15日上午，吴俊才返台后找到李敖，两人长谈了70分钟。吴俊才同意他辞职，但执意邀请他去《中央日报》任主笔，至少做特约编审，并说“给社长待遇”、“是最高薪水”，“先做一年，然后接任总主笔”。李敖笑着说：“烦老师操心了，还是让我自生自灭罢！”

吴俊才说：“观点不同并非不能共事，戴杜衡、王新命并没有改变他们的立场，但他们不照样在《中央日报》做事？你做主笔后，可以获得安全保障，治安人员再也不会骚扰你，当然日后也就减少了许多麻烦。”

李敖说：“我这个人很不祥啊，一定会连累老师，还是让我自生自灭罢。我不会给国民党做打手的，谢谢老师啦！”

吴俊才见李敖去意已定，也无可奈何，便说：“你可以为《中央日报》写文章，并希望用真名。”

李敖说：“行啊，如果你们能开放专栏、不改文章，允许公开批评国民党，我就写。”

吴俊才又说：“不去《中央日报》也行，你认为哪个地方合适，我都可以设法帮忙。”

李敖开玩笑地说："我准备去开野鸡车啦。"

吴俊才翻着李敖收集的有关印度的资料，也笑着对李敖说："你去做甘地吧！"

临走时，他对李敖说："中央都说你很有才干，但是没法处理，也没人敢出面处理，大家都说太可惜了！"

就这样，到"国关中心"13个月后，1978年8月20日，李敖收到蔡维屏签发的"国际关系研究中心工作人员离职证明书"。"离职原因"栏填的是"辞职"，"离职日期"栏填的是"1978年3月1日"，但证明书签发日期却是"1978年8月18日"。李敖说：

> 可见这一辞职，是经过好几个月的折腾才成功的。合理的推测是：官方想以"弼马温"之职羁縻我，并显示双方关系没恶化，但是这种"优遇"，对李敖是无效的，李敖还是千方百计地跑了。离开"国关中心"显示了我的两点风格：第一，我不爱钱，薪水是副教授待遇，纯领干薪，每年也不少钱，如老老实实，可领二十多年，为数可观；第二，我爱惜羽毛和自由，主动求去，不像陈鼓应他们贪领薪水，最后因竞选被扫地出门了。①

李敖的信仰和人格注定了他不可能与国民党同流，为求身心的自由，他毅然决然地离开了"国关中心"，一心要去过一种平静与苍茫的生活了。

就在李敖就职"国关中心"期间，他在经济上有了奇迹般的变化。

李敖出狱时，尚有坐牢前留下的两套房子，但在他坐牢时，母亲和弟弟因借债抵押给了华侨银行，后因交不起利息房子被对方扣住，要

① 李敖：《李敖回忆录》，第291页。

不回来。出狱后，在吴俊才老师帮助下，“逼迫”华侨银行以230万买下水晶大厦那一套，李敖用这笔钱还了该行的100万元欠债，和另一套房子的30多万元欠债，最后手头上还剩不到百万元。他想靠这些钱东山再起。

此时，李敖的手头还有“中国合成橡胶公司”的一批股票25万元。因公司负责人辜振甫在股票上捣鬼，侵占股东的利益，被李敖发现，李敖以其“伪造文书”、“侵占”、“欺诈背信”等理由要求其谢罪并赔偿。辜振甫意识到事情的严重性，特请小姨子华严与李敖谈判。华严说：“这次纠纷，的确公司方面不对，现在愿意以一倍的价钱，由我出面，买回股票，我是你‘师姑’，请给我面子。”李敖说：“我老师被捕时候，严师母带了三个小孩到台北投靠亲戚，可是到处吃闭门羹，谁给了她面子？其中辜振甫最可恶，我今天要跟他算二三十年前的旧账，绝不轻饶他。”经华严好说歹说，最后李敖答应以八倍价钱，让对方买回股票，以作“答复、谢罪并赔偿”，拿到了200万元的赔偿，李敖说，这“才算出了我累积二三十年的一口恶气”。

1979年11月19日，李敖请来了已经十多年不见的严师母，当面送了十万元即期支票给她。李敖说：“这个钱你可以拿，这就是30年前对你闭门不见那人的钱，今天我总算给你出了这口恶气。”严师母感动得哭了，她收下了钱，收下了李敖对老师的温情和旧情，也收下了李敖式的正义。后来她特别亲手做了西点请李敖吃，来表达她的谢意。

从严师母和严方、严正口中，李敖得知了严侨死前的一些情况。严侨死前六年，已遁入密宗，1974年7月31日，他因心肺衰竭去世。

辜振甫的200万元台币使李敖的生活有了大转机，他除送了十万元给严师母之外，又给了弟弟十万元，然后以余款买了东丰街一家小店面，结果没多久赶上了房地价大涨，他把这家店面一出手，便有了翻一番的本钱。另外，据李敖回忆，他在坐牢期间，就已请朋友帮忙，将他的版税作了房地产投资，待出狱后，因房价上涨，赚了一笔。他说："我以此为本做下去。这种生意像卖古董一样，一年卖不掉，卖掉吃一年。"此外，再加上"文字之业"的收入，使他从此立于经济上的不败之地。他自我感叹说："人间'致富'，可以阴错阳差，时来运转到这一复杂又交错的程度，想来不胜离奇。"他终于实现了上大学时便有的"经济独立"的梦想。

二、幽居金兰

李敖退出了政大"国际关系研究中心"，又有经济基础做后盾，便在金兰大厦自己的寓所，开始了长达一年半的潜心读书写作的隐居生活。

这是李敖精神与意志的调适期。在这段时间，他刻苦自励，以罕有的勤奋和耐力，为未来独立自足的"长期抗战"奠定了心理上的基础。

自己已经43岁了，下半生的路该怎么走？李敖不止一次想到这个问题。

回首过去，那投身社会的奔波与曲折，那战斗中的喜怒哀乐、收获和浪费、走上坦途和误入歧途、认识好人和误交匪类，该做的和不该做的，一切的一切，都像过电影一般从脑海中闪过，不止一次地闪过，他想：真应该算他几天账，根据这本账，重新决定自己下半生的路该怎么走。

他开始很少外出，不见客人，不接电话，一个人孤独的自得其乐。什么出行、探视、友情、琐闻，一概减少，甚至拒绝。他交代家人，所有找李敖的人，除萧孟能外，都不能进门。所有李放的客人，除非李放带来的，都不准进门。所有电话，如果是"响两声停后再打来的"，自己接，其他接不接随便。如找李敖，则说同一个理由："李敖到中部的一座庙里休息去了，住在哪儿和什么时候回来都不知道，也无法转话，你可写信到‘台北邮箱 261264’，也许能找到他。”此时，女儿李文和他一起生活，说他工作几近“疯狂”，并在他的书房里给他写过一个小小的标牌，上面用英文写着“workaholic (工作狂)”李文说：“工作狂工作起来会几天几夜不出来，也不能敲他的书房门，打扰他，客人找他也不行。他的门下也有个小木门，饭就放在那里，他饿了就吃。”[①] 他力求排除外界的纷扰，从心所欲地自控一切，全神贯注、全力以赴于生命的大业，珍惜余生和时机，使自己锤炼成为“纯粹的持久的不惑不忧不惧的完人”。

他要写出“生命的产品”。他所谓的“生命的产品”指的是，产品的内容是有生命的（可读的、世界性的、永恒的），而且值得自己用下半生的生命去完成的。为了达到这个目标，他为自己制定了“六百字纪律”：

一、笑脸第一，平静起码，痛恨起码以下的情绪。起码以下的情绪是自己整自己。我决心做到太上忘情的没有起码以下情绪的境界。

二、起码以下的情绪其实只是一种 Byronic unhappiness 坏习惯，是一种娘娘腔，一种多愁善感，我从千锤百炼中活过来，我会用吴汉式的态度骂走起码以下的情绪（“须是一刀两断，萦萦的他妈的讨个什么！”）instant 造出起码以上的情绪（林肯的情绪可造论）。

三、时时刻刻做 instant（刻不容缓的）价值判断，像个将军一样的立断。

四、用信仰和气势去 bulldoze(压倒一切)，以发誓、不信邪的精神力量加强这种气势。[②]

---

① 李文：《我和李敖一起骂》，第 39 页。

② 李敖：《金兰琐碎》，《李敖大全集》第 37 册，第 38-39 页。

他要求自己努力克服任何有害于生活的负面情绪，不管何种情况发生，都要用训练的忍耐与达观乐观洒脱境界化掉，以不信邪的悍气和奋发的生命力去面对一切。

在困居的日子里，李文被王尚勤从美国带回台湾，先是住外婆家，后与李敖住在一起。在李敖的日记里，便多了与小文一起生活的记录：

> 小猫“无礼”，竟一再睡在书桌正中央，前晚睡在小文枕头正中央，小文无枕而眠，为老太所见。今日起老太随手关厕门，使猫不得方便。①
>
> 小文被罚禁看电视一个月，今天届满，她的小朋友来，大看特看一下午一晚上。②
>
> 小文气色差，她说睡眠不足，乃解必须六点起之禁，准七点起。她趁机讨价，以七点半起成交。③

有女儿同住，李敖和母亲的生活自然都增加了一份欢乐。每天上午精神好的时候，他在书房里埋头读书写作，下午精神稍差，便干其它活计，或整理房间，或散步，或运动，或洗浴，或看电影录相……且看他在隐居一年时重订的生活表：

> 六点起床。六点半到一点半七小时保持完整（绝不误用生命，这七小时不用来出产品，其他都是误用生命）。一点半午饭看报散步到三点半。三点半到四点半整理存件一小时。四点半到六点半清洁运动洗澡。六点半到八点半副产品

---

① 李敖：《金兰琐碎》，《李敖大全集》第 37 册，第 39 页。
② 李敖：《金兰琐碎》，《李敖大全集》第 37 册，第 40 页。
③ 李敖：《金兰琐碎》，《李敖大全集》第 37 册，第 44 页。

及书面杂务。八点半晚饭（少吃）、清洁、分类到十点。十点半前洗澡后睡。①

他已习惯这种独与天地精神往来的生活。他在文章中写道："大丈夫不能靠别人掌声活，大丈夫自己给自己鼓掌。大丈夫不怕别人封锁，他一人能从容把自己封锁的人，没人封锁得了他。"② 他不止一次地想到王安石的那首诗：

飞来山上千寻塔，
闻说鸡鸣见日升。
不畏浮云遮望眼，
只缘身在最高层。

这首诗所表现的那种孤高与卓绝，曾鼓舞他度过了大学时代那段最孤独的岁月，如今他已变得自由而豪迈。他有一种"身在最高层"、"无为无不为"的感觉，这种"万事俱备的巅峰状态"，使他感到周围的"浮云"再浓也挡不住自己的存在，具有高境界的人从不在乎荣枯得失、进退疾徐，他会"全神贯注、全力以赴于生命的大业，珍惜余春的时机，有信心和全套可行的方法，以轻快而又豪迈的气魄推进"。③

1978 年月 10 月 18 日，一位年轻人来访不遇，留条而去。他是台湾远景出版社的老板沈登恩。李敖让家人电话告知：不便相见，后会有期。

他认为："必须牺牲这个，才能成全那个。"他已清楚地认识到，在自己的余生中，什么是自己能做也愿意做的，什么是自己不能做也

① 李敖：《金兰琐碎》，《李敖大全集》第 37 册，第 45 页。
② 李敖：《大慈大悲李敖菩萨》，《李敖大全集》第 6 册，第 193 页。
③ 李敖：《金兰琐碎》，《李敖大全集》第 37 册，第 36 页。

不肯做的。“畸形的环境使我认清实际政治活动已与我无缘（帝乡不可期也），富贵也非吾愿，案牍劳形的学院生活也讨厌，与人的任何交往格于环境，不能施展。除非海晏河清，我余生将过一种休斯式（隐）、爱因斯坦式（孤、愉、淡、高）、萧柏纳式（一世之雄，但独来独往）、威尔斯式、罗素式、丘吉尔式大立言家，也是立德家。”[①] 因此，他一个人在自己的书房里，每天不抽烟、不喝酒、不养猫、不见客也不见三分之二的家人，从不午睡，“以全套翻江倒海的作业，遁世（又大破大立）、救世（又悲天又悯人）、愤世（又诃佛又骂祖）、玩世（又尖刻又幽默）”，[②] 就像是以色列复国前的犹太人，忧患余生，满怀仇恨，但又斗志不衰。他给自己规定每天专注十小时，写作不少于2000字，将大部分时间放在写作上，“因写而看、随看随写”，以此来要求自己、强制自己，使自己的作品达到“世界性、永恒性、普遍性、代表性、生命性”的目标。

也就在此时，李敖有了创作小说和剧本的计划。在狱中，他曾有过这方面的构想，迫于环境，皆未实施。如今他要动手尝试一番了。他认为小说和剧本可以虚构，可以影射，“背景、人物不妨古今域外，但明眼只要把背景往上一套，人名一改，就是活生生的现状写实。时机成熟，稍加套改，就是真正正本现世”。[③] 写得成功，就能达到自己的那个大目标。于是，他开始规划自己的写作内容，并订出《死囚的表》等书名，来“专写冤狱，写因恐、恨PC而来的许多黑暗”，并构制出了作品中的人物表。他准备先写对话，再“决定补成剧本形式还是fiction的另一半”。他认为，“写书的目的本来就在向群众宣传自己的思想，使看自己书的群众有深刻印象”，“并不在知道多少细节与资料”，因此小说创作最好的办法就是采用电影技法，能“直指本心”、

① 李敖：《金兰琐碎》，《李敖大全集》第37册，第47页。
② 李敖：《金兰琐碎》，《李敖大全集》第37册，第48页。
② 李敖：《金兰琐碎》，《李敖大全集》第37册，第49页。

"一片见效"并且"终生受用"。[①] 也许正是在这种思想指导下，才有了他后来以论辩见长的长篇小说《北京法源寺》、《上山·上山·爱》等作品。

1978 年 12 月 16 日，中国与美国正式建立外交关系，对台湾国民党政府来讲无异于晴天霹雳。

李敖收听了当天上午 11 点的新闻广播，新闻说早上两点钟，美国大使将此消息通知蒋经国，蒋经国即时提出最严重抗议。

听到这一消息，李敖的心情是激动的。他回顾 1949 年以来国民党所走过的道路，从美国第七舰队协防台湾，到在联合国失位，到蒋介石死去，到美国承认中共，这个专制政党在国际上所走的道路基本上是每况愈下。他和这样一个政党酱在一个岛上，自己又能做点什么？"当它变得什么也不是，你跟它同在一起，你也变得什么也不是。你不必对陨石做什么，如果你不与陨石同碎，你还是做你自己的世界性、普遍性、永恒性、生命性的工作罢。"[②]

在一年半的隐居生活中，李敖曾有过五个半月不下楼的记录。在独居长考中，他已有了个人修养的全套理论，并努力施之于行，在实践中强大自身，终于把自己打造成一个有着丰富精神生活的充溢着刚毅和悍气的"千手千眼"的"大怪物"。

三、复出文坛

1979 年 5 月，在李敖隐居写作期间，出版人沈登恩就把目光瞄向了李敖。

① 李敖：《金兰琐碎》，《李敖大全集》第 37 册，第 56 页。
② 李敖：《金兰琐碎》，《李敖大全集》第 37 册，第 54 页。

出版人沈登恩

沈登恩是台湾远景出版社的负责人，一位年轻而精明的出版家。在当时台湾出版业译著风行的大潮中，他率先出版了一批中国作家的作品，像黄春明、鹿桥、陈映真、王祯和、陈若曦等人的作品，它们的预约数都创下了台湾出版界的最新纪录。可以说出版一本畅销一本。远景版的中国作家作品成了最受欢迎的文学书籍。沈登恩也被称为是出版界的“小巨人”。在台湾，是他第一个把呆板的单色调封面改成了彩色艺术封面，从此彩色封面成了台湾图书出版的主流。也是他第一个想到把只是停留在报纸上的金庸作品用书的形式出版，《金庸作品集》成为远景出版社的一个大手笔。之后，他凭着一双出版人的慧眼，看到了李敖的价值。

沈登恩三顾李宅，与李磋商，希望重版李敖被查禁的旧作《胡适研究》与《胡适评传》，终于得到李敖的首肯。李敖说：“李敖 14 年被封锁，如今重返江湖， 只出版两本出过的书，未免太寒酸了，总该出一本台湾没发表过的。我在受难期间，在香港出版过一本《借古不讽今》，如加以增补，改名《独白下的传统》出版也不错。”沈登恩满口答应。立即秘密筹划出版工作，并请专人给作者拍照、设计封面，请作者在扉页题词，于是，李敖挥笔疾书，写下了一段让千万读者瞠目结舌的文字：

五十年来和五百年内，
中国人写白话文的前三名是
李敖，李敖，李敖，
嘴巴上骂我吹牛的人，
心里都为我供了牌位。

——李　敖

沈登恩又请李敖为该书写简介：

《纽约时报》说李敖——“受人欢迎的青年作家”，“以写讽世文章出名”，“当地标准下的一个野人”；《圣路易邮讯报》说李敖——“中国传统的著名批评家”；伦敦《中国季刊》说李敖——“一个得人心的英雄”；香港《星岛日报》说李敖——“有才气有勇气，还有挟才勇俱来的流气”，“41岁了，盼他重新执起笔来。”

李敖自写《传统下的独白》闯祸起，被追诉多年，一直翻不了身，这本《独白下的传统》，是书名翻身，不是他。李敖大隐于市，常常几个月不下楼，神龙首尾皆不见。这本重新执笔的新书，聊可如见其人，并为仇者所痛，亲者所快。远景过去没有李敖，李敖过去没有远景，现在，都有了。

沈登恩不愧是一流的出版家和推销家，他不仅请李敖为三本书写了浓缩而奔放的简介，并在出书前夜，找到《中国时报》副刊版的主编高信疆，要他作整版宣传。高信疆明白，如果将此事告知董事长余纪忠，这个广告就可能流产，于是“先斩后奏”，等报纸出来后，才打电话给老板说：“我发了李敖的文章，事先没告诉你，因为我不想把责任推到你身上，你可以处理我。”余纪忠问：“有问题吗？”高说：“没问题。”余说：“那就好。”于是，在出书之日，也就是上报之时，《中国时报》不但在副刊上大幅刊出李敖的长文《快看〈独白下的传统〉》，并且派出两位记者采访李敖，在1979年6月6日社会版刊出《李敖变了吗？看他怎么说！》，这是台湾报纸第一次图文并茂地大胆写出李敖。从此文坛奔走相告：李敖复出了！

李敖两年零七个月的隐居，自此告一段落。

《独白下的传统》出版后，各界震惊，“佳评如潮”。5000本书在一日之内销罄，台湾出版界再起波澜。扉页的题词在饱受牢狱之苦的李敖眼中，只是一种玩笑、一种调侃、一种玩世不恭的表露，但在那些写惯了、看惯了“雅训”之文的作者、读者眼中，自然有一种目瞪口呆的效果。读着那跃跃欲试、充满信心、笔法鲜活的文句，人们似乎又重新感受到了扑面而来的李敖文风。黑牢的苦难并未磨去他斗士的锋芒，他的思想更成熟，也更加激进了。面对国民党的斧钺交加，李敖没有退缩，他继续积蓄力量，向腐败的政治发起更为强大的攻势。在该书自序中，读者感到李敖仍是十多年前的李敖—洋洋洒洒，旁征博引，收放自如，少了卖弄学问的痕迹，多了行云流水的笔致，“虽或疏卤，然绝无烟火酸馅习气”。用浅一点的话讲，他仍然“敢骂人”，尤其爱骂读书人。

《独白下的传统》是一部借古讽今之书。它颂扬孤傲决绝的中国“书生传统”，赞颂勇于求真的史家笔法，反对逃避、妥协、助纣为虐的不良传统；主张抛弃保守落后的传统生活方式和认知方式，希望建设一个科学文明的现代化国家；反对以男权为中心的传统文化，呼唤自由平等的性别文化；倡导言论自由，反对思想专制。它敢言人之所不敢言，敢骂人之所不敢骂，从中可窥到作者打破旧传统、革除坏习俗的苦心。作者采用轻松自然的谈话体，大量运用俚俗词汇、感情词汇来描述人物的个性，唤起阅读情绪，使读者加深对所谈事物的理解。为了达到吸引读者的目的，李敖在作品的开头常常安置一个与主题相关的生动有趣的小故事或话题，使读者第一眼便被吸引住，手不释卷地读下去。尤其值得一提的是，李敖对中国传统修辞的娴熟使用，使文章语言妙趣横生，具有一种独特的谐趣美。总之，该书写得形象生动，以俗为雅，从小传统透视大历史，一上市，便给人留下极其深刻的印象。台湾学者林惺岳对此有过精到的分析：

> 他的文章是道道地地的"杂文"，从文言、白话、成语、典故，到市井俚语以至骂人的粗话，一概包罗而出神入化的运用，他常在专门用语后面附带洋文的尾巴，以连成学贯中西的形象，然后在专业的前提下，以活泼、直率而非常口语化的字句，予以一刀见血的剖述。加上他精于塑造简洁的短句，读起来朗爽顺口，令人有音韵起伏而节奏痛快之感。这是一种说理文字的革命，把专门而抽象的题目，深入浅出的呈现在大众化的水平上，写得老少宜读，谈得人人想听，开拓出一条曲高和众的热门途径。这是李敖文字之所以传播性非常可怕的原因。①

李敖三部著作重现在读者面前，就像漫漫冬日临去时的几声春雷，响彻台湾文化界沉闷的天空，人们预感到，一个思想界喧闹的春天很快就会到来。

之后不久，李敖应《中国时报》之邀，成为该报的专栏作家。

也就在这一年，《李敖文存》、《李敖文存二集》出版。

这里值得插入一笔的是，他与远景出版社的另一位出版人王荣文又有后话。王荣文因出版理念的原因，离开了远景，独立创办了远流出版社。他毕业于台湾政治大学教育系，是一个极富创意的青年。他总

① 林惺岳：《台湾美术风云40年》第3章，（台北）《自立晚报》版。

《李敖文存》及《李敖文存二集》的书影

结自己在远景学到的编辑和出版经验，决定投入巨资出版一套只有总定价的大套书——《中国历史演义全集》，共计九百多万字。要让这套大书引起读者的注意，必须请一位在历史文化方面的权威人士来帮助，他也把目光瞄准了李敖。他请李敖做全书的校订，并写总序。全书分精装与平装版发行，精装版定价九千元。这是一个十分冒险的大胆计划。结果预约广告发出后，第一年就销出一万多套，获利五千万元。这套书的出版，开了台湾出版界出版大套书的先河，也大大提高了台湾出版界的水准。李敖称他是“最有创造性大手笔的小兄弟”。[①] 之后，他又出版了《李敖作品集》等套书，均获成功。王荣文成为台湾出版界的风云人物。他对这套书的成功总结了四条，其中之一便是借用“李敖的魅力”。[②] 关于这套深深体现着中国传统文化特色的套书，李敖有一篇二万字的总序——《中国历史演义总说》，写得生动活泼，散发着一股令人先睹为快的诱惑力，序的结尾写道：

> 有了这部大书，你可以翘起两脚，读得津津有味；你可

① 李敖：《要把金针度于人》，《李敖对话录》，第 125 页。

② 辛广伟：《台湾出版史》，河北教育出版社 2001 年版，第 82 页。

以纵横上下，把古往今来从头说起；你可以变成渊博的人，加入“白头宫女谈天宝”、“古董山人说晚明”的行列；你可以变成理智的爱国者——因为你真通过它，了解了中国！[①]

这篇文章与《独白下的传统》有着一致的风格。很显然，对李敖来说，他依然是从重新审视中国传统文化的角度来与王荣文合作的。

1983年下半年，王荣文致信李敖：“香港那边、台湾这边，都整理了无数的国学材料，但几乎还没有一个人为现代读者整理出一套可以读得下去、读得懂、包含各方面文化精华的中国名著全集。”“如果能把中国的东西整理出一个定品”，[②] 该是一件最值得做的事。于是他想把选编的使命交给李敖。李敖欣然同意，并写下了谈读书治学方法的著名长序《要把金针度与人》。他在序中指出：“古书本是朽腐，除非你能化朽腐为神奇，看古书对现代人没什么用处。”[③] 而读古书最好的方法便是“读书得间”，能读出书中的“窍”，领会出字里行间的学问来。无疑，这又是一部面对传统、审视传统而作的比较成功的大书。它与《独白下的传统》在精神上也是遥相呼应的。

以“反传统”起家的李敖对中国传统文化展开了系统的清理。

这真是历史的悖论。

四、李、胡婚变

话说在《独白下的传统》出版后不久，台湾《工商日报》登出一篇引人注目的文章，题目叫《特立独行的李敖》，其中写道：

---

① 李敖：《中国历史演义总说》，《李敖大全集》第7册，第140页。

② 李敖：《要把金针度与人》，《李敖大全集》第7册，第155页。

③ 李敖：《李敖大全集》第7册，第156页。

李敖又公开露面了，不但公开露面，还出了一本新书，不但出版了新书，并且又在创作一本“最伟大的小说”；这是继“中美断交”后最惊人的消息。

在一阵“寻根”、“自我肯定”、“老王卖瓜”、“乡土、乡土”这虽正确却不甚精彩的开倒车潮流中，卷来了“李敖逆流”，使得爱困的读者们再度被惊醒，在拍案叫绝声中又年轻了十岁。人性中最具破坏性也最具建设性的宝贵特质——不满现状，因为这阵再起的逆流而得到共鸣与抒发。

报载李敖出书的消息，第二天，各大书局、报摊已经找不到《独白下的传统》的踪迹，书局老板都以惊讶又带点兴奋的口吻说：“一天之内就卖了30多本，现在已经再版中。”一个星期后，我终于购得再版的“独书”，封底最后一行写着：“远景过去没有李敖，李敖过去没有远景，现在，都有了。”这一行字看得人百感交集，有伤感，有希望，也有怀疑；伤感为作者的过去，希望是看到作者的未来，怀疑却是怕被出版社和自称“最高明的宣传家”的宣传术所愚弄。

看完全书，放心地松了一口气，李敖仍旧是李敖，虽然笔调和缓了一些，文字仍然犀利、仍然大快人心、仍然顽童性格，最重要的，这位步入中年的顽童还保有一颗赤子之心。……①

这篇文章的作者，就是台湾“中央电影公司”的著名演员——胡因梦。

胡因梦，本名胡因子，曾用名“胡茵梦”，后改今名。1953年生于

① 李敖：《李敖回忆录》，第312页。

台中市，祖籍东北沈阳。祖上本姓瓜尔佳，是满洲正红旗的贵族。1971 年台湾辅仁大学德文系肄业。走上社会后即出演电影《云深不知处》的第一女主角。后与做游艇生意的富家子弟沙芃相识相恋，并赴纽约度过一段试婚的日子，但终因性格等原因与沙芃分手。留美期间，在一家模特学校学习，接触到美国民间歌谣及艺术家的作品，也经验了美国的性解放浪潮。21 岁时返台，从此展开长达 15 年的演艺生涯。胡因梦小时家住台中存信巷，与李敖家相距不远，所以她很小就听到过表哥和母亲谈论李敖的怪行怪语，想像着这位怪人的庐山真面目。她看到过李敖的母亲身穿素净的长旗袍从街上走过，也读到过李敖过去所写的《传统下的独白》等作品。后来她还听到父亲说他和李敖的爸爸过去是同事，于是，她对李敖好像更熟悉了。

影视明星胡因梦

《独白下的传统》出版时，胡因梦出演的《梅花》和《笕桥英烈传》正在台湾上映并引起轰动。她读了此书之后，凭着在美国接受的现代思想的勇气，写下上述文字。

胡因梦写此文时，并不认识李敖。该文发表后，马上遭到国民党“中央文化工作会”的警告。“文工会”行文党营机构“中影公司”，警告该公司所属演员胡因梦不得写文章捧异己分子李敖。李敖得知这一消息后，不禁对胡因梦另眼相看。

胡因梦对官方警告不予理会，反倒传出她想结识李敖的消息。在李敖的朋友萧孟能的暗中操作下，终于胡、李相会。后来，台湾与海外的报章风传李敖、胡因梦由相识而相恋、由相恋而同居，花边新闻此起彼落，热闹经年。李敖也由“社会版”人物一变而成“影视版”要角。

1980年1月1日晚，李敖接受了新闻媒体的座谈采访，胡因梦亦与之同来。这是李敖16年来首次在新闻媒体“抛头露面”，给人的印象是年轻精明而略显腼腆。访谈中，他表现出的幽默诙谐的语言、亢奋敏捷的思维、出口成章的口才，征服了所有在座的听众。胡因梦娴柔雅致地坐在他身旁，时而倾听，时而插话，长发披垂下的笑靥，透散出一股朦胧若梦的氤氲与宁静。次日，《台湾时报》以《李敖、胡茵梦与青年朋友谈——历史、文学与电影》（龚鹏程）为题给予报道，报道中说：“已惯于孤独的李敖，还是那样年轻，年轻得依然浪荡、骄狂，而又充满了感慨。感慨：‘不知有汉，无论魏晋’——世界是变了，新生一代的想法和态度，都和他所想像中的年轻人不同了。……来自历史与社会的关怀和爱恋，捕攫了一群童稚而热情的心灵，来此对坐一堂，共度一个多趣的夜晚。或许李敖和胡茵梦将为他们带来无穷的启示，在人生、历史和爱情之间。”

话说李敖在幽居金兰前后，曾与女友刘会云有过两年多的平静生活。刘会云，英文名Martha，台大外文系毕业，在萧孟能的女婿周其新办公室做英文秘书。当胡因梦在李敖的生活中出现后，她远飞美国，从此在李敖的生活中消失了。在“唯美主义”者李敖眼中，他百分之一百爱刘会云，但现在来了个千分之一千的，他只有让刘会云到美国“暂时避一下了”。

《时报周刊》的发行人简志信（简瑞甫）是李敖的朋友，他坚邀李敖写一篇白描胡因梦的短文，于是，这位风流才子用20分钟时间，写下一篇充满诗情画意的妙文《画梦——我画胡茵梦》：

如果有一个新女性，又漂亮又漂泊，又迷人又迷茫、又优游又优秀、又伤感又性感、又不可理解又不可理喻的，一定不是别人，是胡一茵一梦。

通常明星只有一种造型、一种扮相，但胡茵梦从银幕画皮下来，以多种面目， 教我们欣赏她的深度和广角。她是才女、是贵妇、是不搭帐篷的吉卜赛、是山水画家、是时代歌手、是艺术的鉴赏人、是人生意义的勇敢追求者。她的舞步足绝一时，跳起迪斯科来，浑然忘我，旁若无人，一派巴加尼尼式的“女巫之舞”，她神秘。

胡茵梦出身辅仁大学德文系，又浪迹纽约格林尼治区，配上满洲皇族的血统和汉玉，使她融合了传统与新潮、古典与现代、东方与西方，她是新艺综合体，她风华绝代。

你不能用看明星的标准看胡茵梦，胡茵梦不纯粹是明星。明星都在演戏，但胡茵梦不会演戏——她本身就是戏。

你不必了解她，一如你不必了解一颗远在天边的明星；你只要欣赏她，欣赏她，她就从天边滑落，近在你眼前。

胡因梦与李敖相恋后，很快便过起试婚的生活。几十年后，胡因梦这位对心理学早有兴趣的才女，在她的自传中，从一个局中人的角度对李敖的性爱心理有过深入的分析，她的感觉之细微，出语之大胆，见解之独特，结论之新奇，可是以往李敖的任何一个女朋友都没有过的：

在感性的层面，李敖抱持的是传统未解放男性的价值观，似乎只有“性”这一件事，是优于其他各种感受的。然而他的“性”，也带有自囚的成分，即使在最亲密的时刻，他仍然无法充分融入你的内心。多年的牢狱生活，他已经太习惯于意淫，但意念是物化的，因此在最基本上的人之大欲上，他是物化的，精神层面的展现几乎完全被压抑了。换言之，你感觉不到他内心深处的爱；似乎展现忘我的爱，对他而言是一件羞耻的事。如同许多在情感上未开发的男性一样，性带给他的快感仅限于征服。那是一种单向的需求，他需要女人完全臣服于他，只要他的掌控欲和征服欲能得到满足，他对于那个关系的评价就很高，这一点你可以从他的回忆录中一览无遗。

……

每当我期望和李敖达到合一的境地时，却总是发现他仰望天花板上的那一片象征“花花公子”的镜子，很认真地欣赏着自己的“骑术”，当时我心中的失落，是可想而知的。白天他写作，我喜欢坐在他的大腿上和他撒娇，逗他开心，晚上入睡时，我喜欢搂着他，和他相拥而眠。这样的示爱举动不是单方面的事，它需要流畅的回应和共鸣，但李敖在示爱上保留而腼腆。你别看他在回忆录中把自己写成了情圣，甚至开放到展示性器官的程度，其实所有“夸大”的背后，都潜存着一个相反的东西。研究“唐璜”情结的精神医学报告指出，像唐璜这类型的情圣，其实是最封闭的、对自己没有信心的，他们在表面上玩世不恭、游戏人间而又魅力十足，他们以阿谀或宠爱来表示对女人的慷慨，以赢得女人的献身和崇拜，然而在内心深处，他们是不敢付出情感的。对这样的心态诠释得最好的，我认为就是李敖自己在牢中所写的一首打油诗《只爱一点点》：

不爱那么多，
只爱一点点，

别人的爱情像海深，
我的爱情浅。

不爱那么多，
只爱一点点，
别人的爱情像天长，
我的爱情短。

不爱那么多，
只爱一点点，
别人眉来又眼去，
我只偷看你一眼。

在这首诗的后面，李敖又说了一些他对爱情的观点，替“唐瑛情结”做了进一步的诠释。他说：“我用类似‘登徒子’（philanderer）的玩世态度，洒脱的处理了爱情的乱丝。我相信，爱情本是人生的一部分，它应该只占一个比例而已，它不是全部，也不该日日夜夜时时刻刻扯到它。一旦扯到，除了快乐，没有别的，也不该有别的。只在快乐上有远近深浅，绝不在痛苦上有死去活来，这才是最该有的‘智者之爱’。”

上述的观点确实是李敖的精神指导原则。然而，这个指导原则完全建筑在“二元对立”之上——只能有快乐，不能有痛苦；只能有秩序，不能有混乱；可以潇洒地玩世，不能有人性的挣扎。一向自视为“超人”的李敖，在人生观上其实并不超越，他和众人是一样的。他以“智者之爱”作为期许，然而从古至今能全观的智者都觉察到，“二元对立”就是人性中的颠倒和各种病态的根源，对立性愈大，病情愈重。[1]

1980年,李敖与胡因梦婚前拍摄的照片

这段渗透着个人情感体验的心理分析，给人们展现出另一个李敖——自囚自闭、怯于亲密、洁癖、苛求、神经过敏、嫉妒心强、歇斯底里—— 一个以情圣自诩的大丈夫的另一面。一位是美国性解放浪潮中熏陶出来的“新女性”，一位是中西杂糅的爱情唯美主义者，两人的性爱生活之和谐与冲突程度，不难想像。

既然如此，为什么后来两人能由同居而走向结婚？据胡因梦回忆，正是她的母亲在中间起了“推手”的作用。她说：

和世界缔结金兰本来已是个遥不可及的梦，再加上老母的阻挠，事情就更复杂了。话说李敖拿了一笔钱给刘小姐（刘会云），请她到美国 stand by 一阵子，但一阵子过后，李敖突然心疼起这一笔钱来。有一天老母在金兰和我们聊天，李敖话锋一转面对老母说：“我已经给了刘会云 210 万，你如果真的爱你的女儿，就应该拿出 210 万的‘相对基金’才是。”老母一听脸色大变，撂了一两句话转头就走，李敖的

① 胡因梦：《死亡与童女之舞》，第 152–155 页。

脸色也很难看。第二天我回世界大厦，母亲斩钉截铁地对我说："李敖已经摆明了要骗我们的钱，你可是千万不能和他结婚啊！"我听了心里很不舒服：当初举双手双脚赞成的人是你，现在举双手双脚反对的人也是你，我又不是你们之间的乒乓球，嫁不嫁该由我决定才对。本来对这件婚事心里是很犹豫的，现在为了争取自主权，反倒意志坚定地非嫁不可了，于是穿着睡衣跷家回到金兰。五月六日的早上，在客厅里，由高信疆和孟绝子证婚，我的新娘服就是那身睡衣，婚礼的过程中，还得派人紧盯着门眼，怕老母半路阻挠。婚后所发生的事，李敖又动用了他高度选择性的记忆力，只记得我父亲请我们吃了一顿友善的晚餐，却忘了结婚证书在当天下午就被我撕成两半的"不友善"举动。①

1980年5月6日，李敖与胡因梦结婚。胡因梦为此解释说："我嫁给他也许可以帮助他走上正途，婚姻如果可以给他安全感，我可以试一试我的力量，也许有百分之五十的希望。"次日，《中国时报》登载了这一消息，标题是：《李敖胡茵梦昨天结连理，作家娶明星婚礼很简单》。

胡因梦喜好星相，更听信卜算。据李敖讲，她为了能与李敖结百年之好，特意请台湾佛教中人林云出主意，在林云授意下，她坚持要在李敖床上的四角钉上铜板。李敖"坚持原则"，不肯照办。为此两人还闹了一场小别扭，胡因梦说李敖"不爱她了"，这些观念上的分歧日积月累，渐渐成为两人分手的诱因。

结婚的当天晚上，胡因梦的父亲胡赓年请女儿、女婿吃饭。

胡赓年，生于1904年（民国前七年）的东北沈阳。曾就读于南京

① 胡因梦：《死亡与童女之舞》，第161页。

金陵大学、南京国立东南大学，23 岁去日本，先进早稻田大学、再入东京帝国大学。回国后加入国民党。曾任南京陆军军官学校教官、陕西韩城县县长、陆军第 38 集团军军法处处长、旅顺市长、辽宁青年团干事长、沈阳《中央日报》社长、沈阳市立法委员等职。他在吉林女子师范教书时曾经是李鼎彝的同事和朋友。1949 年到台湾，任“立法委员”。

如胡因梦所言，李敖对这次吃饭印象深刻。当时，胡庚年谈到自己的“立法委员”生涯，突然说：“我虽然做了国民党，可是我对国民党万念俱灰。我从（民国）38 年来了台湾到现在，在‘立法院’里面，我一句话都没说过!”他边说边做了个手势，一副泰然自得的样子。李敖听后，感到很难过。他难过的不是此公放弃了他的言责， 因为他们其实都放弃了；难过的是，他放弃了言责以后，居然还那么得意！这未免太不得体了。于是忍不住回他说：“‘立法委员’的职责就是要‘为民喉舌’，东北同乡选您出来，您不替东北同乡说话——一连 31 年都不讲话，这可不对吧？一个警察如果 31 年都不抓小偷，他是好警察吗？这种警察能以不抓小偷自豪吗？”这番“有眼不识泰山”的训诫式的质问，自然使老泰山甚为不悦。后来，李敖以此为由头，写下了他的著名文章《永远失职，永不失业》。

就在李敖与胡因梦结婚的第二天晚上，李敖接到一个匿名电话。对方恶狠狠地说：“李敖，我要杀你全家。”李敖笑着说：“我只一个人，你怎么杀我全家？ ”对方说：“好，那我就杀你一个。”李敖大声说：“那你排队吧！要杀我的人一大堆，还轮不到你呢!”

第三天，李敖又接到一个神秘的电话。那时已是深夜三点钟，一个自称中视林导播的，打电话找胡因梦，李敖说：“现在是夜里三点啊!”对方说：“没错，我知道是深夜三点钟，你叫不叫胡因梦来听？她不来听，明天我就公布胡因梦跟我的床上照片。”李敖说：“林导播，胡因梦在跟我结婚前，就开过一张名片给我，名单里面没有你，可见你是冒充的，如果你有照片，那你公布好了。”

李敖的作风就是如此，他用奇特的方式处理来自周围的干扰，决不让对方使自己怄气。

李敖大隐于市，常常几个月不下楼，神龙首尾皆不见。但他并没有与世隔绝，他出版《独白下的传统》，也正是要用这本新书，使读者如见其人，并为仇者所痛，亲者所快。

海外杂志有一种说法，说“他们（国民党当局）把李敖放出来了！是他们的决策，是他们的一着棋。”是以此来表示其言论自由和民主。对此，李敖说：“事实上，这真是既不了解国民党又不了解李敖的浅见！第一，国民党没有慧眼和雅量下这种棋；第二，李敖的个性与人格也不屑被国民党这样下棋。国民党并非‘说放就放’的弹性政权；李敖也非‘你说放就配合你放’的弹性人物。这种浅见， 真未免高估国民党和低估李敖了！”他从复出一开始，就做了充分的心理准备，准备迎接再次的“封杀”。

此时此刻，他的斗争锋芒所向已经不再是当年“文星”时那样，局限于中西文化的论争，他把矛头直接对准了社会现实，对准了国民党当局，对准了社会上的一切邪恶势力。他认真地思考着民族的过去和未来，发表自己对社会改革的见解，“以历史批判当政政党，以笔杆左右党外选情”。

有人说李敖像三国时曹操借黄祖之手杀掉的那位祢衡，朋友也劝他“勿作祢衡”。李敖在回信中以屈原见太卜郑詹尹的话作答：“宁正言不讳，以危生乎？将从俗富贵，以偷生乎？”他说：“难道老朋友以意气风发献身真理始，以妻财子禄屈服现状终，这种局面，是你忍看和愿看的吗？你的朋友里面，我的朋友里面，你我共同的朋友里面，这种人还少吗？又何必多我一个李敖呢！”

他认为祢衡并不是有意找死，他只是“宁正言不讳”而已。至于

“正言不讳”以后别人杀不杀他，他无所谓。他没有兴趣去教育敌人，或揣摩敌人的水准。他在这一阶段发表的《奇情与俗情》、《第一流人的境界》、《蝙蝠与清流》、《重要不重要与不重要重要》、《擦鞋者言》等文章，便表露出此时的心境。

俗话说：上得山多终遇虎。祢衡碰到曹操讲道理，可以不死，但碰到黄祖那样的敌人，也只有一死了之——君子“患有所不辞也”。

李敖如此不思悔改，再一次激怒了国民党当局，压力也再一次铺天盖地涌来。

首先是舆论对李敖进行封锁。

复出文坛后，李敖一直在《中国时报》开专栏，现在《中国时报》的负责人高信疆自然首当其冲，官方要求他在国民党全会期间，停刊李敖的文字一个星期。

于是，李敖致信高信疆辞去专栏写作，抗议某方面“直接间接扼杀异己的言论， 究竟要闹到什么地步才同归于尽”？

在舆论封锁之后，接着便是组织舆论工具要把李敖批倒批臭。

国民党的党报《中央日报》首先跳出来，攻击李敖。

也就在此时，李敖与胡因梦的关系发生重大危机。由于李敖与萧孟能之间出现财产纠纷，胡因梦也被牵扯进去。胡因梦认为李敖趁萧孟能离台期间，侵吞了萧的古董和家具，拍卖了萧在水晶大厦的房子，退租了花园新城的房子，并且把与萧共有的天母“静庐”的房产换到了自己的名下……她想，“我‘幻想’中的李敖，是个具有真知灼见而又超越名利的侠士，而不是一个多欲多谋，济一己之私的‘侠盗’”。现在，他感到这个幻想彻底破灭了。加上与李敖结婚后，压力始终不断，国民党逐步封杀她在演艺事业上的发展，使她非常沮丧。于是，她打定了与李敖分手的主意，并卷入了帮助萧孟能“索回”财产的官司之中。

就在他们结婚后三个月零22天（8月28日），李敖从报上看到胡因梦参加了国民党幕后策动的斗臭李敖集会，并口出“伪证”（此前，曾有李敖与四海唱片公司的侵权纠纷，胡因梦甘愿为唱片公司“挺身作证”，李敖向公司索赔未果）。李敖想：“全世界无此婚姻行规或婚姻伦理、也无此做人或做人太太的离谱行为。”于是，他放下报纸，通知叶圣康等朋友，告诉他们决定招待记者，宣布离婚。

当天下午，李敖在大陆大楼举行记者招待会，并散发书面声明一纸：

> 一、罗马凯撒大帝在被朋友和敌人行刺的时候，他武功过人，拔剑抵抗。但他发现在攻击他的人群里，有他心爱人布鲁塔斯的时候，他对布鲁塔斯说：“怎么还有你，布鲁塔斯？”于是他宁愿被杀，不再抵抗。
>
> 二、胡茵梦是我心爱的人，对她，我不抵抗。
>
> 三、我现在宣布我同胡茵梦离婚。对这一婚姻的失败，错全在我，胡茵梦没错。
>
> 四、我现在签好离婚文件，请原来的证婚人孟祥柯先生送请胡茵梦签字。
>
> 五、由于我的离去，我祝福胡茵梦永远美丽，不再哀愁。
>
> 李　敖　1980年8月28日[①]

此时的李敖没有悲哀，没有沮丧，没有忧愁，没有痛苦，而只有一种感情，那就是仇恨，他要用一种超乎常人的奇特方式，向世界表示自己的战斗力。

也许是这一纸声明在起作用，不久，李敖又赢得了一位空中小姐的芳心。这位小姐对李敖说过一段话：“你有许多优点，其中之一是你

① 李敖：《李敖回忆录》，第285–286页。

跟胡因梦离婚前后，她说了你那么多的坏话，可是你却不说她一句坏话，那时我还不认识你，可是我跟姨妈们谈起来，大家都欣赏极了。”李敖听了，用梁启超的两句诗答道：“十年以后当思我，举国犹狂欲语谁？”

在李、胡婚变中，究竟性格的成分占了多少，事理的成分占了多少，政治的成分又占了多少，已很难说得清楚，但至少在胡因梦的理想生活中，象李敖这样危机四伏的生活是难以适应的。一个是梦里求真，又操练情感；一个是浑身是戏，亦幻亦真。本想着天地绝配，天长地久，谁料想，阴错阳差，缘尽梦醒。李、胡的证婚人孟祥柯（孟绝子）也无奈地说：“在李敖的天地中，胡因梦找不到真善美。李敖的天地中不是没有真善美，但那是董狐、司马迁、文天祥那一类血泪染成的真善美，是‘慷慨过闹市，从容做楚囚’式的真善美，是悲壮而深沉的真善美，而不是胡因梦心目中的真善美。”[①]这番话自然是对李敖的赞美之词，但他并没有提到，在两人婚变中，萧孟能告李敖财产侵占一事，究竟在多大程度上改变了胡因梦对李敖的看法。单就爱情角度言，“大女人主义”的胡因梦也许忘记了“大男人主义”的李敖的爱情箴言：“我相信，爱情本是人生的一部分，它应该只占一个比例而已，它不是全部，也不该日日夜夜时时刻刻扯到它。”

20年后，当女作家戴小华拜访李敖时，李敖旧话重提，谈到了这段姻缘，此时，他的剖析也许冷静了许多：

> 胡茵梦有她的优点，她不爱钱，力争上游；可是她的缺点是心太大，知识跟不上，就容易相信怪力乱神，正好碰到我不相信这些，而我又绝不会为了迁就女人而毁弃自己所信奉的，所以注定了我俩不能在一起。

① 孟绝子：《大人物的画像》，李敖：《只爱一点点》，中国友谊出版公司2000年版，第55页。

如此看来，李、胡的婚姻危机已蓄积在先，财产侵占案的浮出水面只是两人分道扬镳的一根导火索罢了。

总之，也许是这一次离婚离得太干脆了，当天晚上这一消息就上了电视新闻。

五、“财产侵权”案

就在胡、李婚变的同时，国民党《中央日报》也带头以专论形式攻击李敖，省政府《新生报》干脆用漫画骂李敖是狗……

所有文章的目的就是要把李敖批倒斗臭，让他在群众面前抬不起头，说不出话。据李敖讲，官方控制的各家报纸，在发表李敖的文章和新闻与批评李敖的文章和新闻的处理上，是以 30 ：1 的比例进行的，而且关于李敖的文章和新闻，即使发错了也不按“出版法”和“中国新闻记者信条”给予更正。

《文星》创办人萧孟能

在官方一路追杀李敖的喧嚣中，出现了萧孟能控告李敖“背信侵占财产”案。可谓雪上加霜。

1980 年 9 月 9 日，李敖与萧孟能对簿公堂。

事情起因乃萧孟能 1977 年 4 月 20 日避债离台时与李敖签下的一个字据，该字据内容如下：

查李敖先生住所所有关于本人之字画、书籍、古董、家具等（文件与信函不包含在内，系本人存寄，托李先生代为保管，未得本人书面之同意，任何人不得领取。）均系本人移转给李敖先生以抵偿对其所欠债务者，应该属李敖先生所有。特此证明。

要读懂其中奥妙，还得从头说起。

李敖出狱以后，萧、李再度合作。1976年，李敖出狱后，萧孟能请李敖帮助处理财物与债务，以新台币一百万元为酬劳。两三年下来，李敖办事精明细密，萧孟能比较放心，两人之间并未出现裂隙。1979年萧孟能离台赴智利，为防债权人在他的财产上做文章，乃委托李敖全权处理未了事宜。返台后，双方办理移交手续，发生了财产纠纷。在波及到的诸多事项中，就有这张各自解读、备受争执的字条。

李敖称“萧先生欠李敖债还不出，并为李敖坐牢时他的无情无信有以弥补”，故立下字据将字画、书籍、古董、家具等“给了李敖”。而萧孟能则称该字据是为了想摆脱一些债主，“双方通谋虚伪而书立”，将财物转移到“安全地带”，以免被债主拍卖或拿去抵债。

在上述字据之外，萧孟能告李敖涉嫌侵占、背信的项目还有十数条之多，特列如下：

周其新支票13张，共计130万元（侵占、背信）。

坐落台北市士林区的天母静庐房屋（侵占、背信）。

为方便处理事务，萧孟能交付李敖的相关文件、契据、支票、现金、图章（侵占）。

存于水晶大厦十二楼之文件档案及文星书店存留书稿虽有归还，但对李敖有利之部分已被抽取（侵占）。

书籍、杂志15000册（侵占）。

文星关门时，李敖亲笔所写借款一百二十余万元之明细账单（侵占）。

中国合成橡胶公司股票五千股之一半的退股金一百万元（侵占、背信）。

李敖名下 708-5128 号电话一具（侵占）。

萧孟能字据四纸（含水晶大厦屋顶可使用之物）：①关于古董字画抵偿债务的字据；②周其新票款贴现的字据；③水晶大厦十二楼工程费用的字据；④水晶大厦屋顶房屋使用权的字据（侵占）。

擅将花园新城房屋退租（背信）。

作家冯作民的债务（背信）。

据萧孟能概估，上述被“侵占”的财物全部价值达新台币两千万元以上。

对此，李敖表现得异常镇静，称萧孟能自诉事实完全不实。两人之所以失和，乃是因为自己仗义执言，在萧孟能离婚一事上，帮萧的前妻朱婉坚说了话，以此触怒了萧孟能，在其女友王剑芬挑拨下，捏造不实之词来控告他。双方相互指证，各执一词。案情涉及到了萧孟能的发妻朱婉坚、女友王剑芬、李敖的妻子胡因梦、女友刘会云、弟弟李放、故友张白帆等人。中间又有国民党当局“军机处”王升主持的“刘少康办公室”介入，案情错综复杂，扑朔迷离，一波三折。

两位曾经肝胆相照的文化名人，如今因钱财而闹翻，扯下脸皮“对簿公堂”，这一轰动性的消息占尽了当时的报纸版面。且看其中几则报道的标题：

萧孟能告李敖背信侵占，交朋友十九年为钱闹翻（台北《联合报》）

当年文星忘年好友·十九年后反目为仇/萧孟能控李敖背信侵占/李敖昨记者会提出十条辩解（台北《民生报》）

萧孟能沉痛说经过/错把兄弟看待/深悔所托非人/自觉有责任免有人上当（台北《中华日报》）

轰动台北文化界大新闻/萧孟能控李敖诈财/胡因梦说丈夫不对（香港《明报》）

舆论认为，李、萧19年的关系盘根错节，如今兄弟睨墙生出龌龊，不知会扯出多少隐私八卦来，各家媒体兴致勃勃、拭目以待。

在一个多月的案件审理中，李敖与萧孟能经过一轮又一轮的你来我往、唇枪舌剑，在两次庭审之后，1980年10月14日，终于迎来了一审判决：萧孟能自诉李敖背信侵占案缺乏积极证据，对被告人所指控的犯罪行为，尚属不能证明，李敖获判无罪。

萧孟能表示不服判决，于10月27日向台湾高等法院提出二审上诉。

话说李敖此时正准备办一份杂志，利用这块阵地来继续同国民党当局战斗。这便是后来风靡台湾十年之久的“千秋评论”。

创办这份杂志的构想来自于日本的一位思想家河上肇。河上肇从1919年起办个人杂志，共出了105期，除六期外，都是他个人的文字，对日本当时的思想界影响极大。但他后来因杂志惹祸，被当局逮捕入狱。李敖从这位异国思想家身上得到了灵感，也想办一份思想性的杂志，最初起名叫“李敖评论”。消息传出后，有人赞成，有人反对，当时的《时报杂志》有一篇石敢言的文章颇具代表性。他说：“以李敖的本身条件、经历和现仍有的支持读者来说，李敖比大多数人更有资格办杂志，更应该办杂志，更能发挥杂志对社会的功能性。……然而，……杂志是社会舆论，不是个人舆论；杂志从事探索真理的工作，不能成为真理独断的刽子手。‘李敖评论’则毫无疑问的充满着个人主义、英雄崇拜的色彩，相对的则欠缺作为社会公器基础。‘李敖评论’

何异于'个人评论'或'片面评论'？……我们乐于见到李敖出面办杂志，乐于见到李敖在杂志里开辟'李敖评论'专栏，用以评鉴社会之事或人，用以反映不平或揭橥理念、思想……但是，我们坚决反对李敖搞个人权威，把杂志存在的基本意义抹杀，把杂志的反应功能极端化、一己化。""敢请李敖把'李敖评论'改名为'千秋评论'或'肝胆评论'或'事实评论'或其他任何客观化的名称。"[①] 为了不在杂志名称上搞"名词之争"，李敖吸收了石敢言的建议，就把杂志定名为"千秋评论"。

1981 年 4 月 18 日，按照官方"出版法"第九条规定，李敖顺利地申请到《千秋评论杂志》的执照。谁知，就在执照发下来的第 55 天，在与萧孟能官司一审胜诉后的第六个月，1981 年 6 月 17 日，地方法院又重新裁判李敖在"背信侵占财产"案上有罪，以"侵占罪"判处李敖有期徒刑六个月。

李敖不服，写出了一万多字的再审声请状，被法院驳回，并通知他报到服刑。

1981 年 7 月 10 日，李敖收到台北市市长李登辉的来函，说：

> 一、准"台湾高等法院"1981 年 6 月 29 日剑刑勇字第二六号函略以：李敖因侵占罪经判处有期徒刑六月确定。
>
> 二、依"出版法"第十一条第三款规定，被处二月以上之刑在执行中不得为杂志之发行人。
>
> 另，同法施行细则第十六条各款所列情事之一，未依同法第十条之规定申请变更发行人登记，注销其登记。

李敖从这里似乎嗅到了官方借此案封杀《千秋评论杂志》的硝烟。

① 李敖：《被封杀的〈千秋评论〉》，《李敖大全集》29 册，第 510–511 页。

他们要压迫言论自由，但又师出无名，于是，便利用这场官司给他换个罪名来整他。

在该案判决后，李敖曾对二审判决逐条加以批驳，指陈办案法官林晃、黄剑青、顾锦才三人“不承认亲笔字据”、“不承认科学鉴定”、“窜改笔录”、“代裁证据”、“捏造配偶”、“歪曲情理”、“对银行作业茫然无知”等七条枉法“笑话”，以致构成冤狱。在1981年7月9日给“司法院长”黄少谷的公开信中亦对该案判决给予一一否定。后来，他又指出，二审的裁定，与国民党“军机处”王升主持的“刘少康办公室”有关。王升如果不介入，萧孟能绝无胜诉之理。连萧孟能的律师李永然都承认：“在法律的层面上，我们打不赢这场官司。”（另一倾向萧孟能的说法是，萧孟能之所以胜诉，乃是他在二审中出示了自己拥有的唯一一件“铁证”——李敖为萧理财时记录收支的“账卷”复印本，致使李敖“当庭变色”、“无法应对”，萧孟能遂得以起死回生。[①]）

这里的是非曲直，也许只有当事人双方心知肚明了。不过摆在眼前的事实是：由于李敖的败诉判刑，他不仅要坐牢半年，而且刚刚申办的杂志“千秋评论”亦随之胎死腹中。因此，李敖认为，自己坐的依然是“政治牢”。

至少在李敖的心中，一场单纯的财产官司染上了浓厚的政治色彩。这也是他后来博得许多人同情的一个重要原因。

如此看来，是萧孟能无意里帮了国民党？还是国民党有心中拉抬了萧孟能？真是阴错阳差、纠结难分。但正应了海明威一部小说所言：“胜利者一无所获。”国民党把李敖捕入笼中，不仅没有减弱他的斗志，反而愈挫愈勇，遭到他连续十多年的沉重打击；萧孟能刑事胜诉，不仅分文未得，而且惹得李敖讼性大发，“千刀万里追”，自己从此不得安生。

---

① 范泓：《与李敖打官司》，第219页。

依李敖“报怨以直”的性格，他对萧孟能决不会善罢甘休。出狱以后，那种“明白而立即的报复”便一步步展开。他先后以自己及其弟李放、女友刘会云，以及朱婉坚等人的名义，检举、控告萧孟能民刑事案件达 35 件之多。萧孟能缠讼多年，疲于奔命，为怕搞乱讼期，误了庭审，还特意制作个一览大表。其女友王剑芬二十年后依然谈李色变：“那一时期，萧孟能简直就是在法院上班。”

1982 年 2 月，李敖女友刘会云出面检举萧孟能窃占土地，两年后，萧孟能被台湾高等法院判拘役 50 天。

萧出狱后，刘会云又以萧孟能、王剑芬非法买卖转让外汇违犯了“国家总动员法”为由，将两人告上法庭，1985 年 5 月 23 日，萧孟能、王剑芬被二审判决有罪，萧被判服刑四个月，王被判服刑三个月。

1984 年 8 月 16 日，李敖提起自诉，就萧孟能自诉李敖背信侵占案中一项，指明为不实诬告，经双方轮番上诉，1986 年 3 月 1 日，台北地院判决“萧孟能意图他人受刑事处分，向该管公务员诬告，累犯，处有期徒刑六月”。萧孟能不服，上诉高院，审判长劝谕双方和解。李敖开出的和解条件是萧孟能必须书面承认 1980 年 8 月 26 日自诉李敖侵占案错误，现案方可不再追究。萧孟能“殊难接受”，于是双方又是重审、上诉、重审、上诉，直到 1988 年 7 月底，台湾最高法院判决萧孟能诬告罪成立。此时，萧孟能已经 68 岁了。在疲惫与恐惧之中，在面临第三次入狱的前夜，萧孟能携女友王剑芬逃往美国，受到台湾警方的通缉。从此，萧孟能再也没有回过台湾。

回首萧、李官司，在令人扼腕叹息的同时，难免会生出无数疑窦。对李敖而言，为什么自己会在二审中败诉？难道仅仅是政治因素在起作用？是所有法官都在偏袒萧孟能，还是其中另有隐情？连自己的妻子都“阵前起义”，难道真如他所说，胡因梦只是“无情”而在作“伪证”？在挖出的萧孟能“诬告”自己的“内情”之外，其他“侵占”罪名，又有几多是假、几多是真？如果自己坐的真是“冤狱”，为什么后来没有平反的纪录？对萧孟能而言，为什么一定要以刑事罪告发，而不附带民事赔偿？这样的结果除了把对方打入大牢，自己又能得到什么？① 为什么在一审中把不属于“侵占”的内容也列入其内？难道真如法庭所言，是“意图他人受刑事处分”？以身上有35件之多犯罪嫌疑的历史，即使告李敖胜诉又能说明多少自己的无辜与正义？又能博得多少局外人的同情？

佛语云：佛魔一念间。人性中的善与恶有时就在一念之转，谁能说得清楚两个曾经水乳交融亲如兄弟的血性男人，在分道扬镳对簿公堂之时，心灵中曾经有过怎样激烈的挣扎与斗争？

2004年7月23日，萧孟能病逝于上海。李敖在凤凰卫视的节目里作出了最快的反应。谈起文星时代的峥嵘岁月，他充满了怀恋之情。此时的李敖也正在老去，他手拄木杖，坐在台北永和豆浆店里，这里曾是当年文星书店的所在地，他缓慢地品着豆汁，似乎在品味着那段爱恨交织的历史，感受着那份苍茫而沉重的记忆。

是耶，非耶，得也，失也，它留给后人的，也许会是一个常解常新的谜。

六、禁止李敖出境

在国民党当局眼中，李敖是特大号的政治犯和异议分子，所以，一直被列入限制出境人员的名单之中。

① 据萧孟能后来回忆，当时打官司的目的之一，就是要惩罚被告的不义，没想到律师外行，没有同时附带民事赔偿，因此官司虽然是赢了，却拿不回被侵占的财物。若想再打民事官司，则必须拿出一笔钱，相当于被侵占财物的价值来“假扣押”那些相关财物，但此时萧已经济拮据，“无钱来继续缠讼了”。（见范泓《与李敖打官司》，第237页）这种抱怨“律师外行”的说法，对学经济的萧孟能来说，似违背常识和常理。而李敖的回忆是：萧孟能并非没有要求民事赔偿，他在变成通缉犯后，“又在‘最高法院’六件民事判决中全部败诉。——他想要李敖的钱，可是一块钱都没要到。”（见《李敖回忆录》第333页）

早在1964年5月18日，李敖正沉浸于中西文化论战之中的时候，美国大使馆的高立夫（Ralph N.Clough）曾致信邀请李敖访问美国，两周后（1964年6月1日），李敖又收到林诺华（Lynn H. Noah）的信，洽商访美细节。但他没有去。同时，李敖的姐姐们在美国帮他办了手续，拿到了作美国公民的配额，他仍然没有去。后来，他的女儿在美国出生，按照美国法律，以他女儿的名义也可以办到美国去，但他还是没有去。这一切都是因为国民党政府从各个环节进行刁难，要与之“交换条件”，李敖断然拒绝。

他感到不平，但没有抱怨。他认为：“不平则鸣，有骨气；不平则怨，没出息。”这是自己的选择，抱怨只能是一个弱者的表现。

1980年，李敖为了试验一下这种限制是否取消了，于当年八月，委托一家旅行社代办出境手续，结果旅行社回话说，别人都通过了，唯独他的手续未办成。

不久，“警总保安处处长”郭学周约见李敖，他从上衣口袋中掏出出境证，笑嘻嘻地交给李敖说：“情治机关（指国民党情报机构）不会刁难李敖的。”

李敖遂将出境证交给了旅行社，但在“外交部”领户照时，又遇到了麻烦。经办人汪应松说：“从新闻媒体报导中证实，李敖与胡因梦有离婚行为，但在李敖的户籍誊本上却是‘未婚’，因此不能发护照。”

原来，李敖与胡因梦结婚时，胡的户口、图章皆在胡母手中，一时迁不到李敖名下，所以结婚时未能及时到户证机关登记，不料还没等到登记，两人就又离婚了。

李敖明白这是官方在有意刁难自己，便写信质问“外交部部长”朱抚松，当年11月15日，“外交部”领事事务处出面解释，说“查申领护照按规定须据实填写护照资料卡，台端所填资料卡之婚姻状况经查与事实不符，用特函达，请即亲自或以书面委托他人前来本处办理更正，以凭发照”。

李敖乃再次写信给朱抚松："这是户政机关核发的合法文件，作为公家机关，'经查手续'自以'公文书'为依据，'公文书'上关于我的婚姻状况，你们不引为依据，反倒依据报章来'查'，难道一小块剪报便可以推翻附卷的'公文书'了吗？"李敖还在信中说："你太太徐钟在《我在台北》一书中骂你是'死鬼'，有道理。因为我所填资料卡中，全无与事实不符之处，是'死鬼'手下公务员自己弄错了。"

朱抚松已知理屈，又见李敖揭开了自己的私生活，紧张了，大骂了一通汪应松，下令即发护照。

如此看来，出境似乎没问题了。李敖准备去海外旅行。就在李敖准备上飞机的时候，出境证又被"警备总部"收了回去。李敖打电话给"保安处"找郭学周少将，对方推托不在，并对收回出境证的原因"无可奉告"。此时，李敖真正明白了："外交部"和"警备总部"在轮流扮黑脸，轮流踢皮球，最终的结果就是让你出不去！

当局的这种态度直到十年以后依然未变。1990 年 11 月 10 日，全美华人协会在波士顿举行每二年一次的全国代表大会，并颁发杰出华人成就奖给中国台湾最有影响力的作家李敖、柏克莱大学加州分校校长田长霖、麻省理工学院教授李天和。

全美华人协会是美藉华人物理学家、诺贝尔奖金获得者杨振宁教授等人发起，于 1977 年成立的非牟利性组织。其宗旨是增进华人间的友谊，保障其合法权益，促进美中两国政治、经济、科技、教育等方面的交流。该会成就奖每两年颁发一次，得奖人由全美华协提名委员会提出，主要条件是自身的工作成就和对华人社会的贡献与影响。自 1982 年开始颁奖以来，先后获奖的已有杨振宁、李政道、李远哲、林家翘等人。在本届颁奖中，华协主席潘毓刚说："华人成就奖是嘉许对社会有杰出贡献的华人，李敖是台湾鼓倡民主言论自由的先锋，他有 94 本著作被国民党所禁，但其思想言论对台湾许多年轻人仍然影响深远，华协颁发这个奖给李敖，是要引起世界人士对他在争取民主自由人权上的承认。”

李敖是该协会在美国以外地区的第一位获奖者。

当日下午六时，颁奖宴会由华协主席潘毓刚主持，中国驻美大使馆公使赵锡欣夫妇、中国驻纽约副总领事宋有明应邀到会。

早在大会之前，华协曾向远在台湾的李敖发出邀请函，请他到波士顿做一场公开演讲，但台湾政府向李敖声明，假若他赴美国领奖，将不会准许他返回台湾。李敖在台湾存有很多资料，并有十万册藏书，他在电话中向潘毓刚说："既然台湾政府不能保证我一定能出'国'后返台，我宁可不要出'国'。"于是，他再也不去办理什么出境手续了。

李敖寄去了他自己的录音讲话。

就这样，颁奖次日，在哈佛燕京礼堂，与会人员收听了李敖长达20分钟的录音讲话，然后观看大陆电影《开国大典》。李敖在讲话中劝留居海外的"人才"们不要做"自了汉"，应该为祖国的自由而战。他讲道，作为一名海外华人，"要扩大各位所做的、增加各位所做的，把'哪里有自由，哪里便是我的祖国'变成'哪里有祖国，我要使它变得自由'，才是各位最后的抱负。"

这又何尝不是李敖的抱负！

早在1982年3月16日，郑南榕在《政治家》上曾发表《李敖，不要走!》，最后一段说：

> 这个世代，有财的人想离开台湾，有才如李敖之流的人也想离开台湾，真是时代大悲剧。财、才不缺的李敖先生，应该挺身出来，以心作则，阻挡这种悲剧的潮流。李敖可以站起来，与赵耀东先生一起合唱《归来吧，台大人!》的高歌；也可以坐下来为我们写出第一流的自由民主政治的思想文章。

> 如果我是出入境管理的掌权人，以上这些论点，就会是我“禁止李敖出境”的理由。这些理由，将使我们对历史有所交代：对列祖列宗保留了一个优秀的文化精英；对子子孙孙留下一个富贵的文化遗产——李敖。①

对这段文字感到“好玩”的李敖，在愤怒之外，他感到欣慰，也充满了自信。20年后李敖回忆说：“我在台湾，一开始是‘大有为政府’不让我走；到头来‘大无为的我’自己也不想走了。……至今我能否出境，我没办过手续尚不得而知，照判断应该可以，因为叛乱时代已逝，而我又非通缉犯或什么什么犯，也无什么欠税记录等等被管制条件，可是我已经准备‘出此一步，即无死所’了。② 他甘愿长守小岛，与之共存。有诗为证：

> 人定胜天，天荒地老，老而不死，死而无怨。
> 胆大包天，天荒地老，老而不死，死而无怨。
> 如日中天，天荒地老，老而不死，死而无怨。
> 四脚朝天，天荒地老，老而不死，死而无怨。

---

① 李敖：《李敖快意恩仇录》，第430页。
② 李敖：《李敖快意恩仇录》，第431页。

李敖评传

第十一章

报刊时代

落落何人报大仇，
明珠岂肯做暗投？
信手翻尽千古案，
我以我血荐蚩尤。

——李敖：《李敖回忆录》

一、“二进宫”与“忧患之书”

话说李敖吃了“财产侵权”的官司，照法院判决，将于1981年8月14日起再坐六个月的牢。

这是李敖预料之中的事情。

1981年7月17日，他在准备第二次入狱的前夜，再一次回顾了自己一生的成长道路，充满激愤地写下一篇《被封杀的“人民公敌”》。文中写道：

> 《文星》被封杀以后，我陷入14年的大霉运，欲卖牛肉面而不可得，这是又一段一个人跟环境斗、跟环境苦斗的历程。这段历史，凄楚而惨烈，结论是：我还是我，李敖没有变。前年我复出后，有两次跟一堆大学生谈话，有些不知天高地厚的小毛头，当场指摘我，我笑着说：“我从大学毕业到今天，正好20年，不论环境怎么打击我，我顽强得很、坚定得很，我没有变。我一个人，在跟团体斗，20年下来，我还在斗。你们呢？毕业后能继续斗五年，不改本色，还要斗下去，还能斗下去，我就服你们！”
>
> 多少年来，赞美的眼睛、挖苦的眼睛、嫉妒的眼睛、仇恨的眼睛、看好戏的眼睛，……多少种眼睛在看着我，我低眉自诩、我横眉冷对、我细嚼黄连不皱眉！

32年来，在这个岛上，在东方之滨，我努力使自己不受一时一地的污染，保持自我，做特立独行的大丈夫、男子汉，作为一个永不自满的人。我觉得我做得不够好，但是，一位曾被判过死刑的老者的一番话，又常常在我耳边响起："现在是团体对团体、组织对组织的时代，你只是一个人，在这岛上，谁又能比你做得更好？任何英雄豪杰，如果他只是一个人在这里，谁又能比你做得更多、更兴风作浪？"①

此行无悔，此心不改，任何艰辛和苦难都难以改变仁人志士的初衷。

李敖不怕苦难的折磨，不怕把牢底坐穿，他唯一的悲哀是不能被人民所理解：

作为一个来自白山黑水的人、作为一个午夜神驰于人类忧患的人、作为一个思想才情独迈千古的人，我实在"生不逢时"。严格地说，我根本不属于这个时代，就好像耶稣不属于那个时代一样。我本该是50年后才降世的人，因为我的境界，在这个岛上，至少超出50年。我同许多敌友，不是"相见恨晚"，而是"相见恨早"。今天的窘局，只是他们妈妈小产和我妈妈早生的误差。这一误差，凑合了许多根本不该碰面的人碰在一起。也许，只有从这个谑画的角度来看我难以见容于这个岛，大家才舒服一点、开展一点，而做为"人民公敌"的我，也能苟活一点。

罗素在回忆中，特别提到萧伯纳"易卜生主义精华"

① 李敖：《被封杀的〈人民公敌〉》，顾刚选编：《我的皮肉生涯》，工人出版社1989年版，第30页。

(The Quintessence of Ibsenism)给他的印象。萧伯纳这本书，出版在1891年，是论易卜生最精彩的一本。书中论易卜生《人民公敌》一节，尤其引人。易卜生《人民公敌》剧本，写斯铎曼为了宣传真理，遭遇到愚昧势力对他的全面迫害—从报纸拒登到印刷厂拒印，到演讲会上被赶下台，被撕破衣服，被丢石块，写尽了一个特立独行先知的孤立与悲哀。[①]

面对周围令人无奈的环境，李敖的心中在淌血，在流泪，他无法理解这一切，只有从中外先贤那里寻找寄托了。他认为，自己如今的处境，一如易卜生笔下的"人民公敌"，遭遇到上上下下愚昧势力的全面误解与夹击。他联想起了在写《老年人和棒子》的时代严侨老师对自己的劝告，想起了那篇《十三年和十三月》，在那篇文章中他曾写道："像一个卖药游方的孤客，我走到这社会里来，十字街头是那样晦暗，我打开背囊，当众吞下了不少苦药。观众们说：'恐怕药太苦了！'我说：'怕什么呢？我吃给你们看！我还有一杯毒酒！'"如今，他真的要继续喝下那一杯毒酒了！他在"文星"沉没之后写下的一首小诗《我们相信》，现在成了他的碑记和铭言：

我们相信：
他们只是一种气候，
像一阵阴天，
他们总要过去。

面对法院的判决，李敖并没有屈服。他开始仔细研究继续战斗的对

① 李敖：《被封杀的人民公敌》，顾刚选编：《我的皮肉生涯》，第35页。

策。他找到了国民党“出版法”的一个漏洞，即若违犯当局“出版法”规定，对“新闻纸类”的刊物可以“定期停止发行”、“撤销登记”，使你无限期停止；而对“书籍类”则只能出版一本查禁一本，而不影响下一本书的出版。按照官方“出版法”第16条至22条之间的规定，作者可以自己出书，并且不需经过书店的登记。他想，如果能定期（“按期发行”）出书，在某种形式上不就与杂志一样了吗？而每月一书，十万字的写作量，且要坚持下去，显然对一般作者来讲是难以做到的。但要继续战斗，也只有这一条路可走了。不再办杂志，而是出版《李敖千秋评论丛书》。每月出版一本，这就是变相的“千秋评论”杂志了。国民党当局除非重新修改出版法，不许作者每月出一本书，否则他们对此一点办法也没有，最多只有期期查禁，根本无法吊销杂志执照。

李敖想到了街头那些流动不居的摊贩，心中暗笑，觉得自己真要做一名文化界里的摊贩了。

此时，李敖在情场上又有了新的变化。他在与胡因梦结束了短暂的婚姻后，先是由林清玄、陈彩鸾为自己介绍了一位漂亮的女秘书武慰先，之后不久，又结识了一位叫“汝清”（黄婧）的女子，是某留学生的新婚夫人，于是在坐牢之前，他与“汝青”有了16天的同居生活。他说“这是我生平第二次和有夫之妇私通”，他认为自己的所做所为，正是达到了罗素《婚姻与道德》一书中的境界。并有诗为自己变化不定的性爱生活张目：

花开可要欣赏，
然后就去远行。
唯有不等花谢，
才能记得花红。

有酒可要满饮，

然后就去远行。
唯有不等大醉，
才能觉得微醒。

有情可要恋爱，
然后就去远行，
唯有恋得短暂，
才能爱得永恒。

李敖以自己的行为实践着那唯美主义的爱情观。这一时期，由于他花了太多的时间在女人身上，写出的文章并不太多。

在与“汝清”短暂的同居生活中，也是在汝清的帮助下，李敖编好了六本《李敖千秋评论丛书》，请好友林秉钦转给叶圣康的四季出版公司出版。告之要每月一本，如同拆开锦囊一般。这样，虽然自己身陷囹圄，可是锁链岂能阻挡自己的存在。

就这样，在他入狱不久，《李敖千秋评论丛书》第一期《千秋·冤狱·党》顺利与读者见面。

《李敖千秋评论精华》书影

在许多人以坐牢为苦的日子里，李敖有一种求仁得仁的畅快。他说坐牢的坏处有五百种，但也有五种好处：首先，你不用再赶时间了，你可以从容地做自己想做的事；第二，“你没有空间了”，那狭小的空间减少了你对外界的关注；第三，“你没有敌人了”，墙已把敌人隔开，使你变得清静；第四，“你没有朋友了”，胆大的朋友已同你一样坐了牢，胆小的也不再来，对双方都是解脱；第五，“你没女人了”，“女人不离开，你只是男性；女人离开了，你才是男人，坐牢可使你变成纯男人”。对他而言，坐牢只是换了一个工作间，此时此刻，他正在为“千秋评论”的新稿写作而忙得不亦乐乎。

入狱第二个月，他结识了狱中人员石柏苍，在石的帮助下建立了秘密运出稿件的管道，一有新作，便通过这一管道运出。于是，从第四期起，每期都有李敖的新作出现在杂志中。如《题泰国漫画》、《中国式好人》、《我最难忘的一个流氓》、《党外是谁喊出来的?》、《给党外人士上一课》、《文化美容、财政美容、司法美容》、《只许我中央，不许你中央》、《梦做骆马的自由》、《李诗四首》、《论褫夺狂—兼论政治犯是终身职》、《我的殷海光》、《“显性伪君子”和“隐性伪君子”》、《“三毛式伪善”和“金庸式伪善”》、《从大轨迹评论人》、《这样的法官配做院长吗?》、《方神父的惊人秘密》、《喜欢的与该做的》等等，总计有17篇之多，这些从秘密管道流出来的文字，成为《李敖千秋评论丛书》第四至六期的最大特色。

二、他坐的是政治牢

李敖“二进宫”，相对来说吃的苦头要少得多，因为此时他的“名气太大”了。

前有交代，台北共有两所监狱，一个是土城台北看守所，一个是台北监狱。由于台北监狱囚犯爆满，台北看守所便成为分监，按定员可以接受刑期一年以下的人犯500名，代执行。与台北监狱相比，看守所离市区较近，探监方便，也不像台北监狱那么拥挤，所以，对犯人来说一般都愿意留在看守所。但是人太多，超过500人后，谁去谁留，就有许多舞弊现象，留下来的也有超过刑期一年的，而被拉到台北监狱的，也有少于刑期一年的。李敖被留在看守所，表面上是“优待”，其实是因为台北监狱太挤，不能一人独居，国民党当局认为李敖跟别人杂居，会知道得太多，所以他被安排在台北土城看守所孝一舍32号囚房（此监共分忠、孝、仁、爱、信、义、和、平八栋，孝一舍又叫保护舍，人犯中身份极特殊的，像外国人、重要公务员、警察人员等，都“保护”在此，免生意外）。

李敖到看守所报到的那天，所方为他特别清洁房间，抹掉以前人犯留下的字迹，把铁床锁紧等等，不一而足。据说这是看守所有史以来从未有过的事。

清洁后，副所长汪本流亲自检查，看到一切都无差错，满意地点了点头，然后对身边的看守人员说：“严格规定，安全第一，安全包括不使李敖搞鬼，也不许别人搞李敖的鬼。”说罢后又一再嘱咐孝一舍主管：“绝对不能有流氓对李敖动拳头事件，李敖名气太大，闹出事来大家都要完蛋。”那主管拍着自己的胸脯表示“请放心”，然后又叫几个流氓出来拍胸脯。流氓们说：“我们佩服李敖，绝不会出事。”汪本流这才放心地离去。

于是，李敖报到当天晚上，就有人偷偷送烟来示好。可惜李敖早已戒烟了。到了第三天，已经是一派“天时地利人和”气象，流氓们虽被警告不准同李敖多说话，可是李敖还是逐渐了解了许多看守所肮脏的秘密和冤情。

孝一舍主管看到李敖在狱中如鱼得水，惊讶地说：“你这样拉风，我真没想到。美丽岛那批人住在这里的时候，可没你吃得开，你真有一套！”

在狱中，官方严密监视李敖，根本不把他当作一个半年刑期的普通犯人看待。李敖与外面的来往信件，都要经过孝一舍主管、第一教区课员谭润吾过目，再由安全部门特别检查、登记、抄录或影印。

为了抵制这种令人恐怖与痛恨的“保护”，李敖就一封信也不通过他们。所以，在他入狱的半年中，他们只见来信，不见回信。唯一一次例外是一位空中小姐（武慰先）要来看李敖，李敖正式回她一信，寥寥数语，除此之外，他们无法从信上罗织出李敖的思想问题或其它任何问题。

有一次，一封来信因为手续失误，所方漏了影印，结果他们趁李敖在篮球场放风时，故意延长放风时间，以便潜入李敖的房里，找出影印后再放回原处。

这些例子，都说明李敖坐的是政治牢，而不是所谓的“侵占”罪。

在监狱里，最难挨的是寂寞，一般犯人要打发日子，最好的方法是出来做工。那样除了容易打发时间外，工厂活动范围大，人也多，有种种方法可以胡扯或消遣。所以，每天能出来做工，是每个犯人都梦寐以求的待遇。李敖只是判了半年的轻刑犯，却关在独居房中，在牢犯们眼中，自然是典型的虐待。在这种“苦其心志”的状态下，在这种遁情与遁世的独立作战中，面对孤独无助的状况，多数人会自悲自怜、烦躁不安、精神恍惚、智力衰退，但李敖却不以为然。他要努力看书，没有闲功夫去浪费。他要了解情况，观察现实，他要积蓄力量继续与国民党战斗。他认为，坐牢是非常唯心的，自己显然不属于多愁善感的那一类，而是属于比较强悍的一类。因此，如同他第一次坐牢时一样，他做到了放开心境，干脆利落地与外界隔绝。不必靠外力的支援，避免自己的身心被外界所左右。

因此，李敖的狱中生活依然过得平静而有规律。

有一天，身居“法务部”要职的施启扬以陪同“监委”考察狱政之便，提出要看看在这里坐牢的老同学。他约李敖到朱光军的办公室会面，李敖毫不客气地拒绝了。他在国民党官员面前就是要摆自己的架子。“想见我吗？不屈尊前来那是办不到的！”

此时，台湾人刘峰松也因政治“犯罪”被关在土城，住孝一舍第46房，与李敖是近邻。一天“放封”时，他看到李敖，乃主动接近说：

“我叫刘峰松，想不到在这里见到你，你也到‘动物园’来了！”李敖说：“你运气真好，见到我没买门票。”两人从此认识，互通声气，成为好友。刘峰松后来有文章回忆李敖的狱中生活，其中有“囚房权充书房”一段：

> 囚房才一坪多，里面有一张铁床、一个马桶、一个水桶、一座洗脸台、一张小桌子和一盏20烛日光灯。大师的囚房跟我们一样，但经他精心布置后，就是不一样。第一，他土灰色的四面墙，都贴上白纸，就连铁床下，也用白纸隔开，看不见床下的龌龊；房间洁净，光线充分。第二，他在洗脸台上搭架子，放好几包卫生纸和一些杂物，充分选用空间。第三，他有好几套书，如《二十四史》之类，摆放在靠窗的一面，有如小书橱。第四，他的棉被有三尺高，占铁床的1/3；用纸箱、棋盘（摸来的）做的桌子及两个放剪报资料的纸箱，又占铁床的1/3，室内显得特别狭窄。
>
> 看大师的囚房，让人有无地容身之感，不过物品虽多，却不零乱，凡去过他家的，都能想像到他是怎样地把两坪不到的小囚房，变成雅致的小天地。他的囚房不仅洋溢着书香，也散发着一股庄严而不可侵犯的正气，任何人参观他的囚房，都要肃然起敬的；据说每周抄房时（检查房间），“戴帽子的”（狱吏）都不敢弄乱他的房间，李敖虽坐牢，并不失大读书家的风格和气派。[1]

由于过去早已领教了李敖文字的力量，此次坐牢，国民党官方对李敖可谓陪尽了小心，上至“法务部次长”，下至监狱主管朱光军，给他

① 李敖：《李敖快意恩仇录》，第369–370页。

新被单，给他新毡子，给他保温杯，给他洗热水澡，给他炖排骨，大小牢头又常去“拜码头”，去嘘寒问暖，去效犬马之劳，恭恭敬敬，客客气气，但李敖却丝毫没有为这些表象所打动，“千秋评论”每月一书，风雨无阻。此外，他还完成了四万余言的《李敖自传》。1982年2月，在出狱前夜，他又写下了长达四万余言的坐牢手记：《监狱学土城？—第二次政治犯坐牢记：“天下没有白坐的黑牢”》，披露了监狱的黑暗，肮脏的秘密以及无数的冤情。

李敖的“实验室”就在土城看守所。在牢中，他看透了国民党，认识了各种各样的人，也对自身有了更透彻的理解。在牢中，他听到过人类最惨裂的嘶叫，看到过野兽般凶残的嘴脸，忍受了最不堪忍受的孤寂。从那些被侮辱、被损害的小人物的呻吟中，从那些没完没了的思想洗脑的吆喝声里，他思考上下古今一个又一个问题，以至每一个谚语都去思考，有时甚至是长考，以求得自己的一个结论。他更加坚定了自己的思想道路：

只要有下层阶级，我就同俦；
只要有犯罪成分，我就同流；
只要狱底有游魂，我就不自由。

事实证明，李敖的确没有白坐黑牢，他又以在黑牢中积蓄的力量给了国民党一记重拳。

三、“天下没有白坐的黑牢！”

1982年2月10日，李敖第二次出狱。伴随他一同出来的，是他的一卡车图书。

出狱后的当天，他便召开记者招待会，揭发土城看守所的黑幕，揭露国民党司法的黑暗，并且发表文章《天下没有白坐的黑牢》。以此证明，李敖是打不垮的，“虽千万人，吾往矣”。

1982年2月10日,李敖第二次出狱

在此文发表不久，就有李敖的书通过黑市流入土城监狱，龟山监狱亦有犯人捎话李敖，希望他为他们打抱不平。2月27日，花莲看守所发生喧闹事件。由17名犯人闹起，警察局派武警前往弹压，才告平定。3月8日，新竹少年监狱又发生暴动事件，1476名人犯全体出动，监狱急调镇暴部队（三个中队）及新竹警方各分局人员弹压，才告平定，暴动长达24个小时，监狱设备几乎全毁。“法务部监所司副司长”王济中公开发表谈话，说作家李敖出狱写文章，引起社会大众注目，给了少年受刑人心理上的后盾，认为闹得愈大，愈能得到社会大众的支持与同情。所以，李敖难辞其咎。“行政院长”孙运璇在“院会”里对狱政表示疑虑，李元簇亦对李敖“点名批判”。但一些议员出于选票及其他目的，却拿李敖所揭露的事实对官方不断提出质询，党外人士更不放过这一与执政党掣肘机会。李敖又成为一名焦点人物。

对李敖来讲，这仅仅是他“没有青春只有‘斗’”的生涯的开始。

这一年的3月16日，李敖在接受记者李宁的采访时说：

> 32年来，我是台湾唯一可以很狂放表达自己的人，很多人不敢做，很多人做不到，当然，很多人不屑做。但是我

敢，我是一个顽强的战士，我要在与官方不合作的大前提下，突破封锁的重围表达自己。

跟以前比起来，我现在的反击能力强了很多。他们第一次可以对我秘密审判，封锁舆论，现在情况变了，他们封锁得了吧？我觉得我比以前更进一步了，出来后几个小时我就给他们反击。①

恰如李敖诗中所写：

入监笼中鸟，出狱地头蛇。
不复春归燕，却似如来佛。

《不复春归燕，却似如来佛》

三个月后，李宁再次访问李敖，李敖用“吐他一口痰”来表示对敌人的轻蔑，并发出战斗到底、一生无悔的宣言，他说：“‘普提达摩东来，只要寻一个不受人惑的人’，这句话很能表达我现在的心情。我在台湾就是要做到这点——我个人不受迷惑，也希望训练一些青年人不再受迷惑。”他明确表示自己的激进与坐牢有关，“我遭受的压力越大，我就越激进。偏偏又碰到国民党最喜欢不断给人制造压力，这是他们的特色——交朋友很失败，造敌人很成功。而且还专门制造他们打不倒的、特大号的敌人。”② 他感到光阴不再，来日无多，所以他要更勤奋地工作、写作。当采访者问及“如果你还可以再活一次，你希望做什么样的人”时，他毫不犹豫地回答：“李敖第二。”

1982 年 8 月 29 日，李敖做出一个重大的决定，要“战斗性隐居”。

① 李敖：《才华盖世侠骨柔情的思想家》，《李敖对话录》，第 7-11 页。
② 李敖：《吐他一口痰》，《李敖对话录》，第 63 页。

他在《隐而不退的告白》中说："从1982年8月28日起，我计划到草山过'隐而不退'的生活。我专一工作，独立战斗，不见朋友了。"

这里，他所说的"战斗性隐居"，就是对外界除了书信等书面交往外，其他一切都息交绝游。

为什么要这样做？李敖自有解释："古人说'贤者避世，其次避地'，我李敖谅非贤者，所以一切不避，相与周旋到底。别以为我一个人隐居起来，在生闷气，我高兴得要死，Idon't get mad, I get even！我对敌人，不发火，只开火"。他在《出师表感》一文中指出，我们只看到诸葛亮写《出师表》明谏之切，竟没有看到他隐痛之深。诸葛亮的隐痛，在于他所支持的，竟是不能成大格局的、不成材的阿斗。诸葛亮在这种认识下鞠躬尽瘁，当然是很痛苦的。

面对自己的孤立，面对群众的不理解，李敖现在正有这种隐痛，加上他面对国民党的压力担心"祸及友人"，更主要的原因是他想在来日无多的时间里沉静下来，完成"世界性、永恒性"的著作。这些都是他产生"隐退"的雄心之念的重要原因。他说："我在性格上喜欢宁静致远，喜欢孤独。我年纪愈大，对俗务与俗情，愈来愈感到烦人，更严重的，是我来日无多，一心想把自己的生命支付在最该我做的事情上。俗务与俗情使我心烦以外，且有得不偿失之感，因此我决定除非书面交往，别的都息交绝游了。"他在

第二次出狱的李敖

给政治活动家邓维贞的信中亦言明苦衷："前天自上午11点起，到晚上11点，友人前后14位见面，使我不能写作，虽然交换意见等并非无益，但比起最该我做的事情来，自属得不偿失。梁启超每天写八九百字，胡适每天写四五百字，以他们的大才，每天的成绩竟这样少，原因无他，俗务与俗情不能毅然摆脱之故也。"[①] 他不愿过凡夫俗子的生活，"并不是凡夫俗子的生活有什么不对，但伟大人物那样去过，就是不对。伟大人物必须有大量的专注与牺牲，才能成就一些事、一些功德，否则就是偷懒，就是逃避……"[②] 他对自己时间的浪费感到痛惜，一再表示，他一生的计划是想整理所有的人类的观念与行为，做出结论。人类的观念与行为种类太多了、太复杂了，他想一个个归纳出细目，然后把一个个细目理清、研究、解释、结论，找出来龙去脉。这不像是一个人做得了做得好的大工作，可是他却想一个人完成它。这是他一生留给人类留给中国人的最大礼物，因为自有人类有中国人以来，还没有过一个人，能够穷一生之力，专心整理所有的人类的观念与行为的每一问题。人类的观念与行为经过这样的一番大清算，会变得清楚、清醒，对人类前途有大帮助。基于以上种种原因，他做出了这一决定。"我坚信只有这样'不近人情'，我才能好好把握住余生，做对自己最能尽其才，做对世人最有益的事。"

他要过的是一种"第一流人的生活"：

> 第一流的人举世无双，可惜的是，他的生命同凡夫俗子一样，也并不比他们长。他没有时间可以像凡夫俗子一样的浪费，他要以并不长的生命，完成许许多多第一流的事。
>
> 所以，他不能过凡夫俗子的生活，不能在人生的许多事

① 李敖：《我为什么"战斗性隐居"》，《李敖大全集》第15册，第284页。

② 李敖：《回邓维桢的一封信》，《李敖大全集》第15册，第293页。

情上，做凡夫俗子的反应。为了完成第一流的事，他必须放弃或减少凡夫俗子的快乐、交游、娱乐、爱恨、争执、答辩与澄清。

林肯说他没工夫答辩，生命用来扯这些，他将无暇做重要的事。

第一流人会忍辱、会含冤、会受谤、会遭非常之变，不动于色，会“卒然临之而不惊，无故加之而不怒”，因为他志趣高迈，“所挟持者甚大，而其志甚远也”。

第一流的人认定Life is too short to be Little。（人生短得不够扯鸡毛蒜皮），他必须忍住不为小事所缠。他有很快分辨出什么是“无关的事项（irrelevancy）”的能力，然后立刻砍掉它。

第一流人过的生活，一定不是常人的生活，一定是非常人所能堪的生活，一定是常人不肯过、也不能过的生活。①

他为写出“世界性、永恒性”著作的理想而兴奋，而激动，他本来就有的“工作狂”习惯现在更是变本加厉。他以惊人的意志力勤奋地工作，简直成了一台写作机器。

这种生活是一般人所难以做到的，一个人在家里，每天不抽烟、不饮酒、不看电视、不养猫、不见客、不午睡，写得手痛时，原子笔、钢笔、毛笔连番更换，以变化姿式，可谓精力过人，有全套“翻江倒海的作业”。

从某种意义上说，李敖的家是一个小型的私人图书馆。在他的家中，书是成排的墙，墙就是书。书架中有大小不同的龛，龛中配上大小不同的绘画、拓片与旧照片。除了书以外，便是一面又一面的大书

① 李敖：《我将归来开放》，第111页。

李敖的书房

桌，复印机、各种文具、多样的设备、音乐、拖鞋。有时要同时进行几个专题的写作，使一个桌一个专题，使用不同的书桌来同时写作，只换桌子不换人。他诙谐地说，这有点像舞女的“转台子”，与这个跳过再与那个跳。

李敖又把他的小天地称作是“豪华监狱”。“在‘自由中国’中，似乎没有人在一天24小时内，比我更能独处。没有人像我这样每天看到人或动物的时间只不过四五个小时，其他时间完全‘顾影自雄’或‘自己跟自己说话’。我常常说我是一个‘眼看黑暗到来，又目送黑暗归去’的人，这意思就是说，我常常一个人，从黑夜直到天明。有时候我开玩笑——‘没有李敖这种忍耐寂寞本领的人，休想批评李敖！’”

李敖虽然隐居在家，但是依然遥控着《李敖千秋评论丛书》的出版。国民党当局对李敖的书依然查禁甚严，但他已练就一套对付“警总抢书大队”的功夫。他说：

> 在作业方面，我分了很多股，有明股、有暗股。换句话说，有的是跟国民党捉迷藏的，有的是明着让他们知道，因为我必须让他们知道一些明的——当一群狼在追你时，你必须丢半条死猪给他们去抢，或者让他们回去交差，否则他们骚扰得更厉害。……我们组织了一个地下发行网，对

抗国民党特警的查禁。你现在看到的《千秋》、《万岁》，由排字、完稿、晒片、印刷、装订到发行，每个阶段都会被国民党突击，强行抢去，因此十本书出来，便有五本“阵亡”。①

在台湾，国民党官方为了钳制言论自由，非法抢书的行为，最初从李敖开始，在李敖身上也表现得最为突出。但李敖不仅没有因此而收敛锋芒，反而愈挫愈勇，更加激进，咄咄逼人。1983年5月24日，《李敖千秋评论丛书》第22期在装订厂被抢。当同仁叶圣康等神情沮丧地向他报告详情时，他则谈笑自若，讲汉代大将军吴汉“差强人意”的故事给他们听，鼓励他们振作精神，不要怕任何困难。在杂志被抢后，他又日夜加班，赶出第23期来垫档，一周后，《李敖千秋评论丛书》第23期又到了读者手中。他相信，在人民争自由求民主的历史上，每一位有良知的历史学家都不会忘记这最悲壮的一页。

李敖对当局的批评文字成为台湾思想文化界的一大奇观。一天，李敖逛旧书店，书店的老板娘认出了他，对他说：“唉！李先生，你真想不开，你什么都要批评，你看你多累！”说着，她送给李敖几张“济公活佛圣训”，说：“这些都是我恭录印赠的，你最好多看看。”李敖一看，乐了，那“圣训”上写道：

一生都是命安排，求什么。
他家富贵前生定，妒什么。
今日不知明日事，愁什么。
前世不修今受苦，怨什么。
……

① 李敖：《台湾最有力量的个人》，《李敖对话录》，第189页。

一旦无常万事休，忙什么。

荣华富贵眼前花，做什么。

看着这位极富态的老板娘，李敖仿佛看到了成千上万张大脸在嘲笑他，他们人人都有随遇而安的本领，人人都能委曲求全、随波逐流，这种“平均人生观”，使他更加感受到“唤起民众”的艰难。但尽管如此，他与党外同仁为理想而战的行动一刻也没有停止。1983年，留澳学者邱垂亮在海外发表《一九八三年台湾党外的路线斗争》一文，描述了活跃在台湾民运中的四个派系：一是以康宁祥“立法院”的党外“同志”、包括“老委员”林希平为骨干的温和自由民主派，他们有“台独”倾向，但也不反对统一。二是继承《美丽岛》政治运动的“台独”派，以许荣淑、林世煜的《生根》为主，周清玉的《关怀》和尤清的《博观丛书》为副。他们支持台湾乡土文艺和台湾“民族意识”的兴建，反对大统一的“泛中华主义”。三是以李敖的绝对反国民党、绝对反抗、绝对不妥协的绝对主义者和林正杰的“改革体制”主义为主的党外势力。《前进》周刊是其主要阵地，邓维桢的《政治家》是跟进者，李敖是该系的导师。他们倾向于统一。四是陈映真、苏庆黎等人以《夏潮》为阵地的“社会主义统一派”，他们属于文化思想层次的党外。[①] 从这一划分可以看出，李敖在当时台湾民主运动中所起的作用。斗牛士的性格使他并没有因著书而忘天下，因隐居而放弃战斗。他的心与台湾的成长进步同在。

1984年3月19日，他在一首言志诗中写道：

不去电影院，

不去乌龙院，

① 李敖：《民进党研究》，时代文艺出版社1996年版，第33页。

只去埋头写文章，
恶言把人劝。

不做流浪汉，
不做自了汉，
丈夫入世救苍生，
立志要实践。

只有主力战，
只有殊死战，
没有泪眼看黄花，
只有干干干。

1985 年 4 月 9 日，李敖在差 16 天满 50 岁生日时，再次写下了他的战斗宣言——《五十而不知天命》。文中表示决不认命，要向命运进行挑战。对于天命，非不知也，是不服也。

正是这种骁勇和悍气，使他在波澜壮阔的年代里，无役不投，在他二次坐牢出狱后不久，便已完成了《李敖全集》八册，由四季出版公司老板叶圣康出版。到 1985 年，台湾远流出版公司又隆重推出了达 24 册（另有附册两本）之巨的《李敖全集》。

李敖“战斗性隐居”开花结果。

1985 年 4 月 25 日，李敖 50 岁生日，他再度向朋友发出“五十闭关宣言”，进入下一轮的写作计划。

李敖以特有的方式走在台湾民主斗争的前列。

在 80 年代的头四五年中，李敖出版的各种集子就已超过了过去 20 年的总和。而这 24 册的《李敖全集》，也不过是收集了作者 80 年代以前的文集，书信、日记尚不在其内。

早在80年代初（1982年），美国、香港等地的刊物曾经流传过一篇金延湘写的文章，题目为《我爱李敖》，该文一针见血地点出了李敖在台湾存在的意义：

李敖的“天下”是什么？从社会学的眼光看，李敖的“社会角色”，就是琼瑶式“少女眼泪梦”以外的这个世界的“意见领袖”。在美国，没有第二个拳手能像阿里那样，把大众传播媒介逗得团团转。在台湾，没有第二个文人像李敖那么深深摸透大众社会心理。李敖是台湾文化界的一颗“星”、一个“现象”、一个“奇观”。很难想像，这20年的台湾文化圈，如果没有李敖，是个何等单调、寂寞的场面。当然，作为一个文人，造成这种“李敖现象”的，不是他的学问造诣、不是他的大胆见解，更不是他的人格风范，而毋宁是他的特立独行、奇峰突起的表演。正人君子们或以为这种表演术有失斯文，但是，让我们从另一个角度来看：在台湾，一个政治观大体由党团包办，价值观大体受商业摆布的急速全盘西化的社会，以“社会批评”作为专业的所谓“文人”，除了他的观察力、透视力，如何在这样一个冷漠的文化环境中尽量提高自己的功能？这是李敖出道以来首先得解决的问题。我们不能说李敖的路是唯一的路，但也不能否认，李敖的确走出了他自己的路。试问：李敖当年提出来的让保守派人士视若蛇蝎的那些观点，有哪一点不是在20年的社会变迁中一一兑现的？

李敖就是李敖，你不能把他划为哪一类，不能把他归为哪一格，你如果贸然下个断语，不久你就发现自己的荒谬，因为，李敖是个不能用正规方法或传统观念加以定性分析的文化人。李敖批评了他的时代、他的社会，他同样也是他所属的社会和时代的集中表现、戏剧结晶。打破这些框框，我们才能平心静气欣赏他的表演，看出他的表演术所带动的社会变迁的力量，而且，有时也会惊异地发现，这些阻碍社会变迁的根深柢固的力量，往往就是一代又一代地潜藏在五千年文化习染形成的中国人的头脑里面，于是，我们才真正看出，同阿里一样，在这种看似疯颠狂妄的行径后面，李敖还是有一个始终如一的战斗对象。只不过，阿里的对手，是根深柢固的白人优越感；李敖的对手，则是势力更为强劲、内容更加盘根错节的中国传统封建包袱。[①]

在文章中，作者把李敖称为是“台湾文化界的一颗‘星’、一个‘现象’、一个‘奇观’。很难想像，这20年的台湾文化圈，如果没有李敖，是个何等单调、寂寞的场面”。在台湾文化史上，80年代的波谲云诡，李敖当留下浓墨重彩的一笔。

四、讨伐国民党

在长达十年的书生论政中，李敖笔伐的对象多多，但其中一个最重要的目标便是对国民党政权的揭露和批判。他以无坚不摧、无比犀利的笔，彻底揭发了蒋家王朝种种不可告人的黑暗面，为历史做了最真实的见证，使其极力掩饰的罪恶历史无所遁形。他用自己独特的方法完成了一个史学家难以完成的大业。

还是在《文星》时代，《传记文学》主编刘绍唐曾向李敖讲过蒋介石的侍卫长俞济时的一段话：“你们搞历史办杂志的人写得很辛苦，可

① 李敖：《介绍〈我爱敖〉》，《李敖大全集》第3册，第309-311页。

是，都是假的！"[1] 言外之意是说，真的你们不知道，我们也不告诉你们。俞济时是黄埔一期的"天子门生"，且是蒋介石多年的侍卫长，独得之秘，过于他人，可是他就是不说。他通过周之鸣想见李敖，被李敖拒绝，李敖不信这样的人会讲真话。他打定主意，要杀猪，得自己想办法才成。于是，前后十年之久，他用"李敖的方法"完成了这一大业。

所谓"李敖的方法"就是从思想上、历史上下手，用细腻的分析、准确的处理和深入猪脑的植入方式去揭发国民党。他认为自己的对手们有点像猪，他感到自己仿佛活在"猪猡纪"里，因此不论振笔为文，或登台传教，都寓有杀猪味道。"国民党是浑东西，我们不可能按照正常情况来知人论事，它不是人脑的问题，而是猪脑的问题。"[2] 因此，他不是仅仅把笔触指向国民党的现在，而且把笔触对准了国民党的过去，从国民党的历史挖起，从国民党的图腾挖起，如此便有了"孙中山研究"、"蒋介石研究"、"蒋经国研究"，直至"李登辉研究"等一系列作品，使国民党的老底大白于天下。

李敖首先把目标对准了孙中山及其"三民主义"理论。早在 1965 年，李敖就写出了《孙逸仙与中国西化医学》，遭官方查禁；1987 年又写出《孙中山研究》，指出孙中山的功与过，此书亦险遭官方控告。在对三民主义的批判上，李敖还"策反"了三民主义研究专家周之鸣教授，周写有《中毒的三民主义应该停授》等文，使陈立夫大呼周中了李敖的"毒计"。

在孙中山之外，李敖揭批的另一个重点是蒋介石。他对蒋介石的研究深度令许多同行吃惊，他回忆说：

> 我刚坐牢时，特务们说你李敖太坏了，什么书都不准你看。我闷得发慌，就向他们说：《三民主义》可不可以看

① 李敖：《李敖快意恩仇录》，第 444 页。
② 李敖：《李敖快意恩仇录》，第 445 页。

呀？他们一想，《三民主义》总可以给他看。我有了《三民主义》，又向他们说："《国父全集》可不可以看呀？"他们一想，《国父全集》也可以给他看。我有了《国父全集》，又向他们说：《蒋'总统'集》可不可以看呀？他们一想，《蒋'总统'集》当然更可以给他看了，因此我有了一大堆狗屁书，就坐在马桶上以臭对臭，看起来了。我想全世界的人谁都没全部看过《蒋'总统'集》，包括'蒋总统'自己，因为其中许多狗屁文字是别人替他捉刀的。可是我李敖却全部看过，这下子可不得了，我成了国民党总理与'总裁'著作专家了，最妙的，我在这些大量的狗屁文字里掏到不少妙论，诸如'中华民国亡国论'、'反攻无望论'等……都曾出自蒋介石的谈话，这些谈话本是机密的，可是后来秦孝仪等文学侍从之臣，认为领袖的言论还有什么问题，因此照单全收，糊里糊涂编印出来，最后被我看到了，大大泄了国民党的底，这是何等痛快！"①

由于国民党到台湾后的奴化教育和愚民政策，蒋介石作为民族救星的形象长期顽固地留存在一些人的心中，因此，要从根本信仰上把这尊政治偶像从人们心中搬走，阻力甚多。1991 年，李敖在《求是报》上以《蒋介石杀害八岁小女孩》为题揭露蒋介石犯下的历史罪行，马上有读者打电话给报社编辑说："告诉李敖，我要用黑星手枪杀了他，叫他小心点！"还有一位老太太打电话说："我们家都信佛、不杀生，你们报纸能不能不要刊这种事，你知道吗？蒋'总统'在我们心目中是很崇高的，怎么能这样说他？"编辑说："但是他杀人在先。"老太太说："放下屠刀，立地成佛。"编辑说："他杀人时，已经是一国领

① 李敖：《李敖快意恩仇录》，第 394 页。

袖，竟然还做出这种事，他值得我们尊崇吗？如果那小女孩是你的孩子，你又如何想？蒋介石是人，小孩子也是人，为什么不替杨虎城一家想想？”但老太太固执己见，就是坚持认为这样的文章不能登。

李敖听了编辑的讲述，无限感慨。台湾的人民被国民党教育得只知道“伟大的蒋公”了，要做这种历史的清洁工作，该要付出多大的努力啊。在出狱后，他更加坚定了“要建设，先破坏”的战斗思想，“要想迎新先除旧，要想建设先破坏”。[①] 在“千秋评论”中，他把国民党作为主要打击对象，每月不断，连续出击，义无反顾，浩然前行，发誓要同国民党斗争到底。他的行为自然遭到国民党当局的严厉打击。从第1期查禁起，第11期、第16期、第22期、第26期、第27期、第28期、第32期、第34期、第36期、第38期、第39期、第40期、第43期（下册）、第44期、第45期、第46期、第47期、第48期、第49期、第50期、第51期、第52期、第53期、第54期、第55期、第56期、第57期、第58期、第59期、第60期、第61期、第62期、第63期、第64期、第65期、第66期、第67期、第68期、第69期、第71期、第74期，均遭到抢劫和查禁。被查禁理由形形色色，且抽几例：

《千秋·冤狱·党》（《千秋评论》第11期）：其中《放火的》及《论中门村事件》两文蓄意挑拨当局与人民情感，鼓煽暴力、夸张事实、淆乱视听、危害社会治安秩序。

《政治·女人·蛇》（《千秋评论》第16期）：《不平等条约是国民党废除的吗？》及《政治与生殖器》等文，内容淆乱视听，挑拨当局与人民情感。

《老儿·小儿·病》（《千秋评论》第22期）：刊登《王国维自杀写真》、《天涯哭此时》等文，内容歪曲事实，淆乱视听，挑拨当局与人民情感。

---

① 李敖：《要建设，先破坏》，《李敖大全集》第16册，中国友谊出版公司1999年版，第339页。

《钞票·肚皮·尿》（《千秋评论》第26期）：其中《国民党与钞票》等文，内容挑拨当局与人民情感，破坏“国军”团结，更以猥亵文字，破坏社会公序良俗，淆乱视听，足以影响民心士气。

《大使·老鼠·怕》（《千秋评论》第27期）：其中《国民党的三通前科》、《大使垮台秘闻》、《上县太爷书》等文字，曲解事实，蓄意挑拨当局与人民情感，淆乱视听，足以影响民心士气。

《活爸·死爸·黑》（《千秋评论》第28期）：其中之《乱世父子泪》、《活人不要死尸》、《向国民党讨十大债》等等文字，为共党宣传，曲解事实，诬蔑“当局”，蓄意挑拨分化“当局”与人民情感，淆乱视听，足以影响民心士气。

《涨价·涨价·买》（《千秋评论》第40期）：部分文字内容歪曲事实，并捏造谰言，侮辱“殉国先烈”，淆乱视听，挑拨当局与人民情感，足以影响民心士气。

李敖说：“这些洋洋大观的罪状，如果逆向思考，岂不正好反证了李敖的功劳所在吗？这种由敌人揭发的罪状，只消一念反转，就是我的功劳簿了。”

据统计，《李敖千秋评论丛书》的销路当时每月在10000册以上，柏杨的书每月8000册。李敖与柏杨的著作是当时台湾各种刊物中最受欢迎的读物。

当局对李敖的杂志大肆查禁，十本书出，便有五本阵亡，李敖则百折不挠。他在第23期发表有“新乐府”一首专道这一阶段的斗争情况：

“春风吹又生”

——新乐府，志大有为政府抢书也

“野火烧不尽，春风吹又生。”千古诗人意，心有一点通。
我们生乱世，常道政府凶。政府一撮人，天下不为公。

到处吹德政，吾党又所宗。州官可放火，百姓难点灯。

我们看不惯，要把人权争。辛苦写抗议，三更到五更。送到印刷厂，心也不放松：警察窗前站，便衣门口拥。特务四处走，线民包打听。财产没保障，随时抢装订。硬说你非法，人员往里冲，吆喝“不许动”，命令眼前扔。专车运书走，一会就无踪。

虽然凶如此，我们不吃惊。求仁反得仁，仁在一抢中。我们虽受伤，还是要苦撑；我们虽遭抢，还是不倒翁；我们虽被害，还是孙悟空。他们虽焚书，还没把儒坑；我们一息存，还要有反应。奇情浑似水，丹心皎如冰，使命一何重，性命一何轻。我们继续走，决不怕寒冬。冬草土中绿，明年望春风。

诗作形象生动地描绘出当时官方对李敖的杂志疯狂查禁的程度，表露出李敖与国民党斗争的不屈不挠的意志和愈战愈勇的精神。他在答记者问时说：“他们是职业抢书家，我们是职业被抢家，对付这群狼不能力战，只能智取。”①

《李敖千秋评论丛书》从第24期开始，对封面进行了大胆的改装，一律以不同姿态“三点不露”的美女装点，在当时的台湾又产生一场巨大的轰动。李敖说：“外边那些靠脱光才能活的野鸡杂志，都是不登大雅之堂的。但是，又露又登大雅之堂的，只有‘千秋’办得到。当初我所以突然想到用大屁股做封面，就是因为‘国民党老脸’和‘党外小脸蛋’整天在眼前晃来晃去，让人讨厌，连我这‘不老不小’的脸，自己看了都讨厌，何况是他们？”② 而采用美女做封面，至少有几大好处：“一、提高大家的审美标准，使天下人‘知美之为美’。二、证明那么多国民党的人头跟党外的人头，都赶不上女人的屁股。

① 李敖：《台湾最有力量的个人》，《李敖对话录》，第189页。
② 李敖：《台湾最有力量的个人》，《李敖对话录》，第187页。

三、推翻新闻局‘三点不露’的标准。我的‘千秋’虽然都是‘三点不露’，但同样可以达到露的效果。”[①] 从另一个角度讲，李敖认为，“以裸女参战”，这是佛门中的以“淫女”诱人，引起趣味，然后“令入佛智”，争取性自由是争取一般自由的一个好起点。爱女之心人皆有之，高水准的美女图成为许多读者购买杂志的一个重要因素。在台湾大大小小的书摊上，李敖的书与许多黄色书刊杂混在一起卖，有的读者本意想买黄色书刊，结果买错了，竟成为李敖的读者。

在他的经历中，“千秋评论”第27期也许是查扣最惨的一次了。当时，装订厂由弟弟李放负责。李敖曾多次吩咐他：“不要将所有的书都放在装订厂集中，这样，即使遭抢，也只是损失一部分而已，不至于全军覆没。”谁知这天正好是礼拜六下午，天气很好，李敖看到第一批书已经安全出笼没有被抢，他就跟工人说：“我们下午赶快一起装订完了大伙好出去玩。”结果，一万本书全部运到了装订厂。当工人紧张忙碌时，李放跑回家去大便，结果当天下午，一万本书被抢得干干净净。李敖气得大骂：“强盗抢你东西，至少你得跟他打个照面吧！强盗要见你，得从万华跑到大安区你家厕所来才成，这叫什么话！哪里不能大便？还非得跑回来大便？人家肥水不落外人田，你却水肥不落外人田！”

尽管“千秋评论”每月一书，好戏连台，但基本上是李敖在唱独角戏，其他与李敖同一战线的作者文章却难得在此书中发表，鉴于此，李敖决定以补救的方式出版另一本杂志式的丛书“万岁评论”。

1984年1月，就在《李敖千秋评论丛书》出至第30期的时候，李敖开始加出《万岁评论丛书》，每月一册，与“千秋评论”错开出版。该丛书由李敖与一群理想主义文人共同完成。大家“以文会友”，志同道合，声应气求，决心要为这苦难的时代，多留下些鸿爪遗痕。1400

① 李敖：《台湾最有力量的个人》，《李敖对话录》，第186页。

年前的萧恭说过:“……历观世人,多有不好欢乐,乃仰眠床上,看屋梁而著书,千秋万岁,谁传此者?”如今,李敖与他的同仁们正是如此,在一个专制政党统治的小岛上,知其不可为而为之,以“朝闻道,夕死可矣”的怀抱,“期待一时一地的风光和千秋万岁的传世”。这样,李敖以每月两书的速度与国民党当局斗争。

《万岁评论丛书》的编务工作最初由政治大学一名研究生帮办,但创刊不久,这名研究生便当兵去了,李敖只好一人独当。直到1987年4月,终因精力不济等原因停刊。在三年两个月的时间里,《万岁评论丛书》共出刊40期,其中除第1期、第2期、第6期、第7期外,其余36期全被查禁,查禁率为90%。

其实,在官方眼中,书报查禁只是波峰浪谷中的表面喧哗,喧哗背后却隐藏着铺天盖地的汹涌暗流。1984年10月15日,在大洋彼岸的美国旧金山市郊,著名作家《蒋经国传》的作者刘宜良(笔名江南)被害,后被查出乃台湾竹联帮所为。消息传出,举世震惊。人们无不把凶杀案的操盘手指向了国民党政府。李敖《万岁评论丛书》第14册《江南·江南·哀江南》中有女子执手枪的漫画,并在画旁配诗曰:

海外放黑枪,
欲盖却弥彰。
谁是真凶手?
直指党中央。

第19册《奴才·奴才·骂奴才》中又有一幅小男孩拣螃蟹的画,并附有配诗:

正义虽晚不宜迟,
太迟正义难得直。

老 K 动作虽如蟹，
看你横行到几时？

在第 21 册“殉国·殉国·谁殉国”中又有诗句：

干到黄昏无限好，
蒋家江山是夕阳。

李敖的行为当然不会被官方放过，早在江南案之前，他已被列入“安全局”的黑名单。一日，有人向“安全局局长”汪敬煦建议，让台湾的竹联帮“为国家效力”。汪说：“可以考虑。”但又说：“他们要真的爱国，就要做出表现来再谈”。来人问：“如何表现？”汪说：“去把李敖教训教训！”

所谓“教训”，就是把李敖干掉。

汪的指令传到了竹联帮首领陈启礼耳中，陈说：“可以办。”但此时他已得到“情报局局长”汪希苓的口令：先“做掉”江南！

江南案发，被美国人侦破，事态闹大了。在国际压力下，不仅陈启礼等黑帮凶手被捕，“情报局长”汪希苓、“副局长”胡仪敏等一干人也纷纷落网并判刑。治安单位不敢轻举妄动，对李敖的行动也没了下文。李敖做梦也没想到，自己因陈启礼的坐牢而躲过了一劫。郭冠英曾有《射马中獐》一文，谈的就是这段奇祸。其实，李敖并非没有想到自己处境的危险，但他处之泰然，“老 K 逼我、关我、‘陈文成’我，都随他们的便，可是不论我的生与死、不论我的全与残，老 K 都要付代价，付他们愈来愈付不起的代价——这是我李敖笔上笔下牢里牢外二十多年的最大副产品、最大制衡力量，老 K 要继续惹我，就惹吧”！[①]

① 李敖：《保证互相毁灭》，《李敖大全集》第 30 册，第 331 页。

到1989年底，“千秋评论”已出足100期，前后为时八年之久。回顾这一段难忘的艰苦卓绝的办杂志生涯，李敖不胜感慨，他在志庆文《“千秋评论”一百期》中写道：

> 它的整个精神，就是对一切愚昧、黑暗与恶势力，表达出文字上的纪录、揭发与抗议，表现出“期期知其不可”的“敢直言”的精神。八年来，它从牢里写到牢外、从黑夜写到黎明、从四十多岁写到五十开外、从期期查禁写到期期放行，处处都可看出它辛苦的成绩。三年前，在“千秋评论”满五年的时候，我写道：“五年来，‘千秋评论’在排除万难下‘按期发行’，大体都在每月一册的进度下飞跃前进、迂回前进、匍匐前进。……不管国民党怎么对我‘魔鬼机器警察’式的消灭，我就是要心之所善、九死无悔，就是要前进。
>
> ……如今八年下来，国民党气数已尽，土匪之风稍戢；我则守死不去，文坛山大王之势如虹。……《诗经》有云：“君子于役，不知其期。”李敖之于“千秋评论”，其此之谓欤？[①]

就在李敖以“千秋评论”、“万岁评论”为阵地为民主自由而呼啸叫战的同时，李敖与党外新生代所办的一些媒体展开了大串联，为党外杂志写文章，联手打击“魔鬼”，修理传统，“颠覆他们的问题，查出他们的黑资料、烂账。”为了制裁恶势力，锲而不舍，深入追踪，共同为争取言论自由而斗争。林正杰在“千秋评论号外”序中说：

> 李敖所写的文章，只打老虎、不拍苍蝇，比“监察院”还像“监察院”。细数他的批判对象，国民党的大官员曹圣

① 李敖：《“千秋评论”一百期》，《李敖大全集》29册，第531-532页。

芬、李元簇、宋长志、宋楚瑜、林洋港、秦孝仪、严家淦……等，只有老虎级以上的大官才在他的射程之内。其他如“反共义士”等右派人物，李敖一概批发处理，绝不浪费笔墨（如：“为‘反共义士’进一解”、“只好连狗一起打”）。

对一些乱世里的小人物，李敖永远不放弃为他们申冤翻案的天职，“为老兵李师科喊话”、“我最难忘的一个‘匪谍’”、“游荣佳自首的人权意义”……这些喊话申冤的文章，在目前的司法体制之下，还不能纳入法官的判决意旨，但是，在历史法庭上，都将成为新一代法官的教材。

除此之外，李敖还兼“党外纪律委员会”主任委员，又兼“反对派血统鉴定师”、“反对理论建筑师”。这些炮口朝内的文章，李敖言者有心，只怕听者无意。在发育中的党外，如果要避免成为类似当前官场的小格局政客，对李敖的文章应多参考，少生气。①

据说，蚩尤是中国古代东夷族的部落首领，铜头铁额，食沙石，以金为兵器。他曾率领兄弟族人与黄帝大战于涿鹿之野，结果浴血沙场，留名千古。李敖十分赞赏这位东方战神的风采，1985年，在《李敖千秋评论丛书》屡遭查禁的艰难时刻，他写下一首壮怀激烈的言志诗：

落落何人报大仇，
明珠岂肯做暗投？
信手翻尽千古案，
我以我血荐蚩尤。

① 林正杰：《如何利用李敖》，《李敖大全集》第30册，第498-499页。

的确，李敖以其强烈的正义感和大无畏的战斗精神，加上深厚的学识智慧，与邪恶势力进行了殊死的战斗。正如他诗中所写："干到黄昏无限好，蒋家江山是夕阳。"他与同仁的联合作战，加上党外势力的发展，大大压制了国民党当权派为非作歹的念头和专制统治的嚣张气焰，使其在社会上渐失人心，在政治上步步为守。在以文济世的最黑暗的时刻，李敖看到了专制者的回光返照，看到了为自由而战者的黎明曙光。

1986 年 5 月 19 日，一群党外人士齐集台北龙山寺，静坐 12 小时，要求解除长达 38 年的"戒严令"，这便是后来名留史册的"五·一九绿色行动"，也是党外势力第一次上街挑战"戒严体制"的运动。在这次运动中，李敖拿出十万元，为每个参与者做了"五·一九"标签，以表示他对民主运动的支持。

20 世纪 80 年代中期，对台湾的老百姓来说，有着一件又一件振奋人心的消息。

此时，台湾的国民收入已近一万美元，民众的政治态度、价值取向、生活方式均发生强烈变化，社会民主气氛日浓，群众对舆论反映民情民意的要求更加迫切。这一切都预示着一场社会变革即将到来。

1986 年 3 月，在国民党十二届三中全会上，蒋经国开始政治革新；

9 月 28 日，民主进步党宣告成立，并得到国民党的默认；

10 月 15 日，国民党中常会通过包括实施"'国家安全法令'、解除'戒严'、取消党禁、实施新民间社团组织法令"等在内的改革决议；

1987 年 7 月 14 日，病入膏肓的蒋经国宣布自 15 日零时起"解严"，实施新"国安法"；

11 月 2 日，当局开放台湾民众赴大陆探亲；

1988 年元旦，开放"报禁"……

一夜之间百无禁忌，过去所有的禁区皆不复存在。各类报纸、出版物大量涌现，党外杂志更加活跃，在黄信介的《美丽岛》、康宁祥的

《八十年代》、王拓的《春风》之外，如林义雄的《新境界》，陈鼓应的《鼓声》，吴哲郎的《春雷》，以及《前进》、《生根》、《暖流》、《政治家》、《深耕》、《蓬莱岛》、《薪火》、《自由时代》、《民主时代》、《开拓》、《发扬》、《自由台湾》、《自由天地》、《新路线》、《新台政论》等，如雨后春笋般涌现，思想活跃，文化繁荣，办刊办报，蔚然成风。

台湾从此进入一个新时期。

在这些党外杂志中，又分几个派别。以许荣淑、林世煜、周玉清等为首的“美丽岛系”，主张立即组党，他们支持台湾乡土文学和“民族意识”，反对大一统的泛中华主义，《生根》杂志是其喉舌；另一派以李敖为导师，林正杰为领袖，虽也反对康宁祥的温和路线，但对未来倾向“统一”，《前进》月刊是他们的阵地；还有一派是拥护康宁祥的“温和派”，《八十年代》是其舆论工具。这些党外杂志虽然政见不同，但在批判国民党专制、争取群众方面却是共同的。李敖也因这一大方向而“几乎来者不拒的免费为所有党外杂志拔刀跨马”，[①] 与时俱进，为党外导航，投入了以笔为旗的行列。

李敖在带头办党外杂志的同时，亦与诸多党外人士联手合作，共同推进台湾的民主化进程。在他联手的对象中，最主要的有邓维桢、邓维贤的“《政治家》系”、许荣淑的“《深耕》系”、周清玉的“《关怀》系”、林正杰的“《前进》系”等等，但关系最深、持续最久的当数郑南榕的“《自由时代》系”。

郑南榕，1947 生，台湾人。台湾大学哲学系毕业，深受殷海光、李敖等自由思想的影响。曾于《政治家》发表《李敖，不要走！》一文。1984 年 3 月，郑南榕请李敖挂名总监创办《自由时代系列》杂志，要为“争取 100%自由”而斗争，深得李敖赏识。

李敖曾经回忆当时的办刊情景：

---

① 李敖：《李敖回忆录》，第 397 页。

办杂志要登记，办周刊要登记，三日刊也要登记。登记了，让你出一期，就把你周刊吊销一年，一年以内不准再出了。那我们怎么办呢？我们登记几十个周刊，就用这种方式。你看，主要的头衔叫时代，叫时代周刊，一会儿自由时代周刊，被你消灭了，第二个礼拜，我们又登记了一个叫先锋时代周刊，先锋时代周刊被你查禁了，我们又来了一个民主时代周刊，就是我们手中有五十几个执照。你每个礼拜查禁我一本杂志，扣留我的执照，一年不得出刊，我就换个执照，出另外一本。那读者就感觉出来了，凡是有“时代周刊”这个字眼的，就是我们的杂志，前面那个名字换了，张王李赵都不重要，杂志呢，就是这个杂志。[①]

郑南榕就是前面提到的“五·一九绿色行动”的发起人。

《自由时代周刊》创办人郑南榕

在办《自由时代系列》杂志的同时，郑南榕积极参与并推动成立“台湾民主党”的行动，后来又策划了“百万人签名运动”，在思想界与政治圈中成为一名焦点人物。1986 年 6 月 2 日，国民党当局以“康宁祥系”张德铭控郑南榕讼案为借口，将其逮捕。郑入狱后，李敖又亲自送上十万元到他家里给他的母亲表示慰问，并一人承担了郑南榕杂志亏本的损失 50 万元。

李敖与郑南榕在争取言论自

① 李敖：《李敖有话说》第 1 册，中国友谊出版公司 2005 年版，第 32 页。

由、鼓吹人权、民主等思想方面是一致的，但在政治观点上两人却愈来愈见分歧，其中最大的不同便是，郑南榕逐渐地走向了“台独”的道路。1989 年 3 月 6 日，郑南榕电邀李敖为杂志五周年写几句话，李敖写了《言论自由还是第一优先》一文，来表明自己的立场，两人曾有过一次长达 40 分钟的电话对谈，李敖在电话中反复举证，告诉他“台独”是一种梦幻，“我们要牺牲，但是不要为梦幻的理想牺牲”。[①]

“五·一九”事件，郑南榕被捕，坐牢时，他跟李敖说：“李大哥，请你帮我一个忙。”李敖说：“什么忙？”他说：“我知道你坐过牢，你跟监狱里面的这种黑道上的兄弟有关系。我的烟瘾太大了，我希望在坐牢的时候能够抽烟。你能不能找黑道的兄弟供给我烟，使我坐牢的时候有烟抽？”李敖说：“可以，包在我身上好了，你坐牢好了，放心坐牢。”结果，他坐牢后一根烟也没得到。原来，李敖已通过关系给监狱里的有关人讲：郑南榕抽烟有害他的身体，坐牢是最好的戒烟机会，现在要把他全体封锁，任何人不要给他烟抽，要逼他戒烟。

郑南榕在狱中自然苦不堪言。出狱后，对李敖一再抱怨。

一个月后，官方对郑南榕再次下手。被捕前，郑南榕怕第二次坐牢，于是想来一次轰轰烈烈的拒捕行动，买了汽油弹等物，准备跟警察大干一场。一群“台独”分子就围在他旁边给他打气。结果，当警察到来时，他丢出了汽油弹，现场一片混乱，房子着火。那些“台独”分子把门窗打开，纷纷逃跑。郑南榕说：“你们走吧，我料到会有这一天。请你们把我的小女儿带走。”就这样，他自焚了。

1988 年 10 月 1 日，李敖在“千秋评论”丛书之外，又创办了《乌鸦评论》周刊。

《圣经》中说，诺亚开了方舟窗户，最早放出的是一只乌鸦。足见乌鸦是最早为人类报讯的动物。而在中国文化中，乌鸦则是一种不祥

① 李敖：《李敖回忆录》，第 377 页。

之鸟，胡适曾在文章中以之自喻说：“人家讨嫌我，说我不吉利。我不能呢呢喃喃讨人家的欢喜。”但胡适依然在中国历史的转折关头作出了最有力的呐喊。李敖创办《乌鸦评论》用意更加明确，他要“痛斥政局的黑暗、政党的腐败、群众的无知、群体的愚昧、思想的迷糊、行为的迷信、社会的疯狂、知识分子的失职与怯懦”，把它办成一个真正的“谴责杂志”。他将“乌鸦”当作国民党的不祥之鸟，要让那个专制的政党在被啄食中“白骨剥露，凄风永拂”，在呱呱大叫中败兴、晦气、灭亡。

到 1989 年 3 月 17 日，《乌鸦评论》共出 24 期，因资金紧张停刊。

之后，李敖又应《世界论坛报》之邀在该报开辟了《世论新语》专栏，但没多久，也因发行人“吃不消”而中断。

随着年纪的增长，李敖感到自己要做的事情太多太多，时不我待，时不再来，1990 年 11 月 28 日，他在创办《求是报》的前夕，又一次在日记中调整自己的工作时间如下：

一、七点前起
二、九点到一点半　写四小时运动半小时
三、五点到七点　写二小时
四、七点到九点　在家晚饭
五、九点到一点　写四小时

自从 1987 年台湾“解严”之后，台湾的报禁宣告结束，两三年间，先后有 206 家新报上市，但由于党营报纸 37 年的市场独占与垄断，新报的发行渠道全被堵塞，加上新报的内容大都与党营报纸大同小异，充斥着“愚昧的言论”、“无聊的新闻”、“风花雪月”、“怪力乱神”，因此，又不得不倒闭的倒闭、萧条的萧条，一一败下阵来。

就是在这样的形势下，李敖决定要办一张新报——《求是报》。

他想起了50年前在重庆白色恐怖中顽强生存的共产党的《新华日报》，他要同《新华日报》一样，也出一大张，但不同的是，《新华日报》是共产党整个群体的党报，而《求是报》却只是他个人主持的"一介匹夫"的报纸。他要像苏东坡称道韩文公那样，"匹夫而为百世师，一言而为天下法"。他要借助这张报来"打倒政客、打倒混球；打倒妖妄，还我自由"，他要借助这张报使"仇敌丧胆，鬼神皆愁，刀刀见血，寸草不留"，[①] 他要借助这张报为中国前途定向，使它成为睿智的南针，"由先知者校正先行者的方向。"[②]

也就在此时，有一个和"警备司令部"有关系的人兜售旧印刷机，找到李敖。李敖看他有警方背景，用旧机器印刷成本又低，乃同意与之合作，来进行一场大作业。

1991年2月27日，李敖创办了《求是报》。整个运作皆由他一人操刀，没有专职记者，也没有专职编辑，新闻通讯稿和图片资料大都向海外购买。他认为，这张以传播思想为主的报纸在国民党群报林立中问世，它没有党派的同异，没有教条的束缚，没有群体的盲动，客观、清楚、细密，四万多字的内容，除特立独行的许多特色外，另一大特色是，同日在中国台湾发行东方版、在美洲美国发行西方版。该报"从不奉'中华民国'正朔到天天彩色'三点不露'臭'新闻局'"，"超尘拔俗、诃佛骂祖、发奸擿伏、语妙天下"，[③] 热闹万分。单从文章标题，即见其思想端倪，如《国民党伪政府"利益输送"张荣发真财阀》、《"王善从报告"交"求是报"独家发表——原来是蒋经国把犯人掉包骗调查委员》、《德国审纳粹战犯，国民党更显混蛋》、《西藏真相被误导，亟待澄清》等等，国民党官方不会不知道，在海峡对岸，《求是》杂志是取代《红旗》的中共中央理论刊物，这种"隔海

① 李敖：《生公说法鬼神听》，《李敖大全集》29册，第547页。
② 李敖：《一张报，打倒你》，《李敖大全集》29册，第544页。
③ 李敖：《〈求是报〉是知识贵族最便宜的报》，《李敖大全集》第29册，第550页。

唱和”更使国民党官方感到头疼万分。

有一天，“警总政六处处长”曹建中遇到出版人叶圣康，乃大骂李敖。叶圣康说：“处长对李敖恐怕有所误会，何不由我安排，见见李敖？”曹建中闻言色变，连忙摇手说：“我才不要见他，没有人敢见他。见过他，他什么都给你写出来，你洗也洗不清！”

这一年，青年党领袖李璜去世。在他去世前几天，李宁访问了他，后对李敖说：“李敖你真可怕，李璜谈到你的时候，都特别把声音放低，并且面露恐惧之色，你说你李敖多可怕！”

《求是报》发行半年之后，终因曲高和寡、资金不足而停刊。

《求是报》停刊之时，“李敖千秋评论丛书”也已创办十年，再办三期便出足120期，李敖决定“千秋”亦告一段落。1991年11月1日，李敖合《求是报》与“千秋”为一刊，创办了《李敖求是评论》月刊。该刊依然是在发特立独行之文、振聋发聩之言、“虽千万人，吾往矣”之论，是一个“崇尚真理、全说真话、专讲是非、没有党派”[①]的杂志。这本杂志办了五个多月，到1992年4月停刊。至此，李敖“老去无端办报纸”的杂志生涯告一段落。他回忆说：

> 《李敖求是评论》共办了六期，为时半年。到了1992年4月1日，我急着要写《北京法源寺》以外的那些书，决心结束每月不得安宁的写作方式，于是在《李敖求是评论》第六期出版后，告别了这一每月折腾的生涯。自《千秋评论》起算，这一生涯长达十年之久。[②]

在这十年中，李敖所写文章的内容极其广泛，如他所说：“大小事

① 李敖：《〈李敖求是评论〉杂志发刊词》，《李敖大全集》29册，第562页。
② 李敖：《〈李敖求是评论〉杂志发刊词》，《李敖大全集》第29册，第562页。

皆谈，就近取譬、随缘论人、因材施教、雅俗共赏，并无所定型。纵所论者小，也是以小喻大，乍看起来，或是论断一些杂碎人物，其实文章深处，别有大义存焉。”[①] 他的《世论新语》、《求是新语》都是这方面的典型。在他出版的《蒋介石研究》、《国民党研究》等一系列历史研究著作中，表面看写来都是轶闻琐事，但他凭着精湛的历史功底“以小见大”，揭示出专制政党的真相与本质，批判了腐败政府的反动与没落，让人们看到了现代史的真面目。他认为，在以往的历史研究中，由于治史观念的错误，人们看到的历史只是一团迷雾。古代史成为“帝王家谱”、“相斫书”和“断烂朝报”，真假难辨；现代史成为一党史观下的“獭祭”对象，“强史就我”，这些都是“遮盖真正中国史的魔障”。[②] 要使人们“拨云雾，睹青天”、“噩梦初醒”，就必须采用真正科学的治史方法，那就是从考据入手，小心求证，让事实说话。他从蒋家历史切入，从国民党的历史切入，以现代史为例来“现身说法”，就是这种治史方法的一个大胆实践。

李敖认为，蒋介石祸国殃民，代表的已经不是一个人的姓名，一个政府或军队的军职和官衔，而是整个黑暗反动的势力，是帝国主义在华的利益，因此，对这样一个独裁典型，我们不能鞭尸一次就算完事，而要年年来，“天天是秋后”。只有这样不厌其烦，才能做好真的拆穿、真的清算。十年中，他写了《蒋介石研究》、《蒋介石研究续集》、《蒋介石研究三集》、《蒋介石研究四集》、《蒋介石研究五集》、《蒋介石研究六集》等六部专题研究蒋介石的著作，还编印了《拆穿蒋介石》、《清算蒋介石》、《蒋介石张学良秘闻》、《侍卫官谈蒋介石》四部专题研究的书，又策划出版了几十种批蒋的书，并跟弗吉尼亚州立大学（柏堡）资深教授汪荣祖合写了《蒋介石评传》两册。这种百折

① 李敖：《台湾哪有大事!》，《李敖大全集》第 19 册，第 17 页。
② 李敖：《中国史的拨云见日》，《李敖大全集》第 37 册，（台北）成阳出版股份有限公司 1999 年版，第 2 页。

不挠的斗争精神，这种深入浅出求真觅本的历史研究方式，这种连续不断地以专书、专集轰炸的成绩，是任何研究蒋介石及中国现代史的学者都难以比拟的。李敖说：

> 在蒋介石生前，在他淫威所及之处，没有人敢拆穿他、没有人能拆穿他；在蒋介石死后，在他的余威犹在之处，也没有人敢拆穿他、也没有人能拆穿他。中国人中，真正敢也真正能拆穿他的，是从李敖开始。我认为这种道德意义，比存信史的意义更难能可贵。……当年蔡松坡起义，反对袁世凯，最大理由是“为国民争人格”，如今我在蒋介石阴魂不散的岛上，敢于在他头上动土，也是“为国民争人格”。争几十年来被蒋介石欺骗、被蒋介石恐吓、被蒋介石作弄、被蒋介石羞辱、被蒋介石强奸得麻木不仁了的人格。试看蒋介石出丧之日，台湾百姓夹跪道旁的场面，“更无一个是男儿”，纵古代帝王驾崩，人民被侮辱，也不逾是！这成什么世界！在道德上，人民又是何等下贱失格！下贱失格却不以为辱，这正是典型的麻木不仁，这又是何等可悲！如何破除这种麻木不仁，只好先从拆穿蒋介石着手。①

在“蒋介石研究”之后，李敖又把矛头对准了老蒋的传人蒋经国。在蒋经国生前，李敖就出版了封面标出“蒋经国死了”的“诅咒”之书，“以代天讨”。蒋经国死后一周年，李敖又编著了《论定蒋经国》一书，“一来打倒国民党的马屁书刊，令其虚生；二来证实民进党的没有志气，令其愧死；三来向全世界显示，在生死线外，中国毕竟有

① 李敖：《〈蒋介石研究〉自序》，《李敖大全集》第8册，中国友谊出版公司1999年版，第145页。

强项不屈之人，在台湾岛上，不畏蒋家王朝，而以个人力量，挺身为人间存正义而留信史。”[①] 他从历史发展的角度，通过大量事实对蒋经国进行了无情的揭露，指出歌德派所谓的蒋经国创造的“经济奇迹”只是“溢美”，所谓的“政治奇迹”更是“胡说”。[②] 在这一系列作业之外，李敖还经江南夫人崔蓉芝授权，出版了《蒋经国传》（江南著）一书，以助声威。

李敖对蒋氏家族的一路批杀，奋笔不辍。在批人的层面之外，又写出了《国民党研究》和《国民党研究续集》，用严格的考证功夫证明国民党所吹嘘的“百年老店”，其实都是捏造的伪历史，无情地拆穿了国民党的神话。

可以看到，无论是批人，还是辨史，“经世致用”才是李敖着墨的真正意图。透过他的每一个局部的批判，可以窥到作者对几千年来的封建主义毒素的无情鞭挞。蒋家王朝也好，国民党臭史也罢，都不外是这一宏大作业下的小小切片。李敖曾说，“中国的封建主义是海峡两岸的共同敌人”，它“源远流长”、“无孔不入”，要横扫它们，必须“从纵深切入”，“不分大题目小题目，只要能大题大作或小题大做，显示出‘大手笔’，就值得一写”。“它有赖于逐项的细部功夫”，“表面上看是争‘一时’，其实争不到‘一时’的，在现代社会形态的轮转下，也休想争到‘千秋’”。[③] 这里的“一时”指的是对一个个“切片”的研究，这里的“大手笔”，指的是影响历史的思想和精神，理清了它，自可正本清源，成就千秋大业。也正是在这一层意义上，我们可以感悟到李敖的批蒋作业所产生的言外之义和味外之旨。

在这十年颠覆国民党的“笔伐”大业中，李敖由 47 岁到 57 岁，人

---

① 李敖：《李敖快意恩仇录》，第 449 页。

② 李敖：《论定蒋经国》，《李敖大全集》第 11 册，中国友谊出版公司 1999 年版，第 280 页。

③ 李敖：《封建主义是海峡两岸的共同敌人》，《李敖大全集》第 13 册，（台北）成阳出版股份有限公司 1999 年版，第 273-275 页。

生有限，以一生中的十年之功来锲而不舍地做如此艰苦的斗争，举国之内，可谓绝无仅有。

在对国民党的研究之外，李敖还有大量的副业，在民进党当政后他曾夫子自道：

> 这一斗争，还有两个旁支，一个是我为人辩冤白谤，从英雄张学良到老将孙立人，从死囚张国杰到老兵李师科……乃至奇冤异惨的种种大小案件、翻案史实，我都介入其中，奋笔为文，大量出书，不遗余力；另一个是我不但带头批评国民党，也在党外人士不争气的时候批评党外，我写过《党外与混蛋》、《我们要有批评党外的自由》等文字，并且对“台湾人的政治规格”多所着墨。最后这批人当道了、当家做主了，就轮流执政的意义来说，我已功德圆满，虽然我不免发生错误，例如我当年骂他们是浑蛋，现在我承认我骂错了，实际上，公道地说，他们实在不是浑蛋——他们是大浑蛋！①

1992年1月5日，李敖夜里两点一刻起床，在写作四小时后，又开始制定出新的写作目标：在1995年4月25日以前，至少要完成小说三部、《中国思想史》三册，总计120万字。在他看来，小说乃性灵之作，可以“上天下地，独与天地精神往来”，思想史文字则为学术之作，要求“句句有据，是笨功夫加上聪明解释”。② 他自己的优势，正在两端。

---

① 李敖：《李敖快意恩仇录》，第461–462页。

② 李敖：《写作主力两大类》，《李敖大全集》第19册，第458页。

五、情人与助手

早在1984年，李敖于“千秋评论丛书”之外，又加出《万岁评论丛书》，与党外杂志展开了大串连。其中，关系最深、持续最久的是台湾人郑南榕的《自由时代系列》。郑南榕打着李敖的旗号（以李敖挂名总监），高喊要做到100%的自由，其中最大的舆论突破，是对蒋家三代的总清算。

经李敖授意，郑南榕在《自由时代系列》连载了江南的《蒋经国传》，引起社会的强烈轰动，其中有一位署名王小屯的读者来信说，如果把《自由时代系列》和“千秋评论”、“万岁评论”联系起来看，你会发现台湾历史中那种独一无二的悲情。

看到郑南榕的大动作，李敖十分高兴，电话约郑南榕到仁爱路的一个茶馆谈话，但左等右等不见人来，只好独自回家。

就在茶馆门口，李敖被一个姑娘吸引住了。她长头发，高个头，亭亭玉立，下穿一条白短裤，把大腿衬得修长而灵巧，这是李敖最欣赏的美女造像。那女子一路朝东走，李敖情不自禁跟了上去，直到她转弯上了光复路，李敖才意识到自己的车还停在茶馆的门口。当他准备回头取车时，忽发现前面那女子优雅地回了一下头，他看到了一个美丽恬静的脸庞，李敖羡慕地望着她，女子先是一愣，然后微微一笑，复又朝前走去。

这真是一个充满魅力的美人。李敖折回头去开车，复又沿仁爱路向光复路寻去，北到南京路，南到信义路，那女子早无踪影。

李敖回家后，接到了郑南榕的电话，原来《蒋经国传》的连载受到官方的注意，他被“约谈”了，并说文化大学请他和李敖去跟大学生见面，他去已不便，请李敖代表。

文化大学是一所综合性的大学，学术气氛比较浓厚，学生对台湾的文化现状十分关心。李敖到学校后，即被同学们围住，纷纷拿出李敖的作品请他签名，其中有一位在他签名时说："能为我写两句话吗？"李敖抬头一看，站在眼前的不是别人，正是那天在仁爱路碰到的那个难忘的女子。她朝李敖微微一笑，似乎也想起了那天的情景，她说："原来，你就是李敖！"李敖在她送的书上写道："我喜欢匿迹，却厌恶销声。"就这样，他们认识了。

这位漂亮的女生，就是王小屯。

这年夏天的一天，王小屯身穿短裤，一如往常地在台北市仁爱路的公共站牌前等公共汽车，就在公共汽车快来临前的那一刻，一位中年男子从她背后冲了上来，拍了拍她的肩膀，她扭头一看，眼睛一亮，原来是李敖。李敖笑着问："能把你的电话告诉我吗？"她对李敖本来就无恶感，想到告诉他反正也没什么，于是很大方地告诉了他。没想到李敖电话攻势惊人，没多久两人的关系就非同一般了。

王小屯又名王志慧，当时 19 岁，家住南港，聪慧善良，不喜奢华。她虽然在文化大学读植物系，但酷爱文学艺术，在中学时便是李敖的崇拜者。自从两人结识以后，王小屯常到李敖家里去，帮助他整理文件、修改来稿，成为李敖的一个得力助手。

那是 1984 年 10 月 15 日，李敖正在家中与小屯整理稿件，郑南榕急匆匆推门进来，告知李敖一个惊人的消息：江南在美国自己的寓所遭暗杀身亡。李敖气得一掌把写字台上的茶缸击得粉碎，王小屯见状赶忙去抓李敖的手，发现他的手已经流出了血。

次年 2 月，李敖的《万岁评论丛书》第 14 期出版，该期的书名为《江南·江南·哀江南》，在书中收录了李敖文两篇：《"中华民国总统"怎样暗杀政敌？》和《说他妈的谁干的》。刊物发行后不久，刺杀江南的凶手之一"小董"（董桂森）托人送密件给李敖，再一次证实了他的判断。[①]

① 关于国民党刺杀江南的原因，台湾《中国时报》2001 年 1 月 8 日报道，当时负责辅导"竹联帮"陈启礼的台湾"安全局"第三处副处长陈虎门于 17 年后透出内幕："制裁江南并无关私人恩怨，也无关乎他的著作，完全因为江南是背叛国家的'反间'。"

李敖在与王小屯相恋的第七年，他们的恋情终于被小屯的父母知道。当小屯跟父母说她将要结婚的对象是李敖时，全家立刻陷入一片愁云惨雾之中。她妈妈当场就哭了，坚决反对，并对她说：“你完全可以嫁给更好的人，为什么偏要选择李敖？他比你大不说，还那么不保险。这门亲我不同意。”

就读文化大学的王小屯

李敖得知这一消息后，赶忙请小屯的哥哥从中说合，加上小屯又撂出狠话：“如果不嫁给李敖，我就一辈子不嫁！”两位家长才终于点了头。

1992 年 3 月 8 日，李敖与小屯正式决定结婚。此时，李敖 57 岁。

在结婚的当天，李敖西装革履，风度翩翩。他开玩笑地对小屯说：“你该不是想骗婚吧？”小屯机智地回答：“你那么奸诈，谁骗得了你！”两人高高兴兴地按约定驱车赴南港去见岳父、岳母，随行者有他的好友陈兆基、陈良榘、陆啸钊、陈彦增，这也是他们的证婚人。

王小屯的父母都是河北省人，生活节俭，不慕荣华，比较开通。由于李敖的年龄比丈母娘还大，在见面时，李敖遇到了有史以来第一次局促，他不知如何称呼他们。但他还是念念有词，彬彬有礼地向他们鞠躬行礼，在四个证婚人七嘴八舌的掩护下，称呼便含含糊糊地混了过去，岳父、岳母也没追究，一家人又高高兴兴地回台北举行仪式。

直到仪式开始前，李敖和小屯才想起没有结婚证，没有结婚证就不能向户籍机关陈报，于是李敖又买了街上出售的“结婚证书”。证婚时，由于李敖反对新娘戴戒指的俗套，故小屯亦未戴戒指。李敖拿起一个易拉罐的拉环开玩笑地说“要戴戒指，就用这个拉环代替吧！”在一片笑声中，证婚完毕。李敖在结婚证书中写下了四句话：

证人从老，
证书从俗，
正朔从伪，
三从出炉。

李敖想，小屯若生古代，一定是三从型女人，她思想忠贞保守，对不熟的人常常一言不发，看起来架子很大，被郑南榕的太太叶菊兰、林世煜的太太胡慧玲戏称为“王大牌”。其实，真正能了解自己、帮助自己的，还是小屯。

1992年8月3日，小屯生下一个男婴，取名李戡。

1994年11月23日，小屯又生下一个女婴，取名李谌。

李敖解释说，儿子和女儿的名字隐含着《赵氏孤儿》的典故，即他有仇恨，要报仇。而且国民党“动员戡乱”的时期结束了，李敖讨伐专制政党的时刻来到了。故生男是武，生女是文。

李敖对自己与小屯的这桩婚姻怡然自得，三年后，他有文记之：

太太小屯，儿子戡戡，别人下海，我们上山；太太小屯，女儿谌谌，上山以后，旁若无人。不亦快哉！

自从与小屯结婚后，社会上再也未见有关于李敖情事的花边新闻了。

第十二章 舌耕布道

残山剩水我独行——四百年来，台湾在外国人、外省人、本省人的相激相荡下，已经变成了一个畸形的、肤浅的、荒谬的、走火入魔的岛。李敖在这个岛上，虽然不见容于朝、不见容于野，但是独来独往的气概，“我手写我口”的气魄，却老而弥坚。这次应邀演讲，就是要在众口一声的时代里，呱呱大叫一番。

——李敖：《李敖回忆录》

一、“刁民”闹衙

早在参加大专联考时，李敖便与法律结下了不解之缘。那不到一年的法律系的底子，在他的人生道理上埋下了“斗法”的伏笔。1962年，他被胡秋原告上法庭后，不请律师，自我解决，并且从此讼性大发，打官司成了家常便饭。或原告，或被告，或告发，或代理，频频出击。1989年，他的好友苏荣泉到泰国旅游被枪杀，李敖凭着超人的胆识、义气和智慧，替苏的遗孀从八家保险公司讨到了高达2亿3790万元新台币的人身保险金（约合86万元美金），引起轰动。但最令李敖难忘的还是他同台湾“政府”的几场官司，他认为，自己以老百姓身份走上法庭，与法官辩法，同官衙斗法，最具施教意义。

“刁民”李敖

1985年4月25日，李敖出版了《李敖千秋评论丛书》第43期《五十·五十·易》（上、下册），其中的下册因《从杀人灭口到抓人脱罪》一文“混淆视听”遭台北市警备机构查扣。

在查缴过程中，部分下级执行人

员搞不清楚上、下册的区别，索性见书就查， 结果该书上册亦遭查缴，并由台北市政府出具查扣收据，满载而归。两月之后， 李敖由龙云祥律师代理，向台北市政府提出了《损害赔偿请求书》，指出："正因为贵衙门有关人员利用职务上之机会，以强迫手段，违法扣压未经查禁之书籍，致使请求权人所发行该丛书《上册》除被违法扣押46本外，其余未扣押部分，也因而不能陈列出售，妨害请求权人发行、出售之权利，损害请求权人可得预期之利益6901元（内含已扣押的46本书价6900元及未扣押部分优待为1元）。"台北市政府收到这份"请求书"后，自知理亏，且来者不善，于8月29日上午，在市政府法规委员会召开协议，与李敖达成了《台北市政府"国家"赔偿事件协议记录》，并于当日开出损害赔偿"国库"支票"6901元"。其中，6900元是已扣押部分的折现；1元部分就是优待的罚金。李敖大获全胜。

几乎是与此同时，李敖与高雄市政府的一场官司也在进行中。早在1985年4月15日，李敖出版了《我给我画帽子》一书，高雄市方面由盐埕区大仁路141号孙慧珍代为销售。6月27日，警员王聪琰将其书查扣，并出具编号第039334号"高雄市政府取缔违法出版品录影节目带三联单"一纸，以资证明。因为该书并未在查扣之列，李敖感觉到又有戏唱了。

8月10日，李敖去函高雄市长苏万成。他指出："因台端台南市长任上，本人曾写文章揭发台端为'台湾第一不要脸'，全市哗然，议员且纷纷以台端无耻为询。今日台端走马高雄，自然有假借职务上之权力、教唆下属王聪琰、非法扣押上开书籍、妨害本人依法发行权利之嫌，显已触犯'刑法'第134条、第29条及第304条之罪嫌。又台端身为公务员，于执行职务行使公权力时，故意不法侵害本人发行之权利，依'国家赔偿法'第二条及第七条规定，应由台端之衙门负损害赔偿责任。"苏南成收到信后，半年多时间未预理睬。于是，李敖于次年3月13日由龙云祥律师代理，向高雄市政府提出《损害赔偿请求书》，高雄市政府收到后，无法再拖，于5月9日在高雄市警察局简报室召开协议，与李敖达成了"'国家赔偿'事件协议记录"，确定除了撤销所开票据、退还查扣的两本书外，象征性赔偿请求人新台币1元，并将王聪琰调职处分。

在协议当天，警方命王聪琰当场向李敖报告事情经过。这位大块头警员满面羞愧，吓得话都说不清楚了。警方问李敖对王的处分"是否满意"，李敖网开一面，大大咧咧地说："我写的书，九十多本都给查禁了，警察执行查扣时，难免弄不清楚，因而见书就扣，王警员的错误是可以原谅的，我想不必进一步处罚他了。"王聪琰听了，赶忙向李敖鞠了一躬表示感谢。

就这样，高雄市政府于无奈之中开出了一张一元额的国库支票，李敖把它作为战利品保存了下来。

就在台北、高雄皆被李敖罚款后，官方在查禁出版物方面谨慎了许多，李敖的书刊生意也似乎更加好做了。但没过多久，台中市政府又撞到了他的枪口上。

1987年6月22日，李敖得到消息：台中市军警宪及情治人员一大批，趁妈妈张桂贞在海外探亲之时，于头一天找锁匠开锁，进入她在台中一中的宿舍，搬走大量书籍。李敖赶忙从台北赶到台中，料理善后。他做了大量的走访调查后，根据官方开据的三联单上的大印，将目标对准了台中市政府。

7月1日，李敖以请求权人张桂贞的代理人身分，向台中市政府寄出了《损害赔偿请求书》。

五个月过去了，对方没有反应。李敖又以原告张桂贞诉讼代理人身分，在台中地方法院民事庭将台中市政府告上了法庭。

次年2月10日，台中地院二庭推事黄秀得判决台中市政府败诉。但台中市市长张子源不服，代表市政府提出上诉，认为扣押事宜系台湾中部地区“警备司令部”签发搜索票并予执行，倘有差误，责任不在台中市政府。而李敖认为此理由难以成立，他的理由是：盖有市政府大印的三联单如何能交给“警备总部”使用？如此作为，在逻辑上、行政程序上、行政责任上，都是无法卸责的。对方说“收据上有‘中部警备部文化专员’孟启正的签名”，这并不能说明问题，票据上确有“孟启正”三字，但并无“中部警备部文化专员”头衔，受害百姓从何得知‘孟启正’是军职人员？即使“孟启正”是军职人员，将盖有台中市政府印信之空白收据，供非台中市政府所属人员使用，被告又焉能不负责？

半年后，此案在台中高分院开庭。在法庭上又出现了一则怪事。孟启正作为证人到庭，并在作证时公然表明身分，说他是“台中市政府文化小组官员”，“本案由台中市政府主办、由中部‘警备总司令部’协办。”话犹未了，台中市政府职员和律师马上向法庭表明：“孟启正并非台中市政府职员，他是中部警备司令部政二科的人。”李敖听了，立刻向庭上表明：“这里面涉及伪证或不当提示证人的问题，务请书记官详细记明笔录。”就这样，两个衙门当庭互赖、争先卸责，闹了场大笑话。

李敖对这场官司胜券在握。他的主要依据是：即使按照当时的查禁政令“台湾地区戒严时期出版物管制办法”第八条规定“出版物有本办法第二条或第三条之情事者，对其出版发行人应依有关法令予以处分，并扣押其出版物”，明定扣押对象是“其出版发行人”，而张桂贞只是一位雅好收藏禁书的老太太，人既非“出版发行人”、住所亦非“出版发行人”住所，怎能查扣她的书？关键是，按照“出版法”第39条，只禁止“出售及散布”，并未禁止“持有”。单纯之“持有”并不犯法。本案对私人住宅破门而入，未经地方自治组织认证，抢走“禁书”，其行为，在模式上与破门而入，抢走“黄金”、“美钞”并无二致。所以台中市政府要赔张桂贞才成。

看来事实明确，但在判决中，台湾高等法院台中分院法官翁其荣等却判了台中市政府胜诉。

李敖又上诉。最后，经最高法院法官刘焕宇等法官判决，台中分院三法官判决错误，要求分院更审。从1989年5月3日起，该案更审。更审了一年三个月，此时，台中市长张子源也下台了，法定代理人换成了新市长林柏榕，原来的法官也换了，于是由黄奠华等法官判决原告张桂贞胜诉。但林柏榕不服又提出上诉，案审分到“最高法院”法官李锦丰等人手中，竟认定台中市政府胜诉。此时，该案已历时三年四个月。

法庭在判决书中以书非张桂贞所有为由判其败诉。李敖母子决定据法力争，他们认为，所争者，除民事责任、司法公正以外，更着眼于“宪法”中人民基本自由之保障。案子上诉到“最高法院”，杨秉钺等法官认为张桂贞胜诉，于是又发回台中分院更审，台中高分院法官楚汝聪等审理了此案，听着李敖在法庭上义正词严的指控，法官们为之动容。退庭后，听到审判长楚汝聪出门时的大声赞叹，李敖感觉到自己赢定了。

终于，法官楚汝聪等以长达12页的判决书详述了张桂贞胜诉的理由。林柏榕虽然又上诉，但“最高法院”法官范秉阁等予以驳回。

1993年2月22日，李敖前后打了五年七个月的“国家”赔偿官司，终于胜利了。他大喜之下，立刻致信林柏榕：“你们官司打败了，快赔钱来！”在林柏榕采取拖延政策后，李敖又向法院提出《强制执行声请状》，4月19日，台中地方法院法官赵春碧下达了执行命令，5月12日，台中市政府终于开出了国库支票，全部赔偿（包括利息）总计新台币234.8656万元。

李敖执票在手，兴高采烈，他对人笑着说：“张桂贞老太太真后悔家里只收藏了14708册禁书，要是多收藏十倍，那台中市政府不就多赔十倍了吗？这样子，每照定价十足收款，不打折扣，简直比卖给书店、卖给读者还划得来呢，这么好的买主，又那里去找啊！台中市政府万岁！台中市政府万岁！"

在法庭上，李敖一连打败了三个市政府。在法庭外，他见到了那个参与查扣作业的派出所主管警员杨三共，他开玩笑说："一个'共'（共产党）就把国民党给整垮了，你三个'共'，怎么得了，'警备总部'不该先抄我妈的书，应该先抓你打屁股才对啊！"杨三共满脸通红、摇头苦笑说："李先生请原谅，我是小人物，一切奉命办事，李先生请原谅。"

这天，李敖逛牯岭街书店。书店老板认出李敖，大发感慨："多年不见，学历史的只有你李先生发了财。"李敖笑着说："如果发了财，绝非由于学历史，学历史只能翻旧账，何能发财?"

在风波不断的官司中，李敖始终坚持坚定的斗争信念。十年后，回想起这段斗法历程，他尤其强调了其中的施教意义：

> 我打一个官司，我只要一块钱。为什么呢？就给台中市政府看，我为一块钱都会南下，好几次，路费也不止一块钱了，对不对？旅馆费也不止嘛。可是表示我把你锁定就没完。叫他清清楚楚地知道你这个人是死硬派，你绝对有耐心跟我们打到底，绝对不会中途放水的。表面看，好像玩世，骨子里面跟我整你这个政府，整个全盘作业有关。我不是以打官司为乐，可是表面上打官司是为乐的，骨子里面是有阴谋在。①

他认为，自来衙门欺负百姓，本是常态。但这一常态能得以形成，与老百姓的消极配合有很大关系。一方面衙门欺负你，作威作福；一方面你逆来顺受，给以配合，这样才使这一欺负作业完成。如果被欺负的

---

① 孙承斌：《聆听李敖——大陆记者首次专访李敖节录》，新华网2001年6月4日–14日。

一方，挺身而斗、据理力争，跟衙门斤斤计较、纠缠不休，则衙门未必胜算，而大官人未必得可偿失。中国人自古以来便有“戒讼”的传统，这种传统实际上是在助长统治者的威风。西方人为了一文被欺，往往千金兴讼；为了一句被诽谤，往往告进公庭，涉讼经年，这种勇于抵抗、据理力争的精神正是一个进步民族的标志。作为一个现代知识分子，在举世畏讼的社会就应该做出表率，引领人民步出“忍气吞声”的思想窠臼。因此，他感到一场官司下来，即使只赢了“一元钱”，其垂范性的意义则非同一般。在打官司的心态上，自然有一种“成固欣然，败亦可喜”的超迈，“我反正站在正义的一边，法官苟有异数，同我一边，是谓‘欣然’；法官同流合污，不同我一边，但他们的判决书可以被遗臭万年，留为历史活证，这也不错，是谓‘可喜’”。①

二、白眼看“台独”

“台独”作为一个政治术语，全称是“台湾独立运动”，特指以否认台湾是中国领土不可分割的一部分，而以争取“台湾独立建国”为目标的一切政治活动。

“台独”最初起源于20世纪40年代中期，由于长期以来台湾当局的镇压，只能在海外的少数地方活动，进入80年代以后，岛内政治反对派进入活动高峰期，随着当局对“台独”的宽容放纵态度，“台独运动”以前所未有的速度与规模发展，滞留海外的“台独”头面人物几乎全部回到了台湾，把岛内当成主要舞台，从言论层面上升到“实施阶段”。民进党公开把“台独”列为“政见”，一些“台独”激进分子进入台湾的权力机构。在国民党内亦有人提出了要求当局改变

① 李敖：《打官司的成与败》，《李敖大全集》第17册，第331页。因此，他以做“刁民”为荣。

“一个中国”的政策，统独之争也自然成为台湾政治思想界的一个焦点问题。

在与党外人士的联合作战中，李敖几乎无役不投，成为党外运动的主帅之一。但随着斗争形势的变化，一些党外人士逐渐滑向了“台独”的深渊，李敖便毫不犹豫地表露出自己的不同观点。1986年9月民进党成立，党纲草案中写有“台湾前途应由台湾全体住民自决决定”，态度还较暧昧，但四年后在民进党第五次代表大会上，就有人提议将“建立产权独立自主的台湾共和国”的条款（即“台独条款”）正式写进党纲。李敖在批判民进党的政治“缺德”、迷信无知、派系斗争、藏头缩尾、奴颜媚骨等特性的同时，亦尖锐批评了以民进党为主流的“台独”思想。

早在20世纪60年代，李敖在批评文学创作中的“乡愁情结”时，就已表露出他对一个中国观念的固守。他说：“许多外省的朋友，他们写诗填词，俨然以‘作客’的姿态出现，这是很不得体的小气派。他们一提笔，就满纸是‘他乡’、‘旅次’、‘客次’、‘逐客’等等的立场，这是绝对不妥的。这简直是有意划分中华民族的共同血液与山河。”[①] 在他的思想视野中，“中国”从来都没有局限在小小的台湾版图之内，而是一个宏大的概念。这从他在中学时代写下的言志诗中便可以清晰地看出，比如“志士忧国怀乡土，不过孟关不去胡”、“疾风拂壮志，走马入神州”、“中原驰骏马，千里赴鹏程”等等，关于“大中国”的意象不断出现。到80、90年代，党外势力兴起，当一些人提出“台独”的口号时，他的这种意识更加明确。他认为，台湾是中国的一个省，这是一个毋庸置疑的事实。而且，祖国统一最终必将实现。他在答记者问时预言：“台湾未来将被中共取得，国民党会消失，‘台独’空忙一场。”[②] 1991年7月6日，台湾《联合报》登一消息，

① 李敖：《从乡愁到大气派》，《李敖大全集》第3册，第324页。
② 李敖：《花花公子访问李敖》，《李敖大全集》第16册，第223页。

称“今年四月底海基会首次大陆行，中共媒体一开始亦称其为台湾‘省’海峡交流基金会，后来改称台湾海基会；这次用语如出一辙，是否有意凸显海基会的地方性色彩，值得注意”。“中新社、新华社口径一致”、“与上回用语如出一辙似又玩‘矮化’游戏”。李敖认为，《联合报》的报道是不公正的，“台湾为中国的一个省，国民党伪政府并不争执……台湾既是中国的一个省，海基会不是台湾省海基会，又是什么？台湾之于大陆，明明是一个省的孤悬在外、明明是一个省的地方割据，在事实上与逻辑上，称作‘台湾省’，都是名正言顺的，又何‘矮化’之有？”他一针见血地指出：“台独”思想是心胸狭窄的表现，是“岛国的偏狭之见”（insular prejudice）只有实现统一大业才有大中华的气象。他在《怀念郭国基先生》一文中借这位民族英雄的话说，“‘大陆这么大的财产’，是共同的祖先开垦的，‘财产未分，大家有份’……他没有因为对国民党的厌恶而影响到他基本方向的清明，而影响到他对整个中国的热爱，而影响到他采用狭小的眼光舍弃他对整个中国的关切”，“为正确目标而奋斗的人，要有‘山平水远苍茫外，地辟天开指顾中’的气象，不要因苍茫而小家子气，只求跟偏安的、自私的一党独大共存，而忘了河山千里的指顾。”①

在《拿破仑与“台湾独立”》等文中，李敖又具体阐述了自己的“一国”理念。拿破仑在少年时代便参加科西嘉岛的独立运动，他的父母都是“科独”的激进分子。在一次斗争失败后拿破仑醒悟了，他认为“科独”并不能带给科西嘉真正的独立，当包力将军提议勾结英国以反抗法国的时候，拿破仑拒绝了，他说：“这样做，等于把科西嘉由法国转卖给英国。”这自然不应该是科西嘉的前途。李敖由此论述到：“拿破仑献身‘科独’运动，他可以举出一千个科西嘉应该独立的理由，但是，一朝他有了世界性的眼光和‘大陆’的胸襟，他觉悟

① 李敖：《李敖大全集》第13册，中国友谊出版公司2000年版，第34页。

到他不该再以一个小岛褊狭之见来夜郎自大，当然也毫不自卑，你看，他以一个又矮又小的科西嘉人，最后统治了‘大陆’；真正有大志的人，他不怕‘大陆’统治小岛，而要用小岛统治‘大陆’。”“36000平方公里的台湾，只不过比8700平方公里的科西嘉大一点点儿，有眼光和胸襟的‘台独’豪杰们，不妨想一想。”①

他在《没有国是孤岛》一文中举例说，一个医学院的教授教学生做实验，教授把大便放在杯中，伸手用指头沾了一下，朝舌头上一放，并加以品味，然后说：“学科学要有实验精神，我现在尝大便，就证明这种精神。现在你们每一位都照我这样做一次。”学生们无奈，都一一照做，可是做完后，教授讲评说：“事实上，我用的是食指沾大便，朝舌头上放的，却是中指。我根本没尝到大便——你们实验精神是好的，可是观察力太弱了。”李敖由此引申说：“有一个强大大陆政权的存在，台湾独立就没有可能。以为负隅顽抗可以维系小朝廷的人、以为这种强大不足以拿下台湾的人，他们实验精神是好的，可是观察力太弱了！”②在《与其做好梦，不如做大梦》一文中他又说：“如果没有中国大陆‘宗主国’似的泰山压顶、隔海磨刀，在现实利益上，‘台独’是一个好梦；但是，有这一压顶与磨刀现象而不予重视，只是关起门来一厢情愿以为‘台独’可行，就太不识世界大势、不明敌我关系了，也太天真了。”③

在“台独”思想中，有一种观点认为，美国人当年从英国移民到新大陆，但并不妨碍其建立独立国家，“看到美国独立后如此风光，如此跟祖国（英国）友好，台湾独立的前程岂非似锦哉？”对此，李敖在《美独与“台独”》一文中详细追述了美国独立建国的历史，指出美国独立并不是绝大多数人的要求，其素志也不过是在争取“英国人的权

① 李敖：《李敖大全集》第12册，第370页。
② 李敖：《求是今说》，时代文艺出版社1996年版，第352页。
③ 李敖：《我们没有明天》，内蒙古文化出版社1999年版，第27页。

利”而已，他们是“因做完整的英国人而不可得，才愤而离家出走的做了美国人，他们的独立是很勉强的”。最后说：“美国大陆离开了英国小岛，在两百年前的世界里，都真情不过如此；两百年后的天真人士，居然以为台湾小岛可以离开中国大陆，并引美国为证，他们真昧古而不知今了！”①

他在文章中毫不留情地批评了民进党人士中严重的“夜郎症”，即盲目的自大。在《台湾的“夜郎症”》一文中，作者以民进党“立法委员”张俊雄为例说：“张俊雄在竞选演说《台湾客栈？美丽乡土》中，公然说：‘台湾的面积占世界第32位，比以色列大好几倍！’我看了这种大言不惭，真吓了一跳！苟有一点世界常识，都知道纵使台湾独立成国，它的面积排名，也在108名以外，又何来第32位？至于说‘比以色列大好几倍’，也是笑话。台湾面积36000平方公里；以色列面积20700平方公里，连半倍都没有，又何来好几倍？”作者说：“古代夜郎的自大，在于交通不便，因而不知别人之大和自己之小；现代夜郎的自大，却是狂妄无知，抹杀别人之大和膨胀自己之小。世之比夜郎还夜郎者，吾在台湾见之。”②

1992年，已过知天命年纪的李敖

① 李敖：《李敖大全集》第12册，第391-392页。
② 李敖：《李敖大全集》第12册，第385-386页。

不难看出，李敖的眼光是宏大而宽广的，在统独问题上，他不仅认识到了海峡两岸同文同种的这种血浓于水的关系，而且也注意到了台湾的历史发展、现实情景和未来前途，只有经济、政治的一体化，才可能在未来的社会发展中具有稳固的地位。主张“台独”，一方面意味着泰山压顶的危险，另一方面也意味着把自己由一个大国交给另一个大国，就像拿破仑所认识到的“科独”前途一样。也正是出于这样一种高瞻远瞩的世界性眼光，在世纪之交的“总统”演说中，他堂堂正正地提出了拥护邓小平“一国两制”的主张，认为“一国两制”承认台湾现有的制度，保证50年不变，“我们可以有50年的时间，为什么不要？台湾明明可以有谈判的机会，为什么又不去争取？”他认为，只有在交融与碰撞中，优越的制度进步的思想才能显示出威力，我们应该大胆地在“两制”中去影响对方。再说，台湾一定要有腹地才会有发展。政府过去的南进政策，搞得华人被杀，为何不拿同文同种的大陆作为发展腹地呢？而且台商比台湾政客聪明，早就到大陆投资。若他当选“总统”，一定马上两岸无条件开放三通，相信三十年后以台商在大陆的经济实力，一定可以影响大陆，如同犹太人在美国影响美国一样。

2000年，李敖在参选中提出“出卖台湾，买回大陆”的口号，正是充分体现了他的这种中华一统的远大胸怀和气魄。

三、执教东吴

历史的车轮进入90年代以后，李敖“讲话”的舞台越来越宽广了。许多大学和社会团体纷纷邀他演讲，从此，人们除了阅读李敖的文章外，又领略到了他妙趣横生的演讲风采。

李敖很不谦虚，多次自称自己是个极会讲话的人，凡与他交往过的人，也无不对他的灵活机智、反应快速、谈吐幽默的口才和好发“奇谈怪论”而留下深刻的印象。

学贯中西的李敖

在一次演讲会上，一位听众义正辞严地质问他：“你来台湾 40 年，吃台湾米、喝台湾水长大，为什么不说台湾话，是什么心态？”李敖立即答道：“我的心态，跟你们来台湾 400 年还不会说高山族的话同一心态。”

还有一次，听众纷纷向讲台递纸条，提问题，李敖有问必答，条条不漏，突然有一纸条，上写“王八蛋”三字，别无其他。李敖立即举纸条面向听众说：“别人都问了问题，没有签名；这位听众只签了名，忘了问问题。”听众为他的机智报来阵阵掌声。

想当年，在大学的迎新晚会上，他的演讲令台大师生一睹真容，一夜之间在台大暴得大名。在做预官时的演讲会上，他的诙谐的口才使计时员忘记了记录时间。退伍后，1965 年上半年，台大学生先后四次请他到学校演讲，均被校方驳回。这种被“封嘴”的情况，直到二十多年后，才稍有转机，他先后在台湾清华大学、师范大学、辅仁大学等高校做了成功的演讲。1989 年 4 月 14 日，苏荣泉纠合多家出版社联合主办“李敖到台四十周年纪念演讲会”，才有了一次校园以外的公开演讲，但理想的场地却租不到，只有在狭小的耕莘文教院。演讲开始后，人山人海，场外的人比场内的人还多，一些李敖多年不见的台大老同学、老学长也来了。演讲广告上写着：

残山剩水我独行

> 四百年来，台湾在外国人、外省人、本省人的相激相荡下，已经变成了一个畸形的、肤浅的、荒谬的、走火入魔的岛。李敖在这个岛上，虽然不见容于朝、不见知于野，但是独来独往的气概，“我手写我口”的气魄，却老而弥坚。这次应邀演讲，就是要在众口一声的时代里，呱呱大叫一番。[①]

演讲后现场签名售书，价值50万元的书一卖而空。

此后，李敖被邀演讲的机会愈来愈多，其中有一次在太平洋崇光百货顶楼演讲，一个东吴大学学法律的学生黄宏成在场，他听了李敖的演讲深受感动，觉得这么优秀的人，我们东吴大学真该请他来执教，于是，他在李敖与东吴大学校长章孝慈之间进行了锲而不舍的穿针引线工作，此事竟然被他一手促成。1993年4月2日，章孝慈在《中国时报》上发出讯息：

> 我最近和李敖聊天，他问我敢不敢聘他到东吴授课，坦白说我正慎重考虑，很多人讨厌李敖是印象式的反对，没注意其论著资料的丰富和架构的严谨，大学就要容纳各种声音，我在当法学院长时，自由派的李鸿禧、蔡敦铭、林山田和最保守的大法官，都被我聘请来授课，院内各路学派都有，让学生自由选择，大学文化也就丰盈了，后来我转任教务长，他们一个个离开，我现在想来都觉可惜。[②]

1993年6月26日，东吴大学正式给李敖寄来了“聘书”。在表格

① 李敖：《李敖回忆录》，第354页。
② 李敖：《李敖回忆录》，第361页。

"著作栏"中，李敖填的是"不胜枚举"，"对班级人数设限之意愿"栏中，他填的是"教得好不怕学生多"。此时的李敖，已经58岁了。

1993年，台湾东吴大学校长章孝慈(左)带领熊映梧教授(中)、侯家驹教授(右)在东吴大学参观。

在去东吴讲课前，1993年5月4日，李敖在校本部做了一场演讲，题目是《如何反对章孝慈》。学生们贴海报，一路从校园里贴到校门外。足见学生们对他的欢迎程度。9月21日，教室内外挤成一片，李敖由章孝慈的爷爷到其爸爸，一路批下来，才转入正题。海内外舆论争相报道李上课盛况。台湾《联合报》的标题是"李敖东吴开讲座无虚席 准备特殊内容 但见流利口才"；《民众日报》的标题为"'失业'十年后获教职 天马行空畅谈古今 李敖'忘我'爬上讲桌授课"。早在9月16日美国《侨报》上，就标题出《章孝慈聘李敖任教 决建东吴为具人文精神大学》。10月1日香港《开放》杂志刊出《批蒋作家李敖东吴开课——蒋家后人章孝慈引狼入室》一文，其中说道：

> 章孝慈指出，未来东吴大学将以发扬人文精神为办学宗旨，绝不让政治和商业干扰校园。章孝慈说，也许这种人文风气好几代才能扎根，但是第一步就是从聘请李敖做起。

可见李敖在章孝慈眼中的意义。他认为"包容性强，大学才会活泼"，这是他追求"作风保守、学风自由"的具体做法。

执教东吴，是李敖近十余年来的第一份正式职业。他的教授内容和方法也与众不同。比如他教授“中国历史思想研究”，采用个案切入的方法，从具体的物象和观念入手，如“祖——生殖器崇拜”、“玉——怜香不惜玉”、“雩——不下雨求雨”、“犀——灵犀一点通”、“复——屋顶上叫魂”、“代——我死代他死”、“气——有气没有功”、“荤——和尚也吃肉”、“命——算命是骗局”、“死——高人不怕死”等等，深入浅出地剖析中国历史思想的产生和演变的历史，深得学生好评。而《中国思想与修辞》课，则是从表达的效果出发来揭示好的修辞与思想表达效果之间的关系，文史渗透，言意合一，使选课者能触类旁通，达到思想与语言的美的融合。这种开人心智的方法论，更使学生受益匪浅。他上课，原预定上课地点只是能容纳五六十人的普通教室，后来换到大教室，依然人满为患，受欢迎程度可见一斑。

对于李敖的观点，章孝慈有自己的看法。1994 年 8 月 15 日，他在华视演讲会上播出“大学教育之精神内涵”时，特别指出：

> 在去年，我们聘请了李敖，李先生到学校来任教，有很多的报道满关心的，说东吴大学怎么聘李敖呢？李敖是备受争议的一个作家。有人说他是个疯狗、有人说他是个流氓、有人说他是个打手、有人说他是个天才，各种说法都有。我们很单纯，我们认为任何角度的学者都可以在东吴发展一个看法、一个见解，因为这是一个自由市场，能不能被接受，就须经过所谓的市场检验，这是一个最客观的环境，而不是某些人来认定是好、是坏，让他有机会在学校里、在大学里，把你的学术见解提出来，如果你真的是被大家所无法接受，可能的结果是没有人选课嘛！我们常说：“人民的眼睛是雪亮的。”我向各位报告，学生的眼睛是雪亮的，哪个老师好，哪个老师不好，他清清楚楚的，你教的东西有没有内

容，他也是清清楚楚的。让李敖李先生到东吴来，赞成他也好，不赞成他也好，那你在课堂上，在学术上和他讨论，让同学来做个选择，这是一所大学的学术生命，要延续，要发展，不可缺少的就是兼容并蓄。[1]

在这次演讲后三个月（11月14日），章孝慈突然在北京患脑溢血，从此陷入昏迷，成为植物人。12月13日，李敖写信给东吴大学历史系主任王庆琳，提出将自己在东吴执教期间的全部工资新台币63255元全部提出，再照数加捐一倍，共计126510元，给章孝慈看病，并提出，“今后每月薪资，累积到学期终了，我会继续比照办理，加倍奉还。”

李敖以他独特的方式来表达章孝慈对他的知遇之恩。

1995年3月5日，李敖在新光美术馆举行拍卖会，《中央日报》发出报道：

为章孝慈筹款拍卖所得完成分配

李敖捐七百万元给东吴大学

〔黄富美·台北〕喧腾一时的“为东吴大学校长章孝慈筹款”拍卖会活动昨日划下完美句点。提供收藏品义卖的作家李敖昨日公布拍卖所得分配，当场捐出700万元予东吴大学，及个人1993年度教学薪资的二倍126510元，由当初向章孝慈力荐聘请李敖任教的东吴法律系学生黄宏成代表接受，另4969000元李敖将另行斟酌移做雏妓救援、促进“二二八”族群融合及子女教育基金。

李敖表示，“拍卖会成功，这不是我一个人的力量，反

① 李敖：《李敖回忆录》，第408-409页。

而是大众力量有以致之。这方面他要感谢29位买主的大力襄赞，尤其买了孙中山先生墨宝的张慈让先生，他不但花了320万买字，还当场捐出100万元帮助章校长。听说事后有人出600万元请他割爱，他都不肯，真是义行可风。会计师黄秋雄买字之外，又捐出50万，也让人感佩。”总计这次拍卖所得落槌价共1102万元，加上另外捐赠的150万元，并扣除拍卖公司手续费551000元，总计11969000元。

李敖依当初约定，把它分成五项用途，其中700万捐给东吴，由东吴自行决定在章孝慈医疗基金、兴建女生宿舍、章孝慈人文精神教育理念推广上的分配比例。另4969000元，李敖则决定自行调配用做雏妓救援、二二八族群融合及子女教育基金。李敖并当场致赠书帖予张慈让、黄秋雄两位先生，表达个人敬意。张慈让稍后并表示，在“国父”墨宝风波（秦孝仪发表言论说李敖手中的中山墨宝属赝品，李敖一状把他告上了法庭）告一段落后，他会把该幅字捐给“政府”单位。

其实，《中央日报》在报道中漏掉了一项，即李敖在4月4日的记者报告会宣布捐给章孝慈700万的同时，还发布了他与汪荣祖合著的重要著作《蒋介石评传》。李敖在记者报告会上即席说：“今天是蒋介石死后20年的日子，别人把他做的坏事忘记了，可是我没忘记，所以20年后，还由汪荣祖教授同我合写这部评传鞭尸他——刚才捐出的700万，证明我李敖多么爱蒋介石的孙子；现在发表的这部书，证明我李敖多么恨章孝慈的爷爷。我李敖的恩怨分明，在他们祖孙二人身上，正好做了既强烈又鲜明的对比！”这种快意恩仇的另一面，也许是最令国民党官方所不能接受的。

1996年2月24日，章孝慈去世。

章孝慈从卧病到死亡，李敖都没去看他，他以自己的方式怀念了这位小他六岁的朋友。在与章孝慈的交往中，李敖表现出其特有的细心和仁慈的一面。章孝慈曾三次邀请李敖参加东吴音乐会，李敖都谢绝了。他不参加音乐会的真正理由是不去“中正纪念堂”，但为了不伤章孝慈的心，他不说理由。章孝慈曾到李敖家来，李敖事先请母亲到街上去玩，为的是章孝慈自幼失母，他不愿章看到自己家有老母，而联想起自己，伤心难过。李敖曾经说过，“我愈老愈不好交友，但一旦成为我朋友，我总是很古典很旧式地与朋友交往”。他在将自己的著作赠送章孝慈时曾附诗相送，其中写道：

台海一岛，
法海真源，
我与孝慈，
走过从前。

章孝慈去世后，李敖撰文于东吴历史学报，批驳秦孝仪“捏造历史败坏学风”，结果被系主任王庆琳要求删除批秦的文字，被李敖拒绝，并抽回论文。这一事件加上章孝慈之死等原因，李敖对执教东吴已有意兴阑珊之感。他决定任教满三年后，就告一段落。

1996 年 5 月 21 日，李敖在东吴上完了最后一课。

四、走上银屏

早在 20 世纪 80 年代，台湾的电视媒体已经成为一种重要的信息传播手段，但垄断台湾电视行业的三大媒体——台视、中视、华视最初掌握在国民党手中，言论并未真正放开。直到“解严”后，各类新闻媒体开始走向开放，三台以外的有线电视业主才有一点生存机会，在“五胡十六国”的局面里，也开始有了李敖的笑傲空间。

先是华视的“今晚有约”节目数次邀请李敖上节目，他与著名女作家李昂共谈爱情、婚姻以及新女性与男性之间关系的谈话节目，极大地提高了电视的收视率，两人几乎南辕北辙的观点，加上双方言辞犀利，使观众大大领教了作家的谈话功力。据《中国时报》1990年9月18日有一份调查统计，自1989年10月以来，在华视四大节目出席的“谈话”贵宾有365名，而所有来宾只上过一次节目的占了80.5%（294人），上过两次的占14.5%（53人），只有少数人能冲破藩篱、频频露脸，其中李敖、李昂出现五次，独占鳌头，紧追其后的有：黑幼龙、罗壁玲、王梦麟、刘德凯、曹启泰、王杰等。

电视界资深媒体人杨楚光判定：“李敖个人秀”绝对有它的可能性。

于是，TVBS的邱复生约李敖试录个人专讲节目，试录以后，因吃不消他对国民党当道的辛辣批判而告吹。

后来，李敖台大同学陈安澜约他做了一阵批蒋的录像带，但传播方式限于“跑带子”结果有疾而终。

1995年10月20日，以周荃为董事长的台湾真相新闻网派执行副总李昊与李敖正式签约，双方约定的重点是：

一、节目名称：《李敖笑傲江湖》。

二、播出时间：自1995年10月30日起，每周一至周五，每日播出30分钟，共260集。

三、播出时段：每日22时至22时30分。

四、甲方（真相新闻网）如不得乙方（李敖）同意片面删改节目，乙方得要求甲方每集赔偿新台币叁拾万元。

五、乙方于合约期间非经甲方书面同意，不得在其他电子媒体任何频道任何节目担任主持人。

六、唯乙方同意，除非甲方未履行支付乙方主持费用或删改乙方节目，乙方自不能以任何理由或任何原因向甲方提出告诉。

李敖对此深感满意，他说，在这一协约中，他“剥夺了他们的删改权，取得了百分之百的言论自由，除非他们不怕罚钱；相对的，他们剥夺了我的好讼权，取得了百分之百的‘免于恐惧的自由’。”

《李敖笑傲江湖》开播后，在岛内海外产生巨大影响，这一节目打破了并违反了电视制作原理，撇开一切动态与精致，单刀直入，以证据入眼，以口舌开心，他以自己的博学、勇气、口才，闯出了一片新天地。他从开封大学的聘书到吕安妮事件的真相，从伏尔泰的“狡兔三窟”到市长陈水扁的弊政，从柏杨的“甘棠植爱”到文人的气节与风骨，从许历农脱离国民党到第一流知识分子的标准，从西太后的新闻自由到蒋介石的报纸管制，从周恩来在“文革”中的智慧到陈文茜的“打着红旗反红旗”，从中日建交的背景揭密到李登辉是台湾的四大不要脸，从秦孝仪变造历史到台湾的司法黑暗，从戴笠之死到国民党情报局内幕，从哈耶克的《到奴役之路》到富兰克林的自由观，从共产党的奋斗理想到“台独”分子的一厢情愿，从台湾政界的头脑不清到台湾人的“岛国心态”，从御用的军中作家到余光中的媚诗……政治、历史、社会、人生，古今中外，无所不谈。在揭黑扒粪、激浊扬清中，也传播了他的思想和理念。比如他对历史的无唯观，他认为，“唯心史观”与“唯物史观”都只是历史中的一种现象，并不能以偏概全，“因为很多情况是按个别的案子来决定的”，有的案子是经济影响了历史，有的案子是心影响了历史，有的案子是物影响了历史，甚至也有的案子是性起到了关键作用。如果你用一种史观来表述所有的情况，那就变成独断的历史解释。总之，用“一个单纯的现象来解释全部的历史都是错误的”。再如他对自由的认识，失去了经济权，也就相应失去了自由权。经济独立是“代表你独来独往而换取自由的第一个条

李敖主持《李敖笑傲江湖》节目

件”。人民也只有在经济上独立的时候才可能向政府讨价还价要自由、争民主。政府也才可能尊重人民的尊严。对一个国家而言，摆脱计划经济的管制是老百姓争取自由的第一个条件，也是人类争取自由的第一个重要步骤。又如他对争取言论自由的紧迫感。知识分子要想方设法争取言论的平台，“能争到一时，才能争到千秋”。“争不到一时的人，也争不到千秋”。等等等等。表面看，他在节目中所谈的大都是一些小事情、小问题、小话题，但实际上却在完成一个庞大的围标工程。就像下围棋一样，一个天元一个子先布下迷阵，最后，当打入对方家中的时候，这个子发生了巨大作用。

围标战术，是李敖在节目中臧否人物、揭黑挖弊的常用战术。它不以空口骂人，而是先抖出一个个证据，撒豆成兵，最后收网，形成巨大的合力。电视制作人邱复生说：“如果李敖年轻一点、言论缓和一点，李敖将通吃所有谈话性节目，没人是对手。”

《李敖笑傲江湖》播出一年后，真相新闻网又与李敖续约一年。至1997年3月，已播出400余集。1999年8月，《李敖笑傲江湖》完成了台湾电视史上单人秀节目录制满1000集的创举。之后，该节目改在李敖书房摄制，并改名为《李敖秘密书房》。在“总统”竞选之后，该节目又改为《李敖颠倒众生》，直到2000年10月13日，方才因李敖欲专心文学创作而解约。观众认为，这是当时唯一能说真话揭真相的剽悍节目。

该节目的成功，使李敖的口诛时期进入新境界。之后，他又先后与环球、台视、东森、中天等电视媒体合作，传播思想，鼓动风潮，在台湾社会产生深刻的影响。

在银屏之外，李敖又注意到了网络媒体的威力。1999 年 9 月，他有了创办电子报的念头。于是，一个年轻的网络报人引起了他的注意。

陈丰伟是高雄长庚医院精神科医生，1995 年创办“南方社区文化网络”和《南方电子报》，这份网络报，号称台湾第一份对大众发行的电子报。李敖把陈丰伟请到台北，让他介绍、分析了台湾的电子报生态和各家电子报网站的利弊。李敖感到可行，开始运作。各家网站得知消息，为争取李敖加盟，都提出了优渥条件。最后，经朋友游士贤牵线，李敖与数位联合电信股份有限公司签约。

1999 年 11 月 1 日，《李敖电子报》正式发刊。李敖在发刊词中写道：

> 我要用《李敖电子报》重新接续我八年前，就是 1991 年办的《李敖求是报》的远景和目的。我在办求是报的时候，拿出一个广告稿，曾经被国民党控制下的媒体拒绝刊登。……八年以后，我终于能够重新用这首诗来做我的广告词，送给我的朋友游士贤先生：
>
> 李敖创办电子报
> 男人喊爽女人叫
> 别的报纸是手枪
> 我的报纸是大炮
>
> 八年之后，我终于可以用电子打炮。

当时，不会使用电脑（更别提上网）的李敖，成为台湾第一个积极成立个人网站媒体的著名文化人。

从此后，网民几乎每天都可以在网络上看到李敖刚出炉的文章。尤其是李敖在拉抬新党过程中的演讲内容，都在电子报得到及时的传播。

一年后，由于网络公司内部运营困难，《李敖电子报》停刊。

此时，播出五年的《李敖笑傲江湖》亦宣告停播。李敖与媒体的合作告一段落。

五 、义助慰安妇

二次大战时期，日本军国主义者从台湾、菲律宾、朝鲜、中国大陆用欺骗、绑票、诱拐等方式征用了大量女性，送入军中作性奴隶，她们是日本侵略者滔天罪行的一部分。战争结束后，这些女性中的幸存者就是今天所说的慰安妇。

慰安妇的苦难遭遇和晚年惨景成为日本进入联合国安全理事会遭拒的一个重要原因。上个世纪 90 年代，慰安妇问题被揭露后，日本遭遇到中国大陆和台湾、菲律宾、韩国等亚洲国家和地区的广泛谴责。日本政府为逃避赔偿、道歉责任，想了许多花招，1995 年成立亚洲女性基金会。该会以民间名义，打算以 50 万台币为筹码，让台湾的慰安妇与之达成和解，即承认自己当年到军队里做性服务是自愿的，与日本政府无关。这样她们就无法再对日本政府进行起诉。

据调查，截止 1997 年，台湾的慰安妇幸存者尚有 56 人。她们多住在穷乡僻壤，没有家庭，风烛残年，晚景悲凉。当时，台北妇女救援基金会负责人王清峰律师，就跟台湾的 56 位受害人做工作：“为了个人尊严、国家立场、民族大义，这个钱不能要。”老太太们也说：“我们不要。”但是，她们大都穷困潦倒，疾病缠身，她们何尝不知道这笔钱对她们的重要性。李敖知道了这件事后，对王清峰说：“你这个办法，用道德的标准，用个人尊严、国家立场的标准，来要求这些凄惨的老人家，是不近人情的。”王清峰问怎么办？李敖说：“既要有主张，还要有办法。这个办法要合乎人情，这个非常重要。我们要搞到这些钱给她们，我给你50万，你就不要日本鬼子的50万，就好了嘛，这才近人情，这种方式才能解决问题。”王清峰说：“好，我们去募捐。”李敖说：“又不近人情。”王清峰不解，李敖说：“募捐是说，你做好事让我捐钱。为什么我捐钱让你去做好事呢？这个不近人情。”王清峰问：“那我们该怎么做？”李敖说：“照我李敖的办法，我拿出一百件我所收藏的艺术品或者纪念品义卖，义卖之后，搞来这些钱来给她们，她们自然就不要日本人的钱了。”

为了让这些“慰安妇”们吃下定心丸，李敖决定在义卖之前先把钱垫出来，支付给她们。并定有口头协议：你只能要我这个钱，不能再拿日本人的50万，否则就要还给我这50万。同时，还给她们每人都写了一幅字：

他们作孽，你们倒霉，
你们我们，众目睽睽，
聊表心意，没人自肥，
打败日本，尊严永垂。

1997年11月5日，一场义助慰安妇的李敖藏品义卖活动在王清峰、李庆华、马英九等人的共同协助下展开了。义卖现场达3000多人，整个义卖主要由马英九主持。不少有良知和善心的民众也受到感染，纷纷参与进来，或义卖珍藏，或捐款捐物。

在李敖的义卖品中，有938件台湾古地契格外引人注目。标价

《李敖回忆录》书影

1000万元。据传闻省府拟购买，但碍于当局“采购法”规定无法竞标，最终由作家施寄青代表省府宣布捐助700万元援助“慰安妇”。在无人出价的情况下，李敖上台代替一直隐身幕后的王清峰宣布：她将出300万元与省府捐款凑足1000万元，一并捐给妇援会。

在义卖品中有一个砚台，被陈水扁做市长的台北市政府买去，有趣的是阿扁当众请罗文嘉把这个砚台又回赠李敖，李敖毫不含糊，转手又将砚台二次拍卖，被《商业周刊》社长金惟纯买去。

在义卖会上，李敖还举行了《李敖回忆录》签名售书仪式，每本1000元。所得款项，也捐作救援“慰安妇”之用。

此时，民进党主席许信良及前主席施明德问李敖：“你还有什么保留没卖的?”李敖坦然答道：“再卖，只有卖我自己了。”

李敖共卖出80多件藏品，募得2370多万新台币，加上省府的募款700万元以及义卖主持人之一的蔡琴“义唱”一首歌《最后一夜》所得7万元。共募得3828.6万元。

义卖结束，李敖相当满意，他说：“先垫付给‘慰安妇’的银行债款，已经可以还清了。”他表示，要将其中的700万元作为“反日基金”，余款留妇援会作为照顾“慰安妇”的专款。

当然，他也没忘记这一大动作下王清峰所起的重要作用，他说：“王清峰律师花了六年时间走遍了台湾各地，寻访台湾省籍‘慰安妇’，她才是最大的功臣。我现在才加入救援工作，实在不算啥。”而王清峰所领导的妇援会则就民间自发义助活动向当局提出了质疑：“当局的行动在哪里？”“立委”李庆华也指出：“希望萧万长的‘组阁’是个‘正义内阁’，把花在非洲、中南美洲小国的大笔‘外交经费’，拨出部分给台湾‘慰安妇’。”

李敖的义助行为在台湾引起强烈反响，包括与他政见截然相反的都发了新闻稿，赞称“对李敖先生的义举表示肯定”，“其以行动支持慰安妇的精神可嘉”。[①]

1999年4月25日，李敖的诸多好友为他主办了“李敖来台五十周年演讲会”，以示庆贺。会上，民进党前主席许信良在演讲中对李敖作了一个小小的总结，可谓精到：

> 在人类历史中最具影响力的，第一个都是思想家。而这些思想家，如果又是一个行动者，他对思想的影响更加深远。……50年的历史里头，李敖历经各种不同的阶段。在大学时候，就已经才华横溢到连他的老师都不得不低头，可是他却进不了研究所。他一个人单干！不管他说他认不认同台湾，不管他是不是嘲笑台湾只是个岛屿，他住在这里50年，而且有一段时间居然还为“台独”坐牢。
>
> 他在那个年代里头，把所有压抑的思考，像翻石头一样，把那些封建的石头全翻开来。像李敖这样一个人，放在任何其他地方，都会被当成一个社会中难得的天才，可是在台湾，他的处境却刚好见证了那个时代很深刻的悲哀。但之后的李敖，他所对抗的就不只是那个时代，而是这个

① 李敖：《建国党捧李敖》，《李敖放电集》，中国友谊出版公司2004年版，第100页。

社会中用各种方式所创造出来的虚伪道德、甚至对抗他自己的年龄。

我虽然不如李先生会讲话，当然也不如李先生聪明，但他又不是美女，整天只穿着一件红夹克、拿着一些资料，却树立了台湾在各种主流媒体中不可取代的舆论王国。我只能够说，有些人的确是超越时代的。在压抑的时代对抗压抑，在虚伪的时代对抗虚伪。

最后还是用这句话送给李敖，“世上最强而有力的，就是那最孤立的人”。①

① 许信良：《许信良论李敖来台五十年》，见李敖：《李敖放电集》，第98页。

李敖评传

第十三章

参与竞选

我觉得最大的意义，就是……我有很好的机会畅所欲言，正式的把我的理念宣扬出去，以及把过去“政府”对人民的误导、污染、造成人民许多错误印象的情形，得到一个修正的机会。

——李敖：《答〈民众日报〉》

一、新党浮出水面

前面提到，20世纪80年代中期，台湾社会发生了一系列颇具历史意义的重大事件。其中最重要的两件是：

一、1986年9月27日，台湾第一个政治反对党——民主进步党的成立，扯开了台湾“戒严”期间严密“党禁”大网上的第一个大缺口。

二、1987年7月14日，蒋经国正式签署了“解严令”，宣布从7月15日零点起在台湾地区“解严”，自此，被称为世界“戒严之最”的持续38年的“戒严令”走向尾声。

也就是从1987年开始，台湾开放了“党禁”，允许自由组织政党。台湾各种政治力量与政治人物纷纷摩拳擦掌，加入了组党的行列，于是群雄四起，台湾政坛出现了一股蔚为壮观的组党大潮，新兴的小党雨后春笋般钻出，令人目不暇接，到1991年底，台湾已有“合法政党”68个，这还不包括大量不愿正式登记的党派与政治团体。在这众多的政党之中，影响最大的除国民党外，便是民进党和新党。

民进党，全称民主进步党，是台湾的第二大政党，起初，它是由岛内一批长期与国民党进行斗争的本土人士成立的。它的出现，对促进岛内“民主化”，迫使国民党进行“政治革新”起到一定作用。但在1991年底，民进党竟然通过“台独党纲”，公然自称是“台独党”，在台湾社会引起极大的震撼与不安，尤其是时称“台独教父”彭明敏的加入，使民进党的“台独”色彩更为鲜明。民进党一开始是以叛逆者的形象出现的，它反国民党，但在与大陆关系上又紧步国民党后尘，国民党梦想着“中华民国”的复兴，而民进党明知自己脚踩的是中国的土地，却偏偏要叫喊成立“台湾国”，还要把小小的台湾再割成几个省。所以李敖感到这两个政党是五十步笑百步，都是一样荒唐和糊涂。早在1984年，李敖就曾撰文指出：

“‘搞民主’的中国知识分子”，即相当于反对党人士，这些人士，因为是政治人士，他们的品德，不能高估，我们支持他们，支持的不是他们本人，而是支持反对党政治，我们为反对一党独大、一党独裁而支持他们，他们也就在这一“反对党”大方向上的正确，而值得我们支持。除了这一大方向正确外，其实由政客与政客的观点来看，他们与国民党殊少不同，在习性上，且尤其相近，他们的个人极少比国民党中拔尖的个人好。简单的说，他们只是在大方向上胜过国民党而已，其他方面，跟国民党是半斤八两。但话说回来，要完成两党以至多党政治、支持王八蛋打龟儿子就在所难免，否则全是龟儿子独大，龟儿子独裁，绝不是办法，在龟儿子的暴政下，只有支持王八蛋来取得平衡。①

回顾自己十多年前的这段心灵独白，李敖的心境清明而又苍凉，他很清楚他所支持的人多是些他一向不屑的政客，如陈水扁之流，是有求于他的“内急”，但为了他心中的那个“大方向”，也“衣沾不足惜，但使愿无违”了。

1992年12月，民进党在进行的“第二届‘立法委员’”选举中，除了继续其“台独”主张外，也注意提出一些诸如地方建设、税收、环境

① 李敖：《我为什么支持王八蛋》，《李敖快意恩仇录》，第456-457页。

保护、社会福利之类大众关心的“公共政策”，以吸引选民。这一招收效颇大，民进党获得了超乎以往的成功，50 位候选人当选，直逼执政的国民党。

如今，看到民进党在反国民党的过程中步入歧途，正一步步向“台独”的悬崖滑落，李敖把希望的目光投向新党。他认为，虽然在对“中华民国”的解释、蒋介石父子的定位、三民主义的定位及孙中山的评价等方面，自己与新党有诸多不同，但历史的问题可以暂时抛开，总体而言，新党是一个可以团结的政党。

话说新党，这是一个从国民党中蜕变和分裂出来的政党。由于国民党上层领导之间政见不同及权力争夺，出现了两大政治派别——“主流派”与“非主流派”。双方在许多重大问题上有明显分歧，甚至有激烈的斗争。1990 年的台湾地区领导人选举中，在国民党中央全会已经通过了李登辉为候选人的情况下，“非主流派”竟又推出另外的人选与李登辉竞争，酿成一场沸沸扬扬的政治风波。1992 年年底的“立法委员”选举前，国民党籍的“财政部长”王建煊、“环保署长”赵少康不顾党内高层阻挠与安排，辞官竞选，结果，两人均以高票当选。也就是在这次选举中，国民党遭到空前大挫败，只得到“立法院”161 席中的 96 席，仅占 59%。许多国民党刻意安排的候选人纷纷落马，败在民进党手下。1993 年 8 月中旬，赵少康等七位国

中央电视台驻台记者专访新党首任总召集人赵少康

民党籍“立法委员”宣布集体退出国民党，另外组织了一个政党，这便是新党。这是国民党退到台湾40多年来第一次大规模的组织分裂，而且赵少康等人原来是国民党内年轻一代“革新派”的代表，不少人还担任过党的高级干部，所以他们的举动引起了台湾政坛巨大震撼。

新党的理念主要集中为三点：一是“反金权，反独裁，反‘台独’”；二是自称是“小市民的代言人”；三是提出不同于国民党、民进党的大陆政策。新党以批李登辉为口号，以孙中山信徒自居（所用“新党”两字也是集孙中山的手迹而成）、反对“台独”的形象，满足了外省族群的需求。在实力版图上，外省籍聚集的地方基础都比较雄厚，在金门、马祖地区，新党已同国民党平分秋色。民进党主席许信良曾说过，“民进党未来的对手是新党”。新党“全委会召集人”陈癸淼则自信地说：“国民党是昨日的政党，民进党是今日的政党，新党则是明日的政党。”

新党成立后，一直把重点放在“参选”上，争取在“立法院”的选举中赢得相当的席位，稳住第三大党的地位，进而向“国民大会”和台湾地区领导人的选举迈进。

1999年，台湾岛上又一轮台湾领导人大选即将拉开序幕。国民党与民进党都秣马厉兵，推举参选人，准备在大选中一决高低。

新党由于党小人寡，采取了赵少康提出“二阶段论”，即在“立委”选战之前，新党必须推出自己的大选候选人在全省巡回辅选，一方面替新党“立委”提名人站台助选，同时借机宣扬新党理念，等到“立委”选举过后，新党再视选情决定大选候选人的进退。

1999年3月，李庆华（李焕之子）接任新党全委会召集人职位。在新党于“立委”选举中大败，王建煊、赵少康、郁慕明、陈胜峰四大老一夕之间几乎全数“阵亡”的当头，李庆华心中一片落寞。外界讥讽新党是“泡沫党”，嘲笑他是“泡沫党主席”。叩应节目的提纲送到他办公室，上面写着：

“推不出大选参选人，新党泡沫成真？”

李庆华情何以堪。这位国民党大佬李焕的公子，获得历史学博士学位后，弃学从政，如今遇到了有生以来第一个难题——在新党内，谁是台湾地区领导参选最合适的人选？

二、征召李敖

谁是台湾地区领导参选人的最佳人选？李庆华面对新党内的新老精锐，排来数去，迟迟难以圈定。也就在此时，他的脑海里出现了一个人——李敖。

作为相识十多年的邻居和朋友，他对李敖可谓了解最深。一个大胆的念头闪出：是否可以利用李敖，利用他的勇气、智慧、口才和正义，来拉抬新党？

1999年8月18日，李庆华在台北宣布，新党常委会已达成共识，将建议党内的全体公职人员代表大会征召李敖投入2000年台湾地区领导人大选。

消息传出，李敖一下子从社会文化版、影视娱乐版的主角跃升为政治版的新贵。

李庆华说，新党推荐李敖参选基于以下几项理由：

第一，李敖的学识渊博，有宏观视野，口才好，具战斗力；

第二，李敖对台湾的民主化有重大贡献，甚至因此坐牢多年；

第三，李敖长年揭发弊案，为弱势团体，诸如为慰安妇说话，堪称小市民代言人；

第四，李敖反黑金，反“台独”，坚持社会正义；

第五，李敖是新党的强烈支持者。

其实还应补充一点，李敖拥有极高的知名度和众多的崇拜者。民进党的陈其迈就曾说过：“李敖的读者群比新党支持者还多。”

此时的李敖，已在真相电视台主持了四年的“笑傲江湖”节目，完成了台湾电视史上单人秀节目录制满一千集的创举。不久前，李敖还说：“我累了，我不再整天说‘台湾、台湾’的，这个鬼岛快烦死我了，我要回去做学问，做‘中文大句典’，做‘中国思想史’。”现在，面对李庆华的征召，他的精神又为之一振，回应十分爽快。他宣布：“愿意代表新党参选台湾地区领导人。”

作为一名典型的自由主义文人，李敖一向主张干预政治而不参与政治的原则，这次为什么能有此举动？他的解释是：“参选并不是从政，只是另一种形式的‘思想运动’。”有人问他：“您认为自己当选后是否能胜任台湾地区领导人的职位？”他哈哈大笑说：“台湾人民再笨也不会笨到选另一位姓李的领导人。成功不必在我。”

文人李敖拔剑入江湖，更是引来政坛震撼。

此时，在李敖心中，已展开一幅借竞选来给台湾人“洗脑”的雄图大略。他认为，参选的最重要之处在于点出两岸问题的真相。因为台湾现在没人敢说出真话。无党籍台湾地区领导参选人许信良只说了“大胆西进”就被打成“不爱台湾”，新党不过多说了几句和大陆沟通也被戴上帽子。他有此机会就是要堂堂正正地把这一真相道出来。另外，他可以通过这次绝好的机会把自己的理念宣扬出去，把以往政府对人民的误导、

1999 年 8 月，李敖宣布参加
2000 年台湾地区领导人选举

污染、造成人民许多错误印象的情形进行修正，过去他也一直在做这样的事情，但只是通过办报纸、办杂志、写书的方式，由于场地、时机的局限，作用有限。这次能利用选举，跟政治挂钩，而且透过文化的方式，其作用自然不可估量。台湾人长久以来习惯于“一厢情愿”的思考方法，关门自闭，把希望当成结果，画饼充饥，最终步入歧途。这种状态，需要一个有智慧的人站出来指点迷津。他认为自己就是最好的人选。

对此，李庆华自信满满地说：“李敖的参选，志不在胜选，重要的是拉抬新党‘国代’选举，真正为小老百姓代言。”他表示，一旦李敖投入大选，新党会倾全党之力，与李敖一起共同作战。

在台湾社会，李敖的参选，使原本呆板、无趣的一场选战显得精彩可期。他的谈情说理，完全摆脱世俗束缚；引经据典，被“检验”的竞争对手，总无招架还口余地。一场乏味的选战，可看性大增，原本担心无聊的社会大众，此时感到有戏可看了。

1999 年 8 月 25 日，是新党的党庆日。李敖愉快地参加了这次庆祝大会。在 5000 人的大会上，新党大佬王建煊一再要求李敖加入新党，但坐在主席台上的李敖不动声色。等到他演讲时，他谈笑风生，始终没有正面回应加入新党的问题。最后他说道：“等新党壮大，他还会回到‘没落’的民进党。”大会结束时，他与在场的新党公职一起合唱新党的招牌歌曲《大地一声雷》与《日头浮山》。

1999 年 8 月 29 日，新党召开全体公职人员会议，讨论征招李敖参选案，出席的 66 位公职人员，共有 53 位表示支持，李敖以略高于八成的支持率正式获得新党提名。此时，李敖进入会场，与全体公职进行对谈，气氛非常热烈。王建煊在讲话中说：“李敖先生，你看这么多人欢迎你代表我们新党参选，你还不加入我们新党吗？现在就加入吧。”台下纷纷鼓掌。李敖上台演说时狡黠地说：“新党为何可贵？就是它比任何党都有肚量、有气魄，它能找到一个新党里所没有的人才来代表参加台湾地区领导人选举，所以你们选到了我。如果我加入了你们的政党，代表了你们没有这样的肚量，一定要同你们同一颜色、同一个党，你们才欢迎我、才推荐我，这样就不好了，我加入你们的党会害了你们，使你们更加小气巴拉。”李敖以其幽默、博学的轻松语言，化解了不少人的质疑，现场掌声不断。他在开场白中举“齐玉解环”、“亚历山大刀批死结”的故事为例，自解新党今天“引狼入室”也是一种逆向思考的方法，这个方法是否见到成效，他也不知道，不过他预见“定时炸弹如果不解开，一定会爆炸”。他同时说：“革命成功有赖思想变化，思想如果不变化，革命一定不会成功。”

对于未来的选举模式，他胸有成竹地说：“我不会花一毛钱，更不会让新党花一毛钱，不搞标语旗帜，或是扫街那一套，现在媒体那么发达，我就有办法动员媒体帮我造势，为何要用那些旧的笨方法？”

至此为止，台湾地区领导人参选人已榜上有名，他们分别是：

连战，男，53岁，原籍陕西西安，曾任“行政院院长”、国民党副主席、“副总统”。代表党派：国民党。

陈水扁，男，48岁，台湾台南县人，曾任台北市市长、民进党主席，代表党派：民进党。

宋楚瑜，男，57岁，原籍湖南湘潭，曾任国民党副秘书长、“行政院新闻局局长”、台湾省省长、代表党派：独立参选人。

许信良，男，58岁，台湾桃园县人，曾任《美丽岛周刊》主编、民进党主席。代表党派：独立参选人。

李敖，男，64岁，原籍黑龙江哈尔滨，自由作家，代表党派：新党。

三、“台独”只能带来灾难

为了成功达到参选的目的，李敖一改过去困学书斋的习惯，开始频频拜会新党各级党团，并穿上了与新党党旗同色的黄衬衫、黄领带。以争取新党内部的广泛认同。在新党公职沟通会上，李敖更是逐一与所有公职人员握手并勤做笔记，他鞠躬弯腰、礼数周到的程度，让这些不熟识李敖的公职们受宠若惊。

在参选活动中，李敖在台湾的百姓中留下了深刻的印象。他见招拆招的功力在政坛几乎无人能及。他的脑筋快，嘴巴快，奇言异论令人应接不暇。他说，新党是个烂香瓜，女人不适合从政，批评“连萧配”是白痴组合，主张“一国两制”，要废掉“国民大会”，要揭发新党内的“拥连派”，等等，绵密出招，连推举他参选的新党都防不胜防，大喊吃不消。

李敖认为，如今的台湾只是一个“浅盘的、现实的、短视的”社会，只能以务实的方式，才可能使他们有所认识，“对庸庸碌碌的众生，不要做太好的梦”。因此，在造势阶段，如何说服台湾人赞同新党的观点，他主要从功利层面来谈“一国两制”的好处。在大选前的半年多时间里，新党在台湾高雄、花莲、台南、台中、桃园、基隆、台北县、台北市等八市县举办了“李敖跨越2000系列演讲会”，共八场，每场时间、地点、内容各不相同。此外，李敖还把演讲深入到了大学、中学以及少年犯管教所，前后演讲20多场，真可谓“走遍台湾讲透透”。

李敖的演讲主要有四大主题：反黑金、反“台独”、两岸和平解决、关怀弱势团体。其中对“两国论”等“台独”思想的揭露和批判是他演讲的主要话题。

首先，他对陈水扁的“台独公投”和李登辉的“两国论”展开了深入的剖析。他认为，倡导“台独”者常常给对方第一个命题，而不给第二个命题。第一个命题是：台湾是“主权独立国家”、“台湾人自己决定自己命运”、主张“两国论”等等。可是很快地第二个命题会出现，那就是当你搞“独立”、搞“两国论”时，对方可能会打过来，这是必须要面对的，可是他们从来不提这第二个命题来做民意调查，而只提第一个命题，把目标当作结果，这就是所谓的“丐词”言论。可是，现在的国际法除了国家、领土、主权、人民之外，还要有一个重要条件，那就是要人家承认你，台湾得不到国际承认，就难以得到尊严。事实上，台湾50年来根本就是靠美国人存在的，台湾只是美国的一只看门狗而已。“台独”也好，“两国论”也好，由于中国大陆强大的国力，首先美国就不敢放行。他说：

> 美国对台湾的政策就是一个词——拉狗用的皮带（leash on)，过去拉的狗是蒋介石，狗的政策和主人的政策是不一样的，狗要反攻大陆，美国政策是不要反攻大陆，守着台湾就好。……今天拉的狗叫李登辉，……今年“两国论”后，美国对台湾的态度强硬起来，我们可以看到联合国投票，美国、英国、法国都投了反对票，清清楚楚告诉你只有一个中国，进联合国是不可能的。①

失去国际的承认，自然不能关门做皇帝。在李敖眼中，“台独”只是一场春梦。陈水扁高喊的“台独公投”，李登辉高喊的“两国论”，都只能给台湾带来祸患。“澎湖也可以独立，兰屿、花莲县、台东县都可以独立，照我们的理想，只要全民公投，一通过就独立了。可是独立的问题要面对一个事实，台湾人在世界跑来跑去，要怎样使人承认你？”同样的道理，你在台湾搞“公投”，当对岸的十三亿人也搞公投的时候，怎么办？

同时，李敖对台湾社会一部分人的“仇共”意识进行了深入分析。几十年来，在蒋介石反共教育中，设定有两个前提，第一，共产党是最坏的，是万恶不赦、是不可能变好的；第二，共产党是不可怕的、是可以抵抗的，有一天我们可以反攻大陆。这两个前提如今都已不复存在。对方由“解放台湾”转为“一国两制”，足见他们释放出来的善意；在

① 李敖：《李敖发电集》，中国友谊出版公司2004年版，第186页。

国防力量上，“全世界都怕中国共产党，因为他有尖端科学、七艘核子潜艇，及可以直接打到美国西海岸的“东风31号”导弹，最近我们看到他的人造卫星成功地发射出去，然后降落在他自己的领土上，换句话说，将来他可能会走向登陆月球”。这种绝对的军事强势是台湾难以抵挡的。如果没有中国大陆的“宗主国”似的泰山压顶，隔海磨刀，在现实利益上，“台独”是一个好梦；但是，有这一压顶与磨刀现象而不予重视，只是关起门来一厢情愿以为“台独”可行，就太不识世界大势、不明敌我关系了，也太天真了。而这种只凭自己一厢情愿就大做好梦的天真思考模式，其实正是国民党40年教育打造出来的标准产品，可惜台湾人不能自我察觉！

李敖，狂傲的反“台独”斗士

至于一些人提出靠从美国购买武器与大陆对抗的“台独”观点，李敖认为更不可取。从1988年到如今，台湾花在军事武器上的费用已超过3兆6千亿，按“国防部”预估，未来十年还要花费四兆才能满足“国防”需求；20年间须花费如此庞大的经费，与大陆相比，也只是三轮车追汽车，不仅越追越远，而且会把台湾的经济拖垮。若将这笔钱投入到社会福利、环保、教育等方面的建设，会是多么有助益的经费。有人说，跟美国合作会有防空系统保护台湾。可是台湾的领土没有纵深，时间上不够，等反应过来时，他们已经打过来了；所以用常识判断，就知道台湾不能用扩充军备来解决问题。但是，今天谁敢讲这种话？连战不敢，陈水扁也不敢。宋楚瑜在海外说了一句话，就被扣上不重视台湾“国防”的帽子。因此，他告诫人们，不可以在这种不爱台湾的恐怖帽子底下，来告诉人们一个错误的理念。

李敖在演讲中一再申说“两国论”导致的严重后果。告诫人们，打仗是全世界解决问题最坏的方法，而与大陆开战更是最不明智的选择。战争只能让人民生灵涂炭，并不能换取台湾人的尊严，只有在与大陆的政治、经济、文化融合中，台湾优势才能显示出来。因此，聪明的台湾人要做的，不是跟大陆对抗，而是与大陆牵手。要维持两岸和平、营造和平气氛，不能再搞什么“七块论”、“两国论”来破坏谈判基础、制造紧张气氛。我们要省下庞大的“国防”经费，在谈判桌上争取台湾利益，取得两岸双赢。

如此看来，陈水扁的“国与国”关系的政见只是一种空论。它给人们带来的痛苦，正应了“烦恼皆因强出头”那句老话。明明是内政问题，却要把它“国际化”、“外交化”，结果自己斤两不够，浪费了太多的时间、机会与资源。陈水扁高喊的“台南人要选台南人”的口号更是愚蠢、荒谬。

李敖要传达的思想是，爱台湾要讲方法。一个政见如果没有可行性，最终只能害了台湾。所谓“七块论”、“两国论”、“夹击论”等等都是在拿爱台湾者的生命来做筹码、做豪赌，制造族群矛盾，破坏两岸关系，是一种政治方向的迷失。所以台湾人应该修正自己的观点，在历史的重要关头，做出正确的选择。这种高屋建瓴的政治解析对解开台湾人的心结无疑起到了重要作用。

四、“一国两制”有什么不好

早在1999年9月8日，李敖就撰文指出，台湾所谓的“中华民国”并不算“国”，这已非事实问题，而是常识问题。台湾的所谓“总统”，自然“也不宜拘泥在政治学上的定义，而该有它特殊声明下的定义，事实上，它只是‘中国台湾的领导人’的别名而已”。

李敖指出，“一国两制”才是使两岸关系走出困境的最好方法。他认为，大陆同意台湾可以保留军队、治安人员等等，这说明“一国两制并不是台湾香港化，台湾比香港的处境要好多了。”[①] 回顾历史，台湾的起飞与大陆密切相关。蒋介石当局用从大陆运来的92万两黄金中的85万两做新台币的发行准备，正是这种“劫贫济富”，用全中国人民的钱，建设了一个省。大陆却因此一穷二白。如今大陆的发展比台湾要快，台湾变弱势了。并且每年都要赚大陆两百亿美金，可是还是有人在骂大陆。地震救灾，“我们感谢每一国政府，而中国大陆提都不提，北京大学学生辛苦捐钱也不提”，这正是一些人挑拨两岸政策、有意误导的结果。其实，从经济战略角度讲，大陆是台湾的真正腹地，失去大陆，台湾就会崩溃。现在，台湾有一个很好的机会去融入大陆经济之中，关键要看我们能不能务实地思考问题，抓住这个机会。而这一切的实施，都需要一个正确的制度作保障，那就是“一国两制”。这是邓小平为他莫斯科中山大学老同学蒋经国量身订做的制度。两岸在“一个中国”前提下，维持现有制度，50年不变，是一个很好的谈判基础。在第一次辜汪会谈时，双方面都同意“一个中国，各自表述”，在“一中”前提下，海峡两岸50年不变，没有战争。这对台湾只有好处，没有害处。

1999年8月10日，在台北国际会议中心举行的新党六周年党庆的专题演讲中，李敖花了相当多的时间阐述他对两岸关系的看法，主张尽快地与大陆进行谈判。他认为，要“出卖”台湾，才能买回大陆，更进一步保障台湾的安全。在谈锋犀利的演讲中，李敖妙语如珠，频频以生动的故事来阐述他的想法及政策。他左批李登辉，右打民进党，

① 李敖：《你为何主张“一国两制”?》，《联合报》1999年11月22日。

李敖称，想要组建台湾第一个接受“一国两制”的政党——“台湾光明党”

不时还波及新党。5000名听众皆风靡于李敖的口才与反应，演讲过程中，台下支持李敖的声浪不断。

在演讲中，李敖批评一些人对美国的幻想。他说，美国必须在国际上维持自己的战略布局与国家利益，不可能在现阶段得罪大陆，台湾想与大陆在国际场合硬碰硬，绝对讨不到好处。他指出，保障“台湾安全”有几种做法：第一是关大门，维持现状。不过不可行。第二是抱大腿，抱美国的大腿，以求保护，不过历史证明美国的大腿实在不可靠。第三是打大仗，不惜与大陆一战，但即使台湾打赢了，也是满地的跛脚人，这仗打不得。第四是讲大局，也就是谈判，这是唯一可行的路。因此，李敖提出了“出卖台湾，买回大陆”的口号。他认为，这是谈判中的一种表达艺术，既是谈判，这里面就大有空间。

谈到台湾的发展，他说，台湾一定要有腹地才会有发展。政府过去的南进政策，搞得华人被杀，为何不拿同文同种的大陆作为发展腹地呢？而且台商比台湾政客聪明，早就到大陆投资了。他们不仅赚了钱，还解决了台湾不少失业问题，“台湾拿人家的，吃人家的，还要骂人家，这是什么道德，什么政治”？若他当选台湾地区领导人，一定马上宣布两岸无条件开放三通，相信30年后以台商在大陆的经济实力，一定可以影响大陆。

2000年2月21日，为了影响台湾地区领导人大选，中国大陆发表了《一个中国的原则与台湾问题》白皮书，在台湾产生广泛的影响。次日，李敖在台湾“立法院”对此问题发表了自己的看法，他认为，唯有“一个中国，各自表述”的做法，才能开启两岸谈判的大门。李庆华则在记者招待会上进一步阐述，两岸即将面对更严重的情势，新党主张的“一个中国”，不但是务实的主张，更是两岸和平的关键。

五、选后余绪

2000年3月15日，在台湾大选揭晓的前夕，朱镕基总理对两岸问题发表了的谈话，谈话在台湾岛上产生强烈震动。

台湾各界舆论也都在利用不同的表述方式，抵制倾向“台独”的陈水扁上台。

李敖称：“扁若当选，会使两岸紧张。”陈水扁八年执政的结果，被李敖不幸而言中。

2000年3月18日晚，台湾“中央选举委员会”宣布了获选票数：

陈水扁：39.3%
宋楚瑜：36.8%
连　战：23.1%
许信良：0.63%
李　敖：0.13%

2006年6月，台湾10万人上街“呛扁下台”，中国国民党主席马英九、亲民党主席宋楚瑜在现场发表演讲要求当局领导人陈水扁尽快下台，李敖到场支持

陈水扁以险胜宋楚瑜的票数当选。

大选揭晓后，李敖在阳明山书房有个书面谈话，其中说：

（一）174年前，美国第三任总统杰斐逊死了，在他墓碑上，刻的是："美国《独立宣言》起草人，《维吉尼亚宗教自由法令》作者，维吉尼亚大学创办人托玛斯·杰斐逊安葬于此。"以三行履历，概括一生，但绝口不提他曾做过美国总统。连做过美国总统都不值得一提，做个残山剩水只有"宪法"上1/266领土的"中华民国"的所谓"总统"，又算什么呢？

（二）严复译《天演论》，中有英国诗人丁尼生的诗说："挂帆沧海，风波茫茫，或沦无底，或达仙乡。"两千多万的人，他们下坠"无底"，或上达"仙乡"，都在他们明智的一择。在选举中，部分选民无此明智，而要害明智的选民同归于尽，此正英国史家汤恩比所谓"一个民族的自杀"，我们只好奉陪。

（三）在一起没有好下场之前，我们一息尚存，绝对揭竿而起、挺身而斗，以"鹦鹉救火"的精神，挽救"飞蛾扑火"的愚昧，我们绝不灰心。

（四）在汉朝光武中兴的战斗里，他们也被打败过，大家沮丧的时候，只有吴汉将军意气自若、磨刀擦枪，即时准备下一次的战斗。现在，我们要团结所有明智的选民，大家笑嘻嘻地联合起来，组成新的党，即时准备下一次的战斗。①

在李敖眼里，扁政府其实只获得39.3％的选票，而反对他们的人，却占60.7％。所以，他鼓励选民不要怀忧丧志，要振作起来，继续为自

① 李敖：《李敖的四点书面意见》，《李敖送电集》，中国友谊出版公司2004年版，第191页。

己的理想而奋斗。

几个月来的选战奔波，他感到了疲惫。每天感受到的政治与社会的繁杂，使他对世俗充满了厌倦之情。早在参选前，他就有感而发：

> 古人诗说："怅望千秋一洒泪，萧条异代不同时。"我却想改为："怅望千秋一洒泪，萧条异代却同时。"我常常感到：我竟和这么多混人烂人同时处在这一岛上，岂非怪事？是怪他们妈妈小产呢？还是怪我妈妈早生？想来必有一怪。最大的差异是，我是未来的先知，他们却是今之古人，他们的肉体活在现在，但大脑却"萧条异代"，根本是前朝人物或汉唐人物或史前人物，把根本不该同居一岛的人塞在一个岛上，此天之作弄我，非我骂人之罪也！①

2000 年 3 月 14 日，他五点起床，又有自勉句如下：

> 我决定急着拉回自己，至少每天 1/2 的自己。
>
> 外面这票人也谈什么"上升"与"沉沦"，我倒好有一比，对我这种侠士的人说来，几乎和这小岛无关的，就是"上升"，和这小岛有关的，就是"沉沦"。
>
> 我要尽快"脱身"，先从脱出 1/2 和这小岛无关的时间做起。
>
> 我 65 岁了，再和这小岛有关，太不值得了。
>
> 判定和这小岛有关与否，是检定我余生气象的惟一标准。②

2000 年 3 月 7 日，在台湾领导人大选将要结束之际，李敖在台北阿

---

① 李敖：《萧条异代却同时》，《李敖放电集》，第 95 页。

② 李敖：《不值得》，《李敖来电集》，中国友谊出版公司 2004 年版，第 54 页。

波罗大厦举行了他一生中规模较大的第三次义卖活动，内容以他几十年来收藏的珍本图书为主，辅以新近收藏的一大批中西绘画精品，义卖所得全部赠送新党，以表示对新党的支持和对弱势团体的真正关怀。

4月8日上午，新党全委会在党部为李敖举办了感谢仪式，李敖到场时，大家握手寒暄，一扫选举期间的紧张气氛。在感谢仪式中，召集人郝龙斌向李敖颁发了印有“替天行道”字样的水晶纪念品。并解释说：“我最想称呼李敖为李大侠，因为一向具有侠义心肠的李敖，此次台湾领导人大选本着侠义精神，努力宣扬新党理念，帮助新党凝聚了人气，这种侠义精神就是替天行道。”李敖则嬉笑着说：“新党举行的这次感谢仪式，并送给我值得纪念的奖品，使我非常感谢与感动，也为我洗刷了这七个月来被外界传说‘害新党’的罪名。”接着，他又自嘲说：“我无论什么时候都喜欢站在背后，不愿站在第一线跟别人抢东西，这也是我一辈子骂了那么多人，仍能毫发无伤不出事的原因，但这辈子我只跟人抢过一样东西，可是失败了。”他说的，就是这次代表新党的台湾地区领导人竞选。

2000年5月16日，李敖补足了100万新台币的支票，连同已运送到新党党部价值1605万元的张大千等字画艺术品，总计1705万元的价码，作为他赠别新党的礼物。他跟新党的关系，也到此画上了句号。

若是站在历史的高地回望李敖的“竞选”，其意义非同寻常。自近代以来，自由主义文人一向恪守“影响政治而不涉足政治”的理念，到李敖这里却发生了历史性的转折。当他意识到外来的任何变化都难以改变他的思想立场时，他毅然决然地由“论政”迈入“参政”的行列，将“学”与“用”紧紧地结合在了一起。在竞选中，他坚持不拜票、不设选举总部、不花一毛钱的原则，为台湾的选举文化注入一股清流。他利用竞选的机会向台湾人阐释“一国两制”，利用竞争来的权力推动他的思想传播，可谓登高呼远，深意在焉。这些举动使他彻底摆脱了传统自由主义自设的门限，由文坛学界延至政界官场，由书斋回向人间，成为一名集学者、作家、公职人员于一身的理性的思想改造者。

2000年是“李敖年”，也是李敖心情颇不宁静的一年。在竞选结束后的7月29日，他的母亲张桂贞因心肺衰竭过世，享年90岁。

李敖母亲生前决定百年后火化，李敖遵嘱进行。但按规定要等24个小时，葬仪社建议念经八小时超度亡灵，李敖说：“我和我母亲都不是佛教徒，念经就不必了。”葬仪社又建议用放录音带的方式，他斥之无稽。由于第二天是假日，第三天就把母亲火化了。整个丧葬费花了不到8万元。这在台湾动辄几十上百万元的丧礼中实在是节简得不能再节简了。

8月1日，他在《妈妈的遗稿》一文中写道：“她死在我眼前，我摸她的脸、摸她的手，最后摸的，是一片冰冷与寂静，她就这样走了。”他的悲痛可想而知，他用自己的方式送别了为他操劳一生的母亲。他没有发讣文，也没有办丧礼。由于他暂停了在电视台的录像，朋友们才得知真情。

母亲的骨灰和父亲一起都安放在阳明山的灵骨塔里，他从书房就可以望到。在子夜里，在清风中，生者和死者的距离竟是那么接近，又那么遥远。在守望中，他感到了一种说不出的紧迫与沉重。

母亲去世后，他瘦了两公斤，接着又发高烧，继而胃溃疡，几场病下来，身心已极度疲惫。8月18日，他赴台视“李敖TALK秀”录像，李昂看他谈笑风生，准备好的安慰也说不出口，看了半天，她说：“你

1939年，李敖小时全家福：左起第一排李敖的四姊、二姊、三姊。第二排李敖的老姨、三姨、大姊、外婆。第三排李敖父亲、李敖、李敖母亲

憔悴了。”他点头说：“瘦了两公斤。我极度的理智，至今没掉过一滴泪。丧事这么办，我不怕人家说我不孝，我母亲的养生送死都是我。”

他对外界的喧哗已意兴萧索。精力的不济，使他有了一种“人老珠黄”的感觉。他辞掉了电视台的《李敖脱口秀》节目，再次退隐，回到了他的书房。在这里，有一种“久在樊笼里，复得返自然”之感。他请艺术家林连开刻了一方“青山见我楼”的阴文图章，以示心志。他说：

> 台湾小岛是“久居”之地，但岛上鸟事实非牧野鹰扬者“久据”之所，除资生资笑外，其实心力，多属枉抛。我早见此，但尘网羁人，完全脱身，亦大不易，今幸得以退休之年，自尘网大泄抽出，淋漓之快，青山知之矣。①

在他收藏的吴湖帆的书法中，有一幅写道：“朗月满怀，春风在抱，梅花作骨，秋水为神。”他最喜爱这种境界。他希望自己在今后的一长段时间内能不受干扰，悉心研究和创作，享受独处的愉悦。

① 李敖：《青山见我楼杂记之一》，《李敖通电集》，第221页。

第十四章

向大陆发声

大陆是李敖的乡土，但我不在其内，台湾是我的乡土，但我被见于外，不过对于我来说，在内与见外，皆属过眼烟云，终归中国是我的乡土，在这乡土上，大陆也好，台湾也罢，对我都是一样的，我的终极是在无何有之乡、在广漠之野、在中国与人类的历史定位。

——李敖：《李敖快意恩仇录》

一、文驰中原十八年

由于长期以来海峡两岸特殊的政治关系，李敖最初走向大陆始于他的文章。这种文字流播时断时续，前后经历了 18 个春秋。大陆人正是通过文字作品来阅读他、谈论他、认识他，他的传奇经历和离经叛道的思想，使他成为一个既熟悉又陌生的远方怪杰，一个“瞻之在前、忽焉在后”的文化“空中飞人”。

李敖作品流入大陆，除官方情报、资料部门的购买外，在民间，最初应该是以私人携带的方式，从香港及海外流入与读者见面的。

1983 年，李敖出资请在美国探亲的妈妈飞往香港，与留居大陆的大姐、二姐团聚。在香港，二姐李珣首次接触到李敖的文章，她也许是第一个大量读到李敖作品的中国大陆人。她的女儿、女婿亦从台湾和香港购买李敖的书送她。在她从香港返回上海时已搜集到十多部李敖的作品。海关检查看到这么多外埠读物，以“需要检查”为由给予扣留。李珣着急了，她找到统战部门说：“香港什么书都有，我没带，只带了李敖的书，那是因为它寄托了我对亲人的怀念，你们让我邀请李敖来大陆参观访问，可连他几本书都容不得，那他来了还能讲话？”后在统战部门协调下，将书全部索回。[①] 像这种以个人携带方式流入大陆的情况究竟起于何时，已很难查清。

在出版界，李敖作品在大陆出版最早的时间应该是 1983 年。当时

① 李珣：《敖弟》，蔡汉勋：《文化顽童李敖》，第 16 页。

群众出版社发行过一本小册子叫《台湾监狱黑幕》，主要揭露台湾司法当局和监管部门制造冤案、迫害囚犯的内幕，书后还印有“内部交流”的字样。该书作者就是李敖。这是他第二次坐牢出狱时所作。书名原为《勇气·脚镣·针》（1982年3月版《李敖千秋评论丛书》第七期），全书26000字，收文14篇，无删节。据笔者所知，这是大陆上出现的李敖作品的最早出版物。但由于当时大陆的社会政治形势，此书影响并不大。

到80年代中期，李敖作品开始以手抄本形式在一些大学流传。比如1986年，复旦大学的学生就曾在自办的油印小报上连载李敖的对话录《答陈依玫》，每个宿舍一份，免费赠送。上海学联主办的一份报纸也以整版的篇幅登载李敖的访谈名篇《吐他一口痰》，向各地大学生赠送。这两篇文章都是1982年李敖复出之后的作品。前篇主要讲作为一个大学生应该如何安排自己大学的四年生活。后篇则讲台湾的现状、中国文化的真相、自己的志向等话题。两篇文章在大学生中产生一定影响。

另外，在北京的文化圈内也以影印件的形式悄悄流传着李敖复出后的杂文集《独白下的传统》。

1988年7月，湖南文艺出版社出版了牧惠编选的《千秋评论——李敖杂文集》，这是中国大陆正式出版发行的第一部李敖作品集。全书收入李敖不同时期作品136篇，近40万字。打开该书，单是题目就足以让读者瞠目结舌，必欲读之而后快。如《胡适先生走进了地狱》、《肚子疼的国民党》、《骂总统的自由》、《“文化种猪”面面观》等等，皆收录在册。依笔者之见，在此后20年的大陆出版品中，这应该是选得最好的一部杂文集。

1989年2月，中国工人出版社出版了由复旦大学学生顾刚编选的李敖选集《我的皮肉生涯》，这是大陆出现的第三部李敖作品集，全书收入李敖不同时期作品37篇，约22万字。书中除了选取李敖的几篇重要访谈录之外，重点选了李敖谈柏杨的几篇文章，对大陆读者亦有较大影响。

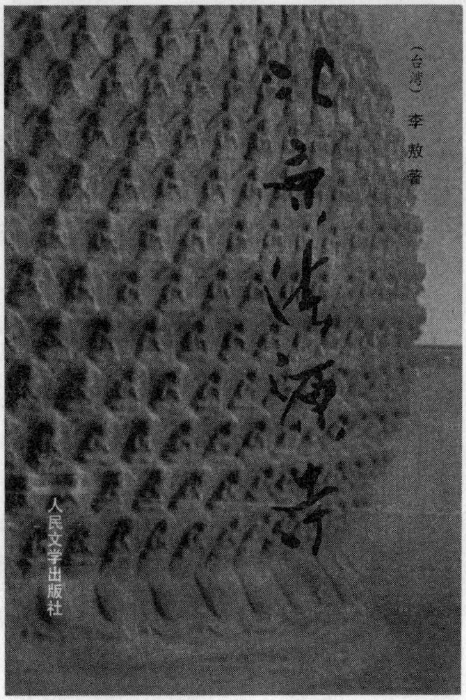

《北京法源寺》书影

1989年8月，人民文学出版社出版了李敖的《独白下的传统》，该书包括《独白下的传统》和《传统下的独白》两部分，收入《老年人和棒子》等作品25篇，约15万字。但影响并不大。

1989年9月，湖南文艺出版社又出版了李敖的“三情之书”（（《李敖的情诗》、《李敖的情书》、《李敖的情话》）。其中《李敖的情诗》，尤其醒目，红色的封面，充满了热情。李敖在后记中说：“三册书里贯穿的主题是：我们要有现代化的爱情。”这在大陆青年读者群中，尤其受到欢迎。

1990年2月，人民文学出版社又出版了《李敖自传与回忆》。该书收入《怀严侨》等作品14篇，约17万字，大多是怀人忆旧之作。它让大陆读者感受到了李敖纪实散文的魅力，代表了李敖散文创作的风格。

1990年10月，中国友谊出版公司出版了李敖作品选《我将归来开放》，该书文精体杂，收有李敖各期作品62篇，约19万字。

1992年11月，人民文学出版社出版了李敖的长篇小说《北京法源寺》，该书装帧简朴，无删节，是大陆出现的最早的一个版本。

1994年之后的两年中，中国友谊出版公司陆续出版了李敖的“李敖千秋评论丛书”精编本12册，每册约10万字，除个别文章有删节

《李敖大全集》书影

外，在书名和内容上基本上保持了原书的风貌。

1999年，中国友谊出版公司与李敖签约，在两年内出版了《李敖大全集》40册。其中包括小说《北京法源寺》、《李敖回忆录》等100多部著作。虽然其中有太多的删节，但在当时已成为李敖作品传播的一个主渠道。

此外，自1993年之后，大陆多家出版社都有关于李敖作品出版，比如1993年10月，中国华侨出版社出版有《李敖作品精选》四集（《且从青史看青楼》、《西洋叉子吃人肉》、《能下床就是好猫》、《从此黑白不分明》）；1994年12月，人民文学出版社又出版了《蒋介石其人》、《蒋介石其事》两书；1996年1月，长春时代文艺出版社出版了8卷本的《李敖文集》（包括《冷眼看台湾》、《国民党研究》、《民进党研究》、《中国性研究与命研究》、《传统下的独白》、《求是今说》、《世论新语》、《书信集》等）；1999年，云南人民出版社出版了“李敖文选”五卷（含《惊世的论战》、《斗士与镣铐》、《横眉对乱世》、《讨蒋的响箭》、《黑夜的思索》）。此外，在社会上流行的李敖作品盗版、盗印本亦层出不穷。

就以上出版的作品内容看，不外乎台湾的政治问题、法律问题、教育问题、国民党的历史和中国传统文化等方面内容，但它为中国大陆的读者打开了一扇窗户，让人们重新看到了尘封达40年之久的台湾社会的真面目。

出版业是大众文化的晴雨表，李敖作品在出版界的升温，表明了大陆读者对李敖作品关注的程度越来越高，面对这种文化现象，学术界自然不会等闲视之，对李敖文化现象的研究也悄悄浮出水面。

最早进入学者视野的是李敖的杂文。早期的李敖评论大都是围绕其杂文展开的。像牧惠的《编者的话》、[①] 顾刚的《李敖其人其文》，[②] 当是大陆出现的比较早的评论文章。两篇文章虽以“后记”形式出现，以介绍性内容居多，但他们对李敖现象的诸多思考，给人留下深刻印象。比如牧惠先生充分肯定了李敖对封建主义思想的抨击和对国民党专制统治的揭露，肯定了他的顽强和勤奋，并且指出：“李敖是一位台湾作家，我们不能也不必去删改他的文章。”这虽然是针对出版界说的话，但对当时的批评界，也不无忠告之意。而顾刚在后记中，通过李敖与柏杨的比较，对李敖的人格和文风做了充分肯定，他借香港作家黄思骋的话说：“有李敖，我们将可以说近代白话文的顶峰成就就在台湾……”在当时，类似这种“后记”式的只言片语还有很多，如李敖的朋友潘君密在李敖“三情之书”中的序、作家伍立扬的杂文等，但总的来说，上述文章多偏重人物生平创作的介绍，对作品的评价流于只言片语，还构不成系统的研究。

1995 年，安阳师范学院教授陈才生先后发表了三篇有关李敖的论文，分别是《李敖杂文的主题及其演变》、[③]《论李敖杂文的艺术特色》、[④]《试论李敖的创作观》，[⑤] 基本上都是围绕李敖杂文创作展开的。这应该是大陆较早出现的研究李敖的学术论文。有人称陈是大陆“最早将李敖学术化”的学者，也许导源于此。自 1996 年开始，陈才生

① 牧惠：《千秋评论——李敖杂文选·后记》，湖南文艺出版社 1988 年版。

② 顾刚编选：《我的皮肉生涯·后记》，工人出版社 1989 年版。

③ 见《殷都学刊》，1995 年第 2 期。

④ 见《上饶师院学报》，1995 年第 4 期。

⑤ 见《河南师范大学学报》，1995 年第 5 期。

《冷眼看台湾》书影

在所供职高校开设了“李敖研究”、“李敖与台湾文化思想”等课程，正式把李敖研究搬到了大学讲堂。

此后，有关李敖的研究论文陆续在一些学术刊物上出现。比如南生桥的《力的奏鸣，美的乐章——李敖语言风格谈》，①对李敖杂文语言从美学风格上进行了总结，指出其五大特征：气势磅礴之美、语言陌生之美、声韵和谐、数字精确、结构雄劲之美，甚为中肯。刘少勤的《〈李敖文集〉写作特色刍议》②则从写作学角度指出李敖文章题目富有个性、语言自成风格、内容以小见大、剖析深刻，不愧为“文中英杰”，但总体“散乱”、“缺少大气度”。最值得一提的是王得后先生为大陆版《李敖大全集》所写的万字长序，这篇文章作为全集的引言，写得文笔飞扬、痛快淋漓，既有对人格的高度评价，也有对作品的仔细甄别，还有对艺术技巧的具体剖析。可谓比较全面的“李敖论”。作者认为，李敖个性卓异、境界高远，敢于拼搏、坚定而飞扬，用追不回的青春赢得了“搅醒社会的功效”；其作品关注活的文化，关注文化的变革和发展，对台湾的社会改革具有重要启示，对大陆亦是如此；在作品风格上，作者的表达狂放恣肆、百无禁忌、言必有据，在文字技巧上口语化、情绪化，追求达意，取得了较大的成功。这些评价都是十分精到的，对大陆读者认识李敖、研究李敖产生了思想导向作用。

① 见《陕西教育学院学报》，1998年第1·2期。
② 见《鹭江大学学报》，1997年第3期。

到2000年前后，随着大陆媒体（如《羊城晚报》、《中国青年报》、《北京青年报》等）对李敖电话采访的出现、大陆银屏关于李敖影像的传播，其作品在文化思想界的影响不断扩大，对其人其文的研究亦层出不穷，如卞毓方的《千山独行——李敖论》、[①] 唐琳的《殷海光与李敖》、[②] 陈才生的《〈北京法源寺〉的文本意义》、[③] 谢有顺的《散文之力》、[④] 董大中的《李敖与胡适》、[⑤] 吕林的《李敖批判的批判》、[⑥] 黄沙小岸的《李敖的“玩偶之家”——关于小说〈上山·上山·爱〉与〈北京法源寺〉中的“男权”精神分析》、[⑦] 尤其林的《暗夜里的火光——李敖杂文讽刺艺术新探》、[⑧] 宣炳善的《李敖清华演讲的爱国主义与法律信仰》[⑨] 等等，都是具有代表性的研究文章。同时，在大陆亦出现了关于李敖研究的学术专著，如董大中的《李敖评传》（中国致公出版社2001年版）、陈才生的《李敖的灵与肉——李敖思想研究》（新华出版社2003年版）、徐林正的《老李飞刀——李敖的另一种玩法》（中国友谊出版公司2004年版）、何平的《像李敖一样幽默》（中国友谊出版公司2006年版）等等。此时的李敖，作为中国当代一种文化现象，不仅成为众多学者关注的对象，同时也成为中国读者和观众家喻户晓的文坛怪杰。

《老李飞刀》书影

通过以上回顾可以看到，从

① 《徐州教育学院学报》，2000年1期。
② 《湖北大学学报》，2000年第5期。
③ 《上饶师范学院学报》，2000年5期。
④ 《新浪文化》，2002年7月17日。
⑤ 《书屋》，2003年第4期。
⑥ 《华文文学》，2003年第5期。
⑦ （《世界华文文学论坛》，2005年第1期。
⑧ 《文史博览》，2005年第16期。
⑨ 《社会科学论坛》，2006年第9期。

1983年李敖第一部作品登陆，到2000年李敖走上大陆银屏，18年里，大陆读者从李敖作品中感受到的，是台湾几十年来波澜壮阔的社会变革和变幻莫测的政治生态，是李敖虎虎有生气的文字，以及那充满激情的文字背后特立独行的人格和思想。至于李敖对大陆、对祖国、对两岸关系的认识，都还是个谜。他的音容笑貌、言行举止，也只能依赖于读者建立在文字基础上的还原和想像了。

二、首次亮相大陆银屏

2000年7月21日，大陆观众第一次从电视屏幕上看到了李敖。

这一天，李敖主持的中央电视台国际频道《海峡两岸》六集专题节目正式卅播。这也是央视第一次请台湾人主持的政治评论性节目。

早在该年的四五月份，央视《海峡两岸》节目就通过台湾真相电视台董事长周荃向李敖发出书面采访的邀约，请他就两岸敏感的政治议题谈谈自己的看法。周荃是当代台湾一位颇具社会责任感的电视制作人，她得知中央台的想法后，第一个反应是："你们不要命啦，敢播吗？准播吗？"双方在接触中达成协约，即围绕央视提出的六个书面问题，由真相台制作、请李敖回答，拍成录像带，然后给央视播出。周荃十分高兴，她认为，这是海峡两岸思想沟通的一个千载难逢的良机，有利于促进两岸政治僵局的和解，"让大陆人民也来听听台湾人的声音，而李敖正是台湾人的最佳发言人"。

虽然这次合作"完全不谈钱"，纯属"做白工"，李敖还是愉快地答应了。

在双方洽谈期间，由于两岸政治情势"波涛汹涌"，让这项合作案几度中止，周荃从中又数次斡旋，终于成功播出。"李敖观点"由此宣扬到全世界华人地区。两岸媒体间的交流也从此跨出了关键性的一步。

在首集节目中，中央台所定题目为“你热爱台湾和热爱中国，这种爱能分开吗？要如何统一起来？又如何解析邓小平所提的‘一国两制’，这对台湾同胞有何好处？”考虑到大陆的接受程度，李敖引经据典说：“当年美国总统艾森豪威尔起用美国通用公司总裁威尔逊做国防部长，在他卖掉了所有的通用股票后，有人还是对他能否妥善处理利益冲突表示怀疑，威尔逊说：‘凡有利于美国的，就有利于通用，他们的利益是休戚相关的。’这就如爱台湾与爱中国的关系。”

六集节目虽然不长，却给大陆观众带来了耳目一新的感觉。人们真正领略到了李敖的犀利言辞和深邃的思想，感受到了这位久居台岛的知识分子对祖国的拳拳之心。他对两岸问题深入浅出的剖析，像一把钥匙，打开了长期以来困扰人们的心锁。他对中国未来的统一的构想，更让人们充满了自信和信心。

对李敖而言，这次义务性的节目主持，是在实践他“挺进大陆”，创造三通之外的“观念要通”。整个节目录制过程，都由真相台代理，李敖并未与大陆电视台人员接触。但他依然认为，央视允许他“登陆”，并播出他的言论，就已经显示出大陆领导人对异见者持较宽容态度的迹象。尺度的开放已是一大突破，“即使在台湾，我也没有获得百分之百的言论自由！”在中央台解释“一国两制”，是他爱台湾、爱中国的具体表现，“与其搞两岸密使，不如透过媒体和言论自由，来增进双方的了

海内外知名文化名人李敖

解”。他希望自己主持的节目，有助于消除海峡两岸根深蒂固的误解，最终实现祖国的统一大业。

三、央视中的“台湾人说”

早在1998年10月，李敖就接受过央视的采访。当时，中央电视台大型系列节目《跨海看台湾》正在制作中，为了介绍台湾人的生活和观点，记者胡兆杨等人专程采访了李敖。这次访谈被列入系列节目的第八集“台湾人说之二”，在2001年2月5日播出。它让大陆观众又一次从屏幕上感受了李敖的快人快语、言辞犀利的风格。

快人快语、言辞犀利的李敖

访谈中，李敖谈到台湾文化问题。他毫不客气地说，台湾文化是一种“暴发户文化”。由于台湾地处边陲，长期被官方封锁，所以，尽管台湾人勤勉努力，但文化水平很低，导致了有钱时便“附庸风雅”的现象。如今，台湾人搞本土文化，认为凡是台湾的就好，可谓坐井观天，尤其丢人。台湾的新闻传播业如报纸、出版、电影、电视等，由于国民党政府长期的管制教育，真正的言论自由并没有实现。

谈到自己的处境，李敖言谈中透着几分对台湾乱象的不屑与无奈。他讲了一个历史故事。汉武帝在巡视时，看到一个老郎官给他磕头，感到很奇怪，说："你这么老了，怎么还做这么小的官呢？"这个叫颜驷的郎官就报告说："我在你爷爷时代就做这个官，你的爸爸时代也做这个官。"武帝问："你为什么一直不升官呢？"颜驷说："我在你爷爷时代啊，我是军人，你爷爷喜欢文官，'文帝好文臣好武'，我喜欢当武官。所以一直吃不开。你爸爸时代呢，'景帝好老臣年少'，他喜欢老年的大臣，我年纪太轻。到了你这一代呢，'陛下好少臣又老'，你喜欢年轻，我又老了。跟你们三代搭配不上，所以一直倒霉。"李敖借古讽今。现在，他要跟台湾的年轻人去争胜。他的感觉是，自己"像一个人老珠黄的女人，可是还在跳这个脱衣舞"。

"立功"不如意，但李敖对自己的作品却自信满满。他毫不隐讳地称自己在白话文的运用上是前无古人的。"一千万年以后，可能我的思想，像《李敖大全集》的思想，都落伍了"，可是"对中国的白话文，对语体文运用的能力，我觉得会永远的保存下来"。他说，李敖的作品是"能够真正的把中国的语体文写得出神入化的"，原因就在于"我的文章是可读的。一般人语文是看的。我的文章是可以念的，因为我们一般人写文章，不太能读的"。他举例说，欧阳修的《醉翁亭记》，原文有"临溪而渔，溪深而鱼肥；酿泉为酒，酒洌而泉香"，石碑刻好后，感到这个句子不好，"酒洌而泉香，不如泉香而酒洌"，因为"洌"字是第二声，"泉香"是第一声，还是用"洌"字好，所以把石碑敲掉重刻。他认为，欧阳修是真正能够这样子修辞修到很细腻程度的人，可是这是文言文。在白话文语体中，他认为自己是真正能够做到这一点的人。"从表面上看，我也骂人，很粗糙啊，每一句好像自然的语言，事实上就像苏东坡写文章，如行云流水，看起来很自然，我是经过仔细雕饰过的"，"即使我写一段很撒野的话，都是要想过，并且念起来语调铿锵"。

面对记者，李敖表达了一个强者的快乐观。他认为，乐观不是一个说法，而是一个做法。就像林肯所说的，你可以像你自己所要求那样子快乐。这个是可以人工制造的。他举一个老祖母的故事。她的孙女死掉了，可是，大家看她脸上没有很难过的表情。有一个人忍不住就问她："你孙女死掉了，你好像很达观的样子。"她说："没有错，我的未来指日可数，哪天死随时都想得到的，所以每一个小时我都很珍惜。我花一小时去哭我的孙女，去痛苦，不如去花这一小时去回想我跟她在一起快乐的时光。我们一起吃冰淇淋，一起在树后面捉迷藏，也很好嘛。"李敖十分赞赏这位老祖母的人生态度。他认为人的情绪和心情就像一个坐标，本身是水平的，没有快乐也没有痛苦，如苏曼殊诗中所说，"与人无爱与人无憎"。可是如果有情绪的话，在坐标以上的就是正面的情绪，就是兴奋、快乐、高兴得哈哈笑，坐标以下的，是沮丧、不快乐、痛苦、厌倦，这种情绪都被我消灭掉了。"好比说我跟人打官司，忽然法官判决说我输了，打了败仗当然不高兴，可是对我而言三分钟就过去了。干吗呢，赶紧坐下来，就要整这个法官，如何把这法官斗倒斗臭，这是我的积极的一面。"他举例说，汉朝的光武皇帝跟王莽打，打了败仗，部队打垮了，打垮以后，他夜里去查营，看大家哀声叹气，喝酒，睡觉，可是有一个人，就是大将军吴汉，他在擦枪，在准备下一次的战斗。那些情绪，喝酒，哀声叹气，哭，睡觉都逃避了，他要做的是第二次战斗，下一次战斗。所以汉光武讲一句话，这个"差强人意"啊，这还差不多符合我们的要求。"基本上我是一个玩世的人，如果你不玩世，你很严肃的话，早就得了胃病了，或者胃癌死掉了，活不下去。"

访谈中，记者邀请他到大陆看看，他表示，很长一段时间，这个政府不让他离开。现在他可以走了，可是他自己又不想走了。原因就是"重温旧梦就是破坏旧梦"。他强调，自己的知识多是来自书本，并且注意读活书。"一般人读我的书读了十分之一就变成书呆子了"。他认为，人类的经验严格来讲是间接的而不是直接的。可是很多人很笨，他们希望"in person"一切身临其境。那怎么可能呢？人们不可能都像阿姆斯特朗一样到月球上看地球，因为缺乏做太空人的资格。也不可能都爬到圣母峰回头看西藏高原，因为缺乏那种体力。所以一切靠经验，你会漏掉太多并且太累了。他以东坡诗为例说，“横看成岭侧成峰，远近高低各不同。不识庐山真面目，只缘身在此山中”。看庐山不要去庐山，去庐山里边你看不出来，也看不到。

尤其让人难忘的是，在访谈中，李敖表达了对中国大陆历史发展的理解和同情。他认为，台湾能经济起飞，与蒋介石携去大陆的92万两黄金有密切关系。在当时，两岸都很穷，这笔钱对台湾的经济起了关键作用。而大陆则因此受到影响，失去了发展的机会。但尽管如此，大陆有一点做得还是比较成功的。“从鸦片战争到现在150年来，我们中国要面对两个问题，一个是如何避免挨打，一个是如何避免挨饿，现在呢，如何避免挨打真的被中国共产党做成了，没有人敢打中国了，这一点我们必须承认的。中国共产党不管花了多少代价，它这点做成功了”。

博览群书，特立独行，乐观自信，客观公正。这是李敖透过电视银屏在大陆观众心目中最早留下的印象。他让大陆人看清了台湾，也让大陆人了解了自己。尤其是在海峡两岸复杂多变的政治气候中，他对大陆现状的认识竟是如此实事求是，也许，正是这种具有历史眼光的宏阔高远，使他在大陆观众心目中树立起良好的形象。

四、与大陆观众的第一次对话

“漂洋过海，乃怀陆根,我虽不往，一往情深。”

2001年12月22日，在央视《海峡两岸》演播室里，当主持人李峰满怀深情地背诵着《李敖快意恩仇录》中的诗句时，李敖与大陆观众的第一次对话已经进入高潮。

这是中央电视台与台湾中天电视台通过卫星连线联合制作的节目，也是李敖第三次通过电视媒体向祖国大陆发声。

知性、沉稳的李峰显然在节目之前做了大量准备工作，当她在阅读李敖的作品时发现李敖并没去过法源寺,只是靠一些背景材料加想像写下了著名小说《北京法源寺》时,便请记者专程去法源寺拍摄了短片。她请记者在街头录下大陆观众对李敖的评价，请来了李敖母校的学生，还请来了李敖当年上小学时的两位同学。当李敖听到记者随机采访的大陆观众对他的肯定性评价时，连声说道“很感动”、“受宠若惊”。面对大屏幕上的李敖,两位小学同学从最初启蒙的国文老师谈到当年内向又拘谨的李敖留给他们的印象……这些少年时代的往事,让李敖激动不已。尤其是看到母校北京四中的短片，看到自己当年的学籍卡，泛黄的卡片上他少小时的稚嫩样子，听到同学们发出的回乡看看的邀请，一向桀骜不驯的怪杰“旧情澎湃”，惊讶的脸上挂起了泪珠。

这次对话给大陆观众展示了一个学识渊博充满睿智的李敖，一个对祖国充满感情与希望的李敖，在大陆观众心中亦留下深刻的印象。

节目中，在主持人介绍了他的工作间——藏书数十万册的几个书房时，他颇为得意地向观众谈起自己的“五马分尸”读书法。并说，读书要讲究方法，要有好的分辨力，否则，一般人在读到自己所读书的十分之一时，就可能会被书所困、中了书毒。在看过关于北京法源寺的短片后，他又谈起自己创作《北京法源寺》的体会。他说，自己虽然没有去过法源寺，但由于朋友的帮助，他得到了大量有关法源寺的平面资料，凭着自己的想像力，小说创作就开始了。他认为“文学创作如果没有这种想像力，一定要身临其境的话，这种人太笨了”。在小说中，他多处采用了思辨性的议论方式，他认为这并不奇怪，在中外文学史上早有先例，如陀斯妥耶夫斯基的《卡拉马佐夫兄弟们》就是明证。对于小说中刻画的几个重要人物，他坦诚相告说，谭嗣同固然可敬，但如果在现实中，自己还是愿意做梁启超，做战士比做烈士要更实际。

面对现场对话的北京四中学生，李敖不失幽默地道出了他对年轻一代的心里话。在这个个人愈来愈被团体淹没的时代，他希望新的一代能静下心来，在前贤的著作中找到独立的自己。

让观众难以忘怀的是他讲述自己走向电视媒体的经历，他说：

> 当初从事电视是因为台湾在国民党的伪政府统治之下，我们的言论自由，所谓“宪法”11条给我们的人民有言论、讲学、著作、出版的自由都是假话，可是过去我们没有办法，我们只靠着这种写文章、办杂志来跟国民党伪政府做斗争，我们没有其它的工具，所以在这个情况底下，我写了上百本的书，其中有96本被查禁了，也可以说自人类有史以来，古往今来禁书被禁得最多的人就是我，而被禁了以后还不断地写书的人、跟他们抵抗的也是我。可是后来当台湾在蒋介石统治了26年走了以后，他的儿子又统治了13年走了以后，经过40年以后，台湾国民党的伪政府统治力量减弱了，因为减弱了所以我们有一点点自由，这个自由，注意了，不是他们给我们的，是我们抢来的，争取来的，这个时候电视由于开放了一部分，我们有机会能够进入电视，我们进入电视的原因是因为我们讲话有特色，所以才能够在台湾的市场上面能够占住一席之地，老板们不喜欢我们，可是他为了观众，为了广告，只好请我们来放言高论，所以我在6年以前就进入了媒体圈里面去，变成电视上的一个发言人，大家才发现李敖除了会写文章以外还会讲话，我的优点越来越给人家看到了。

当主持人问及为什么又“重出江湖”做《李敖大哥大》的节目时，他激愤而自信地说，台湾有一些人想脱离我们的祖国，这种乱象需要一些“勇敢的、聪明的人”出来阻止它，而自己就是这种人里面的最好的人选，他出来就是要用他土法炼钢的方法给那些人洗洗脑。包括他当年参加台湾竞选的理念，也是“为了传播我的思想”。他说，长期以来，自己在台湾受尽了窝囊气，自己写的书被查禁，言论不能散播，去年台湾的所谓的“总统”选举为他提供了传播思想的绝佳机会，任何人都不可以阻挡他把自己的意见完整地讲出来，于是他很高兴地参加了。比如说他赞成“一国两制”，他在台湾是第一个公开讲出来的这个人。

他谈到了自己“骂人”的方法与众不同，那就是拿出证据来证明对方的该骂之处。“别人都会骂人，骂人是王八蛋，可是我有一个本领我证明你是王八蛋”。他举例说，蒋介石是日本士官学校毕业的，他就不相信，于是找到日本当年的士官学校的毕业学生的名册，“名册中没有蒋介石，没有蒋中正，没有蒋志清，甚至没有姓蒋的，换句话说蒋介石是冒充的，证据摊给大家看，他是骗我们的”。

他讲述了控告李登辉利用特权犯罪的过程。并说自己在10年前，就通过台湾“国家安全局”的一个档案查到了他背叛共产党同志的历史，并撰文给以揭露，告诉人们李登辉的不可靠。

他在讲述捐款给台湾慰安妇以反对日本侵略者的故事时说：

> 我坦白地告诉你们，并不是说我爱这些慰安妇，不对的，我恨日本人，我觉得恨在这个地方比爱的力量还强大，我恨台湾的李登辉这个“政府”在日本人面前是软脚虾，不敢争取中国人的尊严，我恨日本人这样欺负我们中国的女人以后还要花钱来收买，所以我愿意把我的艺术品，收藏的艺术品捐出来，卖了3300万，3300万那时候差不多合到100多万美金，我们解决了这个问题。可是我告诉你，我的底子没有那么伟大，不像基督教徒所说的我们爱人类，不是的，我恨日本人，恨日本鬼子我就会这样做，所以人家讲投资报酬率，我的那个“仇”是仇恨的“仇”，我愿意报仇，花钱来报仇。

慷慨激昂、正气凛然的神采，嬉笑怒骂、掷地有声的语言，让人们看到了一个充满了侠义思想和爱恨情仇的李敖。

面对大陆观众，李敖从历史角度语重心长地谈到了台湾的过去与未来。他认为，台湾是中国不可分割的一部分。但是在很长的历史时期，台湾没有得到充足的时间去过一个正常的生活。经过了从清朝到现在100多年、甚至200年以上的这个时间，使台湾人跟我们祖国开始有隔阂，这个隔阂是合理的，也可以合理解释的，大陆的同胞应该有耐心来对待台湾。

对于新中国成立以来大陆的成就，李敖再次给予高度评价。他说：

从鸦片战争以来，中国人面对了两个最大的苦恼，第一个是如何避免挨打，第二个如何避免挨饿，如何避免挨打，不被帝国主义打我们，这一点我们做成功了，现在没有人敢打我们了，这一点我觉得很了不起，我们做成功了。如何避免挨饿这一点呢，挨饿只是消极的，积极的是，如何使我们能够繁荣起来，大家能够有钱富庶起来，跟那些资本主义的国家一样的有钱，这个时候还有待于我们的努力，所以我觉得中国如何避免挨打、如何避免挨饿，是我们最要关注的问题，今天我觉得我们总有一个方向，开始走向了如何避免挨饿并且开始繁荣的一个中国，所以，我觉得在整个大气候上面我是很快乐的，很高兴的，知道真的中国站起来了。

他向观众表明，台湾的教育培养不出李敖，自己能有今天正是与黑暗进行不妥协斗争的结果。他说：

我们整个的努力地斗争过程里面，我们绝对是一锁定它就没完没了，那个过程里面很艰苦，比如说我们印书，书没印好就抢走了，后来我们的书，像我的书怎么办，只能到黑市去，在地摊上，跟那些黄色书刊一起卖，所以我的书封面也印着那些裸体女人，很多人根本不是要买我李敖的书，他去买黄色书刊，买错了，就变成我的读者，常常是这样子。

正如主持人李峰所强调的，李敖在台湾与黑暗和邪恶的斗争，贯穿其中的是对祖国的深沉的爱。

这期节目播出后，在海峡两岸引起强烈反响，尤其是大陆，观众好评如潮。该节目还获得了央视年度节目的一等奖和彩虹奖的一等奖。李敖对这期节目也非常满意，他特意托台湾的朋友给节目主持人李峰捎来了他的新作《上山·上山·爱》，以表谢意。又通过台湾中大电视台要来了该期节目的录像带，动手拆装，重新制作了三期节目，每期时长一小时，取名为《李敖向祖国发声》，在2002年的新年播出。节目中，他利用央视的节目素材，分段讲解，旁征博引有关历史和相关背景，比原来的内容更具有可看性。不料，节目刚播出两天，他就受到台湾当局“新闻局长”的呵斥，要求他立刻取消这期节目，理由是他在节目中大力宣传大陆、宣扬“一国两制”。但他依然我行我素，第二天节目照常播出，并且在节目一开始，他就大声说：“‘新闻局’你们听好了，李敖我跟你们干上了，李敖今天勇敢地向祖国发声。”

五、做客“新闻会客厅”

2005年1月11日，中央电视台《新闻会客厅》与台湾东森电视台通过卫星连线方式又一次将刚进入台湾“立法院”不久的李敖请到了大陆观众面前，就台湾教科书问题展开讨论。这是李敖第四次在中央电视台向大陆观众发声。

李敖在《新闻会客厅》节目中，接受中央电视台记者白岩松的采访

在主持人白岩松提问下，李敖以他历史家的睿智和洞察力就海峡两岸一系列敏感话题展开剖析。他通过生动的例证表明，陈水扁高喊的“台独”是“骗人”的把戏，是“嘴巴上耍横”，他不是一个理想主义者，而是个贪小便宜的“小气鬼”。李敖称自己进入台湾“立法院”，目的就是要找一个言论“平台”，传播自己的思想，给那些制造两岸仇恨的人搅局，使其“官不聊生”。至于台湾修改教科书问题，更是一种缺乏历史常识的胡闹。

李敖认为，台湾历史与中国历史是难以分开的。台湾有些人在历史上动手脚，先把台湾历史定位成400年，从荷兰人到台湾算起，这样一算中国去掉了，但如此一来，澎湖怎么办？澎湖在历史上跟宋朝又接上了，有1000年历史，台湾400年澎湖就1000年，金门马祖也算，金门一算1500年了，又接上了，所以闹了半天躲不掉，他虽然现在是动手脚，可是躲不掉。这种做法最终不会起到什么效果。日本人搞“区域中国化”搞了50年，日本人一垮，摧枯拉朽，什么效果都没有了，唯一不好的就是，小孩都很可怜，这种胡闹耽误了他们的时间。

对于台湾当局在语文课本中对教本的修改，比如拿掉语文课本中的文言文，增加台湾地方语的教学等，李敖认为，文言文对现在的中文不好的年轻人而言，的确念起来比较难，可是这些东西究竟经过千百年的洗练，有些东西还是不错的，或者它能够启发你的观念。同时，台湾教科书里面有很多烂文章，他认为，与其选烂文章还不如保留文言文。至于学习台湾地方语，李敖则认为是“胡闹”。他说，台湾所谓闽南人的后代，占了70%，可是在世界的语言学里面，从来没有一个语言学家说有“台湾话”这个东西，因为它们说的是闽南话。真正的“台湾话”就是今天我们在讲的这些所谓台湾国语。而台湾一些搞“区域中国化”的人说国语不能只是这一种语言，而要把台湾岛内存在的14种各种各样的方言都变成国语，就更加荒唐。高山族本来9个族，陈水扁又加封了3个族，变成12个族，高山族有12种语言，大家都来学，问题来了，外省人讲的方言有160种，再加上高山族的12种，再加上闽南话、客家话，要都掌握，大家还能活吗？瑞士的苦恼就是有四种语言，闹得国人天昏地暗。台湾也让小孩浪费时间搞这个东西，所以这是一群混蛋在胡闹。

但尽管如此，李敖还是认为，台湾岛内“区域中国化”的进程，最终并不会改变台湾的孩子。孩子们一长大就会知道世界的大气候是什么样子，知道祖国是什么样子，对这些方言自然就没有兴趣了，所以他认为没有什么拦截的作用，他会耽误一些孩子的时间，但等孩子的眼睛一睁开，这些人根本没有力量，“大江东流挡不住，这是我的乐观的角度”。台湾当局所搞的“区域中国化”只是个“馊主意”。美国跟中华人民共和国联合发布的上海公报，其中有两个重点，第一就是台湾是中国的一部分，没说是中华人民共和国的一部分。第二，美国承认台湾是中国的一部分，台湾整天说联合国把我们赶出来了，其实是错的，台湾还在联合国里面，台湾还属于中华人民共和国这个代表的席次，当时联合国的决议是赶出来蒋介石的政权，并没有把台湾赶出来。所以今天它说“主权未定”，跟事实不合，至少美国不承认。

他断言，“台湾独立不独立”不是台湾说了算的。

第十五章

神州文化之旅

我认为不独善其身是中国知识分子的了不起的精神，就是我们所谓的“先天下之忧而忧，后天下之乐而乐”。现在我告诉大家，世界改变了，我们不但先天下之忧而忧，甚至不可能后天下之乐而乐，因为我们还充满了忧郁。我给大家一个样板是说我们不必忧郁，告诉大家，知识分子不是弱者。

——李敖香港记者会答记者问

一、凤凰情缘

李敖最初并不愿意到大陆来。

早在2004年以前，凤凰卫视董事局执行主席刘长乐就与李敖数次见面，并一起吃饭。一次，身宽体胖的刘长乐健声讯问："李敖兄，你愿不愿意到大陆走一走？"李敖态度坚决地说："没有可能！"

刘长乐曾分析他不愿登陆的原因：

> 首先，李敖曾夸下海口，一辈子不离开台湾。他的理论是，这么多年来，我没有离开台湾一步，我最有资格说，我是爱台湾，为台湾人好的。只有这样一种清白，才能够使得他的言论更有攻击力，更为可信。如果去了大陆，他自己就食言了。这是他的第一种顾虑。
>
> 第二，李敖很怕坐飞机。他小时候曾经坐过一次飞机，他并没有描述自己有多么恐惧，但确实从那以后，他再也没有坐过飞机。所以，坐飞机对李敖而言是一个艰难的心理挑战；
>
> 第三个原因，跟李敖的坐牢经历有很大关系。李敖坐了五年多的牢，多数时间是被关在单人牢房里。出狱以后，又过了两年多的隐居生活。至今，李敖还是经常一个人在阳明山上写作，一呆个把月，可以不跟任何人见面。这种孤僻的

> 性格和惰性很大的生活方式使他不愿意“动”。最后这几年，别去说大陆，台北他都没有离开过。
>
> 最后，还有一个“寻梦说”。李敖很怕回乡后会破坏脑海中存留下来的那种旧梦，很怕梦会破碎。①

刘长乐的话可谓知者之言。需要说明的是，李敖的确多次说过自己“呆在台湾最久就是最爱台湾”的话，但那是针对自诩“台湾人最爱台湾”的族群分裂者而言，他本人并不以为然。最根本的原因还是最后一点，即“重温旧梦，就是破坏旧梦”。凭他对大陆的了解，他的思想能否被大陆接受尚属未知，因此，他不能断然下决心，回到那曾经熟悉的文化故乡。

2003 年 12 月，李敖因摄护腺癌住进台北和信医院。12 月 25 日，施行了摄护腺整体摘除手术。此前一年，他已做过两次手术。一次是 2002 年 6 月，因胆结石把胆切除了。一次是 2002 年 9 月，再次把总输胆管结石切除了。面对一生中的第五次手术，他揶揄说自己是“寿而多辱”。手术过后，他深感自己来日无多，这次病愈保不住另一种病会何时出现。他要抓住当下的每一天，做自己该做的事。“只管今天，只管今夜！对我而言，我没有明天”。本来需要半年时间的休养，他只休息了一个月，便连续参加了蔡康永、小 S 徐熙娣主持的《康熙来了》、陈文茜主持的《文茜遇上骇客》等电视节目，并与凤凰卫视签约，开始主持旷日持久的《李敖有话说》。

《李敖有话说》节目播出后，大陆观众反响强烈，节目收视率节节攀升。李敖经常让人帮他从网上搜集观众反馈意见，有时也在节目中回答网友提问，直接与观众进行沟通。“这在很大程度上把他的心和

---

① 刘长乐：《李敖大陆行的幕后故事》，《快意还乡》，中国友谊出版公司 2005 年版，第 282 页。

大陆民众之间的距离拉得很近”。[1]同时，他在节目中的爆料也不断引起大陆有关部门的关注。比如他提到他的父亲在北大学习的历史，就曾引起北京大学的注意。副校长郝平博士到台湾还特意送给他两份礼物，一个是他父亲北大毕业时的毕业录，其中父亲的照片李敖从未见过；另一个就是父亲毕业时的学生成绩册。李敖对北大的友善非常感动，也许正是这样的机缘，为后来的北大演讲作了铺垫。

2005年2月下旬，刘长乐到台湾给李敖提前祝寿，席间再次邀请李敖到内地去看看。刘长乐深情地说："于右任、张大千、林语堂等来到台湾的文化名人，都是中华民族的脊梁，最终却都带着没有叶落归根的遗憾客死他乡，你应该实现这一代人对祖国大陆的拳拳之心和未了的心愿。"李敖为之动容，试探性问了一句："如果我访问大陆，凤凰是否操办？"刘长乐当场答应。李敖这才下定了出岛的决心。其实，早在五年前，李敖对大陆这块热土就已有闪念，那就是在看到儿子盼他当选"总统"的纸上涂鸦时所受到的启发，区区台湾算什么，他应该让自己的思想在更广泛的人群中生根、发芽、吐叶、结果，广袤的祖国大陆才是自己真正的疆场。现在时机来了，但他又担心大陆"能不能容纳他或者善待他"。

刘长乐请来李敖的好友陈文茜、李敖的经纪人王祥基，一起做李敖的工作。他们讲述了两岸之间已经复苏的政治形势，并针对他可能提出的问题做了详细的应对和说服方案，终于打消了他的种种顾虑，使他不再有任何借口。他终于"松了口"，说"可以坐飞机"。

时间定在四五月间，但事情刚敲定，就发生了连战、宋楚瑜相继来访大陆的消息，李敖不愿意"凑热闹"，只好向后推移。定在九月，此时，对台湾"立法院"而言尚在假期。

---

① 刘长乐：《李敖大陆行的幕后故事》，《快意还乡》，第282页。

9月12日，李敖在台北召开的记者会上首发了一个材料：

李敖蓝中带绿、白里透红记者会

1. 感谢凤凰电视刘长乐先生大力促进这次李敖大陆行。

2. 在台湾住了56年，一天也没离开，从没“出国”。现在去大陆。

3. 大陆是中国的一部分，台湾是中国的一部分，台湾也是我的故乡。

4. 不是怀乡，没有乡愁；不是近乡，没有情怯；不是还乡，没有衣锦；不是林黛玉，没有眼泪。

5. 春秋笔法，以身试法。生公说法，现身说法。登坛作法，拿出办法。既用洋法，也用土法。

惊雷东来云似盖，大江西去浪淘沙。

在这份材料中，李敖向人们表达了此次大陆之行的心境和志向。

出发前，李敖的右腿出了情况，突然疼痛，他特地让医生打了两针稳定病情，拄着陈文茜送的拐杖，毅然决然地登上了飞机。

就这样，中国当代文化史中一场前所未有的思想盛宴徐徐拉开了序幕。

二、故宫·故园·恩师

2005年9月19日，台湾桃源机场。

李敖在刘长乐的敦促和运筹下，登上了前往大陆的波音747飞机。

登机前，他右手拄着拐杖，左手举起护照，抬起左腿在空中做出一个夸张的跨越动作，向人们表示，他这一步将跨越56年，跨越台湾海峡，飞向祖国大陆。

在飞往香港的途中，记者问他心中的感觉，他一语双关地说："过去中国有一首诗叫做《孔雀东南飞》，为什么叫东南飞呢？因为有一首古诗叫做《西北有高楼》，所以不能向西北飞，今天孔雀终于向西北飞了，孔雀不但是孔雀，并且变成了凤凰。"他的话，使人很容易联想起他在青年时代离开大学时写就的那首著名小诗：

漆黑的隧道终会击穿，
千仞的高岗必被爬上。
当百花凋谢的日子，
我将归来开放！
《我将归来开放》)

2005年9月19日，李敖抵达北京机场开始"神州文化之旅"

李敖心潮澎湃，但却神情自若，他说，此次回到祖国大陆，"不是怀乡，没有乡愁；不是近乡，没有情怯；不是还乡，没有衣锦；不是林黛玉，没有眼泪"。在他心目中，值得高兴的，不光是自己要看到北京，而且北京也将看到自己。正如古诗中所说："我见青山多妩媚，料青山见我亦如是。"他知道，如今的北京，已不是他印象里的北京了，记忆中的老城墙早已不在，剩下的只有城门楼子了，但自己也今非昔比，自己老了，比离开时老了 56 年。

首都机场，一百多位记者把现场挤着满满当当。怕冷的李敖此时脱去了黑色大衣，穿一件米色西装，戴着从不摘下的墨镜，脸上的表情正如他书中所写："眼睛时刻都是那样晶莹的一扫，洋溢着一片精明、智慧与危险的闪光，口是咬得紧紧的，象征着一股力量，果决而有力，气永远沉得住！"① 人们会想起他青年时代刻意磨练的那种境界："沉沉一片力，亦侠亦温文。"他对记者说："50 多年前，我一个人从北京坐火车，到天津搭船去上海。在火车上，我看到窗外都是被战火烧焦的草地。我就是在那种心情之下离开北京的。现在，我终于活着回来了。"话语中充满了优越和自豪。他的每一个动作，都会招来周围照相机的一片咔嚓声，如同惊涛拍岸、电闪雷鸣。在短暂的见面会上，他开诚布公地告诉记者，自己此行并不是要与大陆学者进行学术讨论，"我不喜欢做学术讨论，太高雅，太学究，太钻牛角尖，我有一点点毛主席的'毛病'，就是'反知识'，只注重实际的问题"。

李敖携夫人、儿女在天安门城楼上合影

次日上午，李敖穿着黑色风衣，登上了天安门城楼。当刘长乐介绍这里就是当年毛主席宣布"中国人民站起来了"的地方时，他停下脚步，讲起了清朝人向城墙上递状子的掌故。这时，城下一群无缘上楼的记者在高喊："李敖！李敖！"刘

① 李敖：《大学札记》，《李敖大全集》第 17 册，第 275 页。

长乐请李敖向记者挥挥手，李敖挥手示意，但他突然停下笑着说："这种地方不能乱挥手。"抬眼四望，薄雾中的天安门广场，更显得深远、博大、凝重，他禁不住喃喃地说："大国气象！大国气象！"

李敖天安门上留言"休戚与共"

在城楼大殿，工作人员请李敖签字留念。在众人簇拥下，他一边客气地说"不敢，不敢"，一边执笔写下四个大字："休戚与共"。他解释说："休，是快乐；戚，是难过。按中国古语意思，就是快乐和难过都跟他在一起。共，对我说起来，是广义的，当然包括中国共产党。"

走下城楼，进入故宫太和殿。他记得小时候这里门前的砖缝里都长着草，现在一切都显得那么整齐干净。接着是武英殿，就是当年李自成登基的地方。这里自从2002年起就一直在修缮，本拟当年10月对外开放，现在特意提前请李敖参观。在这里，李敖看到古香古色的《古今图书集成》，脱口而出："一共是64部。"见到《石渠宝笈》，他称"是乾隆皇帝的账本清册"，陪同讲解的专家朱塞虹连连点头称是。看着乾隆年间36米长的《万寿庆典图》、雍正帝的《行书夏日泛舟诗》、古时用的铜度盘式手摇计算机等，李敖说："这里全是好东西。"他对记者讲："北京故宫是真的，台北故宫是假的。""海峡两岸统一，故宫也要统一。"

步入景仁宫，这里是当代名人捐献的文物展。李敖一看笑说："坏了，不该来这个地方，人家如此厚待我，我不捐点东西，好像不够意思。"他表示，会将一幅自己珍藏的一件古董捐献出来，那是清乾隆帝为王著《千字文》所写的一首跋。他说："我收藏的这幅字上，王著的《千字文》已经被烧了，但乾隆的跋还在，那是一首七律：

考古虽然多有舛，
临池何碍是其长。
一千文抚精神蕴，
几百年腾纸墨光。

他说："这幅字画对故宫来讲不是什么宝贝，故宫里乾隆的字很多，但这是我的一点心意。对这幅字来说，也是回家了，因为它本来就是宫里的东西。"①

在漱芳斋，故宫特地把一些稀世珍宝拿出来供李敖鉴赏，这些东西几十年来从未对外展出过。在这里，李敖看到了五代时期顾闳中的《韩熙载夜宴图》。这是李敖曾多次在文章和节目中提到过的一幅古画名作，它描述的是大智若愚的韩熙载，在朝中为求自保而疏狂自放、装癫卖傻的情态。顾闳中描绘的夜宴过程，将韩熙载不问时事、沉湎歌舞、醉乐其中的形态表演得酣畅淋漓。李敖想到了当年特务安装在自己家中的窃听器，别有深意地说："这是中国最早的针孔录像。"刘长乐补充说："是最早的间谍画。"

李敖一边看，一边与周围的人们讨论，谈自己的认识和感受。事后，负责解说的故宫博物院古书画部副主任金运昌说："李敖的日常谈吐与他在文章里电视节目里表现出来的锋芒毕露不一样，我觉得他是一个谦和的长者。他显然是文物方面的行家，相关知识非常渊博，令人钦佩。"

李敖看到，虽然蒋介石临走时把故宫大批文物带到了台北，但北京

① 在返台后的次年3月16日，李敖委托刘长乐，将这一珍贵文物转交给了北京故宫博物院。

故宫馆藏依然这样丰富，他破例谦虚地说了一句让许多人印象深刻的话：“我对以前对故宫的评论，表示忏悔！”

李敖来到北京东城新鲜胡同小学，看望母校师生

北京的秋天，下着零星的小雨，带来一丝淡淡的凉意。李敖一行去寻访昔日就读的新鲜胡同小学。

在车上，他把脸贴近车窗，向外张望，表情故做轻松，心中的波动潮涌是可以想见的。因为在这里他度过了儿时最宝贵的时光，当然还有那场刻骨铭心的“初恋”。

当那铺在校园里的红色地毯映入眼帘时，当那站立两边的孩子们欢迎的掌声响起时，他的眼眶湿润了。在他眼中，当年的院子似乎小了许多。但从那一张张充满稚气的脸蛋上，他似乎看到了当年的自己。他握着孩子们的手激动地说：“我是跟过去的我握手。”之后，他把头扭向一边，许久没有转过来，陪同的刘长乐从侧面看到，他的眼泪分明在眼眶中打转。这一切都被他的墨镜遮挡住了。

他径直走向院子右侧一间教室，边走边说：“抗日战争胜利前一年，我在这个教室。”看着教室里一张张稚嫩的面孔，他回忆着自己当年的座位。在老师的邀请下，他走向黑板，挥手写下《晏子春秋》里的一句话：“为者常成，行者常至。”他站在讲台前对孩子们解释说：“这句话的意思是，一个人只有努力去做事，才有可能成功，但如果不做，就一点成功的可能也没有；对走路的人来说，你朝目标走，不一定能做到，可是只要你坚持走，常常会走到。这个人生观是成熟的，它告诉人们，做与不做是不一样的。”接着，他走进了五年级二班的教室，学生们正在上语文课，李敖兴之所至，又给孩子们写下一段话："虽有智慧，不如乘势，虽有镃基，不如待时。"然后细心地在旁边注上出处"《孟子》"，接着说："你们要努力，不然就变得像我这么老了。在节骨眼上，时间很重要，时间不对就不行。虽然我有智慧，可是时候不对，也不行，使不出劲来。虽然我有锄头，但不如等到好的天气。所以虽有智慧不如乘势，即使你能够抓到好的时候，使用不当也不行，我们要做一个聪明的人，不要做一个糊涂的、蛮干的人。"

他原计划在这里停留半个小时，结果竟停留了五十多分钟。看着孩子们赠送的自己制作的图画、剪纸、报贴等等，他的心情十分复杂，儿时的美好永远成为过去，自己正步入衰老的年龄，新时代的孩子们能在安定的环境中学习成长，没有战乱，没有动荡，该是多么幸福。他在学校留言簿上写下了他的由衷感慨：

往事如烟，
永远新鲜；
前程似锦，
气象万千。

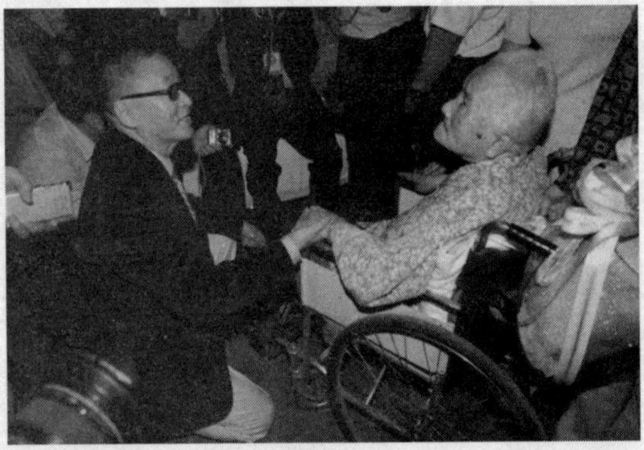
看望恩师时，李敖不顾近日右腿疼痛，单膝下跪

从新鲜胡同小学出来，他去看望自己当年的小学老师鲁荣坤。

鲁老师今年86岁了，已因患帕金森症无法说话。李敖大声对她说："我是李敖，我来看您。"鲁老师已难有表情。此时，李敖早已忘记自己的腿病，他右腿跪在水泥地上，紧紧握着老师的手，向她的女儿询问着病情。早在1993年春节，李敖就曾托同学送过一个精良的牛皮钱夹给老师，此时，鲁老师手中还拿着那个钱夹。李敖从衣兜里掏出一个红包递过去说："这是一个小红包，是美金。"据知情人透露，里面装有一千美金。鲁老师的家人回赠给李敖的是一张鲁老师年轻时的发黄照片，看着那张年轻而美丽的照片，李敖好像又看到了当年那位级任老师可爱的身影，听到了她责备自己"没想到你那么凶"时的声音，他对周围人说："她教我时就是这个样子。"

在鲁老师家，李敖还和当年《好国民》杂志的编者之一迟瀛海先生不期而遇，这自然引起李敖不尽的回忆，当时他经常购买这本杂志，并向杂志投稿，还刊出过《妄心》、《人类的冷藏》等文章。这是他最早发表文字的刊物。

离开鲁老师时，李敖回头看去，见坐在轮椅中的鲁老师脚没放好，耷拉出来，又跑回去小心地给她摆正，才转身离去。

三、"怒目金刚"与"前世和尚"

9月21日上午，李敖来到了北京大学。

据北大官方网站消息，早在几天前，李敖演讲入场票就已极度紧张，出现一票难求的状况。许多院系每年级只分到一张入场券，以至很多学生在网上表示愿意出钱购买。但由于演讲大厅容量有限，许多李敖的崇拜者都被挡在了门外。一群不能进入报告厅的热情的学生，在院里打起了"敖哥欢迎回家"、"敖视群熊"等横幅。

接待李敖的北大校委会主任闵维方说："李先生的到来，增加了许多热烈的气氛，使学校蓬荜生辉。"李敖笑着说："等我演讲完了，你再赞美。"

李敖在北京大学演讲

李敖到底会讲什么？善于制造悬念的他早在登陆之前就吊足了人们的胃口。他一会说是“黄中带绿白中透红”，一会说是“春秋笔法、以身试法、现身说法、登坛说法、拿出办法”，一会说是“台湾需要高人到内地去，解开双方因为误解而造成的误会，我认为我是最合适的人”。这天，李敖对闵主任又作如是说，更使他的演讲充满了几分神秘感。

九点半，李敖在一片掌声中走进了北京大学的演讲报告厅。他留着小寸头，戴着蓝眼镜，身着黑西装、白衬衫，系着深红色领带，下穿白裤子，显得分外精神。大厅里已是座无虚席。大厅后方，几十家新闻媒体的“长枪短炮”早已严阵以待。

“各位终于看到我了！”李敖用俏皮的手势向观众敬礼，在一句半调侃半认真的开场白后，开始了他长达57分钟的演讲。

这是一场终将载入史册的著名演讲，他的诙谐、他的犀利、他的机智、他的深刻、他的娴熟的语言技巧，都将成为在北大演讲史中最值得怀念的一页。他的演讲分几个部分展开，首先，他从赞美北洋军阀大胆起用蔡元培做北大校长讲起，说明一个思想解放的政府，才可能容忍与自己不同政见者的存在。然后重点讲述了自己对自由主义的理解。他认为，自由主义有两个部分，第一个部分是反求诸己。就是要能够心灵开放，把困扰自己的心结解开，如果没有一个改革开放的自己，就会作茧自缚、痛苦不堪。第二个部分是正确处理好跟政府的关系。在过去的历史上，有几种方法是错误的，第一是“政府这么坏，我不要活了”，我“嗝儿”了，在政府腐败时，自寻短见；第二是我“颠儿”了，就是远走他乡，如孔子所言：“危邦不入，乱邦不居。”漂洋过海，做自了汉；第三是“嘚儿”了，就是我隐居起来，不问国事，做了隐士；第四是“ 尿(sóng 上声)”了，即我隐忍顺从，不和你发生任何冲突，做了顺民和奴才；第五种是“翻儿”了，就是火了，要造反，和你对着干，要夺取政权、改朝换代。李敖认为，在现代世界，这五种态度和方法都是消极的，在统治者已成为强大的政治、经济、军事实体的现代社会，以上任何一种方法都不足以和政府抗衡，尤其是靠打天下的方法更不具有可行性。因此，人民应该用聪明的方法去争取自己的权利，争取言论自由更是如此。作为政府一方，也不必把人民的言论自由看得那么可怕，就如同瑞典开放小电影一样。“让他讲了，让他骂了，让他说了，老虎屁股让他摸了，没什么了不起”。李敖认为，在毛泽东、周恩来的思想里，就有主张言论自由的思想，只是后来一些人把它们过分紧缩了。作为当代社会第一流的知识分子，面对政府的错误政策，要有特立独行的思想和行为，过去的北大校长蔡元培、马寅初都是这方面的优秀典型。但同时，还要用智慧的方法，以合作的态度让政府“为人民服务”。如果采用前述五种态度，那是“无用的情绪、不健康的情绪”，是错误的。作为现代知识分子，应该清醒地了解这一点，同时还应该珍惜自己的机会，不该做自了汉。

在北大的演讲中，李敖的放言无忌、奇论迭出，让听惯了四平八稳的布道式演说的听众振聋发聩、惊心动魄，大有醍醐灌顶之感。他大批克林顿、嘲讽连战、调侃校领导，人们不知道他下一时刻将会讲出什么内容，又会把矛头指向谁。

在北大图书馆古籍部，李敖看到了胡适的诸多手迹和遗物：胡适批注的《水经注》27 种、胡适的博士证书、胡适手抄的志摩日记、胡适的藏书章和藏书票等等，他已表示要捐出 35 万元人民币给北大，作为胡适立像之用。离开时，他给北大图书馆的留言是“人书俱老”。他解释说：“‘书’的原意是书法，我是借指。因为我年纪大，所以和北大的很多人都有渊源。比如胡适、钱穆。未名湖的名字就是钱穆起的，现在他们都走了。”后来，他在凤凰网的聊天节目中又补充说，该句出自唐朝孙过庭《书谱序》，“这个‘老’字，不是真的老，是炉火纯青的意思，代表书是了不起的书，人也是了不起的人，隐含了吹牛的意思”。

法源寺，位于北京宣武区牛街附近，如今是中国佛教协会和中国佛教图书文物馆所在地。李敖的长篇小说《北京法源寺》中的故事，就是以此地为背景展开的。在北大演讲的当天下午，李敖第一次踏进了它的大门。他本来想悄悄地看看，以了却多年宿愿，却不料寺里寺外早已挤满了争睹大师“本尊”的人群，他的全程参观路线被围得水泄不通。李敖笑着说：“我笔下的法源寺比较清静，现在这里太乱了。”

法源寺方丈圣辉和尚率众僧侣在门前迎候，并将李敖请到会客厅，方丈递给李敖一杯清茶说：“君子之交淡如水，我们出家人就用这杯水来迎接你。”李敖则自我调侃说：“我知道，我自己对佛教来说其实是邪门歪道的。”

李敖首次造访北京法源寺，题词留念

李敖来到悯忠台。导游的僧人告诉他，前不久他们在寺里挖出了五六个头骨，似可证明这里曾经掩埋过忠臣良将。在精美的雕刻前，他蹲下身去，仔细观看。在石钵前，他向记者介绍一个白发老者：“我告诉你们，当年写《北京法源寺》，多亏这位美国华盛顿大学地球物理系的许以祺博士帮忙。”在上世纪 80 年代，许博士到法源寺拍摄了 70 多张照片，实地丈量并绘制成图邮寄李敖，为李敖写作《北京法源寺》提供了丰富的素材。所以，他对这个石钵一点也不陌生，早在多年以前他就从照片上见过了。借此，他又一次表达了他的创作理念：“做学问是可以不到当地也能了解很多东西的。今天到了法源寺，还是和小说中有许多不同，很多资料里有的文物都看不到了。”

圆持大师代表法源寺和中国佛教图书文物馆将一大捆书赠给李敖，这是乾隆皇帝时编制的《满蒙汉藏合璧大藏全咒》，李敖也欣然为法源寺留下两幅墨宝：“法海真源，尽在于斯”和“物我两忘，人书俱老”。

临别前，圣辉方丈请李敖到佛学院礼堂讲话。他对僧人们介绍说：“李敖先生虽然从来没到过法源寺，却用文学家的神来之笔写出了法源寺，所以李敖的前世可能是个和尚。”李敖一笑说：“原始的佛教与现代的佛教是有冲突的，我今天参观法源寺，看到了很多佛像、很多神，这些东西在宗教史和艺术史上是非常有意义的，但在信仰上，总有一个声音在我脑子里打转。在释迦牟尼时代，佛教里是没有神的，但是发展到后来，佛教变得有神而且是多神。我要说，释迦牟尼不是神，是人！”接着他又补充道：“我扫了大家的兴，可是不扫这个兴，也就不是我了。”

中午，在钓鱼台国宾馆俱乐部，李敖与当年新鲜胡同小学的 15 位同学聚会。57 年不见，过去的小小少年如今都已老态龙钟，但李敖对几位同学还是印象颇深。

“潘金莲！”这位被李敖喊出外号的老人，就是李敖在回忆录中提到的那个“两眼含情脸蛋泛红”的小学同学潘燕生。

故友重逢，百感交集。李敖当年曾经“拜把子”的郭金星和詹永杰

2005年9月22日，李敖在北京钓鱼台国宾馆俱乐部与小学同学聚会并合影留念

都到齐了。见到詹永杰，李敖连叫“老大哥”，并说：“‘老大哥’当年是我的班长和偶像，是我一直崇拜的人。”他送给每位同学一本自己写的书，一枝万宝龙牌原子笔。年纪最小的同学是北航教授周盛，他代表大家为这次同学会献诗一首：

一别六十载，再聚兰麝堂；
相逢素心时，恭忆旧师长；
同饮“新鲜”水，黄口情意长；
今夕复何夕，快哉此时光。

李敖与同学们一起唱起当年的“童子军”歌谣：

你我同在一群中，
感情一直都相通。
你有快乐我分享，
我有忧愁你与共。
彼此情谊砌金石，
日月明照此寸中。

李敖嘴唇微动，和着那一片苍老的歌声，眼前又展现出儿时的一幕幕动人情景，校园、老师、同学，还有那个令他刻骨铭心的小情人。

他的眼前变得模糊起来。

在与同学和老师合影时，主持人提议让李敖站中间，李敖连忙推让“不可以”，他提议让当年的老班长詹永杰站在后排中央，黄维汉老师坐前排中央，他站在詹永杰旁边。李敖在老师、同学面前的谦逊，使人们看到了李敖真性情的另一面。

四、“菩萨低眉”与洋和尚翻身

9月23日，李敖来到清华大学。

演讲的地点选在中央主楼报告厅，这是清华大学举办重要学术活动的惯例场所，不少国际政要、学术大师、社会名流都曾在此发表过演说。李敖的车队从南门进入校园，满眼全是样式别致的新楼房，李敖着急地问：“清华的老房子呢？”旁边人说：“老房子在新楼的后面。”

在主楼贵宾室，校务委员会主任陈希向李敖介绍了清华的校史和现状，并代表学校向他赠送了《清华大学图书馆藏善本书目》，李敖则题写了“金玉其内，水木清华”回赠。

9点30分，李敖来到报告厅。此时能容纳500人的大厅已座无虚席。在清华大学人文社会科学学院院长李强先生致辞后，凤凰卫视《世纪大讲堂》的主持人曾子墨请李敖开讲。

李敖时刻忘不了用调侃的方式来活跃气氛。他走到讲台前指着曾子墨说：“刚才被美女抱了一下，浑身发热，我可以脱外衣吗？你们各位也可以宽衣，因为这屋好像热了一点，不要客气，不要见怪。”然后他作了如下一段令人印象深刻的开场白：

> 毛泽东主席说，辛亥革命没有完成，但我到了贵校以后，发现真的没有完成，这不是大清帝国吗？大清帝国在清

华，这话说起来有点政治性的含义，我已经听到大陆的一句话，叫做“大清帝国北大荒”。刚才我已被嘱咐，不要奚落北大，所以今天虽然我在清华，我决定放北大一马。

各位，就在3年7个月以前，美国帝国主义的总统布什就站在这儿向大家说了一个谎话，什么谎话？大家看到布什的这个讲演稿了没有？他说，清华大学是美国支持下的，等于美国捐赠的。同样的，我们看它的中文的翻译，官定的翻译，他说，清华大学是透过我国，就是美国，赞助建立的，布什总统讲了一句谎话。

说到这里，李敖把印有布什讲稿的纸哗的一声撕开，抛在空中。顿时引起一片如雷般的掌声。之后，李敖讲了以下几个方面内容：第一，我们要爱国，但更要有智慧。如果爱国心有余，智慧不足，结果只能误国。第二，中国的贫穷是历史累积的问题，能有今天来之不易。第三，对言论自由的理解要有一个过程。第四，自由主义除了反求诸己外，还有一条就是求诸于“宪法”。比如言论自由，是要列举的，在《中华人民共和国宪法》中，有全世界最完整的出版自由、言论自由、罢工自由，什么都有，“每一条都列举出来了，我不以为他是假的，只要我们认真他就是真的。”第五，这里是我的国家，我要使它自由。第六，我们要有信心，在最好的时候来建立我们的信心。第七，人民的

2005年9月23日，李敖在北京清华大学发表演讲并题词“金玉其内 水木清华”

看法跟政治领导者，跟国家领导人的看法有时候是不一样的。对政府的行为可以换个角度去看。第八，我们要务实，不能做自了汉。光是嘴上唱高调不行，要拿出实际行动来才算。面对我们今天的中国问题和中国的前途，才是我们真正努力的方向，真正献身的目标。

演讲中，李敖辛辣而犀利的语言、惊世骇俗的话题、嬉笑怒骂的方式，使台下听众或目瞪口呆不知所措、或诚惶诚恐汗颜不止、或眉头紧锁陷入沉思、或惊心动魄痛快淋漓，最终，李敖在潮水般的掌声中离开。

走出演讲大厅，李敖参观了清华园和校图书馆。在清华园里，他打听着闻一多先生的墓地情况和朱自清《荷塘月色》里所写的荷塘。从图书馆出来，有记者问他的感受，他说："现在，《古今图书集成》一类的光碟出现了，所以只要一按钮，我们过去那些书白念，这就证明了科学的进步。使我们这些白首穷经的人，一切努力都付之流水。"记者又问："清华图书馆从 1983 年开始一直收藏你的各类作品，还收集了诺贝尔文学奖获得者的文集，你什么时候得诺贝尔奖？"李敖说："除非你背叛你的祖国，否则得不到诺贝尔奖。"

拜访洋和尚利玛窦墓是李敖主动提出的一项安排。在清华演讲的当天下午，李敖一行来到北京西城区车公庄大街的北京行政学院，探访这位 400 年前的"洋和尚"的安葬之地。

利玛窦是中国人最熟悉的一位西方传教士，也是向中国正式、系统和大规模介绍西方学术文化的第一人。他在明万历年间（1582 年）来到澳门，19 年后（1601 年）到了北京，1610 年在北京去世。他去世后，万历皇帝因为他翻译《几何》有功，破例把他葬在北京西郊。曾有日本学者把利玛窦称为"人类历史上第一位集欧洲文艺复兴时期的诸种学艺，和中国四书五经等古典学问于一身的巨人"，是"地球上出现的第一位世界公民"。

在一个青砖围墙的院落西侧，李敖看到了那高近 3 米的石碑。在利玛窦的墓两边，还安葬着另外两位著名的传教士——汤若望和南怀仁。

在近百年历史中，利玛窦的墓几经浩劫。1900年义和团运动，利玛窦墓被夷为平地，他的尸骨被挖出焚烧。在八国联军攻占北京、清政府签订丧权辱国的《辛丑条约》之后，利玛窦墓地又得以重修，并嵌入一块道歉碑。“文革”时该墓又遭红卫兵洗劫，墓碑被迫埋入地下。“文革”之后，利玛窦墓又被重修，埋入地下的石碑又重见天日。

李敖看到，经过历史上的两次破坏，碑身上的修复痕迹犹存。碑的下面用拉丁文和中文刻着“耶稣士利公之墓”，背面记录了利玛窦的生平。李敖一边看一边说：

> 这说明西方文化进入中国的不易，也表达了东方文化对西方文化的抗拒和排斥。……这些传教士是一批很有信仰的人，为了信仰相当执著，他们除了传播宗教教义，更重要的是带来了西方的天文、数学、地理等科学技术知识，对中国人认识西方文明产生了重要影响。但是，西方的科技和思想传入中国的过程很不容易，几经反复，一些人虽有爱国心，却没能用智慧的方法看待中西差异，最终导致灾难发生，义和团就是例子。

在几天后的上海记者会上，他又重新提到了利玛窦的意义。他说，利玛窦用钟表等物赢得了中国朝野对他的信任，开始传他的教，这说明“他要使人家接受他，会用一个很友善的方法，很好奇的方法”，这是值得我们今天思考的。另外，利玛窦的墓几次被毁，也使我们反省，“为什么‘文革’会重演义和团的悲剧”？看到如今他的墓再次修复，我们不能不应该感到满足，“今天的中国再也没有这种疯狂来阻碍我们国家的进步，现在我们已经离开了疯狂的时代”！

他在墓地停留了20分钟，临走时，他站在道歉碑前说：“爱国是好的，但是一定要用正确的方法，不要用愚蠢的方法，像义和团和红卫兵那样闹就是愚蠢的方法。”

离开利玛窦墓，李敖来到了国家图书馆。图书馆长詹福瑞向李敖详细介绍了该馆的建馆历史及四大专藏：《永乐大典》、《赵城金藏》、《敦煌遗书》、《四库全书》。听说有这么多的藏书，李敖十分兴奋，他诙谐地说：“我有一个毛病，看到这个书……”詹馆长问：“喜欢？”李敖说：“不是喜欢，是起歹念！”众大笑。詹福瑞代表国图送给李敖一份司马光《资治通鉴》手稿复制件。李敖又故做遗憾地说：“这里有这么多书，只能拿走送给我的一本复制品，其他的东西都拿不走。”引起一场大笑。

在这里，他看到了中国最大的甲骨片，看到了中国最早的《神策军碑》拓片，看到了司马光的《资治通鉴》手稿，看到了《梦溪笔谈》原刻本，看到了王国维真迹，看到了鲁迅《阿Q正传》的手稿和朱自清的手稿。李敖对名人的字非常在意，他赞赏梁启超的字写得“漂亮”，鲁迅的字写得“不错”，而看到章太炎的“轴”时，他说：“学问挺好，字不是太好。”在看到王国维的绝笔时，他除了想不通王国维这样聪明的学者为什么字写得不好外，还大发感慨：

> 他能够从甲骨文里面发掘出新的意义，是很了不起的天才，但是他“嗝儿”了，自杀了。他说“五十之年只欠一死，经此事变，义无再辱”。这个“事变”是什么意思啊，就是革命党要杀人，他怕被杀到，干脆自己死了。据说是叶德辉被杀了他心里就很惊慌，还听说王宝新被杀，其实王宝新那个时候没死。他就是那种白首穷经的学者，我李敖可以做但我不屑做，我的生命可以做更高更大的东西。怎么可以白首穷经呢，浪费浪费，这是浪费生命，浪费自己的才干，不可以。

临别时，李敖给国图留下两句题词：

不做刀笔吏，

愿做守藏吏。

写过这10个字，他又向众人“显摆”：“‘刀笔吏’出自《汉书》，是指那些靠笔去做官的人。‘守藏吏’就更早了，从老子起就有了典故，就是图书馆长。能写出这10个字，我的学问就出来了。”众人被他逗得前仰后合。

有记者对李敖说：“国家图书馆对您真是给足了面子。”李敖自豪地说：“他们把这些宝贝给我看也值呀。他们很客气，是因为看到行家来啦，这个行家不是一般的什么教育部长，是真的行家，给他看好玩，因为大家可以讨论。那些东西没打开我就知道里面是什么，这让他们有成就感，觉得好东西给识货的人看，是快乐的。”

24日下午，李敖来到了西城区皇城根北街的北京四中参观。当年，他曾以第一名的成绩被四中录取，在这里有过两个多月的学习生涯。

在他的记忆中，当年的四中财政困难，原则上只给考试前10名的同学提供桌椅，但学校连这10套桌椅也拿不出，只好抓阄决定。结果他没抓中，只能从家里带桌椅到学校上课。

如今的四中已今非昔比，放眼望去，只见亮丽的教学大楼、宽阔的操场、绿色的草坪，处处都使人耳目一新。从1988年开始，它就改为一所纯高中学校了。唯一让李敖感到熟悉的恐怕就是那个灰砖砌就的老校门和三间瓦房的“校长室”了。当年的“校长室”如今孤立于校园一角，在高楼映衬下显得更加矮小和冷落。红色大门紧闭着，房顶瓦楞颓败，衰草摇曳，似乎在向归客诉说着一个遥远的记忆。

在学校的校史馆，李敖从1940年代的学校模型一下就指出了自己当年上课的教室，他仿佛看到了教室门前那一排高大的树木，和树下的浓浓绿荫。他还记得自己的班主任和校长的名字，还记得李慎言老师出版过的一本书《长城名陵游记》，还记得博物老师讲进化论的故事，还记得他自带桌椅到学校上课的情景……看着一位小女生张至真送给自己的书法作品，他感慨万千。作品内容是唐朝诗人贺知章的《回乡偶书》：

少小离家老大回，
乡音无改鬓毛衰；
儿童相见不相识，
笑问客从何处来？

李敖笑着说："这诗正合今日之景，前两句说的就是我，后两句说的就是你们这些小朋友。"

他向学生谈到"中国文化的精髓"："中国书有一个主轴，中国文化有一个主轴，就是孔孟文化。除了主轴以外，还有佛家的、道家的，其余的许多都是千篇一律。所以看一本就等于看了很多本。"

他也谈到对电脑的态度："建议大家对电脑要有某种程度的抗衡，那玩意儿不是好玩的，因为它在资料方面的处理非常厉害，一出来一大坨，牛的大便叫坨。这时候，你要有所选择，否则被资料压垮了，人变糊涂了，判断力会出问题。"

离开北京四中时，他留下几行字：

千山唱尽，
万法唱空。
百年将至，
唯我四中。

下午五点，李敖与两位姐姐一起来到颐和园。对这里，他并不陌生，小时候他与父母曾经来过这里，他能回忆起自己在佛香阁爬上爬下的情景。此时平静的湖面淡淡地蒙着一层薄雾，但挡不住夕阳光照，整个湖面金灿灿一片通红。李敖想到一句诗："青山依旧在，几度夕阳红。"他说："青山都还在，只是我老了。"当有人问他是否有想回家的感觉时，他说："到处都是我的家。别忘了，台湾无处不中国，台湾也是中国的一部分。"

晚餐就在听鹂馆的寿膳厅。在用餐中，一个消息使他紧张起来。工作人员说，有一个自称广东外语学院的女孩，身穿粉红色中式洋装，从李敖到北京后，每天等在李敖要去的地方。为了能看到李敖，她往往在李敖赶往下一个景点时能比李敖还先到。在法源寺，她好像是跳墙进入的，因为她一身泥土。现在这女孩就等在听鹂馆外，希望能看看大师，最好能合个影。李敖听了好像也有印象，连说"不见不见"。但在他们出来时，他分明看到，那一袭粉衣粉裙的女子就站在灯光之下，向这边张望。他不敢多看，急急走下台阶，登车而去。车上有人笑称："明天到上海，可能一下飞机，又能看见她。"李敖连说："你们吓我，你们吓我。"

9月25日中午，李敖即将离开北京赴上海。因飞机晚点两小时，他们临时决定到北京工人体育场附近一家名叫"欣叶"的台湾餐厅就餐。素不相识的欣叶执行官施先生欣然作东，请李敖在餐厅里最大的包间"台北城"吃饭。这家餐厅的包间很有特色，全部以台湾的地名命名，如"阿里山"、"日月潭"等等，李敖想起自己曾经做过的一首小诗来：

妄想海峡两地隔，
妄想台独自快活。
我且当头来棒喝，
台湾无处不中国。

（《台湾无处不中国》）

如今，面对“欣叶”此景，他情不自禁地说：“过去我讲过‘台湾无处不中国’，现在我要说，‘中国无处不台湾’！”

五、“尼姑思凡”与黄浦噩梦

9 月 25 日，李敖乘飞机来到了上海。

此时已近黄昏，遥望外滩江畔的桨声灯影，感受着都市繁华中的安谧，他想起 57 年前自己离开上海时那只漂泊的难民船，和那渐行渐远的大陆身影，一种时事变化的沧桑感油然而生。如今他又回来了。

次日早晨 8 点 30 分，李敖在刘长乐、王纪言等人陪同下来到了复旦。

此时的复旦大学校园披红挂绿，师生们正沉浸在百年校庆的喜庆中，李敖的到来无疑被认为是百年华诞收到的一份特殊礼物。他刚下车，等候在逸夫楼科技报告厅门口的学生们蜂拥而至，许多人拿着印有李敖照片的杂志，冲破保安的警戒围了上来。更远处，还有一大批被拦住的学生有节奏地呼喊：“李敖！李敖！”局面一度失控。刘长乐对李敖说：“谁说上海不热情？谁说复旦不热情？”

李敖称，在复旦的演讲方法是“尼姑思凡”

也许是领教了北大演讲中李敖调侃校领导的场面，复旦大学与清华大学一样，校领导都没有在演讲主席台出现。复旦校务委员会主任秦绍德博士对李敖说：“演讲时，我和刘长乐先生都到台下去，请你的朋友、我们人文学院的院长姜义华主持。”李敖笑着说：“好呀，反正谁陪我谁倒霉。”

姜义华非常客气，在介绍中对李敖褒扬有加，称李敖是“继胡适、殷海光、雷震等人所代表的自由主义传统的继承者，而且是一个身体力行者”、“致力于用事实、用大量第一手他所掌握的珍贵的资料，打破其他人制造的种种神话，恢复历史本来的面貌”、“著作等身，还有独立鲜明的个性，一贯敢于思前人所未思，想前人所未想”等等，李敖则不改喜欢调侃的老习惯，一开讲先拿老朋友姜义华开涮：

姜院长是我的老朋友，所以我可以开一句玩笑，他为了把我今天讲话故意的学术化，所以变成了这种样子，和他坐在一起。其实我跟大家说，他讲得太长了，并且他的普通话讲得不够好。学问一级棒，语言不好。我跟大家说，我最怕这种讲堂，原因讲过，作为一个演讲的人，他要很礼貌地照顾每一位，可是当讲堂是这个样子的时候，从左到右，从右到左，我就觉得我自己是一台电风扇。

在全场欢快的笑声中，李敖开始了他的演讲。他的演讲内容包含七个子题：第一，国家富强是多么重要。新中国是在一穷二白的基础上建立起来的，来之不易；第二，我们要有务实的态度，处理好理想与现实的关系；第三，当方法对的时候，当时来运转的时候，我们就会“造出天堂”。今天就是中国的大好机会，我们应该珍惜；第四，我们现在可以不再谈理想问题，而从现实出发；第五，共产主义是人类最好的理想，但如果没有经过人类贪婪的过程，这个理想达不到。所以，我们要正视这种人性的特点，以务实的态度来对待我们的问题，少谈一些遥不可及的理想，把目光瞄向现实；第六，当我们有机会、有信心时，政府也会开放，我们可以用许多很技巧的方法推动它；第七，真正的自由开放，就是我们能辨别真伪，不被某一种思想所束缚。

复旦的演讲自始至终掌声彼伏此起，毫无疑问是成功的。就在演讲结束后的提问中，出现了几个颇为有趣的场面。一个是海南大学副校长当场对李敖发出热情邀请，并把聘书递给了李敖。李敖幽默地说："这次回到祖国，我一分钱都没拿，还赔钱。可是要去海南岛，我告诉你们，我们要重新定价。"另一个是在提问中出现一位头发灰白的长者，原来是61岁的复旦大学教授胡守钧。他当年曾贴过张春桥和姚文元的大字报，后被打成"反革命"坐了8年牢。也是一个倔强之士。胡以严厉的声调提问："你为什么说是白话文写作以来的第一人？这个结论怎么得出来的？你凭什么讲比鲁迅高明？"李敖意识到，这是他不久前在凤凰卫视上的批鲁言论产生的后果。此时，他保持了自己惯用的幽默说："我有耳背，我的耳朵常常听不到对我不利的声音。"在干戈为玉帛的笑声中，他说自己之所以讲是500年来写白话文的前三名？因为是在陈述一个荒谬。"拉丁文有一句谚语：因为它荒谬所以我才相信。这件事情很荒谬，所以我深信不疑"。并说，"鲁迅有他的时代性的功劳，可是今天我们还抱住鲁迅，我们太落伍了"，"我这次花了35万元人民币捐铜像给胡适。我说的很清楚，我捐的胡适，是新文化时代的胡适，不是跟蒋介石交朋友的胡适。鲁迅的功劳我们没有否认，可是俱往矣，数风流人物还看李敖。"

对这样的回答，胡守钧等人并不满意，认为李敖不是做学问的态度。而李敖则自有道理。他在香港《锵锵三人行》节目中解释说，"关于鲁迅的态度，我在凤凰卫视节目里面拿出证据来，已经一再说得清楚了，这位老先生还要问我这个问题"，"我的证据已经拿出来了，你没有看到，重新问我，我就不太想答复了，你研究的一个东西，别人研究过了，你漏掉了"。"事实上，我们是言之有据，持之有故。那些骂我的人，有时候甚至没有看过我的节目，很多头脑不清楚的人批评我。我并没有说鲁迅不好，我是说鲁迅在他那个时代里面是好的，那个时代过了以后，如果我们还是认为好，证明我们没有进步”。“我的这一部分，当我说话的时候都是有证据的，可是解释这种证据就是见仁见智，别人跟我玩的时候，他要承认是这个证据，然后我们发生解释上的不同，来分高下。你连这个证据都没有搞清楚，你就开始解释，那是道听途说”。

虽然李敖称这场演讲的方法是“尼姑思凡”，但也有学生讲：“从思想的自由上讲，有了这样的自由，才能够有文化学术上的创造。”

演讲之后，李敖参观了复旦校史馆的镇馆之宝：一张诞生于1909年的复旦大学文凭，有四开报纸般大小，内有中国传统的文化图案，一个从西方引入的学科、分数单，上方配有慈禧太后上谕；一个邓小平签名的学生证，是一名游黄山的复旦学生邂逅邓小平时，邓小平给他的签名；一张著名法官梅汝璈参加远东国际军事法庭审判日本战犯时的假条。还有一口古钟，就是在这口大钟前，当年复旦国文教授、上海《民国日报》副刊《觉悟》主编邵力子亲自敲钟集合同学，报告北京发生了五四运动，号召复旦同学声援北京学生的爱国运动。当晚，复旦学生联合南洋、圣约翰等33所学校学生致电北京政府，强烈抗议逮捕学生。校长亦向社会发出号召，呼吁学生罢课、工人罢工、商人罢市。4个月后，复旦学生到南京，与各地大学生一起举行抗日游行。他们冒雨静坐一日一夜，并搬来一口钟挂在国民政府门前，号称“敲警钟”。蒋介石迫不得已接见学生，并向复旦学生代表周孝伯保证抗日。听了这段历史，在场的人都肃然起敬。有人建议李敖敲响它，李敖连称不敢。这位历史学家在厚重的历史面前总是心生敬畏。他用手抚摸着大钟，没有说一句话。临别时，他为复旦大学题词：

天不生仲尼，
万古如长夜。
天又生我们，
长夜才复旦。

9月27日上午，李敖来到上海市东中学，也就是他曾经就读过两个月的原辑规中学。故地重游，百感交集。他特意就回忆录中写到的“受处分”一事进行了解释：刻图章使的刀很细很长，他向那个同学丢过去，那个同学就跑，可是刀跑得比人快，刀子本来应该扎在地板上，但在脚冲过去的时候正好脚到刀落。不是刀扎他，而是他扎刀，结果就解释不清了。

在这里，他见到了几位当年的同学，个个都已双鬓斑白，真正是“老叟相见不相识”了。

离别时，应校长邀请，他题下几行字：

见校欣喜，
闻过则悲，
悲欣交集，
惟我缉规。

岂止是母校，站在上海东方明珠电视塔上，遥望黄浦江外滩的旖旎风光，李敖的心情亦十分复杂。在他脑海里，有一个噩梦始终排除不掉。1949年，他在外滩银行门口看到的群众挤兑黄金、警察骑着高头大马挥鞭驱赶的场面，还有那躺在路边的饥民，冻死街头的儿童，都会一幕幕浮现在眼前。中国，已今非昔比，但又有几人还会想起那悲惨的过去？在468米高处看到的上海夜景固然美丽，但他似乎更偏爱设在电视塔底层的那座历史陈列馆。

9月27日，李敖的“神往文化之旅”的主题内容在上海结束。次日上午，李敖前往上海水乡古镇朱家角游览。在这里，他对古代江南建筑充满了兴趣，充分表现出玩童的天性。他一会喂鱼，一会爬楼梯登高，品尝了当地的风味粽子、豆腐干，去了藏书楼、圆缘井，坐着小船喝香茶，饱览水乡美景。

当走到一家纪念品店时，陪同人员围着看一幅刺绣美女图，皆言李大师一定喜欢。看着一边刺绣的女工在辛苦地工作，李敖不忍心败大家的雅兴，二话没说，掏钱买了下来。

在上海外滩的记者见面会上，李敖的一段话表达了他对此行的心情。他说："苏格兰音乐家巴瑞说，上帝使我们有记忆力，所以到了十二月还有玫瑰。我自己使我有记忆力，北京和上海使我有记忆力，所以北京和上海到了九月还有春天。"明清时期的思想家顾炎武有诗曰："远路不须愁日暮，老年终自望河清。"尽管他也感觉到了那笑脸中的无奈、热情中的紧张、轻松中的压力、信任中的戒备，但他依然认为大陆正在走向海晏河清之路，这是可喜可贺的事。在踏上赴港的飞机时他对记者说："我觉得非常快乐，并且觉得很满意。我到台湾会被鸡蛋打，可是我还要讲，我支持中国共产党！"

国务院台湾事务办公室召开例行记者会，新闻发言人李维一在会上就李敖"神州文化之旅"说，李敖此行"是一次内容丰富的神州文化之旅"。台湾研究专家李家泉则说："由于李敖本身具有多重身份，可以做出多种解读，而且他见解独到，知识面广，亲朋故旧多，其大陆之行具有政党交流无法涵盖的拾遗补缺的作用。"

六、"文化孙悟空"与猫

9月28日下午3点20分，李敖与刘长乐在香港海逸酒店举行了记者见面会，两岸三地及西方媒体的近70名记者参加。李敖被香港媒体称为"文化孙悟空"，这天，人们真正领教了他的论辩功夫。

李敖开诚布公地说，到今天为止，自己的双脚并没有踩在外国的土地上，他要感谢自己的双脚和双腿。自己在大陆的演讲是三位一体的，不能作割裂的理解。他希望人们注意自己的表达技巧，“我讲的话是有技巧的，会轻重缓急，大家看到我的技巧，有的时候是轻话重说，有的时候是重话轻说，有的时候是严肃一点，有的时候会开玩笑。所以我告诉你，我是用五花八门的方法来完成我个人的一个意愿。……我们的基本的看法是一样的，就是我们争取我们的权利，可是是要用聪明的方法。我反对那种蛮干”。

他认为，自己的这次活动，基本上是文化的思想的活动，但是，“当这个活动生根发芽开花结果的时候，它会影响政治的走向，如果把我这个活动看成是政治之旅，那把我看得太小了”。作为当代的知识分子，能够心怀天下、不独善其身才是最了不起的精神。知识分子应该认识到，自己也是“有权有势的人”，“我们的本领不建筑在刀光剑影上面，也不建筑在金光闪闪上面，我们是建筑在人类的良知上面”，因此，我们不应该妄自菲薄”。“没有什么心灰意冷，没有什么拍桌子敲板凳，那些讲风凉话，那些诅咒的，那些抱怨的，那些自叹不如的观念全要打倒，这些都是不健康的观念。如果知识分子走这种自怨自艾的路，我认为是没有出息的。我认为知识分子要强壮，要快乐，要积极，要有智慧去解决他所感受到的迫害和压迫，这才是现代的知识分子”。

记者会后，李敖像小学生放假一般同刘长乐一起来到中环一家中式服装店，想给自己添点行头。他对长袍情有独钟，除买了两套外，还要求店员为自己量身定做了一套，才返回酒店休息。

9 月 29 日上午，李敖在刘长乐等人陪同下，来到香港仔华人永远坟场，拄着拐杖登上一段又一段石阶，到蔡元培墓前献花拜祭。在他心目中，蔡元培是真正提倡思想言论自由的人，而且能很有技巧地提倡。他向周围的人们讲述了一段轶事：蔡元培担任北京大学校长时，发生了五四新文化运动。当时北大没有女生，有人问什么时候招女生，蔡元培回答说，现在就可以。人家问“为什么”，他说，法律上没有规定不可以招女生，从此，北大就很自然地招了女生。李敖说：“他很聪明、很技巧地达到了这个效果。”同时，蔡元培也是一位爱憎分明的不合作主义者。李敖说，当时蒋介石除请他担任中央研究院院长外，还请他当监察院院长，他不肯干，但也不说破，而是以留在香港的行动表示了他的不合作。蒋介石暗杀了中研院的首任总干事杨杏佛，蔡元培很难过。革命革到后来成果被同是浙江人的蒋介石偷走了。但令人遗憾的是，香港有这么一个有意义的坟在，却很少有人知道它。

临别香港时，有记者问他：“你在大陆的表现，回去后别人要骂的，怎么办？”他回答说：“猫回家了，老鼠怎敢再闹？”“我要先去‘立法院’开会，继续当‘立法委员’，反对军购案。要摆平国民党，拉住亲民党，挡住民进党，消灭‘新闻局’”。

对于凤凰卫视给他安排的这次“文化之旅”，他深表感激，并留下两句意味深长的题词：

凤凰长乐我亦乐，
凤凰于飞我亦飞。

言语中，那种齐心协力、志同道合的真情厚谊溢于言表，其中亦不难看到他对刘长乐先生的深深谢意。

9月30日，台北机场。李敖刚下飞机，他的好友陈文茜和台湾“立法院副院长”钟荣吉、“立委”李庆华、李永萍等早就等待多时。

谈到这次大陆之行，他自信满满地说：“当然是一百分！”

李敖评传

第十六章

“议坛”惊雷（一）

一如蒋百里所说：胜也罢，败也罢，就是不同他讲和。为什么要孤军奋战到底？因为李敖是先知、是战士，一如列宁的参加这个议会就是要颠覆它。我根本来者不善的，一如耶稣声言他不是来和平，是来动刀兵。谁跟你们同流合污啊？

——李敖：《李敖议坛哀思录》

从2005年2月1日到2008年1月31日，三年时间里，李敖做了台湾“立法院”的“立法委员”。这一段“议政”生涯所事虽非本行，虽属“不得已而为之”，倒也曲折离奇、轰轰烈烈。就像一道闪电，一声霹雳，一阵飓风，照亮了天幕，撕裂了天穹，撼动了天庭，转眼间，让目击者有惊鸿一瞥之感、有噩梦连连之感。在以“台独”为主调的民进党政府里，他反霸权、反“台独”、反军购，明知不可为而为之，无异于空谷足音。作为局内人，他是悲怆的、崇高的，他那风卷残云般的气势，说大人以藐之的气魄，虽千万人吾往矣的气节，舌战群“小”的气度，都为历史留下了千古雄证。

一、参加这种议会就是要搞垮它！

先从一个女性讲起。

在台湾政坛的女性当中，陈文茜大概是李敖格外高看的一位。他曾说过：“要说文章和口才李敖是男人中第一，陈文茜是女人中第一。”李敖称其是“才情超迈的第一流人”。媒体界则称其为“浪漫骑士”。她的自信敢言、鲜明犀利的风格，在台湾可谓家喻户晓，人们把她与赵少康、李敖并称为台湾三大名嘴。

陈文茜在大学时代就已参与民进党的活动，后来曾出任民进党文宣部主任、民进党主席特别助理等职，当时的陈文茜可谓才华横溢、光彩照人。她喜欢模仿男性知识分子的文人身段，加上女人的温婉腔调、妖娆热情和妩媚的身姿，迷倒了无数的选民。她有煽动性极强的造势能力，吸引了台湾许许

李敖与陈文茜是好友，"名嘴"会"名嘴"，惺惺相惜，妙趣横生

多多的年轻人，也成就了民进党充满年轻活力的形象。毫无疑问，在民进党中，陈文茜是一个极有前途的政治明星。但在1998年她40岁时，由于不满民进党煽动民粹、撕裂族群、排除异己、缺乏担当的恶行，毅然决然地与这个曾经投入过巨大热情的政党分道扬镳。她的离去，使民进党的高层把她视为"叛徒"而恨之入骨。

退出民进党之后，陈文茜站在了与之完全对立的"泛蓝"阵营一边，成为国民党的资深顾问。2001年，陈文茜以高票当选无党籍"立法委员"，并开始为连战、宋楚瑜竞选"总统"出谋划策。在"立法院"，陈水扁执政团队面对质询旁顾左右而言他的全盘废话，令她感到愤怒而又无奈。2004年台湾"三一九"枪击案后，陈文茜最先发出质疑，并愤然表示在本年年底退出政坛。但她并没有放弃对民进党的打击，她认为台湾的"立法院"需要一位有智慧、有威慑力且能力挽狂澜的人物，这个人物的最佳人选就是她的好朋友李敖。在她心目中，李敖是台湾50年来唯一敢以一人敌一党、以一人对抗一个政府、以一人对抗一个时代的人，是真正在思想上、在勇者的精神上影响了一个时代的英雄。

在选民心目中，李敖有几个作为耀眼候选人的理由：一，他学识渊博，有宏观视野，口才好，具战斗力。二，他一生打击威权，对台湾有一定的贡献，甚至因此坐牢多年。三，他长年揭发弊案，为弱势团体说话，堪称小市民的代言人。四，他反黑金、坚持社会正义。而最后也是最重要的一点：当前的台湾政治人物，实在太该骂了，只有李敖才镇得住这些牛鬼蛇神。正如国民党上将许历农所说："只有李敖大师到'立法院'去，能对付他们（'台独'人士），肯对付他们，敢对付他们。"

早在22年前，李敖对党外介入"议会"选举就曾说过，面对专制腐败的国民党政权，选举的目标不是与虎谋皮、抢鸡骨头，而是要利用选举和职权来"表达更高层次的象征、杯葛、不合作、表达战斗与不屈"，它具有"意在言外、言近旨远"的伟大意义。[①] 如今国民党下台了，一蟹不如一蟹的民进党执政了，他的信念依然未改。数年来，由于他对这两个大党的激烈抨击，使他在台湾的言论平台受到挤压。从国民党政府到民进党政府，通过种种手段给电视媒体施加压力，压缩他在电视台的舆论空间。面对这种情势，他的学生陈境圳极力"怂恿"他参选"立法委员"，把势力扩展到"立法院"去。他想，"立法院"的确不失为一个好去处，如果能在那里放言高论，可以达到电视所达不到的宣传效果或者打击效果。当今台湾，由于过分的政治挂帅，人们的讲话只有涉足政治才可能引起社会的关注。鉴于此，他要来点"机会教育"，"趁着这个机会宣传我的思想给大家听"，有的要公开说，有的则可能"偷关漏税"、"逆向操作"，总之，是"我逗你们玩，来讲我的道理"。另一方面，在李敖心中还有一个更大的"阴谋"。他套用列宁在《共产主义运动中的"左派"幼稚病》中的一段话说，参加这种资产阶级的布尔乔亚的所谓民主化的这种国会，对革命的无产阶级不但无害，而且使我们能够更容易向群众来证明，应该把它搞垮。用他们的人力跟他们搅局，用他们的规则出他们的洋相。明理和揭弊是一体两面，他要以自己特有的尖锐，来刺破谎言外的伪装和叫嚣下的虚孱，把那些假的、恶的、丑的、脏的东西统统揭露出来，让这个本来就不完美的世界干净和纯洁一些。

李敖记得青年党领袖左舜生说过一句话："政治者，俗人之事。君子不得已而为之；小人夤缘以为利。"为了达到打击邪恶与传播真理的目的，

① 李敖：《大目标与小目标——抢鸡骨头的心理建设》，《李敖大全集》第40册，第147页。

竞选"立法委员"的李敖

他不得不去借一下"立法委员"这个身份、这种权力，不得不去借一下"立法院"这个台面、这个机会，这正是他要步入政海、参与政治的重要原因。

有了这个"雄心壮志"，陈文茜又恰当其时地对他表示，愿意站出来为他助选，于是，在台湾的民主进程中，一段经典好戏就此开场了。

2004年10月12日，李敖换下那条印满书架和古书图案的蓝色惯用领带，重新穿上红夹克，换上全是凶恶大鲨鱼图案的艳红领带，下着白裤，戴着墨镜，大摇大摆到主办部门办理参选登记。他笑着对身边的人说："怎么样？大鲨鱼来了，有人很爽，有人很怕？"伴随在他左右的是陈文茜、王祥基，还有摄影家赖岳忠，以及紧随其后的两名保安人员。

他没有什么竞选团队，只是拿出10万元交给陈文茜的秘书vicky（李姿仪），在王祥基的办公室，由王祥基指挥主持。配合作业的还有阙聪华、张书铭、赖岳忠等人。台北市警察局也依法派了两位保卫人员。

此时，李敖的大妹夫陈大革之弟陈大代，熟悉选战实务，替他作了选举评估，陈的妹妹陈大雅又帮他筹划并通风报信，使他知道了什么是选举。更具体的是，使他从中央信托局台北分局得到一笔200万元的选举贷款。负责贷款的经理林金官对他热情备至。他没有保人，林代他找来万春华作保人。

为了筹集经费，李敖将自己的一对古董瓷碗卖给了康宁医院老板郑锡华，郑付给他200万元。郑的秘书要送李敖“政治献金”，李敖谢绝。当时在参选的“立委”中，收受“政治献金”者不乏其人。比如：民进党柯建铭收到6200万元;李文忠收到2200万元；沈富雄收到1400万元；国民党赖士葆收到1700万元；吴育昇收到2600万元；丁守中收到2200万元；等等。李敖不靠政治献金参选，单此一项，可见其参选理念非同一般。

在李敖2000年竞选台湾地区领导人时，常修治就陪侍在侧，如今又复旧职，做他的保卫人员。他见李敖没有交通工具，就开来一辆奔驰轿车，车牌5566，据说美国球王麦克·乔丹（Michael Jordan）到台湾时乘坐的就是这辆车。但李敖谢绝了小常的宝车，出门就坐计程车，有时也搭乘王祥基的奔驰。

李敖的性格卓尔不群，讨厌那种世俗的群体造势的选举方式，不喜欢在选举上浪费那么多的钱，更不会去巧取豪夺或同流合污，这一点自然会影响到选举活动。陈文茜建议李敖采取“电话催票”的方法，而王祥基坚决否定这一意见，说：“我们不做与李大师不搭调的事。”

在台湾，流行的是流水席，见人就作揖，乃至于下跪，到庙里斩鸡头，许愿赌咒发誓，等等，李敖都一笑了之，通通不来这一套。他没握过一次手，没开口拜托过一张票、没卖身投靠任何政党或团体，也没挥过一面旗，这种别开生面的的参选方式打破了流行于台湾甚至世界的选举规格，其个中意义是重大的。他的朋友张建铭帮他印的海报中有一段写道：

不上街，不拉票，
不插旗，不鞭炮，
没有传统选举那老套。
这是李敖四不一没有，
大家拍手哈哈笑。

这种凭个人成就和影响来参选的方式，在台湾可谓前无古人，恐怕也后无来者了。

2004年11月2日，陈文茜前往“立法院”参加程序委员会关于处理军购条例的会议。令众多“立委”感到惊奇的是，站在她身边的竟是佩带“助理”胸卡的李敖。离开会还有半小时，会场已罕见的大爆满，各方关注的焦点似乎不在军购，而在陈文茜的这位“超级大助理”。李敖对记者宣称要来见习当“立委”。他坐在最后排的边上，陈文茜也客气在陪坐一旁。许多“立委”纷纷从前面走过来同李敖握手、致敬。

李敖有一套抓住媒体的本领，他身穿红外套，在记者面前，左批“立法院”是马戏团，右称“立委”幼稚，只有59分，让不少绿军“立委”大感不爽。他说：“如果我当选了‘立委’，除了喉咙痛的时候可能降到99分，平常绝对会有100分的好表现。”

有记者问，如果有“立委”在“程委会”中砸他便当（盒饭），他会如何应变？他笑着说：“他敢砸我便当，我就喷他瓦斯枪。”

会议上，李敖重点发表了他对军购案的基本态度，即一篇标题为《二千三百万，别再做笨蛋》的声明。这个声明在议场引起一场小小的骚动。

更有趣的是，会议中，当民进党“立法委员”王幸男上台讲话的时候，他先说“向李敖先生致敬”，让在场的人都愣住了。因为这个王幸男，就是当年用邮包炸弹炸断国民党“副总统”谢东闵手的那个“台独”分子，凶悍无比。在民进党中，李敖在他们心理上造成的威严、恐惧可见一斑。从“立委”们对这个“超级大助理”的态度，人们可以想像，有朝一日李敖到了“立法院”会是什么样的结果。

竞选活动有条不紊地展开。2004年12月4日，李敖在报纸上刊登了自撰的竞选广告，标题是“我选李敖狠角色”。开篇写道：

活在过去，心里发毛。活到现在，鬼哭狼嚎。

活在明天，风雨飘摇，活在台湾，无处可逃。

我很气闷，我很低潮。我很想骂，我睡不着。

连台歹戏，我不想瞧。我找杀手，我选李敖。

诗中写出了面对台湾政坛郁闷无奈的选民心情。广告词中，李敖运用大量的证据对李登辉、陈水扁翻云覆雨的投机性格进行了尖锐的剖析，旗帜鲜明的表达了自己的政治理念。其中许多语言个性鲜明、见解独特，浓缩着李敖的智慧和信念。李敖说：

在“立法院”的平台上，

只有他——做高堂狮吼、发哄堂妙语、搞庙堂颠覆、出天堂效果。

只有他——为正义上公堂、为真理拆殿堂、为烂党布灵堂、为一言九鼎建一言堂。

没错，是一言堂、是李敖的一言堂、是高瞻远瞩的一言堂、是特立独行的一言堂、是拍案惊奇的一言堂、是杀得鸡飞狗跳的一言堂、是苏东坡赞美“匹夫而为百世师、一言而为天下法”的一言堂、是令你喊爽爽爽爽爽爽爽的一言堂。

这种虎虎生威的句式，娴熟的白话语言，给看惯了四平八稳的教条式“竞选”文告的人们无疑带来了一股清新空气，他那傲视群小叱咤风云的气势，深深地铭刻在人们心中。

在“竞选”造势阶段，李敖的队伍给人们展现出来的是一个前所未有的奇特场面：前后四辆德国产黑色宝马，里面坐着安全部门派来的八个保镖，浩浩荡荡，宝马中间夹的是李敖的座车——一辆最普通的计程车。这是台湾选举史上最富有讽刺意味的戏谑画。

在造势中，李敖重点对“台独”势力掀起的“台独公投”活动给予了批判。他把“立法院”有关“公投”的讨论、研究资料查找出来进行再研究，登出一个广告，标题为《公投他投，罗网你投》，在这篇声讨民进党“台独公投”的文章中，他指出：1999年4月10日，民进党“立委”们在“立法院”推动通过“公民投票法”，其目的是希望通过“全民公投”来确认台湾自有“主权”。不久，他们展开的“公投救台湾，绝食为公投”行动“声势浩荡，令人惊悚”，但最终以“大吃告终”。2003年11月27日，当反对党逆势操作，要让以绿色为主调的蔡同荣提案通过的时候，又发生戏剧性变化：蔡同荣不但不投票同意自己提的案，反倒投了弃权票。跟他一起提案的100名“立委”也都投了弃权票。其中更妙的是李文忠“委员”，对自己参与的提案，竟然投了反对票。“这真是古今中外人类议会史上的大笑话”。通过这种现象，李敖指出，这说明他们根本不敢玩真的！绝食、提案都是假的。

在李敖的这篇“反公投”广告发表后，民进党“立委”沈富雄首先回应，说是最高当局下令要他们弃权。并说，在那个时候让他们弃权，据他个人判断，是因为“公投法”已经碰触到美国的底线，美国禁止的那条线，所以最后没办法通过。李敖在凤凰卫视的《李敖有话说》节目中随即给以批驳：

> 看到他们多么不要脸了吧？陈水扁口口声声说台湾是“主权独立”的“国家”，台湾不是世界上某一个国家的一个州，也不是世界上某一个国家的一个省，台湾是“主权独立”的“国家”。你“主权独立”，为什么在美国的压力之下，你下命令要你的“立法委员”弃权，不敢通过你们所提出来的法案？这是什么“主权独立”啊？

由此，李敖毫不留情地揭示出，民进党“立委”们搞的整个“公投”都是一场骗局。他们的党纲是假的，“公投”也是假的，真正到动真格的时候，他们“整个退缩”、“一哄而散”了。而尤为重要的是沈富雄承认是最高当局下令弃权，又从另一方面证明台湾的所谓议会政治是假的，“立委”们的独立人权是假的，这就是台湾的“政治生态”。

李敖说，列宁讲无产阶级参加资产阶级的议会，目的就是要颠覆它。“我李敖不算是无产阶级，我有钱登这报，我是资产阶级参加资产阶级的议会，就是要颠覆它。我还没进门，就把他们闹得七荤八素，灰头土脸了”。

开票那天，李敖和吴子嘉去逛书店，然后两人一起去喝咖啡。此时，王祥基找到了他。陈文茜约李敖上飞碟电台节目，王祥基驾车来接。路上王祥基一边开车，一边电话不停地打听开票情况。王祥基的车开得飞快，有时连方向盘也丢开了，令同车而往的李姿仪心惊肉跳。李敖在一边看书，旁若无事。

在李敖家中，小屯和孩子们也在紧张地关注着开票情况。最初，李敖的票一直上不去，与段宜康展开拉锯战，小屯觉得他选不上了，就到厨房去忙乎，只有他的儿子戡戡守在电视机旁，坚持到最后，然后到厨房“报佳音”——李敖以微弱优势当选。

当然，李敖心里很清楚，作为一个独立的文化人，到了“立法院”，自己的分量只不过是全体“立委”的225分之一而已，从某种角度讲，自己的力量变小了。与眼中的“狗屎”为伍，李敖有一种自我小化之感，但他要让台湾因为他而与大陆紧密联系在一起，所以他说“国家变大了”。能以小易大，他认为这是值得的。但当谈到自己的当选与台湾民主的关系时，他说：“我不依靠党派，不放鞭炮，不握手，不作揖，不拜票，不成立总部，不搞宣传车，也不用电话拉票。所以我讲笑话说我当选是没天理的。可是像我这么优秀的人不当选也是没天理的。所以只好当选，最后一名大家都比较能接受。”

二、状告224名“立委”

2005年2月1日，李敖参加了“立委”就职宣誓仪式，走马上任。

就职当天，他在门上贴上一张声明，即“李敖的四不一没有”：

> 李敖的四不一没有
>
> 不认六亲，只认正义。
>
> 不参加婚丧喜庆。
>
> 不收礼。
>
> 不做面对面式的选民服务。
>
> 没有什么李委员（委员算老几），只有李大师。
>
> 面对面式的选民服务太缺乏效率，只接受书面指教、书面检举。特别欢迎大家提供陈水扁伪政府狗官的黑资料。

“立委”们像欢迎新郎官一样到李敖办公室问安，李敖也在公众场合表示，自己并非是来和“立委”们打口水战的。他说：

> 我进去以后，会练习去影响他们不要敌对，因为他们跟我敌对的结果就是杀来杀去。可是事实上不可能杀去，因为我杀来的时候，他们已经被我消灭了，所以不发生杀去的后果。可是我觉得我应该争取他们，使他们觉得不要再偏离这种真正的世界大气候的主流，不要关着门自己作皇上、作皇帝，没出息。台湾人不要这么笨。我想我在这方面可以影响他们，使他们回归到对整个中国人的处境有一个好的态度。

但“立委”们做梦也没想到，一个月后，他们都纷纷成为李敖的被告。

2005年3月14日，北京召开了第十届全国人民代表大会第三次会议，通过了一个专门针对“台独”势力的《反分裂国家法》，其中第八条指出：

> “台独”分裂势力以任何名义、任何方式造成台湾从中国分裂出去的事实，或者发生将会导致台湾从中国分裂出去的重大事变，或者和平统一的可能性完全丧失，国家得采取非和平方式及其他必要措施，捍卫国家主权和领土完整。

在该法公布之前，两岸媒体已多有报道。作为回应，陈水扁鼓动百万民众参与大游行，民进党亦呼吁在野党支持军购以对抗《反分裂国家法》。以民进党为主流的台湾“立法院”不甘寂寞，在2005年3月4日，224位“立委”（李敖未在场）通过协商，形成了一个共同决议文来反“反分裂法”，以“吁北京三思”，决议文很快在报上公布。

决议文之事，李敖并不知情。“立法院”的225个委员，李敖除外，分别属于五个党团：国民党、亲民党、民进党、台联、无党籍联盟。李敖看到报道，认为“立法院”所谓的“一致反对北京的反分裂法”，自己并没有反对，故“立法院”没有权力代表自己。对这种“霸王硬上弓”的做法，他要诉诸法律。2006年3月6日，李敖来到台北地方法院，一纸诉状将224位“立委”全部告上了法庭。李敖要求每个被告赔他一块钱。

在记者会上，李敖开玩笑地说：“我打了很多官司，最近生意不好，被告缺货，这一次被我捞到了，一下子捞到了224个被告，哈，我真的发了。”

他以这种旷古未有、惊世骇俗的行为告诉人们，“我李敖虽然是一个人，可是我会用你们的规则出你们的洋相”。

这是一份世界罕有的民事起诉状，原告：李敖；被告就是224位“立委”，像放榜一样人人在册。

开庭那天，李敖弄了个扑满（储钱罐）来到法院，果然有的“立法委员”就交钱了，一边交钱还一边嘻笑说“对不起”，李敖则装作很委屈的样子大喊“你们虐待我”。他把罚来的钱一一放入扑满中。不交者怎么办？那就官司伺候。

李敖不仅在程序上力排众“议”，反对这个决议文，而且在内容上亦加以批驳。他表示，自己完全支持北京的《反分裂国家法》。

李敖用自己的行动向人们表明，自己当选为“立委”，不仅仅是1/225，“224票怎么样，证明你224个被告”！与一个专制政党战斗了几十年的李敖，面对那些代表不同党派的“立委”，有一种“一览众山小”的感觉。

三、质询“军购”

台湾的“立法院”，共有12个“委员会”，计有“内政及民族委员会”、“外交及侨务委员会”、“科技及资讯委员会”、“国防委员会”、“经济及能源委员会”、“财政委员会”、“预算及决算委员会”、“教育及文化委员会”、“交通委员会”、“司法委员会”、“法制委员会”、“卫生环境及社会福利委员会”。在“立法院”的运作中，委员们分属不同的“委员会”，如“国防委员会”管军事，“财政委员会”管钱，还有“交通委员会”、“经济委员会”等等，由于有些“委员会”比较“肥”，如管交通、经济、财政的，于是大家会去争抢，而像“国防委员会”则是一个少有人问津的议会组织，因为它的工作内容似乎与百姓生活没有直接关系，所以很少成为“立法委员”的供职目标。在225位委员中，除李敖外都分属不同党派，“院方”决定用报名抽签的方式解决。李敖不属于任何党团，“院方”很难把握处理，就与李敖商量：“你不要抽签了，你选好了。”李敖说：“我就参加‘国防委员会’吧。”他把目标锁定在这里，就是要做一件大事——盯着“国防部”，扼止军购案。

他在《我选“立委”的第一目的》中开宗明义地说，自己参选“立委”的第一目的就是“对付美国”。具体说包括四个方面：

一、拆穿军购案的内幕；

二、揭发从国民党到民进党政权的连续性媚美和台湾人的“贱骨头”性格；

三、点破做看门狗还要自己买骨头的荒谬；

四、提醒这样发展是自欺自慰于先、自耗自毁于后。

显然，他在“立法院”的目光焦点所在，就是军购案。

军购案的历史由来已久。

1979年1月1日，美国与中华人民共和国正式建立外交关系。这对依靠美国做后台的台湾而言无异于是场噩梦。

其实早在1978年12月15日，蒋经国就得到了美国驻台“大使”昂格尔的紧急拜会。拜会中，昂格尔例行公事地宣布了美国政府的声明：1979年1月1日美台之间结束“外交关系”，1954年的“共同防御条约”予以终止，美国将在4个月内从台湾撤出美方余留的军事人员。听完之后，蒋经国如五雷轰顶，他当即表示“强烈抗议”，并于次日发表了一项言辞激烈的抗议声明，谴责美方“背信弃约”，

“立法委员”的李敖，每周至少有两天要到“立法院”签到，数年如一日，穿着他的招牌红外套

呼吁台湾应“通力合作，一心一德，团结奋斗，共度此一难关。”

与此同时，蒋经国紧急召见“外交部”驻外“大使”杨西昆，命他立刻赴美国，利用与美国国会议员的关系，想办法用“立法”来救台湾。杨西昆领命赴美，游走于参议院、众议院他所熟悉的国会议员之间，终于在美国承认中华人民共和国的同时，由国会推出一个法律，这就是“与台湾关系法”。

但杨西昆很清楚，这个法律不是国际法，也不是条约，而是建立在美国单方面利益基础上制定的一个国内法。它的核心精神是该法的第二条b款（2）项所说，为了美国政治的、安全的、经济的利益，“provide（提供）台湾防御性的武器”。

李敖从这个法律里找到了可议之处：基于美国的政治的安全和经济的利益，才“provide”防御性的武器给我。触及你的利益你才给我，为什么我要付钱给你！于是李敖提出：“台湾即使要这些武器，也应该比照以色列的模式。以色列在中东给美国人站在第一线，你provide武器，给以色列的援助是免费的；台湾在亚洲，是基于美国的政治的安全和经济的利益的，你怎么向我收钱呢?”故李敖认为，台湾的这笔军购费不能出。尤其是到了2004年，台湾“国防部”提出的6108亿台币军购费，款额巨大，祸国殃民，引起社会广泛关注。2004年9月25日下午，数万群众举着“要泡茶，不要炮火”、“反军购、救台湾”、“反军购、救失业”、“反军购、救教育”、“巨额军购、无底黑洞”、“钱进美国、债留台湾”的标语、牌子，走上街头游行示威。在游行队伍中，除了社会各界群众，还有几百名大学教授、校长，170名退役高级将领，11位“中央研究院院士”。他们的联合反对并没有使民进党当局醒悟，依然我行我素。此次李敖进“立法院”，一个重要的目的就是要为民代言，“使美国人不再卖武器给台湾，或者减少卖武器给台湾，这样子台湾不能够有所恃，这时候就会好好地冷静下来，跟祖国坐上谈判桌来谈判，走向中国统一”。这种政治布局，李敖在电视媒体公开地讲了出来。

在“立法院”，李敖前后质询数十次之多，其中至少有25次都是为反军购展开。在质询中，他不仅指出了军购的危害，即它只能给台湾带来祸患并不能保护台湾，而且还表达了台湾只有不与大陆为敌、与大陆和衷共济才有双赢局面的政治理念。在每一次质询中，他都古今中外、广征博引，通过大量活生生的例证来表达自己的观点，殷殷之心，令人动容。在25次质询中，有12次都是对“国防部长”李杰展开，人称“双李大战”。

李敖质询李杰的消息登在了南非的报纸上，连那里的人也知道，在东方的小岛台湾，有一个凶悍的“立法委员”，把他们的“国防部长”整得晕头转向、灰头土脸。

对军购案在“立法院”的频繁出现，李敖每役必投，坚决阻击。李杰自然也成为他主要的质询对象。他的玩笑，他的幽默，他的恶作剧，他的犀利言词，他的怪异行为，他的咄咄逼人的气势，都给人们留下深刻的印象。李杰为了不让李敖阻拦军购，特意托人送给李敖一支价值一万多元的德国名笔，结果被李敖在“立法院”当庭揭穿，李杰无地自容，提出要辞职。2007年5月，李杰下台时，李敖又专门召开记者会，拿出一个像大号电风扇那样大的特制奶嘴，表示送给李杰惜别。他不无风趣地解释说：“军购就好像奶嘴，放在嘴里固然感觉好，但根本不解决实际问题。”同时，他当众公布了给李杰的信，信中希望李杰能“不再窝囊”、“说出真相”。那真相就是：“军购只是水涨船高的军备竞赛，会把我们拖垮。军购只是买奶嘴。”

常常和“国防部长”李杰斗嘴的李敖，赶在李杰卸任前，送给他一个大奶嘴当临别赠礼

四、大学校长“水肥事件”

杜正胜，台大历史系毕业，中国古典史学研究者。比李敖小九岁。他本来专心治学，后与李登辉接近，成为本土派学者。陈水扁当政，他被任命为“教育部长”，成为“文化台独的推手”。李敖总结其为人有三好：好抬杠、好睡觉、好挖鼻孔，并且挖下的鼻屎还偷偷抹在“立法院”桌子底下。有个笑话讲：一次，杜正胜在立法院睡着了，别人问他：“梦见周公了?”他狡辩说：“没梦见周公。”

李敖进入“立法院”后，杜正胜正因非法推举黄光彩任台湾师范大学校长一事闹得沸沸扬扬。媒体报道：“校长资格争议沸扬 杜正胜硬挺黄光彩”。挺得黄光彩一点也不光彩。2005 年 4 月 6 日，杜正胜要在“立法院”召开一个会议，叫做“现行‘国立’大学校长遴选制度及检讨”，由杜正胜带队，出席者有台湾大学校长陈维昭、“清华大学”校长徐遐生、“交通大学”校长主任秘书（校长请假）、“中央大学”校长刘全生、台东大学校长郭崇吉、师范大学校长黄光彩等。

会议中，杜正胜向“立法院”递交的会议及提案内容是《“教育部部长”杜正胜率同台湾大学、台湾师范大学、清华大学、交通大学、中央大学……备询》，李敖专门从“国防委员会”跑到“教育委员会”，他要当面向他们提问。

李敖一上台，就先给杜正胜等人一个下马威。他扫了一眼站在台上等候质询的杜正胜一干人马，表情庄严、一字一板地说：“主席，各位列席官员、各位同仁。请杜‘部长’及其他几所大学校长备询；但本席必须要求黄光彩先生走开，因为你在我眼里没有资格当校长。”此话一出，全场立刻变得死一般静寂，大家的目光一齐盯向黄光彩。正在发福的黄光彩低垂着头，默默地走下台去。气氛变得异常恐怖，大家不知道李敖的下一个发飙对象会是谁。

李敖接着说："王拓委员方才跟我说，我来到'立法院'又拿小刀、又拿狗练、皮带，太野蛮了，今天我拿了一件文明的东西。本席之所以请各位在那里，就是要请你们一起看。本席拿这件东西是要考杜'部长'的。"他边说边从桌上拿起一卷东西，放开来是一幅光绪年间出版的台湾地图，地图中的台湾呈头左尾右状。他把目光转向杜正胜："请问杜'部长'有没有看过这个古地图？"

不久前，"教育部"刚刚出版过一本《台湾古地图月历》，其中有一幅尾在左方，但却没有此图。杜正胜看了看摇头说："我没有看过。"

李敖说："可见你的台湾史是有问题的。"

杜正胜辨解说："我不是台湾史专家。"

李敖说："可是你写了很多台湾史的文章。"

杜正胜解释说："以一个……"

李敖不给他引申辩论的机会，打断说："对不起，我不问你的时候，请你不要讲话。这个地图的特色是台湾尾在左边，不是'文建会'拿出来的台湾尾在右边。这告诉我们当时制作地图的标准是根据临时的、用图的跟阅图的需要，并没有那么多的政治含义；可是在你和'文建会'那些人的搞法下，把它做成政治的含义。"

杜正胜笑着说："委员能否容许我说明。"

李敖说："不许你讲话，闭嘴！你尊不尊重'宪法'？质询权在我这边，不在你那边。"

杜正胜说："我知道，但是……"

李敖说："当我没问你的时候，请你闭嘴。"

杜正胜笑了："也要有让人家回答的时候。"

李敖似乎愤怒了："我要你闭嘴，你有没有脸？不要一直让我骂你闭嘴、闭嘴、闭嘴，你怎么可以和'立法委员'抢话说？这是'宪法'赋予我的权利，我有质询权，而你没有，你只能答复我，不能和我顶嘴，不要像跟

李敖总结杜正胜为人有三好：好抬杠、好睡觉、好挖鼻孔

其他委员一样，我没有那么好的脾气。让我告诉你，杜‘部长’。历史的真相在台湾大学历史系老前辈——我的手里。为什么？不是只看一个图，而是每个图都看到了，再告诉我们历史解释的。可是你们‘教育部’印出来这个图没有这个，因为你们孤陋寡闻，你们台湾史不及格。你对这个图有兴趣的话，我可以跟你上一堂课，告诉你全世界什么地方可以找到这张图——把台湾尾放在左边。”

这时，杜正胜又想说话了，他试探着问：“委员可以让我讲话吗？”

李敖怒目圆睁大声斥责道：“闭嘴，我已经第八次叫你闭嘴。”杜正胜笑笑，无奈地欲言又止。李敖把目光转向肃立一旁的几位校长，讲了下面一段话：

> 今天请各位校长来这边，其实我心里是很痛苦的，尤其是对台大的陈校长，你已经连续做了台大12年的校长。……记得有一次你天良发现而说了一段话，你说台湾大学当年对殷海光教授不好，给他聘书却不让他上课；可是当法院传你作证时，你可以以台湾大学领导人身分站出来维护台湾大学当年被迫害的教授时，你却不敢出席！当年你请假的信还在我手里。为什么该有道德勇气的时候，你不敢站出来？……殷海光是伟大的

台湾大学教授，但当他在法院被污蔑时，你却不敢出来作证。本席今天之所以很痛苦的讲这个故事，就是要告诉大家，当年在北洋军阀时代，他们用的大学校长是国民党的蔡元培，北洋军阀都有这个度量而用国民党的党员来做大学校长。当年蔡元培担任校长时，北京大学不承认教育部，因为教育部部长太烂了，所以他退回教育部的公文，但会使用教育部给的预算。今天台湾大学搞了半天却是个封闭的文化、搞了半天是个近亲繁殖。……在台湾社会风气这么坏的时候，你有没有以学术领袖的地位出来说句公道话？你不肯讲。你们埋头做学术研究，但台湾大学的学术排名又如何？当“教育部长”乱搞时，你们几个大学校长有没有站出来说话？教育办得不行时，你们应该要站出来！像方才有委员说曾宪政反对近亲繁殖，但他不就是李远哲手下近亲繁殖的人？他们将整个情况搞得非常荒谬，台湾大学是公开征才、暗中做掉。不是吗？哪里容得下台湾大学以外的人？……按照你们的标准，傅斯年校长没有资格做台湾大学的校长。可是我要告诉你们，人格伟大、敢跟政府对干、敢拒绝“教育部长”、敢把我们良知的话散布出来、敢到法庭作证，这些都是大学校长应该有的风骨。你们为我们示范了多少？……第一流的知识分子应该站在第一线，而这些知识分子不是别人就是大学校长。当年蔡元培在五四运动时，就是个校长、是个匹夫，但他能抵抗一个时代，不是吗？你们这些校长有那么好的学问，可是你们在人格上、在肩膀上太软弱了，尤其台大的陈校长，你没有道德勇气到法院去作证，让殷海光在法律上遭到被污蔑的判决，我认为你真的要好好反省。……你们大学教授都是知识分子，却变成一堆水肥，然后在水肥里面分赃，这样是什么意思？社会这么黑暗，你们这样搞，真是丢脸死了！黄光彩不足任，而你们这些有头有脸的大学校长，你们也是丢脸死了，还不好好反省？这样的“教育部长”，你们不和他对抗，还蒙在那里不吭气，真是丢脸死了！我今天这样臭骂你们，就是要告诉你们没有资格当第一流的知识分子。……你们这样在逃脱责任，面对这样的“教育部长”，你们不和他对干，我真为你们悲哀，请你们好好想一想，我不要听你们答复。

会场一片寂静，只有李敖的声音在空中震荡。在李敖眼中，站在面前的这些人就是台湾教育腐败不堪的一个象征，作为个体，他们也许出类拔萃，但在整个教育体制的运转中，他们却扮演着不光彩的懦夫角色，负有不可推卸的责任。因此，他从历史讲到今天，核心思想还在是强调知识分子的责任与人格。看着他们肃立台上，瞪着眼睛，沉默不语，李敖话语如五雷轰顶般的惊心动魄是可想而知的。媒体称李敖给杜正胜等人上了一堂“震撼教育课”。报纸上的大号标题触目惊心：“李敖质询 要黄光彩走开”、“李敖水肥之辱 大学校长尊严受损”、“李敖痛批大学校长是水肥”、“李敖发飙 八个‘闭嘴’砸向教长”……而几位大学校长下去后“纷纷私下表示无法接受‘水肥’的羞辱”，但奇怪的是，没有一个人敢公开出来对抗。

李敖用一种独特的方法向人们表示，那些所谓的“第一流知识分子”，事实上只是一个个缩在团体中争权逐利的势利之徒，他们早已抛弃了自己的责任和使命。在台湾，所谓的“民主”早已名存实亡了。这就是李敖式的“颠覆”。他将自己的测试题放大到“立法院”，演示给众人看。答案就在质询台上、在质询之中、在质询之后，在那些俯首帖耳、垂头听训、之后又大气不敢出的教育高官身上。李敖此举，可谓粗放而不失机智，凶悍而又耐人寻味。

第十七章

“议坛”惊雷（二）

他一生坚持原则，不参加任何政党，所以，在党同伐异的政党夹杀下、在朝野对决的非我族类下，他压根儿不从胜负考量。政治挂帅的人们，没人会理解他意欲何为，只有古代“知其不可为而为之”的圣者，知道他意欲所在。他在道别，用一种奇异的方式，在做道别。

——李敖：《李敖议坛哀思录》

一、催泪瓦斯阻军购

2006年10月24日，是一个值得记住的日子。这一天，有15位诺贝尔和平奖得主在联合国共同发表一封公开信，呼吁各国政府签署决议文，承诺严格控管国际间的武器买卖，停止一切不负责任的武器输出，“因为，武器买卖已对世界人民造成难以言喻的痛苦和伤害。”

就在同一天，在中国的台湾小岛，也发生了一场空前绝后的壮举：李敖在“立法院”为阻止军购案，用瓦斯喷射在场的“立法委员”，以表达他对台湾军购的反抗。事件发生后，海内外媒体争相报道，《苹果日报》在头条报道：“李敖疯了！”

事情的原委还要从头道来。在李敖及泛蓝“立委”通力合作下，民进党当局的6108亿“特别军售预购案”屡屡被封杀，但国民党也因此在台湾失去了一部分人的支持，并被认为是“不爱台湾”。为了缓和“民怨”，为下一轮政党选举获取选票，马英九、王金平同意在“立院”讨论“合理军购”，即另由“国防部”提一合理的3项63亿追加军购预算，使军购案有进入实质审查的机会，这样蓝绿对立了许久的军购问题就有可能解套。

李敖凭直觉感到，自己长期以来一直担心的问题终于发生了——国民党在军购案上要放水了。63亿元对台湾来说，仍是很大的一笔钱，美国政界和军火商通过这笔军购，仍要发不小的财。但仅靠自己在“立法院”呼吁恐怕已不能解决问题，因为国民党已向绿营示好，他们可以通过“程序委员会”把他抛在一边。

所谓“立法院程序委员会”，是个“把门”的委员会，政府所有的预案都必须先经过它，才可能实施。照以往惯例，它往往由各党派代表参加，作为无党籍的“立委”李敖自然便被排除在外。此次追加军购预算案的通过亦是如此。这天，“程序委员会”成员在中午会间吃便当时，李敖出现了。大家用奇怪的眼光看着他，但他若无其事，也坐下来，吃起便当，和旁边的人有说有笑。

会议开始了，李敖走到台前，要求主席给他三分钟时间发言。主席是民进党“立委”蔡启芳，赶忙恭敬地问：“李先生要说什么？”

李敖说：“我选市长啊，要发表政见，给我三分钟。”

蔡启芳不明就里，只好同意了。

李敖走上台，戴上电影《V怪客》主角（反政府的使者）面具和防毒面罩合成的面具说：“等一下我会拿出催泪瓦斯，我跟你们之间没有不愉快，今天，女士先出去。我的方法就是焦土政策，我老了！我跟你们玩命！”下面一阵哄笑。有的“立委”还打趣说：“不要玩命啦。”李敖见还有人不动，又说：“我礼貌上通知你们，女士们先离开，你们不离开，你们也要走开。这个瓦斯，我给你们看看威力。你看，你们受不了的，赶快躲开。不要靠近我，否则，我还有这个东西（电击棒）。”他当下要弄电击棒，台下还是无人当真，笑声不断。有人质问：“你凭什么这样做？”他说：“我就这样做。”下面又有人问：“你凭什么喷？”他说：“我就这样做，你有本事过来。”说着，他拿出防狼喷雾器对主席台前的空中连喷两次，并说：“我给你们看看威力，你看你们受不了的，受不了的全部出去。”此时，全场充满了刺鼻的味道，许多人被呛得眼泪直流。坐在前排的人员开始走避。接着，他又连喷六次，有些官员和记者立即开窗，但是仍然有许多人受不了，纷纷以手帕和衣物捂住口鼻，仓皇逃离会场。

这时，坐在会场后排的民进党“立委”王世坚大骂：“李敖疯了！

现行犯，抓起来！”

会议主席蔡启芳被呛得满脸通红，不停咳嗽，一句话也说不出来，会场一片混乱。

最后，李敖在随后赶到的“立院”警卫“戒护”下，离开会场。

“程委会”被李敖一闹，会议中断达二十多分钟。蓝绿“立委”们回场开会时，室内仍充满呛鼻味道。国民党“立委”雷倩脸色铁青，她发言说：“李敖刚才意图以强暴胁迫方式，阻止议事，剥夺大家行使权利，希望征求大家同意，送‘纪律委员会’。”台下朝野“立委”一致鼓掌通过。

蔡启芳倒是为李敖求情，他受伤很重，一直咳嗽，连议事人员也让他休息，虽说话困难，但他依然说：“李敖也是同事，‘纪律委员会’的惩处已经很重了。”

有的“立委”说：“李敖走火入魔了！”

也有人喊：“李敖疯了！”

事件发生后，社会各界反响强烈。律师方伯勋表示，李敖使用催泪瓦斯使“立委”被迫离开议场，可能触犯《刑法》强制罪及妨害合法集会罪，若有人吸入催泪瓦斯造成身体不适送医，李敖则可能触犯《刑法》伤害罪。

李敖为阻军购，喷瓦斯大闹台“立法院”

台北市警方说，若携带催泪瓦斯和电击棒等违犯《社会秩序维护法》的公告禁品，可处三日以下拘留或三万元以下的罚金；但一位警界高层指出，除非“国会”提出申请，辖区才可介入侦办。

“美国在台协会”的最高长官杨苏棣也表达了对李敖的不满，大言民主议会应该“有一点礼貌”。

李敖在事后接受媒体采访时解释说：“这叫不是猛龙不过江！……‘立法委员’在我眼里算老几啊，你处分我我才不在乎呢！可是我警告你，你们把我惹火了，以后我用这种城市游击战的方法，对付你们‘立法委员’。你们乱开会通过向美国人谄媚的案子，我就骚扰你们，这一次是瓦斯，下一次我买几个臭鼬放进来，发那个臭气。长虫进来，老鼠进来，我闹得你们天翻地覆，你们跟我玩，你们玩不过我，因为我老奸巨滑。”[①] 谈到自己的意图时，他说：“我为什么会拿出瓦斯来喷‘国会议员’？大家应该都注意到，我的用意，最重要的就是要去羞辱他们。在大家眼里那是神圣的‘国会’，在我眼里不是‘国会’，也不神圣。就是一群浑蛋。”[②] 他替那些恨自己的人们想办法，幽默地说：“现在唯一救‘立法院’的方法，就是12月9日投票的时候，大家把我选出来做台北市市长，我自然就离开了‘立法院’，否则‘立法院’永无宁日，只要我在永无宁日，因为我是一个坏政府的恐怖分子。当我用恐怖的行动，用都市游击战的方法，用我的智能，用我的老谋深算，来对付这个假民主的时候，他们可就有苦头吃了，大家可以继续看好戏。”

在“立法院”处理李敖瓦期事件的过程中，由于雷倩的提案，李敖与之较上了劲。他称雷倩是“丑女人”，气得雷倩脸色铁青地反驳“我丑不丑跟李敖没有关系”。两天后，雷倩及其先生以“妨碍公务罪”将李敖告上法庭。李敖则毫不在乎，嬉皮笑脸地说：“这证明什么了？证明她漂亮了吗？”2007年2月5日，李敖枪打出头鸟，在台

① 李敖：《我是一个坏政府的恐怖分子》，（台北）《新快报》网络版2006年11月13日。
② 李敖：《我在和台湾说再见》，（台北）《光明观察》2007年2月12日。

北地检署反告雷倩。李敖说："她（雷倩）骂我糟老头耶，糟老头要不要告？"他同时还质疑雷倩的政治忠诚度有问题，称雷倩两度访问大陆的身份分别是国民党员和新党党员。并从私生活角度就雷倩婚外情问题提供了大量证据，以佐证其不忠的品格。雷倩则反击："在检察官询问的时候，李敖一直高声大叫，站起来挥舞手臂叫我闭嘴，连续讲了非常多次，叫我闭嘴。今天我们加重告发他，就是'刑法'304条的强制罪，……我觉得这种行为不能姑息容忍……"

社会各界对李敖的行为褒贬不一，但由于李敖旗帜鲜明的反军购态度，还是有许多人对他表示理解和支持。评论员林深靖称李敖的这次行动是"一场嘲讽性的抗议"，他在文章中分析道："这个星期的'程序委员会'本来就风云诡谲。前美国副国务卿阿米塔吉寄给'行政院长'苏贞昌和'立法院长'王金平的亲笔信函曝光，证明美国军火商果然神通广大，昔日的华府高官转瞬成为今日的军火掮客，代表美国军工复合体的各路人马在台湾党、政、军高层畅行无阻。执政的民进党以巨额的军事采购来向华府输诚，并以超高比率的利润回扣作为笼络美国政要的手段；在野的国民党为了争宠夺爱，终究得向华盛顿方面的人马示好卖乖。10月14日，根据朝野协议，本来应该就是国民党放水的日子。然而，正当联合国慎重其事讨论禁止武器买卖的同时，台湾却是大张旗鼓地准备与美国完成一笔庞巨的军火交易，在国际社会上，我们究竟是要选择站在什么位置？而一旦军购案成立，未来因为武器交易所造成的'难以言喻的痛苦和伤害'，在台湾，究竟是由谁来承受？……遗憾的是，这种'既不负责任又不道德的武器买卖'，在华盛顿和台北之间，却一直是进行式。台湾三军各大营队中，已经琳琅满目尽是采购自美国的军火，却还是迫不及待地把动辄千百亿计的人民纳税钱往美国搬。这样的武器买卖当然少不了暗藏的政治交易和暗杠的政客利益。所幸，就是诺贝尔和平奖得主携手在联合国推动和平法案的同时，戴上V怪客面具的李敖也以他自己的方法，暂时挡下了一大笔‘既不负责任又不道德’的军火交易。只不过，在电影里，革命英雄V怪客是以炸毁整幢国会大厦来点燃人民的怒火，用恐怖的手段来让独裁政权感到害怕。李敖的行动，比起V怪客，只能算是和平鸽的振翅。而他立即被移送‘立法院纪律委员会’的事实，也显示，他的义举似乎并未能让当权者感到害怕。军购随时会再回来。”①

2007年3月23日，是对李敖追究期限的最后一天。这天，“立法院纪律委员会”开会讨论李敖喷瓦斯事件，李敖到会。36位“委员”，除了主席侯水盛之外，只有张庆惠一人到场。提案人雷倩因为利益问题，已经事先声明不出席。

在等人开会时，民进党“立委”侯水盛对李敖说：“召集人数够的时候就把你……”

李敖也不甘示弱，说：“再给你两小时我也等。”

侯水盛气势汹汹地说：“谁打电话催他们一下，就可以把你宰掉。”

但等来等去，坐在侯水盛面前的，还是张庆惠一人。他只好宣布“人数不足，延会”。这个结果实际上等于该事件不了了之。

一场瓦斯战的表演，让人们看到了李敖对“立法院”的党派和强权的不屈的抗争。形式怪诞，然事出有因，背后的意义让人沉思。在庞大的党派团体和政治势力面前，李敖的行为自然不能阻止大势所趋，但他在涉及天下安危和民族大义面前的那种无所畏惧的精神，在民主议事及制度建设上的警戒之语，无疑会给后来者以耐人寻味的启示。

① 李敖：《李敖议坛哀思录》，第405页。

二、丢鞋战

早在 2005 年 3 月，李敖在台湾“立法院”为反对军购案，曾带狗链等道具进入会场，并在会议上亮出刀子。2006 年 5 月，为讽刺陈水扁的私人医生以治疗前列腺癌为名，滞美不归，影响到陈水扁腐败案的查处。10 月，发生了上节所讲的瓦期阻军购事件。11 月，还是为了阻挠军购案，李敖又使出“绝招”，当着前来接受质询的“行政院长”苏贞昌的面，他公开展示自己三点全露的裸照，以达到弥衡击鼓骂曹的效果。到了 2007 年 4 月 3 日，李敖在“立法院”又上演了一场丢鞋战，引起轰动。

这天下午，李敖质询的对象是苏贞昌与“国防部长”李杰。他先是要求苏、李二人未经他要求不得答腔回嘴，然后大谈“统独”与“军购”的利害，两人在整个备询过程中几乎没有机会答辩，只有听李敖“训话”的份。李敖在讲述了自己的主要观点之后，话锋一转指向苏贞昌，他说，几个月以前你民进党的“立委”拿鞋子丢向我们的立法机构领导人王金平先生，是很不得当的，请问苏贞昌先生，你作为民进党的领导者之一，你赞不赞成

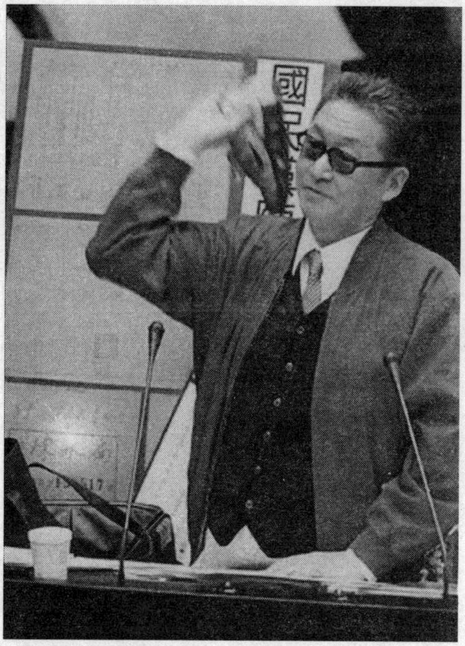

李敖“反军购”闹立法院，飞鞋攻势对付苏贞昌

这个做法，你觉得怎样？你是不是应该为此道歉。苏贞昌不予回应。李敖说："好，那我现在要让你感受到，你如果被人家拿鞋子丢是一个什么样的感觉，不过我不是要丢你，我是用抛物线的方式来丢。换句话说，这鞋不会伤害到你。"说着他拿出一只白色运动鞋，抛到苏贞昌面前的空地上，并追问苏"这样有何感想"。

就在此时，一旁的民进党"立委"林国庆突然跳出来，冲上质询台，大骂李敖："你怎么可以拿鞋丢苏院长？"李敖不客气地回嘴说："干你屁事，你负责吗？"林国庆说："我负责！"李敖说："你负什么责？你算老几？我再丢一次，轮不到你管，你是什么人？你都把别人眼睛打出血来了，我还丢，我还有。"他一边说一边从身边拿出了一个装有许多鞋子的袋子，又掏出一只丢向苏贞昌。林国庆也毫不犹豫地把鞋捡起来直接砸到李敖身上。一时之间，几只鞋子在会场上飞来飞去。执行主席在一边喊："李委员你继续质询，林委员你回座。"但林国庆不听，继续与李敖对骂。李敖对主席说："他是什么人，你告诉我他是什么人。"这时，林国庆冲上前去一把抓住李敖的衣服，要把他拉下质询台。两人顿时扯做一团。主席在一旁高喊"把林委员请走，林委员，请你回座。"几名工作人员上前将两人分开，会议才恢复秩序。

李敖在随后的质询里，再次追问苏贞昌对丢鞋有何感想。苏贞昌无法答腔，只好侧转身子，斜转45度，两眼看向别处，无奈地听着，直到李敖"训话"完毕，结束质询。

这就是震惊海内外的"丢鞋战"。

表面看，李敖这种举动是用"以恶制恶、以暴制暴"的方法来表达他对绿营民意代表频繁在立法机构闹事的不满，但从实质上看，李敖采用的是一种行为上的反讽。他以野蛮对野蛮，以说明对方的错误。当然，不难看出，对方的野蛮是本质，而李敖的野蛮是表演。

4月18日，大闹"国会"的林国庆又与民进党"立委"李镇南在台湾大学制造了一个假演习，使许多师生受到惊吓。台大师生愤怒谴责这一荒唐行为，社会各界群起响应。李敖借此机会以“谎报案情和诬告罪”名义将林国庆等人告上了法庭。

李敖反军购引起“台独分子”的极大不满，一些人不择手段对他进行威吓阻挠。他的办公室先后收到六封恐吓信，信中还夹有压扁的蟑螂。李敖对记者说：“寄这些杂七杂八的东西干吗？有种寄子弹来！”果然，又一封信来了，里面装有一颗子弹。李敖又说：“子弹太小了，不过瘾，有种寄大炮，寄手榴弹来！”

他清楚地知道，在这个夜郎自大的小岛上，自己身处何境。

三、竞选台北市长

2005 年 10 月 2 日，李敖从大陆访问返台，在接受台湾《联合报》等媒体访问时，他突然自信满满地说：“我要参加 2006 年年底的台北市长竞选。”

消息传出，媒体争相报道。关于李敖参选的一系列政见，亦不断展示在人们面前：他如当选，首要工作是与当局对着干，先把台湾当局赶到高雄去，使台北成为一座清洁的、文化的城市。他如当选，要知人善任、充分授权，选 10 位高手做副市长，用他们的专长为台北市民服务。他如当选，根本不需要提出新的政见，只要实现前面历任市长未能兑现的政见就够了。他坦言自己没有行政经验，但经验不是与生俱来的，而是在实践过程中慢慢积累起来的。他直言胜负并非自己的唯一考虑，把正确的、正义的声音传达出去，让选民看到黑和白不同的颜色，才是自己参选的目的。

从散见于报刊中的报道依稀可以看出，李敖的参选，似乎志不在市长，而是要借助这样一个政治平台，把自己的声音、思想完整地传播出去。有人说他是一个搅局者，他说："做一个搅局者也没有什么不好，如果整个局是乱的，有人来搅也好；如果是死水，有人把它搅浑则更好。"在他眼中，台湾的畸形选举就是一个乱局，选民的愚昧盲从就是一潭死水，没有法治、民粹至上、贿选成风，长此以往，台湾民主无望。他依然奉行自己过去参选时的"四不一没有"，在郝龙斌、宋楚瑜、谢长廷、周玉蔻等其他参选人带着大队人马走街串巷、与选民对话座谈、进行造势时，他却没有丝毫动静。

2006年10月14日，震动海内外的台湾"红衫军"倒扁运动已进行了一个月，还是没有什么结果，李敖对此提出自己的看法："要倒扁，必须拿出真正的使民进党当局感到'痛'的招式，其中之一就是要砍光陈水扁当局的预算，至于其他的招式，我将在三天之内公布倒扁方案，让真正有智慧的人给台湾指明一个新方向。"

第二天，是台湾第四届台北市长竞选登记的第一天。上午，记者们早早地等在台北市选举委员会门口，看谁在登记中"拔得头筹"。令人料想不到的是，率先前来完成选举登记的竟然是无党籍"立委"李敖。

无党籍台北市长参选人——李敖

他的登记方式也与以往不同。按规定，每位市长候选人都要交200万元新台币做保证金，为方便起见，多数竞选者都用支票方式支付。而他却故意带着现金，还把20叠厚厚的钞票放到一个大木板上向众人展示，然后抖到委员会的桌子上。他向记者说自己是“玩真的”，他要竞选到底，但不会公开拉票、不印制海报、旗帜，会有宣传单、上电视节目、公开辩论，希望人们拭目以待，“看我把别人怎么宰掉”。他对记者说：“我若顺利当选，首要任务就是和烂的坏的‘中央’对抗，还会要求民进党中央迁到南投县去，以免他们再把台北搞得乌烟瘴气。只要我能当选，就可以制造出这种对抗，能担任这样的狠角色。”

为筹措这笔款项巨大的参选经费，他颇费周折。陈文茜曾提议几个朋友每人帮 50 万，他拒绝了。“立法院长”王金平、“立委”李庆华等人私下筹集了 200 万元给他，他也没有要。最后，他卖掉了自己的一件古董才凑齐了这笔钱。这一动作让人们感到，70 岁的李敖似乎不是在玩假的。

有分析人士指出，李敖此次站出来出于三个原因，一是对国民党以大欺小、不愿同亲民党协商共同对付绿营感到不满。二是国民党此次推出的郝龙斌能力、资历、人格均有问题。三是要对陈水扁下令秘查自己的经济收入、罚税、查封自己的银行帐号等实施报复。如此种种，迫不得已，李敖才站了出来，要“义助宋楚瑜，明打马英九，暗弹郝龙斌，拉抬谢长廷”，于公是帮宋楚瑜，于私是为 2007 年选“立委”暖身。[①] 这一分析看似有理，其实只是李敖参选的几个外在诱因而已，真正促使他走上竞选台的是那深入骨髓的思想家情结。他要用竞选来打破台湾的畸形选举，颠覆庸常的政治程序，凸显当前台面上政坛人物的荒谬，播撒自己的政治理念，正如台湾东森等媒体所说，“抢尽媒体版面”，“痛痛快快骂上 50 天”，把自己想要说的话说出来。

根据台湾的选情，李敖的胜选机率并不大，但这并非对其他候选

① 陈文杰：《李敖参选台北市长》，《南方人物周刊》，2006 年第 27 期。

人没有丝毫影响。据台湾媒体报道，他一宣布参选，即获得9%的支持率。对此，国民党主席马英九说："李大师在社会上有很大的影响力，竞选对我们的威胁蛮大的，郝龙斌会陷入苦战，所以，我们要更努力。"

为了赢得选民的关注，李敖特意将自己过去的情诗《忘了我是谁》摘出四句，改头换面，借媒体推出：

请看我的眼，
请看我的眉；
看了心里都是我，
记得我是谁。

他通过媒体向公众传达自己的选举理念，希望市民选市长时，不要相信"蓝"、"绿"，要以人才为重，要选能给台北市民带来最大利益的人。他说，民进党执政后，把台湾搞得一塌糊涂，显然不配当选；国民党也不可靠，与绿营投怀送抱，失去了反对党的功能。如果市民觉得要建设台北，宋楚瑜是最佳人选；如果要选择一位胆识过人，敢于与陈水扁对抗的市长，就应选他。

在李敖眼中，几个候选人，只有宋楚瑜具有勤政爱民的美德。

国民党为了提高该党参选人郝龙斌的支持率，对同属泛蓝阵营的参选人宋楚瑜进行了全方位的舆论大围剿，说宋楚瑜、李敖皆是在搅局，是在分裂泛蓝阵营。对此，李敖在TVBS《2100全民开讲》(2006年10月19日) 节目中痛斥国民党蛮横霸道，是分裂泛蓝的真正祸首。之后，他又出资在台湾多家报纸刊出巨幅广告，通过大量事实材料证明国民党不按牌理出牌、分裂泛蓝的历史。他指出："今天的关键是，蓝色蓝到了不敢统一，绿色绿到不敢'台独'，两个都是假货。争权夺利嘛。所以大家不了解，以为支持了国民党就压住了绿色的民进党。错了，这个观念设定是根本错误的。”

2006年10月28日，台湾媒体爆出新闻：《李敖要挑选美女“立委”李纪珠搭档》。报道说，李敖称如果当选，将挑选国民党籍“立委”李纪珠做副手。他对女副手的要求是5个条件：瘦、高、白、秀、幼。云云。媒体炒得沸沸扬扬，李纪珠也信以为真，直言自己“要听党中央的安排”。

其实，李敖所言，有狂言、有戏言，真真假假，虚虚实实，岂能都一一当真。这一插曲，只是李敖为吸引公众眼球，其顽童性格在作怪罢了。

11月11日，台湾多家电视台举办了首次候选人政见辩论会。台北市的6位候选人全部到场。在辩论中，郝龙斌重点谈台北市政建设，周玉蔻则集中火力批评谢长廷不清廉，宋楚瑜一再强调此次选举要选人而不是选党，谢长廷则将重心放在批评郝龙斌公私不分上。李敖的讲话标新立异，他说，台湾目前的政治环境只问“蓝”、“绿”的思维太落伍，因为无论“蓝”、“绿”皆执迷于党争，并没有把民众的利益放在第一位。此次国民党若胜选，只是选出另一个马英九而已。历史已证明，领导人是男是女、是何族群其实都不重要，区分“蓝”、“绿”更属无聊，真正的目标应该是要选出敢于同陈水扁烂“中央”对抗的人。“我有这个能力，也有这个胆量，现在就看市民有没有这个眼力”。

11月21、23日，李敖又连续在电视上发表他的市长理念，在谈到怎样与陈水扁烂“政府”对抗时，他的戏谑与嘲讽，让人真假难辨。他说，第一个办法就是在陈水扁“总统府”对面修建一个10层高殡仪馆，上面是灵谷塔，将死人全放在里面，下面是送葬的场所，每天有人在里面哭、叫，还有喇叭、鞭炮响个不停，和尚、道士也可随便念经，整天吵得对面“总统府”的人心惊肉跳，办不成公。外国宾客来台北问这是什么玩意儿，领导人不敢说是殡仪馆。烂“中央”的人受不了，必然向他屈服。第二个办法是扣压上交的捐税。在过去，台北市的捐税73%都上交给了“中央”，他要扣下这笔钱，为台北市服务。“中央”可能会以种种方法威胁他、压制他，但他不怕，他会用打官司的方法跟他们闹个没完没了。第三是借开会当面骂“行政院长”和“总统”，使他们叫苦不迭。总之，如此行事的目的，就是要给烂政府施压，迫使当局不能“台独”，促成两岸谈判，在“一个中国”的前提下坐上谈判桌，商谈国家和平统一。

透过李敖的戏言和狂语，在嬉笑怒骂的背后，人们可以感受到他勇敢对抗腐败的“扁政府”的真精神。面对台湾政治舞台上胡作非为的“妖魔鬼怪”，面对民众的无奈与可悲，他诗以歌之：

台湾完了一切泡汤，
蓝绿烂党坏事成双；
大家自救打开天窗，
拉高台北对抗“中央”。

台湾完了一切泡汤，
蓝绿烂党吃辣喝香；
大家自救找人开枪，
选出李敖抵抗“中央”。
(《李敖对抗“中央”歌》)

11月25日，市长选战进入白热化阶段。在其他参选人都打着旗帜到处拉票的同时，李敖拿出52万元，买下《联合报》、《中国时报》两个版面，刊登了他的广告词《说台湾是笨蛋的10个标准》，引起无数选民的关注。

这十条标准，是李敖对政治万象的一个总批判，他告诉人们，台湾并不是一个“国家”，“台独”也好，军购也好，亲美也好，都是不切实际的幻想，台湾是中国的一部分，只有与大陆携手，才是台湾未来的唯一出路。从广告词中可以看出，李敖此次参选并非在争夺一市之长的位置，或者仅仅告诉人们一种市政构想，对他而言，这些命题都太小了，岂是他所为之。他要做的是借助这个时机和平台，传播他的政治理念，为了台湾的未来，为台湾人洗脑。这才是他的“鸿鹄之志”。

11月26日，台湾公共电视台、《中国时报》、《联合报》、“中央通讯社”等媒体为扩大影响，邀请了选民支持率靠前的3位市长候选人郝龙斌、谢长廷和宋楚瑜到公共电视台进行辩论。李敖、周玉蔻、柯赐海均未在邀请之列。李敖得知消息后，认为三家媒体有失公正，尤其是公共电视台非属私营，是靠“政府”和人民的纳税钱生存的媒体，不该偏袒任何一方候选人，也无权选择候选人进行政见辩论会。即使要请，也该请所有候选人，而现今以并不完全准确的民调为由，只请3人，如此行为，将导致台北选民误以为其他候选人的民调在3名以外而产生弃保效应，使他们落选。举办单位负责人和主持人共17人，已涉嫌违反“公务人员选举罢免法”，所以，在辩论会的第二天，他便与周玉蔻前往台北地检署，将上述17人一并告上法庭。

12月3日下午，台湾“选举委员”会在台湾华视举办了第二次政见辩论会。

在辩论会上，当其他参选人或互相攻击、或大谈市政问题时，李敖则抛开这些统统不谈，讲起“台湾真正的敌人是美国”。他说自己与几位候选人并不是什么敌对关系，但选举必须搞清楚真正的敌人与朋友。台湾真正的敌人不是大陆，而是只想卖武器、企图使台湾变成火海的美国。在二次大战中，用军舰和空军轰炸台湾的是美国，在《马关条约》签订时支持将台湾割让给日本，要求诉诸战争解决两岸问题的也是美国人，所以，我们不要被美国人给骗了。根据“与台湾关系法”，美国人要供应武器给台湾，而非买卖，军购案只是民进党延续国民党的亲美、媚美政策而已。他举例说，“美国在台协会台北办事处”在台北信义路的现址，早被台北市议会裁定须在1998年6月30日以前归还，但美国借故不还。当时陈水扁当市长时软弱无能，不敢要求还地。8年下来，现任的台北市长马英九也不敢要。他们都是美国人面前的软脚虾。更令人愤慨的是，陈水扁为了向美国示好，拿价值80亿元的大直土地给美国人盖楼房，美国只象征性地付给1000万美元的租金，而且一租99年。马英九当上台北市长后，也同意陈水扁的做法。“蓝”、“绿”都在“丧权辱国”。

显然，李敖的讲话早已超出“市长政见”的范围，是他在“立法院”拒武、反美、促统思想的延伸。他在反对“扁政府”媚美路线的同时，为台湾人阐释自己的见解。

从华视出来，李敖对记者说：“他们几个候选人的政见把台北的层次搞低了，我的政见才符合台北市长的高度。”

在华视政见辩论会的第二天，李敖花了45万元新台币在《苹果日报》登出两大全版广告，题目为《你为什么第四次做笨蛋》，大号的字体，配以他自己的全裸照片和5名裸女艳照，十分醒目。在一片裸照间，他有文字如下：

> 裸体抗议是中国传统，也是世界潮流
>
> 一、三国祢衡裸体，为皮鼓抗议。
>
> 二、外国名模裸体，为皮草抗议。
>
> 三、李敖大师裸体，为皮毛抗议。
>
> 四、笨的台湾人只有皮毛之见，李敖连皮带毛，向他们抗议。

在广告词中，他批评蓝色选民没有认清国民党的真面目，并列举历次选举中间国民党破坏泛蓝团结的历史，证明今天还在投国民党候选人的票者是“笨蛋”，今以裸体抗议，表示这些选民只有皮毛之见。如有不服，可通过10项考验，通过才是聪明的台湾人。

就在选举的最后几天，由于患重感冒，他没有再抛头露面。直到12月9日，李敖才走出家门参加投票。他戏谑地说：“我投了自己一票，很爽，捞了一票！”

他自信：“胜选者只有一个，我们要跳脱层次，我不在乎胜负，而在意历史的定位。爱因斯坦描述甘地说，后代子孙很难想像在上一代曾经走过这样一个血肉之躯。未来子孙也很难想像，在台湾岛上曾经走过一个李敖！”

当日选举结果公布，六位参选人票数及得票率如下：

国民党候选人郝龙斌：692085票，得票率53.81%。

民进党候选人谢长廷：525869票，得票率40.89%。

无党籍候选人宋楚瑜：53281票，得票率4.14%。

无党籍候选人李敖：7795票，得票率0.61%。

无党籍候选人柯赐海：3687票，得票率0.29%。

“台湾团结联盟”候选人周玉蔻(女)：3372票，得票率0.26%。

当天晚上，被李敖一直支持并看好的宋楚瑜含泪发表声明，宣布退出台湾政坛。他的声明震动全岛，也使许多民众深感惋惜。

为此，李敖发表了自己的看法。他说，宋楚瑜曾是当年国民党权力核心内的重要人物，但他能逐渐从中游离出来，慢慢洗尽铅华，这种可以为善的人，就应该支持他。2000年大选，他得了460万票，很了不起。这次只得了5万票，虽然他力争上游，但情形已经不同。宋没有准确地知道这种变化，所以宣布退出政坛。“宋是我看到国民党里面惟一一个能尽量洗心革面、勤政爱民的一个人，没有人能跟他比”。很可惜这么一个政治工作者，力争上游的人，今天负气出走，遭到被淘汰的命运。“在陈水扁身上，我看到一个人多么快地掉进地狱，在宋楚瑜身上，我也看到一个多么努力向上爬的人。”。

面对宋楚瑜的隐退，李敖感到惋惜，而对自己的落选，他却看得淡之又淡。理由很简单：他原本就没有以胜负为目标，他以文天祥自许。第一是为而不为，第二是知其不可而为之。如同许信良当年评价自己的那样，参选“是藉这个选举批评别人，增加别人对他的了解，让这场选战多姿多彩。他用这种奇特的行为表达想法，让其才华得到充分的发挥，对长远的社会教育有积极的作用”。他称自己是“圣人加疯子加上狂人”，“我李敖今天出来做选举活动，就是利用选举过程里面的这个空间，这段时间，这个舞台，把我的话讲出来。时间是有限的，舞台是很小的，可是我们究竟可以利用这段时间，利用大家的注意力，把我的正确的思想传播出去，这就是我干的事情”。

2006 年 12 月 27 日，李敖在《李敖有话说》节目中总结了自己参选市长的六点真相：第一，代表一种抗议。即抗议台湾被“蓝”、“绿”控制的政治生态。第二，代表一种精神，即知其不可为而为之的圣人精神。第三，代表一种记录，让后代子孙知道在中国的台北曾有这样一个血肉之躯。第四，代表一种提醒，即告诉大家，可以用台北市去抵抗坏的“扁政府”，逼其去抵抗美帝，改善与大陆的关系，最终完成国家的统一。第五，代表一种挥洒。整个选举过程中，他只以广告的形式来告诫选民，其他免俗。因为市长对他来说太小了，不值得花大心思、大财力。第六，代表一种道别。他的心神、注意力，已离台湾越来越远，他所关切的是两岸最后不要兵戎相见，为避免这一后果，他利用选举，把不能“台独”的话讲出来，对台湾人作最后的忠告，用这种形式向台湾告别。这些目的，他都达到了，他认为，自己才是真正的胜利者。

的确，从思想传播这一角度看，李敖是成功的。他成功地利用了这一难得的政治空间、这一个戏台，将自己反“台独”、批美国、倡统一的思想大戏作了淋漓尽致的发挥。这种甘愿掏腰包斥巨款来点化民众的豪侠行为，这种“选战搭台，思想唱戏”的奇特的思想渗透方式，在台湾，乃至在中国和世界的民主斗争史上，恐怕也是前无古人了。相信他的良苦用心，会在若干年后，在某一个时间，某一个地点，生根、发叶、开花、结果。

在内心中，李敖清楚地知道，自己已垂垂老去，自己已来日无多，但他没有灰心、没有气馁，他在用一种游戏人间的奇特方式，向人们道别。知其不可为而为之，是李敖式的正义，是李敖式的道德，也是他回向人间的圣人境界。

四、创建“中国智慧党”

据统计，截止2007年9月，台湾登记在册的政党，已有131个。但这些政党在李敖眼中皆不足道。为了给后人留下智慧的星火，以期其在未来产生燎原之势，李敖拟发起成立“中国智慧党”。

2007年9月30日，李敖在“立法院”中兴大楼第103室召开“中国智慧党成立大会”。

按照台湾当局规定，政党成立必须有30人以上参加。为凑足人数，冯沪祥找来23位大学生，不足部分由李敖补齐。“内政部”还派员到场作了清点。此外，李敖没有邀请任何人。律师林宪同听说后赶来了，“立委”叶芳雄送来一盆花，林镇驹从别人房门口也搬来三盆花，大会便开幕了。

中国智慧党成立大会的仪式内容只有一项——李敖致词。在50分钟的讲话中，李敖结合贴在墙上的22张图片，给在场的人上了生动

李敖在"立法院"中兴大楼第 103 室召开"中国智慧党成立大会"。

的一课。

李敖还亲自拟写了《中国智慧党章程》。

李敖称"中国智慧党"是一个"使命政党"，它可能无法赢得选举，但却会因此散播理想与理念。它要向人们宣告，并不是所有人都是大党刍狗，还有人具有骨气和正义。外表看，这样的政党，党和党员的关系是疏离的，但这正是它的特色与真髓。党员和党的关系，犹如球迷与球队。球迷们喜欢的就是那个标签。加入"中国智慧党"，你可以微笑着告诉别人："我中国，所以我智慧；我智慧，所以我中国。"

为了表明自己组建"中国智慧党"政治动机，李敖还将 2006 年竞选市长时的发布的《说台湾是笨蛋的 10 个标准》拿出来，制作了一个"智慧测量表"。表中列出十项政见，他认为这是"最起码的智慧政见"。每一条政见下，他详列了之所以成立的证据和理由。如果否认其中任何一条，便是抹杀明确证据的人，就可以判定其"头脑不清"，属"笨蛋"之列。这也说明，组建政党只是李敖在"立法院"斗争的一个补充，是他关于台湾大政治理念的一个继续，坚持"一个中国"与反对国际霸权始终是他坚定不移的政治主线。

五、“离狗屎太近了！”

2007年11月20日，是台湾新一届“立委“选举登记的最后一天，李敖一身招牌红外套、一样的墨镜，出现在他在“立法院”召开的《李敖议坛哀思录》新书发布会上。同时宣布不再从政，不再登记参选“立委”。

他向记者说：自己不再参选是因为“离狗屎太近了”。“民进党很坏，糊涂的人才会选他们，第三势力是头脑不清”。他举出特意制作的纸板，上面写着他的打油诗：

> 这笔钱
> 给儿子做学费，走向世界做难民，
> 比
> 给老子选“立委”，死在台湾充好汉
> 更值得。

他对记者说，台湾再这样折腾下去，“你们统统是难民”。

他拿出一本长达636页的大书展示给大家，说这是他三年来在“立法院”的见闻和心得，书名叫《李敖议坛哀思录》。“取这个名字，就是指别人都死了，只有我还活着。”

记者问：“你不选‘立委’之后，还会再考虑从政吗？”

他说：“不会不会，政治根本对我是个游戏，台湾值得关心，不值得我李敖72岁了，再花我的未来——不只青春——我的老年去关心。”

在解释不参选“立委”的理由时，他说：“不选‘立委’有一百个理由，其中最好的理由是，这笔钱给儿子做学费；而真正的原因是，在‘立法院’努力三年，能做的事就是告诉大家‘立法院’是多么黑暗。”

回顾三年的“立委”生涯，他说自己最遗憾的就是“我离狗屎太近了”；“最后一堂考试，最后一题我会做，我都懒得做了，我极力要出去干什么呢？在阳光底下，吃我的蛋卷冰淇淋，所以最后在考卷上，我画了一个王八就跑掉了。王八，再见；冰淇淋，我来了！”

谈到自己的创作，他说：“过去六年只有空写一本新书；不再从政后，我要回归写作生活，预计一年可写两本书。”

他指着大纸板的打油诗，念道：

重重的我走了，
正如我重重的来，
我挥一挥衣袖，
带走了全部云彩！

他对于台湾的现状与前途，感到悲观失望。面对那些不顾台湾人死活而一味与大陆对抗的人，他用“自生自灭”来概括。王安石有诗云：

绕岸车鸣水欲干，
鱼儿相逐尚相欢，
无人挈入沧江去，
汝死那知世界宽。

两岸水车车水不断，江水欲干，江中的鱼儿还在开心地追逐嬉戏。如果没有人把这些鱼带到深水大海中去，它们到死都不知道外面的世界有多大。李敖认为，这一诗境正好喻台湾的现状。那些头脑不清的台湾人不晓得外面的世界有多大，只凭岛民心态，视野狭窄，小气巴拉，怎么会赢？尤其可悲的是，一个卖国的、媚美的、拦路的“政府”，不知悔改，执意孤行，又如何不垮？他有诗一首，以志其感：

> 不是旁观者，而是见证人；
> 不是同死者，而是送葬人；
> 不是参与者，而是介错人。

“介错人”，是日本武士切腹自杀时在一旁助其速死的人。由于自杀者在切第一刀后往往因重创而无法气绝，于是需要“介错人”帮忙下刀。李敖称，对欲群体自杀、集体出局的台湾，他只能做一个“介错人”的角色了。

李敖退出政坛，在海内外亦产生强烈反响。不难看到，他在反军购、反“台独”、反腐败等方面所起到的重要作用。正是他登高一呼，大家群起响应，才一次又一次地拦截了了陈水扁政府花3000亿台币的钱购买美国人武器的预案，才使杜正胜之流的“文化台独”、“教育台独”之荒谬大白于天下，才使人们认清了美帝国主义借两岸问题大发横财

李敖宣布不再参与“立委”选举，今后也不再从政，回归写作生活。

的真面目。从这些角度看，李敖的退选乃台湾政治的一大损失。但面对台湾选举中的政党奥援、黑道背景，或者财团、家族势力的团体竞争，以及长期积淀的集体短视的症候，独行侠的李敖退出选举亦是必然。他的声音虽然独特，但是在立法机构中难以受到青睐也是意料中的事。

不过，人们不会忘记，在台湾的历史上，曾经有过这样一位“立法委员”，他真正做到了“为正义上公堂、为真理拆殿堂、为烂党布灵堂、为一言九鼎建一言堂”。他的拍案惊奇，他的高堂狮吼，他的哄堂妙语，都必将成为台湾民主历史中的空谷绝响。

第十八章

思想小说

文学和思想对我而言是一个东西。有时候，思想的表达不能硬，硬邦邦的哲学文字，需要用小说的题材表达出来。……用思想作底子。用文学形式来表达，是我的希望。

——李敖于凤凰网聊天如是说

从20世纪90年代至今，李敖出版的长篇文学作品共有四部，即《北京法源寺》、《上山·上山·爱》、《红色11》和《虚拟的十七岁》。这四部作品，是李敖在文学创作上“以文济世”的一个实验，它们内容不同，风格则一以贯之，从不同角度表达了他的社会理想和人生理念。

一、《北京法源寺》：一部男人的书

《北京法源寺》的写作，经历了将近20年时间。李敖在1971年第一次政治犯坐牢时，就开始了此书的构思，1976年出狱后，他料理劫后之余，开始断断续续写出小说的前几章，并在《李敖千秋评论丛书》中发表。直到1991年9月，才全部完成了这篇作品。

在2000年台湾地区领导人选举之际，这部小说因参加诺贝尔文学奖提名而被炒得沸沸扬扬。有的倍加赞赏，称之为一部“男人的书”，一曲“男子汉的颂歌”、“男子汉的交响曲”，写出了男性的豪侠、忠义、智慧和悲壮，有的则激烈批评，说它像一篇历史论文，杂乱、冗长、苍白等等，众说纷纭，各执一词。这也为该小说增加了几分神秘色彩。

（一）作品的故事梗概

就作品内容而言，它讲述的是中国近代史上一个影响深远的历史事件。

法源寺原名悯忠寺，是唐太宗为纪念阵亡将士所建的一座寺庙。

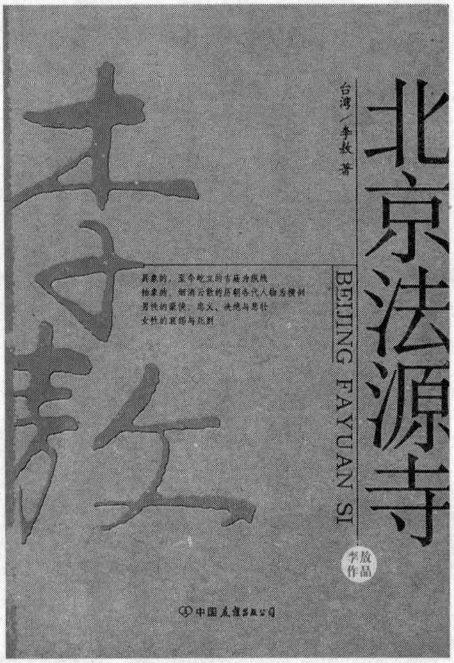

《北京法源寺》书影

清朝时改名为法源寺。小说中人物的活动就是围绕着这座寺庙展开的。

公元 1888 年，中国清政府在以慈禧为代表的落后势力统治下，政治腐败，官场黑暗，外侵内患，民不聊生，中华民族处在风雨飘摇之中。

广东秀才康有为在经过了五年的精心准备之后，专程跑到北京，希望通过给皇帝上万言书的形式，促使皇帝搞政治改革，挽救中国。但由于人微言轻，没有任何关系牵线搭桥，他见不到皇上。于是，他在情绪低沉中游访了北京法源寺，遇到寺中主持佘法师。在与佘法师的交谈中，他表露了虽败不馁的心志，决定回到广东，先想办法提高自己的身份、发言权，再卷土重来。

回到广东后，他著书立说，开班授徒，培养自己的班底，在十几个徒弟中，就有 17 岁中举人的小神童梁启超。1895 年 4 月，清政府与日本签订马关条约，康有为与梁启超师徒二人此时正在北京参加进士考试，听到这一消息，梁启超首先联合广东举人 190 人上书表达他们对时局的看法；两天后，康有为又联合各省举人 1200 人联合上书，请求变法。结果，请愿失败。但康有为却因此在知识分子中有了一定的影响。为了鼓吹自己的思想，他又办了《中外公报》，组织了救国团体“强学会”，出版书刊，鼓吹新潮。在这中间（1896），他与光绪皇帝的老师翁同龢疏通了关系，第三次上书皇帝，这次总算被皇帝看到了，但依然没有作用。他在北京的动作则遭到朝廷中守旧派的反对，最后感到无法立足，离开了北京。

两年后，28岁的光绪经过广泛的阅读与思考决定从事变法维新，他先后召见了康有为、梁启超、谭嗣同等人，委以重任，操办维新事务。这些动作遭到以慈禧为首的反对派的反击。一天，皇帝得到情报，在十月份的天津阅兵时，西太后要废除皇上，并进一步解决新党。光绪感到自己已经被逼到了墙角，于是向康有为等人寻求良策，康有为等紧急决定，由谭嗣同去劝说新建陆军的汉族军头袁世凯，让他配合杀掉慈禧的亲信掌管兵权的荣禄，包围颐和园，清除西太后，救皇上，也是救中国。同时，为预防不测，按皇上的意思，康有为火速离京，由天津到上海，逃亡日本。不料想袁世凯告密，皇帝被软禁，京城戒严，一时风声鹤唳。但谭嗣同早已作好牺牲的准备，他要以死警世，等着官兵到他的住处来抓他。

为了抢救谭嗣同，梁启超、大刀王五、日本大使馆以及南方的革命组织都想出各种办法，但谭嗣同主意已定，最终被捕，从容就义。

20年后，在中国，革命的潮流已势不可挡。但就在此时，袁世凯逆历史潮流而动，要作皇帝。为反对帝制，蔡锷在云南宣布起义，他的老师梁启超积极参加，在广西、广东到处游说，响应云南。同时，康有为也大力支持，变卖房地，资助起义。但两人的动机却完全不同。梁启超是在反封建帝制，而康有为的思想却依然停留在十多年前，他支持起义的目的是，打倒袁世凯后，让清廷皇帝复辟。昨日的激进派成了今天的保守派。

讨袁运动的第九年（1923），已经65岁的康有为最后一次来到了北京，重访法源寺。但一切都已物是人非，他的思想早已不被世人接受，包括他的学生梁启超也走上了民主革命的道路。站在他面前与他对话的是当年法源寺的小和尚普净，他已走出佛门，参加了革命党，成为一名地下共产党员。

但古老的中国并不因这些历史人物的斗争而有多大改变，他们的悲剧性结局表明，神州依然在沉睡之中。

（二）作品的思想意蕴

2005年9月，李敖在参观法源寺时曾题字如下："法海真源，尽在于斯"。

法海即佛法，是解除人世痛苦的方法。小说当然是借法喻世，试图表明，解除苦难中国的"真源"在哪里？就在本书要揭示的思想里。人们必须觉醒，才有希望。李敖开启民智的社会理想，不言而喻。

但自清季以降，中国的现实并不尽如人意。专制统治者已经形成一个强大的利益集团，牵一发而动全身；皇帝就是这个腐败的利益集团的总头领。即使偶尔遇到一个明智的君主，想要有点变革，一旦动起手来，对他身边层层缠绕、有着千丝万缕关系的领导群体也莫可奈何。知识分子应该说是社会的最早觉醒者，但这个群体在专制统治下已变成了小人儒、陋巷之儒，明哲保身，毫无气象；偶尔有几个先知，也成为统治者的牺牲品。群众更是生活在愚昧当中，对身边的政治麻木不仁，毫无是非可言。有人挺身而出，为大众利益去斗争，他们叫好；一旦身败名裂，他们便成为道旁的观众。

劳伦斯曾经指出："艺术家通常是——或者说，历来是——意在指明教训，点缀故事。然而，故事总是另有所指。"① 在《北京法源寺》中，作者的历史寓意是明显的。小说第一章引元人张翥的诗说："只怜春色城南苑，寂寞余花落旧红。"景不徙，影不移，古往今来，种种历史悲剧依然在周而复始地上演。诗句暗示出，本书的故事，正是那无数历史轮回中的一朵"寂寞余花"！

李敖曾说，他写此书，就是要写出这些历史人物、英雄豪杰最终归

① 戴·赫·劳伦斯：《乡土精神》，戴维·洛奇：《二十世纪文学评论》，上海译文出版社1987年版，第225页。

于尘土的“沧桑感”。他对社会产生弊端的整个构架展开审视，推翻了清政府又怎么样？推翻了国民党政府又怎么样？群众就觉悟了吗？事实是，当康有为、谭嗣同等化为尘土之后，他们的坟墓被他们要拯救的那些人们给扒了。中国的前途难道仅仅在发动群众这一点上吗？英雄豪杰们的特立独行，并没有在根本上改变中国，古老的中国一如既然，几十年过去了，统治者像走马灯一样换了一茬又一茬，但至今没有什么大气象，群众一如既往地麻木、不觉悟，中国依然在沉睡之中。唤醒民众，才是中国摆脱苦海的法海真源。

(三) 详人所略、略人所详的文本

文本，是西方美学当中阐释学中的一个术语，就是艺术家创作的原始成品，当它还没有被欣赏者解读时，它只是一个材料，它的意义只有在被读者发掘后才得以显现。《北京法源寺》正是如此，它只是一个等待发掘的文学文本，如何才能看到它的意义？除了看作品写了什么，还要注意他隐去了什么，这是解读该书的关键所在。

小说中的主要人物康有为、谭嗣同、梁启超等大都是人们熟知的历史人物，他们的形象早已被历史定型；戊戌变法的本事亦是人们熟知的前尘影事，发生过程已家喻户晓；民国以来，以戊戌变法为题材的戏剧、小说、电影等艺术文本更不乏其例。也就是说，这场变法，对上述人物的评价，都已成为人们的先在常知，它正是全面解读《北京法源寺》的一个重要基础。

也正因为大家对这段历史太熟悉了，所以如果再去重复叙述这些具体的事件显然已属多余，于是，作者打破了这种传统的叙事范式，避开历史文本的常知部分，把笔墨重心放在人物文化思想的纵深挖掘上，放在对人物思想基础和思想因素的剖析上，通过人物对话、内心独白以及叙述人的思想情感介入，为我们展示出在中国最幽暗的历史时期一批思想巨人动人心魄的心灵历程。

也正因为如此，小说结构充溢着重构的张力，有着重要的文本解

读意义。

比如写谭嗣同，他精通佛理，为什么却有入世的世界观？他与民间反清革命组织有着联系，为什么他不去推翻清朝而要走上改良的道路？他在变法失败后，能逃跑却不跑，为什么？这都牵涉到他的内心活动，也就是他的思想世界。而这些则是以往的任何作品都很少揭示的。李敖在小说中就试图探寻这一系列的为什么。别人曾经写过的他略写，别人没有写到的他详写。这叫详人所略，略人所详。

也正因为如此，要解读《北京法源寺》，读者熟知的被他略去的那一部分内容就显得尤其重要。也就是说，李敖提供的文本只是作品的一半，它要成为作品，必须与读者心中的那一半结合起来。否则，它是不完整的。许多批评者说《北京法源寺》中的对话议论太多、用典太多、主题太多、人物性格苍白、情节性不强、结构涣散，理性化的语言难以使人物形象逼真，等等，包括余杰在文章中也提到“李敖与其吃力不讨好地写《北京法源寺》，不如老老实实地写一部《戊戌变法史论》，后者才是他的强项”。其实，上述论者并没有看到作者略去部分的重要性，没有认识到作品解读的多样性，而是把全部希望寄托到文本当中，当然，他们很失望。

总之，《北京法源寺》具有别的小说不可替代的文体价值。小说的文本意义已不再是读者对内容作简单的接受与核实，而是在读者与文本的对话中，在读者的前语言、前经验与文本语言、事件的碰撞中，意义获得交融、扩张，在补充与再建构的过程中形成视界融合。这种“破格”的艺术创新，“陌生化”的叙述处理，构成《北京法源寺》别具特色的叙事景观。

(四) 构思独特的结构

在传统的小说叙事文本中，“如何说”往往是令许多作家苦恼的一个问题。作家如何表达自己想要表达的意思，如何使读者很快能明了自己的意图，通过与内容相适应的艺术形式，与作品的思想情感产生共鸣，显然要比“说什么”更加重要。在《北京法源寺》中“回向”一章，谭嗣同有一段话说得明白：“我们时务学堂的师生都是有抱负、有大抱负的。此后我们会从不同的方向、不同的角度，去救我们的国家……”这部小说的叙事结构正是这种从不同方向、角度救国的具体展现。作者不惜笔墨叙写当时外敌入侵、国势衰微、西太后集团荒淫无道、皇帝孤立无援，其目的就在于使变法人物走上前台。正是在这种形势下，手无缚鸡之力但却心怀天下的志士仁人纷纷走上了救国的道路。正如谭嗣同所言，道路不同，但用生命去救国却是殊途同归。所以，百川归海，殊途同归，成为《北京法源寺》的作者因材架构的一大特色。

作者以具象的、至今屹立的古庙为纵轴，以抽象的、烟消云散的历朝各代的史事人物为横剖，在济世救国这一大圆内，不同人物一一登场，以“变法”为圆点，以不同人物对变法的认识过程为弧线，分章叙述。这种多元化的叙事结构，每一章都有一个中心人物。如：第二、三、五章以康有为为中心；第四章以西太后为中心；第六章以皇帝为中心；第七章以谭嗣同为中心。每个中心人物又有自己的心灵发展轨迹，章与章之间似乎各自独立，却又明断暗续，不同线索下的人物之间又互有关系，如皇帝与康有为、康有为与梁启超、梁启超与谭嗣同、谭嗣同与大刀王五等等，有若横云断岭，形断实连，充分展示出作者驾驭材料的“注坡蓦涧”① 之功。正是这样一些志同道合的人物在，才能从不同方向、不同角度，走上了同一条道路。百日维新是各路人马的一个总集结，是新旧势力的总较量，百川归海，殊途同归。变法失败后，线索归一，又回到了康有为这一条线上。变法的实施虽然只有一百天，但就是为了这一百天的大举措，维新者却走出了一条条各不相同的艰难曲折的心路。

---

① 清·刘熙载：《艺概·文概》。

为了充分而有效地表达小说的主题内容，作者采用了全知叙事的方式，叙述人俨然是一位博古通今的学者，又似秉笔直书的史官，有时又像一个激情澎湃的诗人，时而冷静地引经据典，反思历史，直笔不隐地求真，时而说古论今，臧否人物，情溢于中而形之于言，使作品处于一种全方位的历史观照之中。以此驾驭笔下人物，调理史事空间，在宏大的历史时空中，通过一幕幕惊心动魄的史实展现和人物论辩，表达丰富而深刻的思想主题。

（五）谭嗣同的文化人格

谭嗣同，是作者在小说中着墨最多的一个人物。

他是一个封建官僚家庭的子弟，却成为一名反封建名教的斗士，他痛恨清朝政府，却又成为维新派中的左翼代表。所以，一些历史学家认为，他在思想和行动上有着很大的矛盾性。

就作品内容来看，谭嗣同的思想性格主要表现在与梁启超、佘法师、王五、平山周等人的问对、论辩中。他们探讨的话题主要有如下几方面：第一，关于“入世与出世”的问题。谭嗣同精研佛理，因此也受到佛教思想的影响。但他对佛理的理解却是积极的、入世的。他认为，人们一向相信佛家讲出世，却不知佛家也是要“回向”入世的；人们只知道儒家要求达则兼济天下，却不知道儒家的慈悲也是真正的普渡众生的大慈悲。从佛法大义着眼，以出世的精神做入世的事业，舍身而行佛法，从出世以后再回到入世，去努力救世，正是谭嗣同走向变法的思想基础。在佛学理念上，谭嗣同受到康有为佛学思想的影响，但在走向“入世”的行为上，他比康有为的“行”要激进得多。康有为是宣传、著书、授徒，走发展组织以期变法之路，而谭嗣同则英勇地批判封建专制制度，揭露帝国主义强盗面目，并与革命党和反清组织有着复杂的关系，他的行动明显带有一种革命的苗头。第二，关于变法与革命的问题。作品刻画出的谭嗣同崇尚行动，且有着一种大中国的观念，认为满汉各族都是中华民族的成员，这是他走上改良之路的原因。第三，关于去与留的问题。在变法失败后，谭嗣同毅然决然地选择了舍身取义的道路。作品又通过一系列的对话论辩细致地展示了谭嗣同的这种“回智向悲”（将佛法佛理落实到行动上）行为的思想必然性。这种必然性表现在如下几个方面：其一，谭有此行动与他崇尚的佛教救世观有很大关系。他赠与梁启超的沉郁哀艳、积极奋发的读经诗，是他这一行为的最好的注脚。其中写道：“直到化泥方是聚，只今坠水尚成离。”表达了他对生死别离的潇洒与乐观。其二，他认为在这场运动中，自己的位置就是牺牲。自己的死是在为革命做血荐，是隐性的而不是显性的。它可以使改良者转向革命者、使广大的中国人民倾向革命，所以，他要借西太后之刀来完成这一壮举，血溅菜市口，才是最好的赴死之所，才是最佳的死的方式，才是“仁”的极致。其三，他对变法前途有清醒的认识。他认为，变法之路，有个底价，那就是向全国人民宣传变法维新，使中国人民知道要改革，达到这一目的，就已是成功。宣传变法维新是变法的目的，变法维新只是手段。这叫取法乎上，仅得其中。正因为他有如此大智大勇，所以他拒绝了梁启超的劝说，拒绝了平山周的劝说，拒绝了王五及南方革命党人的劝说，大义凛然地等待着那个舍身取义的时刻的到来。

谭嗣同由激烈排满到入朝议事，从选择走康有为路线到预言流血不可避免，再到自愿选择流血牺牲，其性格的发展与思想的变化，与大陆作家任光椿的小说《戊戌喋血记》、《谭嗣同》中的同一人物相比，由于篇幅的悬殊，也许略显单薄和浮泛，但若从李敖“详人所略，略人所详”的创作思想看，谭嗣同的人格形象依然是立体的，有血有肉的，他的思想中既有佛教的救世思想，又有革命的激进因子，还有中国传统知识分子宝贵的“先天下之忧而忧”的高尚品格，他面对死亡的大义凛然，他的行为的惊天动地，他对自己以身殉道的意义的理性认识，他的毫无怨气和怒气的平静思考，都在这一系列论辩话语的展示中得到了充分的体现，思想性格的形成自然而合理，并给人以振聋发聩的思索。

（六）《北京法源寺》的问题

当然，前述对《北京法源寺》的肯定并不是说它一切都臻于完美了，这部被作者自诩为中国小说“里程碑”、世界小说“独霸”[①]的“争千秋”之作，[②]在某些方面依然值得商榷，甚至成为作品的致命伤。其中最突出的一点是，作者与叙述者的距离有时过近，导致小说中的议论和抒情成为作者情绪的宣泄。作者在作品的叙事中有时表现得难以自控，时不时地借题发挥，寓身世之感，超出了叙事人的职能范围，以致一些“李敖式”语言频频出现。比如：

> “在行动上的历练，我却自负得不做第二人想。”
>
> “那时候我只有十八岁，可是，我心苍茫，俨然已是八十。”
>
> “其实都是老祖宗们的瞎扯淡！”
>
> “他谭嗣同，真正是大的侠骨柔情人物，胆大心细，临危不乱。”
>
> “我要死在北京，死给大家看。”
>
> “你的不幸，是你一生都跟这死老太婆密不可分。”

此类语气和句式，在李敖的杂文、政论中经常出现，可以说，它们已不仅仅是人物或叙述人的语言，更是李敖在一种特殊心境下的情感宣泄和内心表白。

小说语言，一旦超出了人物或叙述人的身份职能，作者便会从叙述者或观察者身后走向前台，使含蓄的“影射”显得直露，失去了距离和差异，也就失去了文学的时间性和历史感。人物语言一旦与其地位、

① 李敖：《李敖答郭启元》，《李敖大全集》第31册，中国友谊出版公司2000年版，第514页。
② 李敖：《给周荃》，《李敖大全集》第32册，中国友谊出版公司2000年版，第164页。

身份及所处的时代相距太远，就会出现生硬移植的问题，从而影响作品的真实性。

二、《上山·上山·爱》：清者自清，浊者自浊

《上山·上山·爱》是李敖继《北京法源寺》之后出版的第二部长篇小说。

我们知道，《北京法源寺》构思于作者坐牢之中，而《上山·上山·爱》却是构思于作者坐牢之前，并且还写出过一些片断。在《李敖千秋评论丛书》出版时，这些片断开始连载，但不久就被查禁，罪名倒不是因为“黄色”，而是因为作品中的议论部分“蓄意为匪宣传、诬蔑政府、侮辱壮烈殉国先烈、扭曲事实、挑拨政府与人民情感、严重淆乱视听，足以影响民心士气”，于是作品写了一部分即遭封杀。

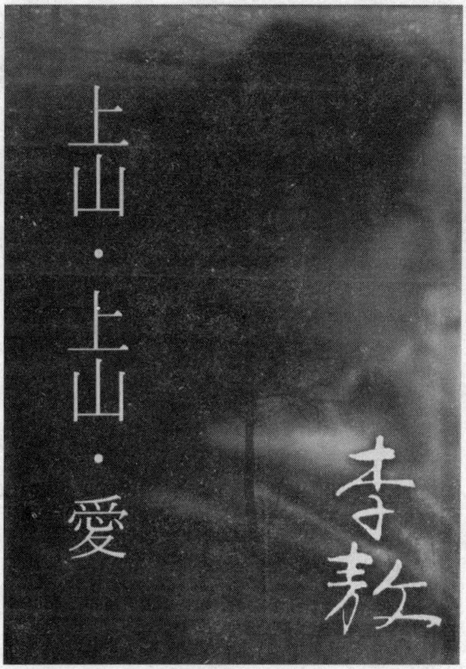

《上山·上山·爱》书影

2001 年 4 月 25 日，李敖过 60 大寿时，彻底完成了这部作品。

这是一部什么样的书？有人说它是“黄色小说”，有人说它是“情色文学”，其实都有失偏颇。无论就作品叙写的重心而言，还是就作者的创作动机而言，它都没有脱出李敖“思想小说”的窠臼。依然是他思

想小说的一个类型。正如李敖自己所说，是“打开天窗说亮话，脱了裤子谈思想”，是一个“白色恐怖下的红色故事”。因为打开了“天窗”，说话人不再含蓄，不再拐弯抹角，正因为脱了“裤子”，说话人不再遮遮掩掩，不再犹抱琵琶。加上他的故事又是一个正宗的情爱故事，于是议论纷纷，莫衷一是。近色者窥其色，近理者得其理。但李敖对这种结果似乎都不满意，他说：“真正的判别方法，乃在读者能不能受小说影响，从而激浊扬清”，所以他说“清者阅之以成圣，浊者见之以为浊”。

作品讲述的是发生在30年间的两次爱情奇遇。写讽世文章的万劫预感自己不久将有一场牢狱之灾，为避免家人受牵累，独居在阳明山上一座小屋内。此时，他遇到了美丽聪慧的大学女生叶菉，两人相约在山上度过七天的情爱生活。第七日，万劫被捕入狱，两人从此分离。十年后，万劫出狱，叶菉不知去向。20年后，万劫又结识另一位大学女生陈璧君，两人产生爱慕之情。但此时万劫发现与他携手上山者竟是20年前的情人叶菉的女儿。叶菉早已离开人世。于是在同一座山上，同一间屋子，冥冥之中，女儿接替了生命，也接替了爱情。

就创作风格而论，李敖属于纪实一类。他描绘不出像《红楼梦》那样的情爱世界，也不会像《查太莱夫人的情人》那样完全沉醉于性爱故事的演绎中。他编织故事的目的总在于要表达出一种思想，所以，故事发展的仓促与简略就显而易见。大段的对话论辩又常常影响到故事的发展，使作品显得冗长沉闷，这正是“李敖式”小说必然要付出的代价。但凡事皆有两面性，李敖牺牲了故事的起伏跌宕换来的却是情理的扬厉铺排，作品为之呈现出又一片崭新的天地。

（一）浪漫而又真实的情爱故事

在小说中，作者对故事情节发展的逻辑性思考和处理是细致周密的。一个19岁的女大学生由于路上邂逅，与一位35岁的男子有了一周的情爱之约。这在现实世界只是个偶然或奇遇，但小说的独特之处就在于比较自然地写出了这种偶然和奇遇，使故事有了转折与波澜，主题由此步步深入。因此，故事虽然巧合，却令人可信。首先，从故事发生的时代背景看，早在上个世纪50年代，西方现代文化思潮已经大量涌入台湾，性解放的观念亦在台湾的大学中产生广泛影响，比如大学生同居现象，在当时不乏其例。李敖和“罗”同居就是一例。到了小说中所写的60年代末，青年男女尤其是受过高等教育的青年男女，在对待爱情的态度上，已处于比较开放的阶段。第二，主人公的情感交流有一定的思想基础。在小说中，万劫是一个博览群书的学者，叶蓁是大学哲学系高才生，天资聪慧，好学善思，这种文化身份使他们具有了共同讨论问题的思想机缘和知识基础。第三，他们由谈天说地到谈情说爱，也是由表及里，步步深入的。从作品中对人物的描写看，万劫最初看到叶蓁的速写画像时便已生爱意，因此，说他对叶蓁的“引诱”蓄谋已久并不为过。一旦时机到来，他会寻找种种理由来接近她。正如李敖所说，“当爱女人胜过爱面子”时，他会不顾一切。以万劫第一次与叶蓁在车站相见为例。叶蓁很快跟万劫上山，有着深层的思想原因。一方面她在过去已久闻其名，有着某种好感和好奇。现在，亲眼见到这个具有传奇色彩的神秘人物，并且又被他邀请，她当然想去看看这位传说中人物的生活。另外，由于万劫对叶蓁的喜爱，谈话处处向示爱的方向靠近，也一步步启发了叶蓁，使她心领神会，心甘情愿地走向万劫为她设下的爱的“深潭”。且看小说对两人初到山居时的描写：当叶蓁参观了万劫的书屋之后，万劫说：“你用卧室的洗手间吧。”她没有犹豫。而且在冥冥中，充满了一种说不清的期待(这里是否有一种亲近万劫的愿望)。叶蓁做梦也想不到会谋面的那个传奇人物，如今就和自己坐在一起，她觉得这一刻值得珍惜。而万劫做梦也没想到他曾经动心的那个漂亮女生就坐在自己身边，一个可爱的心灵正在向他靠近，于是激动而又兴奋。所以，当他说“我自从见了你，我真正的使命方才开始”时，叶蓁在精神上似乎被捏了一下，

“她脸红了，但她显然没有躲避，她用含情的眼睛看着我”。这里，叶菉显然是默许了万劫的求爱。两人的谈话步入一个新台阶。以下，表面上扯得古今中外、天马行空，骨子里又处处语意双关、意在言外，使情话愈谈愈浓。后面的故事自然顺理成章地展开了。于是万劫陪叶菉下山取换洗的衣服，到饭店为叶菉庆贺生日，晚上回到阳明山居。七天的爱情生活就此拉开序幕。

可以看到，这两个人物，一个充满敬佩与好奇，一个充满欣赏与爱恋，在万劫的博学宏论中，在他步步为营的推论下，也是在他主动的示爱下，聪明而多情的叶菉答应和他走在一起也就不显得突兀了。

（二）充满张力的生死悬疑

问题是，作者构织这样一个母女接力的故事意欲何为？是在宣扬情色？还是“黄色其外、红色其内”？抑或是要告诉人们一个近乎乱伦的故事？这些解读也许都有道理，但我们依然相信，作者的意旨绝不止于此。在充满悬疑色彩的离奇故事背后，作者似乎还在传达着一种生命的哲理，一个生命与死亡的永恒命题。

整个故事的演变似乎都在揭示一种“不可思议”。

在万劫与小菉的欢乐六日，作者写尽了对人生与社会的崇论闳议，但不经意中，关于生死的话题似乎又在暗示着人物命运某些不可知的玄机。关于墨子“景不徙”理论的思辨，关于胡适诗的解读，意味深长。鸟过而影存，关键在念起。“为他起一念，十年终不改。有召即重来，若亡而实在”。“虽风流云散，虽人琴俱杳，但在一念之转的刹那，碧海青天，好景也会重来，只看你如何看待它。……只要你不以亡而亡，一切若亡的，都凌虚而实在”。这段议论就如同谶语一般，为人物的未来命运埋下了伏笔。在以后的情节中，人物又不止一次谈到了生死问题，从“老祖母哲学”到“小女孩哲学”，都传达出一种洒脱的生死观念，“虽生犹死原非假，虽死犹生本是真”，人可以死去，但那种欢乐、那份挚情却并不因人去而消逝。当“东风恶”时，当“云烟过”后，留下的依然是“甜蜜”。这种“太上忘情”的人生观，不仅是万劫所有，小蓁也深信不疑。这也为后面的“生命接力”作了思想上的铺垫。还有两人论辩中提到的“庄周梦蝶”里的“物化”为蝶、韩凭与何氏死后的“物化”为鸟，冒辟疆要寻找的“董小宛第二”，以及与陈璧君相遇时谈到的爱尔兰民歌Danny Boy，等等，都无不暗示着人物未来的某种因缘际会。

白色恐怖使万劫入狱，一对情人从此分离。小蓁下山时给万劫留下了一份感人肺腑的情书，但万劫读到它时已是十年以后。人已离去，却音容宛在。信中写道：

> 那刻画“悲惨世界”的作者，反抗暴政，自我放逐到小岛，说自由回来时，他将回来。有一天，你会使小岛自由回来，你也会回来，回到山上。但是啊，我恐怕不再回来。眼前的我，虽然可以随时在山上，不过，山上没有你，只是漫长的冬季，夕阳虽美，毕竟不是一个人的。啊，亲爱的情人，最美好的夕阳已同你看过，还要我代你看吗？对下山的情人而言，她无心留恋夕阳，在山路的下坡里，她自己就是夕阳。

小蓁的真情表白似乎在诠释着万劫的“上山”理论，当彩云已散，当春梦已去，当情缘已尽，当最美的时刻已成为过去，分手的时刻已在面前，“携手水之湄，分手山之巅”，第一流的情人不会再留恋那逝去的雪爪鸿泥。潇洒的别离亦不失为一种人生的美丽。小说写到这里，已将作者的爱情理论发挥到了极致。但接下来的倾诉又让人产生新的悬疑：

> 我从悲情写起，直写到派出蚊子大队找你，说明了“我们的哲学”发了酵、发了笑，最后成功的驱逐了悲情、送来

了礼物。爱默生说珠宝戒指不算礼物，只是礼物的代用品，唯有情人本身才是礼物。随信送你的，正是情人本身的礼物，因为“陶斜眼”曾愿变成情人的腰带，人与礼物已经合一。亲爱的情人，回来的时候，要记得“我们的哲学”还可增订，那就是“心物合一”，物不在心外，心不在物外，一切都在物内、在心底。亲爱的情人，信写到这里，应该已近尾声，是神伤？是梦醒？是再会？还是永诀？万劫啊，你和我同样不晓。

爱恋与分离都不该充满了悲情，快乐才是爱情的真谛。当万劫读到“情人本身才是礼物”时，当他读到还可以“增订”那“心物合一”的礼物时，他感动，也迷茫，那杳不可知的未来会是怎样？那“心物合一”的“礼物”又在哪里？“是再会？还是永诀？”他的确“同样不晓”。人物的命运究竟会走向哪里？这一悬念无疑又使小说在一波之后，又暗流涌起。

又是20年过去了。当万劫结识了陈璧君，看到了情人的坟墓，意识到了眼前的女孩就是他当年情人的女儿时，他的心灵为之震撼。陈璧君长得和母亲一模一样，他愈加茫然。陈璧君说，是“上帝拿我的生命交换了她的”，说者无心，听者有意，他似乎又想起了当年情人信中提到的那个“礼物”，面对自己情感的奇遇他感到不知所措。陈璧君又说，“好像上帝不允许两个漂亮的人并存，上帝只许她们接力”，他依然感到茫然。难道这一切都是真的？他不敢相信。但一切好像冥冥之中早有安排，那就是睡在地下的“她”制造出了如今的“缘”，“她可能就是你。或反过来说，你可能就是她，如果上帝的接力论正确的话。你们在生死线上正好衔接”，“让她死让你生，是保持永远的青春美丽，给我看到”，“看到你就看到她。在你身上，我看到双倍的青春美丽”。这段话如同草蛇灰线一般，与前面的“心物合一”论有了某种神秘的照应，但面临伦理的压力，他还是“茫然”，他不知道这段情缘能否延续、可否延续，《Danny Boy》中的歌声似乎就萦绕在耳际：

哦，说你爱我，你将前来，
纵逝者如斯，
谢皇天后土，
在荒坟冢上，
请把我找到，找到，
寻我遗骸。

如今他果然来了，就好像有一个神秘的约定。他的脚步在坟前的荒草中徘徊，他的心亦矛盾重重。当他和陈璧君携手离开时，他只有“黯然自语”：“永别了。要我再来看你吗？会不会再来看你，小薬啊，你和我同样不晓。”犹如那突如其来的暴雨，他心潮起伏再也难以平静。回到居所，他吟诵着桑塔耶那的诗篇，诗中的话正好表达他此时的心情：

虽有余情，也难追寻，
一日之间，我不知老了几许？
你天性的善良、慈爱和轻快，
曾属于我，跟我一起。
我不知道哪一部分多——
是你带走的我，
还是我留下的你。

他难以摆脱对旧梦的追思，珍惜那“仅有的青翠”，留恋那“残梦的未碎”，大有人已中年“无法插队”之感，但当他意识到爱情真的可以延续，当情人的生命真的有了接力，当“心物合一”的“礼物”真的出现在面前，当蝶梦真的化为现实，这位“太上忘情”的“情圣”无法再“把她放在遥远，享受一片空灵”，于是乎，他悟到了人生中的另一层玄机，他相信这一切都是那“甜蜜温暖”的“孤坟感应”：

小苿戏言成真，并且比真更真，因为来的不是分身、不是复制、不是幽魂、不是幻影，而是活生生的血色鲜红的她，我真的意乱情迷了，兴奋得意乱情迷了。君君显然“是我留下的你”，我为我留下，你也为我留下、她也为我留下，差异的是，同是留下，我们来自过去，她却朝向未来。——青春只在她身上，一切就是青春，青春就是一切。

……也许君君一旦知道了真相，她会有点高兴，高兴她所胡思乱想的，果然成真；也许君君会欣慰，死去的母亲不再那么孤单，真如歌声所说的，有情人来看她，轻轻走到她的坟上；也许君君会认为，母亲与情人的未了情缘，在生前被扼杀、被中绝以后，那残余的部分，竟由女儿无意间给连续起来、给后继起来、给补足起来，也未尝不是佳话；也许君君会冥想，冥想这不是女儿与情人的不期而遇，而是冥冥之中——母亲的有意安排，要她代还宿约；也许君君会体会，体会母亲生前一定照料她的情人，但她走了，情人失掉了照料，如有女儿代为照料，也使她安心；也许君君会明白，明白母亲会认为与其情人和别的女人在一起，不如跟自己的女儿在一起，毕竟母女连心、血肉相连，情人能在女儿身旁，无异离母亲不远；也许君君会设想，设想母亲希望女儿和她自己一样幸运，碰到这样不世出的男人……

对老情人的移情式推理，对新情人的心理设定，虽然饱含着主人公自我的安慰与移情的无奈，却为即将到来的“反高潮”结局提供了感情的依据。他要“抓住这荒唐世界不放过，打碎它后再调和，照我们的意思啊重新订做”，当幻化为真，当你化为她，“真幻原一体，絮果即兰因”，她即是你，你即是她，“我将死于安乐，直到与你同在”。这种离奇的乱世情殃，似乎有违常理，但小说就是以这样一种近乎乱伦的故事，在吸引读者眼球的同时，表达了一种玄妙莫测的情爱理念和人生哲理。分离又如何，乱伦又怎样？变的是人生的相，不变的是爱情的质。世间的邪恶可以使人生分、使人死别、使人老去、使人幽冥相隔，但他们的爱情与生命之力，却会在未来不可知的某一天、某一地，风云际会、因缘和合，会“召之即重来，若亡而实在”，会现身，会重演，会连续，会延伸……

正如美国诗人弗洛斯特的诗中所写：

他们望不到多远，
他们望不了多深。
可是谁能挡住
他们向沧海凝神？

（三）大胆细腻的性爱描写

不可否认，李敖在迷离而又哀怨的故事中，穿插了大量情色描写，而且写得大胆直露、细腻多姿，这是同类小说中少有的。

提及性爱话题多数人往往讳莫如深，因为与性爱直接相关的就是性欲。这不是随便哪个人都适合谈论的。但正如弗洛依德所说“在科学领域里，一切无知都是恶，一切知识都是善”，把有关性的活动视为秘密行为及虚伪羞耻和完全无知的对象也是唯物主义者要坚决反对的。早期的德国工人运动先驱奥古斯特·倍倍尔就曾充分肯定人类的这种欲望是“正常发达的人类”人人都应该具有的，“到了成熟之后，满足这种冲动是生理和精神健康的根本”[①] 他的观点得到列宁的高度赞赏。可惜的是，每个国家的历史都有一段漫长的性禁忌历程，传统文化中一些保守的思想无时无刻不对后来的人们产生潜移默化的影响。于是，性的话题也就变得分外诡秘。

早在上个世纪二三十年代，张竞生一篇谈性爱的文章曾引起轩然大波，许多文化界名人如梁启超、鲁迅、许广平、周作人、周建人、林语堂、梁漱溟等都参与了这场讨论。张竞生从常识、哲学和艺术三个角度解释了淫与不淫的区别：从社会学角度言，性爱过量谓之淫，适量就不是淫；从哲学角度言，不能尽其情谓之淫，能尽其情就不是淫；从艺术角度言，无情之性谓之淫，有情之性就不是淫。[②] 张竞生的观点与周建人所说的“夫妇交媾之外而有性欲的行为”即是淫的观点相比，显然更具思想深度。

但张竞生毕竟没有谈到性爱在艺术中的另一层意义，即由于文学的社会性和作者的世界观影响，已经使作品的内容染上了思想与情感的烙印，有了美丑之分。比如把正面人物的性爱叫爱情，把反面人物的性爱则叫鬼混等等。这里有社会的道德评价，更有作者的价值观在起作用。但从创作角度讲，对美的性爱如果用优美的文字表达出来，它就会成为欣赏的对象。所以，性爱内容出现在文学中，客观的态度应该是看作品的叙事风格、情节的需要，尤其是作者对人物的态度。如果作品风格典雅，描述自然典雅；如果风格写实，描述则宜写实。同样一种行为，如果作者是肯定的，描述自然带有拥赞之情；如果人物行为是否定的，描述自然带有鞭挞之意。

正如劳伦斯笔下诚实而真率的性爱描写一样，李敖在《上山·上山·爱》中对性爱描写也是诚实而真率的，同时更多了几分大胆和坦

---

① 奥古斯特·倍倍尔：《妇女与社会主义》，三联书店 1955 年版，第 96 页。
② 张竞生：《张竞生文集》（下），广州出版社 1998 年版，第 428 页。

荡。在前者的描写中，有着主人公对理想之爱的执着追求，在后者的描写中，性爱则只是主人公精神生活的一个部分。作者的目的还是在思想的表达与精神的张扬。所以，对前者，“贞洁的灵魂，是要用贞洁的心去发现的”（劳伦斯语），对后者，远阔的思想同样需要远阔的心境才可能感受得到。

李敖这部小说的引人入胜之处，首先在于作品中有许多情爱描写和床上镜头、浴缸镜头和雨中镜头，有对男欢女爱过程的具体描述，和主人公心理感受的淋漓尽致的表达，语言细腻生动，最多处长达万字以上。单是主人公在浴室替叶菉脱衣的一个细节描写，就足足用了1300字之多。且举一段两人相拥相吻的描写为例，当万劫和小菉经过他们初次见面时的车站时，两人相拥相抱，有一个亲吻的细节。作者写道：

> 小菉的小脸在路灯下，冷艳而迷茫，她的嘴唇颤抖着，像是等待即将发生的一切。我伸出右臂，从她背后搂住她，用右手抚摸她右边的小耳朵，顺着耳轮，用指头内外轻揉着。我吻上她左边的小耳朵，轻吻着、轻咬着。用舌尖顺着耳轮内外探索着。我的左手握住她的右臂，左臂成V形压在她的小乳房上。我感觉到她的喘息，我把嘴从她左边的小耳朵滑动，我的脸紧贴住她的，在紧贴中，移到了她的唇边。我先在她的唇边滑动，又回来，又滑过。她的嘴唇显然已经轻轻张着，我感受到热度与湿润。最后，我终于吻上她。我用嘴唇占有了她、包围了她、蹂躏了她，在占有、包围和蹂躏中，我用舌尖做了每一项的恣意怜爱。我吮吸着她，轻咬着她的上唇、下唇，我又把舌尖抵进去，撑开了她的牙齿，直压在她的舌头上，挑动着、吮吸着，直到她屈服，顺从着我，直到她不再惧怕，配合着我，也不知做了多少、过了多久，我才在满足中，把她放开。……

从这些描写中，我们可以看到，李敖并非不会使用细腻的笔墨，而是要看他是否认为需要。

在文学作品中，什么样的性爱描写是善的、健康的、优秀的，什么样的描写是恶的、淫亵的、下流的？实在没有一个完全一致的标准，全看具体的书写情境和阅读情境。西方的“境况伦理学”认为传统的合法伦理教人盲从不变的道德规则，而不让道德去适应生活，所以很难解决当代社会的道德问题。只有针对每一个具体境况提出的问题加以解决，伦理学才能把人们的道德能量释放出来，教育人“成为成熟的人，高尚地、自由地生活着，回答生活的要求，并成为对生活负责的人”① 其实，艺术作品中的性爱描写又何尝不存在一个“境况伦理”的问题呢？

依照李敖“唯美”的爱情哲学，“男女之间的一切关系，都是唯美的关系。恋爱应该如此，结婚应该如此，离婚更应该如此。男女之间除了唯美以外，没有别的，也不该有别的。”② 从作品中细致周密的描写可以看到，小说叙述的视角是男性中心的，它要表达的是一位即将陷入牢狱之灾的智者在大难来时的积极与乐观。如果把它与劳伦斯笔下的康妮相比，康妮是无奈的抗争，万劫则是积极而坦然的面对。小说的引人入胜不仅在于它的性爱描写，还在于作品对话中表现出来的理性思辨。作者要在谈笑间，看“强虏灰飞烟灭”，以快乐的姿态面对敌人的为非作歹，不要伤痕，不要忧愁，而要展示一种“强者文学”。也许正因如此，他才在书的扉页大书特写两句话：“清者阅之以成圣，浊者见之以为淫。”

（四）宏博酣畅的论辩性对话

萨义德曾说过：“任何想要表达自己思想的人，无论是音乐家、作

① 石毓彬、杨远：《二十世纪西方伦理学》，湖北人民出版社 1986 年版，第 536 页。

② 李敖：《关于“三情之书”》，《李敖的情诗》，第 180 页。

家，或是画家，总是很明显地要去掌握某种力量，不只对于材料，而且对技艺。”[①] 萨义德所说的这种力量就是“打动人们的力量和保持人们注意力的力量”（同上），也就是作品的语言形式。李敖在小说中借以打动读者的自然不在故事的动听，而是那充满激情的论辩性对话。

早在“文星”时代，李敖就已认识到，“在现代小说的领域里，狭义的写实主义时代，在老态龙钟中已成过去。‘新’的心理世界和内在自我的描述、启轫了小说一个‘新’纪元”。[②] 如何揭示人物的心理和自我？李敖给出的方法就是通过论辩性的对话。在《上山·上山·爱》中，人物对话的一大特色就是主人公（主要是万劫）旁征博引、谈古论今，一方面以助谈资，一方面直陈己见。

与旧作《北京法源寺》不同的是，《北京法源寺》中的人物大多地位平等，在同一话语平台各抒己见。而在《上山·上山·爱》中，则是主人公万劫的一人演说了。它有点类似钱钟书《围城》中的机智和博学，从哲学到诗词歌赋，从历史轶事到政治分析，中间又插科打诨、借题发挥、语带双关、机锋处处，但有时又泛滥无边，被人讥之为“掉书袋”。另一位主人公小葇只是一个仰慕万劫的大学生，虽然偶有质疑，但多数情况只是在万劫的言论滔滔下洗耳恭听。正如叶葇所说：“你好像犯了‘学问过多症’，或者叫‘学问臃肿症’，或者叫‘学问肥大症’，或者叫‘万氏学问肿’，像是基督教圣经里的保罗（Paul）一样，学问太大，发疯了似的。”这也是许多读者对李敖作品的一种感受，但李敖却不以为然，他借人物之口道出了自己如此表达的理由：第一，古人的思想可以丰富我们的生命。把古人“先得我心”之处吸收到自己生命里，来欣赏、享用，该是多么值得的事情。第二，为避免抄袭，只好引经据典。你的观念、想法、奇思、佳句，

① 《在音乐与社会中探寻——巴伦博依姆、萨义德谈话录》，三联书店2005年版，第44页。
② 《李敖与“编辑室报告”》，《李敖大全集》第30册，第487页。

你以为是你的，其实古人、世人早已先得你心，或某种程度的已有所发明。为避免“抄袭”，只好引经据典。第三，采用“拿来”的态度，可以触类旁通。

如果说在《北京法源寺》中，由于人物历史身份的限制，作者有所感依然难以尽其意的话，在《上山·上山·爱》中，作者与人物的合一性则使作者得到了酣畅淋漓地表达自己观点的机会。所以，从作者的创作动机看，他的目的的确达到了。通过人物的对话和论辩，作者的爱情观、人生观、政治观、宗教观等等一一生动而具体地呈现在我们面前。

（五）灵活多变的叙事架构

就小说的总体构架看，作者采用了断切式结构，使读者获得对人物、事件的完整、全面的了解。

断切式结构，在西方新闻学中也叫“断裂行文法”，就是将一个人的生活经历或一件事的发展过程加以断切，只突出其中最重要的几个片断或环节，按照主题表达的需要，按其内在联系，进行组合。《上山·上山·爱》把30年前、20年前、30年后三个时间段发生的事件分作“三部”分别讲述。在第一部分结束后，第二部分开篇出现的时间便是“二十年前”，重点写了主人公出狱之后看到情人留下的情书。紧接着便是“三十年后”，也就是小说叙事人叙述事件的时间，记录当下发生的故事。在整个作品叙述中，不同时空发生的故事没有分节标题，只用米字格隔开。这种典型的断切式结构，突破了时空跨度大的局限，比较完整集中地表达了作品的主题。

在小说中，作者还使用了灵活性链接的方法，给人以强烈的节奏感。在断切式结构中，小说的情节基本上是按照故事的先后顺序展开的。但在每一小节的铺排方式上并不是平铺直叙，而呈现出灵活多变的状态。比如作品的开头采用了顺叙的方法。叙述和描写并用，但在故事进一步发展之后，又增加了对话链接的方法，让人物就某一个话题展开论辩，以求深入地表达主题思想。当故事进入高潮，对六天的爱情生活展开描写时，作者又采用了纪录片常用的幻灯片链接法，干脆用“第一片”、“第二片”等作开首语，写性爱场景、性爱对话、性爱动作、性爱姿式、性爱感觉、性爱心理、性爱趣味等等，一口气写了30片，集中描写了他们在上山后六天之间的快乐生活。这种写法没有时空限制，只有人物的活动。突出表现了人物的感受，给人以强烈的感官印象。

可以看到，《上山·上山·爱》的叙事架构，不像传统小说那样严整而统一，有时像在讲故事，比如第一部分和第三部分的开头，作者在故事拉开序幕时往往很有耐心地讲述两人相识的过程，待两人关系进入高潮后，叙述的笔墨便任意而行了。时而是随笔式的抒发，时而是对话体的论辩，时而是行为过程的详细描述，时而又以分镜头的形式连接，有时一笔带过，有时又精雕细刻，有时理性的分析左右了叙事的进展，有时情绪的抒发又成为叙事的重心。如同作者在该书广告辞中所津津乐道的那样，“有真身示现、有妙相庄严、有床上俯仰、有笔下波澜、有布偶能语、有双头佛尊、有奇情高论、有道大通神”，到30年后君君出现，变局又开，“有山谷依然、有夕阳空好、有美人寄迹、有造化入诗、有灵塔出树、有蜻蜓邀盟、有幽冥同路、有雾里前身”，这种灵活多变的叙事风格和结构方式，使作品疏密相间，张弛有致，在情与理的交相辉映中，演绎出一段令人心灵震撼的“上山”的故事。

照传统小说写法，作品写了阳明山六日的欢欣，到人祸骤至、情人分离，情节发展到高潮，就此住笔，亦不失为一段完整的爱情悲剧。但作者却在高潮之后，又生波澜，封存十年的情书，话中有话，为日后又一段爱情奇遇埋下伏笔。30年后，与酷似情人的君君的相遇、缠绵，则使故事出现新的悬疑。这种反高潮的写法使小说一波未平、一波又起，在跌宕起伏之中，完成了两代人的爱情接力。

李敖十分喜爱严复在《天演论》中翻译的英国诗人丁尼生（Alfred Tennyson）的诗句：

挂帆沧海，
风波茫茫，
或沦无底，
或达仙乡。

《上山·上山·爱》无疑是李敖“思想小说”的又一次大胆尝试。他通过作品告诉人们，在“风波茫茫”的人生命运中，面对突如其来的遭际与变化，要敢于面对挑战，坚守信念，“或沦无底，或达仙乡”。“向沧海凝神”成为他在作品中营构的一个崇高的英雄意象。在艺术上，他用自己独特的描述方式挑战传统的叙事规范，明目张胆地享用着文学的禁果。充满张力的畸恋悬疑使人生变得玄妙与无助，反高潮的故事情节又给人以山回路转之趣，作者在情节的铺陈方面付出了代价，却换来了论辩滔滔的锐利文风和思想的张扬。是矣，非矣，实在一言难尽。但不可否认的是，在当代小说的园地里，又多了一个品种、一种色彩、一缕异香、一声绝响。

三、《红色 11》：革命者的颂歌

与《北京法源寺》相比，《红色 11》依然是一部充满阳刚之气的书。作品出版于 2003 年 4 月。

李敖在家中接受《人民日报》记者专访时曾说：

我在台湾不是蓝色，也不是绿色，是红色，我不掩饰这一点，就像西班牙的大画家毕加索一样！[①]

这番话在剧本《红色 11》中得到了印证。

在台湾评论界，人们称这部作品是李敖口诛笔伐挑战政坛的又一力作。至少有一点可以肯定，在台湾当代文坛，敢于在作品中如此表达对共产党及共产主义理想的肯定与赞美者可谓绝无仅有。正如李敖所说："我这本书不是伤痕文学，而是明明白白地表示，打倒什么，消灭什么。"面对过去的苦难，他反对那种"酸不溜丢，哭哭啼啼"的"伤痕文学"，这一作品可谓开一新路。全书虽然在讲述悲惨血腥的历史，但是字里行间却充满了幽默的思辨风格和戏剧化的语言。

李敖在接受记者采访时曾笑称，他对《毛泽东选集》、《邓小平文选》和《列宁选集》掌握最熟。早年在北京时就痛恨国民党，向往共产党，对左派刊物感兴趣。这也正说明，今天的思想并非跟风随潮，迎合时宜，而是其来有自。

《红色 11》书影

（一）历史不能忘记

故事发生于 20 世纪的 60、70 年代，正是蒋氏政权逃台后的白色恐怖时期。地点是一所牢房，主要人物有四个：因言论获罪的学者龙头、因组党被捕的大学生余三共、被诬为"共党"的华老师和因官场倾轧而入狱的特务头子史处长。全剧分四幕：夏至、秋分、冬至、春

① 见 2005 年 3 月 30 日《人民日报》。

分。戏剧的场景始终设在龙头所住的 11 号牢房。由于人物的舞台空间单调狭小，没有多少行动的自由，剧情发展只能靠人物间的交谈、质疑、论辩、回忆和自白来完成，所以《红色 11》又可以称作是一部口述实录的历史广播剧。

作品第一幕“夏至”中，华老师的讲述，使国民党刑讯逼供的种种残暴昭然于世。为了创立查处大案要案的功绩，国民党执法人员不惜采用种种手段制造冤假错案。华老师被作为“共产党”抓起来后，为了使他承认他们臆想的事实，他受到了种种惨无人道的刑讯逼供：人格羞辱、疲劳战、拔胡子、自我惩罚、“吃豆腐乳”、跪象棋、打耳光、烟头烫、笔杆戳、“踩地杠”、“背宝剑”、“灌辣椒”、针刺指甲缝、抓捏睾丸等等，在他的忍受程度达到极限时，最终屈打成招。

余三共是一名只有 23 岁的大学生。他按照国民党“宪法”中所写的公民有“结社”的自由而组织“共产党”，结果与其他 18 名同学全部被捕。他同情底层民众，憧憬自由民主的未来，对共产党的革命信仰有着一种宗教式的狂热，用龙头的话说即“是少不更事、年轻气盛的有良知有血性的年轻人”，在他身上有着“古典共产党”人的气质，其特色是“赤手空拳起来革命，跟反革命的恶势力对干，前仆后继、至死靡它、坐穿牢底、横尸法场”。但在民主其外专制其内的台湾统治者眼中，则视为大逆不道，成为被镇压的对象。

在剧中人物里，史处长是个很特殊的角色。这个国民党情报机构的中坚人物，由于内部角逐而被打成“共匪”，充当了官场斗争的牺牲品。正如他自己所言：“我给国民党做走狗做了这么多年，就是这种判我死刑的下场啊！他妈的这样对我，以后走狗还有人当吗？”更令人触目惊心的是，在史处长对司法内幕的曝光里，人们看到了专制体制的内部，居然还豢养有一批职业证人，在弄假成真而犯人又抵死不招时，会让那些“职业证人”出面，证明你是共产党、是叛乱犯、是杀人犯等等，然后定罪结案。这些“证人”招之即来，来之能证，无中生有，众口铄金。这种专制势力温床上滋生出来的卑鄙与下流可谓古之所无，今之罕有。

博学多闻的龙头是剧中故事的主要叙述人。从他口中，人们听到了发生在这座小岛上的种种荒谬奇案。比如“孙庆林刺杀元首案”。孙庆林是个智障患者，靠拉三轮为生。他因与宪兵发生口角而误伤宪兵至死，结果以“行刺国家元首未遂”定为“叛乱罪”，判有期徒刑十年。还有李世杰案更是荒诞。当李世杰反问“调查局”凭什么证明他有罪时，对方说：“台湾一千五百万人口，我们不抓别人，只抓你，这就是你有罪的证明！”在“秋分”一幕，龙头讲述了李玉堂案。这位黄埔一期的天子门生、国民党前十一军的军长、山东省政府的流亡主席，被以知匪不报治罪。还有，胡牧士因抄写毛泽东的《沁园春·雪》被安全部门罗织罪名打成了“为匪宣传”罪。老黄因家穷曾误入日本人管控的伪海军，结果被揭发而判了死刑。还有像陈柏渊检举学生结果累及自己的冤案；卢永旺检举反标反被诬判五年冤案；陈洪玲因厕所“反标”被诬判十五年冤案；傅积宽喊自己“万岁”被判五年冤案，等等等等。真可谓动辄得咎，冤案如山，冤魂遍地，怨声载道。

李敖在小说出版后曾经说过：“我现在66岁，我常常做梦，梦到在牢里的事情没有过去。”[①] 他认为，前人在奋斗中所受的苦难、所做出的牺牲，是不应该被忘却的历史，而一个民族最可怕的就是对历史的遗忘。如今，他通过戏剧的形式将这段在专制统治惨无人道地毁灭生命的历史烙在了史册之中，给后人留下一个个鲜活的见证。它警示人们：自由来自苦难，幸福来自牺牲，而光明和未来则来自在血泪中的清醒思考。人们不该忘记，历史曾经有过，那些冤死的人、屈死的人和为了自由民主坐穿牢底高歌而去的人们。不能忘记，在这片土地上，曾经有成千上万的血肉之躯那样艰难而痛苦地走过。

① 杨澜：《杨澜访谈录》第1册，人民文学出版社2002年版，第18页。

（二）志士仁人的典型

在《红色 11》中，有一个贯穿作品始终并成为全剧故事叙述中心的人物，那就是作者精心刻画的主人公——龙头。

剧本中的龙头 38 岁，文人、学者，博古通今。正如他本人所说："我就是什么都知道，才会到这里来报到"，"我的真罪名只有一个，就是'挖政府的根'，就是写文章反政府，其他所有的帽子都是假的"，"我在外面的日常生活是：一个人在小房里，每天不烟不酒不电视不养猫不见客也不见家人，不午睡，精力过人，有全套的翻江倒海的作业，遁世，又大破大立；救世，又悲天悯人；愤世，又诃佛骂祖；玩世，又尖刻又幽默，当然这种人绝不会出世或厌世。我性格复杂，面貌众多，本来该是好多个个人的，却集合于我一身，所以弄成了千手千眼的大怪物。"作者通过作品所呈现出来的龙头，是一位境界高远、心怀天下、特立独行的思想者形象。他精通历史，了解政治，关注社会，醒悟人生，机智灵活，能俗能雅，上至主义信仰，下至人间情怀，都能给以深入浅出的思考和辨析。可谓不仅能"一言而为天下法"，而且也"立下伟大人格的榜样"，是"匹夫而为百世师"。

他的思想境界是强者与智者的合一。他对"政府"与"国家"的理解可谓高屋建瓴。虽然他以"台独"获罪，却坚定地反对"台独"、坚持"一个中国"的理念。他认为，中华民国只是一个早已灭亡的政府，台湾与大陆同属中国。他有着远大的写作志向，要对人类的观念与行为做出结论，以使人类"变得清楚、清醒"，可以"调整未来的方向和作法"。他自比英雄豪杰和志士仁人，认为要做这样的人就应该有别于匹夫匹妇，要有为人类自由牺牲个人的决心。人之所以可贵就在于人能有更高目标的追求。这种目标，是真理目标、是自由目标、是民主目标、是理想目标。但要做这样的人，必须有心理准备，第一是要有牺牲的准备。第二是要努力使正义与力量结合，在拆穿以外"要打倒、要革命、要改变、要补救，必要时候，要生死以赴，要一死了之，为理念而死”。

显而易见，龙头就是李敖的化身。除了剧中的人物姓名作了更改之外（其实，由于李敖坐牢资深，在狱中常被新入狱者视为“龙头老大”、“大龙头”），龙头的牢房、言行、获罪原由、对诸多人生理念的认识都是李敖本人历史的翻版，龙头的经历和观点都可以在他的传记文章中找到印证。通过龙头，我们可以更全面地认识李敖思想的内涵。

（三）人类的观念与行为问题

《红色 11》虽然在艺术上显得另类，在思想的表达上却是一部内蕴深广的大书。人物和故事情节虽然散乱而单调，但通过人物的交谈和论辩表达出来的人生理念却又显得成熟而深刻。作者对人间的荣辱浮沉、真伪善恶进行了系统的梳理和思辨，这也是作品的难得之处。特撮要如下：

第一，共产主义是一种崇高的信念，共产党人是有着崇高情怀的救世者。

将共产党及其信仰纳入人生理念进行思考，在台湾现代文学的主题中尚无先例。作者认为，共产主义是体现人类最高境界的一种信仰，它的正义性是所有主义中成分最高的。只有“伟大的圣人”才可能达到那种“各尽所能”“各取所需”的境界。在道德层面上，它比任何主义都更完美、更高贵，至于它能否行得通、能否实行得好，是另一层次的问题。正因为它的道德性最高，所以它最仁慈、最人道。“它有真实的高比例，在观念上、知识程度上，比基督教深多了”。《资本论》的真实与细密是《圣经》无法相比的。所以他认为，“为共产主义而死”，这是“人类有史以来为理念而死的事例中，最高贵”的品质。另外，他对“共产主义”的实现途径亦有独到的理解。他借龙头之口说：“共产党所信仰的主义太崇高了、太完美了，那是圣人境界，但是人间有些事，全靠圣人境界是不够的，还要靠，或者说利用一些

‘资本主义的走狗’来推波助澜、来共存共荣。”[1] 此处的微言大义是，共产主义的实现要靠经济去刺激生产力的发展，不能单靠精神。有圣人境界者只是少数人，靠少数人实现这一伟大的理想是不可能的。只有不同阶层的因素相激相荡，才会产生更富有生命力的元素。由此，他讲到了共产主义与自由主义的关系，认为：“自由主义就是自自在在由我自己决定少吃酱油的主义。自由主义者在精神上信共产党，在肉体上信资本家。并且相信用资本主义的手段，最后才能达到共产主义的目的。”[2] 这些思考都给正在探索中的社会主义理论提供了一个更为宽广的思想世界。

第二，有为主义是积极入世的人生观，只有百折不挠、坚持不懈的人才有望成功。

什么是真正的人的精神？剧本借“共产党”余三共之口指出，如果摔倒之后，不泄气，还要千方百计再来，这才是真正人的精神。人类的文明能有今天，就是因为有许许多多这种摔下又来的人，前仆后继，才实现的。表面看，这种人有点自不量力，但只有这种人才能改变历史。把不可能变为可能。任何伟大的事业都不可能靠几个人或者一代人来完成，而是成千上万人、甚至几代人才可能完成的事业。此时，个人的失败和牺牲就会成为成功链条上的一个个环节，正是他们之间的此起彼落，代代相传，“才慢慢连续成一条成功线”。

当然，个人只是这成功线上的一小段而已。成功是大家的，失败往往是自己的。这种大与小、成与败的辩证可以使志在苍生的志士仁人进入一种思想的新境界。

第三，好人主义是一种要坚决反对的错误观念，因为“好人”往往会成为坏人的帮凶。

---

① 李敖：《红色 11》（台北）李敖出版社 2003 年版，第 308—309 页。

② 李敖：《红色 11》，第 142 页。

在剧本中，作者借龙头之口深入探讨了好人与坏人的关系问题。他认为，人们往往自信、自许、自命是好人，但细究起来却坏得可以。一是不敢与坏人争。因为怕，故不敢与坏人争。自谓“退让贤路”，其实是恶路一条。这是好人消极退缩之法，自称斗恶人不过，下台鞠躬，闭门叹气，任坏人乱搞。最后是“坏人都在台上唱戏，好人蹲在家里叹气”，天下局面才会愈来愈糟。因此，天下坏事的形成有两个原因，一是坏人做坏事，二是好人容忍、坐视、甚至默许坏人做坏事。正是好人的放弃造成了坏人的蔓延。故坏事不全是坏人做出来的，好人也有份，他们的行为是坏事功德圆满的最后一道手续。二是以为“独善其身”便是好人。消极有余，积极不足；叹气很多，悍气太少。他们做的，充其量只是“独善其身”，而非“普渡众生”。坏人并不因为好人消极就作罢，他们会欺负好人、强奸好人，使其连最起码的“独善其身”也善不好，连佛教中最低级的“自了汉”也做不成。最后只得与坏人委蛇，相当程度地出卖灵魂，帮助坏人“张其恶”或“扶同为恶”。三是以为“心存善念”便是好人。从孟子到王阳明，皆认为心存善心，则是行善。其实不然。善必须实践，必须把钱掏出来、把血输出来、把弱小扶起来、把坏蛋打在地上，才叫善；反过来说，“想”掏钱、“准备”输血、“计划”抑强扶弱，都不叫作善。动机是自欺欺人的借口。好人往往认为只要心存善念，就问心无愧了，其实还远远不够。照此看，宗教中的祈福、祷告都属自欺欺人的伪君子行为，是画饼给人充饥而已。

此外，作者对宽恕与报复、破坏与建设、爱与恨、常与变、成与败、大与小、真与假、今与昔、有神与无神、有情与无情等人生中的种种关系都进行了思辨性的考察，通过人物的论辩与思考，表达了自己对社会人生中种种观念的深刻认识。

许多人都在期待李敖能如他所言有一部整理人类思想的巨著问世，其实这种整理工作早已开始，仔细观之，它就存在于李敖的一部部文学作品当中，存在于他的各类文章当中。它们用不同的文体、不同的旋律、不同的腔调、不同的姿态，相互质疑，相互驳诘，相互问难，在论对中、在析疑中、在诉讼中、在辩难中、在谈古论今中、在嬉笑怒骂中，共同构成一部阐释人类思想观念的博大精深的大书。剧本《红色 11》就是一个证明。正如一首禅诗所写：

尽日寻春不见春，
芒鞋踏破岭头云。
归来偶捻梅花嗅，
春在枝头已十分。

（四）对话体？广播剧？剧本体小说？

就《红色 11》的剧情看，连缀全剧的时间线索是“夏至”、“秋分”、“冬至”、“春分”，正好吻合阴历中代表四季轮回的四天。空间线索是 11 号牢房。它有贯穿始终的人物，如龙头、余三共，但他们并不是作者要表现的中心。作品虽然没有贯穿始终的情节，却有故事叙述的重心，这个重心似乎不是某一个事件，而是通过人物间的对话，向读者讲述了一个又一个乱世奇案。准确地说，应该是百十个案件的小叙事共同组成了一个时代的历史大叙事，在众多小叙事的交响中，人物的质疑、辨析、驳诘穿插其中，像是对话录，又像广播剧，也有人称之为“剧本式小说”。它更多地诉诸于受众的听觉，让读者通过想像构成一个时代的大场景，既有现场感，又有思想性，这种新的文学表达形式，自然不像传统舞台剧那样成为一种综合性的戏剧艺术。也许正因如此，李敖称其为戏剧的“阅读本”，是“用来读的”“书斋剧”，“搬上舞台时得重新改写”。他在电视节目中说：“英国的文学家哈代，他是小说家也是诗人，可是在他的剧本里有一个是不能够演出的、完全是要读的剧本，在英文里面就叫 closet drama，就是书斋剧，案头剧。换句话说，这个剧本是不适合演出，而适合阅读的。我李敖写的也是这一类的剧本。[1]

不可否认，剧作中人物间的对话不仅是思想的碰撞，而且具有生动性和幽默感。作者通过对话来刻画人物、揭露黑暗、表现思想，人物语言生动传神，在理性的思辨中充满了趣味性。用对话的方式描述事物表达思想，李敖不仅尤为之，而且对对话体的文章亦多有独得之见。早在20世纪80年代，他在出版《李敖对话录》一书时就曾说过，对话体的最大特色就是“它用口语的通俗，表达出质疑、问难与抬杠”，从东方的《论语》到西方的《柏拉图对话录》都是这方面的典型代表。他认为对话体作品有“实际的对话”、有“虚构的对话”，还有“虚实双修”的对话。《红色11》，则可以看作是对“虚实双修”的对话实验，人物有虚有实，故事却样样来自历史的记录，如龙头、余三共、胡牧士、华老师等皆虚构人物，但他们获罪的案情却来自生活；场景有虚有实，思想却全是作者真实的思考，如人物间的关系皆作者虚构，但他们讨论的话题却个个都来自作者的思想。作者借用戏剧的形式通过人物对话的手段揭示了专制者的黑暗，表达了对自由民主的向往。

由于剧情全部发生在11号牢房内，这种空间上的局限性，使人物除了相互交谈和论辩外，少有作为。从传统的艺术标准来看，作品中的人物在狭小空间坐而论道、放言高论，没有行动、没有过程、没有地点和场景的变化，只有单调的时令变化，难免会使人索然乏味。这当然是戏剧的大忌。但李敖为了表达丰富的思想内容，毅然选择了这种另类的写法。他用来推动剧情发展的不是情节波澜，而是一个又一个话题，在人物之间的对话中，每一个话题通过交谈、质疑和诘辩而步步深入，渐至佳境。比如人物之间关于管仲哲学的论辩、关于好人坏人的论辩、关于基督精神的论辩、关于恩仇的论辩、关于环境伦理的论辩，等等。可见，与作为行动艺术的传统戏剧不同的是，《红色

① 李敖：《李敖有话说》第8册，第213页。

11》表现更多的是一种思辨的艺术。

牺牲情节，以增强思辨的力量。这似乎已成为李敖叙事文学难以逃脱的一种宿命。作为思想家的李敖，有着一种强烈的思想表现欲、传播欲，他“杂取种种人，合成一个”的最终目的还是要传播他的思想。思想第一性，人物情节等等都属第二性。因此，他笔下的人物无一例外都成为表达思想的存储器，他笔下的情节也成为为展开思想服务的线路板。龙头的身份、文化背景、坐牢经历都与李敖本人相印证，自不必说，就是胡牧士、华老师、余三共等人，他们的谈话语气、对问题的思考方式等也无不打上了李敖自讼的特征。他们像李敖的分身，充当着“魔鬼的辩护士”角色，相互质疑、相互诘难、相互问对、相互否定、肯定，以澄清各种观念和思想。从某种角度也可以说，《红色11》是李敖自己的思想产生、冲突、张扬的活话剧。

总之，李敖的叙事文学是思想家的文学，李敖的文学叙事也难逃思想家的理路。启人心智、鼓动风潮，是他传播思想的根本目的。以文济世、文以载道，是他进行文学创作的原动力。就《红色11》而言，在情节结构上，他往往流于写实，平淡板滞，少有跌宕。但在人物语言的表达上，善于描写，生动传神；在论辩的技巧上，能纵横捭阖、天马行空；在思想的探究上，更能做到鞭辟入里、雅俗共赏。它有对话录的敏锐，有广播剧的生动，更有小说描写的传神。因此，简单地把这部作品视作表现的艺术似乎欠妥，但视作语言的表演却精彩绝伦。以旧的传统标准看它，似乎不伦不类；换个角度，从思想的形象化角度读之，倒觉得新奇别致、境界全出。

四、《虚拟的十七岁》：一个难以释怀之梦

2008年5月，李敖在退出政坛时，又以一部长篇小说《虚拟的十

七岁》交卷，完成了他“思想小说系列”中的第三部作品。这部被作者称作“登峰造极”的作品，与前两部小说不同的是，作者在玄想与幻想中虚拟出一段离奇而又神奇的情感世界，在小说架构上进行了一次大胆而奇特的语言冒险。

作品写67岁的思想大师聘请了17岁的高中女生朱仑——一位大脑被医生植入智慧芯片的患者做自己的创作模特，在相知共处中，大师灵修出一个离奇而神奇的情感世界。作品通过虚实结合的方式和超现实的思想对话，引出一系列当代人的情爱话题，寄托了晚年的李敖对人类爱情的难以释怀之梦。

（一）“大师”成了主人公

显而易见，小说有着浓郁的自传色彩，不仅在思想上带有作者情爱观念的印记，就是人物性格也深深烙上了李敖自身的特征。比如小说中大师的年龄、两次坐牢的经历、阳明山的住房、喜欢收藏书画、万宝龙纪念笔、喜欢看猎豹光碟、爱洗热水浴、不爱用手机、喜欢在卧室墙壁上安大镜子、死后要送台大医院做人体解剖等等，都无一不是李敖本人的真实写照。还有主人公那种自谓“智者”、“大师”、“男强人”、“伟大的知识分子”等自傲与自大的性格，那种由于博学而带来的知识的联想与贯通的思维方式，都是李敖真实生活的投影。叙述人的“话语转述”切切实实化作李敖思想的真实记录。李敖曾借佛语说：“通身是眼，不见自己，欲见自己，频掣驴耳。”小说中的朱仑，正是他拿来对照自己的“驴耳”。他在现实中寻不到适合

《虚拟的十七岁》书影

倾诉、交流的对象，只好借助一个超智慧的朱仑来一诉衷肠。正所谓“借他人酒杯，浇胸中块垒”，以舒解那生不逢时、萧条异代的思想情结。他感到自己“插队”在17岁的队伍中，但真正落伍、衰老的并非自己，而是那些华而不实的年轻人。他们虽然正值青春年华，但思想封建、保守、无知，谈吐浅薄、庸俗、充满低级趣味。他们的大脑跟不上他们的青春，他们的谈吐跟不上他们的美丽。“青春是多么美好，但美好青春最令人遗憾的，往往是欠缺实力，特别知识上、智慧上、言语上的实力。实力包含高度、广度和深度，但是，青春欠缺的正是这些，纵有青春的亮丽，表现出来的，却是低段、狭窄和浅薄，与亮丽绝不相配。一涉及知识上、智慧上、言语上的表现，就泄了底、就显得不太搭调”。当然，朱仑是作者塑造的理想女性形象，她美轮美奂、天资聪慧，在大师的启发诱导下，被植入大脑的智慧芯片得到激活，与大师的思想相激相荡，迸发出无限灵光。他们博古通今且心有灵犀，意脉相通且论对融洽，在灵与肉的世界里，展示出作者对人类精神世界的向往。正如作者所言：“一个17岁的女孩子，什么都不懂，可是我希望她什么都懂，多好。”①

（二）爱情的真谛是快乐

胡适曾有言：“爱情的代价是痛苦，爱情的方法是忍受痛苦。”李敖对此不以为然。他认为，爱情是一种纯快乐，不应该包含痛苦的成分。正如小说中朱仑对大师所言，他把爱情“小化、美化、喜感化”了。

李敖称两性之爱是人类之功德，是人类特有的一种优雅而高尚的精神愉悦。它能“使人脱却烦恼、脱离孽海，只寻快乐、只得高情雅趣”，可惜的是它被现世的众人搞得庸俗而滥套。他认为，人生于世，爱情其实并无太多的浪漫成分。花前月下、烛光摇曳之中的爱情往往

① 万静波：《我死后千刀万剐——李敖访谈》，《人物周刊》2009年第31期。

短暂而有限，“真正的浪漫、永恒性的浪漫”不在现实世界，而在虚幻的小说、戏剧、电影中。但许多人总是将文学误作真实，将真实演绎成文学，于是伤心、缠绵，痛不欲生，这正是人类的不幸。人们把爱情处理得像文学中一样，结果“真人将不得好活”。所以“真正的爱情不是演出文学，而是欣赏文学”。文学中的爱情看来“情伤得‘过瘾’，只是奇宕，不能玩真的”，否则会“伤筋动骨”。

李敖在73岁生日当天，在台北发表新书《虚拟的十七岁》

如此说来，爱情的真谛是什么？李敖在小说中抛出高论：爱情就是男欢女爱，爱情是纯欢乐。由于爱情来如春梦、去似朝云，短暂而美丽，所以我们应该珍惜它，留下欢乐和美丽，不要痛苦和哀愁，“欢乐是检验爱情的唯一标准”。

李敖理解的爱情像山色。“山色有无中”，山是只安谧、只雄奇，从不叹息。而“负面化”的爱情则不然。自叹息朝下数：烦恼、哀愁、伤感、悲恸、痛苦、忧虑、闹情绪，到愁眉苦脸、哭个不停，这一切一切都太“负向性”（negative tropism），而太“负向性”是不懂得爱情的，它把自己搅得心神不宁、乌烟瘴气，这种愚蠢的观念，自然不值得提倡。

李敖理解的爱情美在朦胧，在其变化无常、捉摸不定的“测不准”之中。知情且深于情者，一方面能真情相对，一方面又会对未来的变化具有心理准备。看似未了，其实了了也好。不了了之也在意料之中。这正是其迷人之处。因为相聚是裸、相离是谜，谜而由它自去、是谓意在而情不迷。“朦胧的深处，其实是爱情”。

李敖理解的爱情美在距离。小诗“只爱一点点”就代表了这种爱情理念。因为爱得少、爱得含蓄、爱得保留、爱得有余、爱得有距离、爱得有余情、爱得多情却似总无情，才有可能爱得久、爱得细水长流。如果整天形影不离、如胶似漆，看似浓情蜜意，其实不久就会疲惫与厌倦，弱点与缺点一一显露，于是“情人还活着，爱情却死了”。这是一种又俗又糟的恋爱方式。在小说中，他借主人公之口说：“分离是一种技巧，也是一种艺术，要看你会不会使它升华。升华的分离不是一天五通电话，分离可能是五天没有一通电话，分离是立刻坠入陌生、坠入疏远、坠入无何有之乡、坠入忘情与相忘、坠入如不相识、坠入回忆中的男欢女爱只是一场春梦，模糊一片，几乎那种欢乐不是真的。”这正是他“只爱一点点”哲学的来由。他认为，文学艺术中的爱情故事往往是你死我活式的，而现实人生里的爱情故事却是平淡无奇。平淡无奇并非人们常说的“白头偕老”，这只是一种相依生活的习惯，并不是爱情的最高境界。最高境界应该是“在爱情的顶点前分开了、分手了、分离了。最重要的是，没有争执、没有吵闹，也没有第三者”。或者是情缘已尽，自然分离。真正的爱者之分离往往是由于不可变力，比如发生了战争、牢狱、死亡等情况。或者是“心未变而人已杳”，虽然心未变，但却意识到该分手了。这种分手才是真正珍惜这一爱情的人。在感情好时突然中断，当然最令人怀念，这才是真正的永恒。“世俗的永恒是纠缠不清、是无奈、是疲惫”，这种被动的分开只是一种山穷水尽的表现。所以，“真正有情的人、真正知情的人，是这些看来无情者”，如同勃朗宁夫人诗中所写：“我如此爱你，使我只能爱你，我如此爱你，使我只能离开你。”所以，在李敖看来，“人间最令人眷恋的是彩云易散的爱情。这种爱情，适合魂牵梦萦，却不适合长相厮守。最后的落幕是：死前呼唤情人的名字，可是不必再见情人了”。总之，它是偶发的、短暂的，来如春梦，去似朝云；来如秋雨，去似晚晴。它虽然稍纵即逝，但它却会重演，在缘起缘灭之间，是爱情的全解，是瞬间的灵犀相通。

在“爱情是纯快乐”这一观念下，李敖在小说中高扬性爱的快乐。通过“从忘情到坐姿”一节中朱仑的“性表演”，道出了人性的自然一面。人类文化的深层，正是源自这来自肉体的“自然”，来自这本能中的向往与热爱。在赞美雄性的伟大中包蕴着对征服的向往，在被动的求救中包含着对雄性的赞美，那痛苦中的叫喊，正是痛中之乐、痛中之美。他认为，性爱中的男女，说到底是摧残和迷茫中的快乐。在此，李敖通过虚拟的方式道出了几千年来常人难于启齿的人性的另一面，也是人类传统生活中最尴尬的一面。在作品语义中，“强暴”、“强奸”等词已摆脱传统道德上的贬义，进入男欢女爱的场景之中，成为对作者具有“专属的、超升的、特定的”意义的男性雄性美的一个代称，以表达性爱中那种奇妙的施与被施的情感与神情。

李敖自20世纪60年代出版《传统下的独白》至今，现代化的爱情观始终是其传播现代人生观的一个重要话题。他认为，现代人应该具有现代化的思想，包括具有现代化的爱情。可惜的是，历史已进入信息爆炸的网络化时代，人们的头脑却依然停留在中世纪。《虚拟的十七岁》正是晚年的李敖借用亦真亦幻的文学形式，表达他现代爱情理念的一个形象化的张本，也是他一生都难以释怀的爱情之梦。

（三）虚虚实实的杂语体

最引人注目的是，作者采用了虚实结合、灵活多变的叙事方式，作品带有浓厚的玄幻色彩和梦幻情调。小说中的大师要寻一位模特来启发灵感，人物活动的场景多处于静态的环境中。思想的对话与心理活动便成为小说描写的主要内容。于是在小说章节的处理上，作者采用了虚写与实写相结合、多种表达方式交互进行的叙事方法，使作品染上某种玄幻色彩。比如小说开头人物与自身器官的对话、对自大狂的调侃、耳中人的对话、对女性特点的调侃、对巫神医的梦中回放，等等，奇特、怪异而荒诞。作品在讲述了与模特儿相识、相约、“模特儿的第一次”之后，接着便是“智者的虚拟”，人物进入一种虚幻的想象世界，于是有了虚拟第一号、第二号、第三号；接着写“模特儿第二次”，写模特儿的裸泳、烛浴等，随后又进入虚拟世界，有了“智者的虚拟第四号”至“智者的虚拟第九号”的虚幻描述；之后又转入写实，写“模特儿第N次”。还有繁复的论辩、零碎的思绪、重复的场景……一方面是大师面对美女朱仑的写实，一方面是由此展开的种种幻想，如此交叉往复，构成一种虚实相间、相互辉映的“杂语体”结构。

如同作者在小说中所言：“四福音书各写各的，互有详略，甚至矛盾穿凿。文学书也可以啊。有的章节，采用复式观察、双轨录音，也可以互有详略、也可以矛盾穿凿、也可以小做重复。还可以三维呢、还可以三体呢。像是三国时代的‘三体石经’，同时用三种表达法。导演可能是两个，摄影可能是两组。”李敖力图在此书中写出人物“多彩多姿的意味”，比如多数场合采用了论辩与对话的方式，但根据情节发展的需要，又灵活地插入一些生活文体。像“速写朱仑”一章，采用了随笔的方式，用“藏躲篇”、“纳米篇”、“四维篇”、“语文篇”、“点睛篇”、“龟策篇”等20篇随想展开描述，以勾勒现代科技武装了头脑的朱仑智慧而美丽的形象，在这种“静态、侧写”之后，又借助“断想”的方式，用37段片言只语，抓取生活的瞬间对朱仑进行玄想与模拟。正如作者所言，要“抓住摄影抓不住的那一瞬，也抓到你特别为我的那一瞬”，使朱仑的形象更加具体而完整。在“朱仑十七帖”一章，作者又采用改变叙事角度的方法，从朱仑眼里看“大师”，以此来反观和映衬作者对情感与人生的看法，使作品要表达的思想更加具体而深入。此外还有像书信、日记、札记、诗歌等文体形式在作品中多有使用，变化多端的文体结构有力支撑了作品纷繁复杂的思想内容。正如作者在该书的广告词中所说：

《虚拟的十七岁》的成功，有两个大半面，一个是“半戏剧面”，一个是“半修辞面”。除了故事奇宕、思想纵横以外，他颠覆性的写作体例，把多种文体交错其间，穿插而过，或札记、或散文、或对白、或诗句，处处都缤纷四出的表达方式，行云流水，不拘旧格。对写过一百多本书的李敖说来，它也是创意性、革命性的著作，性好革命的他，这回，七十开外可革了他自己的命。他真放得开呢。入乎其内，故有低迴；出于其外，故有高致。读此书者，或不足以知李敖，但应知喜得秘籍奇珍之乐。

在作品叙事的详略方面，作者依袭旧法。在谈《北京法源寺》的创作时，李敖就曾讲过他的作品是“详人所略，略人所详”，故而在小说中大量运用了对话、独白、议论、心理描写等等，以应对现代影视艺术对小说描写艺术的挑战。在《虚拟的十七岁》中，作者又一次借人物之口道出这一缘由：“对有形的，我轮廓；对多彩的，我素描；对具象的，我抽象；对音响的，我无声。我用最少应付最多、用简单应付复杂，我只用我的语文，向大千世界一洒。”“画面只能让天马行空，至于为什么要行空、为什么此行成空，还得靠语文，我的语文。”作者试图说明，形象只能呈现，难以告诉你为什么。而人物的心理感觉和对话中的思辨却可以更清晰地告诉你画面之外的那些事。画面可以“态无不尽”，文字却可以“理无不入”，曲尽其理，是李敖对当代文学语言独特魅力的一种新的肯定。

（四）细腻而简洁的感觉

值得肯定的是，作者在小说中采用了细腻的主观感觉描写，使作品达到一种心理的真实。

对习惯于传统小说的读者而言，李敖小说在情节上的粗疏与简陋，实在令人难以卒读。但我们又不得不感叹作者对人物感觉描写的细致入微。正如他本人所说的“写作是很细腻的”。在《虚拟的十七岁》中，作者把描写重心放在了人物心理感觉的描述上，使作品显得朦胧而又空灵。比如在大师第一次见到朱仑时的描写：“太神奇了，我看到的，竟是我家墙上油画的女人！一张动人的小脸、一张没有任何化妆的青春的小脸，清纯的、美丽的、瘦削的、苍白的、迷茫的、灵气逼人的，怎么可以这样漂亮！”这种印象叠加的方式真切地道出了大师对面前女孩的心理感受，有一种奇妙而又蒙胧的立体之美，使人回味无穷。在李敖眼中，小说只是一种表达思想的手段，他不想在人物形象描绘上浪费太多笔墨，对话与独白便构成小说情节的主体，论辩与演绎成为小说表达思想的重要手段。形象化的描写反而被放到第二位。所以，作品涉及到知识层面的叙述时，李敖往往表现出非凡的联想和想像力，但在形象的层面，却很少展开，只是正面的描述。在观与感之间，作者重点写的是感，从感知和感受层面入手，通过感，导出对象给人带来的种种反映。这种充溢着浓郁理性色彩的奇特描述，使习惯了以故事吸引人的读者难免有一种朦胧晦涩之感。但李敖并不以为然，他说：“除了几个简单的形容词，我避免描写她，不要用文字表达文字达不到的美丽。”前例写人如此，写景亦不例外。比如小说中对主人公搬到阳明山后远望观音山的描写：“五楼山居的美丽远景是观音山。观音山逶迤在西方的淡水，却像是为东方而生，它把千变万化，呈给了东方。在清晨、在薄暮、在阴雨、在晚晴、在春秋代谢、在时序轮回，观音山给足了千变万化，或明或暗、或隐或显，每次看它，都为之称奇，这山有那么美吗？”词语具象而简洁，玄远而新颖，给人一种难以言说的典雅之美。再如：“下午到傍晚，晴在雨后山光，远山蓝中带灰、白岚处处；近山绿中带墨、世界如洗，奇景入眼，前所未有。是看不到阳光的晚晴，是另一种晴。窗上雨滴未散，皆朝下移，而远方白云四起，云外有山、山外有云。”写得淡雅清幽，具有一种奥妙而高古之美。这种具象感知与理性描述相互渗透的表达技法，正是李敖小说非同凡响的一个突出特征。

（五）显而易见的雕琢

当然，如同许多实验性作品一样，《虚拟的十七岁》在艺术形式上亦有诸多可议之处。最突出的是作品中的故事看头知尾，明显带有雕琢痕迹。在故事的开头“楔子”部分，作者首先讲了一个“令人惊艳”的漂亮女生晕倒在中山女中而被救护车送进天母振兴医院，紧接着讲述了自己住进同一所医院，得知行踪怪异的巫医生将“脑前瞻工程”的晶片植入一个17岁高中女生的大脑，这个女生“美得脱俗”、“漂亮极了”，是台北美国学校十一年级的学生，她在做过手术之后便不知去向。这是小说在开头埋下的伏笔。接着交代“我”出院之后，搬入位于磺溪之畔的新居，而自己的对门邻居有一位17岁的侄女，她是台北美国学校十一年级的学生，学业优异且美丽聪慧，这难免使读者联想到那位做过手术后不知去向的17岁少女。故事的神秘感陡然消失。还有人物对话基本上仍未摆脱“一人演说”的弊病，朱仑的口中往往会发出大师的“鼻音”。据说德国音乐大师瓦格纳是先有了歌词尔后才有音乐，李敖则是先有了一种思想尔后再寻找一个与之匹配的故事，然后将两者融合。但瓦格纳做到了声音与语言的完美结合，李敖在思想与形式上却隔了一层。他的这种创作方法，与传统文学家那种由生活故事而构建出一种与之匹配的形式相比，显然大相径庭。严格讲，是反创作规律的。也正因此，才使作品显露出一种人工雕琢的痕迹，使人感到全书只是作者自说自话的呓语而已。这种破绽自然影响到作品的真实性。

总之，李敖的《虚拟的十七岁》是李敖思想小说系列创作中的又一次语言冒险，他在小说的叙事模式上进行了诸多尝试，有轻灵飞扬、动人心魄之处，亦有布局粗糙、貌合神离的败笔，作为中国当代小说中的另类，它具有一种别开生面的实验意义。

五、结语

李敖在与网友的聊天中曾说过一段话：

> 文学和思想对我而言是一个东西。有时候，思想的表达不能硬，硬邦邦的哲学文字，需要用小说的题材表达出来。……用思想作底子。用文学形式来表达，是我的希望。

这是李敖的希望，也是他的创作理想。通过以上对其四部长篇作品的考察，我们不难看到，他的理想在很大程度上实现了，而且做得非常精彩。海明威在《给青年的忠告》中曾说，一个优秀的作家必须具备的条件，就是“文字简练，别具风格”、“对于自己的想法，必须有永不衰退的信心”，并且说“最好的书籍是单纯的，想说什么就说什么”。[①] 显然，李敖在向这方面努力，尽管有些地方还不尽如人意，比如思想的直白、语言的枯燥等等。文学，作为一种艺术，时刻与有血有肉的人物性格结合在一起。如何将自己的思想牢牢地扎根于文学形象的土壤之中，使她发芽、滋叶、开花、结果，变得血肉丰满，形神兼备，光彩照人，依然是李敖未来创作中一个亟待解决的问题。

在李敖看来，思想是文学必须承受之重。

① 见李敖：《李敖大全集》第40册，第210页。

李敖评传

第十九章

上帝管两头，我管中间

上帝从最初造人类开场，到最后审判落幕，他只管首尾两头；我却管中间，在人类历史走到五千年的时候大声疾呼，要清清场，检讨一下上半场的一切。所以上帝最后可以审判我，但在最后没到以前，我要检讨一切，包括上帝先生在内。

——李敖：《笑傲五十年》

最难忘，1949年5月12日的清晨，自从那声惆怅的汽笛响起，李敖来到这个奇特的小岛已经整整60年了。

60年来，在这方曾被梁任公称之为“伤心之地”的小岛，他从惨绿少年到玩世青年，从文坛慧星到“人民公敌”，从论战英雄到黑狱重囚，从“笑傲江湖”到竞选“总统”，从颠覆“议会”到风靡神州，从银屏“有话”到归隐书房，他与之同生、与之共恨，他在这里跋涉、驰骋、呼啸、叫战，口诛笔伐，纵横捭阖，富贵不能淫，贫贱不能移，威武不能屈，时髦不能动。这位文化思想界的孤星，在蒋介石偏安一隅的孤岛之上，在国民党一党独大的残山剩水之内，在民进党夜郎自大媚美殃民荒腔走板的“独”梦丑剧之中，在举世滔滔、众神默默的时代，生根、滋叶、开花、结果，度过了驭风而行的青春岁月，迎来了如火如荼的人生的秋天。

60年来，面对周围赞美的眼睛、挖苦的眼睛、嫉妒的眼睛、仇恨的眼睛、看好戏的眼睛……他率真、他坦白、他无羁、他自负、他自大、他自傲、他凶悍、他强势、他好讼、他愤世、他玩世、他骂世、他勇敢、他豪爽、他侠义，他痛恨伪善、他树敌八面、他快意恩仇、他穷情极性、他温柔敦厚、他随缘入化、他有口无心、他放浪形骸、他穷凶极恶、他横睨一世、他哗众取宠，他怀救世心怀、他存烈士肝胆、他与时代颉颃、他大难来时不皱眉、他打碎牙齿和血吞，他自负得不做第二人想、他话粗理不粗、理来情无存、“流水无情草自春”，他自诩是顽童、是战士、是善霸、是文化基督山、是社会罗宾汉、是侠骨柔情的大作家兼大坐牢家，是坦白的思想家、挖黑的历史家、同时还

李敖在书房

是黑白分明的文章大家。他自诩有全套翻江倒海的作业。遁世，又大破大立；救世，又悲天悯人；愤世，又呵佛骂祖；玩世，又尖刻又幽默。在坦然面对和顽强对抗中，他坚信反独裁是一时之举、反暴政才是千秋大业，封建思想是海峡两岸共同的敌人。从《老年人和棒子》到《给谈中西文化的人看看病》，从《传统下的独白》到《独白下的传统》，从《蒋介石研究》、《陈水扁的真面目》，到《国民党研究》、《民进党研究》，从台湾真相新闻网的“李敖笑傲江湖”到香港凤凰卫视的“李敖有话说”，从长篇小说《北京法源寺》到文学剧本《红色11》，从资助台湾“5·19”绿色行动到为北京大学胡适像捐款，从义助慰安妇到赞助高金素梅赴联合国抗议，从竞选“总统”到参选“立委”，从神州文化之旅到“李敖语妙天下”……在他大半生的言论与行为中，我们依稀可辨贯穿其中的一条线索，那便是对旧思想的抨击，对新思想的传播，对旧制度的破坏，对新制度的建设。他的政治批判、社会批判、历史批判、文学批判以及对各类人物的臧否，无一不环绕着一种除旧布新的改良思想，无一不隐含着对真善美的张扬和对假恶丑的鞭挞。他的视界早已超越于现实的政治之上、学术之上和文学之上，而步入人类文化历史发展的广袤之野，使无数人引颈翘首依然望尘莫及，于是骂他政治搅局、学术无知、艺术浅陋，骂他恶毒、骂他偏激、骂他狂妄。殊不知，政治或混淆是非，历史则只认是非，英雄或可以成败论，思想的影响却不可以成败论，学术研究或可得一时之真、一时之善、一时之美，思想先知的目光却总是沿着闳阔的历史轨道思接千载投向未来。目标固然关键，手段则更重要，时代会变，反抗的精神永恒，思想的光照永恒。他以目空一切之人，做手不停挥之事，二千万言的著作，二千余集的电视节目，使他成为一座能量巨大的核电站，成为“知道分子”和观点“供应商”。他的用笔如刀、六亲不认、以直报怨、鞭及枯骨、朝夕不保、死生以之，他的奇情、奇遇和奇志，他的才气、侠气和悍气，他的风云、风雨与风月，在成为政客、中庸之道奉行者、清教徒、乃至小市民侧目对象的同时，亦成为密密阴霾中的一声霹雳、一道闪电，成为茫茫人海里的一片吉光。

弹指之间，已是2010年，他已经75岁了。在他从求学到退隐的沧海人生中，面对种种颠沛与沉浮，他都能在一根主轴下矢志不渝、始终如一，那就是“要做一个伟大的知识分子”，“要经世致用，有利国家和人民”。[①] 回顾自己的人生历史，他不无感慨：

> 我的人生未尝不是一场悲剧，可是我尽量把它演成喜剧，并且愈演愈成独幕剧与独白剧。我的悲剧是总想用一己之力，追回那浪漫的、仗义的、狂飙的、快行己意的古典美德与古典世界，但我似乎不知道，这种美德世界如果能追回的话，还得有赖于环境与同志的配合，而20世纪的今天台湾，却显然奇缺这种环境与这种同志。环境对于我，活像爬座雪山，愈爬温度愈冷；同志对于我，活像三轮追汽车，愈追距离愈远。虽然如此，我自己却奋然前进，继续升高与加速，我不在乎做悲剧的角色，但又何必一悲到底？因此我努力把它演成喜剧。[②]

宋人有诗曰：“姑射神游阅九关，水晶宫殿不胜寒，下窥人世生尘

① 李敖：《年终自述》，李敖：《笑傲五十年》，中国友谊出版公司1999年版，第193页。
② 李敖：《李敖回忆录》，第410页。

想，故作梅花与俗看。”他自比天外神仙，当他要颠倒众生，与一群落伍者搅在一起时，不得不收起“水晶宫”里的严正与高远，化作冰雪中傲霜吐蕊的梅花，嬉笑怒骂、玩世不恭、装神弄鬼、游戏人间。

一般人在“65岁以后，大家在等你退休，静养天年；你变成一个不满现实、满腹牢骚、走路一瘸一拐的过气人物”。但他却无职可退、无止无休，他乐观而快乐、愈老愈激进、一袭红夹克、“人生八十才开始”，他看破红尘又回到红尘、出世以后、又回向人间，他要对面前的世界进行一番结账的工作了。他毕生的计划就是要整理有史以来所有的人类观念与行为，做出结论。经过这样一番大清算，来启迪民智，让人们活得清楚、清醒。他说：

> 上帝从最初造人类开场，到最后审判落幕，他只管首尾两头；我却管中间，在人类历史走到五千年的时候大声疾呼，要清清场，检讨一下上半场的一切。所以上帝最后可以审判我，但在最后没到以前，我要检讨一切，包括上帝先生在内。①

这真是人类历史上伟大而浩瀚的工程。

他要总结的账目分两项，一项是思想探索，一项是艺术实践。

中国人的思想与观念，中国人的活动与行为，中华民族的过去、今天与未来，他要把中华民族的历史摊开，要对这一切进行一番认真的思考与梳理。它不是老子、庄子、孔子、孟子等思想家的思想连缀，而是以中国人的思想为线索展开的全方位审视，也就是他所说的要下大功夫完成的世界性永恒性的大手笔——“中国思想史”。

这项工作纷繁而复杂，但他却要一个人完成它。

他已经完成的《中国近代史新论》、《中国现代史正论》、《中国现

① 李敖：《上帝管两头，我管中间》，李敖：《笑傲五十年》，第54页。

代史定论》等著作，包括他用文学的形式创作的一系列思想小说，都可算是这场大盘点中的一个个子项目吧。

当然，在他的视野中，除了盘点人类的思想，他并没有忘记他的中文写作计划，他认为当今识字的中国人有一半不读书，优美的中文需要有人延续，凭自己的写作经验自然当仁不让。除了那规模庞大的《中文大句典》写作计划之外，还有几部小说正在酝酿中，其中包括一部英文著作。眼下，他的长篇新作《阳萎美国》即将出炉。

他有一句名言，许多人都不会忘记，当然许多人也不以为然，那就是："五十年来和五百年内，中国人写白话文的前三名是李敖、李敖、李敖。"他用数千万字的《李敖文集》和《李敖大全集》说明了这一切。如今，他在写出《北京法源寺》、《上山·上山·爱》、《红色11》、《虚拟的十七岁》、《李敖议坛哀思录》等长篇著作之后，又要为中国人的语言定向了。

在他的三个书房中，阳明山书房只有七十多平米，却是他经常光顾的工作间。书房面朝西方，看到的太阳总是落日，但在他眼中，那却是难得的一种美丽和壮观。在这个集资料室、卧室、餐厅、浴室于一体的"豪华监狱"里，他不抽烟、不打牌、不跳舞、不看戏，酒、咖啡、茶全不沾，每天12小时，日复一日地工作着。如他所言，"上山以后，吹在风里，淋在雨里，飘在云里，活在梦里"。他曾表示，在退出政坛后，"每年可以写两本书"。他要更加专注地做他喜欢的文字工作，他要为中文定位。

他要面对的是人类的古往今来，是古往今来的中国人。

在中华民族历史的长河中，李敖是一座孤峰。

他阅历了太多太多的人世沧桑，立地顶天破苍穹，挺拔威武而不屈；他在一个充斥着畸形与变态的小岛上，神驰于人类忧患，情系于低层民众，用一支铁笔，秉一腔奇情，披荆斩棘，身先士卒，为苦难

狂放的李敖

深重的中华民族开辟了一条争民主、争自由、争人权的斗争的血路；他身系宝岛，但宝岛只是一个居所；尽管他因反蒋、反国民党而不见容于“深蓝”，因“反台独”、反民粹而不见知于“深绿”，但对他而言，笔墨台湾只是在举一个活证。台湾与他，是“我抬高了它，它矮小了我”，他要走的是“到烈士之路”，他要到达的地方是人类文化的故乡，是人类精神的根，它虽然一片浩瀚、荒凉与死寂，他却要以唐·吉诃德大战风车的勇气，以历史家的眼光、思想家的深邃、文学家的技巧、哲学家的胸怀，使那片冻结的土地苏醒，苏醒，苏醒……

2009年1月1日，他接受了新加坡网盛卫视有限公司的邀请，开始制作播出《李敖语妙天下》节目。按照约定，该公司借由黄河亚太卫视（后改名盛亚卫视）的全球化媒体网络，将节目在新加坡、马来西亚、中国台湾、菲律宾、印尼、越南、中国大陆、印度、澳大利亚、新西兰、北美、欧洲等全球华人世界中播出，22亿的华人观众都能看到。

他认为，丰衣足食外加娱乐是“人的标准”，但不是“文明人的标准”。文明人憧憬的是“语妙天下又博古通今”。他拟在77岁退休前的三年时间将其毕生之所学，尤其是中国的历史典故、文字之美学、他的广博知识及读书心得，加上一些政治评论，借由电视节目深入人心。

在节目中，人们看到了他的多种面目——文学家、历史学家、政治评论家、古物鉴定专家、专业作家、电视节目主持人、“立法委员”、民意代表等等。这样兼具多样才能与风貌的学者，在中国五千年历史中自然是前无古人。

他要将该节目连做三年。这也许是他主持大型电视节目的封刀之作了。但这一愿望终未实现。据报道，该节目因内容涉及台湾政治、播放区域未兑现承诺、制作费停支等原因，双方产生协约纠纷，已于2009年4月3日停播。

2009年5月12日至6月12日，刘长乐再度邀请他重现凤凰，主持了六集系列节目《台湾六十年，有话说李敖》。这六集节目，可谓浓缩了李敖来台六十年的历史变迁，是他对自己往事并不如烟的孤岛人生的回顾和巡礼，在充满温情的谈往忆旧中，也包含了他对祖国大陆的复杂情感。以他对大陆的政治、文化与现状的了解，他知道，在对鲁迅发一声微词都要发生困难的今天，在国台办发言人对自己的造访像对尼克松的标准那样依然要"求同存异"的今天，他感到了一种"错被家人当客人"的滋味。虽然在他眼中"不是怀乡、不是近乡、不是还乡"，因为"祖国也是我的"，但他依稀感到，自己的思想要被国人完全容纳，尚待时日。自己与大陆的距离还"路漫漫其修远"，这种距离不是环境差异，也不是问题意识不对，更非自己对大陆民意、知识界动向不熟，而是自己在思想上前行已远，自己的个性与视域已无法俯就那被种种框框长期束缚着的现实人众。这真应了他在《李敖快意恩仇录》中的一段话：

> 耶稣说没有先知在自己乡土上被接受，大陆是李敖的乡土，但我不在其内；台湾是李敖的乡土，但我被见于外，不过对我说来，在内与见外，皆属过眼烟云，终归中国是我的乡土，在这乡土上，大陆也好，台湾也罢，对我都是一样，我的终极是在无何有之乡、在广漠之野、在中国与人类的历史上定位。在那定位深处，我英灵不泯，也会蓦然回首、回

首“向来萧瑟处”的台湾、回首“也无风雨也无晴”的台湾，而有以浑然一笑。①

他的内心深处，也许会有一股淡淡的悲悯。在这个崇尚物质的时代，英雄本色已变得遥不可及，先知之言也成为隔代之音，人们变得势利而实惠，保守而麻木，教条而自闭，固执而愚忠，直使英雄失色，先知无语，拔剑四顾心茫然，白云千载空悠悠。但他所代表的那种抗议、那种精神、那种记录、那种提醒、那种挥洒，都将永载史册而昭示着每一个中国人。

回首前后五次在央视的现身“说法”，长达735集的《李敖有话说》，12天的神州文化之旅，他已经畅所欲言、无憾可遗。他也许在想，凤凰在继续高飞，大陆在负重前行，自己则已入暮年，应该和那些心有灵犀的人们说声再见了。在凤凰卫视节目的最后一集，在他微笑着向镜头挥手告别的那一瞬间，人们似乎感受到了一位思想独迈千古的先知内心深处的苍凉。但他没有感伤、没有忧愁，留下来的永远是那难忘的开怀与放达：

六十年前谁识我，
六十年后我识谁。
信之老屋终作土，
捧得凄凉片瓦回。

“凄凉”的是片瓦，达观的是自己。对旧宅、对故人，对自然、对乡土，对台湾、对大陆，他就是如此超脱。

他为自己困学苦斗中的成就感到自豪，更为自己的人格与风骨充满

① 李敖：《李敖快意恩仇录》，第540页。

自信。“写文章固然李敖‘中华独步’，前无古人，后无来者，但文章背后，若没有伟大的人格（仁）、超凡的智慧（智）、过人的坚毅勇敢（勇），和不靠人吃饭、不靠人支持而能独立存在的本领（钱），文章也无从好起，也无从发挥作用”。自赞之语也，又是切实之论。试想想，五十年来，五百年内，能为了信仰而特立独行屡挫屡战以一人敌一党者，复有几人？五十年来，五百年内，能神龙活现于议坛之上拍案惊奇发狮吼之音使官不聊生者，复有几人？五十年来，五百年内，能在中国标志性大学自由发表演说且风弥神州者，复有几人？五十年来，五百年内，能走出书斋回向人间、慈悲天下、做文士兼侠客的知识英雄，复有几人？

演讲时的李敖

在人类的审美对象中，有一种现象奇特而诱人，它往往以巨大的形体和压倒一切的气势使人震撼，以怪诞的行为让人惊诧，它使人在惊惧中感受到一种蓬勃的生气和不可抵挡的瓦解力量，在惊赞中领悟到历史的正义和道德的高尚。人们把这种美取名叫崇高。

用大丈夫的气象，去面对吧！[①]

在他身上，人们感受到了这种大美的风范。

巡台使者沈葆桢曾立碑歌赞郑成功的美德：

① 李敖：《笑傲五十年》，第 181 页。

开万古得未曾有之奇，洪荒留此山川，作遗民世界；
极一生无可如何之遇，缺憾还诸天地，是创格完人。

他以此自喻。

人生有“三不朽”之说，曰“立功、立德、立言”，在小岛方寸之地、弹丸之所，他不幸遭遇蒋氏以来一路黑暗与混沌，无功可立，但在立德与立言上，他自信都别具一格。他的博学与睿智，他的达观与技巧，他的回向人间的人格力量，他的虎虎生威的言行风格，都为时代立下难以逾越的高标。

他欲做“创格完人”，

他已是“创格完人”！

一个崇尚完美的理想主义者，当他为了那美好的信仰而去实验践行时，当他为了那遥远的目标而去奋斗献身时，他又何尝不是一个重实贵用的现实主义者？李敖以其诛心之论醒时警世，以其侠客之行抑恶扬善，以其先知先觉引领时潮，怀贫弱，忧天下，泽被千秋，惠至万代，不就是对人类做出的最大功德吗？

还是拿陆放翁的一首诗来作结吧：

老子舞时不须拍，
梅花遍插乌巾香，
尊前作剧莫相笑，
我死诸君思此狂。

2010年3月6日于殷都古城

附　录

李敖评传

李敖先生大事年表

陈才生 编

1935年

4月25日，生于哈尔滨，时日本占领东北，在日操纵下，溥仪立“满洲国”，成傀儡王。父亲李鼎彝自1926年北大毕业后，任吉林六中校长，为了生计，又任教于吉林女子师范、吉林大学等校。他与吴焕章等人组织黑龙江青年抗敌会，任东北四省抗敌协会理事，进行地下抗日活动。

1936年　1岁

在哈尔滨。时年春，日本于东北大肆屠杀进步知识分子，东北处于白色恐怖中。

1937年　2岁

为免遇难，李鼎彝举家逃至北京，数次搬迁后，住内务部胡同甲四十号。不久，“七七事变”，国民党弃城而去，日本占领北平。经地下组织同意，李鼎彝入北平汪精卫政府法部任科员，并负责北平地区地下抗日协会工作。

1940年　5岁

李鼎彝任太原市禁烟局长。5月随父母赴太原，游太谷等地，并在性格上受到耿直的男佣温茂林影响。

1941年　6岁

得盲肠炎，住北平东华医院。受伪政府内部争斗的牵连，李鼎彝以“贪污罪”被日军逮捕，六个月后无罪释放。李鼎彝辞职回北京闲居。

1942年　7岁

入北平新鲜胡同小学。

1943年　8岁

暑假后，升小学二年级。

1944年　9岁

暑假后，升小学三年级。学校设日语课，始学日语。

1945年　10岁

抗日战争胜利。暑假后升小学四年级，因日本投降，停学日语。已遍读《水浒传》等旧小说。李鼎彝在东北管城子煤矿任总务处长。

1946年　11岁

新鲜胡同小学改为一区九保国民学校。7月初小毕业。暑假后入高小五年级。已读到《黑奴魂》等翻译小说。

1947年　12岁

暑假后入高小六年级。当选班上自治会主席、“模范儿童”，并做学校图书馆学生馆长。在家中辟有“李敖实验室”。并投稿《好国民》杂志，发表《忘心》、《人类的冷藏》两篇文章。时台湾“二·二八”事件发生。

1948年　13岁

暗恋同学张敏英。暑假后小学毕业，以总分第一名考入北平市立第四中学。拟写《东北志》，并开始惧有关资料。时国共之争，北京危急，李鼎彝决定全家分批南下避乱。冬，李敖与三姊、四姊由五叔陪同，转天津赴上海。途中满目疮痍，亲身体会到了内战给人民带来的苦难。

1949年 14岁

1月25日，考入上海市立缉规中学，重念初一上。读到开明书店出版的大量左派刊物。

1月31日，淮海战役结束，蒋介石主要军事力量被摧毁，国民党政府企图划江而治。

3月31，刀伤同学脚，被记大过一次。经历国民党“金圆券”风潮。

4月10日，上海危急。李敖一家登船离开上海。12日，抵台湾，居台中市模范西巷云龙里七十二号。跳班考入省立台中第一中学初中二年级。是月，解放军占领南京。

5月27日，解放军占领上海。

11月，参加台中市第四届国语演说竞赛，获初中组第二名。本月20日，《自由中国》半月刊创刊，胡适任发行人。

12月8日，国民党迁台。并开始为时38年之久的“戒严”。

1950年 15岁

6月25日，朝鲜战争爆发。美国第七舰队进入台湾海峡，台湾处于美国“保护”之下。

暑假后升入初中三年级。与赵天仪等办“初三上甲组报”，发行人陈正澄。读到《胡适文选》。

1951年 16岁

暑假后升入高中一年级。参加台中市论文赛、本校论文赛，皆获第一名。与数学教师（共产党员）严侨开始有交往。

1952年　17岁

6月15日，访钱穆于徐复观家中，两人开始有了一段短暂的书信往来。

6月25日，于《学生》杂志（第46期）发表《杜威的教育思想及其它》。

8月1日，于《合作经济》二卷第12期发表《合作制度与节制资本》，该文为参加庆祝第三十届国际合作节征文而作，获全台湾第一名，并得到“有生以来最大一笔数目”的奖金，以此款购得《饮冰室合集》40册。

8月27日，历18天在省立台中图书馆完成《四部备要暨四部丛刊书目对照表例》。

暑假后升入高中二年级。是年发表《〈英伦归来的启示〉》、《生也有知无涯》、《诸葛亮的军政》等文。与罗君若恋爱。

10月1日，读《胡适文存》，并写2000字长信给胡适。

是年，台北“文星书店”开业。

1953年　18岁

暑假后升入高中三年级。一周后休学回家。是年与严侨密商共同潜回大陆，参加大陆建设。后严侨被捕，乃省下早饭钱，帮助严师母和三个孩子。

1954年　19岁

7月26日，以同等学历资格参加大专联考，考入台湾大学法律系专修科。（后改为法律系司法组），9月14日入学。住善导寺。

1955年　20岁

4月27日，李鼎彝因病去世。面对三千人的葬礼，李敖特立独行，改革丧礼，受到众人指责。

6 月 27 日，因对学校师资等不满，自动休学。

7 月 26 日，再次参加大专联考，考入台湾大学历史学系，受到台静农等的关注。与考入台大的罗君若同居。

1956 年　21 岁

暑假后升入历史系二年级。四季着长袍，成为台大一道“风景”。与罗君若中断恋爱关系。结识历史学家姚从吾。

1957 年　22 岁

3 月 1 日，在《自由中国》杂志第 16 卷第 5 期发表中学旧作《从读〈胡适文存〉说起》。

3 月 15 日，在《中央日报》副刊发表《梁启超与胡适》。

4 月 26 日，经姚从吾介绍，结识胡适，拟写《胡适评传》。从此与胡适有了交往。

5 月 23 日，访思想家殷海光。受殷影响，拟转哲学系未果。

暑假后入历史三年级。与姚从吾开始有了密切交往。

11 月 15 日，《文星》杂志创刊。

1958 年　23 岁

6 月 8 日，自此日起，每天以日记自励，排遣失恋后心中的郁闷。

7 月 19 日，于《中央日报》发表《梁启超与徐志摩》。

1959 年　24 岁

7 月，大学毕业。谢绝姚从吾等考研的劝说，决定入伍。

9 月 7 日，赴凤山陆军步校，受第八期预备军官训练。自此日起，开始《一个预备军官的日记》的写作。

1960年 25岁

4月28日，任陆军十七师四九团二营四连炮兵排长，足迹遍及台湾南部。

11月20日，于台湾《联合报》发表《妈妈的梦幻》。

1961年 26岁

1月17日，被聘为台湾“国家长期发展科学委员会”五十年度研究讲座教授助理研究人员。

2月5日，自澎湖退伍。6日返台中。15日赴台北，住新生南路三段六十巷1号“四席小屋”。在此发表《充员官》、《爱情的刽子手》等作品。

6月15日，搬到新店狮头路17号“碧潭山楼”。

8月18日，考入台湾大学历史研究所一年级。

11月1日，在《文星》第49期发表《老年人和棒子》。与王尚勤恋爱。12月，于《文星》杂志51期发表《播种者胡适》。

1962年 27岁

2月1日，于《文星》杂志52期发表《给谈中西文化的人看看病》。兼职“开国文献会”。

5月19日，迁回台北，住安东街231号三楼，与王尚勤同居。

7月18日，就任《文星》杂志主编。

10月，胡秋原以“诽谤”罪控告李敖。

1963年 28岁

1月1日，在《文星》第六十三期发表《评介〈丁文江的传记〉》。

3月19日，自愿在历史研究所休学。

9月1日，出版第一本书《传统下的独白》。

11月1日，于《文星》73期发表《高等教育的一面怪现状》。

1964年 29岁

1月8日，王尚勤赴美。

2月，出版《胡适评传》和《胡适研究》。

5月1日，迁入水源路19号“水源大楼”三楼，与海蒂同居。

9月22日，王尚勤在纽约生女儿李文。

1965年 30岁

4月25日，萧孟能在家大设酒宴，为李敖庆贺三十岁生日。

5月，李敖反诉胡秋原。同时状告中央书局为徐复观印刷诽谤李敖的文字，1966年3月胜诉，中央书局被罚款新台币1500元，这是李敖打赢的第一个官司。

7月1日，于《文星》杂志发表《没有窗，哪有“窗外”?》。

8月18日，迁住信义路国泰信义公寓四楼。

12月1日，于《文星》第98期发表《我们对国法党限的严正表示》，批评国民党。26日，杂志被封杀。四年的“中西文化论战”告一段落。

1966年 31岁

是年，李敖的系列著作《孙逸仙与中国西化医学》、《传统下的独白》、《历史与人像》、《为中国思想趋向求答案》、《教育与脸谱》、《上下古今谈》、《文化论战丹火录》、《闽变研究与文星讼案》以及《李敖告别文坛十书》中的《乌鸦又叫了》、《两性问题及其他》、《李敖写的信》、《也有情书》、《孙悟空和我》、《不要叫吧》等被查禁。警总开始一再“约谈”。

1967年 32岁

4月8日，台湾高等法院首席检察官以“妨害公务”对李敖提起公诉。14日，义助殷海光入院治病。

夏，与小蕾同居。

1968年　33岁

2月29日，柏杨案事发。与海外人士一起参加营救柏杨行动。

是年，以贩卖旧电器为生。

1969年　34岁

义助彭明敏，拍摄被跟踪证据。

1970年　35岁

1月，因彭明敏偷渡，全年被软禁、跟踪。

9月3日，接雷震出狱。

1971年　36岁

3月19日，被警方逮捕。《纽约时报》刊出其照片及文字报道。

1972年　37岁

2月28日，被“警总”保安处移送军法处看守所，旋以“叛乱”罪判刑十年，后改为八年六个月。

1973年　38岁

被关押于军法处看守所。

1975年　40岁

9月22日，因蒋介石去世被减刑，刑期改为五年八个月。

12月22日，被移送土城仁爱教育实验所，被隔离监禁。

1976年 41岁

11月19日，刑期满，破例无保释放。

12月1日，任政治大学国际关系研究中心副研究员。

1977年 42岁

是年与刘会云同居。辞去国际关系研究中心职务。住“金兰大夏”，开始了长达两年的“隐居”生活。

1978年 43岁

是年，拒绝国民党文工会主任吴俊才关于任《中央日报》主笔的邀请。

1979年 44岁

6月，复出，出版《独白下的传统》。并在《中国时报》写专栏。出版《李敖文存》、《李敖文存二集》。

1980年 45岁

是年，出版《李敖全集》六册。

5月6日，与胡因梦结婚。

8月28日，因与萧孟能财产纠纷成被告。胡因梦卷入其中。李敖与胡因梦离婚。

1981年 46岁

4月18日，获得《千秋评论》杂志执照，旋被吊销。

7月24日，与汝清同居。

8月10日，由于官方插手，以“侵占”罪被萧孟能控告入狱，判刑六个月。

9月1日，《千秋评论》以“丛书”形式出版。自此十年中，创每月一书纪录。

1982年 47岁

2月10日，出狱。发表有关监狱黑暗的文章，揭露司法黑幕。为党外运动写文章。

6月，出版“三情之书”（《李敖的情诗》、《李敖的情书》、《李敖的情话》）。与“安”同居。

8月28日，实行“隐而不退”。

1983年 48岁

2月1日，出版《李敖全集》第7册、第8册。

5月，《千秋评论丛书》第7期在大陆出版，更名为《台湾监狱黑幕》（群众出版社内部“发行”），这是李敖作品在大陆的首次亮相。

8月到11月，出版《李敖千秋评论丛书号外》三册。

1984年 49岁

1月，加出《万岁评论丛书》，每月一册。

是年，《李敖千秋评论丛书》、《万岁评论丛书》共有20期于出版后遭查禁。

为《政治家》主持专栏；任《自由时代》总监；与王小屯恋爱。

1985年 50岁

6月24日，控告台北市政府非法没收丛书，索赔一元。

是年，由台湾远流出版公司出版《李敖全集》24册。

是年，台湾最高法院平反四年前与萧孟能财产侵权案。

是年，继续出版《李敖千秋评论丛书》和《万岁评论丛书》，其中其有45期遭查禁。

1986年 51岁

5月19日，捐款10万元支持“五一九绿色行动”。

10月31日，出版《蒋介石研究》，11月2日被查禁。

1987年 52岁

1月15日，出版《蒋介石研究续集》，1月22日被查禁。

5月9日，因非法查禁丛书案控告高雄市政府，胜诉。

6月27日，出版《蒋介石研究三集》，7月6日被查禁。

7月，因非法没收张桂贞藏书案控告台中市，1993年5月胜诉。

10月31日，出版《蒋介石研究四集》，11月27日被查禁。

12月25日，出版《蒋介石研究五集》。

是年，台湾《读书人》杂志评选十大作家，名列榜首。

1988年 53岁

7月，杂文集《千秋评论》在大陆由湖南文艺出版社出版，这是李敖作品在大陆首次正式出版。

10月1日，创办《乌鸦评论》周刊，共出24期。

1989年 54岁

4月12日，多家出版社联合主办“李敖来台40周年纪念会”。

8月，为《世界论坛报》开专栏《世论新语》。

10月22日，出版《蒋介石研究》六集。

1990年 55岁

是年，完成长篇小说《北京法源寺》。

是年，大陆人民文学出版社受权出版了《独白下的传统》、《李敖自传与回忆》、《坐牢家爸爸给女儿的八十份信》三书。这是李敖首次授权大陆出版他的作品。

11月24日，获美国“全美华人协会”最佳成就奖。

1991年 56岁

2月27日，创办《求是报》。

6月30日，出版长篇小说《北京法源寺》。

11月1日，创办《李敖求是评论》月刊，宣称是“全台湾唯一一个崇尚真理、全说真话、专讲是非、没有党派的杂志”。

1992年 57岁

3月8日，与王小屯结婚。

8月3日，生子李戡。

1993年 58岁

2月，出版《李登辉的真面目》。

6月，应东吴大学校长章孝慈邀请，兼任东吴大学历史系特聘教师。

1994年 59岁

11月23日，生女李谌。

1995年 60岁

3月5日，在新光美术馆举行个人藏品拍卖会，筹措章孝慈医疗基金700万元，及雏妓救援、二二八族群、融合及子女教育基金496.9万元。

10月30日，与周荃的真相新闻网签约，主持“李敖笑傲江湖”节目，轰动海内外。

12月，由台湾荣泉文化事业股份有限公司出版《李敖大全集》20册。与汪荣祖合著《蒋介石评传》。

1996年 61岁

3月13日，与亓丰瑜共同告发李登辉渎职等罪。

5月，辞去东吴大学教师一职。

是年，与大陆中国友谊出版公司签署协议，出版《李敖大全集》1-20册，有删节。

1997年 62岁

5月1日，出版《李敖回忆录》。

8月，“李敖网页”登上全球资讯网。

12月1日，在台湾东森综合台主持《李敖黑白讲》节目，至1998年2月27日结束。

1998年 63岁

1月，与大陆中国友谊出版公司签署协议，出版《李敖回忆录》。

10月，接受中央电视台记者采访，后于《跨海看台湾》第八集播出。

1999年 64岁

是年，与中国友谊出版公司出版签约出版《李敖快意恩仇录》，有删节。出版《李敖大全集》21-40册，有删节。出版《祸台五十年庆祝十书》。

9月20日，于环球电视台主持“挑战李敖”节目，至次年3月20日结束。

11月1日，《李敖电子报》创刊。

11月18日，在真相电视台的《李敖笑傲江湖》》播满1000集后，改名为《李敖秘密书房》，播至2001年10月31日结束。

2000年 65岁

1月，《北京法源寺》获诺贝尔文学奖提名。

2月，代表新党参加台湾“总统”竞选，呼吁“一国两制”。出版《洗你的脑，掐他的脖子》。

3月，与李庆元合著《陈水扁的真面目》。

3月20日，于环球电视台主持《李敖挑战》节目，至4月20日结束。

5月8日，在真相新闻台开播《李敖颠倒众生》系列节目，于2001年5月11日结束。

5月17日，于台湾电视公司主持《李敖TALK秀》节目，至9月29日结束。

5月21日，李敖、李庆华、亓丰瑜及新党立委冯沪祥、新党台北市议员李庆元、律师林宪同，共同举行控告卸任总统李登辉的记者会。5月22日，控告李登辉“涉嫌内乱”罪。5月23日，李敖、李庆华等向台北“地检署”告发李登辉涉及泄密、贪渎、违反税捐稽征法等罪；向“高检署”递状控告李登辉涉及内乱罪。

7月21日，开始在中央电视台《海峡两岸》主持政论节目，节目分六集播出，成为第一个登上象征大陆“喉舌台”萤光幕的台湾政治评论家。

7月29日，母亲张桂贞以“心肺衰竭”去世，享年90岁。

9月5日，出版《李远哲的真面目》。

2001年　66岁

4月25日，欢度67岁生日，并举行长篇小说《上山·上山·爱》新书发布会。

8月13日，于台湾中天电视台主持《李敖大哥大》节目，一年后结束。（中天新闻台2001年8月13日至2002年8月13日，中天资讯台2001年8月14日至2002年8月13日。）

12月22日，中央电视台《海峡两岸》节目播出《李敖与大陆观众的第一次对话》。

2002年　67岁

5月，将《李敖电子报》文章归类，结集出版《李敖放电集》、《李敖发电集》、《李敖送电集》、《李敖来电集》、《李敖通电集》。

2003年 68岁

11月24日，李敖患前列腺癌住院手术，于12月15日出院。

4月，由李敖出版社出版剧本《红色11》。

2004年 69岁

1月，上蔡康永、小S徐熙娣主持的娱乐节目《康熙来了》。

2、3月，上陈文茜主持的政论性谈话节目《文茜遇上骇客》。

3月7日，加盟凤凰卫视，主持《李敖有话说》节目，至2006年12月29日结束，共735集，其中有五集未播出。

10月，宣布参选台北市南区“立委”。

11月14日，于国父纪念馆举办“李敖先生来台55周年演讲会”。

12月11日，李敖参加台湾地区“中华民国第六届立法委员”选举揭晓。李敖当选。

2005年 70岁

1月11日，接受大陆“央视会客厅”白岩松专访，谈台湾教科书问题。

3月9日，李敖在“立法院”质询“国防部长”李杰，讽刺“美国把台湾当狗”。

6月30日，拍卖名笔，捐资15万元支持高金素梅带领原住民到日本的“还我祖灵行动”。

9月16日，新书《李远哲的真面目》发表会。

9月19日，李敖开始为期12天的“神州文化之旅”，在北京大学、清华大学、复旦大学进行了演讲，引起海内外强烈反响。

9月24日，接受《海峡两岸》主持人李峰特别专访。

2006年　71岁

3月6日，状告224名“立委”犯“滥权”、“渎职”、“冒用他人名言”等侵权违法行为。

3月16日，向台北地方法院检察署递状就军购案控告布什、李登辉、陈水扁。委托刘长乐将乾隆题《王著书千字文》捐赠中国故宫博物院。

10月15日，参加登记竞选台北市市长。

11月10日，李敖在“立法院”秀出自己年轻时的裸照，向苏贞昌呛声，抗议军购案。

10月24日，在“立法院”用催泪瓦斯拦阻军购案。

12月9日，参选台北市市长落选。

是年，于年代新闻台主持《笑傲年代》（陈静兰、汪用和先后主持）。

2007年　72岁

4月3日，在“立法院”向苏贞昌丢鞋，痛斥民进党粗暴干扰议事。

9月30日，创立中国智慧党。

11月20日，在台湾“立法院”召开记者会，宣布退出政坛，并举行《李敖议坛哀思录》新书发布会。

2008年　73岁

5月，由成阳印刷股份有限公司出版长篇小说《虚拟的十七岁》。

2009年　74岁

1月1日，接受新加坡亚盛卫视有限公司邀请，开始制作播出《李敖语妙天下》节目，节目拟作三年，后因内容涉及台湾政治、播出区域、制作费等协约纠纷而于4月3日中止。

5月12日，在凤凰卫视主持的六集系列节目《台湾六十年，有话说李敖》开播。

8月3日，《南方人物周刊》记者访谈刊出，题目《我死后千刀万剐》。

本书主要参考文献

1.《台湾监狱黑幕》，李敖著，群众出版社 1983 年版
2.《千秋评论——李敖杂文选》，牧惠编，湖南文艺出版社 1988 年版
3.《我的皮肉生涯》，李敖著，顾刚编，人民文学出版社 1989 年版
4.《李敖的情诗》，李敖著，湖南文艺出版社 1989 年版
5.《李敖自传与回忆》，李敖著，人民文学出版社 1990 年版
6.《李敖千秋评论丛书》，李敖著，中国友谊出版公司 1994 年版
7.《李敖文集》，李敖著，时代文艺出版社 1996 年版
8.《李敖回忆录》，李敖著，李敖出版社（台北）1999 年版
9.《李敖大全集 1-20 册》，李敖著，中国友谊出版公司 1999 年版
10.《李敖大全集 21-40 册》，李敖著，中国友谊出版公司 2000 年版
11.《李敖大全集 1-40 册》，李敖著，成阳印刷股份有限公司（台北）1999 年版
12.《李敖快意恩仇录》，李敖著，商业周刊股份有限公司（台北）2000 年版
13.《李敖祸台五十年丛书》，李敖著，中国友谊出版公司 2000 年版
14.《我将归来开放》，李敖著，中国友谊出版公司 2001 年版
15.《红色 11》，李敖著，成阳印刷股份有限公司（台北）2003 年版
16.《李敖电子报丛书》，李敖著，中国友谊出版公司 2004 年版
17.《李敖千秋评论丛书（1-10 册）》，李敖著，中国友谊出版公司 2004-2006 年版
18.《李敖有话说（1-8 册）》，李敖著，中国友谊出版公司 2005-2008 年版

19.《李敖议坛哀思录》，李敖著，成阳印刷股份有限公司（台北）2007年版
20.《虚拟的十七岁》，李敖著，成阳印刷股份有限公司（台北）2008年版
21.《台湾党外领袖人物》，李达编著，广角镜出版社有限公司（香港）1987年版
22.《台湾政治制度》，孙淑著，南京大学出版社1988年版
23.《饮冰室合集》，梁启超著，中华书局1989年版
24.《梁启超传》，李喜所、元青著，人民出版社1993年版
25.《台湾文化概观》，吕良弼、汪毅夫编著，福建教育出版社1993年版
26.《港台文化名人传》，费清、汤平编著，人民中国出版社1993年版
27.《殷海光、林毓生书信录》，王元化主编，上海远东出版社1994年版
28.《台湾十大政治要案》，叶明等编著，中共中央党校出版社1994年版
29.《无地自由·胡适传》，沈卫威著，上海文艺出版社1994年版
30.《柏杨评传》，雷锐著，中国友谊出版公司1996年版
31.《胡适文集》，胡适著，北京大学出版社1998年版
32.《张竞生文集》，张竞生著，广州出版社1998年版
33.《死亡与童女之舞》，胡因梦著，圆神出版有限公司（台北）1999年版
34.《殷海光传》，汪幸福著，湖北人民出版社2000年版
35.《殷海光文集》，殷海光著，湖北人民出版社2001年版
36.《台湾出版史》，辛广伟著，河北教育出版社2001年版
37.《台湾文学史》，古继堂主编，时事出版社2002年版
38.《当今台湾文学风貌》，古远清著，江西高校出版社2004年版
39.《我和李敖一起骂》，李文著，海南出版社2004年版
40.《杨澜访谈录——台海透视》，杨澜等著，中国城市出版社2006年版
41.《当代台湾人物图谱》，陈加伟著，福建教育出版社2008年版
42.《李文说理》，李文著，法律出版社2007年版
43.《李敖传奇》，秦文编著，四川人民出版社1997年版
44.《文化顽童李敖》，蔡汉勋著，中国友谊出版公司1999年版

45.《天才老妖怪》，章晓明著，陕西师范大学出版社 2000 年版
46.《李敖评传》，董大中著，中国致公出版社 2001 年版
47.《李敖新传》，孙尘著，山东友谊出版社 2002 年版
48.《消灭李敖还是被李敖消灭》，马家辉著，中国友谊出版公司 2003 年版
49.《李敖的灵与肉——李敖思想研究》，陈才生著，新华出版社 2003 年版
50.《李敖这个人》，陈才生著，新华出版社 2004 年版
51.《完全李敖》，傅宁军，人民文学出版社 2004 年版
52.《老李飞刀——李敖的另一种玩法》，徐林正著，中国友谊出版公司 2004 年版
53.《李敖档案》，窦应泰编著，九州出版社 2005 年版
54.《与李敖打官司》，范泓著，江苏文艺出版社 2005 年版
55.《李敖大传》，汪幸福著，华文出版社 2005 年版
56.《李敖的冷眼狷行》，孙尘著，团结出版社 2005 年版
57.《快意还乡——李敖神州文化之旅》，张林、麦楠编著、王纪言摄影，中国友谊出版公司 2005 年版
58.《点评李敖》，阎究编，九州出版社 2005 年版
59.《像李敖一样幽默》，何平著，中国友谊出版公司 2006 年版
60.《圣人·疯子·狂人》，汪幸福著，湖北人民出版社 2009 年版

后 记

本书初稿完成于2003年。当时，在新华出版社贾允河博士促成下，以《李敖这个人》为书名问世，该书记录传主的时间止于2000年。

由于当时的诸多局限，李敖在上个世纪90年代之后的活动资料十分有限，造成了《李敖这个人》一书在内容上的诸多遗憾。尤其是到2004年，李敖当选台湾“立法委员”之后，其政治、文化活动愈加频繁。他除了在台湾多家电视台进行思想传播活动，还多次在大陆中央电视台主持节目，宣传其政治理念和文化思想，并与凤凰卫视签约，主持了长达735集的“李敖有话说”节目，产生巨大影响。2005年，他走访北京、上海等地，进行了为期12天的“神州文化之旅”，在大陆掀起一场“李敖旋风”。2000年以来，他的文学创作也有了很大进展，继《北京法源寺》之后，又相继出版了长篇小说《上山·上山·爱》、《红色11》、《虚拟的十七岁》及纪实作品《李敖议坛哀思录》。这一系列活动和创作，如果不能体现在他的评传当中，实在是一个重大的遗憾。

2009年暑期，人民日报出版社的朋友陈志明来电表示希望能将《李敖这个人》再版，我提出还是进行修订和增补之后出版更好，他欣然同意，于是我对原书多处进行了删改和增补，充实了大量新的资料和论据，并续写了第14章到第19章约20多万字的篇幅，将传主的活动时间延续到了2009年8月。这也许是现今的“李敖传记”中涵盖历史最长的一部了吧。

在本书的资料搜集与撰写过程中，有许多学术前辈和朋友给予了巨大的支持和帮助。恩师曾祥芹教授赴香港讲学期间亦不忘为我购买资料，山东记者刘铁飞在潍坊发现《李氏族谱》之后，特邀我到潍坊一同进行了为期三天的文化考察，并将他收集到的李敖资料赠送于我，其情殷殷难以忘怀。我的学生侯军义在深圳电视台“直播港澳台”栏目做记者，为我提供了大量有关李敖的信息和书刊。另一位学生葛瑞华在北京师大工作，亦将《李敖大全集》（大陆版）删略部分复印寄来。还有在杭州读书的香港学子许骥，他不仅多次来信与我探讨李敖的思想，还从香港购买了李敖最新著作赠我。如此帮助，甚是感念。许多学生和朋友，他们为了一个共同的信念和理想，毫无保留地为我提供了力所能及的帮助。如果没有这些见过面和没见过面的朋友们的帮助，许多第一手资料都很难得到，这也是我永远不会忘却的人间深情厚谊。

2009年10月，李文博士热情地审阅了本书书稿，并向她的父亲“汇报”了本书的情况。素有“资料大王”之称的李敖先生立即说：“我知道这本书（按：指初版《李敖这个人》一书），作者的写作态度还算严肃。”于是，李文博士欣然命笔，为本书作序。过去只知李文以打官司闻名，没想到她的文笔也出手不凡。读着那疏朗隽永遒劲有力的文字，有一种秋水文章不染尘之感，“乃父之风”，于斯见矣。尤其令人感佩的是，她对本书作者表达了充分的尊重，“怎么写是他的事，我不能参与意见左右他的写作”。（李文与本书责编的谈话）这种大度和包容、信任和期勉，不能不令人肃然起敬。

自从1995年我发表第一篇研究李敖的文章至今，已有15个春秋。我的主要精力都放在了对李敖现象的研究上，在发表了20余篇学术论文的同时，出版专著两部，编辑内部教材一部，完成厅级和校级课题三项，并坚持不辍地在供职高校开设了“李敖研究”、“李敖与台湾文化思想”等专题课，进行过多次关于李敖研究的学术报告，将李敖思想引入大学讲堂，在学生中产生一定影响。本书的完成就是笔者长期积累的一个成果。但尽管如此，仍然会有许多第一手资料未能得到，加上本人才疏学浅，书中谬误之处自当不少，还望读者同仁及大方之家不吝赐教为盼。

是为记。

陈才生

2010年3月6日于殷都